Burkhard Jähnke, Edward Schramm
Europäisches Strafrecht
De Gruyter Studium

Burkhard Jähnke, Edward Schramm

Europäisches Strafrecht

—

DE GRUYTER

Dr. *Burkhard Jähnke*, Vizepräsident des Bundesgerichtshofes a.D., Honorarprofessor an der Friedrich-Schiller-Universität Jena
Dr. *Edward Schramm*, Universitätsprofessor an der Friedrich-Schiller-Universität Jena

Zitiervorschlag: *Jähnke/Schramm* Kap. 12/15

ISBN 978-3-11-045608-0
e-ISBN (PDF) 978-3-11-045610-3
e-ISBN (EPUB) 978-3-11-045616-5

Library of Congress Cataloging-in-Publication Data
A CIP catalog record for this book has been applied for at the Library of Congress.

Bibliografische Information der Deutschen Nationalbibliothek
Die Deutsche Nationalbibliothek verzeichnet diese Publikation in der Deutschen Nationalbibliografie; detaillierte bibliografische Daten sind im Internet über http://dnb.dnb.de abrufbar.

© 2017 Walter de Gruyter GmbH, Berlin/Boston
Cover: ericsphotography/iStock/Getty Images Plus
Datenkonvertierung/Satz: jürgen ullrich typosatz, 86720 Nördlingen
Druck und Bindung: CPI books GmbH, Leck
♾ Gedruckt auf säurefreiem Papier
Printed in Germany

www.degruyter.com

Vorwort

Die Europäische Union bietet ihren Bürgerinnen und Bürgern einen Raum der Freiheit, der Sicherheit und des Rechts, dessen Verwirklichung Maßnahmen zur Bekämpfung der Kriminalität ausdrücklich einschließt. Sie realisiert die Vision eines solchen Raumes mit ihren Institutionen und ihren Vorgaben an die Gesetzgebung der Mitgliedstaaten Stück für Stück und seit den Verträgen von Amsterdam und Lissabon in zunehmender Regelungsdichte. Dadurch entwickelt sich das Europäische Strafrecht, welches durch diese Hinwendung eigentlich entstanden ist, mit großer Dynamik. Der Vertrag von Lissabon hat der Europäischen Union erstmals auch strafrechtliche Gesetzgebungskompetenzen verliehen und die Grundrechtecharta geschaffen; zusätzlich hat er das Recht der EU mit dem Recht der Europäischen Menschenrechtskonvention verzahnt. Die absehbare Errichtung einer Europäischen Staatsanwaltschaft wird die Struktur der Strafrechtspflege in Europa nachhaltig verändern.

Die Befassung mit dem Europäischen Strafrecht ist für Studierende und Praktiker deshalb unerlässlich geworden. Niemand, der im Strafrecht arbeitet, wird in Zukunft daran vorbeikommen. Die Zahl der Übersichtswerke und Lehrbücher, die sich ausschließlich mit der Materie befassen, ist aber relativ gering. Eine tradierte Dogmatik des Europäischen Strafrechts gibt es nicht. Anders als zum nationalen Strafrecht mit seiner Fülle von Erläuterungswerken und Lehrbüchern über den Allgemeinen und den Besonderen Teil kann hier von einem Überangebot keine Rede sein. Auch konnte die Rechtsprechung des EuGH zu Strafrechtsfragen erst allmählich einsetzen und verarbeitet werden.

Die Autoren fühlen sich hierdurch zu dem Versuch ermutigt, mit einem eigenen Werk, welches über einen Grundriss hinausgeht, aber kein Handbuch darstellt, zu einer von vielen Stimmen getragenen wissenschaftlichen Durchdringung der Materie beizutragen, die auch die Praxis erreicht. Sie legen hiermit ein Lehrbuch vor, mit dem sie hoffen, diesen Ansprüchen genügen zu können.

Für das Verständnis des Stoffs durch Studierende und Rechtsanwender erschien es dabei wichtig, in dem Werk schwerpunktmäßig eine Eigenart Europäischen Strafrechts zu behandeln, die wohl als historisch einmalig gelten kann. Europäisches Strafrecht ist gekennzeichnet und wirkt durch die Verschränkung der drei Normenkreise des nationalen Strafrechts, des Unionsrechts und des Rechts der Europäischen Menschenrechtskonvention. Daraus sind komplexe Strukturen entstanden, die sich fortlaufend weiter entwickeln und immer wieder neuartige Probleme aufwerfen. Das Lehrbuch versucht, das Zusammenspiel und die Wechselwirkungen der Normenkreise möglichst anschaulich und übersichtlich darzustellen. Schwerpunktmäßig wird deshalb zunächst das dynamische Kompetenzgefüge der Union mit ihrer Organisation und ihren Abläufen behandelt; daran anschließend folgt der rechtsstaatliche Rahmen, in dem sich ihr Handeln bewegt. Wo dies möglich ist, knüpft die Darstellung an Fälle aus der Rechtsprechung an, die den Leser mit der Praxis des europäischen Rechts vertraut machen, aber auch der Veranschaulichung der jeweiligen Problematik dienen sollen. Darüber hinaus werden die für das Strafrecht relevanten Entscheidungen des EuGH fortlaufend mit der Rechtsprechung des EGMR abgeglichen; zentrale Erkenntnisse des BVerfG und des BGH werden dazu in Beziehung gesetzt und gewürdigt. Am Ende eines jeden wichtigen Abschnitts finden sich zu knappen Merksätzen komprimierte „Stichworte“. Ziel ist, dadurch Studenten und Praktikern, die sich in die Materie bisher nicht hinlänglich einarbeiten konnten, eine für ihre jeweiligen Zwecke und Bedürfnisse geeignete, wissenschaftlich fundierte und übersichtliche Handreichung zu bieten.

Behandelt werden der gegenwärtige Rechtszustand sowie, neben einem Ausblick auf künftige dogmatische Entwicklungen, der nächste große Integrationsschritt. Das ist die Schaffung einer Europäischen Staatsanwaltschaft. Dieser Konzeption entspricht es, dass rechtspolitische Erörterungen nicht im Vordergrund stehen können. Solche Erörterungen haben die wissenschaftliche Diskussion zu Beginn des Jahrhunderts geprägt; mit dem Vertrag von Lissabon haben sie aber an Aktualität verloren. Demgemäß wird auch weitgehend auf Literaturnachweise verzichtet, die sich in erster Linie mit der künftigen oder einer besseren Gestalt der Europäischen Union befassen. Die prinzipielle Haltung der Autoren zum Prozess der europäischen Integration wird dabei keineswegs verschwiegen.

Das Manuskript ist am 1. April 2017 abgeschlossen worden. Rechtsprechung und Schrifttum sind bis zu diesem Zeitpunkt berücksichtigt. Die Bevölkerung des Vereinigten Königreiches hatte allerdings in einer Volksabstimmung am 23. Juni 2016 für einen Austritt aus der EU votiert. Den Austrittswunsch hat die britische Regierung dem Europäischen Rat am 29. März 2017 förmlich mitgeteilt. Welchen Inhalt das danach auszuhandelnde Abkommen über die Modalitäten des Ausscheidens haben und wann es in Kraft treten wird, ist gegenwärtig nicht abzuschätzen. Das Lehrbuch berücksichtigt diese ungewissen und noch in der Ferne liegenden Veränderungen daher nicht.

Dieses Werk ist in Weiterführung glücklicher Zusammenarbeit der Autoren an der Rechtswissenschaftlichen Fakultät der Friedrich-Schiller-Universität Jena entstanden. Hier vermitteln beide ihren Studenten semesterweise abwechselnd in Vorlesungen diese Materie. Die wissenschaftliche Verantwortung für den überwiegenden Teil – die Kapitel 1 bis 11 und 14 – trägt Burkhard Jähnke, für das Kapitel 13 zeichnet sich Edward Schramm verantwortlich, während das Kapitel 12 als gemeinsames Kapitel aus den Federn beider Autoren stammt.

Für die Korrektur der Druckfahnen danken wir herzlich den wissenschaftlichen Mitarbeiterinnen und Mitarbeitern *Holger Berle*, *Franz-Peter Helbig* und *Nadja Müller* sowie den studentischen Mitarbeiterinnen und Mitarbeitern *Josephine Drews*, *Kwang-Soo Park* und *Bianca Schreckenbach*. Ebenso danken wir Frau *Petra Richter* für die sorgfältige Erstellung der Korrekturdatei. Beim Verlag De Gruyter möchten wir schließlich Herrn Dr. *Jan Schmidt* für die Aufnahme des Buchs in die Verlagsreihe Studium und Frau *Virginia Engels* für die stets vertrauensvolle Zusammenarbeit danken.

Jena, im Juni 2017
Burkhard Jähnke und Edward Schramm

Inhaltsübersicht

Inhaltsverzeichnis

Kapitel 3:
Europäische Gerichtsbarkeit

Kapitel 4:
Straf- und Strafverfahrensrecht im Raum der Freiheit, der Sicherheit und
des Rechts

Kapitel 5:
Umsetzung europäischer Vorgaben in nationales Recht

Kapitel 9:
Der rechtsstaatliche Rahmen

Kapitel 10:
Fehler im zwischenstaatlichen Verkehr

Kapitel 11:
Weitere europäische Rechtsakte und ihre Umsetzung in nationales Recht

Kapitel 12:
Behörden und Institutionen der strafrechtlichen Zusammenarbeit und Strafverfolgung in Europa

Abkürzungsverzeichnis

a.A.	anderer Ansicht
abl.	ablehnend
ABl.	Amtsblatt (jetzt: der Europäischen Union)
Abs.	Absatz
abw.	abweichend
AEUV	Vertrag über die Arbeitsweise der Europäischen Union
a.F.	alte Fasasung
Anm.	Anmerkung
AO	Abgabenordnung
Art.	Artikel
Aufl.	Auflage
AWG	Außenwirtschaftsgesetz
Bek.	Bekanntmachung
Bespr.	Besprechung
BGBl.	Bundesgesetzblatt Teil I – innerstaatliche Rechtsvorschriften
	Teil II – zwischenstaatliches und Völkerrecht
BGH	Bundesgerichtshof
BGHSt.	Entscheidungen des Bundesgerichtshofes in Strafsachen
BKA	Bundeskriminalamt
BTDrucks.	Drucksachen des Deutschen Bundestages
BtMG	Gesetz über den Verkehr mit Betäubungsmitteln
BVerfG	Bundesverfassungsgericht
BVerfGE	Entscheidungen des Bundesverfassungsgerichts
BVerfGG	Gesetz über das Bundesverfassungsgericht
BZRG	Bundeszentralregistergesetz
DDR	Deutsche Demokratische Republik
DRiZ	Deutsche Richterzeitung
E	Entwurf
EG	Europäische Gemeinschaft
EGV	Vertrag zur Gründung der Europäischen Gemeinschaft i.d.F. des
	Vertrages von Amsterdam (1997)
EGMR	Europäischer Gerichtshof für Menschenrechte
Einl.	Einleitung
EMRK	Europäische Menschenrechtskonvention
EU	Europäische Union
eucrim	Europ.Criminal Law Associations Forum (online)
EuGH	Europäischer Gerichtshof
EuG	Gericht (der Europäischen Union)
EuGRZ	Europäische Grundrechte – Zeitschrift
EuR	Europarecht (Zeitschrift)
Europol	Agentur der Europäischen Union für die Zusammenarbeit auf dem
	Gebiet der Strafverfolgung (Europol)

EuStA	Europäische Staatsanwaltschaft
EuStA-VO	Verordnung zur Errichtung der Europäischen Staatsanwaltschaft
EUV	Vertrag über die Europäische Union
EuZW	Europäische Zeitschrift für Wirtschaftsrecht
EWG	Europäische Wirtschaftsgemeinschaft
GA	Goltdammers Archiv für Strafrecht
GG	Grundgesetz
GVG	Gerichtsverfassungsgesetz
Hdb.	Handbuch
HRRS	Höchstrichterliche Rechtsprechung zum Strafrecht (online)
Hrsg.	Herausgeber
i.d.F.	in der Fassung
IRG	Gesetz über die internationale Rechtshilfe in Strafsachen
IStGH	Internationaler Strafgerichtshof
JR	Juristische Rundschau
JuS	Juristische Schulung
JZ	Juristenzeitung
LK	Leipziger Kommentar zum Strafgesetzbuch
NATO	Nordatlantikpakt-Organisation
NJW	Neue Juristische Wochenschrift
Neuf.	Neufassung
NStZ	Neue Zeitschrift für Strafrecht
NZV	Neue Zeitschrift für Verkehrsrecht
NVwZ	Neue Zeitschrift für Verwaltungsrecht
OLAF	Europäisches Amt für Betrugsbekämpfung (Office Europeen de Lutte Anti-Fraude)
OLG	Oberlandesgericht
OVG	Oberverwaltungsgericht
OWiG	Gesetz über Ordnungswidrigkeiten
Ratsdok.	Ratsdokument
Rdn.	Randnote, Randnummer, Randziffer
RiStBV	Richtlinien für das Strafverfahren und das Bußgeldverfahren
RiVASt	Richtlinien für den Verkehr mit dem Ausland in strafrechtlichen Angelegenheiten
SDÜ	Schengener Durchführungsübereinkommen
SIS	Schengener Informationssystem
StGB	Strafgesetzbuch
StPO	Strafprozessordnung

StrÄndG	Strafrechtsänderungsgesetz
StraFo	Strafverteidiger-Forum
StV	Strafverteidiger
TÜ	Telekommunikatonsüberwachung
VO	Verordnung
wistra	Zeitschrift für Wirtschafts- und Steuerstrafrecht
UN	Vereinte Nationen
UN-MRA	Menschenrechtsausschuss der Vereinten Nationen
UWG	Gesetz gegen den unlauteren Wettbewerb
ZIS	Zeitschrift für Internationale Strafrechtsdogmatik (online)
ZPO	Zivilprozessordnung
ZRP	Zeitschrift für Rechtspolitik
ZStW	Zeitschrift für die gesamte Strafrechtswissenschaft

Literaturverzeichnis

1. Allgemeine strafrechtliche Literatur

Enderle, Bettina Blankettstrafgesetze (2000)

Jahn, Matthias Beweiserhebungs- und Beweisverwertungsverbote, Gutachten C für den
67. Deutschen Juristentag Erfurt 2008 in: Verhandlungen des 67. DJT Erfurt 2008, Bd. I
S. C 1 (zit.: *Jahn* Gutachten)

Laufhütte, Heinrich Wilhelm/Rissing-van-Saan, Ruth/Tiedemann, Klaus (Hrsg.) Leipziger Kommentar zum StGB 12. Auflage (zit.: LK-*Bearbeiter*)

Schönke, Adolf/Schröder, Horst Strafgesetzbuch 29. Auflage, 2014 (zit.: Sch/Sch-*Bearbeiter*)

2. Europarecht allgemein

Bieber, Roland/Epiney, Astrid/Haag, Marcel/Kotzur, Markus Die Europäische Union: Europarecht und Politik 4. Aufl. 2016 (zit.: *Bearbeiter* in *Bieber/Epiney*)

Callies,Christian/Ruffert, Matthias (Hrsg.) EUV/AEUV 5. Auflage 2016

Ehlers, Dirk (Hrsg.) Europäische Grundrechte und Grundfreiheiten, 4. Auflage 2014
(zit.: *Autor* in *Ehlers* §/Rdn.)

Frenz, Walter Handbuch Europarecht Bd. 2, Europäisches Kartellrecht, 2. Auflage 2015

Grabitz, Eberhard/Hilf, Meinhard/Nettesheim, Martin Das Recht der Europäischen Union,
60. Erglfg. 2016.

Haratsch, Andreas/Koenig, Christtian/Pechstein, Matthias Europarecht 10. Auflage 2016
(zit.: *Haratsch/Koenig/Pechstein*)

Herdegen, Matthias Europarecht 18. Aufl. 2016

Hesselhaus, Sebastian/Nowak, Carsten (Hrsg.) Handbuch der Europäischen Grundrechte, 2006

Karpenstein, Ulrich/Mayer, Franz (Hrsg.) EMRK, 2. Auflage 2015

Meyer – Ladewig, Jens/Nettesheim, Martin/von Raumer, Stefan (Hrsg.) EMRK, 4. Auflage 2017

Niedobitek, Matthias (Hrsg.) Europarecht, 2 Bände 2014; Bd. 1 Grundlagen der Union; Bd. 2
Politiken der Union

Oppermann, Thomas/Classen, Claus Dieter/Nettesheim, Martin: Europarecht, 7. Aufl. 2016
(zit.: *Bearbeiter* in *Oppermann*)

Rengeling, Hans-Werner/Middeke, Andreas/Gellermann, Martin (Hrsg.) Handbuch des
Rechtsschutzes in der Europäischen Union, 3. Auflage 2014 – zit.: *Autor* in Hdb. Rschutz
§/Rdn.

Seyr, Sibylle Der effet utile in der Rechtsprechung des EuGH, 2008

Schwarze, Jürgen (Hrsg.) EU-Kommentar 3. Auflage 2012

Streinz, Rudolf EUV/AEUV, 2. Auflage 2012

Vedder, Christoph/Heintschel von Heinegg, Wolff Europäisches Unionsrecht, 2012

3. Werke zum Europäischen Strafrecht

Ambos, Kai Internationales Strafrecht 4. Auflage 2014 (zit.: *Ambos* IntStrR §/Rdn.)

Ambos, Kai/König, Stefan/Rackow, Peter (Hrsg.) Rechtshilferecht in Strafsachen, 2015
(zit.: *Bearbeiter* in *Ambos/König/Rackow* Kap./Rdn.)

Böse, Martin (Hrsg.) Europäisches Strafrecht, 2013 – Bd. 9 der Enzyklopädie Europarecht, herausgegeben von *Hatje, Armin/Müller-Graff, Peter-Christian* (zit.: *Bearbeiter* in *Böse Enz.* §/Rdn.)

Breitenmoser, Stephan/Gless, Sabine/Lagodny, Otto (Hrsg.) Schengen in der Praxis, 2009 (zit.: *Autor* in *Breitenmoser u.a.* S.)

Breitenmoser, Stephan/Gless, Sabine/Lagodny, Otto (Hrsg.) Schengen und Dublin in der Praxis, 2015 (zit.: *Autor* in *Breitenmoser u.a.* 2015 S.)

Brons, Julia Binnendissonanzen im AT, 2014

Esser, Robert Auf dem Weg zu einem europäischen Strafverfahrensrecht, 2002 (zit.: *Esser* Weg)

Esser, Robert Europäisches und Internationales Strafrecht, 2014 (zit.: *Esser* EuIntStrR §/Rdn.)

Gaede, Karsten Fairness als Teilhabe, 2007

Gless, Sabine Internationales Strafrecht, 2. Auflage 2015 (zit.: *Gless* IntStrR Rdn.)

Goy, Barbara Vorläufige Festnahme und grenzüberschreitende Nacheile, 2002

Grünewald, Gertraud Individualrechtsschutz gegen Akte der Europäischen Union nach dem Vertrag von Lissabon, 2016

Grützner, Heinrich/Pötz, Paul-Günter/Kreß, Klaus (Hrsg.) Internationaler Rechtshilfeverkehr in Strafsachen, 3. Auflage (Loseblatt)

Hackner, Thomas/Schierholt, Christian Internationale Rechtshilfe in Strafsachen, 2. Auflage 2012

Hecker, Bernd Europäisches Strafrecht 5. Auflage 2015 (zit.: *Hecker* Kapitel/Rdn.)

Jokisch, Jens Gemeinschaftsrecht und Strafverfahren, 2000

Krumm, Carsten/Lempp, Volker/Trautmann, Sebastian Das neue Geldsanktionengesetz, 2010

Langbauer, Melanie Das Strafrecht vor den Unionsgerichten (2015)

Langheld, Georg Christian Vielsprachige Normenverbindlichkeit im Europäischen Strafrecht, 2016

Roger, Benjamin Grund und Grenzen transnationaler Strafrechtspflege, 2016

Safferling, Christoph Internationales Strafrecht, 2011 (zit.: *Safferling* IntStrR §/Rdn.)

Satzger, Helmut Internationales und Europäisches Strafrecht 7. Auflage 2016 (zit.: *Satzger* IntStrR § Rdn.)

Schomburg, Wolfgang/Lagodany, Otto/Gleß, Sabine/Hackner, Thomas Internationale Rechtshilfe in Strafsachen, 5. Auflage 2012

Schramm, Edward Internationales Strafrecht, 2011 (zit.: *Schramm* IntStrR Kapitel/Rdn.)

Schröder, Christian Europäische Richtlinien und deutsches Strafrecht, 2002

Sieber, Ulrich/Satzger, Helmut/von Heintschel-Heinegg, Bernd (Hrsg., für Max-Planck-Institut für ausländisches und internationales Strafrecht) Europäisches Strafrecht, 2. Auflage 2014 (zit.: *Bearbeiter* in *Sieber u.a.* EurStrR Kap./Rdn.)

Sinn, Arndt Jurisdiktionskonflikte bei grenzüberschreitender Kriminalität, 2012

Tiedemann, Klaus u.a. (Hrsg.) Die Verfassung moderner Strafrechtspflege, 2016

Zieschang, Frank/Hilgendorf, Eric/Laubenthal, Klaus (Hrsg.) Strafrecht und Kriminalität in Europa, 2003

Zimmermann, Frank Strafgewaltkonflikte in der Europäischen Union, 2014

4. Beiträge zum Europäischen Straf- und Strafverfahrensrecht in Festschriften

Anagnostopoulos, Ilias Ne bis in idem in der Europäischen Union: Offene Fragen, Hassemer-Festschrift (2010) S. 1121

Kühl, Kristian Der Einfluss der Menschenrechte und Grundfreiheiten der Europäischen Menschenrechtskonvention auf das deutsche und europäische Strafrecht, H. Jung-Festschrift (2007) S. 433

Kühne, Hans-Heiner OLAF im Spannungsfeld zwischen Individualrechtsschutz und Effizienz, Schünemann Festschrift (2014) S. 1099

Lilie, Hans Unschuldsvermutung und „Beweislastumkehr", F.C. Schroeder-Festschrift (2006) S. 829

Meyer, Frank Verbundstrafverfolgung in der EU, Weßlau-Gedächtnisschrift (2016) S. 193

Perron, Walter Perspektiven der Europäischen Strafrechtsintegration, Küper-Festschrift (2007) S. 429

Radtke, Henning Der Begriff der „Tat" im prozessualen Sinne in Europa, Seebode-Festschrift (2008) S. 297

Radtke, Henning/Mahler, Franziska Regelungsmodelle zur Vermeidung von Mehrfachverfolgung derselben Tat innerhalb der Europäischen Union, Rüping-Festschrift (2008) S. 49

Rengeling, Hans-Werner Entwicklungen allgemeiner Rechtsgrundsätze in der Europäischen Union, M. Schröder-Festschrift (2012) S. 271

Renzikowski, Joachim Die Zurechnung von Konventionsverletzungen bei Beweiserhebungen im Ausland und ihre Verwertbarkeit im Lichte des Anspruchs auf ein faires Verfahren, Achenbach-Festschrift (2011) S. 373

Ruthig, Josef Europol als Baustein eines Europäischen Polizeirechts, Wolter-Festschrift (2013) S. 1469

Satzger, Helmut Strafverteidigung in einem veränderten europäischen und internationalen Umfeld – neue Herausforderungen für einen Berufsstand! Widmaier-Festschrift (2008) S. 551

Satzger, Helmut Auf dem Weg zu einer „europäischen Rechtskraft"? Roxin-Festschrift II (2011) Bd. 2 S. 1515

Satzger, Helmut Der europarechtlich bedingte Bedeutungszuwachs der Meistbegünstigungsklausel (§ 2 Abs. 3 StGB), Kühl-Festschrift (2014) S. 407

Schlothauer, Reinhold Haftverschonung bei Untersuchungshaft im europäischen Kontext, Weßlau-Gedächtnisschrift (2016) S. 313

Schomburg, Wolfgang Konkurrierende nationale und internationale Strafgerichtsbarkeit und der Grundsatz „Ne bis in idem", Eser-Festschrift (2005) S. 829

Streinz, Rudolf Schleichende oder offene Europäisierung des Strafrechts? Otto-Festschrift (2007) S. 1029

Tiedemann, Klaus Die Regelung von Täterschaft und Teilnahme europäischen Strafrecht, Nishihara-Festschrift (1998) S. 496

Vogel, Joachim Internationales und europäisches ne bis in idem, F.C. Schroeder-Festschrift (2006) S. 877

Voßkuhle, Andreas Zur Koordination des deutschen und europäischen Menschenrechtsschutzes im Lichte des Urteils des BVerfG vom 4. Mai 2011 (BVerfGE 128, 326) zur Sicherungsverwahrung, Frisch-Festschrift (2013) S. 1359

Weigend, Thomas Zur Frage eines „internationalen" Allgemeinen Teils, Roxin-Festschrift (2001) S. 1375

Weigend, Thomas Der Eckstein als Stein des Anstoßes, H. Jung-Festschrift (2007) S. 1069

Zieschang, Frank Der Einfluss der Europäischen Union auf das deutsche Strafrecht, Tiedemann-Festschrift (2008) S. 1303

Zöller, Mark Die transnationale Geltung des Grundsatzes ne bis in idem nach dem Vertrag von Lissabon, Krey-Festschrift (2010) S. 501

Zöller, Mark Die Bedeutung staatlicher Schutzpflichten für das Recht auf Leben nach Art. 2 EMRK, Kühne-Festschrift (2013) S. 629

5. Beiträge zum Europäischen Straf- und Strafverfahrensrecht in Zeitschriften

Ambos, Kai/Poschadel, Annika Maleen Transnationales Verfolgungsersuchen: Verfolgungshindernis im ersuchenden Staat? GA 2011, 95

Van der Beken, Tom/Vermeulen, Gert Kriterien für die jeweils „beste" Strafgewalt in Europa, NStZ 2002, 624

Bode, Thomas/Seiterle, Stefan Zur Blankettstrafgesetzgebung im Nebenstrafrecht, ZIS 2016, 91, 172

Böse, Martin Die Europäische Ermittlungsanordnung – Beweistransfer nach neuen Regeln? ZIS 2014, 152

Böse, Martin/Meyer, Frank Die Beschränkung nationaler Strafgewalten als Möglichkeit zur Vermeidung von Jurisdiktionskonflikten in der EU, ZIS 2015, 336

Brodowski, Dominik Strafrechtsrelevante Entwicklungen in der Europäischen Union – ein Überblick, ZIS 2015, 79; ZIS 2017, 11

Brunhöber, Beatrice Für ein Grundrecht auf ein faires Verfahren in der strafprozessualen Praxis, ZIS 2010, 761

Bülte, Jens Blankette und normative Tatbestandsmerkmale: Zur Bedeutung von Verweisungen in Strafgesetzen, JuS 2015, 769

Bürger, Sebastian Die Neuregelung des Menschenhandels, ZIS 2017, 169

Croon-Gestefeld, Johanna Umgekehrte Diskriminierungen nach dem Unionsrecht – unterschiedliche Konzepte im Umgang mit einem gemeinsamen Problem, EuR 2016, 56

Dannecker, Gerhard Anforderungen des nationalen Strafverfassungsrechts an die Inbezugnahme EU-rechtlicher Verhaltensnormen und an Rückverweisungsklauseln in nationalen Rechtsverordnungen, ZIS 2016, 723

Duesberg, Erik Das Vollstreckungselement des Art. 54 SDÜ im Spannungsfeld zwischen Europäisierung und nationalen Sicherheitsinteressen, ZIS 2017, 66

Eckstein, Ken Grund und Grenzen transnationalen Schutzes vor mehrfacher Strafverfolgung in Europa, ZStW 124 (2012) 490

Eckstein, Ken Grenzen des Strafklageverbrauchs nach Art. 50 GrCh, JR 2015, 421

Eisele, Jörg Jurisdiktionskonflikte in der Europäischen Union: Vom nationalen Strafanwendungsrecht zum Europäischen Kollisionsrecht? ZStW 125 (2013) 1

Gietl, Andreas Der Zustellungsbevollmächtigte im Strafbefehlsverfahren gegen EU-Ausländer, StV 2017, 263

Gless, Sabine/Lüke, Monika Rechtsschutz gegen grenzüberschreitende Strafverfolgung in Europa, Jura 2000, 400

Gless, Sabine Grenzüberschreitende Beweissammlung, ZStW 125 (2013) 573

Globke, Christina Die Wirkung des Europäischen Haftbefehls, GA 2011, 412

Greco, Luis Analogieverbot und europarechtliches Strafgesetz, GA 2016, 138, 195

Grünewald, Annette Zur Frage eines europäischen Allgemeinen Teils des Strafrechts, JZ 2011, 972

Hackner, Thomas/Schomburg, Wolfgang/Lagodany,Otto/Gleß, Sabine Das 2. Europäische Haftbefehlsgesetz, NStZ 2006, 663

Hecker, Bernd Statement: Jurisdiktionskonflikte in der EU, ZIS 2011, 60

Hecker, Bernd Die richtlinienkonforme und die verfassungskonforme Auslegung im Strafrecht, JuS 2014, 385

Heger, Martin Die Beeinflussung des deutschen Strafrechts durch EU-Recht und der Gedanke des Rechtsmissbrauchs, ZIS 2013, 289

Heger, Martin Unionsrechtskonforme Auslegung des Betrugstatbestandes? HRRS 2014, 467

Helmken, Kai Ein Recht des Tatopfers auf ein faires Strafverfahren? StV 2016, 456

Hochmayr, Gudrun/Ligocki, Dawid Der Strafregisteraustausch in der Europäischen Union und das Recht auf Resozialisierung, ZIS 2016, 158

Hoffmann, Jan Der Gerichtshof der Europäischen Union – re-organisiert, EuR 2016, 197

Hwang, Shu-Perng Anwendungsvorrang statt Geltungsvorrang? EuR 2016, 355

Jarass, Hans D. Strafrechtliche Grundrechte im Unionsrecht, NStZ 2012, 611

Jarass, Hans D. Zum Verhältnis von Grundrechtscharta und sonstigem Recht, EuR 2013, 29

Jung, Heike Fairness = Wirksame Verteidigung? GA 2013, 90

Kaufhold, Ann-Katrin Gegenseitiges Vertrauen, EuR 2012, 408

Kropp, Olaf Der Begriff der Abfallverbringung in § 326 II StGB im Lichte des EU-Rechts, NStZ 2011, 674

Krüger, Matthias Unmittelbare EU-Strafkompetenz aus Sicht des deutschen Strafrechts, HRRS 2012, 311

Lenaerts, Koen Kooperation und Spannung im Verhältnis von EuGH und nationalen Verfassungsgerichten, EuR 2015, 3

Ludwig, Thomas Claus Zum Verhältnis zwischen Grundrechtscharta und allgemeinen Grundsätzen, EuR 2011, 715

Ludwigs, Markus Kooperativer Grundrechtsschutz zwischen EuGH, BVerfG und EGMR, EuGRZ 2014, 273

Mansdörfer, Marco Das europäische Strafrecht nach dem Vertrag von Lissabon – oder: Europäisierung des Strafrechts unter nationalstaatlicher Mitverantwortung, HRRS 2010, 11

Merkel, Reinhard/Scheinfeld, Jörg Ne bis in idem in der Europäischen Union – zum Streit um das „Vollstreckungselement", ZIS 2012, 206

Meyer, Frank Der Grundsatz der Verfügbarkeit, NStZ 2008, 188

Meyer, Frank Das Strafrecht im Raum der Freiheit, der Sicherheit und des Rechts, EuR 2011, 169

Ohler, Christoph Grundrechtliche Bindungen der Mitgliedstaaten nach Art. 51 GRCh, NVwZ 2013, 1433

Radtke, Henning Der strafprozessuale Tatbegriff auf europäischer und nationaler Ebene, NStZ 2012, 479

Riegel, Ralf/Speicher, Kristina Die Haftsituation im ersuchten Staat als Auslieferungshindernis, StV 2016, 250

Risse, Maria Martina Die Anwendbarkeit von EU-Grundrechten im prozessualen und materiellen Strafrecht, HRRS 2014, 93

Rönnau, Thomas/Wegner, Kilian Grund und Grenzen der Einwirkung des europäischen Rechts auf das nationale Strafrecht, GA 2013, 561

Rosenau, Henning Zur Europäisierung im Strafrecht ZIS 2008, 9

Roth, Alexander Direkte Korrespondenz deutscher Staatsanwaltschaften und Strafgerichte mit Verfahrensbeteiligten im Ausland, NStZ 2014, 551

Ruggeri, Stefano Die Verwertung im Ausland erhobener Beweise im europäischen Rechtsraum, ZIS 2015, 456

6. Beiträge zur Europäischen Staatsanwaltschaft

Albrecht, Jan Philipp EU-Staatsanwaltschaft nur mit hohen Rechtsstandards! DRiZ 2015, 250

Böse, Martin Die europäische Staatsanwaltschaft „als" nationale Strafverfolgungsbehörde? JZ 2017, 82

Esser, Robert Die Europäische Staatsanwaltschaft: Eine Herausforderung für die Strafverteidigung, StV 2014, 494

Frenz, Walter Von Eurojust zur Europäischen Staatsanwaltschaft, wistra 2010, 432

Grünewald, Anette Eine Europäische Staatsanwaltschaft nach den Vorstellungen der Europäischen Kommission, HRRS 2013, 508

Grünewald, Anette Der Schutz der finanziellen Interessen der Europäischen Union durch das Strafrecht, JR 2015, 245

Heike, Dominik Die Europäische Staatsanwaltschaft (2015)

Kahlke, Svenja Eurojust – auf dem Weg zu einer europäischen Staatsanwaltschaft? (2004)

Magnus, Dorothea Europäische Staatsanwaltschaft – Vorzüge und Schwächen des aktuellen EU-Verordnungsvorschlags, ZRP 2015, 181

Rheinbay, Susanne Die Errichtung einer europäischen Staatsanwaltschaft (2014)

Satzger, Helmut Die potentielle Errichtung einer Europäischen Staatsanwaltschaft – Plädoyer für ein Komplementaritätsmodell, NStZ 2013, 206

Schneiderhahn, Peter Der europäische Staatsanwalt: Ein Projekt mit großen Problemen und weitreichenden Folgen, DRiZ 2013, 100

Schramm, Edward Auf dem Weg zur Europäischen Staatsanwaltschaft, JZ 2014, 749

Weber, Vanessa Der Europäische Staatsanwalt, 2008

Zeder, Fritz Der Vorschlag zur Errichtung einer Europäischen Staatsanwaltschaft: große – kleine – keine Lösung? StraFo 2014, 239

Zerbes, Ingeborg Fragmentiertes Strafverfahren. Beweiserhebung und Beweisverwertung nach dem Verordnungsentwurf zur Europäischen Staatsanwaltschaft, ZIS 2015, 145

Kapitel 1:
Einführung

I. Europäisches Strafrecht: Ergebnis von Sachzwängen, eingebettet im rechtsstaatlichen Rahmen

Die europäische Einigung war nach dem Zweiten Weltkrieg eine Idee, eine Vi- **1**
sion, welche nach den Gräueln der ersten Hälfte des 20. Jahrhunderts einen
neuen Krieg auf dem Kontinent unmöglich machen sollte. Das ist gelungen.
Heute erleben die Bürger Europa anders.

Wer heute in Helsinki in sein Auto steigt, der kann bis nach Süditalien oder
an die Meerenge von Gibraltar durchfahren, ohne eine einzige Grenzkontrolle
passieren zu müssen. Das ist eine wunderbare Errungenschaft. Aber:

Wenn der Bürger in Europa frei reisen kann, dann kann es auch der Verbrecher. Das Verbrechen kennt auch in seiner wirtschaftlichen Betätigung keine
räumlichen Beschränkungen, und es wäre unhaltbar, wenn die Strafverfolgung
wegen nationalstaatlicher Empfindlichkeiten an der Staatsgrenze Halt machen
müsste und deshalb immer zu spät käme. Die Mobilität unserer Bürger, die zunehmende Verflechtung der Volkswirtschaften unserer Staaten, Migrationsbe-
wegungen und Asylströme bringen Sachzwänge im Bereich der Strafverfolgung
und damit für das Strafverfahrensrecht mit sich, denen sich kein Staat entziehen kann.

Vor einigen Jahren spielte sich vor einer Pizzeria in der deutschen Stadt **2**
Duisburg ein Mordgeschehen ab, das sieben Menschen das Leben kostete. Hintergrund war ein Streit verfeindeter Mafia-Clans aus Kalabrien (Süditalien); die
Täter kamen kurz vor der Tat von dort und verschwanden sofort nach der Tat
wieder dorthin. Die Ermittlungen am Tatort waren in Duisburg vorzunehmen,
die Ermittlung und die Festnahme der Täter in Süditalien. Oder: Wenn junge
Frauen aus Osteuropa zur Prostitution nach Deutschland oder Frankreich ge-
schafft werden, so wird dieser strafbare Menschenhandel arbeitsteilig durchgeführt. Ein Täter in der Ukraine erhält telefonisch einen Auftrag, andere beför-
dern die Frauen, der oder die Empfänger hier übernehmen sie dann. Wenn die
Frauen es nicht mehr aushalten und Anzeige erstatten, wird es für sie lebensge-
fährlich. Sie kehren in ihr Land zurück und stehen den hiesigen Strafverfolgungsbehörden nicht mehr als Zeugen zur Verfügung; denn kein Zeuge kann
durch ein deutsches Gericht gezwungen werden, aus dem Ausland anzureisen.

Wie in diesen Beispielen stellen sich vergleichbare Probleme in vielen
Zweigen grenzüberschreitender Kriminalität, etwa im Drogenbereich oder im
Waffenhandel und natürlich auch im Rahmen von Wirtschaftskriminalität ein-

DOI 10.1515/9783110456103-001

schließlich Steuerhinterziehung. Sie erzeugen einen großen Druck zur Angleichung der Vorschriften über die Strafverfolgung in Europa. Und über diesen rein faktischen Angleichungsdruck im Verfahren ergibt sich die Notwendigkeit zur Harmonisierung auch der materiellrechtlichen Strafvorschriften. Deutschland kann einen polnischen Staatsanwalt nicht um die Verhaftung eines Menschen bitten, der eine Handlung begangen hat, welche nur in Deutschland, nicht aber in Polen strafbar ist. Warum sollte der polnische Staatsanwalt die Verhaftung durchführen? Er würde einem Bürger die Freiheit nehmen, obwohl dieser nach dem Verständnis Polens gar nichts getan hat.

3   Und wenn man im Schengen-Raum frei reisen will, dann muss man die Asylanten und Flüchtlinge im gesamten Schengen-Raum einheitlich behandeln, weil sie sonst dorthin ziehen würden, wo es ihnen am besten geht. Damit würden die (nicht nur finanziellen) Lasten der Flüchtlingsströme in Europa ungleich und ungerecht verteilt. Und wenn die Grenzkontrollen wegfallen, Grenzstationen und Grenzhäuschen verschwinden, dann kann man solche Kontrollen nicht für Ausländer aus Drittstaaten aufrechterhalten; das ist rein technisch nicht möglich. Notwendige Folge ist das einheitliche Visum, das für den gesamten Raum der Freiheit, der Sicherheit und des Rechts gilt (vgl. Art. 77 Abs. 2a AEUV) und umgekehrt von jedem Mitgliedsstaat mit Wirkung für den gesamten Schengen-Raum widerrufen werden kann. Missbräuche des einheitlichen Visums wiederum können wirksam – wenn überhaupt – allein durch einheitliche strafrechtliche Bestimmungen insbesondere gegen die Schleuser-Kriminalität unterbunden werden. So zieht ein Schritt der inneren Entwicklung zwangsläufig immer weitere Integrationsschritte nach sich.

4   Es gibt also offensichtlich Sachzwänge, welche die Schaffung gemeineuropäischen Strafrechts und gemeineuropäischen Strafprozessrechts verlangen. Art. 3 Abs. 2 EUV bietet dafür nunmehr die programmatische Grundlage. Danach bietet die Union ihren Bürgerinnen und Bürgern einen Raum der Freiheit, der Sicherheit und des Rechts ohne Binnengrenzen, in dem der freie Personenverkehr in Verbindung mit Verhütung und Bekämpfung der Kriminalität gewährleistet ist. Dieses Programm wird sodann in Titel V (Art. 67 bis 89) AEUV unter der Überschrift „Der Raum der Freiheit, der Sicherheit und des Rechts" mit der Schaffung konkreter Kompetenznormen näher ausgeführt.[1]

5   Aber darin erschöpft sich eine Beschreibung der strafrechtspolitischen Ausgangslage nicht. Die Union ist nicht lediglich ein Mechanismus, der für ein ordnungsgemäßes technisches Funktionieren der Abläufe im Binnenmarkt zu sorgen hat. Beginnend mit der Schaffung von Grundrechten durch den Europäi-

---

1 Über Alternativen zum Mittel der Harmonisierung *Vogel* in *Böse* Enz. § 7/1 ff.

schen Gerichtshof in Luxemburg hat sich die Gemeinschaft zunehmend materiellen Wertgesichtspunkten zugewandt. Im Bereich des Strafrechts sind Gesetzgebung und Rechtsanwendung der Union und der Mitgliedstaaten mittlerweile in einen festen rechtsstaatlichen Rahmen eingefügt. Dieser Rahmen wird durch europäische Garantienormen gebildet, welche die allgemeinen Grundsätze des Unionsrechts, die europäischen Grundrechte und die Grundfreiheiten umfassen (Kap. 4/16).

Normativ hat diese Hinwendung der Gemeinschaft zu einer wertbestimmten Ordnung ihren bisherigen Höhepunkt in der Verabschiedung der Charta der Grundrechte der Europäischen Union und – im Vertrag von Lissabon – durch die Vorschrift des Art. 6 Abs. 3 EUV gefunden. Art. 6 Abs. 3 EUV bestimmt, dass die Grundrechte der Europäischen Menschenrechtskonvention als allgemeine Grundsätze Teil des Unionsrechts sind. Die Verzahnung des Unionsrechts mit den Gewährleistungen der EMRK wiederholt sich in der Präambel und in Art. 52 Abs. 3 der Grundrechtecharta. Die EMRK enthält sehr eingehende Detailregelungen zum Strafrecht und zum Strafprozessrecht. Diese Bestimmungen werden damit für das Unionsrecht unmittelbar relevant. Das gilt etwa für die Vorschriften über Festnahme und Verhaftung in Art. 5 oder für die Verfahrensgarantien in Art. 6. EMRK. Die zuletzt genannte Vorschrift wiederum ist nahezu inhaltsgleich mit Art. 47 der Charta der Grundrechte der EU. Diese Verzahnung der Normenkreise hat für das Strafrecht durch die Rechtsprechung des EuGH und des EGMR besondere Bedeutung erlangt, weil beide Gerichte zueinander in einem Verhältnis der Kooperation stehen.

Europäisches Strafrecht ist damit nicht lediglich ein Mittel zur Steigerung der Effektivität der Strafverfolgung in Fällen mit grenzüberschreitender Dimension. Materiell enthält es zugleich die Gewährleistung eines einheitlichen, auf hohem Niveau stehenden rechtsstaatlichen Standards für die gesamte Union.

Freilich: Die Akteure in Brüssel erfreuen sich keiner großen Beliebtheit. Sie **6** agieren zudem mitunter recht bürgerfern. Wirtschaftliche Probleme, die von anderen Staaten ausgehen, aber auch auf Deutschland übergreifen, lenken die Stimmung am Stammtisch eindeutig in eine integrationsfeindliche Richtung. Aber der Stammtisch ist gewöhnlich nicht besonders gut informiert. Der Leser sollte selbst Urteilsfähigkeit entwickeln.

Stichworte: Aus den Freiheiten, welche die Union ihren Bürgern gewährt, ergeben sich Sachzwänge zu einer intensiven Zusammenarbeit auch bei der Strafverfolgung. Diese ist eingebettet in einen rechtsstaatlichen europäischen Rahmen. **!**

II. Begriff und Gegenstand des Europäischen Strafrechts

7 Der Begriff „Europäisches Strafrecht" ist zunächst formal zu umreißen. Er umfasst üblicherweise nicht nur materielles Recht, sondern auch Strafverfahrensrecht einschließlich des Rechts der internationalen Rechtshilfe in Strafsachen. Sachlich handelt es sich um das Recht, welches sich mit Sanktionen für begangenes Unrecht und ihrer verfahrensrechtlichen Durchsetzung beschäftigt. In erster Linie ist damit das Kriminalstrafrecht gemeint. Vorschriften, die als Sanktion Bußgelder vorsehen und ihrer Rechtsnatur nach zwischen Kriminalstrafrecht und Verwaltungsrecht angesiedelt sind, sind wie im deutschen Ordnungswidrigkeitenrecht wegen ihrer Verwandtschaft mit dem Kriminalrecht und deshalb zu berücksichtigen, weil viele ihrer Grundsätze von allgemeiner Bedeutung sind. Sie stehen aber nicht im Mittelpunkt; das gilt insbesondere auch für sanktionsbewehrte Regulierungsmaterien wie im Arzneimittelrecht und im Recht der Bankenaufsicht.[2] Reine Verwaltungssanktionen (wie z.B. Verlust von Beihilfen und Subventionen),[3] die mitunter als europäisches Strafrecht im weiteren Sinne bezeichnet werden, gehören nicht hierher. Dasselbe gilt für zivilrechtliche Sanktionen („Strafschadensersatz").[4]

8 Gegenstand dieses Europäischen Straf- und Strafverfahrensrechts ist eine Materie, welche sich im Besonderen durch ihre Bezeichnung von anderen unterscheidet. Die Bezeichnung „europäisch" weist auf den Urheber sowie den personellen und territorialen Geltungsumfang der in Betracht kommenden Rechtsnormen hin. Sie weist aber auch auf die sachliche Eigenart des Rechtsstoffes hin, der durch ein Ineinandergreifen verschiedener und verschiedenartiger Normenkomplexe gekennzeichnet ist.

So ist europäisches Straf- und Strafverfahrensrecht zunächst das Recht der EU, welches seinerseits mit dem Recht der EMRK verzahnt ist und mit diesem in spezifischer Weise auf die nationalen Rechtsordnungen einwirkt. Zusätzlich umfasst es regionales Völkerrecht, das insbesondere vor dem Inkrafttreten des Vertrages von Lissabon im Schoße der EU, zur Ergänzung ihrer Normen und zur

---

2 Umfassend zu den Verwaltungssanktionen *Brodowski* in *Tiedemann u.a.* Die Verfassung moderner Strafrechtspflege S. 141; Übersicht ferner bei *Langheld* S. 55.
3 Dazu Rahmenregelung für einheitliche Kontrollen sowie für verwaltungsrechtliche Maßnahmen und Sanktionen bei Unregelmäßigkeiten zum Schutz der finanziellen Interessen der Union: Verordnung 2988/95 vom 18.12.95, ABl. 1995 L 312 S. 1.
4 Dazu EuGH C-407/14, Urteil vom 17.12.2015 – Arjona Camacho, Rdn. 37 ff.

effektiven Verwirklichung ihrer Ziele entstanden ist. Zum Thema gehört ferner das durch EU-Recht dominierte nationale Recht.[5]

Es existiert daneben allerdings auch Völkerrecht, welches im Schoße der Vereinten Nationen oder anderer internationaler Organisationen entstanden ist. Ebenso wenig wie die Grenzen der Mitgliedstaaten der EU sind auch die Außengrenzen der EU unüberwindliche Hindernisse für international tätige Straftäter. Es bestand daher Veranlassung, weltweit geltende Übereinkommen zu schließen.[6] Sie sind aber vornehmlich im Verhältnis zu Drittstaaten von Bedeutung. Innerhalb der EU haben deren Rechtsakte, wenn sie dieselbe Materie betreffen, grundsätzlich Vorrang (dazu Kap. 4/60), was nicht ausschließt, dass die Gesetzgebung der EU solche Vereinbarungen inhaltlich gewöhnlich berücksichtigt.

Ziel dieses Lehrbuches ist es, die Grundlagen der neuen, sich dynamisch entwickelnden europäischen Rechtsmaterie, ihre Entwicklungsrichtung und ihre Grenzen darzulegen sowie das Verhältnis der einzelnen Rechtsquellen zueinander und zu den nationalen Rechtsordnungen durchsichtig zu machen. Darüber hinaus gilt es, ihre Auswirkungen auf die Gesetzgebung und die Rechtsanwendung in Deutschland darzustellen.

Stichworte: Als Europäisches Strafrecht wird das materielle und formelle Recht der EU und der EMRK verstanden, welches der Ahndung von Kriminalität dient. Nationales Recht gehört zum Thema, soweit es durch die strafrechtlichen Vorgaben der EU und der EMRK beeinflusst ist. ❗

---

5 Zutr. („Sammelbegriff") *Ambos* IntStrR § 9/4; zum Begriff auch *Böse* in *Böse* Enz. § 1/12; *Esser* EuIntStrR § 1 Rdn. 3; *Hecker* 1/Rdn. 5; *Safferling* IntStrR § 9/6; *Satzger* IntStrR § 7 Rdn. 3; *Vogel/ Brodowski* in *Sieber* u.a. EurStrR § 5/7 ff.
6 Beispiele bei *Hecker* 5/Rdn. 2.

Kapitel 2:
Grundlagen

I. Europa – Politisches Projekt und rechtliche Grenzen nach deutschem Verfassungsrecht

1. Politisches Projekt

Politisch ist Europa ein Ziel, das Streben nach einer immer enger werdenden 1
Union der Völker Europas (Art. 1 Abs. 2 EUV), basierend auf dem Postulat eines
Raumes der Freiheit, der Sicherheit und des Rechts (Art. 3 Abs. 2 EUV). Seit dem
Vertrag von Maastricht (1992) und dem Beginn des Schengen-Prozesses (ab
1985) erstrecken sich der Verwirklichung dieses Ziels dienende, bis heute frag-
mentarisch gebliebene Bemühungen auch auf das Straf- und das Strafverfah-
rensrecht. Man kann auch sagen: Europa ist gegenwärtig ein Prozess, der Pro-
zess der europäischen Integration, welcher nicht abgeschlossen ist und zu
Regelungen geführt hat, die erkennbar den Stempel der Vorläufigkeit auf der
Stirn tragen. Der Prozess leidet zudem an einem schwerwiegenden Gebrechen:
Man weiß nicht, wohin er führen soll. Während einerseits der Wille zu weiteren
Integrationsschritten besteht und durch die wirtschaftliche Entwicklung gerechtfertigt, ja erzwungen werden wird, gibt es andererseits Bremser, die sich
mit den Einbußen an nationaler Souveränität nicht abfinden wollen. Zu ihnen
gehört leider auch das deutsche Bundesverfassungsgericht, dessen Urteil zum
Lissabon-Vertrag sich immer wieder als ein Hemmnis für eine Vertiefung der
europäischen Zusammenarbeit erweist.

Für Europa braucht man deshalb einen langen Atem. Aber man *muss* ihn
haben. Wir befinden uns mittendrin in dem Prozess des Umbruchs. Wir sollten
uns nicht von kleingeistigem Zank und Streit beeindrucken lassen. Man muss
die historische Dimension des Vorgangs in den Blick nehmen, der zur Überwindung nationalstaatlichen Denkens nach Jahrhunderten der europäischen Zer-
rissenheit führen wird. Es lohnt sich. Zur Begründung braucht man gar nicht
auf die Erfolge des Projekts und auf seine ungebrochene Attraktivität für außen-
stehende Länder hinzuweisen. Die Unmöglichkeit, dass es wegen der wirtschaftlichen Verflechtung unserer Staaten zu einem neuen Krieg mit Polen oder
Frankreich kommen könnte, ist Rechtfertigung genug für die Integration. Aber
es gibt genügend weitere Aufgaben.

Die Einsicht wächst, dass die gemeinsame Währung – der Euro – eine koor-
dinierte, ja einheitliche Fiskal- und Wirtschaftspolitik verlangt, weil eine einheitliche Währung eine einheitliche wirtschaftliche Entwicklung in allen Staa-

DOI 10.1515/9783110456103-002

ten vorausetzt. Anderenfalls würden Turbulenzen in einem Staat sogleich die anderen Staaten mitreißen.

Diese Entwicklung ist zudem im weltpolitischen Rahmen zu sehen. Europäische Diplomaten berichten immer häufiger, dass sich die Gewichte der Weltpolitik in Richtung China, Indien, Brasilien verschieben. Die Länder Europas – die ja in der Außenpolitik jedes für sich allein auftreten – werden nicht mehr gefragt, sie sind bedeutungslos. Entsprechend können sie ihre Interessen auch immer weniger zur Geltung bringen. Gegenüber diesem Bedeutungsverlust ist Europa womöglich unsere letzte Chance.

2 Aber rechtlich und verfassungspolitisch stehen den Sachzwängen zu weiterer Integration auch reaktive Momente gegenüber, welche im Gedanken der staatlichen Souveränität verkörpert sind und besondere Bedeutung für das Straf- und Strafprozessrecht haben.

Der Gedanke der staatlichen Souveränität hat seine Ausprägung im 19. Jahrhundert im Begriff des Nationalstaats gefunden. Souveränität heißt, dass der Staat alle die Kennzeichen, die einen Staat ausmachen – Staatsvolk, Staatsgebiet, Staatsgewalt – in vollem Umfang innehat, so dass er über die Lebensverhältnisse im Land aus eigener Machtvollkommenheit bestimmen kann. Und in besonders empfindlicher Weise wird die demokratische Selbstbestimmung eines Staates durch Straf- und Strafverfahrensnormen berührt, wie das deutsche Bundesverfassungsgericht in seinem Urteil zum Lissabon-Vertrag[1] formuliert hat, Ein Staat, der keine Befugnis zur Aburteilung seiner Verbrecher hätte, wäre also in Wahrheit kein Staat. Der Staat aber, der seine Verbrecher aburteilt, muss naturgemäß auch Wert darauf legen, *selbst* zu bestimmen, welches Verhalten er in seiner Rechtsordnung als gemeinschaftswidrig betrachtet und welchen Weg er zur Durchsetzung seines Rechts einschlägt. Das mindert die Bereitschaft zur Schaffung eines gemeineuropäischen Strafrechts und Strafprozessrechts. Diese Bereitschaft setzt zudem gegenseitiges **Vertrauen** zwischen den Mitgliedstaaten voraus, welches auch rechtlich zu einem Zentralbegriff der Integration geworden ist.[2] Als Rechtsbegriff sind ihm freilich auch Grenzen immanent (Kap. 6/18; 9/70).

3 Die Europäische Union befindet sich in dem Dilemma zwischen solchen Sachzwängen zu weiterer Integration und dem Beharren auf den Prinzipien staatlicher Souveränität.

Im Verfahrensrecht geht Art. 82 des Vertrages über die Arbeitsweise der Europäischen Union (der AEUV) deshalb primär einen Mittelweg. Nach seinem Absatz 1 beruht die Zusammenarbeit in Strafsachen innerhalb der Europäischen

---

1 BVerfGE 123, 267.
2 *Suhr* in *Callies/Ruffert* EUV-AEUV, Art. 82 Rdn. 7; *Hecker* 12/Rdn. 54; *Kaufhold* EuR 2012, 408.

Union auf dem Grundsatz der gegenseitigen Anerkennung gerichtlicher Urteile und Entscheidungen; die Angleichung von Rechtsvorschriften ermöglicht die Vorschrift nur, soweit sie diesem Ziel sowie der rechtlichen Zusammenarbeit in Fällen dient, die typischerweise eine grenzüberschreitende Dimension aufweisen. Auf den Dualismus Integration/Souveränität wird immer wieder aufmerksam zu machen sein, auch im Bereich des materiellen Strafrechts.

Aber es ist nochmals zu betonen: Man braucht einen langen Atem. Die gegenwärtige rechtliche Situation auf dem Gebiete des Strafrechts und des Strafverfahrensrechts lässt sich als Übergangsphase beschreiben; das Recht hat seine endgültige Gestalt hier noch lange nicht gefunden.

Dennoch: Wir haben eine ganze Reihe von Regelungen europäischen Rechts, die unmittelbar für das Strafverfahren von Bedeutung sind und angewendet werden müssen. Man muss sie daher kennen. Darüber hinaus nimmt die Zahl von Vorschriften stetig zu, mit denen der europäische Gesetzgeber bindenden Einfluss auf nationales Recht nimmt. Auch die Frage der Vereinbarkeit nationalen Rechts mit Unionsrecht gewinnt daher zunehmend an Bedeutung. Voraussetzung für den sachgerechten Umgang mit den hier anfallenden Problemen ist daher die Kenntnis des Unionsrechts und des Einflusses europarechtlicher Vorgaben auf das nationale Recht.

Stichworte: Der Gedanke der staatlichen Souveränität hat im Straf- und Strafprozessrecht [!] besondere Bedeutung, weil sich das Wesen des Staates in seiner Befugnis ausdrückt, Strafe zu verhängen. Integrationsbemühungen stoßen hier auf starke rechtliche und politische Widerstände. Der europäische Rahmen ist noch unfertig. Rechtlicher und politischer Zentralbegriff der Integration ist gegenseitiges Vertrauen.

---

2. Verfassungsrechtliche Grundlagen und Grenzen

Innerstaatliche Grundlage der Bundesrepublik für ihre Mitgliedschaft in der 4 Europäischen Union ist Art. 23 GG. Der bloße Wortlaut des Grundgesetzes gibt allerdings die Rechtslage nicht vollständig wieder. Abgesehen davon, dass die weiteren Absätze des Artikels 23 GG eine Fülle von Einzelregelungen enthalten, gibt es auch ein Gesetz über die Wahrnehmung der Integrationsverantwortung des Bundestages und des Bundesrates in Angelegenheiten der Europäischen Union,[3] ein Gesetz über die Zusammenarbeit von Bundesregierung und Deutschem Bundestag in Angelegenheiten der Europäischen Union[4] sowie ein Ge-

---

3 Integrationsverantwortungsgesetz vom 22.9.2009 (BGBl. I S. 3022).
4 Gesetz vom 4.7.2013, BGBl. I S. 2170.

setz über die Zusammenarbeit von Bund und Ländern in Angelegenheiten der Europäischen Union.[5] Alle diese Gesetze regeln die innerstaatliche Willensbildung und die demokratische Legitimation bei der Verabschiedung von Rechtsakten der Europäischen Union. So ist der deutsche Vertreter im Brüsseler Rat in vielen Fällen verpflichtet, vor seiner Abstimmung eine Entscheidung des Bundestages herbeizuführen, welche ihn sodann bindet.

5   Die Regelung über die verpflichtende Einbindung des Deutschen Bundestages in das Zustandekommen von Rechtsakten der Europäischen Union beruht auf dem Urteil des Bundesverfassungsgerichts zum Vertrag von Lissabon,[6] welches den Begriff der Integrationsverantwortung geschaffen hat. Mit ihr soll sichergestellt werden, dass Regelungen, welche eine Veränderung des Vertragsrechts ohne Ratifikationsverfahren ermöglichen, nur unter Mitwirkung des nationalen deutschen Parlaments erfolgen. Ebenso wichtig wie dieser Begriff ist jedoch der der „Verfassungsidentität". Hiermit bringt das Bundesverfassungsgericht in seinem Lissabon-Urteil zum Ausdruck, dass eine Übertragung von Hoheitsrechten nicht unbegrenzt zulässig sein soll. Vielmehr müsse den Mitgliedstaaten ein ausreichender Raum zur politischen Gestaltung der wirtschaftlichen, kulturellen und sozialen Lebensverhältnisse verbleiben. Das gelte insbesondere für den besonders sensiblen Bereich der Strafrechtspflege; in diesem Bereich müssten Kompetenznormen des EU-Vertrages daher eng ausgelegt werden.[7] Das Bundesverfassungsgericht prüft, ob diese Grenzen eingehalten sind. Integration über die vom Bundesverfassungsgericht angenommenen Grenzen hinaus würde die Annahme einer neuen Verfassung erfordern.

❗ Stichworte: Verfassungsrechtliche Grundlage der Integration ist Art. 23 GG. Für weitere Integrationsschritte haben die gesetzgebenden Organe eine Integrationsverantwortung. Die Verfassungsidentität Deutschlands ist zu wahren.

3. Zur Rechtswirklichkeit

6   Strafrechtliche Normen in Deutschland sind vom souveränen deutschen Gesetzgeber erlassen. Nichts deutet gewöhnlich darauf hin, dass er in seinem Ge-

---

5 Gesetz vom 12.3.1993 (BGBl. I S. 313).
6 BVerfGE 123, 267, Urteil vom 30.6.2009 – 2 BvE 2/08 u.a. –; zur Entwicklung der Rspr. des BVerfG und seiner zunehmend zurückhaltenden Einstellung gegenüber dem Prozess der europäischen Einigung *Safferling* IntStrR § 9/21 ff.
7 BVerfGE 123, 267, Rdn. 253, 352 ff.; mit Recht kritisch *Gärditz* in *Böse* Enz. § 6/17 ff., 21 unter Hinweis auf die gemeineuropäischen Rechtsstandards.

staltungsspielraum rechtlich eingeengt gewesen wäre. Als Beispiel möge § 184b Abs. 1 Nr. 1 StGB i.d.F. des 49. StrÄndG dienen. Die Vorschrift definiert den Begriff der Kinderpornographie und lautet insoweit wie folgt:

> Kinderpornographisch ist eine pornographische Schrift (§ 11 Abs. 3), wenn sie zum Gegenstand hat:
> a) sexuelle Handlungen von, an oder vor einer Person unter 14 Jahren (Kind),
> b) die Wiedergabe eines ganz oder teilweise unbekleideten Kindes in unnatürlich geschlechtsbetonter Körperhaltung oder
> c) die sexuell aufreizende Wiedergabe der unbekleideten Genitalien oder des unbekleideten Gesäßes eines Kindes

Tatsächlich aber ist die Vorschrift vor dem Hintergrund einer Richtlinie der Europäischen Union zu sehen, in deren Rahmen sich der deutsche Gesetzgeber halten wollte[8] und musste. Die Richtlinie definiert den Begriff der Kinderpornographie wie folgt:[9]

> Im Sinne dieser Richtlinie bezeichnet der Ausdruck „Kinderpornographie"
> i) jegliches Material mit Darstellungen eines Kindes, das an realen oder simulierten eindeutig sexuellen Handlungen beteiligt ist,
> ii) jegliche Darstellung der Geschlechtsorgane eines Kindes für primär sexuelle Zwecke,
> iii) jegliches Material mit Darstellungen einer Person mit kindlichem Erscheinungsbild, die an realen oder simulierten eindeutig sexuellen Handlungen beteiligt ist, oder jegliche Darstellung der Geschlechtsorgane einer Person mit kindlichem Erscheinungsbild für primär sexuelle Zwecke,
> iv) realistische Darstellung eines Kindes, das an eindeutig sexuellen Handlungen beteiligt ist, oder realistische Darstellung der Geschlechtsorgane eines Kindes für primär sexuelle Zwecke.

Es ist absehbar, dass bei der Gesetzesanwendung in der Praxis die Frage auftreten wird, ob sich die Definition des deutschen Gesetzgebers mit derjenigen der Richtlinie deckt und wie eine eventuelle Kollision zu lösen ist. Der Frage ist hier nicht nachzugehen, jedoch dürfte einsichtig sein, dass europäisches Recht unmittelbar in der Praxis eines jeden Strafrichters, Verteidigers und Staatsanwalts Bedeutung erlangen kann. Ein weiteres Beispiel der Verzahnung verschiedener

---

8 Gesetzentwurf BTDrucks. 18/2601; Schriftl. Bericht des Rechtsausschusses BTDrucks. 18/3202 S. 27.
9 Art. 2 Buchst. c) der Richtlinie 2011/93/EU vom 13.12.2011 zur Bekämpfung des sexuellen Missbrauchs und der sexuellen Ausbeutung von Kindern sowie der Kinderpornographie sowie zur Ersetzung des Rahmenbeschlusses 2004/68/JI (ABl. 2011 L 335 S. 1) – umgesetzt durch 49. StrÄndG vom 21.1.2015 (BGBl. I S. 10).

Normenkreise in Europa bietet folgendes Beispiel,[10] welches als erdachter Leitfall die Problematik verdeutlichen, hier aber ebenfalls nicht näher untersucht
werden soll:

> **Leitfall:** Der deutsche Arzt A. wohnt mit seiner Familie in Deutschland im Grenzgebiet zu
> den Niederlanden. Er fährt täglich zu seiner Arbeitsstelle in Holland, einer Abtreibungskli-
> nik, in der Schwangerschaftsunterbrechungen ohne Rücksicht auf das Vorliegen der Vor-
> aussetzungen der §§ 218 ff. des deutschen StGBs, aber nach niederländischem Recht völlig
> legal, vorgenommen werden. Im Hinblick auf seine berufliche Tätigkeit leitet die deutsche
> Staatsanwaltschaft gemäß § 5 Nr. 9 StGB ein strafrechtliches Ermittlungsverfahren wegen
> Verdachts des Verstoßes nach § 218 StGB gegen ihn ein.
> Ist das zulässig? Könnte auch gegen Schwangere aus Deutschland, die die Klinik auf-
> suchen, strafrechtlich vorgegangen werden?

7 Die Europäische Union kennt von Beginn an und entsprechend ihrem ursprünglichen Charakter als Wirtschaftsgemeinschaft vier Grundfreiheiten: den freien
Warenverkehr, den freien Personenverkehr (Niederlassungsfreiheit), den freien
Dienstleistungsverkehr (aktive und passive Dienstleistungsfreiheit) und den
freien Kapitalverkehr. Das sind eherne Säulen, die umfassende, aber nicht absolute Geltung besitzen. Sie können vielmehr aus Gründen des öffentlichen Wohls
eingeschränkt werden. Trotzdem: Die vier Grundfreiheiten können dazu führen,
dass nationales Recht und europäisches Recht in Fällen mit Auslandsbezug
miteinander kollidieren, wenn das nationale Recht der Verwirklichung der Ziele
der EU im Wege steht.

8 Dieser Befund hat dazu geführt, von einem **„dynamischen Kompetenzgefüge"** auf Unionsebene zu sprechen, welches zu einer „Europäisierung" des
gesamten nationalen Rechts führt. Hiervon ist das Strafrecht, auch wenn bei
ihm der Gedanke der staatlichen Souveränität eine besondere Rolle spielt, nicht
ausgenommen.[11] Bei der Erfassung dieses dynamischen Kompetenzgefüges steht
im Mittelpunkt der Begriff der **„Durchführung des Rechts der Union"**. Mit dieser weit gespannten und später (Kap. 4/16) zu behandelnden zentralen Kategorie soll die funktionale Verschränkung des europäischen und des nationalen
Rechts bewältigt und vollziehbar werden. Bei der Durchführung von Unionsrecht gelten für die Mitgliedstaaten bestimmte Garantienormen wie die Grundrechte, die Grundfreiheiten und die allgemeinen Grundsätze des Unionsrechts
auch dann, wenn sie europäische Normen in ihr eigenes Recht umgesetzt haben
und in eigener Verantwortlichkeit handeln. Folgerichtig ist insoweit auch eine
Zuständigkeit des EuGH gegeben (vgl. aber Kap. 3/13).

---

10 Nach *Hecker* 9/Rdn. 36.
11 *Safferling* IntStrR § 9/3; *Satzger* IntStrR § 9 Rdn. 7 ff.

Unter einem anderen und umfasenderen Blickwinkel wird der rechtliche 9
und faktische Zustand des Raums der Freiheit, der Sicherheit und des Rechts
auf dem Gebiete des Strafrechts als „**Verbundstrafverfolgung**" bezeichnet.
Darunter werden die Phänomene eines Vollstreckungsverbundes – der sich
durch das Hineinwirken von justiziellen Akten eines Mitgliedstaates in andere
Mitgliedstaaten der EU auszeichnet –, eines Informationsverbundes und gemeinsamer Institutionen auf dem weiten Feld der Kriminalitätsbewältigung verstanden.[12] Der Begriff ist dem europäischen Verwaltungsrecht entlehnt und
erinnert an die Charakterisierung der EU als Staatenverbund durch das Bundesverfassungsgericht (Kap. 2/38); er dient dazu, die Funktionen der EU auf dem
Gebiet der Strafverfolgung zu beschreiben, zu analysieren und zu bewerten.

Im Leitfall stellt sich die Frage, ob der deutsche Arzt in seinem Recht auf
Freizügigkeit (Arbeitnehmerfreizügigkeit) und die deutsche Schwangere in ihrer
passiven Dienstleistungsfreiheit unzulässig behindert werden (dazu Kap. 5/56).

Die Begegnung mit europäischem Recht ist mithin jederzeit und überall
möglich, auch im Strafrecht. Schätzungen besagen, dass im Wirtschaftsrecht
etwa 80% des geltenden Normenbestandes europarechtlich dominiert sind. Es
gibt seriöse Stimmen, welche eine ähnliche Überformung für das Strafrecht
prognostizieren.

Stichworte: Die Praxis im europäischen Rechtsraum ist durch eine Verschränkung der Nor- ❗
menkreise, durch ein „dynamisches Kompetenzgefüge" gekennzeichnet, in dessen Mittelpunkt aus Sicht der Mitgliedstaaten der Begriff der „Durchführung des Rechts der Union"
steht.

II. Abgrenzungen, Terminologie, Verhältnis der Normenkreise zueinander

Vor einer Befassung mit dem europäischen Strafrecht und dem europäischen
Strafverfahrensrecht bedarf es aber zunächst einer Klärung der Terminologie.

1. Völkerrecht, nationales Recht, europäisches Recht

In Fällen, die durch grenzüberschreitende Sachverhalte gekennzeichnet sind, 10
greifen oft die Normen des Völkerrechts, des nationalen Rechts und des euro-

---

12 *Meyer* Weßlau – Gedächtnisschrift S. 193, 201 ff.

päischen Rechts ineinander; sie sind aber unterschiedlicher Natur und sachlich und begrifflich voneinander abzugrenzen.

Völkerrecht gilt zwischen Staaten und internationalen Organisationen. Es kann verschiedene Wurzeln haben. Meist wird es heute durch internationale Verträge begründet. Im anglo-amerikanischen Rechtskreis wird für diese Rechtsmaterie deshalb sehr häufig auch die Bezeichnung „International Law" verwandt. Es gibt aber auch Völkergewohnheitsrecht. In Europa spielt regionales Völkerrecht eine beträchtliche Rolle. Das sind Konventionen, völkerrechtliche Verträge zwischen den Staaten Europas.

In Deutschland werden völkerrechtliche Verträge nach Art. 59 Abs. 2 GG in nationales Recht transformiert und erlangen dadurch innerstaatliche Wirksamkeit. Oft begründen sie für die nationale Gesetzgebung Verpflichtungen, die vom Gesetzgeber zu erfüllen sind. So beruht beispielsweise § 261 StGB – die Vorschrift über die Strafbarkeit der Geldwäsche – auf völkerrechtlichen Verträgen (Kap. 11/22).

Nationales Recht ist das Recht, welches der einzelne Staat in dem von seiner Verfassung bestimmten Verfahren erlässt und das grundsätzlich die innerstaatlichen Verhältnisse ordnen soll.

Das europäische Recht steht dazwischen. Die Gründungsverträge zu den Europäischen Gemeinschaften mit ihren Abänderungen einschließlich des Vertrags von Lissabon sind gewöhnliche völkerrechtliche Verträge. Sie weisen aber die Besonderheit auf, dass die vertragschließenden Staaten einen Teil ihrer Souveränität auf ein neu geschaffenes Völkerrechtssubjekt übertragen haben. Dieses neue Völkerrechtssubjekt hat die Befugnis, seinerseits Rechtsnormen zu schaffen, welche für alle Mitgliedstaaten verbindlich sind und daher echtes supranationales Recht darstellen. Man nennt die Gründungsverträge mit ihren Änderungen auch das Primärrecht der Union. Zu diesem Primärrecht zählen zusätzlich die Beitrittsverträge mit den später beigetretenen Staaten, weil auch sie reine völkerrechtliche Verträge sind, ebenso Übereinkommen über den Austritt eines Mitgliedstaates aus der EU nach Art. 50 EUV. Das von den Organen der Europäischen Union gesetzte Recht, welches sie kraft der ihr übertragenen Kompetenz schaffen, ist dann das Sekundärrecht.

Das Recht der EU hat sich im Laufe der Jahre zu einer autonomen Rechtsordnung entwickelt, deren Systematik, Begrifflichkeit und Auslegungsgrundsätze zwar prinzipiell von den Rechtsordnungen der Mitgliedstaaten losgelöst sind. Im Bereich des Strafrechts und des Strafverfahrensrechts hat dieser Vorgang aber erst spät begonnen, ist daher nicht weit fortgeschritten und wird vermutlich auch nicht die Tiefe erreichen wie in den voll harmonisierten Rechtsmaterien.

Stichworte: Im Unterschied zum nationalen und Völkerrecht ist das Recht der EU heute supranationales Recht. Primärrecht sind die Verträge, Sekundärrecht ist das von der EU aufgrund der ihr übertragenen Kompetenz gesetzte Recht. !

---

2. Begriffliche Abgrenzungen

Für die Verständigung im strafrechtlichen Bereich benötigen wir weitere termi- 11
nologische und inhaltliche Klarstellungen. Die Begriffe Internationales Strafrecht, dazu transnationales Strafrecht oder Rechtshilferecht, Völkerstrafrecht, Völkerstrafgesetzbuch müssen auseinander gehalten werden.

a) Internationales Strafrecht

Leitfall: Ein Franzose begeht in Berlin ein Tötungsdelikt an einem englischen Staatsangehörigen. Welcher Staat darf die Straftat verfolgen?

Die Begriffsbildung „Internationales Strafrecht" weckt zunächst Assoziationen an das Zivilrecht, das den Terminus „Internationales Privatrecht" kennt. Internationales Privatrecht bestimmt, welche nationale Privatrechtsordnung auf einen bestimmten Sachverhalt anwendbar sein soll. Wenn zwei Parteien einen Vertrag schließen, können sie in der Regel vereinbaren, ob im Streitfall deutsches oder ein anderes Recht Anwendung finden soll. Wenn sie im Ausland ein Grundstück besitzen, gilt regelmäßig das Recht der belegenen Sache. Wenn jemand im Ausland einen Verkehrsunfall erleidet, gilt meist das Recht des Unfallortes.

Diesen Sprachgebrauch hat in Deutschland das Strafrecht übernommen. Internationales Strafrecht ist als Parallele zum Internationalen Privatrecht **Strafanwendungsrecht**. Es bestimmt allerdings nicht lediglich, ob ein Verhalten nach deutschem Strafrecht zu beurteilen ist. Es bestimmt gleichzeitig, wann eine Straftat überhaupt von den deutschen Strafverfolgungsbehörden zu verfolgen und von deutschen Gerichten abzuurteilen ist. Es umschreibt also den Umfang der deutschen **Strafgewalt**. Das Internationale Strafrecht Deutschlands bestimmt außerdem nur, in welchen Fällen die deutsche Justiz zuständig ist. Ob auch ausländische Staaten die Befugnis für sich in Anspruch nehmen, dasselbe Verhalten einer bestimmten Person strafrechtlich zu verfolgen, regelt deren Rechtsordnung. Man spricht insofern von **„einseitigen Kollisionsnormen"**.

Das Internationale Strafrecht Deutschlands ist weitgehend in §§ 3 bis 7 StGB geregelt. Es handelt sich, wie der Standort und der Regelungsbereich der Vorschriften ergeben, ausschließlich um deutsches nationales Recht. Die Verwendung des Wortes Internationales Strafrecht ist daher missverständlich und nicht besonders glücklich; sie kommt auch zunehmend außer Gebrauch. Üblicherweise wird diese Bezeichnung heute durch den Terminus „Strafanwendungsrecht" ersetzt.[13] Der Terminus Internationales Strafrecht dient dagegen zur umfassenden Bezeichnung aller Rechtsgebiete, die einen Bezug zum Ausland oder zu einer internationalen Organisation aufweisen.

Der Fall der Tötung eines Engländers durch einen Franzosen in Berlin beurteilt sich nach § 3 StGB, wonach das deutsche Strafrecht für alle Taten gilt, die im Inland begangen werden. Die Rechtsordnungen von Frankreich und England bestimmen, ob die Tat auch von der Justiz dieser Staaten verfolgt werden kann. Diese unschönen Konkurrenzen verschiedener Rechtsordnungen werden auf deutscher Seite gemildert dadurch, dass im Ausland wegen derselben Tat erlittene Freiheitsentziehung auf die inländische Strafe anzurechnen ist (§ 51 Abs. 3 StGB) sowie durch die Möglichkeit der Nichtverfolgung von Auslandstaten nach § 153c StPO. Zu den Bemühungen um eine Begrenzung konkurrierender Strafgewalten Kap. 2/23 ff.

b) Internationale Rechtshilfe

12 Enge Beziehungen bis – im Verfahrensrecht – zur teilweisen Identität hat europäisches Strafrecht aber mit der Internationalen Rechtshilfe in Strafsachen. Als Recht der Rechtshilfe werden diejenigen Normen bezeichnet, die **die auf Ersuchen geleistete Unterstützung**[14] **eines fremden Staates zur Durchführung seiner Strafverfahren regeln** oder umgekehrt auch die Hilfeersuchen des deutschen Staates an das Ausland. Diese Definition, die Rechtshilfe im Ausgangspunkt als bloße zwischenstaatliche Angelegenheit betrachtet, ist allerdings umstritten. Eine andere Auffassung möchte das Rechtshilferecht aus der reinen Beziehung zwischen Staaten herauslösen und sieht das Individuum auch in diesem Bereich als Träger von Rechten, also als Rechtssubjekt. Mit diesem Ziel versteht sie Rechtshilfe dogmatisch als international-arbeitsteiliges Strafverfahren.[15] Indessen steht diese Umschreibung im Widerspruch zur Möglichkeit der Konkurrenz verschiedener Strafrechtsordnungen (dazu Kap. 2/23; auch Kap. 9/62) und der Befugnis, Rechtshilfe abzulehnen, sofern der eigene Staat das Strafverfahren

---

13 LK-*Werle/Jeßberger* vor § 3 Rdn. 2, 13; *Hecker* 1/Rdn. 2, 3; *Schramm* IntStR Einl. Rdn. 2.
14 BGHSt. 32, 314, 322; OLG München StV 2013, 313 m. abl. Anm. *Brodowski* S. 339; *Hackner/Schierholt* Rdn. 1; *Ambos/Poschadel* in *Ambos/König/Rackow* 1/4, 6.
15 *Schomburg/Lagodny/Schallmoser* in *Böse* Enz. § 13/76; *Lagodny* in *Sieber u.a.* EurStrR § 31/39.

selbst durchführen will (vgl. § 83b Abs. 1 Nr. 1, 2 IRG). Klassische Rechtshilfe wird geleistet, wenn die Sache den eigenen Staat im Grunde nichts angeht (näher Kap. 4/33ff.). Das Bild eines arbeitsteiligen Vorgehens bei gleichliegenden Interessen ist daher schief.[16] Die gebotene Achtung der Subjektqualität des Betroffenen ergibt sich unabhängig von der Definitionsfrage aus der umfassenden Geltung der Grund- und Menschenrechte auch in diesem Bereich.[17]

> **Leitfall:** Ein Täter hat in Italien einen Franzosen erschlagen, sich danach nach Deutschland abgesetzt, wird hier gefasst und soll schließlich in Frankreich verurteilt werden.

In einem solchen Fall muss nicht nur geklärt werden, welcher Staat das Strafverfahren übernimmt, vielmehr muss der Verfahrensstaat auch faktisch in die Lage versetzt werden, den Prozess durchzuführen. Dazu gehört die **Auslieferung** des Täters, dazu gehört die Übermittlung des notwendigen **Beweismaterials** und schließlich gehört dazu auch die **Vollstreckung** des Urteils. Deutschland hat ein Gesetz über die Internationale Rechtshilfe in Strafsachen (IRG) erlassen. Dieses bestimmt, wie sich die deutschen Strafverfolgungsbehörden in Fällen mit Auslandsbezug zu verhalten haben. Manche bezeichnen diese Materie unter Einschluss aller Instrumente grenzüberschreitender Zusammenarbeit als transnationales Strafrecht.[18] Es handelt sich aber auch hierbei um rein nationales deutsches Recht. Der notwendige Gleichklang mit den Rechtshilfevorschriften anderer Staaten wird meist entweder durch völkerrechtliche Übereinkommen oder mittlerweile – was hier besonders interessiert – mit Hilfe des europäischen Rechts hergestellt, zum Beispiel den Europäischen Haftbefehl. Die Bestimmungen der EU über die Zusammenarbeit zwischen ihren Mitgliedstaaten sind darauf angelegt, das klassische Rechtshilferecht abzulösen. In bestimmten Bereichen sind bereits zukunftweisende Schritte in diese Richtung unternommen, so etwa bei der grenzüberschreitenden Nutzung von Datensammlungen (Fingerabdruckregister, DNA-Register) oder beim Austausch von Informationen nach dem Grundsatz der Verfügbarkeit.

Im Laufe der Entwicklung hatten sich im klassischen Rechtshilfeverkehr **13** bestimmte Standards zwischenstaatlicher Rechtshilfe entwickelt.[19] Rechtshilfe

---

16 Insoweit zutr. *Roger* S. 118 („dogmatischer Fluchtpunkt, keine Rechtswirklichkeit"), der seinerseits aber mit der Annahme einer „Gesamtverantwortlichkeit" der beteiligten Staaten (S. 109) über diese Kritik nicht hinaus gelangt.
17 *Vogel* in *Grützner/Pötz/Kreß* vor § 1 IRG Rdn. 7.
18 *Hecker* 2/Rdn. 61, 62.
19 *Hackner/Schierholt* Rdn. 23ff.; *Schomburg/Lagodny/Schallmoser* in *Böse* Enz. § 13/23ff.

wurde freiwillig oder auf vertraglicher Basis geleistet. Sie setzte in der Regel eine „auslieferungsfähige Tat" voraus. Das bedeutete, dass bestimmte Delikte – etwa Steuerstraftaten, militärische Straftaten oder politische Straftaten – von vornherein ausschieden. Darüber hinaus war bestimmt, dass die Tat in beiden beteiligten Staaten strafbar sein musste – das war das Erfordernis beiderseitiger Strafbarkeit. Ferner galt das Prinzip der Spezialität. Nach der Auslieferung durfte die Verurteilung nur wegen genau der Tat erfolgen, die der Auslieferungsbewilligung zugrunde lag. Im Verhältnis zu Drittstaaten gilt dieses Prinzip weiterhin als allgemeiner Grundsatz des Völkerrechts (Art. 25 GG).[20] Darüber hinaus war das Verfahren außerordentlich kompliziert. Nach einer gerichtlichen Prüfung der rechtlichen Voraussetzungen für die Leistung von Rechtshilfe schloss sich ein behördliches Verfahren an, in dem die Bewilligungsbehörde nach ihrem freien, gerichtlich nicht nachprüfbaren Ermessen – meist unter Beachtung außenpolitischer Gesichtspunkte – über die Bewilligung zu befinden hatte (näher Kap. 4/33).

Es war ein verdienstvolles Bemühen des Europarates, frühzeitig den Abschluss völkerrechtlicher Verträge zur Vereinfachung der Rechtshilfe vorangetrieben zu haben. Demselben Ziel widmete sich aber auch die EU mit – mangels Gesetzgebungskompetenz zunächst – eigenen Übereinkommen, später mit Rahmenbeschlüssen. Das Ergebnis war, dass die Rechtslage kaum noch zu überblicken war. Die Bemühungen der EU, wenigstens auf ihrem Gebiet die bisherige klassische Rechtshilfe durch ein Prinzip der unmittelbaren gegenseitigen Anerkennung – also der europaweiten Wirksamkeit gerichtlicher Entscheidungen – zu ersetzen, verdient daher besondere Aufmerksamkeit. Gleichwohl ist es auch im Rahmen der EU bisher nicht gelungen, die komplizierten Regelungen über die internationale Rechtshilfe vollkommen durch ein System vernünftiger Zusammenarbeit zu ersetzen. Die Bundesrepublik Deutschland hat sich in diesem Prozess auch keineswegs als Vorreiter erwiesen (vgl. zu den einzelnen europäischen Rechtsakten und ihrer Umsetzung in deutsches Recht Kap. 6/4; 11/1).

Aber im Wesentlichen – und ohne Berücksichtigung nationaler Vorbehalte – gelten im Verhältnis der Mitgliedstaaten der EU zueinander heute die von der EU erlassenen Rechtsakte, die im Achten bis Zehnten Teil des IRG in deutsches Recht umgesetzt worden sind und allen früheren völkerrechtlichen Vereinbarungen vorgehen (vgl. z.B. § 1 Abs. 4, § 78 Abs. 2 IRG).[21] Im Verhältnis zu den Mitgliedstaaten des Europarates sind weiterhin die in seinem Schoß er-

---

20 BVerfG, Beschluss vom 24.3.2016 – 2 BrR 175/16, StV 2017, 230, Rdn. 45.
21 S. ferner BGHSt. 52, 191 Rdn. 8 und – zu verbliebenen Zweifeln – Rdn. 23.

arbeiteten Übereinkommen maßgebend.[22] Der Rechtshilfeverkehr mit Drittstaaten vollzieht sich aufgrund bilateraler, multilateraler Abkommen oder im vertraglosen Verkehr.

Stichworte: Internationale Rechtshilfe ist die auf Ersuchen geleistete Unterstützung eines fremden Staates zur Durchführung seiner Strafverfahren. !

---

c) Völkerstrafrecht

Fall: Nach dem Zerfall Jugoslawiens bricht in Bosnien-Herzegowina ein tiefgreifender ethni- 14
scher und religiöser Konflikt aus. In Srebrenica werden 8.000 Zivilpersonen moslemischer
Religion allein wegen ihrer ethnischen und religiösen Zugehörigkeit getötet, ferner kommt
es zu Massenvergewaltigungen.

Völkerstrafrecht ist ein Teilgebiet des Völkerrechts, welches sich seit den Nürnberger Prozessen rasant entwickelt hat. Die **Völkergemeinschaft** nimmt heute für sich in Anspruch, **Völkermord, Verbrechen gegen die Menschlichkeit und Kriegsverbrechen, sowie nunmehr auch das Verbrechen der Aggression**[23] als Straftaten einzelner Personen, welche sich aber gegen die Menschheit als Ganzes richten, ahnden zu dürfen. Durch eine Konvention des Völkerrechts, also einen völkerrechtlichen Vertrag, ist 2002 der Internationale Strafgerichtshof in Den Haag errichtet worden. Er ist als völkerrechtliche Institution zuständig zur Aburteilung der Völkerrechtsverbrechen, welche in seinem Statut im Einzelnen aufgeführt sind. Tätig wird er allerdings nur, wenn der Nationalstaat zur Strafverfolgung nicht bereit oder in der Lage ist (Grundsatz der **Komplementarität**). Die Zusammenarbeit der deutschen Behörden mit dem Strafgerichtshof ist durch ein besonderes Gesetz geregelt.[24]

Die Tötungen und systematischen Massenvergewaltigungen im Bosnien-Krieg sind typische Fälle von Verbrechen gegen die Menschlichkeit, welche zur Zuständigkeit des Internationalen Strafgerichtshofs in Den Haag gehören. Die

---

22 Vgl. zuletzt Gesetz vom 5.12.2014 zu dem Zweiten Zusatzprotokoll vom 8.11.2001 zum Europäischen Übereinkommen vom 20.4.1959 über die Rechtshilfe in Strafsachen, BGBl. 2014 II S. 1038; Gesetz vom 5.12.2014 zum Dritten Zusatzprotokoll vom 10.11.2010 zum Europäischen Auslieferungsübereinkommen vom 13.12.1957, BGBl. 2014 II S. 1062.
23 Gesetz vom 20.2.2013 zu den Änderungen des Römischen Statuts des IStGH vom 17.7.1998, BGBl. 2013 II S. 139 – für Deutschland in Kraft am 3.6.2014 (BGBl. 2013 II 1042).
24 Gesetz vom 21.6.2002 zur Ausführung des Römischen Statuts des Internationalen Strafgerichtshofs vom 17.7.1998, BGBl. 2002 II S. 2144.

Führer der bosnischen Serben Mladic und Karadzic sind dem Gerichtshof zur Aburteilung überstellt worden.

d) Völkerstrafgesetzbuch

15 Das Völkerstrafgesetzbuch ist ausschließlich **nationales deutsches** Recht. Es transformiert die völkerrechtlichen Tatbestände des Statuts des Internationalen Strafgerichtshofs in Den Haag in nationales deutsches Recht. Neben einigen Regelungen, welche den Allgemeinen Teil des Strafrechts betreffen, übernimmt es mit geringen Modifikationen die Tatbestände des Verbrechens gegen die Menschlichkeit, des Kriegsverbrechens, des Völkermordes sowie jetzt auch der Aggression.[25] Das war erforderlich, damit sich Deutschland nicht sagen lassen musste, es sei zur Verfolgung von Völkerrechtsverbrechen, insbesondere von Verbrechen gegen die Menschlichkeit, nicht bereit oder in der Lage. Das Gesetzbuch sichert somit den Zuständigkeitsvorrang der deutschen Gerichte, wie er im Grundsatz der Komplementarität angelegt ist. Bezüglich des Verbrechens der Aggression hat der deutsche Gesetzgeber insoweit die Übereinstimmung mit dem geänderten Römischen Statut des IStGH hergestellt; mit europäischem Recht hat das Völkerstrafgesetzbuch aber nichts zu tun. Es ist daher auch nicht Gegenstand dieses Lehrbuchs.

3. Kollisionen

a) Recht der EU und nationales Recht

16 Dort, wo verschiedene Normenkreise sich berühren, kommt es zwangsläufig in bestimmten Fällen auch zu Kollisionen. Ein solcher Fall liegt vor, wenn unmittelbar geltendes europäisches und nationales Recht nicht miteinander zu vereinbaren sind. Zur Lösung des Konflikts sind wie stets zunächst die herkömmlichen Methoden der Auslegung zu verwenden, wobei das nationale Recht unionsrechtskonform zu interpretieren ist. Das führt aber nicht immer zur Lösung, weil jede Interpretation Grenzen hat, deren Überschreitung zur Rechtsanwendung contra legem führt. Es bedarf dann einer normativen Auflösung des Konflikts.

Das europäische Recht löst Zusammenstöße mit nationalem Recht nicht durch eine klare Vorrangregelung wie die deutsche Verfassung in Art. 31 GG – „Bundesrecht bricht Landesrecht". Es war der Europäische Gerichtshof in Lu-

---

25 Gesetz zur Änderung des Völkerstrafgesetzbuchs vom 22.12.2016 (BGBl. I S. 3150).

xemburg, der bereits 1964 aus der Eigenart der Europäischen Gemeinschaft geschlossen hat, dass das Unionsrecht in der ganzen Union einheitlich und vollständig zu gelten habe. Einzelne Staaten könnten es nicht partiell, für ihren Hoheitsbereich außer Kraft setzen, weil sonst die Ziele der Gemeinschaft und ihre Grundfreiheiten nicht durchsetzbar wären. Unmittelbar geltendes Unionsrecht hat daher im Kollisionsfall, wenn dieser nicht durch Auslegung zu lösen ist, **Vorrang** vor dem nationalen Recht.[26] Unerheblich ist die zeitliche Reihenfolge des Erlasses der Vorschriften; die Regel, wonach das später erlassene Gesetz das früher erlassene verdränge, hat keine Bedeutung.[27] Das gilt auch für das Strafrecht, beispielsweise für Strafvorschriften, welche verwaltungsrechtliche Pflichten sanktionieren, die mit dem Unionsrecht unvereinbar sind.[28]

Für die Einordnung in das deutsche System des Verbrechensaufbaus bedeutet dies Tatbestandslosigkeit. Strafvorschriften, die nicht anwendbar sind, scheiden als verhaltenssteuernde Normen aus und sind daher strafrechtlich irrelevant.[29]

Die Unionsrechtswidrigkeit der nationalen Strafnorm kann sich aber auch auf die Rechtsfolgenseite beschränken. In diesem Falle ist das Verhalten des Bürgers zwar nicht tatbestandslos, sondern bleibt rechtswidrig; es ist aber nicht strafbar, weil es an einer anwendbaren Sanktionsdrohung fehlt.

Der Vorrang bedeutet nicht, dass das nationale Recht nichtig wäre. Es ist **17** lediglich im Verhältnis zum Unionsrecht nachrangig, also unanwendbar. Das nationale Gericht hat es außer Betracht zu lassen, ohne dass es dazu eines besonderen Verfahrens bedürfte.[30] Der Vorrang umfasst das gesamte nationale Recht, auch das nationale Verfassungsrecht.[31] Der Vorrang gilt selbst dann, wenn das nationale Verfassungsgericht eine Norm für innerstaatlich verfassungswidrig erklärt, ihre Geltung aber für eine Übergangszeit aufrechterhalten hat.[32] Im Leitfall (Kap. 2/6) würde § 5 Nr. 9 StGB, die Strafanwendungsnorm über den Schwangerschaftsabbruch, in der Europäischen Union unanwendbar sein, wenn sie der Dienstleistungsfreiheit widerspräche. Im Verhältnis zu Drittstaaten wie der Schweiz würde sie aber durchaus gelten können. Doch könnte einem Strafver-

---

26 EuGH C-6/64, Urteil vom 15.7.1964 – Flaminio Costa ./. ENEL.

27 EuGH C-10/97, Urteil vom 22.10.1998 – In.CO.GE 90, Rdn. 20.

28 EuGH C-8/77, Urteil vom 14.7.1977 – Segulo Rdn. 6, 7.

29 *Hecker* 9/Rdn. 11; *Satzger* IntStrR § 9 Rdn. 80; a.A. LK-*Walter* vor § 13 Rdn. 201; unentschieden *Ambos* IntStrR § 11/54; *Heger* in *Böse* Enz. § 5/83 ff., 90.

30 EuGH C-617/10, Urteil vom 26.2.2013 – Akerberg Fransson, Rdn. 45; EuGH C-105/14, Urteil vom 8.9.2015 – Taricco, Rdn. 49; EuGH C-112/13, Urteil vom 11.9.2014 – A. ./. B.

31 EuGH C-399/11, Urteil vom 26.2.2013 – Melloni, Rdn. 55.

32 EuGH C-409/06, Urteil vom 8.9.2010 – Winner Wetten, Rdn. 60 f.; kritisch zum Anwendungsvorrang *Hwang* EuR 2016, 355.

fahren gegen den Arzt innerstaatlich der Gleichheitssatz des Art. 3 GG entgegenstehen, der eine „Inländerdiskriminierung" verbietet (Kap. 5/25 ff.).

18   Der Vorrang des Unionsrechts berührt nationalstaatliche Empfindlichkeiten. Wie stark diese dem Souveränitätsgedanken verhafteten Empfindlichkeiten nach wie vor sind, zeigt sich daran, dass es nicht gelungen ist, im Vertrag von Lissabon hierzu eine Vorschrift zu vereinbaren. Obwohl die Rechtslage seit 1964 klar ist, findet sich lediglich an einer ganz versteckten Stelle ein Hinweis auf sie. Dem Vertragswerk von Lissabon sind gemeinsame Erklärungen der Vertragsparteien angefügt, darunter eine gemeinsame Erklärung Nummer 17. In ihr ist die Auffassung der Staaten über die geltende Rechtslage niedergelegt; sie gibt – völlig ungewöhnlich – zusätzlich ein bestätigendes Gutachten des juristischen Dienstes des Rates wieder. Man kann sich des Eindrucks nicht erwehren, dass hier ziemlich kindische Prinzipienreiter am Werk waren.

Die Eigenart des europäischen Rechts besteht also zunächst und zuvörderst darin, dass es sich um supranationales Recht handelt. Sowohl das Primärrecht wie auch das Sekundärrecht drängen nationales Recht zurück. Der nationale Gesetzgeber ist zudem verpflichtet, seine Gesetzgebung nach den Vorgaben des europäischen Rechts zu gestalten. Auf diese Weise sind beispielsweise im Bereich des Wirtschaftsrechts gegenwärtig etwa 80% des Bestandes an Rechtsnormen durch die Europäische Union erlassen oder dominiert. Im Strafrecht, jedenfalls im Kernstrafrecht, ist die Lage wohl noch anders, nähert sich der Situation im Zivilrecht aber zunehmend an. Weitgehend vereinheitlicht sind allerdings die Normen, welche Bezüge zum Wirtschaftsverkehr aufweisen. Beispielsweise ist das Kapitalmarktstrafrecht, insbesondere etwa die Strafbarkeit des verbotenen Insider-Handels durch eine europäische Richtlinie vollständig harmonisiert. Dasselbe gilt für die Cyber-Kriminalität, der sich sowohl der Europarat wie auch die EU gewidmet haben. Aber es ist zu betonen – die Rechtsentwicklung ist gegenwärtig ein dynamischer Prozess, der ständig weiter fortschreitet.

19   Bei den Kollisionen zwischen europäischem und nationalem Recht lassen sich **zwei Fallgruppen** unterscheiden.

Unvereinbarkeit der Normen liegt zunächst vor, wenn konkrete Einzelregelungen einander widersprechen; das ist nicht nur möglich, wenn eine europäische Verordnung und nationales Recht einander widersprechen. Die Situation kann auch eintreten im Verhältnis von Richtlinien und Rahmenbeschlüssen[33] zu nationalen Bestimmungen.

Eine nationale Regelung kann aber auch dann mit dem europäischen Recht unvereinbar sein, wenn sie vielleicht nicht generell, wohl aber in bestimmten

---

33 EuGH C-554/14, Urteil vom 8.11.2016 – Ognyanov Rdn. 67.

Fällen mit Pflichten kollidiert, welche den Mitgliedstaat aus den Verträgen, ihren allgemeinen Grundsätzen, den Grundrechten oder den Grundfreiheiten des EU-Rechts treffen. Auch solche Kollisionen führen nach dem EuGH zur Unanwendbarkeit der nationalen Bestimmung. Ein Beispiel dafür kann eine Verjährungsregelung darstellen, welche dem Mitgliedstaat die Pflicht zur nachhaltigen Verfolgung von Delikten, welche sich gegen die finanziellen Interessen der Union richten, unmöglich macht (s. aber Kap. 9/14 f.).

Besteht eine mit dem Recht der EU unvereinbare **Rechtsprechung** und beruht die Unvereinbarkeit allein auf einer Auslegung des Gesetzes**, so ist sie abzuändern.** Es greifen dann die Grundsätze über die Pflicht zur unionsrechtkonformen Auslegung ein (Kap. 5/30 ff.). Manche Rechtsordnungen kennen aber auch höchstrichterliche Entscheidungen, welche für alle Gerichte verbindlich sind. Liegt ein solcher Fall vor, so hat das mit der Sache befasste Gericht im Falle der Kollision die Pflicht, aus eigener Entscheidungsbefugnis diese Rechtsprechung unangewendet zu lassen.[34]

Nach der Rechtsprechung des EuGH obliegt die Pflicht, gegen Unionsrecht verstoßendes nationales Recht unangewendet zu lassen, nicht nur den Gerichten, sondern allen staatlichen Organen einschließlich den nationalen Verwaltungsbehörden.[35] Im Kollisionsfall hätte danach auch die **Staatsanwaltschaft** die Befugnis, nationales Recht bei ihren Entscheidungen außer Betracht zu lassen. Im Interesse der Rechtssicherheit und der Rechtseinheit wird man dieser Rechtsprechung aber nur folgen können, wenn nach dem Staatsaufbau und der konkreten Verfahrensgestaltung letztlich eine Entscheidung des EuGH zu der betreffenden Frage herbeigeführt werden kann.

Stichworte: Kollisionen des nationalen mit europäischem Recht sind vorrangig durch Auslegung zu lösen. Das nationale Recht ist dabei unionsrechtkonform zu interpretieren.

Lässt sich eine Kollision mittels Auslegung nicht auflösen, tritt das nationale Recht zurück – es ist unanwendbar, weil anders die Durchsetzung des europäischen Rechts und die Herstellung eines einheitlichen Rechtsraumes nicht möglich sind.

Solche Kollisionen können sich auch ergeben, wenn einzelne nationale Strafrechtsnormen gegen Vertragspflichten, die allgemeinen Grundsätze der Verträge, die Grundrechte oder die Grundfreiheiten verstoßen.

---

34 EuGH C-554/14, Urteil vom 8.11.2016 – Ognyanov, Rdn. 70.
35 EuGH C-198/01, Urteil vom 9.9.2003 – Consortio Industrie Fiammiferi, Rdn. 49; auch zu den Folgen von Verstößen gegen die unanwendbaren Vorschriften.

b) Deutsches Verfassungsrecht

20 In einer fragilen Balance zum europäischen Recht befindet sich allerdings das deutsche Verfassungsrecht. Obwohl der Vorrang des europäischen Rechts auch das nationale Verfassungsrecht erfasst, und obwohl das Bundesverfassungsgericht das Bestehen eines kooperativen Miteinanders zum EuGH postuliert, reklamiert das Bundesverfassungsgericht für sich eine exklusive Prüfungs- und Entscheidungskompetenz zu den Fragen, ob die Europäische Union mit dem Erlass einer Rechtsnorm die ihr übertragenen Befugnisse überschritten hat (Ultra-Vires-Lehre) oder ob sie damit Schutz und Durchsetzung der mitgliedstaatlichen Grundrechte in einer Weise gefährdet, dass dies die Identität der durch das Grundgesetz errichteten Verfassungsordnung infrage stellt.[36] Das Bundesverfassungsgericht prüft ferner, ob der Grundrechtsschutz in der Europäischen Union hinter dem deutschen Verfassungsrecht zurückbleibt. Solange der Schutz in beiden Rechtsordnungen gleichwertig ist, enthält sich das Bundesverfassungsgericht einer eigenen Prüfung von Rechtsnormen der EU.

In der Praxis freilich stoßen sich die Dinge nicht so hart. Bei der Auslegung von Unionsrecht gebührt dem Europäischen Gerichtshof in Luxemburg auch nach der Rechtsprechung des Bundesverfassungsgerichts der Vorrang. So haben sich Zusammenstöße bisher vermeiden lassen. Ob das so bleibt, ist allerdings offen. In jüngerer Zeit hat der EuGH ein Urteil erlassen, mit dem er ersichtlich seine Kompetenzen überschritten hat, und das sogleich eine entsprechende Reaktion des Bundesverfassungsgerichts hervorgerufen hat.[37] Bei der Frage, was Unionsrecht ist (Kap. 3/13), wird darauf zurückzukommen sein.

21 Andererseits hat das Bundesverfassungsgericht kürzlich eine Grundsatzentscheidung[38] getroffen, durch die es den Vorrang des Unionsrechts vor dem nationalen Recht, einschließlich des Verfassungsrechts, bestätigt und klargestellt hat, welchen Umfang der Bereich der „integrationsfesten" Prinzipien des Grundgesetzes hat. Der ausführlich erläuterte Vorbehalt erstreckt sich nicht auf jede Verfassungsposition des Einzelnen, sondern ergreift die Grundlagen des Rechtsstaates und der Menschenwürde, wie sie auch in Art. 6 EUV niedergelegt sind. Im Strafrecht betrifft dies in erster Linie das Schuldprinzip, welches nur auf der

---

36 BVerfGE 123, 267, Rdn. 241 (Lissabon-Vertrag); BVerfG, 1 BvR 1215/07, Urteil vom 24.4.2013 – Anti-Terrordatei, Rdn. 88 ff. Einschränkend BVerfG, Beschluß vom 6.7.2010 – 2 BvR 2661/06 (hinreichend qualifizierter Kompetenzverstoß); allgemein *Lenaerts* EuR 2015, 3.

37 EuGH C-617/10, Urteil vom 26.2.2013 – Akerberg Fransson, Rdn. 25 ff.; fortgeführt durch EuGH C-105/14, Urteil vom 8.9.2015 – Taricco; dagegen BVerfG 1 BrR 1215/07, Urteil vom 24.4.2013 – Antiterror – Datei, Rdn. 88 ff.

38 BVerfGE 140, 317, Beschluss vom 15.12.2015 – 2 BvR 2735/14, StV 2016, 220 („Identitätskontrolle I"); Folgeentscheidung BVerfG, Beschluss vom 6.9.2016 – 2 BvR 890/16, Rdn. 32 ff., 36; vgl. dazu *Ludwigs* EuGRZ 2014, 273.

Basis umfassender Wahrheitsermittlung durchsetzbar ist. Zusätzlich hat das Bundesverfassungsgericht den Vorrang des Unionsrechts dadurch auch praktisch gestärkt, dass es die Entscheidung über eine Durchbrechung des Vorrangs sich selbst vorbehalten hat.[39] Nach dieser dogmatischen Grundlegung gelangt es zu dem zutreffenden Ergebnis, dass das Recht der Union – jedenfalls im entschiedenen Fall des Rahmenbeschlusses über den Europäischen Haftbefehl (Kap. 6/18) – selbst den Rechtsstaatsvorbehalt aufweist und daher Konflikte zwischen nationalem Verfassungsrecht und Unionsrecht im Grundsatz nicht bestehen.[40]

Das macht Bedenken gegen die Rechtsprechung des EuGH zum Vorrang des Unionsrechts, die im deutschen Schrifttum verbreitet sind,[41] im Ergebnis gegenstandslos. Rechtsprechungsdivergenzen werden künftig nicht mehr mit grundsätzlichen Erwägungen begründbar sein; vielmehr können sie sich allein aus einer unterschiedlichen Handhabung des in beiden Normenkreisen vorhandenen rechtsstaatlichen Minimums ergeben. Nachdem die Rechtsakte des europäischen Sekundärrechts nunmehr im Text oder in den Erwägungsgründen regelmäßig einen ausdrücklichen Vorbehalt zu Gunsten der Grundrechte und grundlegenden Normen des Unionsrechts enthalten, dürfte die Entscheidung des Bundesverfassungsgerichts einer Verallgemeinerung zugänglich sein. Zu kritisieren bleibt gleichwohl die weiterhin anzutreffende Haltung des Bundesverfassungsgerichts, die – im Widerspruch dazu – in den Menschenrechtsfragen nicht das Unionsrecht als maßgeblich betrachtet und so seine Vorlagepflicht nach Art. 267 AEUV umgeht. Das ist nicht nur eine Überschreitung seiner Kompetenzen, sondern verhindert zugleich, dass die einschlägigen Rechtsfragen mit europaweiter Wirksamkeit – vom EuGH – entschieden werden.

Stichworte: Das BVerfG behält sich auch gegenüber dem europäischen Recht eine Letztverantwortung für die Bewahrung der deutschen Verfassungsidentität vor. Im Bereich der Sicherung des rechtsstaatlichen Minimums zeichnet sich dagegen Übereinstimmung mit dem EuGH ab.

---

c) Völkerrecht

Weitere Komplikationen können sich aus Kollisionen von Völkerrecht und europäischem Recht ergeben. **22**

---

39 BVerfGE 140, 317, Beschluss vom 15.12.2015 – 2 BvR 2735/14, Rdn. 43; *Gärditz* in *Böse* Enz. § 6/5.
40 BVerfGE 140, 317, Beschluss vom 15.12.2015 – 2 BvR 2735/14, Rdn. 84, 106.
41 *Satzger* IntStrR § 7 Rdn. 23; anders *Gaede* in *Böse* Enz. § 3/6.

Fall: Der Sicherheitsrat der Vereinten Nationen hat aufgrund der Ermächtigung in seiner Charta eine Resolution verabschiedet, mit der die Mitgliedstaaten verpflichtet werden, in bestimmter Weise gegen das Netzwerk Al Quaida vorzugehen und Gelder von deren Mitgliedern und Unterstützern zu sperren. In Ausführung der Resolution hat die EU eine Verordnung erlassen, die das Vermögen bestimmter Personen einfriert, die in einem Anhang zu der Verordnung in einer Liste aufgeführt sind. Die Kläger, die in der Liste aufgeführt waren, klagten vor dem Gericht der Europäischen Union auf Nichtigkeit der Verordnung.

Der EuGH hat entschieden,[42] dass die Befugnisse der Gemeinschaft unter Wahrung des vorrangigen Völkerrechts auszuüben seien. Die gerichtliche Kontrolle der Rechtsakte der Union, nicht hingegen die der UN, durch den EuGH sei gleichwohl möglich, und internationale Übereinkünfte könnten die Verfassungsgrundsätze der EU nicht beeinträchtigen, zu denen auch die Grund- und Menschenrechte zählen. Anders ausgedrückt: **Völkerrechtliche Akte sind** als solche hinzunehmen und **nicht nachprüfbar**, wohl aber das, **was die EU aus ihnen macht**. Die EU-Verordnung wurde, soweit sie die Kläger betraf, deshalb für nichtig erklärt, weil mit ihr grundlegende Verfahrensrechte (auf Verteidigung, auf rechtliches Gehör, auf gerichtliche Kontrolle) verletzt worden waren.[43] Seit dem Vertrag von Lissabon wäre Rechtsgrundlage Art. 75 oder Art. 215 AEUV.[44]

Die Problematik berührt zugleich den Umfang der Jurisdiktionsbefugnisse der europäischen Gerichte. Hierzu näher Kap. 3/35.

d) Konkurrenz nationaler Strafrechtsordnungen

23 Wie bereits angedeutet (Kap. 2/11), bestimmt die deutsche Rechtsordnung in ihrem Strafanwendungsrecht (§§ 3 bis 7 StGB) lediglich den Umfang der deutschen Gerichtsbarkeit; ob auch andere Rechtsordnungen in einem konkreten Fall für die Strafverfolgung zuständig sind, bestimmen diese. Das kann zu einem **Nebeneinander** von Ermittlungs- und auch von Strafverfahren führen, welches häufig unzweckmäßige Doppelarbeit verursacht, die Zuverlässigkeit

---

42 EuGH C-402/05 P und C-415/05 P, Urteil vom 3.9.2008 – Kadi und Al Barakaat, Rdn. 290 ff. Nach erneuter Aufnahme des Klägers in die Liste hat das Gericht die Verordnung erneut aufgehoben wegen Verletzung der Verteidigungsrechte des Klägers Kadi und seines Rechts auf effektiven Rechtsschutz; Urteil des Gerichts vom 30.10.2009 – T 85/09 – Kadi;Entendscheidung EuGH C-584/10 P, Urteil vom 18.7.2013 – Kadi; hierzu *Harms/Heine* Amelung-Festschrift S. 393, 406.
43 Ebenso EuGH C-27/09 P, Urteil vom 21.12.2011 – Volksmudschahedin Iran; ferner EuGH, C-539/10 P, Urteil vom 15.11.2012 – Al Aqsa, Rdn. 138 ff.; allgemein dazu *Jarass* EuR 2013, 29, 39; zu den formalen Anforderungen strafbewehrter Embargovorschriften BGHSt. 41, 127.
44 Vgl. EuGH C-130/10, Urteil vom 19.7.2012 – Parlament ./. Rat; zum Verhältnis beider Bestimmungen zueinander *Cremer* in *Niedobitek* Europarecht-Politiken der Union § 11 Rdn. 230.

der Ermittlungen beeinträchtigen kann und schließlich, bei mehrfacher Verurteilung, die Frage des ne bis in idem aufwirft.

Das Problem ist zwar bekannt, dennoch ist ein Weg, auf dem die Konkurrenz mehrerer Strafverfahren in verschiedenen Staaten zwingend vermieden werden kann, bisher nicht gefunden. Die EU hat sich damit mehrfach befasst, zunächst in einem „Grünbuch",[45] auf dem Spezialgebiet der Terrorismusbekämpfung durch einen Rahmenbeschluss 2002,[46] sodann allgemein in einem weiteren Rahmenbeschluss,[47] zuletzt im Vertrag von Lissabon, der in Art. 82 Abs. 1 Buchst. b) eine Gesetzgebungskompetenz und in Art. 85 Abs. 1 Buchst. c) AEUV eine Exekutivzuständigkeit hierfür geschaffen hat. Der geltende Rahmenbeschluss, der keiner Umsetzung in nationales Recht bedurfte, sieht Informations- und Konsultationspflichten mit dem Ziel einer Einigung der beteiligten Staaten vor. Der Beschluss zur Errichtung von Eurojust und das deutsche Umsetzungsgesetz verpflichten die nationalen Strafverfolgungsbehörden dazu, den nationalen Vertreter bei Eurojust von aufgetretenen oder zu erwartenden Kompetenzkonflikten zu unterrichten, damit dieser eine Vermittlung ins Auge fassen kann.[48] Weitergehende Regelungen, insbesondere die Begründung der Zuständigkeit nur eines einzigen Staates, haben sich bisher nicht durchsetzen lassen. In Deutschland stoßen derartige Bestrebungen auf lauten Widerstand, weil die Gefahr bestehe, dass die Strafverfolgung auf den „punitivsten" Staat zulaufen werde. Zwar wird sich eine für alle denkbaren Fälle eindeutige Zuständigkeitsregelung kaum finden lassen; das deutsche Recht ist sogar innerstaatlich genötigt, mehrere Gerichtsstände zur Wahl zu stellen (§§ 7–13 StPO). Aber die Annahme, dass die Lösung der Konkurrenzfragen in der Praxis nicht durch Gesichtspunkte der Zweckmäßigkeit und der Sachnähe, sondern von „Punitivinteressen" bestimmt werde, dürfte doch weit übertrieben sein.[49]

Rechtstechnisch wäre das Problem konkurrierender Zuständigkeiten – wie **24** im deutschen Recht – durch die Schaffung eines europaweit wirksamen Verfah-

---

45 Grünbuch der Kommission der Europäischen Gemeinschaften über die Kompetenzkonflikte und den Grundsatz ne bis in idem in Strafverfahren, Ratsdok. 5381/06, Bundesrats-Drucks. 53/06.
46 Rahmenbeschluss 2002/475/JI vom 13.6.2002 zur Terrorismusbekämpfung, ABl. 2002 L 164 S. 3, geändert durch Rahmenbeschluss 2008/919/JI vom 28.11.2008, ABl. 2008 L 330 S. 21; aufgehoben durch Richtlinie 2017/541 vom 15.3.2017, ABl. 2017 L 88 S. 6 – umgesetzt durch Gesetz vom 22.12.2003 zur Umsetzung des Rahmenbeschlusses vom 13.6.2002, BGBl. I S. 2836.
47 Rahmenbeschluss vom 30.11.2009 zur Vermeidung und Beilegung von Kompetenzkonflikten in Strafverfahren, ABl. 2009 L 328 S. 42.
48 § 6 Abs. 1 Nr. 4 Eurojust-Gesetz i.d.F. des Änderungsgesetzes vom 7.6.2012 (BGBl. I S. 1270); Gesetzentwurf BTDrucks. 17/8728 S. 25.
49 *Hackner/Schierholt* Rdn. 262 gegen *Schünemann* ZIS 2007, 528; zu den wirklichen Interessen der beteiligten Staaten *Radtke* in *Böse* Enz. § 12/9.

renshindernisses der anderweitigen Rechtshängigkeit zwar nicht zu lösen, so doch zu mildern. Ein vergleichbares Verfahrenshindernis ist in dem Europäischen Übereinkommen zur Übertragung der Strafverfolgung vom 15.5.1972 (Art. 21), dem Deutschland nicht beigetreten ist, enthalten. Die Schaffung erfordert allerdings flankierende Maßnahmen, beispielsweise die Einführung eines staatsanwaltschaftlichen Verfahrensregisters für die gesamte EU, wie es die Zollverwaltungen bereits verwirklicht haben.[50] Die Kommission hatte demgegenüber in ihrem Grünbuch ein Verweisungsverfahren, eine Vorrangregelung wie im Terrorismusbereich (Kap. 11/26) und die Festlegung von Kriterien für die Wahl des Verfahrensstaates erwogen.[51] Andere Vorschläge zielen auf eine Beschränkung der staatlichen Strafgewalten durch eine normative Reduktion der nationalen Strafanwendungsrechte ab,[52] die aber schon durch die zunehmende Verwendung des Weltrechtsprinzips aufgrund völkerrechtlicher Verpflichtungen nicht praktisch werden dürften.[53] Ferner wurde eine gesetzlich festgelegte Zuständigkeit vorgeschlagen, über die Eurojust und letztlich der EuGH entscheiden soll.[54] Eine wesentliche Minderung des Problems wird sich erst ergeben, wenn die materiellrechtlichen Strafvorschriften der verschiedenen Mitgliedstaaten substantiell einander angeglichen sind, weil Kompetenzkonflikte vornehmlich dann entstehen, wenn zwischen den betroffenen Ländern ein Strafrechtsgefälle besteht, welches nicht hinnehmbar erscheint.[55]

25   Bis zu einer Regelung der Konkurrenzfragen muss sich die Praxis mit dem **herkömmlichen Instrumentarium** begnügen. Dieses besteht in der „Übertragung der Strafverfolgung" auf einen anderen, ebenfalls zuständigen Staat. Rechtsgrundlage dafür ist – ggf. neben anderen, bilateralen und EU-Übereinkommen – Art. 21 des Europäischen Übereinkommens über die Rechtshilfe in Strafsachen.[56]

---

50 *Zurkinden/Gellert* in *Sieber u.a.* EurStrR § 42/52 ff.

51 Zu den Vorschlägen und Problemen *Vogel* Schroeder-Festschrift S. 877, 885, 890.

52 *Böse/Meyer* ZIS 2011, 336; mit Modellentwurf GA 2014, 572.

53 A.A. *Böse/Meyer* ZIS 2011, 336 unter Berufung auf *Kreß* NStZ 2000, 617, 625, dessen Plädoyer für eine Subsidiarität des Weltrechtsprinzips aber lediglich auf die Straftaten nach dem Völkerstrafgesetzbuch zugeschnitten ist.

54 *Van der Beken/Vermeulen* NStZ 2002, 624; *Eckstein* ZStW 124 (2012), 490, 504; *Eisele* ZStW 125 (2013) 1, 23 ff.; *Hecker* ZIS 2011, 60; *Radtke/Mahler* Rüping-Festschrift S. 49, 71; *Schomburg* Eser-Festschrift S. 829, 843; *Sinn* ZIS 2013, 1; für die Schaffung einer EU-VO mit dem Tatort als vorrangigem Kriterium *Zimmermann* S. 369 ff.

55 *Ambos* IntStrR § 11/8.

56 BGBl. 1964 II S. 1369. Deutschland ist nicht Vertragspartei des Europäischen Übereinkommens zur Übertragung der Strafverfolgung vom 15.5.1972, das ein Ersuchen um Übernahme und eine förmliche Übernahme mit Ablehnungsmöglichkeit vorsieht.

Nach dem Wortlaut der Bestimmung wird allerdings nicht das innerstaatliche Verfahren übertragen, abgegeben oder sonst auf irgendeine Weise einer anderen Staatsgewalt überlassen. Diese Wirkung ist zwar bezweckt; rechtlich aber besteht die Übertragung in einer bloßen **Anzeige** einer Vertragspartei an eine andere zum Zwecke der Strafverfolgung.[57] Was mit dem eigenen Strafverfahren geschieht, ist nicht geregelt; es wird mit dem Ziel vorläufig einzustellen sein, dass nach Erledigung der Sache im Ausland § 153 c StPO Anwendung findet. Dementsprechend begründet die Übertragung der Strafverfolgung auf den fremden Staat auch kein Verfahrenshindernis für die Wiederaufnahme der eigenen Strafverfolgung.[58]

Stichworte: Da das nationale Strafanwendungsrecht nur einseitige Kollisionsnormen enthält, können verschiedene Strafrechtsordnungen zur Aburteilung derselben Tat berufen sein. Das Problem ist – auch im Rahmen der EU – bisher ungelöst. | ! |

---

4. Europäische Menschenrechtskonvention

Neben dem Recht der EU stellt die Europäische Konvention zum Schutz der **26** Menschenrechte und Grundfreiheiten[59] ein weiteres Regelwerk dar, welches die Verhältnisse im europäischen Rechtsraum nachhaltig beeinflusst und vor allem im Strafrecht viele Bereiche bestimmt. Die Durchdringung unseres nationalen Rechtes durch europäische Gedanken wirkt aber in zwei Richtungen. Das Ziel der EU besteht bisher vorrangig in der **Integration**. Die EMRK dagegen verfolgt den Zweck, in Europa einen **einheitlichen Standard** der Gewährleistung von Menschenrechten zu schaffen. Das ist auch in bemerkenswerter Weise gelungen. In immer größerem Maße fließen die Grundsätze der Europäischen Menschenrechtskonvention und die dazu ergangene Rechtsprechung des Europäischen Gerichtshofs für Menschenrechte in Straßburg in die deutsche Rechtspraxis ein. Dieser Vorgang ist wesentlich durch die Rechtsprechung des Bundesverfassungsgerichts gefördert worden.

Darüber hinaus sind spätestens seit dem Vertrag von Lissabon das Recht der EU und die Rechtsprechung des EuGH einerseits, die EMRK und die Rechtsprechung des EGMR andererseits in vielfältiger Weise miteinander verzahnt.

---

57 *Hackner/Schierholt* Rdn. 4.
58 BGHSt. 45, 123, 129 f.; *Ambos/Poschadel* GA 2011, 95.
59 Konvention zum Schutze der Menschenrechte und Grundfreiheiten vom 4.11.1950 (BGBl. 1952 II S. 685) mit späteren Änderungen und Zusatzprotokollen; Neubekanntmachung vom 22.10.2010 (BGBl. 2010 II S. 1198).

Immer mehr hat sich auch der EuGH zu einem Gerichtshof entwickelt, der dem Grundrechts- und Menschenrechtsschutz verpflichtet ist und mittlerweile die Funktion eines europäischen **Verfassungsgerichts** einnimmt. Bereits zur Jahrtausendwende war es gerechtfertigt, in der Rechtsprechung des EGMR den Kern eines europäischen Strafverfahrensrechts[60] zu erblicken. Diese Beurteilung hat von ihrer Berechtigung seither nichts eingebüßt, so dass eine zutreffende Erfassung des geltenden europäischen Rechts nur in einer **Zusammenschau** möglich ist.

a) Der Europarat als tragende Institution der EMRK
27 Die EMRK widmet sich dem Schutz der Menschenrechte. Sie ist allerdings nicht der einzige Mechanismus des Völkerrechts, der diesem Ziel dient. Es gibt auch den **Internationalen Pakt über bürgerliche und politische Rechte** der UN, der einen vergleichbaren Menschenrechtskatalog wie die EMRK aufweist[61] und dem EuGH bei der Entwicklung des europäischen Grundrechtsstandards als Auslegungshilfe gedient hat.[62] Mit ihm wurde bei den UN ein Menschenrechtsausschuss geschaffen, der zunächst für „Mitteilungen" von Staaten über Menschenrechtsverletzungen zuständig war. Er hat diese zu prüfen und der Generalversammlung darüber zu berichten. Später hat Deutschland das „Mitteilungsrecht" sodann auch Einzelpersonen eingeräumt.[63] Aber mehr als eine Prüfung und die Mitteilung des Ergebnisses der Prüfung ist auch jetzt nicht vorgesehen. Für Deutschland von Bedeutung wurde der Menschenrechtsausschuss der UN im Zusammenhang mit den Mauerschützenprozessen. Die Mitglieder des Nationalen Verteidigungsrates der DDR waren wegen des Schießbefehls in Deutschland verurteilt worden. Einzelne wandten sich dagegen – erfolglos – an den EGMR,[64] andere – ebenfalls erfolglos – an den Menschenrechtsausschuss.[65] Es ging vor allem um die Frage, ob das Rückwirkungsverbot verletzt war. Praktische **Bedeutung** hat jedoch im Wesentlichen allein die EMRK, die im Schoße des Europarates entstanden ist.

---

60 *Esser* Weg S. 817, 821 ff.
61 Gesetz vom 15.11.1973 zu dem Internationalen Pakt über bürgerliche und politische Rechte vom 19.12.1966 (BGBl. 1973 II S. 1533).
62 EuGH C-540/03, Urteil vom 27.6.2003 – Parlament ./. Rat, Rdn. 37.
63 Gesetz vom 21.12.1992 zu dem Fakultativprotokoll vom 19.12.1966 zum Internationalen Pakt über bürgerliche und politische Rechte (BGBl. 1992 II S. 1246).
64 EGMR NJW 2001, 3085; NJW 2001, 3042.
65 UN-MRA NJW 2004, 2005.

Der Europarat mit Sitz in Straßburg ist eine internationale Organisation, die **28** 1949 gegründet wurde, und der Deutschland 1950 beigetreten ist.[66] Grundlage ist ein normaler völkerrechtlicher Vertrag, **Hoheitsrechte** sind der Organisation **nicht übertragen** worden. Ziel des Europarates ist es, rechtsstaatliche Grundsätze und Standards in den Mitgliedstaaten zu entwickeln und zu sichern, die Menschenrechte zu wahren und eine engere Zusammenarbeit zwischen den Mitgliedstaaten zu fördern. Eine besondere Bedeutung hat der Europarat nach dem Zusammenbruch des Ostblocks 1990 erlangt. Die Staaten Osteuropas und die Nachfolgestaaten der Sowjetunion einschließlich der Russischen Föderation selbst sind dem Europarat beigetreten, um auf diesem Weg Hilfe auf ihrem Weg nach Westen zu erlangen. Für den Beitritt hat der Europarat strenge Kriterien aufgestellt. Die Staaten mussten nicht nur der EMRK beitreten und deren Einhaltung garantieren; sie mussten sich auch einer eingehenden Beratung – man kann auch sagen Überwachung – bei ihrer internen Gesetzgebung unterwerfen, damit rechtsstaatliche und demokratische Strukturen überall durchgesetzt werden konnten. Dieser Weg war im Großen und Ganzen auch erfolgreich. Heute hat der Europarat 47 Mitglieder, darunter alle 28 EU-Mitgliedstaaten.

Nach außen hin ist der Europarat insbesondere durch die Erarbeitung einer großen Zahl von völkerrechtlichen Übereinkommen in Erscheinung getreten, von denen im strafrechtlichen Bereich vor allen Dingen die EMRK sowie das Europäische Auslieferungs- und das Europäische Rechtshilfeübereinkommen zu erwähnen sind.[67] Die Übereinkommen über Auslieferung und strafrechtliche Rechtshilfe gelten nach wie vor zwischen Deutschland und den Staaten, welche nicht der EU angehören. Im Bereich der EU sollen die Übereinkommen, soweit noch nicht geschehen, nach und nach durch eigene Regeln ersetzt werden. Sie dienen aber sachlich weiterhin in beträchtlichem Umfang als Modell für Rechtsakte der EU.

Die Aktivitäten des Europarates erstrecken sich allerdings auch auf Gebiete, die eher am Rande liegen. So gibt es ein Europäisches Übereinkommen über Gewalttätigkeit und Fehlverhalten von Zuschauern bei Sportveranstaltungen und insbesondere bei Fußballspielen,[68] und dazu wurde durch das Übereinkommen auch ein Ständiger Ausschuss beim Europarat gebildet, der sich mit einschlägigen Fragen befasst und die Regierungen beraten soll. Immerhin hat bei der Fußball-Weltmeisterschaft 2006 die Zusammenarbeit mit ausländischen

---

66 Satzung vom 5.5.1949: Gesetz vom 8.7.1950 BGBl. 1950 S. 263.
67 Übersicht bei *Hecker* 3/Rdn. 11; *Schomburg* in *Sieber u.a.* EurStrR § 4.
68 S. Gesetz zum Europäischen Übereinkommen über Gewalttätigkeit und Fehlverhalten von Zuschauern bei Sportveranstaltungen und insbesondere bei Fußballspielen vom 19.8.1985, BGBl. 2004 II S. 1642.

Polizeikräften, die auch auf deutschem Territorium tätig geworden sind, ausgezeichnet funktioniert.

Auf strafrechtlichem Gebiet sind insgesamt über 50 Konventionen geschlossen worden, die auf die Initiative des Europarates zurückgehen. Sie überschneiden sich teilweise mit gleichgelagerten Aktivitäten der Europäischen Union, so dass mitunter die Klarheit der Rechtslage zu wünschen übrig lässt (dazu Kap. 4/59).

Die Tätigkeit des Europarates erschöpft sich indessen nicht in der Erarbeitung völkerrechtlicher Verträge. Ein Großteil seiner Aktivitäten gilt der Schaffung von Regeln, Resolutionen, Empfehlungen und Stellungnahmen, welche zwar nicht rechtlich verbindlich sind, mittelbar aber häufig erhebliche Bedeutung für die politische, administrative und juristische Praxis erlangen. Vor allem stützt sich die Rechtsprechung des EGMR, etwa bei der Konkretisierung menschenwürdiger Haftbedingungen, häufig auf Empfehlungen und Prüfergebnisse des Europarates.[69]

! **Stichworte:** Der Europarat ist eine internationale Organisation mit Sitz in Straßburg, dem aber keine Hoheitsrechte übertragen sind. Er befasst sich mit dem Ausbau der Demokratie sowie dem Schutz der Grund- und Menschenrechte in den Mitgliedstaaten. Die wichtigste in seinem Schoß entstandene Konvention ist die EMRK.

---

b) Rechtsnatur und Bedeutung der EMRK im nationalen Recht

29 Während der Europarat selbst in der juristischen Öffentlichkeit keine dominierende Rolle spielt, hat die Europäische Menschenrechtskonvention und die dazu ergangene Rechtsprechung des EGMR für die Herausbildung und Fortentwicklung eines einheitlichen Menschenrechtsschutzes in Europa überragende Bedeutung gewonnen.

Die EMRK ist zunächst ein gewöhnlicher multilateraler völkerrechtlicher Vertrag. Er gilt also nicht bilateral, zwischen zwei Staaten, er gilt vielmehr zwischen einer Mehrzahl von Staaten – es sind die Mitgliedstaaten des Europarates – und erzeugt völkerrechtliche Pflichten zwischen ihnen. Hoheitsgewalt haben die Mitgliedsstaaten des Europarats durch die Konvention nicht übertragen. Jedoch wäre es völlig unzutreffend zu behaupten, dass die EMRK lediglich völkerrechtliche Pflichten erzeugte und für die tägliche innerstaatliche Rechtsanwendung bedeutungslos wäre. Die EMRK ist durch Zustimmungsgesetz des Bun-

---

69 Beispiel: EGMR, Urteil vom 8.7.2014 – Harakchiev ./. Bulgarien, Beschwerdenummer 15018/11, Rdn. 159 ff., 199 ff.

destages in deutsches Recht transformiert worden und hat damit formell den Rang eines Bundesgesetzes erhalten. Damit gilt sie für alle staatlichen Organe.

Ferner wurde durch die EMRK der Europäische Gerichtshof für Menschen- **30** rechte in Straßburg errichtet. Die Urteile des EGMR sind zwar innerstaatlich, in Deutschland, nicht unmittelbar wirksam. Das Gericht kann also nicht etwa deutsche Urteile aufheben; es kann lediglich begangene Rechtsverletzungen feststellen. Die Entscheidungen des EGMR erzeugen aber einerseits eine Pflicht des verurteilten Mitgliedsstaates, den Verstoß gegen die Konvention zu beheben, einer Wiederholung von Verstößen vorzubeugen und ggf. Wiedergutmachung zu leisten (Art. 41, 46 EMRK); zum anderen ist gegen ein rechtskräftiges Strafurteil in Deutschland die **Wiederaufnahme des Verfahrens** zulässig, wenn der EGMR einen Verstoß gegen die EMRK festgestellt hat und das Urteil auf dieser Verletzung beruht (§ 359 Nr. 6 StPO). Auch die Rechts- und Gesetzeskraft eines Urteils des Bundesverfassungsgerichts kann durch Entscheidungen des EGMR überspielt werden.[70]

Die besondere Bedeutung der EMRK beruht jedoch auf weiteren innerstaat- **31** lichen Auswirkungen der Rechtsprechung des EGMR, die in den letzten Jahrzehnten zunehmend in den Vordergrund getreten sind.

Deutschland hat sich mit dem Beitritt zur Europäischen Menschenrechtskonvention völkerrechtlich verpflichtet, die Rechtsprechung des Gerichtshofs zu beachten. Das folgt daraus, dass es festgestellte Verstöße sogar beheben muss. Die Verpflichtung trifft innerstaatlich nicht etwa nur die Bundesregierung, sondern alle staatlichen Stellen, insbesondere auch die deutschen Gerichte. Erfüllen staatliche Stellen in Deutschland die Verpflichtung zur Beachtung der Rechtsprechung des EGMR nicht, so verhält sich Deutschland nach außen, gegenüber seinen Partnerstaaten völkerrechtswidrig.

Ein solches Ergebnis darf die deutsche Rechtsordnung nicht hinnehmen, denn sie ist völkerrechtsfreundlich. Das Bundesverfassungsgericht hat deshalb entschieden, dass die Rechtsprechung des EGMR im Inland zwar nicht unmittelbar verbindlich ist, aber berücksichtigt werden muss. Die Urteile des EGMR sind **wichtige Auslegungshilfen** für die Bestimmung von Inhalt und Reichweite der Grundrechte und rechtsstaatlichen Grundsätze. Aus dem Gebot völkerrechtsfreundlichen Verhaltens aller staatlichen Organe Deutschlands folgt darüber hinaus das Gebot für die deutschen Gerichte, das nationale Recht so auszulegen, dass möglichst kein Konflikt mit der EMRK und den Rechtsprechungslinien des EGMR entsteht. Eine Pflicht aller deutschen Gerichte, einschlägige Entscheidungen des EGMR zu berücksichtigen und bei der Rechtsfin-

---

70 BVerfG, Urteil vom 4.5.2011 – 2 BvR 2365/09, BVerfGE 128, 326, Rdn. 82.

dung in die Abwägung einzubeziehen, besteht in jedem Fall; ihre Beachtung wird vom Bundesverfassungsgericht und den Rechtsmittelgerichten nachgeprüft.[71] S. dazu auch Kap. 9/52 ff.

Dadurch hat die EMRK im Laufe der Rechtsentwicklung materiell insgesamt einen weit über dem eines einfachen Bundesgesetzes liegenden Rang erhalten. Der häufig zu findende Hinweis, dass es sich bei ihr „nur" um ein einfaches Bundesgesetz handele, ist sachlich unzutreffend. Sie hat zwar keinen Vorrang vor anderen nationalen Rechtsnormen. Da sie aber das nationale Recht insgesamt durchdringt, steht sie in einer spezifischen Wechselwirkung mit ihm.

Die Bestimmungen der EMRK sind transformiertes Völkervertragsrecht und verkörpern das Rechtsstaatsprinzip. Daher kann nach der Rechtsprechung des Bundesverfassungsgerichts eine Verfassungsbeschwerde auf eine Verletzung der EMRK in Verbindung mit dem nationalen Rechtsstaatsprinzip gestützt werden.[72] Deshalb auch gelten traditionelle Auslegungsregeln wie der Satz „Lex posterior derogat legi anteriori" im Regelfall nicht. Vielmehr bleibt die EMRK stets ein Maßstab, an dem alle, auch alle später erlassenen Gesetze zu messen sind; denn es ist davon auszugehen, dass der deutsche Gesetzgeber durch den Erlass neuer Rechtsvorschriften keine Konventionsverletzung begehen will.[73] Erlässt der deutsche Gesetzgeber dennoch ein mit der EMRK schlechthin unvereinbares Gesetz, bei dem auch im Wege der Auslegung Kompatibilität nicht hergestellt werden kann, gilt zwar das neue Gesetz, jedoch nicht nur wegen seines Verkündungsdatums, sondern auch wegen des Verwerfungsmonopols des Bundesverfassungsgerichts (Art. 100 GG). Für das Recht der Sicherungsverwahrung hat das praktische Bedeutung erlangt.[74]

Es ist daher notwendig, dass das Bundesverfassungsgericht und der EGMR einen fortwährenden Dialog führen. Die Koordinierung der Rechtsprechung zum GG und zur EMRK schafft nicht nur einen spezifischen Mehrwert. Ein System von Grundrechtsordnungen, die einander regelmäßig korrigieren, würde auch an Akzeptanz zu verlieren drohen.[75]

---

71 BVerfG vom 14.10.2004 – 2 BvR 1481/04, BVerfGE 111, 307 – Fall Görgülü.
72 BVerfGE 111, 307 Rdn. 51, 63.
73 *Voßkuhle* Frisch-Festschrift S. 1359, 1369; vgl. auch *Gaede* in *Böse* Enz. § 3/17; *Schaefer* EuR 2017, 80; *Schramm* IntStrR 3/52, 57; a.A. *Safferling* IntStrR § 13/21 (abw. Rdn. 24); *Satzger* IntStrR § 11 Rdn. 13.
74 BVerfG, Urteil vom 4.5.2011 – 2 BvR 2365/09, BVerfGE 128, 326; BGH NStZ 2011, 149.
75 *Voßkuhle* Frisch-Festschrift S. 1359, 1360.

Stichworte: Die EMRK und die Rechtsprechung des EGMR verpflichten alle staatlichen Organe Deutschlands. Dadurch hat die EMRK materiell einen weit über dem eines einfachen Bundesgesetzes liegenden Rang erhalten und ist bei der Auslegung des innerstaatlichen Rechts stets zu berücksichtigen. !

---

c) Verhältnis der EMRK zum EU-Recht

Im Bereich des europäischen Rechts, auch des Strafrechts, haben wir damit **32** zwei verschiedene Rechtsordnungen und zwei verschiedene europäische Gerichte. Die beiden Normenkomplexe sind aber miteinander verzahnt.

Im Vertrag von Lissabon (Art. 6 Abs. 3 EUV) und in der europäischen Grundrechtecharta (Präambel, Art. 52 Abs. 3) ist die Maßgeblichkeit der Konvention auch für die EU nunmehr ausdrücklich verankert. Art. 6 Abs. 3 EUV bestimmt, dass die Grundrechte, wie sie sich aus der EMRK und den gemeinsamen Verfassungsüberlieferungen der Mitgliedstaaten ergeben, als allgemeine Grundsätze Teil des Unionsrechts sind. Das bedeutet allerdings nicht, dass die EMRK teilhätte am Anwendungsvorrang des Unionsrechts gegenüber dem Recht der Mitgliedstaaten.[76]

Für die Zukunft ist vorgesehen, dass die Europäische Union der Europäischen Menschenrechtskonvention beitritt (Art. 6 Abs. 2 EUV). Vorerst ist der Beitritt allerdings gescheitert, nachdem der EuGH das (gemäß dem Protokoll Nr. 8 zum Vertrag) bereits fertig ausgehandelte Beitrittsabkommen (zum zweiten Male) gemäß Art. 218 Abs. 11 AEUV als mit den Verträgen unvereinbar erklärt hat.[77] Da zusätzlich alle Staaten der EU (vgl. Art. 218 Abs. 8) und des Europarats den Beitritt ratifizieren müssten, liegt er wohl noch in sehr weiter Ferne. Die prinzipielle rechtliche Möglichkeit eines Beitritts der EU war von Seiten des Europarates durch das 14. Zusatzprotokoll zur EMRK geschaffen worden.[78]

Über das Verhältnis der europäischen Gerichte zueinander Kap. 3/36 ff.

Die Verzahnung des europäischen Vertragswerks mit der EMRK fördert die **33** Integration der Mitgliedstaaten speziell auf dem für das Strafrecht wichtigen Gebiet der Grundrechte und des Menschenrechtsschutzes. Die EMRK befasst sich ausführlich mit Sachgebieten, welche bei staatlichen Eingriffen durch Strafverfolgungsbehörden immer wieder berührt werden. Damit deckt sie sich

---

76 EuGH C-571/10, Urteil vom 24.4.2012 – Kamberaj, Rdn. 59 ff.

77 EuGH, Avis 2/13, Gutachten vom 18.12.2014; zum Rang des Beitrittsvertrages im Rechtssystem der EU *Satzger* IntStrR § 11 Rdn. 14.

78 Art. 17 des 14. Zusatzprotokolls zur EMRK vom 13.5.2004, Transformationsgesetz vom 21.2.2006 (BGBl. 2006 II S. 138) – Einfügung von Art. 59 Abs. 2 EMRK.

nunmehr in weiten Bereichen mit den justiziellen Gewährleistungen der Grundrechtecharta der EU. Die Gewährleistungen der Konvention und die darauf auf-
bauende Rechtsprechung des EGMR führen zu einheitlichen Standards des In-
dividualschutzes in den Mitgliedstaaten der EU und darüber hinaus. Das erleichtert in diesen Bereichen die Harmonisierung der Rechtsvorschriften und
fördert die Akzeptanz der einzelnen Integrationsschritte.

Dies ist auch von der EU erkannt. Eine Richtlinie aus dem Jahre 2013, die
der Rechtsangleichung dienen soll und sich mit wesentlichen Punkten der
Rechtsstellung des Beschuldigten befasst, versteht sich in ihren Erwägungsgründen ausdrücklich als Ausführungsakt der EMRK und der dazu ergangenen
Rechtsprechung des EGMR.[79]

Im Verhältnis der EMRK und der Charta der Grundrechte der Europäischen
Union zum einzelnen Bürger gilt das Prinzip der Meistbegünstigung. Er kann
sich – im Rahmen des Geltungsbereichs beider Konventionen – jeweils auf das
Vertragswerk berufen, dessen Gewährleistungen ihm den umfassendsten Schutz
bieten (Art. 53 EMRK; Art. 52 Abs. 3, 53 Grundrechtecharta). Dabei ist allerdings
zu beachten, dass die Grundrechtecharta nur bei Anwendung und Durchführung von Unionsrecht gilt (Kap. 4/16ff.), so dass Schutzlücken verbleiben können (Kap. 5/24).[80]

❗ Stichworte: Die beiden europäischen Rechtsordnungen sind miteinander verzahnt, weil die
Grundrechte der EMRK Teil der allgemeinen Grundsätze des Unionsrechts sind (Art. 6 Abs. 3
EUV).

III. Entstehung und Entwicklung der Europäischen Union

34 Nach dieser Übersicht zunächst zum Recht der Europäischen Union im engeren
Sinne. Es befindet sich, was den strafrechtlichen Bereich anbelangt, in einer
speziellen Übergangsphase. Teilweise gelten bereits die Vorschriften des Vertrages von Lissabon, teilweise gelten aber auch die früheren Bestimmungen
weiter. Verständlich wird das alles erst vor dem Hintergrund der geschichtli-

---

79 Richtlinie 2013/48/EU vom 22.10.2013 über das Recht auf Zugang zu einem *Rechtsbeistand*
in Strafverfahren und in Verfahren zur Vollstreckung des Europäischen Haftbefehls sowie das
Recht auf *Benachrichtigung* eines Dritten bei Freiheitsentzug und das Recht auf Kommunikation mit Dritten und mit Konsularbehörden während des Freiheitsentzugs, ABl. 2013 L 294 S. 1,
Erwägungsgrund 12.
80 Vgl. EuGH C-439/16, Urteil vom 27.10.2016 – Milev.

chen Entwicklung, die in Wellen verlaufen ist. Größeren Integrationsschritten
standen retardierende Momente gegenüber.[81]

1. Gründung – Römische Verträge

1951 und 1957 gründeten sechs Staaten Europas drei Gemeinschaften: Europäi- **35**
sche Gemeinschaft für Kohle und Stahl, Europäische Wirtschaftsgemeinschaft
und Europäische Atomgemeinschaft. Der erste Vertrag ist 2002 ausgelaufen,
diese Gemeinschaft besteht nicht mehr. Die beiden anderen Gemeinschaften
bestehen weiter, ihre Organe sind zusammengelegt worden; mit der Europäischen Atomgemeinschaft befasst sich dieses Lehrbuch aber nicht näher. Die
Europäische Wirtschaftsgemeinschaft hieß später Europäische Gemeinschaft
und hat sich auf gegenwärtig 28 Mitglieder erweitert. Die Zahl gilt allerdings
vorbehaltlich des Ausscheidens von Großbritannien nach Art. 50 EUV; in einem
Referendum am 23.6.2016 hat die Bevölkerung für einen Austritt (Brexit) votiert.

Die Mitgliedstaaten haben einen Teil ihrer Souveränität auf die Gemeinschaft übertragen, die daher ein eigenes Rechtssubjekt des Völkerrechts darstellt und eigene Hoheitsgewalt hat, welche eine eigene Rechtsetzungsbefugnis
einschließt.

Die Entwicklung seit der Gründung der EWG ist gekennzeichnet durch eine
Reihe von Verträgen, die jeweils den vorhergehenden Vertrag abgeändert haben. Auch der Vertrag von Lissabon ist eigentlich ein Änderungsvertrag, keine
völlige Neuschöpfung. Damit das Normenwerk jedoch lesbar bleibt, ist der
Wortlaut insgesamt neu gefasst worden, so dass der publizierte Text vollständig
ist.

2. Vertrag von Maastricht

Mit den Römischen Verträgen war eine Wirtschaftsgemeinschaft entstanden **36**
(EWG). Ihr Ziel war die Schaffung eines Binnenmarktes mit freiem Personen-,
Waren- und Dienstleistungsverkehr. Es zeigte sich jedoch, dass ein funktionie-
render Binnenmarkt auch die Beseitigung von Binnengrenzen erforderte. Dies
wiederum war nicht ohne flankierende Maßnahmen auch auf strafrechtlichem
Gebiet denkbar. So setzte etwa 1985 der sog. Schengen-Prozess ein, in dem zunächst fünf Staaten auf die Beseitigung der Kontrollen an den gemeinsamen

---

[81] Übersicht über die Entwicklung im Urteil des BVerfG zum Vertrag von Lissabon vom
30.6.2009 – 2 BvE 2/08, BVerfGE 123, 267 Rdn. 2ff.

Grenzen hinarbeiteten. Der Prozess mündete 1990 im Abschluss des Schengener Durchführungsabkommens (SDÜ), das allerdings von der Bundesrepublik erst 1993 ratifiziert wurde (näher Kap. 4/4 ff.). Das Abkommen war ein völkerrechtlicher Vertrag, mit dem umfassende Regelungen zum Grenzregime, zur Rechtshilfe, zur polizeilichen und zur justiziellen Zusammenarbeit in Strafsachen vereinbart wurden. Mit ihm wurden früher geschlossene europäische Abkommen zur Erleichterung der Zusammenarbeit auf strafrechtlichem Gebiet (Auslieferungsabkommen, Rechtshilfeabkommen) weitgehend gegenstandslos.

Parallel hierzu, aber auf anderer politischer Grundlage, vollzog sich eine weitere Entwicklung. Nach dem Fall der Berliner Mauer und dem Ende der Teilung Europas in den Jahren 1989/90 erschien die Europäische Gemeinschaft ideell und praktisch als geeignete Grundlage für die künftige Struktur der Staatengemeinschaft des Kontinents. Die Idee der weiteren Integration erhielt dadurch besonderen Auftrieb. Auch das Wort „Politische Union" war (zunächst) nicht verpönt.[82] Das Ergebnis dieser Entwicklung war der Vertrag von Maastricht vom 7.2.1992.[83] Durch ihn gab die Gemeinschaft ihren Charakter als bloßer Wirtschaftsverband auf und wandte sich weiteren Zielen zu.

In den Erwägungsgründen zum Vertrag heißt es u.a., dass die Mitgliedstaaten entschlossen seien, den mit der Gründung der Europäischen Gemeinschaften eingeleiteten Prozess der europäischen Integration auf eine neue Stufe zu heben, und dass sie ihr Ziel bekräftigten, die Freizügigkeit ihrer Bürger unter gleichzeitiger Gewährleistung ihrer Sicherheit durch Einfügung von Bestimmungen über Justiz und Inneres in den Vertrag zu fördern.

Eine neue Stufe der Integration leitete der Vertrag vor allem durch die Bildung der Währungsunion (Euro), der Errichtung der EZB und des Europäischen Systems der Zentralbanken ein.[84] Die Hinwendung der Gemeinschaft zu den Bereichen Justiz und Inneres bedeutete vor allem, dass die Organe der Gemeinschaft federführend beim Anstoß neuer Entwicklungen sein und die erforderliche Arbeit leisten konnten. Als Instrumente waren dafür insbesondere die Ausarbeitung von Übereinkommen sowie die Erarbeitung gemeinsamer Standpunkte und Maßnahmen vorgesehen.[85] Diese Mechanismen waren im Ansatz völkerrechtlicher Natur, wenngleich bestimmte gemeinschaftsrechtliche Elemente auch hier eine Rolle spielten. Adressaten der völkerrechtlichen Mecha-

---

82 Vgl. Nr. 1 der Schlussakte zum Vertrag von Maastricht.

83 Gesetz vom 28. Dezember 1992 zum Vertrag von Maastricht vom 7. Februar 1992 (BGBl. 1992 II S. 1251).

84 Art. B, G Nr. 7 des Vertrags, Protokoll über die Errichtung des Europäischen Systems der Zentralbanken und der EZB.

85 Art. K. 1 Nr. 7, Art. K. 3 des Vertrages.

nismen waren deshalb jeweils nur die Regierungen; eigene Kompetenzen und Organe der Gemeinschaft entstanden in diesem Bereich nicht. In vergleichbarer Weise führte der Vertrag auch Grundlagen für eine gemeinsame Außen- und Sicherheitspolitik ein.[86]

Bildlich gesehen hatte der Vertrag drei wichtige Abschnitte – „**Säulen**" –, nämlich:

a) Die Europäische Gemeinschaft wurde als Völkerrechtssubjekt mit den bisherigen Organen und Zielen beibehalten, ihre Zuständigkeit aber erweitert.

b) Sodann wurde ein völkerrechtlicher Rahmen für eine gemeinsame Außen- und Sicherheitspolitik vereinbart.

c) Ferner wurde ein völkerrechtlicher Rahmen für die polizeiliche und die justizielle Zusammenarbeit in Strafsachen vereinbart.

Das Bild von den drei Säulen hat zur Bezeichnung „**Tempelarchitektur**" für die Europäische Union geführt, denn der Unionsvertrag als völkerrechtlicher Vertrag überwölbte und verband die drei Säulen. Die Merkmale der drei Säulen waren: Die EG blieb als eigener Hoheitsträger, wie sie es bisher schon war, als erste Säule bestehen. Mit der zweiten und der dritten Säule wurden Mechanismen zur Erreichung politischer Ziele geschaffen, nämlich auf dem Gebiet der Außen- und Sicherheitspolitik sowie bei der Strafverfolgung. Die Europäische Union war durch den Vertrag von Maastricht daher keine Union geworden, noch viel weniger ein neuer Staatenbund. Es handelte sich vielmehr um einen völkerrechtlichen Dachvertrag zur institutionellen Verbindung der Europäischen Gemeinschaft mit den völkerrechtlichen Mechanismen der zweiten und der dritten Säule.

Diese Verbindung zeigte sich insbesondere darin, dass die Institutionen der EG die anfallende Arbeit erledigen und im Prinzip die Kosten trugen, dass die Kommission ein Initiativrecht hatte und das Europäische Parlament ein Anhörungsrecht. Seit dem Vertrag von Amsterdam vom 2.10.1997 war in bestimmten Fällen auch der Europäische Gerichtshof in Luxemburg für Streitigkeiten und Vorabentscheidungen zuständig.

Aber die dritte Säule erhielt kurze Zeit später zusätzlich ein eigenes Rechtsetzungsinstrument. Wesentliches Mittel der Integration bei der polizeilichen und justiziellen Zusammenarbeit in Strafsachen war seit dem Inkrafttreten des Vertrages von Amsterdam ab 1999 der **Rahmenbeschluss.** 37

Der Rahmenbeschluss schuf eine völkerrechtliche Pflicht der Staaten untereinander, bestimmte Rechts- und Verwaltungsvorschriften anzugleichen. Es

---

86 Art. J des Vertrages.

entstand also für die Staaten eine Pflicht, genau so, als wenn sie einen Vertrag miteinander geschlossen hätten. Doch mussten sie dazu gerade keinen Vertrag schließen, es genügte ein Beschluss des Rates, und es entfiel das komplizierte Verfahren der Ratifikation mit ihren innerstaatlichen Voraussetzungen. Es handelte sich mithin um die Vorstufe eines eigenen, supranationalen Instruments der Rechtsetzung, eine Zwischenform zwischen Völkerrecht und EU-Recht.

Die Einführung des Rahmenbeschlusses als neuartiges Rechtsetzungsinstrument war zwar nur eine Übergangsmaßnahme; aber auch sie ergab sich aus Sachzwängen. Die Erstreckung der Gemeinschaftskompetenz auf den Bereich der Strafrechts durch den Vertrag von Maastricht hatte zu einer Vielzahl von Übereinkommen geführt, welche völkerrechtliche Vereinbarungen des Europarats teils ersetzten, teils ergänzten, aber zögerlich und in unterschiedlicher Form von den Mitgliedstaaten der EU ratifiziert wurden und die Rechtslage unüberschaubar machten. Es bedurfte daher der Schaffung eines wirksameren Mittels, um die europäische Integration auf dem Gebiet des Strafrechts voranzubringen. Mit dem Rahmenbeschluss wurde das EU-Übereinkommen als Handlungsform der Gemeinschaft auf dem Gebiete des Strafrechts praktisch verlassen; damit ergab sich ein Weg, das Ziel der Zusammenarbeit der Mitgliedstaaten nicht mehr durch die bisherige faktische Rechtszersplitterung zu konterkarieren.[87]

3. Vertrag von Lissabon

38 Auch im neuen Jahrtausend hatten die Bestrebungen zur Schaffung einer immer engeren Union der Völker Europas große politische Durchschlagskraft. Die Mitgliedstaaten beriefen einen Konvent ein, welcher eine Verfassung für Europa erarbeitete.[88] Diese scheiterte allerdings an Volksabstimmungen in Frankreich und den Niederlanden (andere Länder wie Großbritannien hatten ein Referendum noch nicht durchgeführt). Deshalb wurden die konsensfähigen Teile des Verfassungsentwurfs in ein neues Vertragswerk übernommen, den Vertrag von Lissabon. Der Vertrag von Lissabon,[89] trat nach dem Scheitern des Europäischen Verfassungsvertrages am 1.12.2009 in Kraft. Er hat die „Tempelarchitektur" beseitigt. Es gibt nicht mehr drei Säulen, vielmehr sind die zweite und die dritte

---

87 Übersicht bei *Hackner/Schierholt* Rdn. 15 ff.

88 Vertrag vom 29.10.2004 über eine Verfassung für Europa, BTDrucks. 15/4900.

89 Gesetz vom 8.10.2008 zum Vertrag von Lissabon vom 13.12.2007 (BGBl. 2008 II S. 1038); Urteil des Bundesverfassungsgerichts zu diesem Vertrag vom 30.6.2009 – 2 BvE 2/08, BVerfGE 123, 267.

Säule in den institutionellen Rahmen der ersten Säule integriert worden. Die erste Säule heißt nicht mehr „Europäische Gemeinschaft", sondern „Europäische Union".

Die Verschmelzung der drei Säulen bedeutet, dass auch die polizeiliche und die justizielle Zusammenarbeit in Strafsachen unter den Voraussetzungen und mit den Mitteln verwirklicht werden, die für die erste Säule bisher schon galten. Strafrecht und Strafprozessrecht sind aus der Grauzone der quasi-völkerrechtlichen Kooperation der Mitgliedstaaten herausgetreten und in die supranationale Kompetenz der EU überführt worden. Insbesondere wird neues Recht jetzt durch Verordnungen und Richtlinien gesetzt, die Maßnahme des Rahmenbeschlusses ist für die Zukunft abgeschafft. Die bisher erlassenen Rahmenbeschlüsse sind damit nicht bedeutungslos geworden. Sie gelten vielmehr nach dem Protokoll Nr. 36 über die Übergangsbestimmungen (Art. 9) weiter; die Kommission war lediglich bis 2014 daran gehindert, wegen Nichtbefolgung eines Rahmenbeschlusses ein Vertragsverletzungsverfahren einzuleiten, und der Europäische Gerichtshof behielt insoweit lediglich seine früheren Zuständigkeiten (Art. 10). Da sich die Aktivität der Europäischen Union auf strafrechtlichem Gebiet bisher in vielfältiger Weise durch Rahmenbeschlüsse manifestiert hat, behalten diese damit auf absehbare Zeit erhebliche Bedeutung. Sie können allerdings nicht mehr geändert werden; soll anstelle eines Rahmenbeschlusses eine andere Regelung treten, muss dieser aufgehoben und durch eine Richtlinie, gegebenenfalls durch eine Verordnung, ersetzt werden.

Es ist müßig darüber zu streiten, ob die EU mit dem Vertrag von Lissabon **39** **Staatsqualität** erlangt hat. Sie weist in ihrer Struktur viele Merkmale auf, welche sie mit einem Bundesstaat wie der Bundesrepublik Deutschland vergleichbar machen. Betrachtet man das Maß der Integration der deutschen Bundesländer in das Gefüge des Bundes, das Ausmaß ihrer rechtlichen und finanziellen Fremdbestimmung, wird man an deren Staatsqualität eher zweifeln dürfen als an der staatlichen Natur der EU. Das Bundesverfassungsgericht hat in seinem Urteil zum Vertrag von Lissabon diejenigen Merkmale sorgfältig untersucht, welche nach dem klassischen Staatsbegriff zur Beurteilung einer Organisation als Staat führen. Es ist dabei zu dem Ergebnis gelangt, dass die EU (noch) kein Staat, sondern ein **„Staatenverbund"** sei. Die Frage, ob der klassische Staatsbegriff im 21. Jahrhundert einer Fortentwicklung bedarf, hat es sich nicht gestellt. Aber im Ergebnis wird man dem Bundesverfassungsgericht zustimmen müssen, weil die EU im gegenwärtigen Zeitpunkt beim Begriff des „Staatsvolkes" defizitär ist. Nach Art. 1 Abs. 2 EUV stellt die EU eine neue Stufe bei der Verwirklichung einer immer engeren Union der Völker Europas dar. Die Wortwahl ist kennzeichnend, aber zutreffend. Europa besteht im gegenwärtigen Zeitpunkt aus vielen Völkern; ein Minimum an Zusammengehörigkeitsgefühl der

Unionsbürger hat sich trotz einer einheitlichen Unionsbürgerschaft (Art. 20 AEUV) bisher nicht entwickelt. Nicht einmal über die Symbole der Union und ihre Bedeutung hat man sich verständigen können.[90] Ohne ein derartiges Bewusstsein der Menschen wird man aber von einem Staatsvolk nicht sprechen dürfen.

> **!** **Stichworte:** Die Gründung der heutigen Europäischen Union erfolgte 1957 als reine Wirtschaftsgemeinschaft, die jedoch stetig ihre Integration vertiefte, weitere Zuständigkeiten erhielt und sich in der Mitgliederzahl vergrößerte. Mit dem Vertrag von Maastricht (1992) überschritt die Union den Rahmen einer reinen Wirtschaftsgemeinschaft (Drei-Säulen-Struktur, Tempelarchitektur); durch den Vertrag von Amsterdam 1999 erhielt sie mit dem Rahmenbeschluss ein Instrument zur supranationalen Rechtsetzung außerhalb des Wirtschaftsrechts. Der am 1.12.2009 in Kraft getretene Vertrag von Lissabon fasst die drei Säulen in der EU zusammen und beseitigt für die Zukunft das Instrument des Rahmenbeschlusses.

---

90 Erklärung C 52 zur Schlussakte der Regierungskonferenz von Lissabon.

Entwicklung zur Europäischen Union   40

1. Europäische Gemeinschaften

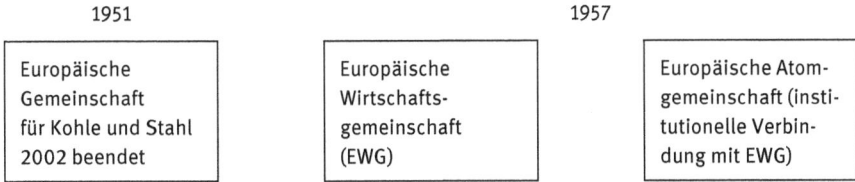

1951   1957

Europäische Gemeinschaft für Kohle und Stahl 2002 beendet	Europäische Wirtschafts- gemeinschaft (EWG)	Europäische Atom- gemeinschaft (insti- tutionelle Verbin- dung mit EWG)

EWG: späterer Name: Europäische Gemeinschaft (EG)

a) EG ist eigenes Rechtssubjekt, Mitgliedstaaten haben Teil ihrer Souveränität auf sie über- tragen.
b) EG hat eigene Organe (Parlament, Rat, Kommission,, Gerichtshof, Rechnungshof)
c) EG hat Rechtsetzungsbefugnis

2. Europäische Union (1992, Maastricht)

„Tempelarchitektur" – Haus auf drei Säulen
Europäische Union = völkerrechtlicher Dachvertrag zur Verbindung der drei Säulen

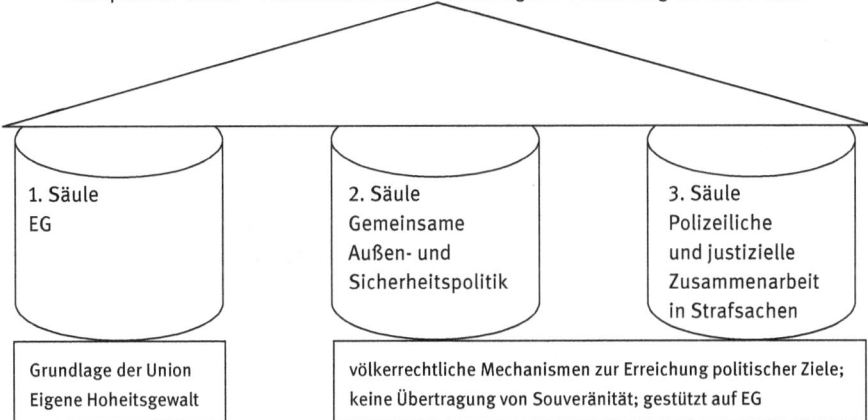

1. Säule EG	2. Säule Gemeinsame Außen- und Sicherheitspolitik	3. Säule Polizeiliche und justizielle Zusammenarbeit in Strafsachen

Grundlage der Union Eigene Hoheitsgewalt	völkerrechtliche Mechanismen zur Erreichung politischer Ziele; keine Übertragung von Souveränität; gestützt auf EG

3. Gegenwärtige Struktur

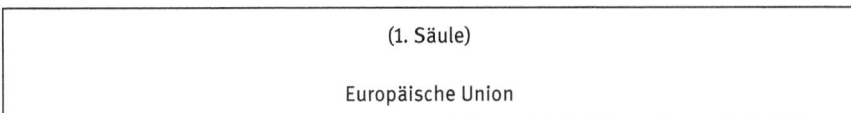

(1. Säule)
Europäische Union

Bisherige Europäische Gemeinschaft (erste Säule) setzt sich unter der Bezeichnung „Europäi- sche Union" als eigener und einziger Hoheitsträger fort. Die frühere zweite und dritte Säule ist in den Rahmen der Union integriert.

IV. Der Vertrag von Lissabon – Übersicht

41 Damit rückt die gegenwärtige Struktur der Europäischen Union in das Blickfeld. Sie ist für die Zukunft bestimmend, auch wenn gegenwärtig noch Einzelregelungen aus dem Vertrag von Amsterdam über den Rahmenbeschluss anzuwenden sind.

Rechtliche Grundlage der EU ist der „Vertrag von Lissabon". Aber wenn man eine Textsammlung aufschlägt, sieht man, dass „der" Vertrag von Lissabon nicht aus einem, sondern aus zwei Verträgen besteht, denen noch eine Vielzahl von Protokollen und weiteren Dokumenten beigefügt ist.

Der erste Vertrag ist der Vertrag über die Europäische Union (**EUV**). Er ist ein Grundlagenvertrag und regelt die grundlegenden Strukturen der Union. Der andere Vertrag befasst sich nach seiner Bezeichnung mit der Arbeitsweise der Europäischen Union. Seine Abkürzung lautet **AEUV**, er handelt vorrangig von den Zielen, den Kompetenzen und der Arbeitsweise im Einzelnen. Beide Verträge ergänzen sich und sind in ihrer Systematik nicht klar getrennt.

1. Der Vertrag über die Europäische Union

a) Prinzip der begrenzten Einzelermächtigung

42 Die Union ist nur zuständig für die Maßnahmen, die ihr in den Verträgen ausdrücklich übertragen sind; es gilt das Prinzip der **begrenzten Einzelermächtigung**. Was davon nicht erfasst ist, verbleibt in der Zuständigkeit der Mitgliedstaaten (Art. 4 Absatz 1, Art. 5). Auch soweit die Union tätig werden darf, darf sie ihre Befugnisse nur gemäß den Prinzipien der Subsidiarität und der Verhältnismäßigkeit (Art. 5 Abs. 4 EUV) ausüben. Das bedeutet: Sie darf nur eingreifen, wenn die Ziele der Union von den Mitgliedstaaten nicht ausreichend, auf Unionsebene aber besser verwirklicht werden können, und ihre Maßnahmen müssen sich auf das zur Erreichung der Ziele erforderliche Maß beschränken. Die Mitgliedstaaten ihrerseits trifft eine Pflicht zu unionsfreundlichem Verhalten.

b) Organe der Union

Die Organe der Europäischen Union sind   43

– das Europäische *Parlament* (Art. 14),[91]
– der *Europäische Rat*, der im Wesentlichen aus den Staats- und Regierungschefs der Mitgliedstaaten zusammengesetzt ist und die Grundlinien der Politik bestimmt, aber nicht als Gesetzgeber tätig wird (Art. 15), er ist nicht zu
  verwechseln mit dem Europarat;
– der *Rat*, der zusammen mit dem Europäischen Parlament als Gesetzgeber
  tätig wird und aus Regierungsvertretern auf Ministerebene besteht; er beschließt im Allgemeinen mit qualifizierter Mehrheit und tagt in Gesetzge-
  bungsangelegenheiten öffentlich (Art. 16),
– die *Kommission* (Art. 17), welche beim Erlass von Rechtsakten der EU das
  Initiativrecht (Art. 289 Abs. 1, Art. 294 AEUV) sowie vor dem Gerichtshof der
  Union für Vertragsverletzungs- und Nichtigkeitsverfahren das Klagerecht
  (Art. 258, Art. 263 Abs. 2 AEUV) hat und im Übrigen das zentrale Exekutivorgan der Union ist;
– der Hohe *Vertreter für die Außen- und Sicherheitspolitik* (Art. 18),
– der *Gerichtshof* der Europäischen Union (Art. 19),
– die Europäische *Zentralbank* (Art. 13 EUV, Art. 282 AEUV),
– der *Rechnungshof* (Art. 13 EUV, Art. 285 AEUV).

Man kann die Union als ein Staatswesen im Embryonalzustand, im Übergang von
einem Staatenbund zu einer Föderation charakterisieren. Perspektivisch wird die
Kommission die Regierung bilden, der Rat die Zweite Parlamentarische Kammer.

c) Verstärkte Zusammenarbeit

Der Vertrag nimmt hin, dass es faktisch ein Europa der zwei Geschwindigkeiten 44
gibt. In Art. 20 EUV, Art. 326 ff. AEUV enthält er Bestimmungen über eine „Verstärkte Zusammenarbeit" derjenigen Staaten, die eine weitergehende Integration, als bisher vorgesehen, anstreben und trifft Regelungen für ihre Zulässigkeit sowie für die Folgen einer solchen Zusammenarbeit.

Ein Beispiel für eine Verstärkte Zusammenarbeit ist das System von Schengen.[92] Dieses System, das zunächst den Abbau der gegenseitigen Grenzkontrollen zum Ziel hatte, hatte sich als Fall der justiziellen und polizeilichen Zusam-

---

[91] Strafrechtliche Immunität der Abgeordneten: Protokoll Nr. 7, Art. 8; dazu EuGH C 496/10,
Beschluß vom 19.1.2012 – Patriciello.
[92] Art. 1 des Protokolls zur Einbeziehung des Schengen-Besitzstandes in den Rahmen der EU
vom 2.10.1997 (BGBl. 1998 II S. 429); Protokoll Nr. 19 zum Lissabon-Vertrag.

menarbeit neben dem Vertragssystem der Europäischen Gemeinschaften entwickelt. Im SDÜ von 1990 haben die vertragschließenden Staaten – weit vorausschauend – Bereiche ins Auge genommen und geregelt, welche heute in den Rahmen der EU überführt und im Raum der Freiheit, der Sicherheit und des Rechts verortet sind.

Die Euro-Gruppe, also die Gruppe derjenigen Länder, welche als Währung den Euro haben, gilt nicht als Fall einer Verstärkten Zusammenarbeit, sondern ist in Art. 136, 137 EUV, Protokoll Nr. 14 eigenständig geregelt.

d) Gemeinsame Außen- und Sicherheitspolitik

45 Breiten Raum nehmen die Vorschriften über eine gemeinsame Außen- und Sicherheitspolitik ein (Art. 21–46). In diesem Bereich hat sich der Gedanke der Souveränität der Mitgliedstaaten in besonderer Weise erhalten. Es wird zwar ein hoher Vertreter für die Außen- und Sicherheitspolitik geschaffen (Art. 18, 27 EUV), dem auch ein eigener diplomatischer Dienst zur Verfügung gestellt wird (Art. 27 Abs. 3 EUV), aber der Erlass von Gesetzen ist ausgeschlossen und im Übrigen programmieren die Vorschriften im Einzelnen Schritte und Wege zu einer weiteren Integration. Im Bereich der Verteidigungspolitik wird die Möglichkeit einer „Ständigen Strukturierten Zusammenarbeit" eröffnet; die Staaten, welche sich an ihr beteiligen, können für die Union auch bestimmte militärische Operationen übernehmen. Einzelheiten hierzu sind in einem besonderen Protokoll niedergelegt.

2. Der Vertrag über die Arbeitsweise der Europäischen Union

a) Ausschließliche und geteilte Zuständigkeiten

46 Der Vertrag regelt zunächst die Verteilung der Zuständigkeiten zwischen Union und Mitgliedstaaten. Danach wird unterschieden zwischen **ausschließlicher** Zuständigkeit und **geteilter** Zuständigkeit. Daneben ermächtigt Art. 2 Abs. 5 AEUV die Union, in bestimmten Bereichen zur Unterstützung, Koordinierung oder Ergänzung der Maßnahmen der Mitgliedstaaten tätig zu werden.

Ausschließlich zuständig ist die Union für das Zollwesen, die Wettbewerbsregelungen, die Währungspolitik bezüglich der Unionswährung Euro, die Erhaltung der Fischbestände im Meer, die gemeinsame Handelspolitik (Art. 3 AEUV). In diesem Bereich darf nur die Union Rechtsnormen erlassen, die Mitgliedstaaten dürfen nur mit besonderer Ermächtigung tätig werden oder um das Recht der Union auszuführen (Art. 2 AEUV).

Der Bereich der geteilten Zuständigkeit (Art. 4 AEUV) umfasst zum Beispiel den Binnenmarkt (mit seinen Grundfreiheiten Warenverkehr, Personenverkehr,

Dienstleistungsverkehr, Kapitalverkehr), die Landwirtschaft, die Umwelt, den Verbraucherschutz, den Verkehr, die Energie sowie den Raum der Freiheit, der Sicherheit und des Rechts – darunter die Rechtspolitik. Hier kann die Union nach Maßgabe der Prinzipien der Subsidiarität und der Verhältnismäßigkeit tätig werden, soweit ihr im Vertragswerk Befugnisse übertragen sind.

Für die einzelnen Bereiche enthält der Vertrag sodann nach dem Prinzip der **47** begrenzten Einzelermächtigung Vorschriften die regeln, für welche konkreten Ziele die Union aktiv werden kann, welche rechtlichen Mittel ihr dafür zur Verfügung stehen und in welchem Verfahren Rechtsakte zu erlassen sind. Im Unterschied zur Regelung des Grundgesetzes sind der Zuständigkeit der Union daher nicht bestimmte Rechtsmaterien (das Bürgerliche Recht, das Strafverfahrensrecht) übertragen, sondern Befugnisse und Mittel zur Erreichung bestimmter **Ziele**.[93]

> **Fall:** Die Kommission legt den Entwurf einer Richtlinie über Informationsaustausch hinsichtlich bestimmter Zuwiderhandlungen gegen Straßenverkehrsvorschriften mit dem Ziel vor, die Verkehrssicherheit zu heben. Parlament und Rat beschließen die Richtlinie. Aber die Kommission hatte ihren Entwurf auf Art. 91 AEUV-Verkehrspolitik – gestützt, Parlament und Rat stützen sich auf Art. 87 Abs. 2 AEUV – polizeiliche Zusammenarbeit bei der Bekämpfung von Straftaten.

Der EuGH hat die Richtlinie für nichtig erklärt.[94] Nach ihm ist das Ziel des Rechtsaktes maßgebend für die Wahl der Rechtsgrundlage, bei mehreren Zielen das Hauptziel. Hier diente der Informationsaustausch nach dem Entwurf der Kommission – die das Initiativrecht hat – dem Ziel einer Stärkung der Verkehrssicherheit und gehörte damit zur Verkehrspolitik. Auf der Grundlage von Art. 87 AEUV konnte die Richtlinie deshalb nicht wirksam erlassen werden.

Der Unterschied in der Wahl der Rechtsgrundlage ist nicht bloß formaler Natur. Nach der Rechtsgrundlage – dem zulässigen Ziel einer Regelung – bestimmt sich der zulässige Inhalt der Norm und außerdem ist die jeweilige Rechtsgrundlage von Bedeutung für das einzuschlagende Verfahren, insbesondere die gebotene Beteiligung anderer Unionsorgane.

Das Thema des Lehrbuchs bezieht sich auf den Raum der Freiheit, der Si- **48** cherheit und des Rechts (Art. 67 ff. AEUV), in dem allerdings nicht nur die Rechtspolitik, sondern auch der Bereich Grenzkontrollen, Asyl und Einwande-

---

93 *Satzger* IntStrR § 9 Rdn. 2.
94 EuGH C-43/12, Urteil vom 6.5.2014 – Kommission ./. Parlament und Rat; die Richtlinie ist daraufhin ersetzt worden durch Richtlinie vom 11.3.2015, ABl. L 68 S. 9, nunmehr auf der Grundlage des Art. 91 Abs. 1 Buchst. c) AEUV.

rung und die justizielle Zusammenarbeit in Zivilsachen geregelt sind. Die **Zusammenarbeit in Strafsachen** ist in **Art. 82–89 AEUV** aufgeführt, es besteht eine geteilte Zuständigkeit. Von Bedeutung ist dabei ferner, dass die Bestimmungen über den Raum der Freiheit, der Sicherheit und des Rechtes grundsätzlich nicht für Großbritannien, Irland und Dänemark gelten. Das ist in den Protokollen 20–22 zum Vertrag festgehalten. Darin ist aber auch festgehalten, dass sich jeder dieser Staaten an einzelnen Maßnahmen der EU beteiligen kann. Er muss dies erklären („opt in").[95] 2013 ist beispielsweise eine neue Richtlinie über Cyberkriminalität ergangen.[96] An ihr beteiligen sich Großbritannien und Irland, nicht aber Dänemark. Es gibt darüber hinaus auch im Bereich der Rechtspolitik die Möglichkeit einer Verstärkten Zusammenarbeit (Art. 20 EUV), welche die Idee eines einheitlichen Rechtsraums weiter schwächt. Der Übersichtlichkeit dient so etwas nicht.

49   Alle Maßnahmen der Union, d.h. auch jeder Rechtsakt, stehen unter den Vorbehalten der **Subsidiarität** und der **Verhältnismäßigkeit**. Nur wenn diesen Grundsätzen genügt ist, darf die Union tätig werden (Art. 5 Abs. 1 EUV). Der Inhalt der beiden Prinzipien ist in Art. 5 Abs. 3, Abs. 4 EUV näher definiert und in dem Protokoll Nr. 2 verfahrensrechtlich abgesichert. Dort ist auch eine Zuständigkeit des EuGH für Klagen der Mitgliedstaaten wegen Verletzung des Prinzips der Subsidiarität vorgesehen (Art. 8).

! **Stichworte:** Die EU hat für Strafsachen eine geteilte Zuständigkeit; sie ist in den Art. 82–86 AEUV geregelt. Vorschriften über den Raum der Freiheit, der Sicherheit und des Rechts gelten meist nicht in Großbritannien, Irland und Dänemark.

---

b) Mittel der Aufgabenerfüllung

50 Als Mittel zur Erfüllung der Aufgaben der Union kennt der Vertrag als Rechtsakte die Verordnung und die Richtlinie, als Einzelmaßnahmen und Äußerungen ohne Rechtsnormcharakter den Beschluss, Empfehlungen und Stellungnahmen (Art. 288 AEUV). Bei jeder einzelnen Ermächtigung ist aufgeführt, welches Mittel zur Erreichung des Ziels zur Verfügung steht.

---

95 Übersicht bei *Brodowski* ZIS 2014, 455, 458.
96 Richtlinie vom 12.8.2013 über Angriffe auf Informationssysteme und zur Ersetzung des Rahmenbeschlusses 2005/222/JI, ABl. 2013 L 218 S. 8.

aa) Regelmäßige Struktur der Rechtsakte

Verordnungen und Richtlinien sind Rechtsakte, die nach dem Vorbild völker- 51
rechtlicher Übereinkünfte aufgebaut sind und daher regelmäßig mit „**Erwägungsgründen**" beginnen. Darin sind u.a. die Gründe niedergelegt, welche den
europäischen Gesetzgeber zum Erlass der Maßnahme bewogen haben. Sie sind
jedoch nur teilweise vergleichbar mit den Gesetzesmaterialien, von denen in
Deutschland vor allem die amtliche Begründung des Gesetzentwurfes und der
Schriftliche Bericht des zuständigen Ausschusses des Bundestages zu dem Gesetzentwurf zu nennen sind. Die deutschen Gesetzesmaterialien erläutern zwar
auch die Motive des Gesetzgebers und sind insofern fruchtbar zu machen für die
historische Auslegung des späteren Gesetzes. Aber sie sind nicht Teil des Gesetzesbeschlusses selbst. Die Erwägungsgründe europäischer Rechtsakte hingegen
werden von dem Gesetzgeber formuliert und beschlossen und sind Bestandteil
der Verordnung oder der Richtlinie. Sie werden in der Praxis später sogar geändert. So haben Art. 1 des Vertrages von Amsterdam und Art. 1 Nr. 1 des Vertrages
von Lissabon ausdrücklich die Erwägungsgründe des zuvor bestehenden Vertragswerkes geändert und ergänzt.

Das hat auch Folgen für die Rechtsanwendung. Die Motive des Gesetzgebers
haben unmittelbar eine für die Auslegung hervorgehobene Bedeutung und dürfen nicht ohne weiteres mit dem üblichen Argument, dass das Gesetz meistens
klüger sei als seine Urheber, beiseite geschoben werden. Auch der EuGH behandelt die Erwägungsgründe gleichrangig mit dem Gesetzestext, wenn er sie –
was oft geschieht – zusammen mit den europäischen Rechtsnormen am Anfang
seiner Urteile als Entscheidungsgrundlage ausbreitet. Das Bundesverfassungsgericht hat dem Erwägungsgrund 12 des Rahmenbeschlusses zum Europäischen
Haftbefehl jüngst maßgebende Bedeutung bei der Ermittlung des Inhalts der
Überstellungspflicht des ersuchten Staates beigemessen.[97]

Neben den Motiven zum Erlass des Rechtsaktes können die Erwägungsgründe außerdem andere wichtige Mitteilungen enthalten. So ist ihnen regelmäßig der Geltungsbereich des Rechtsaktes zu entnehmen, der im Raum der
Freiheit, der Sicherheit und des Rechts aufgrund der nationalen Vorbehalte einzelner Mitgliedstaaten besondere Bedeutung hat. S. dazu ferner Kap. 4/45; 5/14.

Stichworte: Jedem Rechtsakt der EU sind „Erwägungsgründe" vorangestellt. Sie werden vom ▮!▮
Gesetzgeber beschlossen und sind daher Teil des Rechtsaktes. Damit haben sie eine weit größere Bedeutung als Gesetzgebungsmaterialien des nationalen Parlaments.

---

97 BVerfGE 140, 317, Beschluss vom 15.12.2015 – 2 BvR 2735/14, Rdn. 106.

bb) Verordnungen

52 Verordnungen gelten in allen Mitgliedstaaten **unmittelbar** als **supranationa-les Recht** mit Vorrang vor dem nationalen Recht und sind in allen ihren Teilen – auch für die Bürger – verbindlich. Deswegen und um eine einheitliche Auslegung in der gesamten EU sicherzustellen, darf die europäische Herkunft der Norm auch nicht dergestalt versteckt werden, dass man den Text der Verordnung wortgleich in nationales Recht übernimmt.[98] Nach unserem allgemeinen Sprachgebrauch handelt es sich um Gesetze. Es gibt aber auch Verordnungen, die unmittelbar Einzelpersonen betreffen und den im deutschen Sprachgebrauch so bezeichneten „Maßnahmegesetzen" nahe stehen. Dazu zählt das Einfrieren von Vermögenswerten nach Art. 75 AEUV; diese Rechtsakte sind gemäß Art. 263 Abs. 4 AEUV auch unmittelbar anfechtbar.

Die Verordnungen sind zu unterscheiden von den **Durchführungsverord-nungen** nach Art. 291 AEUV, die ihrem Charakter nach Verwaltungsvorschriften sind (vgl. Art. 84 Abs. 2, 85 Abs. 2 GG).

⚠ **Stichworte:** Verordnungen entsprechen im deutschen Sprachgebrauch Gesetzen. Sie haben supranationalen Charakter und gelten unmittelbar in der gesamten Union.

---

cc) Richtlinien
(1) Rechtscharakter

53 Richtlinien sind für die Mitgliedstaaten hinsichtlich des Ziels verbindlich. Die Wahl der Form und der Mittel zur Erreichung des Ziels ist aber den Mitgliedstaaten überlassen; diese haben also gegebenenfalls innerstaatliche Rechtsnormen zu schaffen, um die Richtlinie umzusetzen (Art. 288 Abs. 3 AEUV). Dafür ist ihnen im Normalfall eine Frist gesetzt. Richtlinien dürfen definitionsgemäß inhaltlich keine Vollregelungen der Materie enthalten.[99] Der Bestimmtheitssatz, der mitunter von der Gegenansicht herangezogen wird, ist dafür nicht einschlägig. Er verlangt zur Bestrafung eines Täters das Vorliegen eines Gesetzes, welches die Merkmale des strafbaren Verhaltens kennzeichnet. Richtlinien sind aber gerade keine Strafnormen, sondern an die Mitgliedstaaten gerichtete Anweisungen und liegen damit auf einer völlig anderen Ebene. Soweit ersichtlich, hält sich der Unionsgesetzgeber bisher an die ihm gezogenen Grenzen. Die Fra-

---

98 EuGH C-34/73, Urteil vom 10.10.1973 – Variola, Rdn. 11, 15; *Satzger* IntStrR § 9 Rdn. 60.

99 *Ambos* IntStrR § 11/35; *Hecker* 8/Rdn. 7, 55; *Rosenau/Petrus* in *Vedder/Heintschel v. Heinegg* Art. 83 Rdn. 16; *Satzger* in *Streinz* Art. 83 Rdn. 32; *Schröder* Richtlinien S. 192; für einen Mittelweg zwischen europarechtlichem Bestimmtheitsgebot und nationalem Entscheidungsspielraum plädierend *Schramm* IntStrR 4/45.

ge, wo diese Grenze exakt verläuft, wurde in Deutschland als innerstaatliches Problem heftig diskutiert, solange es hier eine Rahmengesetzgebung[100] gab (vgl. Art. 75 GG a.F.); in der Union stellt sie sich bislang in der Praxis nicht.

Die EU verwendet das gesetzgeberische Mittel der Richtlinie vorzugsweise aus zwei Gründen. Einmal verbleibt den Staaten ein eigener Handlungsraum, den sie sachgerecht nach landesspezifischen Gesichtspunkten ausfüllen können. Zum anderen aber bewirkt die Umsetzung der Richtlinien in nationales Recht, dass ihr Hintergrund – die von der EU ausgesprochene Verpflichtung – verdeckt wird. Der Bürger in den Mitgliedstaaten bemerkt also nicht, dass die Grundzüge der nationalen Regelung auf Vorgaben der EU beruhen; er glaubt vielmehr, insgesamt nationales Recht vor sich zu haben. Viele meinen, das stärke die Akzeptanz der Regelungen. Die Richtlinie hat für den Bereich Strafrecht und Strafprozessrecht besondere Bedeutung; Verordnungen kommen kaum vor.

Die Richtlinientechnik kann im föderalen System der Bundesrepublik aber 54 auch zu Problemen bei der Umsetzung in nationales Recht führen.

Die EU hat eine Richtlinie über Mindeststandards, die Unterstützung und den Schutz von Opfern von Straftaten erlassen (Opferschutz-Richtlinie).[101] Sie verpflichtet die Mitgliedstaaten, zur Begleitung der Opfer Unterstützungsdienste einzurichten und daneben spezialisierte Unterstützungsdienste für bestimmte Opfer. Spezialisierte Unterstützungsdienste müssen nach Art. 9 Abs. 3 Buchst. a) der Richtlinie mindestens anbieten:

> „Unterkunft oder eine sonstige geeignete vorläufige Unterbringung für Opfer, die aufgrund des unmittelbaren Risikos von sekundärer und wiederholter Viktimisierung, Einschüchterung und Vergeltung einen sicheren Aufenthaltsort benötigen."

Damit sind ersichtlich Frauenhäuser und Obhutstätten für Kinder gemeint. Die durch das 3. Opferrechtsreformgesetz eingeführte „psychosoziale Betreuung" im Verfahren genügt diesen Anforderungen nicht. Nun kann man bei großzügiger Auslegung des Art. 82 Abs. 2 AEUV auch eine Kompetenz der EU zu der Anweisung an die Mitgliedstaaten annehmen, solche Obhutstätten einzurichten. Denn dem Ziel einer Erleichterung der justiziellen Zusammenarbeit wird auch gedient, wenn traumatisierte Opfer sexueller oder anderer Gewalt bis zur rechtskräftigen Aburteilung des Täters sicher aufgehoben sind und damit dem

---

100 BVerfGE 111, 226, 248; *Vogel* in Hdb. d.Verfassungsrechts (Hrsg. *Benda, Maihofer, Vogel*) 2. Aufll. 1994 § 22 Rdn. 65.

101 Richtlinie vom 25.10.2012 über Mindeststandards für die Rechte, die Unterstützung und den Schutz von Opfern von Straftaten sowie zur Ersetzung des Rahmenbeschlusses 2001/220/JI (Opferschutz – Richtlinie), ABl. 2012 L 315 S. 57.

Gericht zur Verfügung stehen. Aber in Deutschland hat das GG die Kompetenzverteilung, wie erwähnt, nicht nach Zielen, sondern nach Sachgebieten vorgenommen. Die Einrichtung von Frauenhäusern gehört nicht zum Strafverfahren, sondern zur Materie der Gefahrenabwehr oder der sozialen Fürsorge im Einzelfall. Diese fällt nicht in die Zuständigkeit des Bundes, sondern in die Regelungshoheit der Länder.[102] Der Bund kann daher in die StPO keine entsprechenden Bestimmungen aufnehmen. Vielmehr sind die Länder verpflichtet, den Anforderungen der Opferschutz-Richtlinie insoweit in eigener Zuständigkeit nachzukommen. Auch ihnen ist dabei jedoch die Wahl der Form und der Mittel freigestellt, insbesondere müssen sie kein Landesgesetz erlassen. Es genügt, durch eine laufende öffentliche Finanzierung derartiger Einrichtungen ihr Vorhandensein und ihren Betrieb auf Dauer sicherzustellen.

Ebenso obliegt es den Ländern nach EU-Recht, spezielle Vollzugsanstalten für die Abschiebehaft bereitzuhalten, die gegen Ausländer, welche illegal in Deutschland sind, angeordnet wurde. Das kann durch Verwaltungsvereinbarung zwischen den Bundesländern geschehen. Defizite hierbei werden jedoch von der EU dem Bund zugerechnet.[103]

(2) Vorwirkungen

55 Die Richtlinien wenden sich an die Mitgliedstaaten; sie sind daher für den einzelnen Bürger nicht verbindlich. Doch gilt dies nach der Rechtsprechung des Europäischen Gerichtshofes nicht uneingeschränkt. Richtlinien können auch **Vorwirkungen** entfalten. Dazu folgender Fall:

Fall: Herr Ratti, der Inhaber eines Unternehmens, welches Lösungsmittel und Lacke vertreibt, kennzeichnet seine Erzeugnisse nicht nach den Vorschriften des italienischen Rechts. Die Kennzeichnung genügt aber einer EU-Richtlinie, welche trotz Fristablaufs von Italien noch nicht in nationales Recht umgesetzt ist. Die italienischen Strafverfolgungsbehörden leiten aufgrund der bisherigen nationalen Vorschriften ein Strafverfahren wegen unzureichender Kennzeichnung der Erzeugnisse ein. Dagegen wehrt sich der Unternehmer. Das italienische Gericht legt die Sache dem EuGH zur Vorabentscheidung vor.

Der EuGH[104] hat entschieden, dass der Staat einen Bürger nicht wegen Verstoßes gegen sein nationales Recht verfolgen darf, wenn dieser Staat sich selbst pflicht-

102 Begründung zum Entwurf des 3. Opferrechtsreformgesetzes, BTDrucks. 18/4621 S. 13.
103 EuGH C-473/13, Urteil vom 17.7.2014 – Bero.
104 EuGH C-148/78, Urteil vom 5.4.1979 – Ratti, Rdn. 24; ebenso EuGH C-271/82, Urteil vom 22.9.1983 – Auer (betr. Niederlassung als Tierarzt).

widrig verhalten hat, indem er eine bindende EU-Richtlinie trotz Fristablaufs unbeachtet gelassen oder nur unzulänglich umgesetzt hat, der Bürger sich hingegen unionsrechtkonform verhält. Es gilt allgemein (dazu auch Kap. 5/23f.):

(1) Für alle Stellen der Mitgliedstaaten besteht eine „**Sperrwirkung**"; sie dürfen vom Erlass (genauer: dem Inkrafttreten) der Richtlinie an[105] keine Maßnahmen treffen, die die Erreichung des Ziels der Richtlinie ernsthaft gefährden würden. Diese Pflicht gilt für alle staatlichen Stellen, nicht nur für den Gesetzgeber,[106] sondern auch für die Gerichte. Auch sie dürfen daher schon während des Laufes der Umsetzungsfrist keine Urteile fällen, die den Zielen der Richtlinie zuwiderlaufen. Sie können jedoch vor Ablauf der Umsetzungsfrist – nach nationalem Recht – die Befugnis haben, zu einer den Zielen der Richtlinie entsprechenden Auslegung des nationalen Rechts zu gelangen, sofern sie damit der Gestaltung durch den Gesetzgeber nicht vorgreifen; bei der Interpretation des Begriffs der Sittenwidrigkeit können diese Voraussetzungen im Einzelfall gegeben sein.[107] Auch offene Bewertungsmaßstäbe – z.B. der der Fahrlässigkeit – bestimmen sich vom Erlass der Richtlinie an hiernach, wenn die Richtlinie einen verbindlichen Standard vorgibt, der lediglich gesetzestechnisch der Umsetzung bedarf.

(2) Ist die Frist für die Umsetzung verstrichen, trifft die Rechtsprechung zusätzlich eine Pflicht zu **strenger richtlinienkonformer Auslegung** ihres nationalen Rechts. Der Zeitpunkt für den Beginn der Pflicht zu richtlinienkonformer Auslegung des nationalen Rechts ist allerdings vom EuGH nicht einheitlich bestimmt worden. Seine letzte Entscheidung aus dem Jahre 2006[108] ist insoweit aber eindeutig; sie entspricht auch einer verbreiteten Auffassung im deutschen Schrifttum.[109] Diese Auffassung stützt sich darauf, dass der Gesetzgeber bis zum Ablauf der Umsetzungsfrist einen großen Gestaltungsspielraum hat, in den die Rechtsprechung nicht eingreifen darf. Die vom EuGH erarbeiteten Grundsätze gelten uneingeschränkt für das Strafrecht und das Strafverfahren.

(3) Hatte die Union den Mitgliedstaaten für die Umsetzung der Richtlinie in nationales Recht eine **Frist** gesetzt und ist diese abgelaufen, so gilt die Richtlinie im **Verhältnis zu staatlichen Stellen und zu Gunsten des Bürgers** vom Ablauf der Frist an als **unmittelbar verbindliches Recht,** sofern sie einen dafür ausreichend konkreten Inhalt hat. Entgegenstehendes nationales Recht

---

105 EuGH C-212/04, Urteil vom 4.7.2006 – Adeneler u.a. ./. ELOG, Rdn. 115, 122; EuGH C-439/16, Urteil vom 27.10.2016 – Milev, Rdn. 31.
106 EuGH C-144/04, Urteil vom 22.11.2005 – Mangold.
107 BGHZ 138, 55, 61ff., 63; *Hecker* 10/Rdn. 33.
108 EuGH C-212/04, Urteil vom 4.7.2006 – Adeneler u.a. ./. ELOG, Rdn. 115, 122.
109 *Hecker* 10/Rdn. 32; a.A. *Satzger* in *Sieber u.a.* EurStrR § 9/54.

bleibt dann unangewendet.[110] Dasselbe gilt, wenn eine Richtlinie nur unzulänglich umgesetzt wurde.[111] Diese Regel betrifft aber nur das Verhältnis zum Staat
und zu den unter seinem Einfluss stehenden Stellen; für den Bürger kann eine
Richtlinie Pflichten nicht begründen. Begünstigt eine Richtlinie jemanden, indem sie Pflichten für andere regelt, so kann in diesem Verhältnis Privater untereinander die Richtlinie nicht als unmittelbar geltendes Recht angewendet werden,[112] auch wenn die Umsetzungsfrist verstrichen ist. In einem solchen Fall
kann der säumige Staat zur Leistung von Schadensersatz verpflichtet sein.[113]

57   Problematisch ist die Frage, ob eine neu verabschiedete Richtlinie **zu Gunsten** des Bürgers auch dann wirken kann, wenn die **Umsetzungsfrist noch
nicht abgelaufen** ist. Der materielle Gehalt des Meistbegünstigungsprinzips (§ 2
Abs. 3 StGB), das auch ein allgemeiner Grundsatz des Unionsrechts ist, spricht
dafür.[114] Ebenso erscheint es unerfreulich, wenn der mehr oder minder zufäl-
lig vor oder nach dem Ablauf der Umsetzungsfrist liegende Zeitpunkt des Ur-
teilserlasses allein die Strafbarkeit bestimmen soll. Aber die Vorwirkung von
Richtlinien zu Gunsten des Bürgers ist eine eng zu handhabende, unter Diszip-
linierungsgesichtspunkten geschaffene Ausnahme, welche in die souveräne
Gestaltungsmacht der Mitgliedstaaten eingreift, und zeitliche Grenzen können
auch sonst zu Härten in der Strafrechtsanwendung führen. Es dürfte daher
mehr dafür sprechen, mit dem EuGH den Beginn dieser Vorwirkung auf den
Ablauf der Umsetzungsfrist zu fixieren.

Hintergrund dieser vom EuGH geschaffenen „Vorwirkung"[115] von Richtlinien ist der Umstand, dass Mitgliedstaaten häufig geneigt sind, von der EU erlassene Richtlinien nicht oder nur zögernd in nationales Recht umzusetzen. Die
Rechtsprechung ist daher ein Druckmittel zur Gewährleistung des einheitlichen
Rechtsraumes. Es vermeidet zugleich Vertragsverletzungsverfahren gegen die
säumigen Staaten.

Diese Erwägung liefert auch die zutreffende Lösung der folgenden Fallvari-
ante:

---

110 BGHSt. 37, 168, 175; *Schröder* Richtlinien S. 11 („einhellige Meinung").
111 EuGH C-276/01, Urteil vom 10.4.2003 – Steffensen, Rdn. 38.
112 Zur Abgrenzung zwischen Pflichten und bloßen negativen Auswirkungen auf Dritte EuGH
C-201/02, Urteil vom 7.1.2004 – Wells, Rdn. 56, 57.
113 Umfassend zu den Vorwirkungen EuGH C-282/10, Urteil vom 24.1.2012 – Dominguez,
Rdn. 27: ferner EuGH C-6/90 und 9/90, Urteil vom 19.11.1991 – Francovich; EuGH C-176/12,
Urteil vom 15.1.2014 – Association de Mediation Sociale, Rdn. 50; *Schröder* Richtlinien S. 11 f.
114 *Dannecker* F.C. Schroeder-Festschrift S. 761, 774; *Rönnau/Wegner* GA 2013, 561, 563, 567.
115 *Hecker* 4/Rdn. 53: „Durchgriffswirkung".

Variante: Ein andrer italienischer Unternehmer vertreibt seine Produkte unter Verstoß gegen die bisherige nationale Regelung, hält aber auch die Vorschriften der noch nicht umgesetzten EU-Richtlinie nicht ein.[116]

Die Vorwirkung der nicht umgesetzten Richtlinie ist umfassend. Sie macht daher die bisherige nationale Strafvorschrift insgesamt unanwendbar. Es erscheint schwer vorstellbar, dass eine unanwendbare nationale Strafdrohung dann wieder anwendbar werden sollte, wenn derselbe oder ein sonstiger Täter eine andere, aber zu seinen Lasten ebenfalls nicht anwendbare Vorschrift (nämlich die der Richtlinie) unbeachtet lässt.[117] Damit entsteht zwar eine Strafbarkeitslücke, weil der Unternehmer weder nach nationalem Recht noch aufgrund der Richtlinie – die definitionsgemäß keine unmittelbar wirkende Strafdrohung enthält – verurteilt werden kann. Aber diese Lücke entspricht dem Ziel der Rechtsprechung des EuGH, durch die Schaffung der Vorwirkung Druck auf die Mitgliedstaaten zur Einhaltung der Umsetzungsfrist auszuüben. Dass der EuGH in den Gründen seiner Entscheidung zum Fall Ratti das richtlinienkonforme Verhalten des Unternehmers erwähnt hat, besagt schon deshalb nichts, weil dies dem Sachverhalt entsprach, über den EuGH allein zu entscheiden hatte.

(4) Eine Vorwirkung tritt auch ein, wenn die Richtlinie vom Mitgliedstaat **58** zwar (fristgerecht oder verspätet) umgesetzt wurde, dies aber **fehlerhaft** geschehen ist. Dazu und zum zeitlichen und persönlichen Geltungsumfang der Vorwirkung einer nicht oder fehlerhaft umgesetzten Richtlinie hat sich auch der EuGH geäußert.

Fall: Die beiden Angeklagten wurden 1995 und 1999 aus Deutschland abgeschoben und mit einem unbefristeten Verbot der Wiedereinreise belegt. Bei dem zweiten Angeklagten erfolgte die Abschiebung aufgrund einer strafgerichtlichen Verurteilung zu einer beträchtlichen Freiheitsstrafe. Am 28.4.2012 und am 29.4.2012 reisten die beiden Angeklagten wieder nach Deutschland ein; deswegen wurde gegen sie ein Strafverfahren eröffnet.

Zur zutreffenden Einordnung dieser Fälle bedarf es eines Rückgriffs auf die seinerzeit geltenden ausländerrechtlichen Regelungen in Deutschland.

Im Jahr 2008 hatte die EU eine Richtlinie erlassen, nach der – von hier nicht gegebenen Ausnahmen abgesehen – Einreiseverbote nach Abschiebung im Einzelfall festzusetzen und auf im Regelfall höchstens 5 Jahre zu befristen waren. Bei der Umsetzung der Regelung knüpfte der deutsche Gesetzgeber die Befris-

---

116 Nach *Hecker* 9/Rdn. 26, 30.
117 So aber *Hecker* 9/Rdn. 30.

tung an einen Antrag des Betroffenen, der hier in beiden Fällen nicht gestellt war. Die Regelung galt auch im Zeitpunkt der Wiedereinreise beider Angeklagter.

Außerdem gestattete die Richtlinie den Mitgliedstaaten, ihren persönlichen Anwendungsbereich zu begrenzen. Danach konnte die Befristung des Einreiseverbots für Drittstaatsangehörige ausgeschlossen werden, die aufgrund einer Verurteilung wegen einer Straftat abgeschoben worden waren. Davon hat Deutschland im Umsetzungsgesetz Gebrauch gemacht, das nach Ablauf der Umsetzungsfrist, aber vor der Wiedereinreise der Angeklagten erlassen worden und in Kraft getreten ist.[118]

Nach dem EuGH war zunächst die deutsche Regelung, wonach das Wiedereinreiseverbot in der Regel unbefristet galt, aber auf Antrag befristet werden konnte, mit der Richtlinie unvereinbar. Sie stand in einem systematischen Widerspruch zu dem Ziel der Richtlinie, dass Einreiseverbote grundsätzlich im Einzelfall und nur für eine bestimmte Zeitdauer erlassen werden sollten. Die fehlerhafte Umsetzung der Richtlinie hatte zur Folge, dass für die Angeklagten im Zeitpunkt ihrer Rückkehr nach Deutschland gar kein solches Verbot mehr galt. Dementsprechend war auch ihre strafrechtliche Verfolgung wegen Verstoßes gegen die aufenthaltsrechtlichen Vorschriften gegenstandslos. Die fehlerhafte Umsetzung der Richtlinie konnte in diesem Falle, weil zwischenzeitlich kein entgegenstehendes nationales Recht gesetzt war, unmittelbar zu Gunsten der beiden Angeklagten wirken.[119]

Der zweite Angeklagte war wegen einer strafgerichtlichen Verurteilung abgeschoben worden. Deutschland hatte die nach der Richtlinie mögliche persönliche Ausnahme von der generellen Befristung von Wiedereinreiseverboten nicht bis zum Ablauf der Umsetzungsfrist, wohl aber vor dem Zeitpunkt seiner Rückkehr gesetzlich normiert. Dieser Umstand spielte aber keine Rolle mehr, da das ursprüngliche Rückkehrverbot infolge der unmittelbaren Geltung der Richtlinie bereits eine inhaltliche Veränderung erfahren hatte, welche der spätere Umsetzungsakt des deutschen Gesetzgebers nicht mehr rückgängig machen konnte. Der EuGH hat deshalb zu Recht angenommen, dass die Einschränkung des persönlichen Geltungsbereichs, welche erst nach Ablauf der Umsetzungs-

---

118 Richtlinie 2008/115/EG vom 16.12.2008 über gemeinsame Normen und Verfahren in den Mitgliedstaaten zur Rückführung illegal aufhältiger Drittstaatsangehöriger, ABl. 2008 L 348 S. 98 (hier: Art. 2 Abs. 2, Art. 11 Abs. 2); Umsetzungsgesetz vom 22.11.2011, BGBl. I S. 2258 (hier: § 11 Abs. 1 des Aufenthaltsgesetzes), in Kraft seit 26.11.2011.
119 EuGH C-297/12, Urteil vom 19.9.2013 – Filev u. Osmani, Rdn. 31 ff. m. Bespr. *Hecker* ZIS 2014, 47, 50 f.

frist erfolgte, dem zweiten Angeklagten nicht mehr entgegengehalten werden durfte. Das stand damit auch seiner strafrechtlichen Verfolgung entgegen.

Die Vorwirkung hat aber auch **Grenzen**.   59

> **Fall:** Gegen den italienischen Ministerpräsidenten Berlusconi wurde ein Strafverfahren wegen Bilanzfälschung betrieben. Während des Laufs des Verfahrens änderte der italienische Gesetzgeber die Rechtslage. Es wurden zusätzliche Tatbestandsmerkmale eingeführt, welche die Strafbarkeit teils beseitigten, und ferner wurden die Taten zu Vergehen mit kürzerer Verjährungsfrist herabgestuft. Eine Verurteilung Berlusconis schied daher wegen Verjährung und mangels Strafbarkeit aus. Das zur Entscheidung berufene italienische Gericht erhoffte sich Hilfe beim EuGH. Es war der Auffassung, dass die Gesetzesänderung von den europäischen Richtlinien zum Bilanzrecht abwich, wonach die Mitgliedsstaaten für die Verletzung der Vorschriften geeignete Sanktionen vorzusehen hatten.

Der EuGH hat zutreffend und ganz im Sinne seiner bisherigen Rechtsprechung entschieden,[120] dass die Vorwirkung von Richtlinien zu Gunsten des Bürgers wirken könne, aber nicht geeignet sei, eine strafrechtliche Verantwortung zu begründen oder zu verschärfen. Die gegenteilige Auffassung des vorlegenden Gerichts hätte zur Folge, dass eine Richtlinie der EU allgemein das Inkrafttreten eines nationalen Gesetzes verhindern könnte. Das aber sieht die Kompetenzordnung der Union gerade nicht vor.[121] Die Grundsätze der Rechtssicherheit und des Rückwirkungsverbotes verbieten strafbegründende oder -schärfende Wirkungen einer Richtlinie stets, selbst wenn das nationale Umsetzungsgesetz unionsrechtswidrig ist.[122] Diese Grenze gilt umfassend.

> **Fall:** Der Angeklagte hält in seinem Café „Mineralwasser" vorrätig. Nach niederländischem Recht darf dieses nicht „fehlerhaft" sein. Hierzu schreibt eine noch nicht umgesetzte EG-Richtlinie vor, dass natürliches Mineralwasser aus einer Bodenquelle gewonnen sein muss. Dem entspricht das vom Angeklagten feilgebotene Getränk (mit Kohlensäure versetztes Leitungswasser) nicht.

Der Grundsatz, dass nicht oder fehlerhaft umgesetzte Richtlinien nicht dazu dienen dürfen, die strafrechtliche Verantwortung eines Bürgers zu begründen oder zu verschärfen, gilt auch hier. Eine Vorwirkung zulasten des Einzelnen kommt daher auch dann nicht in Betracht, wenn Generalklauseln oder unbe-

---

120 EuGH C-387/02; 391/02; 403/02, Urteil vom 3.5.2005 – Berlusconi; ebenso schon, EuGH C-168/95, Urteil vom 26.9.1996 – Arcaro. Rdn. 36 f.
121 Ebenso im Ergebnis *Hecker* 9/Rdn. 19, 20; *Dannecker* ZIS 2006, 309 (sowie Schroeder-Festschrift S. 761); aus ital. Sicht s. *Foffani* Maiwald-Festschrift, (2010) S. 153.
122 EuGH C-7/11, Urteil vom 28.6.2012 – Caronna, Rdn. 51 ff.

stimmte Rechtsbegriffe des nationalen Rechts mit Hilfe der Richtlinie konkretisiert werden müssten.[123]

60   Unmittelbare Wirkungen einer Richtlinie können sich zudem nur aus der Richtlinie selbst, nicht aus der Missachtung von Handlungspflichten ergeben, welche dem Staat durch sie auferlegt wurden.

> **Fall:** Der Angeklagte wird der Trunkenheit im Verkehr beschuldigt. Die Blutalkoholkonzentration war mit Hilfe eines Messgerätes festgestellt worden, für die der Staat technische Vorschriften erlassen hatte. Entgegen einer Richtlinie der EU waren diese technischen Vorschriften der Kommission nicht mitgeteilt worden.

Der EuGH hatte vor der Entscheidung dieses Falles dahin erkannt, dass die Missachtung der Mitteilungspflicht von dem betroffenen Bürger im Verfahren geltend gemacht werden könne. Davon ist er abgerückt. Der Angeklagte kann daher nicht geltend machen, dass die mit dem in seinem Falle verwendeten Messgerät erzielten Ergebnisse allein deshalb unverwertbar seien, weil der Staat die gebotene Mitteilung an die Kommission versäumt hat.[124]

! **Stichworte:** Richtlinien bedürfen der Umsetzung in nationales Recht, sie sind nicht unmittelbar verbindlich. Sie entfalten jedoch vor ihrer Umsetzung bereits Vorwirkungen:
a)   Vom Erlass der Richtlinie an besteht eine Sperrwirkung für alle Stellen der Mitgliedstaaten; sie dürfen keine Maßnahmen treffen, welche die Erreichung des Ziels der Richtlinie gefährden würden. Das gilt auch für die Auslegung nationalen Rechts durch die Gerichte.
b)   Vom Ablauf der Frist zur Umsetzung an trifft die Rechtsprechung eine Pflicht zu strenger richtlinienkonformer Auslegung ihres nationalen Rechts.
c)   Zu Gunsten des Bürgers und im Verhältnis zum Staat gilt die Richtlinie vom Ablauf der Frist zur Umsetzung an als unmittelbar geltendes verbindliches Recht, sofern sie einen dafür ausreichend konkreten Inhalt hat.

---

dd) Delegierte Rechtsakte

61   Ferner gibt es delegierte Rechtsakte (Art. 290 AEUV). Durch sie kann die Kommission ermächtigt werden, Vorschriften zur Durchführung oder unwesentlichen Änderung von Gesetzgebungsakten zu erlassen. Die Übertragung dieser Befugnis ist nach Ziel, Umfang, Geltungsbereich und Dauer in Gesetzgebungsakt ausdrücklich festzulegen, so dass die wesentlichen Regelungen nicht die Kommission, sondern der Gesetzgeber (Europäisches Parlament und Rat) treffen. Wir in Deutschland kennen dieses Instrument auch und bezeichnen es als

---

123 EuGH C-80/86, Urteil vom 8.10.1987 – Kolpinghuis Nijmegen, Rdn. 10 ff.
124 EuGH C-226/97, Urteil vom 16.6.1998 – Lemmens.

„Rechtsverordnung" (vgl. Art. 80 GG). Das Instrument ist nicht zu verwechseln mit den in Art. 291 Abs. 2 AEUV geregelten „Durchführungsverordnungen", die rechtlich als bloße Verwaltungsanweisungen zu qualifizieren sind, wie wir sie auch in Deutschland kennen (vgl. Art. 84 Abs. 2 GG).[125]

ee) Beschlüsse

Beschlüsse sind Einzelentscheidungen, mit denen die Organe der EU zum Bei- 62 spiel ihre Exekutivfunktionen wahrnehmen. Sind sie an bestimmte Personen gerichtet, sind sie Verwaltungsakte und verbindlich – wie etwa der Bescheid über die Rückforderung einer gewährten Beihilfe, die Genehmigung einer Firmenfusion. Im Übrigen können Beschlüsse die unterschiedlichsten Gegenstände betreffen, so im Rahmen der Organisationsgewalt die Errichtung von Ämtern. Auch im Bereich der Rechtsetzung kommen Beschlüsse vor. Im Zuge der Überführung des Schengen-Besitzstandes in den rechtlichen Rahmen der Union hat der Rat z.B. die Rechtsgrundlagen für jede einzelne Vorschrift des SDÜ bestimmt.[126]

ff) Empfehlungen und Stellungnahmen

Akte dieser Art sind, wie ihr Name sagt, nicht rechtlich verbindlich, haben aber natürlich unionsinterne und politische Bedeutung. Sie können auch, wenn es sich um Leitlinien oder Programme handelt, zu einer Selbstbindung der Verwaltung führen, welche sodann justiziabel sein kann (Soft Law).[127] Bei der Überprüfung von Geldbußen für Kartellverstöße durch die Gerichte spielen Leitlinien der Kommission eine beträchtliche Rolle.[128]

c) Verfahren beim Erlass von Rechtsakten

Zum Erlass von Rechtsakten sieht das Vertragswerk verschiedene Arten von 63 Verfahren vor (Art. 289 AEUV).

---

125 Zum Ermessen des Unionsgesetzgebers bei der Wahl der Rechtsform EuGH C-83/14, Urteil vom 16.7.2915 – Kommission ./. Parlament u. Rat, Rdn. 28.
126 Beschluss des Rates vom 20.5.1999, ABl. 1999 L 176 S. 1, S. 17.
127 *Schwarze* EuR 2011, 3; *Knauff* EuR 2011, 735.
128 Beispiel: EuGH C-194/14, Urteil vom 22.10.2015 – AC Treuhand AG, Rdn. 61 ff.

aa) Ordentliches und besonderes Verfahren

Gesetzgebungsakte können in einem ordentlichen und in einem besonderen Verfahren erlassen werden. Welches Verfahren einzuhalten ist, ist in den einzelnen Normen des Vertragswerkes geregelt.

Das **ordentliche Gesetzgebungsverfahren** ist das zentrale Instrument, das dem Gesetzgebungsakt auch die größte demokratische Legitimation verleiht. Es verlangt ein Zusammenwirken des Europäischen Parlamentes und des Rates; beide Organe müssen also zustimmen. Kommt keine Einigung zu Stande, besteht die Möglichkeit eines Vermittlungsverfahrens.

Die nationalen Parlamente sind am Gesetzgebungsverfahren mit dem Recht zur Stellungnahme beteiligt; ablehnende Äußerungen können zu einer Überprüfung des Entwurfs des Gesetzgebungsakts führen. Das nähere Verfahren ergibt sich aus den Protokollen über die Anwendung der Grundsätze der Subsidiarität und der Verhältnismäßigkeit sowie über die Rolle der nationalen Parlamente in der Europäischen Union (Protokolle Nr. 1 und 2). Deutschland hat darüber hinaus – mit innerstaatlicher Wirkung – ein eigenes Gesetz zur Beteiligung des Parlaments und der Bundesländer in Angelegenheiten der Europäischen Union erlassen.

In bestimmten Fällen ist das **besondere Gesetzgebungsverfahren** vorgesehen. Es besteht darin, dass das Europäische Parlament nach Anhörung des Rates oder umgekehrt der Rat nach Anhörung des Europäischen Parlamentes entscheidet.

bb) Zustimmungsverfahren

64 In anderen Fällen ist ein Zustimmungsverfahren vorgesehen. So wird die Ermächtigung zu einer Verstärkten Zusammenarbeit vom Rat auf Vorschlag der Kommission und nach Zustimmung des Europäischen Parlaments erteilt (Art. 329 AEUV). Auch internationale Verträge sind unter Umständen zustimmungspflichtig (Art. 218 AEUV).

65 **Die Ordnungsmäßigkeit von Rechtsakten der Europäischen Union bemisst sich zusammenfassend mithin nach folgenden Kriterien:**
- Liegt eine Ermächtigung vor?
- Welche Maßnahme ist zulässig?
- Welches Verfahren zum Erlass der Maßnahme ist geboten?
- Hält sich die Maßnahme inhaltlich im Rahmen der Ermächtigung?
- Sind die Grundsätze der Subsidiarität und der Verhältnismäßigkeit gewahrt?

Stichworte: Das regelmäßige Verfahren zum Erlass von Rechtsakten ist das ordentliche Gesetzgebungsverfahren, bei dem Europäisches Parlament und Rat zusammenwirken und welches dem Akt die größte demokratische Legitimation verleiht.

Kapitel 3:
Europäische Gerichtsbarkeit

In der Europäischen Union existieren zwei Höchstgerichte internationalen Charakters. Der Gerichtshof der EU mit dem Sitz in Luxemburg (EuGH) und der Europäische Gerichtshof für Menschenrechte mit dem Sitz in Straßburg (EGMR) beeinflussen in außerordentlich starkem Maße die deutsche Rechtsordnung und die Rechtspraxis. Ohne den Einfluss der beiden Gerichte hätte das Recht, auch das Strafrecht, heute ein anderes Aussehen. Es bedarf daher näherer Befassung mit ihnen.

I. Der Gerichtshof der Europäischen Union

Der EuGH ist, wie erwähnt, eines der Organe der Union (Art. 19 EUV). Die näheren Bestimmungen über ihn befinden sich im Wesentlichen in Abschnitt 5 (Art. 251 bis 281) des AEUV.   1

An einem Fall (Kap. 2/47) wurde gezeigt, dass der EuGH Richtlinien, also normative Rechtsakte der Union, für nichtig erklären kann. An einem Leitfall (Kap. 2/7) wurde gezeigt, dass Kollisionen zwischen europäischen und nationalem Recht möglich sind und der Auflösung bedürfen. Die Auslegung europäischer Rechtsakte kann ihrer Natur nach nur einheitlich für die gesamte EU erfolgen. Die Erfüllung aller dieser Aufgaben obliegt dem EuGH. Er stellt innerhalb der Ordnung der Gemeinschaft daher einen Machtfaktor dar, dessen Rechtsprechung die rechtliche Entwicklung entscheidend prägen kann. Sie hat dies auch getan; der EuGH gilt als Motor der Integration. Viele der von ihm entwickelten Grundsätze haben später Eingang in Vertrags- und Gesetzestexte gefunden, sind also legalisiert worden. Das heutige Erscheinungsbild der Unionsrechtsordnung kann nicht verstehen, wer die Rolle des EuGH nicht kennt.

Der EuGH selbst definiert seine Funktion umfassend. Danach ist die EU eine **Rechtsunion**, in der alle Handlungen ihrer Organe der Kontrolle daraufhin unterliegen, ob sie insbesondere mit den Verträgen, den allgemeinen Rechtsgrundsätzen und den Grundrechten in Einklang stehen. Jedoch ist allein der Gerichtshof befugt, die Ungültigkeit eines Unionsrechtsakts wie etwa einer Entscheidung der Kommission festzustellen, wobei die Ausschließlichkeit dieser Zuständigkeit Rechtssicherheit gewährleisten soll, indem sie die einheitliche Anwendung des Unionsrechts sicherstellt.

Das bedeutet, dass in nationalen Verwaltungsverfahren, in denen als Vorfrage die Rechtmäßigkeit einer (nicht anfechtbaren) Entscheidung der Kommis-

DOI 10.1515/9783110456103-003

sion zu prüfen ist, in jedem Fall eine Klagemöglichkeit – für den Betroffenen und die prüfenden staatlichen Stellen – geschaffen werden muss, damit die Sache auf diesem Wege zum EuGH gelangen kann.[1]

1. Gliederung des Gerichtshofs

2   Bei dem Thema „EuGH" sind zwei Begriffe zu unterscheiden. Der Lissabon-Vertrag spricht, wenn er die Gerichtsbarkeit der Union meint, allgemein vom „Gerichtshof der Europäischen Union" (Art. 19 EUV, Art. 251 AEUV). Dieser Gerichtshof besteht aber nach dem Vertrag aus **drei Gerichten**: dem Gerichtshof, dem Gericht und Fachgerichten. Fachgerichte sind dem Gericht beigeordnete Kammern (Art. 257 AEUV). Gegenwärtig besteht freilich kein Fachgericht mehr; das bisherige Gericht für den öffentlichen Dienst wurde 2016 aufgehoben und in das Gericht eingegliedert.[2]

Die Reihenfolge Gerichtshof-Gericht-Fachgericht deutet auch die Hierarchie an. Alle drei Gerichte sind erstinstanzlich zuständig. Dem Gericht obliegt daneben aber auch die rechtliche – nicht die tatsächliche – Nachprüfung von Entscheidungen der Fachgerichte (Art. 256 Abs. 2, 257 Abs. 3 AEUV). Der Gerichtshof wiederum ist auch Rechtsmittelgericht gegenüber dem Gericht, dabei aber ebenfalls auf die Nachprüfung von Rechtsfragen beschränkt (Art. 256 Abs. 1, UA 2, Abs. 2 AEUV, Art. 58 der Satzung). Er kann durch den Generalanwalt von Amts wegen zur Überprüfung von Entscheidungen des Gerichts angerufen werden (Art. 256 Abs. 2 Satz 2 AEUV, Art. 62 der Satzung).

2. Satzung und Verfahrensordnung

3   Einzelheiten über die Verfassung und die Zuständigkeit der drei Gerichte sind in der Satzung des Gerichtshofs der Europäischen Union geregelt. Die Satzung ist nach Art. 281 AEUV ein dem Vertrag von Lissabon beigefügtes Protokoll, rechtlich also ein völkerrechtlicher Vertrag mit derselben Verbindlichkeit wie die beiden Grundverträge. Die Satzung kann jedoch im ordentlichen Gesetzgebungsverfahren der Union geändert werden.

---

1   EuGH C-362/14, Urteil vom 6.10.2015 – Schrems (Facebook) Rdn. 60 ff., 65.
2   Verordnung 2016/1192 vom 6.7.2016, ABl. 2016 L 200 S. 137.

Der Gerichtshof wiederum hat eine Verfahrensordnung zu erlassen, welche der Zustimmung des Rates bedarf.[3] Auch das Gericht hat eine eigene Verfahrensordnung.[4]

Der Gerichtshof hat pro Mitgliedstaat einen Richter. Dem Gericht werden künftig pro Mitgliedstaat 2 Richter angehören. Bei dem Gerichtshof sind Kammern und eine Große Kammer gebildet. Die Kammern entscheiden in der Besetzung von 3 oder 5 Richtern; die Große Kammer durch 13 Richter. Zum Übergang der Sache auf die Große Kammer genügt der Antrag eines Mitgliedstaats oder eines am Verfahren beteiligten Unionsorgans. Verfahren von außergewöhnlicher Bedeutung können durch Entscheidung des zuständigen Spruchkörpers auch dem Plenum zugewiesen werden (Art. 16 der Satzung).

Die sachliche Zuständigkeit des Gerichtshofs und des Gerichtes ist in den einzelnen Vertragsbestimmungen geregelt. So ist die Zuständigkeit für Vorabentscheidungen nach der Fassung des Art. 267 AEUV dem Gerichtshof zugewiesen; von der Möglichkeit, einzelne Bereiche von Vorabentscheidungen dem Gericht zu übertragen (Art. 256 Abs. 3 AEUV) ist kein Gebrauch gemacht worden. Für die wichtigsten Anfechtungsklagen, insbesondere die Nichtigkeitsklage nach Art. 263 AEUV, ist grundsätzlich das Gericht zuständig (Art. 256 Abs. 1 AEUV); Ausnahmen sind in Art. 51 der Satzung geregelt.

Nach Art. 252 AEUV wird der Gerichtshof von 8 Generalanwälten unterstützt, ihre Zahl ist durch den Rat gemäß Art. 252 Abs. 1 Satz 2 AEUV und der gemeinsamen Erklärung Nr. 38 auf 11 erhöht worden. Die Aufgaben der Generalanwälte sind in Art. 252 Abs. 2 AEUV nur grob skizziert; in der Praxis hat ihre Tätigkeit für die Urteilsfindung des Gerichtshofes ganz erhebliche Bedeutung, weil sie die Rechtsprobleme in völliger sachlicher Unabhängigkeit behandeln und damit ein wichtiger Gesprächspartner für die Richter sind.

Im Jahr 2014 sind beim EuGH 622 neue Rechtssachen eingegangen, davon 498 Vorabentscheidungsersuchen. Die durchschnittliche Verfahrensdauer betrug für Vorabentscheidungsverfahren 15 Monate, für Klagen 20 Monate und in Rechtsmittelsachen 14,5 Monate.[5]

---

3 Neufassung 2012: ABl. L 265 v. 29.9.2012; ABl. C 337 v. 6.11.2012 mit Änderung v. 18.6.2013 (ABl. L 173 S. 65); Zusätzliche Verfahrensordnung des Gerichtshofs vom 14.1.2014 (ABl. 2014, L 32 S. 37); S. ferner: Praktische Anweisungen für die Parteien in den Rechtssachen vor dem Gerichtshof vom 25.11.2013 ABl. 2014 L 31 S. 1.
4 Verfahrensordnung des Gerichts vom 4.3.2015, ABl. 2015 L 105 S. 1; Praktische Durchführungsbestimmungen dazu ABl. 2015 L 152 S. 1.
5 Quelle: Jahresbericht 2014 des EuGH, im Internet abrufbar.

3. Übersicht über die Zuständigkeiten des EuGH

4 Für die Wahrnehmung der Aufgaben der Gerichtsbarkeit der Union gilt ebenfalls das Prinzip der begrenzten Einzelermächtigung. Soweit die Verträge den Unionsgerichten keine ausdrückliche Zuständigkeit beigelegt haben, bleiben die nationalen Gerichte zur Entscheidung berufen, auch wenn auf einer Seite die Union als Partei beteiligt ist (Art. 274 AEUV). Insgesamt haben die Verträge ein vollständiges Rechtsschutzsystem gegen Akte der EU geschaffen, das entweder unmittelbar den Unionsgerichten anvertraut ist oder über das Vorabentscheidungsverfahren den Gerichtshof einbezieht.[6]

Davon abgesehen ist Aufgabe der Unionsgerichte die Wahrung des Rechts bei der Auslegung und Anwendung der Verträge (Art. 19 Abs. 1 S. 2 EUV), das heißt also: ausschließlich des europäischen Rechts. Die Auslegung von völkerrechtlichen Verträgen außerhalb des Unionsrechts gehört nicht zum Aufgabenbereich der Unionsgerichtsbarkeit.[7]

Doch gibt es von dieser Zuständigkeit zwei Ausnahmen. Zum einen entzieht Art. 275 AEUV die gemeinsame Außen- und Sicherheitspolitik der Union grundsätzlich der Nachprüfung durch deren Gerichte. Nur für wenige Fragen der Kompetenzabgrenzung und bei Eingriffen in Rechte von Personen besteht auf diesem Gebiet eine gerichtliche Zuständigkeit. Zum anderen beschränkt Art. 276 AEUV die Befugnisse der Gerichte im Bereich der justiziellen Zusammenarbeit in Strafsachen sowie der polizeilichen Zusammenarbeit. In diesem Bereich dürfen die Gerichte die Gültigkeit oder Verhältnismäßigkeit von Maßnahmen der Polizei oder von Strafverfolgungsbehörden und die Maßnahmen zur Aufrechterhaltung der öffentlichen Ordnung und zum Schutz der inneren Sicherheit nicht nachprüfen. Wir haben es hier mit Nachwirkungen des besonderen Charakters der zweiten und der dritten Säule im Vertrag von Maastricht zu tun.

Im Übrigen ist die Zuständigkeit der Unionsgerichte in Art. 19 Abs. 3 EUV näher umrissen.

! **Stichworte:** Die Unionsgerichtsbarkeit ist ausschließlich zur Anwendung und Auslegung von Unionsrecht, also weder von nationalem noch von Völkerrecht, berufen.

---

6 EuGH C-167/02P, Urteil vom 30.3.2004 – Rothley u.a., Rdn. 46.
7 EuGH C-481/13, Urt. v. 17.7.2014 – Qurbani; EuGH C-117/14, Urteil vom 5.2.2015 – Poclava, Rdn. 43; EuGH C-290/14, Urteil vom 1.10.2015 – Skerdjan Celaj.

4. Abgrenzung von Unionsrecht und nationalem Recht

Die immer enger werdende Verzahnung von Unionsrecht mit nationalem Recht, 5 aber auch die Verwendung nationaler Verfahren zur Durchführung von EU-Normen erschweren eine klare Trennung zwischen Unionsrecht und nationalem Recht. Eine solche Trennung ist aber erforderlich, weil der EuGH nur zur Auslegung von Unionsrecht zuständig ist (Art. 19 Abs. 3 EUV). Einer Auslegung von Unionsrecht bedarf es nicht nur, wenn Organe der Union oder der Mitgliedstaaten bindende Rechtsvorschriften der EU anzuwenden haben, sondern auch dann, wenn dieses Recht von den Mitgliedstaaten in eigener Verantwortung „durchgeführt" wird. Denn bei der Durchführung von Unionsrecht können jederzeit etwa EU-Richtlinien für die Auslegung nationaler Vorschriften von Bedeutung werden. Ferner gelten unmittelbar die Garantienormen des europäischen Rechts (allgemeine Grundsätze des Gemeinschaftsrechts, Grundrechte, Grundfreiheiten) auch dann, wenn ein nationaler Richter in einem nationalen Verfahren entscheidet und nationales, aber europäisch dominiertes Recht anzuwenden hat (Kap. 4/16). Die Abgrenzung bestimmt daher nicht lediglich den Umfang der Kompetenzen des EuGH, untrennbar damit verbunden ist zugleich die Festlegung des Rahmens, in dem Unionsrecht auf nationale Normen einwirken kann.

Die Abgrenzung berührt auch Machtfragen, insbesondere im Verhältnis des Bundesverfassungsgerichts zum EuGH. Die Bedeutung des Bundesverfassungsgerichts mindert sich, je mehr Kompetenzen vom nationalen Gericht auf den EuGH übergehen oder vom EuGH in Anspruch genommen werden. Das Bundesverfassungsgericht wehrt sich bekanntlich mit der „Ultra-Vires-Lehre" gegen Kompetenzverluste.

Aber allgemein gilt: Unionsrecht wird angewandt, wenn eine rechtli- 6 che Situation von Unionsrecht erfasst wird.[8]

Die Abgrenzungsformel enthält keine begrifflich klare Definition, sondern ist funktionell zu verstehen, zur Bestimmung des Zuständigkeitsbereichs des EuGH und des Anwendungsbereichs der Garantienormen. Die Ausdrücke europäisches Recht und nationales Recht bezeichnen daher auch kein Gegensatzpaar. Vielmehr kann nationales Recht zugleich auch die Durchführung europäischen Rechts bewirken, wenn es von den Normen der EU dominiert ist oder zur Verwirklichung von Normen der EU benötigt wird. Die Formel ist auch nicht statisch zu verstehen. Ob eine Situation vom Unionsrecht erfasst wird, hängt mitunter vom Verfahrensstadium, der Beweislage oder dem Vortrag der Parteien ab. Diese Umstände und die

---

8 EuGH C-617/10, Urteil vom 26.2.2013 – Akerberg Fransson, Rdn. 22 ff.

gerichtliche Erkenntnis können sich ändern, so dass sich eine Zuständigkeit des EuGH vielleicht erst im Laufe des Verfahrens ergibt.[9] Dazu im Einzelnen:

7   (1) **Unionsrecht** ist zunächst das gesamte **Primärrecht**, das sind die Verträge einschließlich der Anlagen, also der Protokolle; ferner die Beitrittsverträge. Dazu zählt weiter das **Sekundärrecht**; dabei handelt es sich um die Rechtsakte, die aufgrund der Verträge, also des Primärrechts, erlassen wurden. In erster Linie sind das die von der Union erlassenen Rechtsnormen, also Verordnungen, Richtlinien, auf die Exekutive delegierte Normsetzung zur Durchführung von Gesetzgebungsakten; außerdem sind die von der EU geschlossenen internationalen Übereinkünfte Unionsrecht.[10] Supranationales, unmittelbar geltendes Unionsrecht wird **angewandt.** Um **Durchführung** von Unionsrecht handelt es sich, sofern die nationale Verwaltung oder Gerichte der Mitgliedstaaten nationale Rechtsvorschriften vollziehen, die in spezifischer Weise mit EU-Normen verzahnt sind.

8   (2) **Unionsrecht wird daher durchgeführt,** wenn **Richtlinien** in nationale Strafvorschriften gegossen (umgesetzt) wurden, oder wenn eine Richtlinie zwar eine bestimmte nationale Regelung verlangt, diese aber bereits im nationalen Recht vorhanden ist, so dass ein besonderer gesetzgeberischer Umsetzungsakt nicht erforderlich ist. Die Anwendung solcher nationaler Rechtsvorschriften, die **auf EU-Recht beruhen**, ist in diesem Sinne „Durchführung von Unionsrecht".[11] Das kann auch für technische Normen zutreffen, wenn die harmonisierten EU-Normen im Amtsblatt der EU (Teil C) veröffentlicht sind und die Anwendung der darauf beruhenden nationalen technischen Norm zur Verkehrsfähigkeit des Produkts in der gesamten Union führt.[12]

Überlässt eine Verordnung eine Entscheidung dem **Ermessen** der nationalen Behörde, so stellt auch die Ausübung dieses Ermessens Anwendung von Unionsrecht dar.[13]

War dem nationalen Gesetzgeber für die Umsetzung einer materiell-rechtlichen Richtlinie (Art. 83 Abs. 1 AEUV) ein Rahmen – etwa zur Höhe der anzudrohenden Strafen – vorgegeben, so ist die richterliche Strafzumessung im Einzelfall ebenfalls Durchführung von Unionsrecht. Jedoch beschränkt sich die **Nachprüfung des EuGH** entsprechend den nachfolgend unter (3) dargelegten Maßstäben.

---

9 EuGH C-395/15, Urteil vom 1.12.2016 – Daouidi, Rdn. 67.
10 EuGH C-481/13, Urteil vom 17.7.2014 – Qurbani, Rdn. 22.
11 EuGH C-387/02, Urteil vom 3.5.2005 – Berlusconi, Rdn. 69; EuGH C-241/15, Urteil vom 1.6.2016 – Bob – Dogi, Rdn. 34; OLG Stuttgart StV 2010, 262; *Ambos* IntStrR § 12/29; *Risse* HRRS 2014, 93, 94.
12 EuGH C-613/14, Urteil vom 27.10.2016 – James Elliott Construction Ltd., Rdn. 40, 41.
13 EuGH C-411/10 und 493/10, Urteil vom 21.12.2011 – N.S. und M.E.

Beispiel: Die Richtlinie vom 5.4.2011 zur Verhütung und Bekämpfung des Menschenhandels[14] bestimmt in Art. 2 Abs. 1 und in Art. 4 Abs. 1:

> Art. 2 Abs. 1: „Die Mitgliedstaaten treffen die erforderlichen Maßnahmen, damit die nachstehenden vorsätzlich begangenen Handlungen unter Strafe gestellt werden: ....“
> Art. 4 Abs. 1: „Die Mitgliedstaaten treffen die erforderlichen Maßnahmen, um sicherzustellen, dass eine Straftat nach Art. 2 mit einer Freiheitsstrafe im Höchstmaß von mindestens fünf Jahren bedroht ist.“

(3) Nicht anders verhält es sich in den von der **Annexkompetenz** des Art. 83 **9** Abs. 2 AEUV erfassten Fallgestaltungen. Trifft die EU umfassende Regelungen für eine Materie außerhalb des Strafrechts und ordnet sie lediglich an, dass Verstöße gegen diese außerstrafrechtlichen Regelungen vom nationalen Gesetzgeber zu sanktionieren sind, dann sind die daraufhin erlassenen nationalen Sanktionsnormen (auch) europäisches Recht. Ihre Anwendung im Einzelfall ist Durchführung von EU-Recht. Nur steht der Prüfungsumfang des EuGH hier im umgekehrten Verhältnis zum weiten Gestaltungsspielraum des nationalen Gesetzgebers.

Überall dort, wo dem nationalen Gesetzgeber der Erlass von Sanktionen aufgetragen, deren Art und Höhe aber seiner Entschließung überlassen ist, müssen demgemäß zwei Fragen auseinandergehalten werden:

a) Zugehörigkeit der Sanktionspflicht zum Recht der Union,
b) Umfang der unionsgerichtlichen Nachprüfung.

Fall: Es existiert eine Fahrtenschreiber-Verordnung der EU, welche LKW-Fahrern detaillierte Pflichten zur Führung eines Fahrtenschreibers auferlegt. Die Sanktionierung von Verstößen gegen diese Pflichten ist dem nationalen Gesetzgeber aufgegeben. Ein Lkw-Fahrer begeht nun einen formalen und geringfügigen Verstoß, der keine Auswirkungen auf die Verkehrssicherheit hat. Das nationale Recht sieht für alle Verstöße im Zusammenhang mit dem Betrieb von Fahrtenschreibern ohne jede Differenzierung nur eine pauschale Geldbuße in erheblicher Höhe vor.

Der EuGH[15] führt dazu aus: Nach ständiger Rechtsprechung sind die Mitgliedstaaten befugt, Sanktionen zu wählen, die ihnen sachgerecht erscheinen. Diese müssen lediglich **wirksam, verhältnismäßig und abschreckend** sein. Die Mitgliedstaaten sind verpflichtet, bei der Ausübung ihrer Befugnis das Unionsrecht und seine allgemeinen Grundsätze, darunter auch den Grundsatz der Verhältnismäßigkeit zu beachten. Sanktionen müssen also geeignet und erforderlich sein; eine Pauschale ist unverhältnismäßig. Weiter gehören zu diesen allgemei-

---

14 Richtlinie vom 5.4.2011 zur Verhütung und Bekämpfung des Menschenhandels und zum Schutz seiner Opfer sowie zur Ersetzung des Rahmenbeschlusses 2002/629/JI, ABl. 2011 L 101 S. 1.
15 EuGH C-210/10, Urteil vom 9.2.2012 – Urban, Rdn. 23, 41.

nen Grundsätzen namentlich die jetzt in der Grundrechtecharta aufgeführten Grundrechte, das Willkürverbot, die Beachtung des Bestimmtheitsgebots.

Zum Bestimmtheitsgebot führt der EuGH[16] aus: Das Bestimmtheitsgebot ist ein allgemeiner Grundsatz des Unionsrechts, der durch Art. 49 Abs. 1 der Charta gewährleistet wird. Aus diesem Grundsatz – der von den Mitgliedstaaten zu beachten ist, wenn sie die Missachtung unionsrechtlicher Vorschriften unter Strafe stellen – folgt, dass das nationale Gesetz klar die Tat und die Rechtsfolge definieren muss. Diese Voraussetzung ist nur erfüllt, wenn der Rechtsunterworfene anhand des Wortlauts und gegebenenfalls mithilfe der Auslegung durch die Gerichte erkennen kann, welche Handlungen und Unterlassungen seine strafrechtliche Verantwortlichkeit begründen. Ob die Vorschriften des Unionsrechts präzise genug sind, um eine Grundlage nationaler Strafbewehrung sein zu können, unterliegt der Beurteilung durch das nationale Gericht. Auch hier wird also Unionsrecht durchgeführt.[17]

10 (4) Auch die Anwendung **nationalen Verfahrensrechts** durch die Gerichte der Mitgliedstaaten kann als Durchführung von EU-Recht anzusehen sein. Hat eine EU-Verordnung das Verfahren der Anerkennung und Vollstreckung in Zivil- und Handelssachen umfassend geregelt, so ist der gesamte Prozess vor dem nationalen Gericht einschließlich etwaiger – nicht im Einzelnen durch die EU normierter Rechtsbehelfe – Durchführung von EU-Recht.[18] Aber häufiger geschieht es, dass ein Gericht einen Streitfall in Anwendung materiellen Unionsrechts, jedoch nationalen Verfahrensrechts zu entscheiden hat.

> **Fall:** Eine EU-Richtlinie regelt die Lebensmittelüberwachung. Darin ist vorgesehen, dass die Behörde Proben entnehmen darf, aber dem Betroffenen eine zweite Probe zu überlassen hat, damit dieser ein Gegengutachten einholen kann. Die Richtlinie ist in deutsches Recht umgesetzt. Verstöße gegen die lebensmittelrechtlichen Pflichten sind als Straftat oder (bei Fahrlässigkeit) als Ordnungswidrigkeit zu ahnden.
>
> In einem Verfahren in Schleswig Holstein hatte die Behörde Lebensmittelproben entnommen, dem Betroffenen aber keine Zweitprobe belassen. Dem Gericht stellte sich nunmehr die Frage, ob das Gutachten über die Auswertung der ersten Probe ein zulässiges Beweismittel sei.

Der EuGH war zweifelsfrei zuständig, weil das anwendbare deutsche Lebensmittelrecht auf einer umgesetzten EU-Richtlinie beruhte. Das einzuschlagende Verfahren dagegen ist europarechtlich hier zwar in einem Punkt geregelt, sonst aber

---

16 EuGH C-405/10, Urteil vom 10.11.2011 – Garenfeld, Rdn. 48.

17 EuGH C-418/11, Urteil vom 26.9.2013 – Textdata, Rdn. 74.

18 EuGH C-156/12, Beschluss vom 13.6.2012 – GREP, Rdn. 31 (Fall Gribkowsky, interessant aus zeitgeschichtlicher Sicht).

national bestimmt. Der EuGH differenziert demgemäß und beschränkt seinen Prüfungsumfang zu den allgemeinen europarechtlichen Grenzen nationaler Verfahrensgesetzgebung. Dazu führt er aus:[19] Das nationale Recht muss das zuständige Gericht und das Verfahren bestimmen, welches den Schutz der Rechte des Bürgers gewährleistet, das sich aus der unmittelbaren Geltung des Gemeinschaftsrechts ergibt. Das Verfahren darf keine ungünstigeren Regelungen treffen als sie für vergleichbare Fälle sonst innerstaatlich vorgesehen sind (**Äquivalenzprinzip**), und es darf dem Betroffenen den Schutz der Rechte nicht unmöglich machen oder übermäßig erschweren (**Effektivitätsprinzip**). Hier geht es außerdem um die Beachtung eines durch Gemeinschaftsrecht garantierten Rechts (Gegengutachten). Daher fallen die nationalen Beweisregeln in den Bereich des Gemeinschaftsrechts. Mithin müssen sie den Anforderungen genügen, die sich aus den Grundrechten ergeben – hier insbesondere dem Prinzip des fairen Verfahrens, wie es der EGMR entwickelt hat. In Übereinstimmung mit der Rechtsprechung des EGMR überlässt es der EuGH dem nationalen Richter zu prüfen, ob den Grundsätzen dieses Prinzips genügt ist, wenn ein Gegengutachten nicht eingeholt werden kann.

> **Fall:** Ein Angeklagter wird wegen Mordes verurteilt. Es wird geltend gemacht, dass die Inhaftierung sein Recht auf Freizügigkeit, also eine Grundfreiheit, behindere.

(5) Die **Grundfreiheiten** gehören zwar zum Unionsrecht. Deshalb ist auch für **11** die Entscheidung darüber, ob eine nationale Maßnahme eine Grundfreiheit beeinträchtigt, die Zuständigkeit des EuGH begründet. Aber die Grundfreiheiten setzen eine grenzüberschreitende Dimension des Sachverhalts voraus, die allerdings auch in einer mittelbaren Betroffenheit ausländischer Unternehmen liegen kann.[20] Anderenfalls ist eine Zuständigkeit des EuGH nicht gegeben.

Die rechtmäßige Verurteilung zu Freiheitsstrafe wegen Mordes nach nationalem Recht weist keine Beziehung zum Gemeinschaftsrecht auf, die nahe genug wäre, um die Anwendung von Gemeinschaftsrecht zu rechtfertigen. Denn die Möglichkeit der Ausübung des Rechts auf Freizügigkeit ist in solchen Fällen rein hypothetischer Natur.[21]

(6) Hingegen gehört die Frage, ob eine **Einschränkung** einer der vier Grund- **12** freiheiten der EU aus Gründen des Allgemeinwohls gerechtfertigt ist, ihrem Wesen nach zum Unionsrecht.

---

19 EuGH C-276/01, Urteil vom 10.4.2003 – Steffensen m. Bespr. *Esser* StV 2004, 221; *Risse* HRRS 2014, 93, 102.
20 EuGH C-464/15, Urteil vom 30.6.2016 – Admiral Casinos, Rdn. 21 f.
21 EuGH C-299/95, Urteil vom 29.5.1997 – Kremzow, Rdn. 16.

> **Fall:** Dem Angeklagten wird in Italien vorgeworfen, als Buchmacher ohne erforderliche Konzession Sportwetten für eine ausländische Gesellschaft entgegengenommen zu haben. Hat er sich strafbar gemacht?

Der EuGH[22] betrachtet die Bedingungen für die Teilnahme am Geschäft mit Sportwetten als Beschränkung der Niederlassungsfreiheit und der Dienstleistungsfreiheit. Er prüft sodann im Einzelnen, ob diese Beschränkungen zulässig oder aus zwingenden Gründen des allgemeinen (nationalen) Interesses gerechtfertigt sind. Dass es sich bei dieser Prüfung um die Anwendung von Unionsrecht handelt, ist zweifelsfrei, da die Zulässigkeit einer Einschränkung unmittelbar den Geltungsumfang der Grundfreiheit bestimmt.

(7) Untersagt das Recht eines Mitgliedstaats die Auslieferung eigener Staatsangehöriger an einem Drittstaat, jedoch nicht die Auslieferung von Angehörigen anderer Mitgliedstaaten, die im erstgenannten Land leben, so fällt dieser transnationale Sachverhalt in den Bereich des Unionsrechts, weil das unionsrechtliche Diskriminierungsverbot und das Recht auf Freizügigkeit berührt sind (näher Kap. 5/53).

13   (8) Nun aber folgender Fall:

> **Fall:** Der Angeklagte hat in seiner Steuererklärung unrichtige Angaben u.a. auch zur Umsatzsteuer gemacht und dadurch Steuern hinterzogen. Im Verwaltungswege wird ihm – bestandskräftig – deshalb ein beträchtlicher Zuschlag auf die zu entrichtende Steuer auferlegt. Danach leitet die Staatsanwaltschaft ein Strafverfahren wegen Steuerhinterziehung ein. Das zuständige schwedische Gericht hat dem EuGH die Frage vorgelegt, ob Art. 50 der Grundrechtecharta (ne bis in idem) dem Strafverfahren entgegensteht.

Der EuGH[23] geht zunächst allgemein davon aus, dass die Charta gilt, wenn eine rechtliche Situation vom Unionsrecht erfasst wird. Er meint aber, das sei auch hier der Fall.

Im Umsatzsteuerrecht hat die EU lediglich das Besteuerungssystem festgelegt. Es ist eine Mehrwertsteuer zu erheben, nicht etwa wie früher in Deutschland eine Allphasen – Umsatzsteuer. Viel mehr ist von der EU aber nicht geregelt, insbesondere nicht das Besteuerungsverfahren (etwa der Umfang der Mitwirkungspflichten des Steuerpflichtigen), noch etwa der Mehrwertsteuer-

---

22 EuGH C-243/01, Urteil vom 6.11.2003 – Gambelli, Rdn. 46, 60.
23 EuGH C-617/10, Urteil vom 26.2.2013 – Akerberg Fransson, Rdn. 22ff.; dazu *Ambos* IntStrR § 10/107; *Eckstein* ZIS 2013, 220; *Kingreen* JZ 2013, 801; *Risse* HRRS 2014, 93; *Safferling* NStZ 2014, 545; *Satzger* IntStrR § 7/20, 21; fortgeführt durch EuGH C-105/14, Urteil vom 8.9.2015 – Taricco; anders noch EuGH C-457/09, Beschluss vom 1.3.2011 – Chartry, Rdn. 25.

satz. Dennoch gelangt der EuGH zu der Auffassung, die Angaben des Angeklagten in der Mehrwertsteuererklärung beträfen die Anwendung von Unionsrecht. Er begründet das damit, dass die Festlegung des Besteuerungssystems eine staatliche Pflicht begründe, Vorschriften zu erlassen, die geeignet sind, die Erhebung der gesamten Mehrwertsteuer zu gewährleisten und den Betrug zu bekämpfen. Außerdem sei jeder Mitgliedstaat nach Art. 325 AEUV im gleichen Umfang wie zum Schutz eigener Interessen zum Schutz der finanziellen Interessen der Union verpflichtet. Da sich das Aufkommen der Mehrwertsteuer mittelbar über eine Eigenmittelbemessungsgrundlage auf die Höhe der Eigenmittel der Union auswirkt, verringere Steuerhinterziehung die Eigenmittel der Union.

Dem ist das Bundesverfassungsgericht mit starken Worten, sogar unter Hinweis auf die Ultra-Vires-Lehre in in einem Fall entgegengetreten, in dem es um die verfassungsrechtliche Zulässigkeit der deutschen Regelungen zur Antiterror-Datei ging.[24] Es hat ausgeführt, dass die Einrichtung einer deutschen Antiterror-Datei sich zwar auf unionsrechtlich geregelte Mitteilungspflichten und den Umfang der polizeilichen Zusammenarbeit auswirken könne. Das Urteil des EuGH „dürfe jedoch nicht so verstanden werden", dass jeder sachliche Bezug einer nationalen Regelung zum bloß abstrakten Anwendungsbereich des Unionsrechts oder rein tatsächliche Auswirkungen auf dieses ausreichten, um im konkreten Fall anzunehmen, dass Unionsrecht ausgeführt werde.

Dem ist zuzustimmen. Die Entscheidung des EuGH müsste wohl als Ausreißer qualifiziert werden, wenn der EuGH sie nicht in weiteren Entscheidungen fortgeführt hätte.[25] In vorsichtiger Abkehr von ihr formuliert der EuGH zur Abgrenzung des Unionsrechts dennoch nunmehr wie folgt:

Der Begriff der Durchführung von Unionsrecht setzt einen Zusammenhang zwischen Unionsrecht und nationaler Maßnahme voraus, der darüber hinausgeht, dass die fraglichen Sachbereiche benachbart sind oder der eine von ihnen mittelbare Auswirkungen auf den anderen haben kann.[26]

Die Entwicklung ist noch nicht abgeschlossen. Aber ihre Auswirkungen reichen weit. So war bei der Errichtung der künftigen Europäischen Staatsanwalt-

---

24 BVerfG – 1 BvR 1215/07, Urteil vom 24.4.2013 – Antiterror – Datei, Rdn. 88 ff. m. Bespr. *Bülte/Krell* StV 2013, 713.
25 EuGH C-105/14, Urteil vom 8.9.2015 – Taricco; anders (Ausweitung des europäischen Grundrechtsschutzes) *Rönnau/Wegner* GA 2013, 561, 571.
26 EuGH C-198/13, Urteil vom 10.7.2014 – Hernandez, Rdn. 34 ff.; EuGH C-562/12, Urteil vom 17.9.2014 – Liivimaa Lihaveis, Rdn. 62; EuGH C-218/15, Urteil vom 6.10.2016 – Paoletti, Rdn. 14.

schaft zu entscheiden, ob und inwieweit sie zur Verfolgung von Umsatzsteuerdelikten ermächtigt sein soll oder muss.[27]

14 (9) Die Zuständigkeit des EuGH ist schließlich auch in Fällen **mittelbarer Auswirkungen** des Unionsrechts gegeben.

Gewisse Rechtsmaterien sind teils unionsrechtlich geregelt, teils völlig in nationaler Zuständigkeit verblieben – so das Wettbewerbsrecht. Das Unionsrecht regelt in Art. 101 AEUV wettbewerbliche Verhaltensweisen, welche grenzüberschreitende Auswirkungen haben. Im Übrigen ist der nationale Gesetzgeber zuständig. Wenn aber der nationale Gesetzgeber die in seiner Kompetenz liegenden Regelungen völlig an den vom Unionsrecht getroffenen Bestimmungen ausrichtet, so dass die nationalen Sachverhalte materiell dieselbe Beurteilung erfahren wie grenzüberschreitende Sachverhalte, so bestehen zwar formal verschiedene Normenkreise. Sie sind aber materiell identisch. Die Parallelität der Rechtsnormen hat den EuGH deshalb veranlasst, **hier** seine Zuständigkeit für die **Auslegung nationalen Rechts** anzunehmen.[28] Er hat dies damit begründet, dass in diesen Fällen seitens der Union ein fundamentales Interesse an der Einheitlichkeit der Gesetzesauslegung und der verwandten Begriffe bestehe. Das mag sein, ist aber mit der Kompetenzverteilung der Verträge kaum zu vereinbaren; ein Anwendungsvorrang der europäischen Norm ist rechtlich nicht begründbar. In diesen Fällen wird aber jedenfalls zu prüfen sein, ob kraft Rückkopplung zur Vermeidung von Inländerdiskriminierung die Auslegung des EuGH für die nationalen Rechtsvorschriften zu übernehmen ist (Kap. 5/14).

❗ Stichworte: Der Begriff „Durchführung von EU-Recht" ist ein Schlüsselbegriff, auch zur Zuständigkeit des EuGH. Sein Auslegungsmonopol umfasst den gesamten Bereich, in dem Unionsrecht von den Mitgliedstaaten durchgeführt wird. Er wahrt in jedem Fall die Garantienormen des europäischen Rechts.

Unionsrecht liegt vor, wenn eine rechtliche Situation vom Unionsrecht erfasst wird, wenn ein Mitgliedstaat eine Verpflichtung aus EU-Recht erfüllt oder eine Ausnahme von einer generellen EU-Regel beansprucht. Zum Unionsrecht gehört auch Verfahrensrecht, das durch EU-Regelungen vorgegeben ist oder ihrem Vollzug dient.

---

5. Verfahrensarten des EuGH

15 Ein Blick auf die verschiedenen Verfahren, mit denen der Europäische Gerichtshof befasst werden kann, muss den Schwerpunkt auf das im Strafrecht bedeutungsvolle Vorabentscheidungsverfahren richten, für welches der Gerichtshof

---

27 Ratsdokument 9804/16 vom 3.6.2016.
28 EuGH C-345/14, Urteil vom 26.11.2015 – Maxima Latvija, Rdn. 11.

zuständig ist. In Bußgeldsachen ist ferner die Anfechtungsklage gegeben. Welches der drei Gerichte im Einzelfall ansonsten jeweils zuständig ist, kann daher vernachlässigt werden.

Die Zahl der Klagen, welche von Organen der Union oder von Privatpersonen angestrengt werden können, ist begrenzt. Sie sind in den Art. 258 ff. AEUV aufgeführt. Die wichtigsten sind die Vertragsverletzungsklagen (Art. 258, 259 AEUV) und die Nichtigkeitsklagen (Art. 263 AEUV).

a) Vertragsverletzungsverfahren

Das Vertragsverletzungsverfahren ist institutionell und politisch das wichtigste **16** Instrument zur Wahrung des Rechts. Mit ihm soll der Zusammenhalt der Union und die Einhaltung der Verträge gewährleistet werden.

> **Fall:** 1986 führt eine Firma aus einem griechischen Hafen zwei Schiffsladungen Mais nach Belgien aus. Die griechischen Behörden deklarieren den Mais offiziell als griechischen Mais; in Wahrheit stammt er aus einem Drittstaat. Aufgrund der griechischen Begleitpapiere der Ladungen werden in Belgien keine Einfuhrabgaben erhoben. Die Abgabenhinterziehung war unter Mitwirkung griechischer Beamter begangen und später von höherer Seite durch falsche Urkunden und Erklärungen verschleiert worden. Nach Aufdeckung der Tat ersucht die Kommission Griechenland ohne Erfolg, die Einfuhrabgaben (Abschöpfungen) zu zahlen, die unterschlagenen Summen bei den Tätern einzuziehen sowie Straf- und Disziplinarverfahren gegen alle Beteiligten einzuleiten. Griechenland äußert sich nicht. Daraufhin leitet die Kommission ein Vertragsverletzungsverfahren ein, das Erfolg hat.[29]

Dieser Fall „Griechischer Mais" wird später (Kap. 9/4, 13) noch einmal und unter anderen Gesichtspunkten zu behandeln sein.

Nach Art. 258, 259 AEUV können die Kommission und jeder Mitgliedstaat den Gerichtshof der Europäischen Union mit der Begründung anrufen, ein bestimmter Mitgliedstaat habe gegen seine Verpflichtungen aus den Verträgen verstoßen. Die Entscheidung darüber, ob Klage erhoben werden soll, steht im pflichtgemäßen Ermessen der Kommission oder des betreffenden Mitgliedstaates. Bevor die Erhebung der Klage geschieht, ist ein im Einzelnen festgelegtes formales Vorverfahren einzuhalten, das zum Ziel hat, den betreffenden Staat nachdrücklich an seine Pflichten zu erinnern und ihn möglichst zur freiwilligen Erfüllung seiner Obliegenheiten anzuhalten. Kommt der Gerichtshof nach erfolglosem Vorverfahren im Prozess zur Überzeugung, dass die Klage begründet ist, so hat er festzustellen, dass der beklagte Staat bestimmte, im Urteil näher zu

---

29 EuGH C-68/88, Urteil vom 21.9.1989, Slg. 1989, 2979 – Kommission ./. Griechenland („Griechischer Mais").

bezeichnende Pflichten verletzt hat. Als Feststellungsurteil hebt die Entscheidung des Gerichtshofes keine Maßnahmen eines Mitgliedstaates auf und verurteilt diesen auch nicht zu einer bestimmten Leistung. Der verurteilte Staat hat von sich aus aber unverzüglich die Maßnahmen zur Beseitigung des Vertragsverstoßes zu ergreifen, welche sich aus dem Urteil des Gerichtshofs ergeben (Art. 260 Abs. 1 AEUV). Die geschuldeten Maßnahmen können verschiedener Art sein. Es kann sich darum handeln, bestimmte nationale Rechtsvorschriften oder Maßnahmen abzuändern, es kann auch darum gehen, Pflichten auszuführen – etwa verbindliche Richtlinien in nationales Recht umzusetzen. Etwa 75% der Vertragsverletzungsverfahren betreffen Fälle, in denen ein Staat eine von der Union erlassene Richtlinie nicht oder schlecht umgesetzt hat.

17   Ein Vertragsverletzungsverfahren ist auch die einzige unmittelbare Möglichkeit, die **Rechtsprechung** eines Mitgliedstaates zu korrigieren. Beachtet etwa die Rechtsprechung das europäische Recht nicht oder nur ungenügend, oder kommt sie ihren Pflichten aus den Verträgen in sonstiger Weise nicht nach, so liegt darin – völkerrechtlich gesehen – eine Pflichtverletzung des Staates. Der Verstoß gegen europäisches Recht wird dem Staat, dessen Gerichte geurteilt haben, zugerechnet. Die nationalen Gerichte können jedoch von niemandem, auch von dem Europäischen Gerichtshof nicht, angewiesen werden, ihre Rechtsprechung zu ändern. Denn die nationalen Gerichte sind und bleiben unabhängig. Es besteht nur die Möglichkeit, den Staat in Haftung zu nehmen. Daher muss die Kommission oder ein anderer Mitgliedstaat in einem solchen Falle Klage erheben und den Staat im Wege des Vertragsverletzungsverfahrens dazu bewegen, die erforderlichen Maßnahmen zur Korrektur der Rechtsprechung zu ergreifen. In aller Regel wird dies eine Änderung des nationalen Rechts erfordern. Würde also etwa das Bundesverfassungsgericht dem EuGH die Gefolgschaft unter Berufung auf die Ultra-Vires-Lehre versagen,[30] könnte Deutschland wegen Vertragsverletzung verklagt werden. Über die Klage entschiede wiederum der EuGH.

Nicht ausgeschlossen ist allerdings auch, dass sich der nationale Richter im Hinblick auf die Klage und die darin vorgebrachten Argumente veranlasst sieht, die nationale Rechtsprechung zu überdenken oder klarzustellen. Dadurch werden Kontroversen geräuschlos vermieden.

18   Kommt aber der verurteilte Staat einem Urteilsspruch des Europäischen Gerichtshofs nicht oder nur ungenügend nach, so kann die Kommission den Gerichtshof erneut anrufen. Teilt der Gerichtshof die Auffassung der Kommission,

---

30 Vgl. die Kontroverse EuGH – BVerfG in den Sachen Akerberg Fransson (C-617/10) und Antiterror-Datei (1 BvR 1215/07).

dann setzt er ein Zwangsgeld oder einen Pauschalbetrag oder beides zugleich[31] fest, welchen der Staat zu zahlen hat (Art. 260 Abs. 2, 3 AEUV). Die Höhe des zu leistenden Betrages hängt von der Schwere des Verstoßes, seiner Dauer, der Wirksamkeit der Sanktion ab und muss dem Grundsatz der Verhältnismäßigkeit entsprechen.

Stichworte: Das wichtigste Instrument, um die Mitgliedstaaten zur Einhaltung der Verträge zu zwingen, ist das Vertragsverletzungsverfahren. Im Urteil stellt der EuGH fest, dass und welche Pflichten der beklagte Staat verletzt hat. Kommt der Staat seiner Pflicht zur Beseitigung der Vertragsverletzung nicht nach, sind finanzielle Sanktionen durch den EuGH möglich.

b) Nichtigkeitsklage

Die Nichtigkeitsklage (Art. 263 AEUV), auch als Anfechtungsklage bezeichnet, **19** hat eine doppelte Funktion. Sie dient einmal der abstrakten Normenkontrolle – der Prüfung der Rechtmäßigkeit einer Maßnahme ohne Beziehung zu einem konkreten Fall – und ist darüber hinaus das wichtigste Instrument des individuellen Rechtsschutzes gegenüber Rechtsakten der Union.

aa) Abstrakte Normenkontrolle

Die abstrakte Normenkontrolle ermöglicht es sowohl den Mitgliedstaaten wie auch den einzelnen Organen der Union, die Rechtmäßigkeit von Unionsmaßnahmen umfassend überprüfen zu lassen. Der Rahmenbeschluss zum Schutze der Umwelt durch Strafrecht ist auf Klage der Kommission gegen den Rat für nichtig erklärt worden. Geltend gemacht werden kann Unzuständigkeit, Verletzung wesentlicher Formvorschriften, Verletzung materieller Normen des Unionsrechts sowie Ermessensmissbrauch.

Anfechtbar sind Rechtsnormen, aber auch alle sonstigen Akte, die verbindliche Rechtswirkungen erzeugen, gleichgültig welche Stelle der Europäischen Union den Akt erlassen hat. Erweist sich die Nichtigkeitsklage als begründet, erklärt das Gericht die beanstandete Norm oder den beanstandeten Akt für nichtig. Es kann aber einzelne Rechtswirkungen der nichtigen Maßnahme als fortgeltend bezeichnen (Art. 264 AEUV).[32]

---

31 Beispiele EuGH C-557/14, Urteil vom 22.6.2016 – Kommission ./. Portugal; EuGH C-584/14, Urteil vom 7.9.2016 – Kommission ./. Griechenland.
32 Vgl. EuGH C-14/15, Urteil vom 22.9.2016 – Parlament ./. Rat.

bb) Anfechtung konkreter Maßnahmen

20 Für den individuellen Rechtsschutz von Einzelpersonen durch Nichtigkeitsklage ist in erster Instanz das Gericht zuständig.

> **Fall:** Der Kläger war Reporter des Magazins „Stern". Er verfasste Berichte über die Tätigkeit des Europäischen Amtes für Betrugsbekämpfung (OLAF), denen vertrauliche Dokumente zugrunde lagen. Das Amt forschte nach der undichten Stelle und erhielt Hinweise, wonach der Kläger einem Bediensteten 8.000 € oder DM für die Überlassung der Informationen gezahlt habe. Verifizieren konnte es diese Hinweise nicht. OLAF informierte daraufhin die belgische Justiz über den Sachverhalt; diese führte bei dem Kläger eine Durchsuchung durch und beschlagnahmte Gegenstände. Gegen die Weitergabe der vorhandenen Informationen an die belgische Justiz rief der Kläger das EuG an.

Die gegen konkrete Maßnahmen gerichtete Nichtigkeitsklage setzt voraus, dass die klagende natürliche oder juristische Person durch einen von Organen oder Stellen der Union erlassenen[33] Exekutivakt in ihren Rechten unmittelbar und individuell betroffen wird oder dass der beanstandete Akt an sie gerichtet wurde. Ferner muss für die Klage ein Rechtsschutzinteresse vorhanden sein.[34]

Unmittelbar betroffen ist eine Person, wenn sich die beanstandete Maßnahme unmittelbar auf ihre Rechtsstellung auswirkt, so dass zu ihrer Realisierung keine weiteren, vermittelnden Rechtsakte erlassen werden müssen. Das war hier nach Auffassung des EuG nicht der Fall, da die Rechtsstellung des Klägers durch die bloße Weitergabe nicht berührt wurde; den nationalen belgischen Behörden oblag die Entscheidung, ob Ermittlungen durchgeführt werden sollten.[35] Dem Umstand, dass der Verdacht gegen den Kläger auf nicht verifizierbaren Gerüchten beruhte, hat das Gericht zu Unrecht keine Bedeutung beigemessen.

Individuell betroffen ist eine Person, wenn sie sich wegen besonderer Umstände oder bestimmter persönlicher Eigenschaften individuell von anderen unterscheidet und individualisiert werden kann wie ein Adressat.[36] Betroffen sein können auch Konkurrenten von Adressaten begünstigender Akte, wenn sie an dem zu Grunde liegenden Verwaltungsverfahren beteiligt wurden.

---

33 Dazu EuGH C-562/12, Urteil vom 17.9.2014 – Liivimaa Lihaveis, Rdn. 46.

34 EuGH C-524/16, Urteil vom 21.12.2016 – Hansestadt Lübeck, Rdn. 26.

35 EuG T-193/04, Urteil vom 4.10.2006 – Tillack, Rdn. 68; die Individualbeschwerde zum EGMR wegen der Maßnahmen der belgischen Justiz hatte Erfolg, EGMR, Urteil vom 27.11.2007 – Tillack ./. Belgien, Beschwerdenummer 20.477/05 Rdn. 63.

36 EuGH C-167/02 P, Urteil vom 30.3.2004 – Rothley u.a.; EuGH C-524/16, Urteil vom 21.12.2016 – Hansestadt Lübeck, Rdn. 15.

Darüber hinaus können auch Verordnungen direkt durch Nichtigkeitsklage **21** angegriffen werden, sofern sie den Kläger unmittelbar und individuell betreffen und für ihn unmittelbare Rechtswirkungen erzeugen (Art. 263 Abs. 4 AEUV),[37] also keine Durchführungsmaßnahmen erfordern. Das ist unter anderen Gesichtspunkten bereits behandelt (Kap. 2/22):

> **Fall:** Der Sicherheitsrat der Vereinten Nationen hat aufgrund der Ermächtigung in seiner Charta eine Resolution verabschiedet, mit der die Mitgliedstaaten verpflichtet werden, in bestimmter Weise gegen das Netzwerk Al Quaida vorzugehen und Gelder von deren Mitgliedern und Unterstützern zu sperren. In Ausführung der Resolution hat die EU eine Verordnung erlassen, die das Vermögen bestimmter Personen einfriert, die in einem Anhang zu der Verordnung in einer Liste aufgeführt sind. Die Kläger, die in der Liste aufgeführt waren, klagten vor dem Gericht der Europäischen Union auf Nichtigkeit der Verordnung. Ihre Klagebefugnis war nicht zweifelhaft.[38]

Rechtsgrundlage für die Liste wäre jetzt Art. 75 AEUV.

Fühlt sich eine Person dagegen durch eine Richtlinie betroffen, so schließt der Wortlaut des Art. 264 AEUV eine hiergegen gerichtete Nichtigkeitsklage aus, weil Richtlinien der Umsetzung in nationales Recht bedürfen, also eine Durchführungsmaßnahme erforderlich ist. Aber die Rechtsprechung der europäischen Gerichte schließt nicht aus, dass auch Richtlinien den Einzelfall unmittelbar und individuell betreffen können. Eine Entscheidung, welche einen solchen Fall in ihren tragenden Gründen bejaht, liegt bisher allerdings noch nicht vor.

Stichworte: Nichtigkeitsklagen dienen entweder der abstrakten Normenkontrolle oder dem individuellen Rechtsschutz des Bürgers gegenüber Maßnahmen der EU. Zur Anfechtung von Maßnahmen der EU ist befugt, wer in seinen Rechten unmittelbar und individuell betroffen ist.

c) Vorabentscheidungsverfahren

In der Rechtswirklichkeit hat sich das Vorabentscheidungsverfahren nach **22** Art. 19 Abs. 3 Buchst. b EUV, Art. 267 AEUV als besonders bedeutungsvoll erwiesen. Nach dem Auslaufen einer Übergangsregelung,[39] die sich aus Besonder-

---

37 EuGH C-402/05 P und C-415/05, Urteil vom 3.9.2008 – Kadi und Al Barakaat, Rdr. 241; Endentscheidung EuGH C-584/10 P, Urteil vom 18.7.2013 – Kadi; allgemein EuGH C-552/14, Urteil vom 10.12.2015 – Canon, Rdn. 45 ff. (Zollabfertigung).
38 Wie vorige Fußnote.
39 Art. 10 Abs. 1, 3 Protokoll Nr. 36 zum Vertrag von Lissabon; Art. 35 Vertrag von Amsterdam; *Hecker* 13/Rdn. 22.

heiten der vormaligen dritten Säule ergab, bindet Art. 267 AEUV nunmehr die Gerichte aller Mitgliedstaaten.

aa) Funktion des Verfahrens

Die Funktionen dieses Verfahrens ergeben sich zunächst aus der Regelung in Art. 267 AEUV.

Das Institut soll in erster Linie die **gleichmäßige** Handhabung und **Anwendung** europäischen Rechts in der Union gewährleisten und damit unterstreichen, dass die Union – im Rahmen ihrer Zuständigkeiten – ein einheitlicher Rechtsraum ist.[40] Zur Gewährleistung der einheitlichen Rechtsanwendung ist die Auslegung europäischen Rechts beim Gerichtshof der Europäischen Union monopolisiert. Diese Monopolisierung erreicht zugleich, dass die Urteile des Gerichts über die nationalen Grenzen der Einzelstaaten hinaus europaweit Wirkung entfalten können.[41]

Die Monopolisierung der Entscheidungskompetenz – und zwar beim EuGH als der höchsten Instanz – wahrt die **Autorität** des europäischen Gesetzgebers. Was das Europäische Parlament im Zusammenwirken mit dem Rat und unter Beteiligung der nationalen Parlamente beschlossen hat, hat einen eigenen, besonderen Rang. Diesem hohen Rang entspricht es, dass die Rechtmäßigkeitsprüfung sowie die verbindliche Auslegung von Unionsakten allein einem herausgehobenen Gericht anvertraut sind. Wir finden hier denselben Gedanken verwirklicht, der in Art. 100 GG ausgedrückt ist. Danach hat jedes deutsche Gericht, welches die Verfassungsmäßigkeit eines deutschen Gesetzes verneint, die Sache dem Bundesverfassungsgericht zur Entscheidung vorzulegen. Im Unterschied zu Art. 100 GG hat der EuGH aber nicht lediglich ein Verwerfungsmonopol (Feststellung der Verfassungswidrigkeit), sondern darüber hinaus auch ein Auslegungsmonopol. Dieses Auslegungsmonopol ist umfassend.

Fall: Ein Gericht hält eine Vorschrift seines nationalen Rechts für schlechthin unvereinbar mit der EMRK. Die Grundrechte der EMRK sind nach Art. 6 Abs. 3 EUV als allgemeine Grundsätze Teil des Unionsrechts. Das Gericht legt sein Verfahren dem EuGH mit der Frage vor, ob der Vorrang des Unionsrechts auch in diesem Fall zur Unanwendbarkeit der nationalen Regelung führe.

---

40 EuGH C-362/14, Urteil vom 6.10.2015 – Schrems (Facebook) Rdn. 61.
41 Für den EGMR ist durch das 16. Protokoll zur EMRK vom 2.10.2013 die Möglichkeit vorgesehen, dass sich letztinstanzliche Gerichte und Verfassungsgerichte nicht bindende Gutachten zur Auslegung der EMRK erstatten lassen. Das Protokoll ist noch nicht in Kraft getreten.

Die EMRK kann auch nicht über den Umweg des Unionsrechts Vorrang vor nationalen Bestimmungen beanspruchen. Der Inhalt der Grundsätze des Unionsrechts ist vielmehr letztlich vom EuGH zu definieren. Er hat deshalb entschieden, dass die in Art. 6 EUV enthaltene Verweisung auf die EMRK es einem nationalen Gericht nicht gebiete, im Fall eines Widerspruchs zwischen einer Regelung des nationalen Rechts und der EMRK deren Bestimmungen unmittelbar anzuwenden und die mit der EMRK unvereinbare nationale Regelung unangewendet zu lassen.[42]

Ein richtig gehandhabtes Vorabentscheidungsverfahren führt zum Dialog zwischen den nationalen Gerichten mit dem EuGH, zur Kooperation, welche im Hinblick auf die wesensmäßige Verschränkung der Rechtskreise der EU und der Mitgliedstaaten unerlässlich ist. Ziel ist dabei wechselseitige Akzeptanz.[43]

bb) Verhältnis zur Nichtigkeitsklage

Der EuGH kann im Vorabentscheidungsverfahren auch über die Gültigkeit von **23** Rechtsakten der Unionsorgane entscheiden. Das wirft sogleich die Frage auf, in welchem Verhältnis die Nichtigkeitsklage nach Art. 263 AEUV zum Vorabentscheidungsverfahren steht. Ist eine natürliche oder juristische Person von einem Akt der Union unmittelbar betroffen, so kann sie – wie erwähnt – gegen diesen Akt im Wege der Anfechtungsklage (Nichtigkeitsklage) vorgehen, und wenn die Klage begründet ist, wird der betreffende Akt auf diesem Wege für ungültig erklärt. Dasselbe kann aber theoretisch auch im Verfahren nach Art. 267 AEUV geschehen.

Allerdings besteht ein Unterschied. Die Nichtigkeitsklage ist nach Art. 263 Abs. 6 AEUV **fristgebunden**; sie kann nur innerhalb von zwei Monaten erhoben werden. Nach Ablauf der Frist wird der Unionsakt **bestandskräftig**, er kann also durch Nichtigkeitsklage vom Adressaten nicht mehr infrage gestellt werden. Daher wäre es eine Umgehung dieser Fristenregelung, wenn das Vorabentscheidungsverfahren dazu führen könnte, die eingetretene Bestandskraft, an die der Adressat gebunden ist, nachträglich zu ignorieren. Das gilt auch für den nationalen Richter, wenn in seinem Verfahren etwa die Rechtmäßigkeit eines Unionsaktes als Vorfrage zu beurteilen ist. Er muss die Gültigkeit seinem Verfahren zu Grunde legen. Will sich eine Einzelperson gegen einen einzelnen Akt der Union zur Wehr setzen, muss sie also, wenn sie dazu befugt ist, rechtzeitig

---

42 EuGH C-571/10, Urteil vom 24.4.2012 – Kamberaj, Rdn. 59 ff.
43 *von Danwitz* M. Schröder-Festschrift S. 155, 161.

Nichtigkeitsklage erheben. Diese hat insoweit Vorrang.[44] In Anwendung eines allgemeinen Rechtsgrundsatzes hat der EuGH davon eine **Ausnahme** zugelassen, sofern der Betroffene nicht ohne weiteres im Stande war, seine Klagebefugnis nach Art. 263 AEUV zu erkennen und deshalb ohne Rechtsschutz bliebe.[45] Ob eine weitere Ausnahme in Analogie zu den Fällen des Art. 277 AEUV zu machen ist, wenn es um die Rechtswidrigkeit von Unionsakten mit allgemeiner Geltung geht, ist unsicher. Art. 277 AEUV betrifft seinem Wortlaut nach nur Anfechtungsklagen. Der zu Grunde liegende Rechtsgedanke, dass in Fällen von allgemeiner Bedeutung dem Prinzip der Rechtmäßigkeit Vorrang vor der Bestandskraft zukommt, gilt aber auch hier. Daher muss auch im Vorabentscheidungsverfahren die Fristbestimmung des Art. 263 Abs. 6 AEUV ausnahmsweise zurücktreten.[46]

cc) Prozessuale Bedeutung der Vorlage zur Vorabentscheidung

24 Das Wesen der Vorabentscheidung besteht verfahrensrechtlich darin, dass ein Teil des vor dem nationalen Gericht schwebenden Prozesses, nämlich die Entscheidung einer Rechtsfrage des Unionsrechts, aus dem Prozess herausgelöst und dem Gerichtshof übertragen ist. Das nationale Verfahren bleibt aber weiter national und ist dessen Regeln unterworfen. Aus den Verträgen ergibt sich lediglich, dass keine nationale Stelle das Vorlageverfahren erschweren oder gar unmöglich machen darf. Daher geht die Befugnis zur Vorlage an den EuGH allen vergleichbaren innerstaatlichen Regelungen – beispielsweise Vorlagebefugnissen an das nationale Verfassungsgericht (Art. 100 GG) – vor[47] und kann auch nicht durch Rechtsmittel gegen die Vorlage[48] oder Befangenheitsregelungen[49] eingeschränkt werden. Art. 267 AEUV schließt ferner jegliche Dispositionsbefugnis der Verfahrensbeteiligten aus.[50] Die Parteien können auf eine Vorlage also weder wirksam verzichten, noch können sie ihr nationales Gericht zu einer Vorlage zwingen. Auch auf den Inhalt der Vorlage können sie lediglich durch

---

44 EuGH, C-550/09, Urteil vom 29.6.2010 – E und F, Rdn. 46; EuGH C-188/92, Urteil vom 9.3.1994 – TWD ./. Deutschland.
45 EuGH C-216/82, Urteil vom 27.9.83 – Universität Hamburg ./. Hauptzollamt Hamburg, Rdn. 10; dazu klarstellend EuGH C-188/92, Urteil vom 9.3.1994 – TWD ./. Deutschland, Rdn. 23.
46 Unklar *Schwarze* in *Schwarze* Art. 277 AEUV Rdn. 3; *Dervisopoulos* in Hdb. Rschutz § 7/7.
47 EuGH, C-457/09, Beschluss vom 1.3.2011 – Chartry, Rdn. 20.
48 Evtl. gegebene innerstaatliche Rechtsmittel gegen die Vorlageentscheidung erstrecken sich nicht auf die Frage, ob die Vorlage an den EuGH sachlich gerechtfertigt ist, EuGH C-210/06, Urteil vom 16.12.2008 – Cartesio, Rdn. 96 ff.
49 EuGH C-614/14, Urteil vom 5.7.2016 – Ognyanov.
50 EuGH C-210/06, Urteil vom 16.12.2008 – Cartesio, Rdn. 90.

geeigneten, überzeugenden Sachvortrag, also mittelbar, einwirken.[51] Jedoch ist ein im Verfahren geäußertes Vorlagebegehren mit **Gründen** zu bescheiden.[52] **Unterlässt** allerdings ein nationales Gericht pflichtwidrig eine Vorlage an den EuGH, so kann darin bei Willkür eine Entziehung des gesetzlichen Richters liegen, die in Deutschland mit der Verfassungsbeschwerde gerügt werden kann. Nach Erschöpfung des nationalen Rechtswegs kann mit dieser Begründung auch eine Beschwerde an den EGMR erfolgversprechend sein.[53]

Aus dem Wesen der Aufgabenverteilung zwischen Union und Mitgliedstaat folgt, dass der EuGH verbindlich nur über die Gültigkeit von Rechtsakten der Union nach deren Recht und verbindlich nur über die Auslegung von Rechtsvorschriften der Union zu urteilen hat. Er darf deshalb nicht über die Gültigkeit von nationalem Recht oder von nationalen Rechtsakten befinden und daher auch nicht entscheiden, ob eine Bestimmung des nationalen Rechts mit Unionsrecht vereinbar ist oder nicht. Denn wenn eine nationale Vorschrift mit europäischem Recht nicht vereinbar ist, ist sie unanwendbar; würde der EuGH unmittelbar auf die Unvereinbarkeit nationalen Rechts mit Unionsrecht erkennen, würde er sachlich über die Wirksamkeit der nationalen Vorschrift befinden. Diese Kompetenz ist ihm in den Verträgen nicht übertragen. Das muss der nationale Richter bei seiner Entscheidung, den EuGH anzurufen, und bei der Formulierung der Vorlagefragen beachten. Es obliegt dem nationalen Gericht auszusprechen, welche Folgerungen aus dem Urteil des EuGH für sein Recht und für die Entscheidung des konkreten Falles zu ziehen sind.

dd) Wirkung der Entscheidung des EuGH

Die Wirkungen des Urteils des EuGH im Vorabentscheidungsverfahren sind verschieden je nachdem, ob die Gültigkeit einer Norm oder eines Verwaltungsakts von Unionsorganen zu beurteilen ist, oder ob es um die Auslegung von solchen Normen oder Akten geht. **25**

Steht die **Gültigkeit** eines Rechtsaktes infrage, so findet auf die Vorlage hin eine umfassende Rechtmäßigkeitsprüfung statt. Ist der Rechtsakt fehlerhaft, so erklärt der EuGH ihn für nichtig. Die Aufhebung des Rechtsaktes wirkt für und gegen jedermann. Wie dargelegt, hat aber der nationale Richter zu entscheiden, welche Folgerungen sich aus der Unwirksamkeit für sein nationales Verfahren ergeben.

---

51 EuGH C-296/08, Urteil vom 12.8.2008 – Goicoechea, Rdn. 46.
52 EGMR, Urteil vom 8.4.2014 – Dhahbi ./. Italien, Beschwerdenummer 17.120/09 Rdn. 31; ebenso Urteil vom 10.4.2014 – Vergauwen ./. Belgien, Beschwerdenummer 4832/04, Rdn. 89 f.
53 EGMR, Urteil vom 23.5.2016 – Avotins ./. Lettland, Beschwerdenummer 17.502/07, Rdn. 111.

Fraglich ist jedoch, welche Wirkungen die Erklärung der Ungültigkeit eines Sekundär-Rechtsaktes auf bereits rechtskräftig abgeschlossene Verfahren hat. Beruht ein nationales Strafurteil auf einer Norm des EU-Rechts, welche der EuGH kassiert hat, so kann an eine Wiederaufnahme analog § 359 Nr. 6 StPO oder § 79 BVerfGG zu denken sein.[54]

Geht es um die **Auslegung** einer Norm des Unionsrechts, so ist die von dem EuGH gefundene Auslegung für alle nationalen Richter, welche weiter das konkrete Verfahren zu bearbeiten haben, verbindlich.[55] Hat ein Gericht erster Instanz die Entscheidung des EuGH herbeigeführt, so ist dieses Gericht selbst, aber auch ein etwa später in diesem Verfahren berufenes Rechtsmittelgericht, gebunden. In anderen Verfahren sind die nationalen Gerichte zwar nicht unmittelbar verpflichtet, die Auslegung des EuGH zu übernehmen. Wenn sie davon abweichen wollen, müssen sie die Sache aber ihrerseits dem EuGH vorlegen, um ihn zu einer Änderung oder Modifizierung seiner Auffassung zu bewegen. Das ist zulässig und Ausdruck einer konstruktiven Zusammenarbeit zwischen den nationalen Gerichten und dem EuGH, die der Fortentwicklung des Rechts dient. In einem solchen Fall sollte das vorlegende nationale Gericht aber gute Gründe für seine neue Vorlage haben. Fehlen solche Gründe oder hat der nationale Richter lediglich übersehen, dass der EuGH die von ihm gestellte Frage bereits beantwortet hat, so kann der EuGH die Vorlage kurzerhand und mit Verweis auf seine frühere Entscheidung zurückgeben.

Der EuGH entscheidet nur über die Auslegung des europäischen Rechts, also die Rechtsfrage. Er entscheidet nicht über die Subsumtion des zu Grunde liegenden Sachverhalts, also die Sachfrage. In eindeutigen Fällen hat er aber schon Ausnahmen gemacht, um sich Rechtsausführungen zu ersparen, welche sich letztlich als bedeutungslos erweisen würden.[56]

Steht die vom EuGH gefundene Auslegung im Widerspruch zur nationalen Praxis, dann kann in extremen Ausnahmefällen der EuGH anordnen, dass seine Entscheidung nur für die Zukunft anwendbar ist.[57]

! **Stichworte:** Der EuGH hat bezüglich des Unionsrechts ein Auslegungsmonopol. Ziel des Monopols ist die Stärkung der Autorität des europäischen Gesetzgebers und die Sicherung eines einheitlichen Rechtsraums. Er entscheidet nur über Unionsrecht; die Konsequenzen seiner Entscheidung für das nationale Recht und für den Ausgang des konkreten Rechtsstreits muss der nationale Richter ziehen. Die Entscheidung des EuGH bindet unmittelbar nur die Richter des Verfahrens, das zur Vorlage geführt hat.

---

54 *Jokisch* S. 226.
55 EuGH C-614/14, Urteil vom 5.7.2016 – Ognyanov.
56 EuGH C-66/08, Urteil vom 17.7.2008 – Kozlowski, Rdn. 53.
57 EuGH C-477/16, Urteil vom 10.11.2016 – Kovalkovus, Rdn. 50.

ee) Voraussetzungen der Vorlage an den EuGH

Die Vorlage an den EuGH zur Vorabentscheidung unterliegt Zulässigkeitsvo- **26**
raussetzungen.

Nur ein Gericht[58] kann sich an den Europäischen Gerichtshof wenden –
nicht etwa die Staatsanwaltschaft[59] –, und dies allein zum Zwecke der Auslegung eines Rechtsaktes oder wegen der Frage der Gültigkeit eines solchen Aktes. Fehlt eine Vorlagemöglichkeit, welche zum umfassenden Rechtsschutz in
der Union erforderlich ist, muss sie vom nationalen Gesetzgeber geschaffen
werden.[60]

Jedes Gericht ist verpflichtet, den EuGH anzurufen, sofern es eine Norm des
Unionsrechts für ungültig hält. Da der EuGH ein Verwerfungsmonopol besitzt,
ist kein nationales Gericht befugt, eine formell ordnungsgemäß erlassene
Rechtsvorschrift der Union von sich aus unangewendet zu lassen.[61]

Geht es allein um die Auslegung einer Rechtsvorschrift der Union, sind die
Gerichte der unteren Instanzen berechtigt, aber nicht verpflichtet, den Europäischen Gerichtshof anzurufen. Verpflichtet zur Anrufung des EuGH sind dagegen
alle nationalen Gerichte, die in letzter Instanz entscheiden (Art. 267 AEUV). Das
sind nicht nur die obersten Gerichte, gegen deren Entscheidungen ein Rechtsmittel generell ausgeschlossen ist. Abzustellen ist vielmehr darauf, ob im konkreten Verfahren eine Möglichkeit besteht, die Entscheidung förmlich anzufechten. Eine Anfechtungsmöglichkeit in diesem Sinne besteht auch dann, wenn
das Rechtsmittel in der höheren Instanz noch der Annahme oder der Zulassung
bedarf (z.B. § 313 StPO).[62] Stellt sich im Verfahren eine Frage zur Auslegung des
Unionsrechts, ist das Rechtsmittel im Übrigen stets zuzulassen, da eine solche
offene Auslegungsfrage von Rechts wegen ein Zulassungsgrund ist. Das Erstgericht entscheidet dann ohnehin noch nicht in letzter Instanz.[63]

Die Vorlage an den Europäischen Gerichtshof zwecks Auslegung des Uni- **27**
onsrechts ist sachlich an zwei Voraussetzungen gebunden.

Das nationale Gericht muss zunächst einmal Zweifel haben, wie das in seinem Verfahren maßgebende Unionsrecht auszulegen ist. Bestehen – auch in
den übrigen Mitgliedstaaten der EU – keine vernünftigen Zweifel an der zutref-

---

58 Zu den wesentlichen Merkmalen EuGH C-60/12, Urteil vom 14.11.2013 – Balaz, Rdn. 32;
EuGH C-296/08, Urteil vom 12.8.2008 – Goicoechea Rdn. 40 ff.; EuGH C-74/95, Urteil vom
12.12.1996 – X, Rdn. 18; EuGH C-503/15, Urteil vom 16.2.2017 – Panicello, Rdn. 27.
59 Kritisch unter Rechtsschutzgesichtspunkten *Langbauer* S. 265.
60 EuGH C-362/14, Urteil vom 6.10.2015 – Schrems (Facebook), Rdn. 65.
61 *Hecker* 6/Rdn. 7.
62 EuGH C-119/15, Urteil vom 21.12.2016 – Biuro podrozy „Partner", Rdn. 48 ff.
63 A.A. *Hecker* 6/Rdn. 6.

fenden Interpretation, dann ist von der Vorlage abzusehen.[64] Anderenfalls erhält der nationale Richter die Sache nach der Verfahrensordnung des Gerichtshofes umgehend aus Luxemburg zurück (acte-clair-doctrine).

Ferner muss die vorgelegte Frage in dem Rechtsstreit entscheidungserheblich sein. Die Frage muss im Zusammenhang mit dem Rechtsstreit stehen, ihre Beantwortung also Bedeutung für das Ergebnis des Prozesses haben. Rein hypothetische Probleme entscheidet der Europäische Gerichtshof nicht; er ist auch nicht dazu berufen, für die Parteien des Ausgangsverfahrens Gutachten zu erstatten.[65] Allerdings prüft er die Entscheidungserheblichkeit der vorgelegten Fragen recht großzügig; in aller Regel nimmt er die Rechtsmeinung des vorlegenden Gerichts zur Erheblichkeit hin,[66] denn anderenfalls würde er mittelbar selbst nationales Recht auslegen.

Da der EuGH die ihm vorgelegte Rechtsfrage stets zum Zwecke der Entscheidung eines bestimmten Prozesses beantwortet, ist er auf die Mitteilung des zu Grunde liegenden Sachverhalts angewiesen.[67] Nur auf seiner Grundlage kann er letztlich auch ermessen, welche Bedeutung die vorgelegte Frage hat und ob sie für die Entscheidung des Rechtsstreits erheblich ist. Die Durchführung der gesamten Beweisaufnahme vor der Vorlage ist aber nicht stets erforderlich.[68] Bestehen Zweifel, kann der Gerichtshof das nationale Gericht um Klarstellungen ersuchen.

! **Stichworte:** Letztinstanzlich entscheidende Gerichte müssen, andere können eine Frage dem EuGH vorlegen, wenn Zweifel bei der Auslegung von Unionsrecht bestehen und die Frage für den Rechtsstreit entscheidungserheblich ist.

ff) Besonderheiten im Strafverfahren

28 Für das Strafverfahren gelten auch im Vorabentscheidungsverfahren einige Besonderheiten. Art. 267 AEUV enthält in seinem Absatz 4 die Regel, dass in einem nationalen Verfahren, welches eine inhaftierte Person betrifft, der Gerichtshof über die Vorlage innerhalb kürzester Zeit entscheidet. Art. 23a der Satzung des Gerichtshofes bestimmt, dass für Vorabentscheidungsersuchen zum Raum der

64 EuGH C-379/15, Urteil vom 28.7.2016 – Association France Nature Environnement, Rdn. 48.
65 EuGH C-571/10, Urteil vom 24.4.2012 -Kamberaj, Rdn. 40.
66 EuGH C-399/11, Urteil vom 26.2.2013 – Melloni, Rdn. 28; EuGH C-105/14, Urteil vom 8.9.2015 – Taricco, Rdn. 29 f.
67 Empfehlungen des EuGH an die nationalen Gerichte bezüglich der Vorlage von Vorabentscheidungsersuchen. Veröffentlicht in ABl. 2016 C 439 S. 1.
68 EuGH C-409/06, Urteil vom 8.9.2010 – Winner Wetten, Rdn. 39; EuGH C-112/13, Urteil vom 11.9.2014 – A ./. B, Rdn. 35.

Freiheit, der Sicherheit und des Rechts in der Verfahrensordnung des Gerichtshofes ein Eilverfahren vorgesehen werden kann. Das ist in Art. 104b der Verfahrensordnung auch geschehen. Danach kann auf Antrag des nationalen Gerichts – der begründet werden muss – oder ausnahmsweise auch von Amts wegen die Durchführung des Eilverfahrens beschlossen werden, in dem in weitem Umfang von den Bestimmungen der Verfahrensordnung abgewichen werden kann. Insbesondere können die Fristen verkürzt und sofort Termin zur mündlichen Verhandlung bestimmt werden.

Dennoch kann es – besonders im Ermittlungsverfahren, wo für den Richter Art. 267 AEUV uneingeschränkt gilt[69] – dazu kommen, dass auch die Beschleunigungsmöglichkeiten im Vorabentscheidungsverfahren nicht ausreichen, um Spannungen zwischen den Regelungen über die Vorlage und dem Zweck der Strafverfolgung zu vermeiden. Probleme können sich beispielsweise ergeben, wenn der Richter einen Haftbefehl erlassen muss, damit der Beschuldigte nicht flieht, oder wenn er einen Durchsuchungsbeschluss erlassen muss, damit Beweismittel nicht unwiederbringlich verloren gehen, Hat er Zweifel an einer einschlägigen europäischen Regelung, befindet er sich in einem normativ nicht auflösbaren Zwiespalt.

Im Ermittlungsverfahren ist es auch außerhalb der bezeichneten Beispiele häufig erforderlich, richterliche Entscheidungen herbeizuführen, welche keinen Aufschub dulden. Würde der Richter in einem solchen Fall das Verfahren aussetzen und seine Sache dem Europäischen Gerichtshof vorlegen, wäre die Strafverfolgung – vielleicht endgültig – vereitelt. Unausweichlich ist hier eine in der deutschen Literatur befürwortete Kompromisslösung. Danach sollte das nationale Gericht bei seiner Entscheidung zunächst das Unionsrecht selbst auslegen und gegebenenfalls die beantragte Zwangsmaßnahme anordnen, gleichzeitig aber die Sache nach Luxemburg vorlegen.[70] Entscheidet der Europäische Gerichtshof sodann in einem Sinne, welcher die erlassene Maßnahme als unhaltbar erscheinen lässt, müssen verfahrensmäßige Folgerungen gezogen werden, die je nach der Maßnahme aber auch unterschiedlich sein können. Bei der Gewinnung unzulässiger Beweise wird sogar an ein Beweisverwertungsverbot zu denken sein.

Stichworte: Für Strafsachen ist beim EuGH ein Eilverfahren vorgesehen. Besonders dringliche Strafverfolgungsmaßnahmen, die keinen Aufschub dulden, können den Richter aber zwingen, „zweigleisig" zu fahren, d.h. die Maßnahme zu erlassen und gleichzeitig ein Vorabersuchen an den EuGH zu richten.

---

69 *Hecker* 6/Rdn. 20.
70 *Hecker* 6/Rdn. 21 ff.; *Jokisch* S. 193.

gg) Konkurrenz von Vorlagepflichten

29 **Fall:** Der BGH hat eine Rechtsfrage in einem bestimmten Sinne entschieden. Ein Oberlandesgericht hat in einem strafrechtlichen Revisionsverfahren nunmehr über dieselbe Rechtsfrage zu entscheiden, hält aber die Auffassung des BGH für unrichtig, weil sie weder mit dem StGB, noch mit dem Verfassungsrecht noch mit Europarecht in Einklang stehe. Was muss das OLG tun?

Das OLG kann nicht selbst entscheiden. Will es aus Gründen des einfachen Rechts vom BGH (oder einem anderen OLG) abweichen, zwingt § 121 Abs. 2 GVG zur Vorlage an den BGH. Hält es die angewandte Strafvorschrift für verfassungswidrig, muss es nach Art. 100 GG an das Bundesverfassungsgericht vorlegen. Bestehen Zweifel über den Inhalt einer Bestimmung des Europarechts, muss es gemäß Art. 267 AEUV den EuGH anrufen.

Der EuGH hat ausdrücklich entschieden, dass Art. 267 AEUV Vorrang vor allen anderen Vorlagevorschriften hat.[71] Das ist auch sachlich gerechtfertigt. Bei mehreren Vorlagemöglichkeiten ist an das Gericht vorzulegen, welches in der Vorlegungsfrage eine Spezialzuständigkeit hat und dessen Entscheidung die größte Verbindlichkeit besitzt. Anderenfalls könnte ein Normenkonflikt entstehen. Legte das OLG dem BGH vor, so wäre es an dessen Antwort gebunden. Diese Bindung kann aber mit dem innerstaatlich nicht einschränkbaren Art. 267 AEUV kollidieren. Die Kollision ist nur zu vermeiden, wenn von vornherein direkt an den EuGH vorgelegt wird[72] (ebenso Art. 100 GG im Verhältnis zu § 121 Abs. 2 GVG). Ginge es im Beispielsfall jedoch allein um die Auslegung des einfachen innerstaatlichen Rechts, verbliebe es bei der Vorlage an den BGH nach § 121 Abs. 2 GVG.

Stichworte: Die Vorlage nach Art. 267 AEUV hat Vorrang vor allen nationalen Vorlagepflichten.

6. Bedeutung des Gerichtshofs der Europäischen Union

30 Würdigt man die Bedeutung des EuGH für die Entwicklung Europas, so wird man diese kaum hoch genug einschätzen können. Der EuGH war und ist der

71 EuGH C-5/14, Urteil vom 4.6.2015 – Kernkraftwerke Lippe-Ems; EuGH C-457/09, Beschluss vom 1.3.2011 – Chartry, Rdn. 20; s. auch EuGH C-112/13, Urteil vom 11.9.2014 – A ./. B, Rdn. 39.
72 EuGH C-112/13, Urteil vom 11.9.2014 – A ./. B, Rdn. 38 ff.; ebenso BGHSt. 36, 92, 96; BGHSt. 33, 76, 79; BGH NStZ 2002, 661 m. Anm. *Hecker*.

Motor der Integration. Dort, wo die Politiker zögerten oder gebremst wurden – auch von der Stimmung in ihren eigenen Ländern –, ist der EuGH entschlossen tätig geworden und hat Entwicklungen angestoßen, die letztlich auch ihren Niederschlag in den Formulierungen des Vertrags von Lissabon gefunden haben. Die Übernahme der Grundrechte, die Annexkompetenz im Strafrecht, die Vorwirkung von Richtlinien bei mangelnder Umsetzung durch die Mitgliedstaaten und natürlich der Vorrang des Unionsrechts vor dem nationalen Recht sind nur einige solche Eckpfeiler europäischen Rechts, die heute aber die Rechtswirklichkeit bestimmen. Im Bereich der Grundrechte hat der Gerichtshof sogar eine Normenhierarchie geschaffen. Die Mitgliedstaaten haben nicht nur ihr nationales Recht unionsrechtkonform auszulegen, sondern auch darauf zu achten, dass sie sich nicht auf eine Auslegung von Sekundärrecht der EU stützen, die mit den von der Unionsrechtsordnung geschützten Grundrechten oder den anderen allgemeinen Grundsätzen des Unionsrechts kollidiert.[73] Die Grundrechte haben also Vorrang.

Diese Entwicklung war allerdings nur möglich, weil in allen Mitgliedstaaten das rechtsstaatliche Bewusstsein dafür vorhanden war und ist, dass ein Urteil des höchsten Unionsgerichts jeden politischen Streit beendet und strikt zu befolgen ist.

Der Europäische Gerichtshof ist kein Gericht, das den nationalen Gerichten übergeordnet wäre. Seine Aufgabe ist die Auslegung des Rechtes der Union und die Kontrolle der Rechtmäßigkeit von Unionsakten. Aber damit wirkt er mittelbar in die verschiedenen Rechtsordnungen und in die Praxis der Mitgliedstaaten hinein. Kritik an seiner Rechtsprechung und „Versuche der Delegitimation des Gerichtshofs" sind nicht ausgeblieben; er versucht ihr nach eigenem Bekunden durch die – jedem Höchstgericht angemessene – richterliche Selbstbeschränkung den Boden zu entziehen.[74]

Rechtstechnisch hat der EuGH seine Aufgabe dadurch bewältigt, dass er zur Auslegung europäischen Rechts eine **autonome Begrifflichkeit** entwickelt hat. Diese baut zwar auf den – im Wege wertender Rechtsvergleichung[75] herangezogenen – Rechtsordnungen der Mitgliedstaaten auf, verwendet zur Auslegung europäischen Rechts aber selbstständige, aus eben dieser Rechtsordnung gewonnene Begriffe. Berechtigung und Notwendigkeit eines solchen Vorgehens ergeben sich zwangsläufig aus dem Ziel der Verwirklichung eines einheitlichen Rechtsraums der Union.

---

73 C-411/10 und 493/10, Urteil vom 21.12.2011 – N.S. und M.E., Rdn. 77. Für die Beseitigung grundrechtswidrigen Unionsrechts dürfte der Klageweg gegeben sein.
74 *von Danwitz* M. Schröder-Festschrift S. 155, 158.
75 Dazu *Eser* Frisch-Festschrift S. 1441.

Leitendes Auslegungsprinzip ist hierbei stets der sogenannte „**effet utile**".[76] Danach wird das Unionsrecht so ausgelegt, dass damit die Vertragsziele möglichst wirksam erreicht werden. Als oberstes Ziel stellt sich dabei naturgemäß und stets die Festigung und Vertiefung der Integration sowie die Durchsetzung der Grundfreiheiten der Verträge dar; außerdem aber auch die Herstellung und Wahrung eines einheitlichen europäischen Rechtsraumes. Wo Rechtsakte auszulegen sind, welche auf dem Prinzip der gegenseitigen Anerkennung beruhen, spielt für die Auslegung zusätzlich der **Vertrauensgrundsatz** eine überragende Rolle. Er besagt, dass die Mitgliedstaaten der Union einander grundsätzlich Vertrauen entgegenbringen und darauf rechnen dürfen, dass jeder loyal an der Erreichung der Unionsziele mitwirkt. Gegenseitiges Vertrauen ist damit nicht lediglich als tatsächlicher Umstand Voraussetzung für das Funktionieren der Union, sondern als Rechtsprinzip ebenso Grundlage teleologischer Auslegung [77] (s. ferner Kap. 4/35 ff.).

! **Stichworte:** Der EuGH ist Motor der Integration. Er erfüllt seine Aufgabe durch Entwicklung einer autonomen europäischen Begrifflichkeit. Leitende Auslegungsprinzipien sind der „effet utile" und der Vertrauensgrundsatz.

II. Der Europäische Gerichtshof für Menschenrechte

1. Organisation und Verfahren

31 Der Europäische Gerichtshof für Menschenrechte in Straßburg ist seit 1.11.1998 ein ständiger Gerichtshof, der das frühere Rechtsschutzsystem der EMRK abgelöst hat. Zuvor war der Geschäftsanfall in der Hauptsache von der Europäischen Kommission für Menschenrechte bearbeitet worden. Die Entscheidungen der Kommission waren zwar durchweg von hoher Qualität, fanden aber – da sie lediglich als ein dem Gericht vorgeschalteter nichtrichterlicher Filter betrachtet wurde – in der Praxis nur geringe Beachtung.

Der Gerichtshof besteht nunmehr aus einem Richter pro Mitgliedstaat des Europarats. Er tagt als Einzelrichter, mit 3 Richtern besetzter Ausschuss, als mit 7 Richtern besetzte Kammer und als Große Kammer, der 17 Richter angehören (Art. 26 EMRK). Die näheren Einzelheiten der Tätigkeit des Gerichtshofs werden

---

76 Dazu *Seyr* Der *effet utile* in der Rechtsprechung des EuGH (2008); *Safferling* IntStrR § 9/ 70 ff.
77 *Kaufhold* EuR 2012, 408, 428.

in einer Verfahrensordnung festgelegt, die das Plenum des Gerichtshofs beschließt.[78]

Der Einzelrichter befindet durch endgültige Entscheidung über Individualbeschwerden, welche offensichtlich unzulässig sind. Der Ausschuss entscheidet einstimmig und endgültig über unzulässige Individualbeschwerden sowie in der Sache selbst, wenn die Entscheidung durch eine gefestigte Rechtsprechung vorgezeichnet ist (Art. 27, 28 EMRK). Unzulässig sind neben formal fehlerhaften und verspäteten auch missbräuchliche, offensichtlich unbegründete Beschwerden sowie Beschwerden wegen Bagatellen (Art. 35 EMRK).

Über zulässige Beschwerden entscheidet die Kammer. Sie kann den Fall wegen besonderer Bedeutung sowie in Divergenzfällen der Großen Kammer vorlegen (Art. 30 EMRK). Urteile der Kammer sind binnen 3 Monaten durch Antrag auf Verweisung an die Große Kammer anfechtbar; der Rechtsbehelf unterliegt einer Vorprüfung durch einen mit 5 Richtern besetzten Ausschuss (Art. 43 EMRK).

Der Gerichtshof kann – abgesehen von dem selten vorkommenden Fall einer Staatenbeschwerde – von natürlichen Personen, nichtstaatlichen Organisationen und Personengruppen angerufen werden (Individualbeschwerde, Art. 34 EMRK). Die Einreichung der Beschwerde ist formalisiert; der Gerichtshof hält ein Beschwerdeformular bereit, das unter Beifügung der erforderlichen Dokumente vollständig ausgefüllt werden muss.[79] Die Beschwerdefrist beträgt 6 Monate. Die Beschwerde ist stets gegen den Staat gerichtet, in dem die den Rechtsweg erschöpfende Entscheidung erlassen wurde.

Ist ein Verstoß gegen die EMRK festgestellt, hat der verurteilte Staat von sich aus das Urteil zu befolgen. Tut er das nicht, steht dem zur Überwachung berufenen Ministerkomitee der Antrag an den Gerichtshof offen festzustellen, dass der betroffene Staat seine Befolgungspflicht verletzt hat. Das Ministerkomitee entscheidet alsdann über die zu treffenden Maßnahmen (Art. 46 EMRK).

Die Geschichte des EGMR ist durch einen ständigen Kampf gegen die aus einer Flut von Individualbeschwerden resultierende Arbeitsüberlastung geprägt. Ob nunmehr ergriffene Entlastungsmaßnahmen dauerhaften Erfolg haben werden, muss sich zeigen. Im Jahr 2014 sind die Eingänge beträchtlich zurückgegangen. Ihre Zahl betrug 56.000. Erledigt wurden insgesamt 86.000 Beschwerden, davon 891 durch Urteil. Am Jahresende 2014 waren noch 69.900 Verfahren anhängig.[80]

---

78 Verfahrensordnung, letzte Neubekanntmachung BGBl. 2006 II S. 693; letzte Änderung 1.6.2015 – im Internet auch in Deutsch abrufbar unter www.echr.coe.int.

79 Beschwerdeformular auf Deutsch zum Ausdruck verfügbar im Internet unter www.echr.coe.int.

80 Quelle: Jahresbericht des EGMR 2014 S. 165.

2. Die innerstaatliche Bedeutung des EGMR

32 Der durch die EMRK errichtete EGMR in Straßburg kann von einzelnen Mitgliedstaaten angerufen werden, er wird in der Praxis jedoch im Wesentlichen – nach **Erschöpfung** des nationalen **Rechtswegs** – von Einzelpersonen mittels Individualbeschwerde befasst. Er ist kein Super-Revisionsgericht, welches Akte der innerstaatlichen Gewalt und seiner Rechtsprechung aufheben könnte. Er prüft diese Akte allein unter dem Gesichtspunkt einer Verletzung der EMRK. Stellt er einen Verstoß gegen die Konvention fest, so spricht er das aus und erkennt dem Beschwerdeführer unter Umständen eine Entschädigung zu. Der Mitgliedstaat ist dann gehalten, den festgestellten Verstoß zu beseitigen oder wiedergutzumachen sowie für die Zukunft die Wiederholung gleichartiger Verstöße zu unterbinden. Über die Durchführung der Urteile des EGMR wacht ein Organ des Europarates, der Ministerrat (Art. 46 Abs. 2 EMRK).

Entscheidungen des EGMR lassen **völkerrechtliche Verpflichtungen** für Deutschland entstehen, wenn ein Konventionsverstoß festgestellt wurde. Eine unmittelbare Bindung der **Rechtsprechung** entsteht aber nicht, auch nicht in derselben Sache für die Gerichte – ein Fall, in dem nach Erschöpfung des Rechtswegs und Befassung des EGMR der nationale Richter ein weiteres Mal in derselben Sache zu entscheiden hätte, erscheint kaum denkbar.[81] Die Urteile des EGMR sind vielmehr, wie dargelegt (Kap. 2/31), **wichtige Auslegungshilfen** für die Bestimmung von Inhalt und Reichweite der Grundrechte und rechtsstaatlichen Grundsätze. Aus dem Gebot völkerrechtsfreundlichen Verhaltens aller staatlichen Organe Deutschlands folgt darüber hinaus das Gebot für die deutschen Gerichte, das nationale Recht so auszulegen, dass möglichst kein Konflikt mit der EMRK und den Rechtsprechungslinien des EGMR entsteht. Ist eine harmonisierende Auslegung nicht möglich, so erwächst aus dem Widerspruch zur EMRK jedoch keine Befugnis der deutschen Gerichte zur Rechtsanwendung contra legem. Die Auflösung des Widerspruchs ist sodann Sache des Gesetzgebers. In jedem Fall besteht eine Pflicht aller deutschen Gerichte, einschlägige Entscheidungen des EGMR zu **berücksichtigen** und bei der Rechtsfindung in die Abwägung einzubeziehen.[82] Geschieht dies nicht, ist dies ein Rechtsfehler, den das Bundesverfassungsgericht auf eine zulässige Verfassungsbeschwerde hin beanstanden kann.

Ist den nationalen Gerichten ein Verfahrensfehler unterlaufen, so überlässt es der EGMR in der Regel der nationalen Rechtsordnung, daraus die prozessualen Konsequenzen zu ziehen. Insbesondere enthält er sich im Allgemeinen einer

---

81 A.A. *Hecker* 3/Rdn. 30.
82 BVerfG vom 14.10.2004 – 2 BvR 1481/04, BVerfGE 111, 307.

eigenen Stellungnahme zu der Frage, welche Schlüsse aus einer fehlerhaften Beweisaufnahme zu ziehen sind. Auf diesem Wege hat etwa der BGH seine Rechtsprechung zu den Folgen einer Verletzung des Frage- und Konfrontationsrechts des Beschuldigten (Art. 6 Abs. 3 Buchst. d) EMRK),[83] aber auch seine „Vollstreckungslösung" bei überlanger Verfahrensdauer[84] entwickelt. Dass die Rechtsprechung des EGMR nicht statisch ist, sondern sich in Auseinandersetzung mit Tendenzen in den Mitgliedsländern fortlaufend entwickelt, kann beispielsweise seiner Rechtsprechung zur unzulässigen Tatprovokation und zur Unschuldsvermutung entnommen werden (Kap. 9/94, 103).

Vereinzelt hat der EGMR auch von der Entscheidung einer Rechtsfrage abgesehen, weil sich zu ihr in den Mitgliedstaaten des Europarates allzu unterschiedliche Standpunkte finden ließen. So lag es in der Frage der Fernwirkung von Beweisverboten,[85] bei der Strafbarkeit des Geschwister-Inzests,[86] der Arbeitspflicht in Justizvollzugsanstalten nach Erreichen des Rentenalters des Häftlings.[87]

Der Einfluss des EGMR auf das innerstaatliche Recht ist damit ein anderer **33** als der des EuGH. Während das Recht der Union als supranationaler Gestaltungsfaktor das nationale Recht überformt, wirkt die EMRK kraft völkerrechtlicher Bindungen mittelbar in die nationale Rechtsordnung hinein und durchdringt sie – Überformung einerseits, Durchdringung andererseits. Außerdem kann nach § 359 Nr. 6 StPO gegen ein deutsches Strafurteil die **Wiederaufnahme des Verfahrens** verlangt werden, wenn der EGMR einen Verstoß gegen die EMRK festgestellt hat und das Urteil auf dem Verstoß beruht.

Es ist deshalb unerlässlich, beide Wirkungsströme und damit auch die Rechtsprechung des EGMR zu überblicken und zu verfolgen. Sie hat eine lange Tradition, so dass mittlerweile zu nahezu allen Vorschriften der Konvention Entscheidungen des EGMR vorliegen. Die Zulässigkeit und Rechtmäßigkeit einer strafprozessualen Maßnahme bemisst sich heute nicht mehr allein nach der StPO. Die Strafprozessordnung ist natürlich in erster Linie maßgebend. Aber darüber hinaus sind neben dem Grundgesetz mit der Rechtsprechung des Bundesverfassungsgerichts in nahezu gleicher Weise die EMRK mit der Rechtsprechung des EGMR zu berücksichtigen. Für den normalen Rechtsanwender ist diese komplizierte Lage nur dadurch zu bewältigen, dass er darauf vertraut, dass der deutsche Gesetzgeber seinen Verpflichtungen nachkommt und die

---

83 BGHSt. 46, 93; BGHSt. 51, 150.
84 BGHSt. 52, 124.
85 EGMR, Urteil vom 1.6.2010 – Gäfgen ./. Deutschland, Beschwerdenummer 22.978/05.
86 EGMR, Urteil vom 12.4.2012 – Stübing ./. Deutschland, Beschwerdenummer 43.547/08.
87 EGMR, Urteil vom 9.2.2016 – Meier ./. Schweiz, Beschwerdenummer 10.106/14, Rdn. 79.

deutsche Gesetzeslage ständig im Einklang mit der EMRK hält. Diese Aufgabe wird ihm nicht unwesentlich dadurch erleichtert, dass die höchstrichterliche Rechtsprechung sich in einschlägigen Fällen mittlerweile vertieft mit der Rechtsprechung des EGMR auseinandersetzt.

> **!** **Stichworte:** Die Urteile des EGMR sind Feststellungsurteile. Vom EGMR festgestellte Verstöße gegen die EMRK begründen die Pflicht des Mitgliedstaats zur Beseitigung der festgestellten und ggf. zur Vorsorge gegen künftige Verstöße. Nach § 359 Nr. 6 StPO kann auch eine Wiederaufnahme des Verfahrens zulässig sein.

3. Die Bedeutung des EGMR für die nationale Gesetzgebung

34 In vielen Fällen konnte und kann die völkerrechtliche Pflicht der Bundesrepublik, eine Wiederholung festgestellter Verstöße zu vermeiden, nur durch den **Bundesgesetzgeber** erfüllt werden. Daher ist auch die Gesetzgebung Deutschlands von der Rechtsprechung des Straßburger Gerichts nachhaltig beeinflusst. Beispiele hierfür finden sich sowohl im materiellen Strafrecht wie im Verfahrensrecht.

So geht die gesetzlich gewährleistete kostenlose Zuziehung eines Dolmetschers für Sprachunkundige auf Straßburg zurück,[88] und – besonders wichtig – die heutige Regelung des § 147 StPO über das Akteneinsichtsrecht des Verteidigers.[89] Schließlich hat der deutsche Gesetzgeber kürzlich die Pflicht zur Anwesenheit des Angeklagten in der Berufungsverhandlung für den Fall neu geregelt, dass er sich in dieser Instanz vertreten lassen will.[90] In allen deutschen Prozessgesetzen ist ferner auf Veranlassung des EGMR ein Abschnitt über die Folgen überlanger Verfahrensdauer eingefügt worden.[91] Das Recht der Sicherungsverwahrung ist aufgrund einer Entscheidung des EGMR[92] völlig umgestaltet worden.[93]

Darüber hinaus hat der EGMR aus der staatlichen Gewährleistung der Menschenrechte (Art. 1 EMRK) nicht nur die (negative) Pflicht zur Abwehr von ihnen drohenden Beeinträchtigungen hergeleitet, sondern auch umfassende (positive)

---

88 Dazu BGHSt. 46, 178.
89 Zum Einsichtsrecht des nicht verteidigten Beschuldigten EGMR NStZ 1998, 429 und § 147 Abs. 7 StPO.
90 Gesetz vom 17.7.2015, BGBl. I S. 1332, Art. 1.
91 Für die ordentliche Gerichtsbarkeit: 17. Titel des GVG (§§ 198 ff.).
92 EGMR, Urteil vom 17.12.2009 – M. ./. Deutschland, Beschwerdenummer 19.359/04.
93 Gesetz vom 5.12.2012 (BGBl.I S. 2425); zur Reformgeschichte Begründung zu dem Entwurf des Gesetzes BTDrucks. 17/9874 S. 11.

Pönalisierungs- und Strafverfolgungspflichten begründet; dazu Kap. 9/2. Umgekehrt nimmt er ferner für sich die Befugnis in Anspruch zu prüfen, ob der Nationalstaat befugt ist, bestimmte Verhaltensweisen überhaupt unter Strafe zu stellen. So hat er die Strafbarkeit des Geschwister-Inzests in Deutschland (§ 173 StGB) unter dem Gesichtspunkt von Art. 8 EMRK (Schutz des Privat-und Familienlebens) untersucht und einen Verstoß verneint, weil die Frage unter den Mitgliedsstaaten des Europarats unterschiedlich beantwortet wird.[94] Sehr zurückhaltend hat er sich auch zur Abtreibungsgesetzgebung in Irland geäußert. Immerhin hat er aus Art. 8 EMRK eine positive Verpflichtung des Staates hergeleitet, bei Lebensgefahr ein rechtliches Verfahren bereitzustellen, in dem die medizinische Notwendigkeit einer Schwangerschaftsunterbrechung ermittelt werden kann.[95] Ähnlich zurückhaltend hat er die Strafbarkeit der Leihmutterschaft beurteilt, dabei allerdings das Recht des Kindes auf Feststellung seiner Abstammung betont.[96]

Nicht entschieden hat der EGMR bisher die im deutschen Schrifttum streitige Frage, ob die Notwehrvorschrift des § 32 StGB in der herrschenden deutschen Auslegung mit Art. 2 Abs. 2 Buchst. a) EMRK vereinbar ist. Nach der EMRK ist die Tötung eines Menschen nicht rechtswidrig, wenn sie durch eine Gewaltanwendung verursacht wird, die unbedingt erforderlich ist, um jemanden gegen rechtswidrige Gewalt zu verteidigen. Der Wortlaut der Bestimmung spricht dafür, eine Notwehrlage nur dann anzunehmen, wenn eine Person („jemand") angegriffen wird. Nach deutscher Auffassung ist jedoch Proportionalität zwischen dem angegriffenen und dem verletzten Rechtsgut grundsätzlich nicht erforderlich. Tödliche Notwehr kann daher auch dann gestattet sein, wenn mit ihr nur die Abwehr eines Angriffs auf Sachwerte bezweckt ist. Da indessen die EMRK nicht das Verhältnis zwischen Privaten betrifft, sondern Schutzpflichten und Abwehrrechte im Verhältnis zum Staat konstituiert, stellt sich die Frage der Vereinbarkeit des § 32 StGB mit der EMRK nicht.[97]

Stichworte: Widerspricht ein Gesetz der EMRK in der Auslegung durch den EGMR, kann der Gesetzgeber aufgerufen sein, seine völkerrechtlichen Pflichten zur Beachtung der Konvention durch eine Änderung des nationalen Rechts zu erfüllen. **!**

---

94 EGMR, Urteil vom 12.4.2012 – Stübing ./. Deutschland, Beschwerdenummer 43.547/08 m. Bespr. *Kubiciel* ZIS 2012, 282.
95 EGMR, Urteil vom 16.12.2010 – A, B und C ./. Irland, Beschwerdenummer 25.579/05, Rdn. 245 ff.
96 EGMR, Urteile vom 26.6.2014 – Labassee ./. Frankreich, Beschwerdenummer 65.941/11, sowie Mennesson ./. Frankreich, Beschwerdenummer 65.192/11.
97 *Hecker* 3/Rdn. 71 ff.; LK – *Rönnau/Hohn* § 32 Rdn. 237.

4. Reichweite der Jurisdiktionsbefugnis des EGMR

35 Wie beim EuGH stellt sich aber auch hier die Frage der Jurisdiktionsbefugnis des EGMR im Verhältnis zu anderen Rechtsordnungen, insbesondere zum Völkerrecht.

> **Fall:** Im Jahre 2000 spielten Kinder bei Mitrovica im Kosovo, darunter zwei Söhne des Beschwerdeführers Behrami. Sie fanden den Blindgänger einer Nato-Streubombe und spielten damit. Eines von ihnen warf ihn in die Luft, wobei er explodierte. Ein Kind wurde getötet, ein anderes so schwer verletzt, dass es erblindete.
>
> Ein anderer Beschwerdeführer, Samarati, wurde im Kosovo von der UN-Polizei wegen des Verdachts eines Mordversuchs festgenommen. Das Gericht verschonte ihn von der Untersuchungshaft, auf Anordnung eines Offiziers wurde er aber anschließend vom Militär festgenommen und monatelang festgehalten. Später entschied das Gericht erneut, dass er zu entlassen sei.

Der EGMR[98] entschied, dass er nicht befugt sei, über Handlungen der NATO und der UN zu befinden, weil diese Organisationen nicht **Vertragspartei** der EMRK sind. Fraglich könne nur sein, ob die militärischen Handlungen, um die es hier geht, einer der Vertragsparteien **zuzurechnen** sind. Für den Fall des Kosovo wurde das hier verneint, da der Sicherheitsrat der UN in diesem Gebiet die letzte Autorität und das höchste Kontrollorgan sei. Hat aber ein Mitgliedstaat des Europarats – sei es auch in Ausführung von völkerrechtlichen Verpflichtungen – eigene Maßnahmen getroffen, so ist dafür die uneingeschränkte Zuständigkeit des EGMR gegeben.[99] Das hat der EGMR auch für Maßnahmen ausgesprochen, die von Angehörigen des britischen oder des niederländischen Truppenkontingents im Irak-Krieg getroffen wurden. Dabei hat er auch die Möglichkeit bejaht, dass wegen desselben Vorfalls mehrere Staaten verantwortlich sind.[100] Für das international nicht als Staat anerkannte Gebiet von Transnistrien hat er eine Verantwortlichkeit Russlands angenommen.[101]

Eine besondere Problematik bieten auch für den EGMR die Fälle, in denen die Vereinten Nationen Restriktionsmaßnahmen gegen Terrororganisationen

---

98 EGMR, Urteil vom 2.5.2007, Beschwerdenummern 71.412/01 und 78.166/01; EuGRZ 2007, 522; ebenso EGMR, Urteil vom 12.5.2009 – Gasparini ./. Italien, Beschwerdenummer 10.750/03 (NATO).

99 EGMR, Urteil vom 12.9.2012 – Nada ./. Schweiz, Beschwerdenummer 10.593/08, Rdn. 168.

100 EGMR, Urteil vom 20.11.2014 – Jaloud ./. Niederlande, Beschwerdenummer 47.708/08, Rdn. 153; ferner EGMR, Urteil vom 16.9.2014 – Hassan ./. Großbritannien, Beschwerdenummer 29.750/09, Rdn. 74.

101 EGMR, Urteil vom 23.2.2016 – Mozer ./. Moldawien und Russland, Beschwerdenummer 11.138/10, Rdn. 157.

wie Al Quaida verhängt haben. Die Haltung des EuGH dazu ist in Kap. 2/22 dargelegt.

> **Abwandlung des Falles Kap. 2/22:** Der Sicherheitsrat der Vereinten Nationen und ein von ihm eingesetzter Sanktionsausschuss ordnen das Einfrieren von Vermögenswerten bestimmter Personen, die zu Al Quaida gehören, an. Die Maßnahme wird in der Schweiz durchgeführt.

Die Schweiz ist nicht Mitglied der EU, wohl aber des Europarats und 2002 den Vereinten Nationen beigetreten. Die Sache gelangte daher nicht zum EuGH, sondern zum EGMR. Dieser befasste sich ausführlich mit der Rechtsprechung des EuGH und gelangte zu einem im Wesentlichen mit diesem übereinstimmenden Ergebnis. Der EGMR betont, dass Akte der UN von ihm prinzipiell nicht nachgeprüft werden dürften. Aber der Beitritt der Schweiz zu den UN habe sie nicht von ihren früheren Bindungen an die EMRK lösen können. Deshalb sei der Umfang **beider Pflichtenkreise harmonisierend** zu interpretieren. Es bestehe die Vermutung, dass die UN mit ihren Restriktionsmaßnahmen nicht beabsichtigt habe, die Mitgliedstaaten zu einer Verletzung der grundlegenden Rechte des Individuums zu veranlassen. Deren Gerichte seien daher befugt, die Aufnahme in die Liste der von Restriktionsmaßnahmen Betroffenen auf Willkür zu prüfen. Dem Betroffenen stehe dafür gemäß Art. 6 Abs. 1 EMRK der Rechtsweg zur Verfügung.[102]

Auch zur Auslegung und Anwendung des Rechts der **Europäischen Union** ist der EGMR nicht unmittelbar berufen. Im Hinblick darauf, dass EUV und AEUV diese Aufgaben verbindlich dem EuGH zugewiesen haben, enthält er sich einer Prüfung von EU-Recht, solange die Vermutung besteht, dass in der EU ein mit der EMRK gleichwertiger Grundrechtsschutz besteht (vgl. näher Kap. 3/37). Ein Beschwerdeführer kann sich daher nicht darauf berufen, dass ein nationales Gericht durch die Anwendung von Recht der Union die EMRK verletzt habe. Die Prüfung des EGMR beschränkt sich in solchen Fällen darauf, ob das nationale Gericht seine Vorlagepflicht nach Art. 267 AEUV erfüllt und damit den Anforderungen des Art. 6 EMRK genügt hat.[103] Die Kompetenzfrage des EGMR stellt sich insoweit erst, wenn der EuGH eine Entscheidung getroffen hat (zur Kritik Kap. 3/38).

Die Jurisdiktionsbefugnis des EGMR kann auch **zeitlich** gestaffelt sein.

---

102 EGMR, Urteil vom 21.6.2016 – Al-Dulimi u. Montana ./. Schweiz – Beschwerdenummer 5809/08, Rdn. 148, 150.
103 EGMR, Urteil vom 23.5.2016 – Avotins ./. Lettland, Beschwerdenummer 17.502/07, Rdn. 109 f.

> **Fall:** Während der Gewalttätigkeiten im zerfallenden jugoslawischen Staat wird 1991 der Bruder des Beschwerdeführers von maskierten Männern verschleppt; sein Leichnam wird wenig später gefunden. Nach der Gründung des Staates Kroatien wird eine Untersuchung durchgeführt, die aber nach Auffassung des Beschwerdeführers unzureichend ist.

Die EMRK war für Kroatien im Zeitpunkt der Tat noch nicht in Kraft, da es diesen Staat seinerzeit noch nicht gab. Er kann daher auch nicht dafür verantwortlich gemacht werden, einer Schutzpflicht gegenüber dem Opfer nicht genügt zu haben. Daneben leitet der EGMR aber aus Art. 2 EMRK einen prozessualen Aspekt her, der eine selbstständige Pflicht zur Sachaufklärung umfasst (näher zum europäischen Legalitätsprinzip Kap. 9/9 ff.). Diese trifft den Staat, sofern vernünftigerweise **gegenwärtig** von ihm erwartet werden kann, dass er tätig wird. Bei einem Kriegsverbrechen wie im Beispiel ist das der Fall.[104]

! **Stichworte:** Die Jurisdiktionsbefugnis des EGMR erstreckt sich auf die Vertragsstaaten; hat kein Vertragsstaat gehandelt, kommt es darauf an, ob die Menschenrechtsverletzung einem Vertragsstaat zuzurechnen ist.

III. Verhältnis der europäischen Gerichte zueinander

36 Aber wenn neben dem EuGH als zweites europäisches Gericht der durch die EMRK errichtete Europäische Gerichtshof für Menschenrechte in Straßburg besteht, dann wirft die Existenz zweier europäischer Höchstgerichte sogleich die Frage nach ihrem Verhältnis zueinander auf.

Die beiden Gerichte haben verschiedene Träger, sie sind organisatorisch selbstständig und institutionell voneinander völlig unabhängig; formell bestehen zwischen ihnen keine Beziehungen. Sie haben zunächst einmal auch verschiedene Aufgaben. Das Straßburger Gericht ist auf die Auslegung der EMRK beschränkt und hat damit thematisch eine engere Aufgabe zu erfüllen als der EuGH, der das oberste Gerichtsorgan der EU ist. Der EuGH wiederum prüft nicht wie der EGMR die Vereinbarkeit nationaler Vorschriften mit den Regelungen der EMRK nach.[105] Aber es gibt Überschneidungen. Seit der Schaffung der Drei-Säulen-Struktur der EU, der Ausweitung ihrer Kompetenzen in den strafrechtlichen Bereich hinein und der Verkündung der Charta der Europäischen Grund-

---

104 EGMR, Urteil vom 12.6.2014 – Jelic ./. Kroatien, Beschwerdenummer 57.856/11, Rdn. 46, 52.
105 EuGH C-617/10 – Urteil vom 26.2.2013 – Akerberg Fransson, Rdn. 44; EuGH C-571/10, Urteil vom 24.4.2012 – Kamberaj, Rdn. 62.

rechte hat sich der Charakter des EuGH beträchtlich verändert. Der Schutz der Grundrechte, die er zunächst selbst entwickelt hat, wird immer mehr zu einem Schwerpunkt seiner Tätigkeit. Fragen der Zulässigkeit von Vorratsdatenspeicherungen[106] etwa oder der Erhebung biometrischer Daten[107] sind in ihrem Kern Grundrechtsfragen. Beide Gerichte sind mithin jetzt dem Schutz vergleichbarer Grundrechte verpflichtet; die Gegenstände der Rechtsprechung beider Gerichte haben sich in wesentlichen Bereichen einander angenähert.

Sachliche Gründe verlangen deshalb zwischen ihnen ein Verhältnis der **Kooperation**, nicht hingegen eines der Konfrontation. Das wird, wie die Gemeinsame Erklärung A.2 zum Vertrag von Lissabon[108] ergibt, auch von den Mitgliedstaaten der EU so erwartet und findet seine materiellrechtliche Grundlage in der durch Art. 6 Abs. 3 EUV hergestellten Verzahnung der Normenkreise.

Schwierigkeiten haben sich daraus bisher nicht ergeben, weil man – was unter Höchstgerichten auch anders sein könnte – aufeinander Rücksicht nimmt.[109]

So hat der EuGH die Regelungen der EMRK schon seit langem beachtet.

> **Fall:** Ein Journalist verbreitet als Werbung zu qualifizierende Informationen über ein nicht zugelassenes Heilmittel. Gegenüber der Anklage wegen verbotener Heilmittelwerbung beruft er sich auf seine Meinungsfreiheit.

Der EuGH leitet Umfang und Grenzen der Meinungsfreiheit, welche das Gericht auch als EU-Grundrecht und damit als Bestandteil der allgemeinen Grundsätze der Union betrachtet, allein aus Art. 10 EMRK her.[110] Danach kann Werbung für nicht zugelassene Heilmittel verboten und bestraft werden.

In seinen neueren Entscheidungen sichert der EuGH seine Ergebnisse regelmäßig durch einen Vergleich mit dem EGMR ab, um Rechtsprechungsdivergenzen zu vermeiden. Umgekehrt hat auch der EGMR zum EuGH ein Verhältnis der Kooperation entwickelt, das praktisch funktioniert.[111]

---

106 EuGH C-293/12, Urteil vom 8.4.2014 (Nichtigerklärung einer Richtlinie).

107 EuGH C-291/12, Urteil vom 17.10.2013 – Schwarz.

108 ... „In diesem Zusammenhang stellt die Konferenz fest, dass der Gerichtshof der Europäischen Union und der Europäische Gerichtshof für Menschenrechte in einem regelmäßigen Dialog stehen; dieser Dialog könnte beim Beitritt der Union zu dieser Konvention intensiviert werden.“

109 Vgl. *Ludwigs* EuGRZ 2014, 273.

110 EuGH C-421/07, Urteil vom 2.4.2009 – Damgaard, Rdn. 26.

111 EGMR, Urteil vom 4.3.2014 – Grande Stevens ./. Italien, Beschwerdenummer 18.640/10, Rdn. 229.

100 —— Kapitel 3: Europäische Gerichtsbarkeit

So hat beispielsweise der EuGH die Abgrenzung zwischen Kriminalstrafe und Verwaltungssanktion der Rechtsprechung des EGMR entnommen;[112] der EGMR hat den Tatbegriff beim Verbot der Doppelverfolgung wesentlich aus der Rechtsprechung des EuGH hergeleitet.[113] Dafür hat der EuGH sich zur Bestimmung des Begriffs der Rechtskraft wiederum auf den EGMR bezogen.[114] Auch ihr Verhältnis zu Akten des Völkerrechtes haben beide Gerichte übereinstimmend umgrenzt (Kap. 3/35).

37   Indessen reklamiert der EGMR gegenüber dem EuGH auch Kompetenzen, die ihm nicht zustehen. Er hat zwar in weiser Zurückhaltung daraus bisher keine praktischen Konsequenzen hergeleitet; gleichwohl ist sein Ansatz rechtstheoretisch nicht gerechtfertigt.

Über **Maßnahmen der EU** selbst nimmt der EGMR zwar Jurisdiktionsgewalt nicht in Anspruch. Das kann er deswegen nicht tun, weil die Union ein eigenes Völkerrechtssubjekt und nicht Vertragspartei der EMRK ist. Insoweit kommt lediglich die Individualbeschwerde gegen Ausführungsakte der Mitgliedstaaten in Betracht, wenn diese Unionsrecht durchgeführt haben; das setzt die Erschöpfung des nationalen Rechtsweges voraus. Aber der EGMR hat das **Zurechnungsmodell** (Kap. 3/35) hierher übertragen, um sich einen unmittelbaren Zugriff sogar auf Maßnahmen des Europäischen Gerichtshofs zu verschaffen.

Fall: Die Beschwerdeführerin vor dem EGMR ist eine niederländische Genossenschaft, deren Mitglieder im Wattenmeer Muscheln fischen. Die Fischerei muss jährlich staatlich genehmigt werden. Gegen zwei dieser Genehmigungen klagte ein Naturschutzbund; die Beschwerdeführerin war beigeladen. Im Verfahren legte das niederländische Gericht die Sache dem EuGH zur Vorabentscheidung vor. Nachdem der Generalanwalt seine Schlussanträge gestellt hatte, beantragte die Beschwerdeführerin, zu den Anträgen Stellung nehmen zu dürfen und dazu die Verhandlung wieder zu eröffnen. Der EuGH lehnte dies ab. Dagegen erhob die Beschwerdeführerin Beschwerde zum EGMR mit der Rüge, Art. 6 EMRK sei verletzt – der EuGH habe ihr das rechtliche Gehör versagt.

Der EGMR[115] hat geprüft, ob eine Vertragspartei der EMRK, hier die Niederlande, einen Konventionsverstoß begangen hat. Das könnte der Fall sein, sofern die Entscheidung des EuGH den Niederlanden zuzurechnen wäre. Dazu hat der

---

112 EuGH C-489/10, Urteil vom 5.6.2012 – Bonda, Rdn. 36; Beispiel zu Art. 8 EMRK: EuGH C-540/03, Urteil vom 27.6.2006- Parlament ./. Rat.

113 EGMR, Urteil vom 10.2.2009 – Zolotukhin ./. Russland, Beschwerdenummer 14.939/03, Rdn. 81: *Ambos* IntStrR § 10/3.

114 EuGH C-398/12, Urteil vom 5.6.2014 – M, Rdn. 39.

115 EGMR, Urteil vom 20.1.2009 – Nederlandse Kokkelvisserij ./. Niederlande, Beschwerdenummer 13.645/05, EuGRZ 2011, 11.

EGMR ausgeführt, ein Staat könne sich nicht durch die Übertragung von Hoheitsrechten auf zwischenstaatliche Organisationen seiner Pflichten aus der EMRK entledigen. Andererseits müsse derselbe Staat aber auch diejenigen Pflichten erfüllen, die ihm gegenüber der Europäischen Union obliegen. Er befände sich also in einem Dilemma, wenn man ihm ohne weiteres Konventionsverstöße, welche Organe der EU begehen, zurechnen würde.

In Anknüpfung an frühere Entscheidungen hat der EGMR weiter ausgeführt, aus diesen Gründen prüfe er Maßnahmen der Union nicht, solange die Vermutung besteht, dass der Bürger vor den Gerichten der EU einen gleichwertigen (nicht: identischen) Rechtsschutz wie nach der Konvention genießt. Die Vermutung sei aber widerlegbar; ob das der Fall ist, prüft er am konkreten Fall. Dabei sei allerdings nicht zu erörtern, ob das Recht der EU richtig angewandt wurde oder der Sachverhalt zutreffend ermittelt ist. Hier habe ein niederländisches Gericht den EuGH angerufen und daher die Zwischenentscheidung des EuGH veranlasst. Das rechtfertige es, die Maßnahme dem Mitgliedstaat zuzurechnen. Aber die Vermutung war nicht widerlegt, da der EuGH den Antrag der Beschwerdeführerin sachlich geprüft und als unbegründet angesehen hatte.

Diese Rechtsprechung erscheint höchst **problematisch**. Dies nicht nur, 38 weil die Kategorie der „Zurechnung" recht unbestimmt ist. Die Anknüpfung an den Sitz des vorlegenden Gerichts erscheint vielmehr willkürlich, weil die behauptete Rechtsverletzung des EuGH mit der Herkunft des Rechtsstreits nichts zu tun hat. Darüber hinaus bleibt offen, auf welchem rechtlichen Wege ein Mitgliedstaat Verstöße des EuGH sollte beheben können – wozu er nach der EMRK an sich verpflichtet wäre.

Der Weg der Zurechnung ist aber überhaupt nicht gangbar.

Die EMRK verbietet es keinem Staat, Teile seiner Hoheitsrechte abzutreten. Tut er dies, entäußert er sich seiner Befugnisse in vollem Umfang. Würden Reste seiner Hoheitsgewalt bei ihm verbleiben – und sei es auch nur in Gestalt von Haftungsrisiken oder zugerechneten Verantwortlichkeiten –, dann könnte er einer solchen Form der Übertragung nur zustimmen, wenn er sich zugleich Möglichkeiten der Einflussnahme bei der aufnehmenden Institution sicherte. Im militärischen Bereich mag das denkbar sein, sofern die Kommandostrukturen national mitbestimmt bleiben.[116] Es liegt aber auf der Hand, dass Derartiges in Bezug auf die Gerichtsbarkeit der Union nicht in Betracht kommt.

---

116 Vgl. zu UNO und NATO EGMR, Urteil vom 2.5.2007, Beschwerdenummern 71.412/01 und 78.166/01; EuGRZ 2007, 522; ebenso EGMR, Urteil vom 12.5.2009 – Gasparini ./. Italien, Beschwerdenummer 10.750/03; EGMR, Urteil vom 12.9.2012 – Nada ./. Schweiz, Beschwerdenummer 10.593/08, Rdn. 168; zum Ganzen wohl zustimmend *Gaede* in *Böse* Enz. § 3/32.

Wäre der EGMR konsequent, könnte er sich durch die Methode der Zurechnung mittelbar die Kontrolle über alle internationalen Organisationen verschaffen, an denen Mitglieder des Europarates beteiligt sind. Auch der Internationale Strafgerichtshof in Den Haag hätte sich dann auf dem Wege über eine irgendwie geartete Form der Zurechnung der Prüfung durch den EGMR zu stellen. Denn in allen diesen Fällen haben die Staaten Hoheitsrechte abgegeben. Wenn sie sich – wie der EGMR argumentiert – durch die Übertragung ihrer Hoheitsrechte der Pflichten aus der EMRK nicht entledigen könnten, wäre folgerichtig stets auch eine Zuständigkeit des EGMR anzunehmen.

In gleicher Weise bedenklich erscheint der Vorbehalt des EGMR, am konkreten Einzelfall prüfen zu wollen, ob die Vermutung der Rechtmäßigkeit des Handelns der Unionsorgane widerlegt ist. Denn damit kann der EGMR jede Sache an sich ziehen; praktisch ist der Zugriff des EGMR auf jede Entscheidung des EuGH eröffnet. Das Straßburger Gericht hat sich damit faktisch einen höheren Rang als der EuGH beigelegt.

! **Stichworte:** Zwischen EuGH und EGMR besteht ein Verhältnis der Kooperation. Akte der EU prüft der EGMR nicht nach, solange die Vermutung besteht, dass in der EU ein gleichwertiger Rechtsschutz für den Bürger besteht. Die Vermutung ist im Einzelfall widerlegbar. Da die EU kein Vertragsstaat der EMRK ist, verschafft er sich den Zugriff auf deren Akte, indem er diese einem der Mitgliedstaaten zurechnet. In anfechtbarer Weise prüft er so auch Entscheidungen des EuGH.

Kapitel 4:
Straf- und Strafverfahrensrecht im Raum der Freiheit, der Sicherheit und des Rechts

I. Legitimationsfragen

Die Verhängung und Vollstreckung von Strafen, ferner Zwangsmaßnahmen wie **1** sie im Ermittlungsverfahren notwendig werden können, verlangen staatsrechtlich nicht nur eine formelle Rechtsgrundlage, sondern darüber hinaus auch eine **demokratische Legitimation**. In der EU ist dieser Legitimationsstrang bisher nicht voll ausgebildet. Jeder Mitgliedstaat entsendet in das Europäische Parlament ein bestimmtes Kontingent an Abgeordneten, das jedoch nicht der jeweiligen Einwohnerzahl entspricht. Dadurch entstehen Unterschiede im Stimmengewicht der Bürger der verschiedenen Mitgliedstaaten, weil in größeren Staaten mehr Stimmen zur Erringung eines Mandates erforderlich sind als in kleineren Staaten. Das Bundesverfassungsgericht betrachtet diese „Überföderalisierung" als Verletzung des Prinzips der Wahlrechtsgleichheit und als schwerwiegenden Mangel der vom Stimmbürger zum Gesetzgeber verlaufenden demokratischen Legitimationskette.[1] Als weitere Mängel gelten die Umstände, dass dem Europäischen **Parlament** nicht das Recht der Gesetzesinitiative verliehen ist, und dass ihm nicht das alleinige Budgetrecht zusteht (Art. 314 AEUV).

Doch ist festzuhalten, dass keines dieser Defizite für das Bundesverfassungsgericht Anlass war, die im Vertrag von Lissabon festgelegte Kompetenzordnung infrage zu stellen. Entgegen skeptischen Stimmen im Schrifttum genügen daher die vorhandenen demokratischen Elemente in der EU auch nach deutschem Verfassungsrecht, um die strafrechtlichen Ermächtigungsnormen der Verträge ausreichend zu legitimieren. Das Demokratieprinzip ist auch nicht dazu geeignet, unmittelbar Aussagen zu liefern in der Frage, ob einzelne Straftatbestände der Regelungskompetenz der EU übertragen sind oder nicht.[2]

Fragt man unabhängig vom Problem der demokratischen Legitimationskette danach, ob Sachgründe strafrechtliche Zuständigkeiten der EU legitimieren können, so wird zwischen Anweisungskompetenzen und Kompetenzen zu unmittelbarer strafrechtlicher Rechtsetzung zu differenzieren sein.

Anweisungskompetenzen dienen nach dem gegenwärtigen Stand der Integration der Erleichterung der Strafverfolgung durch Vereinfachung und Vereinheitlichung des Rechts. Sie sind das Ergebnis von Sachzwängen (Kap. 1/1ff.).

---

1 BVerfGE 123, 267 Rdn. 285ff.
2 *Hecker* 4/Rdn. 75.

DOI 10.1515/9783110456103-004

Darin liegt ihre ausreichende Legitimation. Das gilt auch für Anweisungskompetenzen, welche die Verwirklichung des europäischen Rechts mit strafrechtlichen Mitteln bezwecken. Ihnen kommt ein instrumentaler Charakter zu, der auf die wirksame und gleichmäßige Durchsetzung der Unionsziele in allen Mitgliedstaaten abzielt.

Eine Befugnis zum Erlass unmittelbar geltender Strafrechtsnormen wird sich so allerdings kaum legitimieren lassen. Wenn Strafe – wie nach deutschem Verständnis – ein ethisches Unwerturteil über die Tat ausdrückt,[3] dann fragt sich, woraus ein bloßer Staatenverbund eine derartige Berechtigung herleiten könnte. Die EU definiert sich über ihre Organisationsstruktur und über ihre Zwecke. Eine ethische Komponente, die der Strafgewalt eines „Heimatstaates" beigelegt werden könnte, wäre hier – bislang – ein Fremdkörper. Daher sind gegenwärtig lediglich sektorale Kompetenzen der EU zu begründen, die sich auf den Schutz der finanziellen Interessen der Union beschränken. Ihre Rechtfertigung leitet sich aber nicht in erster Linie aus ethischen Prinzipien ab, sondern aus dem Gedanken des Selbstschutzes, der notwendigen Abwehr von Angriffen.[4]

Viele Kompetenznormen zur strafrechtlichen Rechtsetzung der EU sind auch weniger bewusste Integrationsschritte der Mitgliedstaaten als der legislative Vollzug von Entscheidungen des EuGH, der sich auch insoweit als Motor der europäischen Einigung erwiesen hat. Hatte er zunächst die Befugnis der Mitgliedstaaten zur strafrechtlichen Sanktionierung von Verstößen gegen europäisches Recht bejaht, hat er später eine dem Loyalitätsgebot zu entnehmende Pflicht zum Einsatz des Strafrechtes bei Betrügereien zum Nachteil der finanziellen Interessen der Gemeinschaft statuiert und ist alsdann generell zur Kompetenz der Gemeinschaft gelangt, ihre Politiken strafrechtlich normativ abzusichern.[5]

II. Unionsrechtlicher Begriff des Strafrechts

2 Als Gegenstand dieses Lehrbuchs wurde in Kap. 1/7 das europäische Strafrecht anhand **formaler** Kriterien beschrieben. Die nunmehr erforderliche Erörterung der Zuständigkeiten der EU auf diesem Gebiet kann eine Definition der Materie anhand materieller Kriterien nahe legen.[6] Ein solcher Versuch wäre wissen-

---

3 Zweifelnd für den europäischen Raum *Brodowski* in *Tiedemann u.a.* Die Verfassung moderner Strafrechtspflege S. 141, 159, 163.
4 *Tiedemann* in *Tiedemann u.a.* Die Verfassung moderner Strafrechtspflege S. 13, 19.
5 Übersicht bei *Safferling* IntStrR § 10/26 ff.
6 *Hecker* 4/Rdn. 59 ff.; *Satzger* IntStrR § 8/9; abw. aber *Sieber* in *Sieber u.a.* EurStrR Einführung Rdn. 2.

schaftlich reizvoll. Er wäre aber ohne praktischen Ertrag und muss letztlich auch scheitern, weil sich im europäischen Rechtsstoff keine begrifflichen Kriterien auffinden lassen, welche über die im nationalen Recht gebräuchlichen Abgrenzungsmerkmale hinausweisen. Es gibt ein europäisiertes deutsches Strafrecht, aber kein dem Begriffe nach davon unterscheidbares europäisches Strafrecht[7] oder Strafverfahrensrecht.

So gestattet Art. 83 Abs. 1 AEUV Harmonisierungsmaßnahmen für Tatbestände und Strafrahmen der schweren grenzüberschreitenden Kriminalität, also im Kernstrafrecht, dessen Einordnung nicht zweifelhaft ist. Art. 83 Abs. 2 AEUV schafft dagegen Zuständigkeiten für das sog. Nebenstrafrecht, sofern das zugehörige Verwaltungs- oder Zivilrecht harmonisiert ist. Rechtsverstöße in diesem Bereich weisen in der Regel einen deutlich von den Tatbeständen des Kernstrafrechts verschiedenen Unrechtsgehalt auf; sie werden in beträchtlichem Umfang – zumindest bei fahrlässiger Begehung – als Verwaltungsunrecht eingestuft und in Deutschland nach dem OWiG geahndet.[8] Europäische Rechtsakte verlangen dafür mitunter lediglich die Schaffung von „Sanktionen" ohne nähere Differenzierung.[9] Maßstäbe für die Entscheidung der Frage, unter welchen Voraussetzungen die Mitgliedstaaten strafrechtliche Sanktionen zu verhängen haben und welches ihre besondere Eigenart wäre, fehlen. Eine Differenzierung danach, ob Freiheitsstrafen zulässig sein sollen oder nicht, erscheint wenig hilfreich, da Geldsanktionen sowohl im Kernstrafrecht wie im Verwaltungssanktionenrecht möglich sind und dies auch bleiben sollen, die Art der Sanktion also nichts über ihre Natur aussagt.[10]

Art. 103 Abs. 2 Buchst. a) AEUV sieht für verbotenes Verhalten im Wirtschaftsverkehr die Verhängung von Geldbußen in immenser Höhe vor, die aber nach den Ausführungsvorschriften keinen strafrechtlichen Charakter haben (Kap. 4/9). Darüber hinaus gibt es auch verwaltungsrechtliche Maßnahmen wie den Ausschluss von Bezugsberechtigungen als Antwort etwa auf Unregelmäßigkeiten bei der Antragstellung.[11] Die rechtskräftige Verhängung solcher Sanktionen verbraucht die Strafklage in der Regel nicht und steht daher einem Strafverfahren nicht entgegen (Kap. 9/63); die Rahmenverordnung der EU, welche sich mit diesen Maßnahmen befasst, sieht eine Aussetzung des Verwaltungsver-

---

7 *Rosenau* ZIS 2008, 9; im Ergebnis auch *Böse* in *Böse* Enz. § 4/5.
8 Beispiel: § 60 Abs. 1 Lebensmittel-, Bedarfsgegenstände- und Futtermittelgesetzbuch (LFGB) i.d.F. der Bekanntmachung vom 3.6.2013 (BGBl. I S. 1426).
9 Beispiel: Art. 41 VO 165/2014 (Fahrtenschreiber-Verordnung) vom 4.2.2014, ABl. 2014 L 60 S. 1.
10 A.A. *Brodowski* in *Tiedemann u.a.* Die Verfassung moderner Strafrechtspflege S. 141, 165.
11 *Satzger* IntStrR § 8/1 ff.

fahrens vor, sobald ein strafrechtliches Ermittlungsverfahren eingeleitet wird.[12] Kompetenzrechtlich hat auch der EuGH die Verwaltungssanktionen ausdrücklich nicht dem Strafrecht zugerechnet.[13]

Der EGMR hat zwar eine allgemeine Abgrenzung zwischen strafrechtlichen Sanktionen und Sanktionen nichtstrafrechtlicher Art vorgenommen. Für die Einordnung als strafrechtliche Maßnahme sind danach die innerstaatliche Einordnung der Zuwiderhandlung, die Art der Zuwiderhandlung sowie Art und Schweregrad der angedrohten Sanktion maßgebend. Der EuGH hat diese Abgrenzung übernommen und betont, dass die Entscheidung über den Charakter der Sanktion dem nationalen Richter obliege (Kap. 9/63). Aber abgesehen davon, dass beide Gerichte die Abgrenzung letztlich der nationalen Rechtsordnung zuweisen, sind ihre Ausführungen im Entscheidungszusammenhang zu sehen; dieser betraf das Doppelverfolgungsverbot nach Art. 54 SDÜ, Art. 50 Grundrechtecharta und Fragen des Bestimmtheitsgebotes nach Art. 7 EMRK. Diese Zweckrichtung verbietet allzu weit gehende Schlussfolgerungen allgemeiner Art.

Das Bußgeldverfahren in EU-Kartellsachen haben beide Gerichte wiederum den Gewährleistungen des Grund- und Menschenrechtsschutzes gegenüber strafrechtlichen Eingriffen unterstellt, obwohl sein Charakter nichtstrafrechtlicher Art ist. Gesichtspunkte, welche für eine von der nationalen Begrifflichkeit abweichende, autonome Definition von (Unions-)Strafrecht heranzuziehen wären, sind somit nicht ersichtlich;[14] ihr Fehlen ist aber auch unschädlich. Der Umfang der der EU übertragenen Gesetzgebungszuständigkeiten im Bereich repressiver Reaktion auf Unrecht ist ohnehin durch Auslegung der Vertragstexte zu gewinnen und nicht anders.

❗ Stichworte: Ein besonderer unionsrechtlicher Begriff des Strafrechts zur Abgrenzung von anderen Sanktionen hat sich bisher nicht herausgebildet.

III. Zuständigkeiten der EU im Straf- und Strafprozessrecht

3 Da Strafrecht die staatliche Souveränität in besonderem Maße berührt, sind Integrationsschritte in diesem Bereich eher zögerlich und unsystematisch in Gang gekommen und erst in letzter Zeit verstärkt unternommen worden. Im Ver-

---

12 Art. 6 der Verordnung 2988/95 vom 18.12.1995 über den Schutz der finanziellen Interessen der Europäischen Gemeinschaften, ABl. 1995 L 312 S. 1.
13 EuGH C-240/90, Urteil vom 27.10.1992 – Bundesrepublik ./. Kommission.
14 Im Ergebnis ebenso *Hecker* 4/Rdn. 63ff.; *Satzger* IntStrR § 7/2.

tragswerk von Lissabon gelten dafür aber keine Besonderheiten mehr. Die Union hat auch hier im Allgemeinen lediglich eine **geteilte Zuständigkeit** (Art. 4 Abs. 2 AEUV), die sie nach den Prinzipien der Subsidiarität und der Verhältnismäßigkeit wahrzunehmen hat. Dazu kommt die Verpflichtung der EU zur Beachtung des sog. strafrechtlichen **Schonungsgebotes**, nach dem Eingriffe in das System und die Grundprinzipien nationaler Strafrechtsordnungen tunlichst zu vermeiden sind;[15] normativen Ausdruck hat es beispielsweise in Art. 82 Abs. 2 Satz 2 AEUV gefunden.

Die Zuständigkeiten der Union im Bereich des Strafrechts und des Strafprozessrechts sind überwiegend in Titel V des AEUV (Art. 67 ff., 82 ff. AEUV) aufgeführt,[16] der die Überschrift: „Der Raum der Freiheit, der Sicherheit und des Rechts" trägt. Die Überschrift verdeutlicht mit den Worten „Freiheit" und „Recht", dass die Errungenschaften des Rechtsstaates erhalten und weiter ausgebaut werden müssen. Das Wort „Sicherheit" spielte in der Vergangenheit eine geringere Rolle. Das hat sich geändert, vor allem in den Bereichen Asyl und Sicherung der Außengrenzen. Aber auch im Strafrecht selbst hat der EuGH das Vertragsziel einer Sicherheitsunion hervorgehoben und unmittelbar zur Auslegung verwandt[17] (s. unter anderen rechtlichen Gesichtspunkten Kap. 9/70).

Der Titel umfasst nicht alle der Sanktionierung von Rechtsverstößen dienenden Normen des materiellen und des Verfahrensrechts. Verstreut über die verschiedenen Bereiche des Vertragswerkes finden sich vielmehr auch unmittelbar geltende Rechtsnormen und Ermächtigungen zur Setzung von unmittelbar geltendem Strafrecht.

Die Vertragszwecke der Union werden überwiegend durch eine Inanspruchnahme des nationalen Rechts in mannigfacher Form verfolgt. Dieses Vorgehen kann formal zu einer Annäherung und in der Sache zu Verschränkungen und inhaltlichen Übereinstimmungen des nationalen Rechts im Verhältnis zum Recht der Union führen, insbes. weil das nationale Recht nach dem Gebot der gegenseitigen Loyalität zum Schutz von Unionsinteressen eingesetzt werden muss.[18] Diese Erscheinung ist nicht auf das materielle Recht beschränkt, sondern findet sich in gleicher Weise im Verfahrensrecht.

Das Recht der EU kennt neben Regelungen über das Kriminalstrafrecht eine Reihe von Sanktionen für „Unregelmäßigkeiten", welche es selbst nicht als Maßnahmen strafrechtlicher Art einstuft (Kap. 4/9). In der Literatur wird dieser

---

15 *Safferling* IntStrR § 9/66 ff.; *Satzger* IntStrR § 9 Rdn. 9.
16 Bericht zur Rechtsentwicklung *Brodowski* ZIS 2013, 458.
17 EuGH C-486/14, Urteil vom 29.6.2016 – Kossowski, Rdn. 42 ff.
18 *Hecker* 7/Rdn. 1 ff., 67 ff.: „Assimilation".

Bereich mitunter als Strafrecht im weiteren Sinne verstanden, ohne dass daraus aber Folgerungen hergeleitet werden können.[19]

1. Unmittelbar geltendes Straf- und Strafverfahrensrecht der Europäischen Union

a) Schengen-Besitzstand

4 Im Jahre 1985 haben 5 Länder (die Benelux-Staaten, Frankreich und Deutschland) in dem luxemburgischen Moselort Schengen untereinander – aber nicht völkerrechtlich bindend – vereinbart, die Kontrollen an ihren Staatsgrenzen abzubauen.[20] Dazu haben sie 1990 das Schengener Durchführungsübereinkommen – SDÜ – abgeschlossen.[21] Das SDÜ ist durch Transformationsgesetz in deutsches Recht umgesetzt worden und erlangte dadurch unmittelbare innerstaatliche Geltung. Das System von Schengen erwies sich als so attraktiv, dass sich ihm nahezu alle Staaten der EU und darüber hinaus die Schweiz, Liechtenstein, Norwegen und Island angeschlossen haben.[22] Durch das Protokoll Nr. 2 zum Vertrag von Amsterdam ist der sog. Schengen-Besitzstand in den Rahmen der EU überführt worden.[23] Das Protokoll Nr. 19 zum Vertrag von Lissabon erklärt das System von Schengen zu einem Fall Verstärkter Zusammenarbeit gemäß Art. 20 EUV.

Das SDÜ enthält **straf- und strafverfahrensrechtliche Vorschriften**. So regelt es in Art. 41 die grenzüberschreitende **Nacheile** und verfügt, dass die Polizeibeamten, welche sich im Wege der Nacheile auf fremdes Staatsgebiet begeben haben, strafrechtlich einheimischen Hoheitsträgern gleichgestellt werden. Das bedeutet, dass diese Beamten in Bezug auf Straftaten, die ihnen gegenüber begangen werden oder die sie selbst begehen, in jeder Beziehung als inländische Polizeibeamte behandelt werden (näher Kap. 7/2, 8 ff.).

Außerdem regelt die Verfahrensbestimmung des Art. 54 SDÜ das transnationale **Doppelverfolgungsverbot** – ne bis in idem (näher Kap. 9/59 ff.). In Fällen, in denen das Doppelverfolgungsverbot ausnahmsweise nicht eingreifen

---

19 *Hecker* 4/Rdn. 63 ff.; *Satzger* IntStrR § 8/2 ff.
20 Fundstelle ABl. 2000 L 239 S. 13.
21 Übereinkommen vom 19.6.1990 zur Durchführung des Übereinkommens von Schengen vom 14.6.1985 betreffend den schrittweisen Abbau der Kontrollen an den gemeinsamen Grenzen – SDÜ – (BGBl. 1993 II S. 1010).
22 Nachweise bei *Hackner/Schierholt* Rdn. 14; zur Schweiz *Gless* IntStrR Rdn. 558 ff.
23 Protokoll zur Einbeziehung des Schengen – Besitzstandes in den Rahmen der EU (BGBl. 1998 II S. 429). Definition des Schengen – Besitzstandes im Anhang zum Protokoll; Bekanntmachung des Besitzstandes auch ABl. 2000 L 239 S. 1.

sollte, ist nach Art. 56 SDÜ eine wegen derselben Tat erlittene Freiheitsentziehung auf die neue Sanktion anzurechnen, wie dies auch § 51 Abs. 3 StGB bestimmt. Anknüpfungspunkt ist in Art. 56 SDÜ, in Art. 54 SDÜ wie auch beim Europäischen Haftbefehl und vergleichbaren Regelungen jeweils der vom EuGH geprägte unionsrechtliche Begriff der „prozessualen Tat". Das Doppelverfolgungsverbot nach Art. 54 SDÜ gilt auch für das Vereinigte Königreich; in Irland gilt der Schengen-Besitzstand nicht, dafür aber das so genannte „ne-bis-in-idem-Übereinkommen",[24] das ansonsten durch das SDÜ überholt und gegenstandslos ist.[25]

Art. 52 SDÜ enthielt Regelungen zum **unmittelbaren Verkehr** der Justizbehörden in den Mitgliedstaaten des Schengen-Raumes, also insbesondere für Zustellungen und Ladungen. Diese Vorschriften sind zwar durch Art. 5, 6 des Übereinkommens vom 29.5.2000 über die Rechtshilfe in Strafsachen zwischen den Mitgliedstaaten der Europäischen Union ersetzt worden, die mittlerweile für die meisten Mitgliedstaaten gelten (näher Kap. 4/13). Auch hier handelt es sich aber um unmittelbar anwendbares, im Rahmen der vormaligen „Dritten Säule" geschaffenes europäisches Recht.

Darüber hinaus hat das SDÜ mit dem Schengener Informationssystem (SIS) ein für die Praxis außerordentlich wichtiges **Fahndungssystem** geschaffen (näher Kap. 7/12ff.). Die Ausschreibung im SIS gilt als Europäischer Haftbefehl (§ 83a Abs. 2 IRG).

Schließlich hat das SDÜ auch eine neue Form **transnationaler Klagebefugnisse** eingeführt. Wer im SIS ausgeschrieben ist, kann dagegen in jedem Vertragsstaat klagen unabhängig davon, von welcher Stelle die Ausschreibung ausgegangen ist. Diese ursprünglich in Art. 111 SDÜ enthaltene Regelung ist in die Verordnung (EG) 1987/2006 vom 20.12.2006 (Art. 43) und den Ratsbeschluss zu SIS II (Art. 59), mit denen die Bestimmungen zu SIS I aufgehoben wurden, übernommen worden (näher Kap. 7/14). Jeder Vertragsstaat ist verpflichtet, die in einem anderen Vertragsstaat ergangenen unanfechtbaren Entscheidungen zu vollziehen. Sie entfalten damit ohne jegliche Form einer Anerkennung europaweit Wirksamkeit.

Die Vorschriften des SDÜ sind durch Transformationsgesetz zunächst un- 5 mittelbar geltendes nationales Recht geworden. Durch die Überführung des Schengen-Systems in das Recht der EU hat sich an der **umfassenden und unmittelbaren Geltung** aber nichts geändert; insbesondere ist dadurch nicht eine Beschränkung seines Geltungsbereiches auf Handlungen von Unionsorganen oder bei der Durchführung von Unionsrecht eingetreten. Der sachliche Gehalt

---

24 BGBl. 1998 II S. 2226; sein Art. 1 ist wortgleich mit Art. 54 SDÜ.
25 *Hackner/Schierholt* Rdn. 264.

der Regelungen des SDÜ ist auf unmittelbare Anwendung angelegt und verträgt keinen Vorbehalt der Umsetzung durch zusätzliche Normen. Auch der Wortlaut etwa von Art. 54 SDÜ („Vertragspartei", nicht „Mitgliedstaat der EU") ist unverändert geblieben. Zusätzlich ordnet Art. 2 des Protokolls zum Vertrag von Amsterdam über die Einbeziehung des Schengen-Besitzstandes an, dass ab Inkrafttreten des Vertrages von Amsterdam der Schengen-Besitzstand **sofort anwendbar** sei. Die Vorschriften des SDÜ gelten somit zwar als europäisches Recht, aber unmittelbar für die nationale Strafverfolgung. Damit sind sie supranationales Recht und haben teil an dem **Anwendungsvorrang** gegenüber nationalen Bestimmungen. Bedeutung kann dies bei den Grenzverträgen erlangen, welche die Bundesrepublik u.a. zur Regelung der Modalitäten der grenzüberschreitenden Nacheile geschlossen hat. Diese Verträge ergänzen das SDÜ; sie dürfen aber nicht in Widerspruch zu ihm stehen. Nunmehr sind die Regelungen über grenzüberschreitende Zusammenarbeit durch Art. 89 AEUV gedeckt.

Nicht ohne praktische Bedeutung dürfte dabei die Frage sein, ob das SDÜ zum Primär- oder zum Sekundärrecht der Union zählt. Da das Schengen-System sich als Fall Verstärkter Zusammenarbeit im institutionellen und rechtlichen Rahmen der EU hält und für jede Bestimmung des Besitzstandes eine eigene rechtliche Grundlage festzulegen war[26] und festgelegt wurde,[27] ist eine Einordnung als Sekundärrecht zwingend. Dementsprechend sind in der Folgezeit auch einzelne Vorschriften des SDÜ durch Akte des Sekundärrechts der EU aufgehoben oder abgeändert worden.[28]

Die Verwandlung des SDÜ – vom zunächst völkerrechtlichen Vertrag über seine Transformation in nationales Recht durch Zustimmungsgesetz des Bundestages hin zur Eigenschaft als supranationales Recht und dort wiederum zu Sekundärrecht – ist gewiss ein ungewöhnlicher Weg, der aber rechtsverbindlich ist, weil das Protokoll über die Einbeziehung des Schengen-Besitzstandes in den rechtlichen Rahmen der Gemeinschaft ein Vertrag war, der das SDÜ völkerrechtlich und innerstaatlich einwandfrei abgeändert hat.[29]

6   Der **Vertrag von Prüm** (Kap. 7/15), der als Folgevertrag zum SDÜ eine Vertiefung und Erweiterung der grenzüberschreitenden Zusammenarbeit vorsieht, hat ein anderes Schicksal erfahren. Er ist im Anhang zum Schengen-Protokoll

---

26 Art. 1, Art. 2 Abs. 1 Unterabsatz 2 Satz 2 des Protokolls zur Einbeziehung des Schengen-Besitzstandes in den Rahmen der EU.

27 Beschluss des Rates vom 20.5.1999, ABl. 1999 L 176 S. 1, S. 17.

28 So die Regelungen des SDÜ betr. das vormalige SIS I durch Art. 52 der VO vom 20.12.2006, ABl. 2006 L 381 S. 4.

29 Vgl. dazu auch EuGH C-303/05, Urteil vom 3.5.2007 – Advocaten voor de wereld, Rdn. 41.

nicht als Teil des Besitzstandes aufgeführt und gehört daher formalrechtlich nicht dazu. Er gehört aber auch nicht zu den unmittelbar anwendbaren Rechtsnormen des EU-Rechts, weil er überhaupt nicht durch eine Vorschrift des Primärrechts in den rechtlichen Rahmen der EU überführt worden ist, sondern durch einen Ratsbeschluss, der von Deutschland durch ein Ausführungsgesetz in innerstaatliches Recht umgesetzt wurde.

Inhaltlich hat die Einbeziehung des SDÜ in den rechtlichen Rahmen der EU 7 einige, wenn auch keine wesentlichen Veränderungen gebracht. Der Normtext selbst ist unverändert geblieben. Unsicherheit herrscht allerdings darüber, ob die zum SDÜ abgegebenen **Erklärungen der Mitgliedstaaten** fortgelten.

Deutschland hatte zu Art. 54 SDÜ einen – gemäß Art. 55 zulässigen – Vorbehalt angebracht, wonach es sich in bestimmten Fällen durch das Doppelverfolgungsverbot nicht als gebunden betrachte.[30] Das betraf Fälle, in denen die Tat ganz oder teilweise in Deutschland begangen wurde sowie Verurteilungen wegen Delikten, die heute nicht einmal mehr die Verweigerung einer Auslieferung rechtfertigen.

Nach der Definition in Nr. 2 des Anhangs zum Protokoll über die Einbeziehung des Schengen-Besitzstandes gehören zu den in den rechtlichen Rahmen der Union übergegangenen Rechtsakten der Vertrag, die Schlussakte und die dazu abgegebenen **gemeinsamen** Erklärungen. Der Vorbehalt zu Art. 54 SDÜ ist aber keine gemeinsame Erklärung, sondern von einer Partei allein abgegeben und auch sonst vom Wortlaut der Definition des Besitzstandes nicht erfasst. Der Umstand, dass nur gemeinsame, nicht hingegen einseitig abgegebene Erklärungen in den Rahmen der Union überführt wurden, ergibt auch Sinn. So konnte der künftigen Arbeit auf EU-Ebene und dem Beitritt weiterer Staaten ein einheitlicher Text zu Grunde gelegt werden. Neue Mitgliedstaaten wiederum waren gezwungen, den Schengen-Besitzstand vollständig zu übernehmen; Vorbehalte konnten sie nicht erklären[31] und wurden insoweit mit den bisherigen Mitgliedstaaten gleich behandelt. So ist wenigstens in diesem Bereich eine Rechtszersplitterung vermieden worden. Der von Deutschland zu Art. 54 SDÜ erklärte Vorbehalt hat damit seine rechtliche Bedeutung verloren.[32] Der EuGH hat sich einer Entscheidung dieser Frage bisher enthalten.[33]

Nach anderer Auffassung soll der Vorbehalt nicht weggefallen sein, so dass Art. 54 SDÜ in Deutschland weiterhin nicht im vollen Umfange gilt. Doch soll

---

30 BGBl. 1994 II S. 631.
31 Art. 8 des Protokolls Nr. 2 zum EU-Vertrag von Amsterdam; Art. 7 des Protokolls Nr. 19 zum Lissabon-Vertrag.
32 *Anagnostopoulos* Hassemer-Festschrift S. 1121, 1127.
33 EuGH C-486/14, Urteil vom 29.6.2016 – Kossowski.

die bestehende Lücke durch Art. 50 der Grundrechtecharta ausgefüllt werden, so dass in jedem Fall dem Ziel eines Verbotes doppelter Strafverfolgung Genüge getan sei.[34] Die Auffassung berücksichtigt indessen nicht, dass Art. 50 der Grundrechtecharta nach ihrem Art. 51 Abs. 1 nur für die Union selbst und für die Mitgliedstaaten dann gilt, wenn sie Recht der Union durchführen.[35] Es bleibt daher eine nicht geschlossene Lücke. Darüber hinaus ist die Grundrechtecharta erst durch den Vertrag von Lissabon Bestandteil des Rechts der Union geworden; im vorliegenden Zusammenhang konnte sie daher noch keine Rolle spielen.

8 Auch die von Deutschland zu Art. 41 SDÜ abgegebene Erklärung, welche den Umfang der Nacheilebefugnisse fremder Polizeibeamter auf deutschem Territorium umriss, war eine einseitig abgegebene Erklärung.[36] Diese gewährte den Bediensteten der Nachbarstaaten ein weit gehendes Recht zur Nacheile – einschließlich der Befugnis, die verfolgte Person festzuhalten. Nach Nr. 2 des Anhangs zum Protokoll über die Überführung des Schengen-Besitzstandes in den rechtlichen Rahmen der Union ist diese Erklärung somit ebenfalls nicht mehr wirksam und gilt nicht fort.[37]

Aber das von Deutschland gewährte umfassende und großzügige Nacheilerecht besteht nach wie vor. Die Bundesrepublik hat mit ihren Nachbarstaaten **bilaterale Abkommen** über die polizeiliche Zusammenarbeit abgeschlossen. Es handelt sich einerseits um Verwaltungsabkommen, welche auf die aus Anlass der Unterzeichnung des SDÜ abgegebene Erklärung Bezug nehmen[38] und sie damit zum Bestandteil der Vereinbarungen machen. Andererseits handelt es sich auch um völkerrechtliche Verträge, die den Umfang der Befugnis zur Nacheile in Ergänzung von Art. 41 SDÜ normativ ausdrücklich festlegen;[39] das gilt auch für die Schweiz.[40] Mit Polen ist beispielsweise ein Recht zur Nacheile mit umfassenden Festhaltebefugnissen und der Befugnis zum Anhalten von Kraft-

---

34 *Böse* Kühne-Festschrift S. 519, 523, 528; anders *Radtke* in *Böse* Enz. § 12/35; *Eckstein* ZStW 124 (2012) 490, 510.

35 *Heger* Kühne-Festschrift S. 565, 572.

36 BGBl. 1993 II S, 1010, 1093.

37 *Hecker* 13/Rdn. 67; a.A. *Ambos* IntStrR § 10/117.

38 *Belgien*: Abkommen vom 27.3.2000, BGBl. 2002 II S. 1532; *Dänemark*: Abkommen vom 21.3.2001, BGBl. 2002 II S. 1536; *Luxemburg*: Abkommen vom 24.10.1995, BGBl. 2006 II S. 1203.

39 *Frankreich*: Gesetz vom 14.9.1998 zum Vertrag vom 9.10.1997, BGBl. 1998 II S. 2479; *Schweiz*: Gesetz vom 25.9.2001 zum Polizeivertrag vom 27.4.1999, BGBl. 2001 II S. 946; *Niederlande*: Gesetz vom 17.3.2006 zum Vertrag vom 2.3.2005, BGBl. 2006 II S. 194; *Österreich*: Gesetz vom 16.8.2005 zum Vertrag vom 19.12.2003, BGBl. 2005 II S. 858.

40 Ausführlich zum Polizeivertrag mit der Schweiz *Gless* IntStrR Rdn. 605 ff; *Hecker* 5/ Rdn. 77 ff.

fahrzeugen vereinbart;[41] mit Frankreich die Zulässigkeit des Einsatzes von Luftfahrzeugen.[42] Zuletzt hat Deutschland mit der Tschechischen Republik einen neuen Vertrag abgeschlossen, der ebenfalls keine zeitliche oder räumliche Begrenzung der Nacheilebefugnis vorsieht.[43] Zu den strafrechtlichen Regelungen für die grenzüberschreitende Zusammenarbeit s. Kap. 7/8.

Stichworte: Der Schengen-Besitzstand ist unmittelbar geltendes Unionsrecht. Seine straf- und strafverfahrensrechtlichen Vorschriften gelten in der Union als Sekundärrecht. ❗

b) Sanktionen im Wettbewerbs- und Kartellrecht

Im Bereich des harmonisierten Wettbewerbs- und Kartellrechts ermächtigt **9** Art. 103 Abs. 2 Buchst a) AEUV den Unionsgesetzgeber, Kartellrechtsverstöße durch Geldbußen zu bedrohen. Das ist durch zwei Verordnungen geschehen,[44] die neben den Befugnissen der Kommission auch das Verfahren der einzuschaltenden nationalen Gerichte regeln. Der Kommission ist darin eine „Nachprüfungsbefugnis" eingeräumt,[45] der eine entsprechende, ebenfalls unmittelbar aus dem EU-Recht herzuleitende Duldungspflicht des Betroffenen gegenübersteht. Eine angeordnete Nachprüfung wird notfalls im Wege der Amtshilfe – nach der EU-Terminologie in Zusammenarbeit – durch die Gerichte und Behörden der Mitgliedstaaten durchgesetzt.[46] Das kann auch im Wege der Anordnung von Zwangsmaßnahmen wie Beschlagnahme und Durchsuchung geschehen. Die Verordnungen gestatten der Kommission als Verwaltungsbehörde die Festsetzung von Geldbußen vor allem gegen Unternehmen. Diese Geldbußen sind nach dem Gesamtumsatz des Unternehmens zu bemessen und können daher ganz

---

41 Gesetz zu dem Abkommen vom 15.5.2014 zwischen der Regierung der Bundesrepublik Deutschland und der Regierung der Republik Polen über die Zusammenarbeit der Polizei-, Grenz- und Zollbehörden vom 24.2.2015, BGBl. 2015 II S. 234.
42 Protokoll vom 7.4.2016 zu dem Abkommen mit Frankreich, Gesetz vom 1.3.2017, BGBl. 2017 II S. 194.
43 Gesetz vom 4.5.2016 zum Vertrag vom 28.4.2015 zwischen der Bundesrepublik Deutschland und der Tschechischen Republik über polizeiliche Zusammenarbeit, BGBl. 2016 II S. 474; Gesetzentwurf dazu BTDrucks. 18/7455.
44 VO (EG) 1/2003 vom 16.12.2002 zur Durchführung der Wettbewerbsregeln des Vertrages, ABl. 2003 L 1 S. 1; VO (EG) 139/2004 vom 20.1.2004 über die Kontrolle von Unternehmenszusammenschlüssen (Fusionskontrollverordnung), ABl. 2004 L 24 S. 1.
45 Anschauliches Beispiel – auch zur Sanktionshöhe bei Verstößen – EuGH C-89/11, Urteil vom 22.11.2012 – E.ON ./. Kommission.
46 Art. 20 Abs. 6, Abs. 7, Art. 21 VO (EG) 1/2003 vom 16.12.2002, ABl. 2003 L 1 S. 1 Beispiel: EuGH C-94/00, Urteil vom 22.10.2002 – Roquette Freres.

erhebliche Beträge erreichen.[47] Die Verordnungen betonen zwar, dass die Verhängung der Geldbußen keinen strafrechtlichen Charakter habe. Die Höhe der auferlegten Sanktionen hat aber gleichwohl die Frage aufgeworfen, ob der Eingriff angesichts seiner Schwere noch ohne die Garantien eines Strafverfahrens zulässig sei.[48]

Der Einwand ist indessen von beiden europäischen Gerichten zurückgewiesen worden. Danach ist es sowohl mit Art. 6 EMRK als auch mit dem Grundsatz des Europarechts über Gewaltenteilung vereinbar, wenn die Erstentscheidung über die Verhängung einer Geldbuße einer Verwaltungsbehörde zugewiesen wird, sofern der Betroffene anschließend in einem mit allem Rechtsgarantien ausgestatteten gerichtlichen Verfahren dagegen vorgehen kann[49] und gerichtlich sowohl die Tat – wie auch die Rechtsfragen zu prüfen sind.[50] Die Rechtsprechung ist auch für das deutsche Verfahren über Ordnungswidrigkeiten[51] von Bedeutung, in dem das Bußgeld von der Verwaltungsbehörde durch Bußgeldbescheid festgesetzt wird; der Betroffene kann dagegen das Amtsgericht anrufen (§§ 65, 68 OWiG).

10   Allerdings hat der EGMR hervorgehoben, dass das Verfahrensziel der Sanktionierung eines Rechtsverstoßes, die Abschreckung, sowie die Höhe der Sanktion es gebieten, das Bußgeldverfahren als strafrechtliche Anklage im Sinne des Artikels 6 EMRK zu betrachten, so dass jedenfalls die grundlegenden Garantien jedes Strafverfahrens auch in diesen Bußgeldsachen zu gewähren sind.[52] Dieser Auffassung ist auch der EuGH.[53] In ständiger Rechtsprechung wendet er die von ihm entwickelten Grundrechte und die allgemeinen Grundsätze des Unionsrechts in Kartell- und Wettbewerbsverfahren an. So gilt das Recht auf Freiheit vom Zwang zur Selbstbelastung der eigenen Person[54] ebenso wie beispielsweise

---

47 Gegen ein 14 Jahre lang praktiziertes Preiskartell von Lkw-Herstellern hat die Kommission 2016 ein Bußgeld von insgesamt knapp 3 Milliarden Euro verhängt, Quelle: Pressemitteilung der EU-Kommission IP/16/2582 vom 19.7.2016.

48 *Frenz* Hdb. Europarecht Bd. 2 Rdn. 270 ff.

49 EuGH, Urteil vom 18.7.2013, C-501/11 P – Schindler, Rdn. 33; EuG, Urteil vom 13.7.2011, T-138/07 – Schindler, Rdn. 52 ff. unter Bezug auf EGMR, Urteil vom 27.9.2011 – Beschwerdenummer 43.509/08 – Menarini Diagnostics ./. Italien, Rdn. 58.

50 EGMR, Urteil vom 27.9.2011 – Beschwerdenummer 43.508/08 – Menarini Diagnostics ./. Italien, Rdn. 59.

51 Vgl. EGMR, Urteil vom 4.3.2008 – Beschwerdenummer 11.529/02 – Hüseyin Turan ./. Türkei; EGMR, Urteil vom 10.7.2014 – Beschwerdenummer 40.820/12 – Marcan ./. Kroatien.

52 EGMR, Urteil vom 27.9.2011 – Beschwerdenummer 43.509/08 – Menarini Diagnostics ./. Italien, Rdn. 42.

53 EuGH, Urteil vom 18.7.2013, C-501/11 P – Schindler, Rdn. 57; EuG, Urteil vom 13.7.2011, T-138/07 – Schindler, Rdn. 52.

54 EuGH C-204/00, Urteil vom 7.1.2004 – Aalborg Portland, Rdn. 65, 208.

der Vertrauensgrundsatz und die daraus herzuleitenden Folgerungen für eine Selbstbindung der Verwaltung und ihre Grenzen sowie das Verbot rückwirkender Sanktionen.[55]

Das Doppelverfolgungsverbot (ne bis in idem) hat im Kartellrecht drei Varianten. Hat eine Unionsbehörde ein und denselben Sachverhalt mit einer Buße belegt, greift es selbstverständlich ein.[56] Konkurrieren Entscheidungen einer nationalen Behörde und einer Unionsbehörde, gilt ebenfalls Art. 50 der Grundrechtecharta; danach darf in der gesamten Union niemand nach einer rechtskräftigen Entscheidung wegen desselben Sachverhalts erneut verfolgt werden. Ist ein und dasselbe internationale Kartell von der Behörde eines Drittstaates belangt worden, gilt das Doppelverfolgungsverbot hingegen nicht, die in dem Drittstaat verhängte Sanktion muss in der Union nicht einmal mildernd berücksichtigt werden.[57]

Stichworte: Die Sanktionen im Wettbewerbs- und Kartellrecht der EU gelten nicht als Strafe. Wegen ihrer Eingriffsschwere haben sie aber teil an den grundlegenden Garantien des Strafverfahrens. **!**

---

c) OLAF

Das Europäische Amt für Betrugsbekämpfung (OLAF) ist eine operativ arbeitende Ermittlungsbehörde der Union, welche Betrügereien zum Nachteil der finanziellen Interessen der Union aufklären soll (näher Kap. 7/24; 12/21). Es arbeitet auf der Grundlage einer Verordnung vom 11.9.2013,[58] die folglich **unmittelbar geltendes europäisches Recht** geschaffen hat. Sie gestattet ihm interne und externe Untersuchungen vor Ort, begründet entsprechende Duldungs- und Mitwirkungspflichten der betroffenen Wirtschaftsteilnehmer und verpflichtet die Mitgliedstaaten zur Amtshilfe. Es kann Beschuldigte und Zeugen vernehmen und ist zur Objektivität verpflichtet. Sehr modern ist in der Verordnung (Art. 9 Abs. 2) sein Verfahren geregelt; so ist eine Zeugenvernehmung abzubrechen und zur Beschuldigtenvernehmung überzugehen, sofern sich während des Laufs der Vernehmung ein Tatverdacht gegen den Zeugen ergibt. OLAF gibt den Stellen der Union und den Mitgliedstaaten Empfehlungen zur verwaltungsmäßigen

11

---

55 EuGH C-189/02, Urteil vom 28.6.2005 – Dansk Rörindustri, Rdn. 173, 202, 209 ff.; EuGH C-490/15, Urteil vom 14.9.2016 – Ori Martin, Rdn. 80.
56 EuGH C-204/00, Urteil vom 7.1.2004 – Aalborg Portland, Rdn. 338; EuGH C-17/10, Urteil vom 14.2.2012 – Toshiba, Rdn. 94, 97.
57 EuGH C-328/05, Urteil vom 10.5.2007 – SGL Carbon, Rdn. 28 ff.
58 Verordnung 883/2013 vom 11.9.2013 über die Untersuchungen des Europäischen Amtes für Betrugsbekämpfung (OLAF) ABl. 2013 L 248 S. 1.

und strafrechtlichen Behandlung von Unregelmäßigkeiten. Die Berichte des Amtes sind nach Maßgabe des innerstaatlichen Rechtes vor Gericht als Beweismittel verwertbar (Art. 11 Abs. 2 der Verordnung).

d) Rechtshilfeabkommen der EU

12 Die EU hat 2010 mit **Japan** einen Rechtshilfevertrag geschlossen.[59] Das Abkommen regelt in erster Linie die Rechtshilfe bei der Beweiserhebung und bei der Zustellung von Urkunden. Die Auslieferung ermöglicht es, ohne darüber Bestimmungen zu enthalten.

Nach seinem Wortlaut gilt das Abkommen unmittelbar für die Mitgliedstaaten und bedurfte deshalb keiner Umsetzung in die einzelnen Rechtsordnungen.[60] Rechtsgrundlage hierfür ist Art. 216 Abs. 2 AEUV. Fraglich ist jedoch, ob die EU zum Abschluss dieses Vertrages befugt war. Sie stützt sich zwar auf Art. 82 Abs. 1 AEUV; diese Bestimmung betrifft jedoch nach ihrem Sinn und ihrer Struktur die Zusammenarbeit zwischen den Mitgliedstaaten der Union und die gegenseitige Anerkennung ihrer Entscheidungen. Vorschriften über den Verkehr mit Drittstaaten überschreiten diesen vornehmlich durch den Integrationszweck geprägten Rahmen.

Nicht in diesen Zusammenhang gehören zwei Abkommen über Auslieferung und Rechtshilfe, welche die Gemeinschaft noch vor Inkrafttreten des Vertrages von Lissabon im Rahmen der damaligen Zweiten Säule (Gemeinsame Außen- und Sicherheitspolitik) mit den USA geschlossen hat.[61] Sie verpflichten lediglich die Gemeinschaft, Maßnahmen zur Verbesserung der Zusammenarbeit zwischen den Mitgliedstaaten und den USA zu treffen, gelten in den Mitgliedstaaten also nicht unmittelbar (Art. 1, Art 3 Abs. 1 beider Abkommen).

e) Sonstige Rechtshilfe

13 Unter der Rechtslage des Vertrages von Maastricht war – dem Charakter der „Dritten Säule" entsprechend – der völkerrechtliche Vertrag das einzige Instrument, um die Ziele eines engeren Zusammenwachsens der Mitgliedstaaten auf dem Gebiete des Strafrechts zu verwirklichen. Demgemäß wurde, bevor das zwischenzeitlich verfügbare Mittel des Rahmenbeschlusses in größerem Um-

---

59 Abkommen zwischen der Europäischen Union und Japan über die Rechtshilfe in Strafsachen vom 30.11.2010, ABl. 2010 L 39 S. 20 mit ABl. 2010 L 343 S. 1.
60 *Brodowski* ZIS 2010, 376, 386; *Hackner/Schierholt* Rdn. 10.
61 Ratsbeschluss vom 23.10.2009 – 2009/820/GASP, ABl. 2009 L 291 S. 40; Text der Abkommen ABl. 2003 L 181 S. 27, 34; dazu *Spinellis* Eser-Festschrift S. 873.

fang eingesetzt wurde, am 29.5.2000 das **Übereinkommen** über die Rechtshilfe in Strafsachen zwischen den **Mitgliedstaaten der Europäischen Union** geschlossen.[62] Es ist, soweit Rechtshilfe bei der Beweisgewinnung und -übermittlung in Betracht kommt, durch die Europäische Ermittlungsanordnung (Kap. 6/36) abgelöst.

Das Übereinkommen wurde, soweit noch notwendig, durch Änderungen des IRG in innerstaatliches Recht umgesetzt. Für die Praxis von Bedeutung sind jedoch insbesondere seine unmittelbar anwendbaren Vorschriften über die Zustellung von gerichtlichen Urkunden und über den Geschäftsverkehr zwischen den Justizbehörden der Mitgliedstaaten. Sie gelten für nahezu alle Länder des Schengen-Raumes[63] und haben die entsprechenden Vorschriften von Art. 52 SDÜ abgelöst (Art. 2 des Übereinkommens).

Nach Art. 5 des Übereinkommens ist für die Übermittlung gerichtlicher Urkunden – **Zustellungen, Ladungen** – die unmittelbare Sendung per Post vorgesehen. Im Geschäftsverkehr zwischen den Justizbehörden der Mitgliedstaaten – also etwa für Rechtshilfeersuchen – ist nach Art. 6 des Übereinkommens ebenfalls der unmittelbare Verkehr zwischen den beteiligten Stellen gegeben. Das frühere umständliche Verfahren der Übermittlung auf diplomatischem Wege (Übermittlung auf dem Dienstwege an das Landesjustizministerium, das Bundesjustizministerium, das Auswärtige Amt, die deutsche Botschaft im Empfängerland, das ausländische Ministerium usw., – nach Erledigung dieselbe Prozedur umgekehrt) ist daher abgeschafft.

Allerdings enthalten auch Art. 5 und Art. 6 des Übereinkommens fehlerträchtige Zusätze und Ausnahmen, so dass der Verkehr mit dem Ausland weiterhin nicht unkompliziert ist. Eine gewisse Hilfe vermögen die vom Bundesministerium der Justiz und den Landesjustizministern herausgegebenen „Richtlinien für den Verkehr mit dem Ausland in strafrechtlichen Angelegenheiten" **(RiVASt)** zu geben.[64] Sie sind für alle Justizbehörden bindend, auch für die Gerichte, soweit sie nicht rechtsprechend tätig sind.[65]

Bei Ladungen im Ausland ist weiter zu berücksichtigen, dass von deutschen Justizbehörden und Gerichten niemand gezwungen werden kann, hier zu er-

---

62 Gesetz vom 22.7.2005 zum Übereinkommen vom 29.5.2000 über die Rechtshilfe in Strafsachen zwischen den Mitgliedstaaten der Europäischen Union (BGBl. 2005 II S. 650) mit Gesetz zum Protokoll vom 16.10.2001 (BGBl. 2005 II S. 661); Umsetzungsgesetz: Gesetz vom 22.10.2005 (BGBl. 2005 I S. 2189).
63 Nachweise im Fundstellenverzeichnis B des BMJ (unter „mehrseitige Verträge") sowie *Hackner/Schierholt,* Rdn. 171, 183, 184 Fn. 60; *Roth* NStZ 2014, 551.
64 Bekanntmachung der Neufassung vom 5.12.2012 auf der Homepage des BMJ – Teilliste Verwaltungsvorschriften.
65 *Hackner/Schierholt* Rdn. 8.

scheinen. Wird etwa eine Zeugenladung für den Fall des Nichterscheinens verbunden mit der Androhung von Zwangsmitteln, so ist das ein Eingriff in die Souveränität des ausländischen Staates und unzulässig.[66] Fehlt bei tatverdächtigen Zeugen das Angebot der Gewährung freien Geleits (§ 295 StPO), so kann diese Unterlassung ebenfalls ein Verfahrensfehler sein, der die Ladung fehlerhaft macht.[67]

f) Eidesverletzungen vor dem Gerichtshof der Europäischen Union

14 Art. 30 der Satzung des Gerichtshofs bestimmt, dass jeder Mitgliedstaat die Eidesverletzung eines Zeugen oder Sachverständigen wie eine vor seinen eigenen in Zivilsachen zuständigen Gerichten begangene Straftat behandelt. Es war lange streitig, ob diese Bestimmung eine unmittelbar anwendbare, supranationale Vorschrift ist.[68] Der Streit hat sich für die Praxis dadurch erledigt, dass der deutsche Gesetzgeber § 162 neu in das StGB eingefügt hat.[69] Angesichts des klaren Gesetzeswortlautes, der mit dem Willen des Gesetzgebers übereinstimmt,[70] erübrigen sich Überlegungen, ob zusätzlich deutsches Strafanwendungsrecht von Bedeutung ist und ob die deutsche Vorschrift alle Verletzungen der Wahrheitspflicht erfasst oder nur Eidesverletzungen. Gemäß § 162 Abs. 1 StGB sind falsche Angaben vor dem EuGH nunmehr uneingeschränkt nach den §§ 153 bis 161 StGB strafbar. Im Wesentlichen bedeutungslos ist damit auch die Frage geworden, ob eine pauschale Verweisung des Unionsrechts auf nationales Recht zu dessen „Assimilierung" führt und daher von einem europäischen Assimilierungsprinzip gesprochen werden kann.[71]

Supranationales europäisches Recht ist jedoch die in Art. 30 der Satzung enthaltene **Verfahrensvoraussetzung**, welche die deutschen Strafverfolgungsbehörden überhaupt erst zum Einschreiten ermächtigt. Danach ist die Zulässigkeit der Strafverfolgung von einer Anzeige des Gerichtshofs abhängig. Über ihre Erstattung beschließt der Gerichtshof nach Anhörung des Generalanwalts.[72]

---

66 *Lagodny* in *Schomburg/Lagodny/Gleß/Hackner* § 59 IRG Rdn. 51; *Hackner/Schierholt* Rdn. 184; *Roth* NStZ 2014, 551, 557.
67 BGHSt. 32, 68, 74.
68 *Esser* EuIntStrR § 2/42 ff.; *Hecker* 7/Rdn. 8 ff.; *Heger* in *Böse* Enz. § 5/27 ff.; *Satzger* IntStR § 8/10 ff.; *Vogel/Brodowski* in *Sieber u.a.* EurStrR § 6/46; überzeugend *Rosenau* ZIS 2008, 9.
69 A.A. (§ 162 StGB hat nur deklaratorische Bedeutung) *Heger* in *Böse* Enz. § 5/24; noch anders § 5/51.
70 Begründung zum Gesetz vom 31.10.2008 (BGBl. I S. 2149), BTDruck. 16/3439 S. 7, 8.
71 Vgl. Kap. 9/1 mit Fn. 1.
72 Art. 6, 7 der Zusätzlichen Verfahrensordnung vom 14.1.2014, ABl. 2014 L 32 S. 37.

g) Sekundärrechtliche Gleichstellungsklauseln

Rechtsakte der EU, welche sich mit den inneren Strukturen ihrer Einrichtungen 15
und den Pflichten des Personals befassen, bedürfen zur Absicherung und
Durchsetzung der angestrebten Standards vielfach besonderer Strafvorschriften. Dies betrifft insbesondere Sanktionsdrohungen für Verstöße gegen **Verschwiegenheitspflichten.** Mangels eigener Kompetenz zum Erlass solcher
Strafvorschriften hat sich die EU vielfach beholfen, indem sie durch Gleichstellungsklauseln des Sekundärrechts anordnete, dass die Mitgliedstaaten Verstöße
in gleicher Weise wie Verstöße gegen die eigenen, im nationalen Recht angesiedelten Verschwiegenheitspflichten verfolgen.

So war in Art. 41 Abs. 4 des Ratsbeschlusses über die Errichtung des Europäischen Polizeiamts (Europol)[73] bestimmt, dass jeder Mitgliedstaat eine Verletzung
der Verpflichtung zur Verschwiegenheit als einen Verstoß gegen seine Rechtsvorschriften über die Wahrung von Dienst- und Berufsgeheimnissen behandelt.
Anders als in Art. 30 der Satzung des EuGH war diese Gleichstellungsklausel also
nicht im Primärrecht der EU enthalten, sondern durch nachgeordnete Rechtsakte
geschaffen worden, hier sogar durch einen bloßen Ratsbeschluss. Die jetzt maßgebende Europol-Verordnung[74] enthält eine solche Gleichstellungsklausel nicht
mehr.

Derartige Gleichstellungsklauseln sollten zweifellos unmittelbar in allen
Mitgliedstaaten gelten. Ob sie im Kompetenzgefüge der Verträge zulässig sind,
ist aber umstritten.[75] Die gegen ihre Zulässigkeit sprechenden Argumente dürften schon deshalb überwiegen, weil mit ihnen die Verfahrensregeln über den
Erlass unionsrechtlicher Strafbestimmungen missachtet werden können. Sie
sind deshalb durch den EuGH aufhebbar. Der Annahme ihrer rechtlichen Unwirksamkeit steht das Entscheidungsmonopol (Art. 267 AEUV) des Gerichtshofs
entgegen.

Angesichts dieser schwer wiegenden Bedenken sind unionsrechtliche
Gleichstellungsklauseln nicht mehr häufig. In Deutschland sind Verletzungen
der Verschwiegenheitspflicht von Europol- Bediensteten jetzt im Europol-Gesetz
strafbewehrt; die Geltung der einschlägigen Vorschriften des StGB ist auf diese
Bediensteten erstreckt worden.[76]

---

73 Ratsbeschluss 2009/371/JI vom 6.4.2009, ABl. 2009 L 121 S. 37.
74 Verordnung 2016/794 vom 11.5.2016 über die Agentur der Europäischen Union für die Zusammenarbeit auf dem Gebiet der Strafverfolgung (Europol), ABl. 2016 L 135 S. 53.
75 *Heger* in *Böse* Enz. § 5/33 ff.
76 Gesetz vom 31.7.2009 (BGBl. I S. 2504), Einfügung von § 10 in das Europolgesetz.

> **!** **Stichworte:** Abgesehen vom Schengen-Besitzstand finden sich im EU-Recht nur ganz vereinzelt unmittelbar geltende Strafrechtsnormen.

2. Unmittelbar geltende sektorale Garantienormen der Europäischen Union

16 Die Wirkungsweise des Unionsrechts ist dadurch gekennzeichnet, dass die Union nationales Recht, nationale Verfahren und nationale Institutionen zur Erreichung ihrer Ziele verwendet. Die Grundrechtecharta aber, um ein Beispiel zu nennen, enthält *europäische* Garantien, von denen einige für die Strafrechtspraxis besondere Bedeutung haben.[77] Das Zusammenspiel dieser Rechtsordnungen bedarf daher klarer Regeln.

> **Beispiel:** Die EU erlässt durch Verordnung Wettbewerbsregeln, deren Einhaltung durch nationale Gerichte in den Verfahren der ZPO und, bei Verstößen, der StPO zu gewährleisten ist.

Das gerichtliche Verfahren bleibt dann national, die Verfahrensnormen sind ausschließlich nationales Recht.

> **Beispiel:** Die EU weist durch Richtlinien die Mitgliedstaaten an, in einem bestimmten Rahmen Strafdrohungen gegen Menschenhandel zu erlassen.

Die vom deutschen Gesetzgeber erlassenen Bestimmungen der §§ 232ff. StGB sind ausschließlich nationales Recht, und der Angeklagte wird aufgrund nationalen Strafrechts in einem nationalen Strafverfahren durch ein nationales Gericht abgeurteilt.

Aber das Ineinandergreifen von Unionskompetenzen und Kompetenzen der Mitgliedstaaten führt zu einer spezifischen Verschränkung der Normenkreise, welche an den Begriff „**Durchführung des Rechts der Union**" anknüpfen. Der Richter, der einen Angeklagten wegen Menschenhandels aburteilt, wendet nationales Recht an, führt aber – unstreitig[78] – zugleich Recht der Union durch, weil er das durch die Unionsrichtlinie vorgegebene Programm verwirklicht. Der nationale Gesetzgeber und der Rechtsanwender sind bei der Durchführung von Unionsrecht daher nicht mehr frei. In dem durch den Begriff „Durchführung des Rechts der Union" bezeichneten Sektor schlagen vielmehr **Garantienormen**

---

77 Dazu *Jarass* NStZ 2012, 611.
78 *Gaede* in *Böse* Enz. § 3/26.

des europäischen Rechts unmittelbar auf die innerstaatliche Rechtslage durch. Die **Bezeichnung** als „Garantienormen" verkörpert dabei ihren Sinn und ihre Wirkweise: Die Union gewährleistet bei der Durchführung ihres Rechts die Rechte und Freiheiten des Einzelnen, und ferner garantiert sie die einheitliche und effektive Anwendung ihres Rechts auch dann, wenn für dessen Vollzug die Mitgliedstaaten zuständig sind. Bei diesen Garantienormen handelt es sich um die allgemeinen Grundsätze des Unionsrechts, die in Art. 6 Abs. 3 EUV erwähnt sind und die EMRK einschließen, um die Grundrechte der Europäischen Union sowie um die Grundfreiheiten mitsamt dem Diskriminierungsverbot.

Die **allgemeinen Grundsätze der Union** sind nicht exakt definierbar, zu- **17** mal sie sich in vielen Fällen mit den Grundrechten überschneiden. Als Beispiele seien aber die Grundsätze der Rechtssicherheit und des Vertrauensschutzes angeführt,[79] weiter das Willkürverbot, der Grundsatz der Verhältnismäßigkeit[80] sowie das Verbot rechtsmissbräuchlichen Verhaltens[81] und der allgemeine Gleichheitssatz.[82] Nach Art. 6 Abs. 3 EUV gehören auch die Gewährleistungen der EMRK hierzu, ohne jedoch für sich genommen bereits zu einem Anwendungsvorrang gegenüber nationalem Recht zu führen.[83] Im Verfahrensrecht sind hierher zu zählen das Äquivalenzprinzip und das Effektivitätsprinzip (Kap. 3/10), die beide auch aus den Grundrechten, insbesondere dem Gleichheitssatz, abzuleiten sind.

Allgemein wird man sie bezeichnen können als ungeschriebene Regeln, die materiell Verfassungsrang besitzen, für ihre Anwendung keiner gesetzgeberischen Ausarbeitung bedürfen und zu den grundlegenden Prinzipien eines jeden Rechtsstaats gehören. Eine der wichtigsten Methoden ihrer Ermittlung ist die wertende Rechtsvergleichung.[84]

Die Charta der **Grundrechte** gilt schon nach ihrem Wortlaut für die Union selbst und für die Mitgliedstaaten, wenn sie Recht der Union durchführen (Art. 51 Abs. 1 Charta). In den Erläuterungen zu Art. 51 der Charta ist dieser Geltungsbereich unter Berufung auf die Rechtsprechung des EuGH nachdrücklich betont.

---

79 EuGH C-411/15, Urteil vom 12.1.2017 – Timab Industries, Rdn. 134; EuGH C-98/14, Urteil vom 11.6.2015 – Berlington Hungary, Rdn. 77 ff.; EuGH C-599/13, Urteil vom 18.12.2014 – Somvao, Rdn. 50; EuGH C-303/05, Urteil vom 3.5.2007 – Advokaten voor de wereld, Rd. 45; s. ferner *Dannecker* BGH-Festgabe S. 339, 368.
80 EuGH C-477/14, Urteil vom 4.5.2016 – Pillbox, Rdn. 48 auch zum Inhalt des Prinzips.
81 EuGH C-423/15, Urteil vom 28.7.2016 – Kratzer, Rdn. 37.
82 EuGH C-128/15, Urteil vom 11.1.2017 – Spanien. ./. Rat, Rdn. 80.
83 EuGH C-571/10, Urteil vom 24.4.2012 – Kamberaj, Rdn. 59 ff.
84 EuGH C-101/08, Urteil vom 15.10.2009 – Audiolux, Rdn. 63; EuGH C-174/08, Urteil vom 29.10.2009 – NCC Construction Danmark, Rdn. 42; *Rengeling* M. Schröder-Festschrift S. 271, 277.

Bei den vier – oder je nach Zählweise sechs[85] – **Grundfreiheiten** handelt es sich um den freien Warenverkehr (Art. 28 AEUV), den freien Personenverkehr (Art. 45 AEUV), den freien Dienstleistungsverkehr (Art. 49, 56 AEUV) und den freien Kapitalverkehr (Art. 63 AEUV). Ihr besonderes Merkmal liegt, ebenso wie beim europäischen **Diskriminierungsverbot** (Kap. 5/53),[86] in dem prinzipiell auf grenzüberschreitende Fälle beschränkten Anwendungsbereich. Innerhalb dieses Anwendungsbereichs greifen sie aber als supranationales Recht stets ein, bei Kollisionen auch gegenüber autonomem nationalen Recht, welches nicht durch EU-Vorgaben dominiert ist.[87] Der eingangs erwähnte Leitfall des deutschen Arztes, der in einer niederländischen Abtreibungsklinik arbeitet (Kap. 2/7), gehört in diese Kategorie.

18   Der Begriff der Durchführung von Unionsrecht wird vom EuGH allerdings weit gefasst; die Entwicklung erscheint gegenwärtig auch noch nicht abgeschlossen. Der EuGH verknüpft diese Frage zwar zu Recht mit dem Problem seiner Zuständigkeit (vgl. Kap. 3/5ff.). Dabei sind aber Tendenzen zu beobachten, die Beschränkungen, welche im Begriff der Durchführung von Unionsrecht liegen, aus den Augen zu verlieren.

Die Bedeutung der Garantienormen fordert Klarheit über ihren Anwendungsbereich. Die Materie und die Zuständigkeit des zu ihrer Durchsetzung berufenen Gerichtsorgans dürfen nicht auseinanderfallen; sie müssen vielmehr nach denselben Kriterien bestimmt werden. Es kann daher nur einen Begriff der Durchführung von Unionsrecht geben.[88] Seine Bestimmung obliegt dem EuGH, der jedoch aufgerufen ist, seine Kompetenz zurückhaltend auszuüben.

Speziell hinsichtlich des Verhältnisses der Garantienormen zum nationalen Strafrecht hat sich durch die Rechtsprechung des EuGH aber eine feste Linie gebildet. Nach Art. 51 der Charta sind beispielsweise die Grundrechte bei der Sanktionierung von Rechtsverstößen durch Unionsbehörden unmittelbar anwendbar, und sie gelten in gleicher Weise unmittelbar, wo nationale Strafgerichte europäisches Recht durchzuführen haben.[89] In diesem Zusammenhang führt der EuGH zur Sanktionsbefugnis für Verstöße gegen EU-Recht aus: Nach ständiger Rechtsprechung sind die Mitgliedstaaten befugt, Sanktionen zu wählen, die ihnen sachgerecht erscheinen. Diese müssen lediglich *wirksam, abschreckend und verhältnismäßig* sein. Die Mitgliedstaaten **sind verpflichtet, bei**

---

85 *Ehlers* in *Ehlers* § 7 Rdn. 2.

86 EuGH C-186/87, Urteil vom 2.2.1989 – Cowan, Rdn. 19.

87 *Ehlers* in *Ehlers* § 7/7, 10 (subjektive Rechte).

88 In diesem Sinne bereits EuGH C-309/97, Urteil vom 18.12.1997 – Annibaldi, Rdn. 13; dazu auch *Satzger* IntStrR § 7/19 ff.; *Satzger* Kühl-Festschrift S. 407, 411.

89 EuGH C-405/10, Urteil vom 10.11.2011 – Garenfeld, Rdn. 48; *Jarass* NStZ 2012, 611, 613.

der Ausübung ihrer Befugnis das Unionsrecht und seine allgemeinen Grundsätze, darunter auch den Grundsatz der Verhältnismäßigkeit zu beachten. Sanktionen müssen also geeignet und erforderlich sein.[90] Für den Bereich der Rechtsprechung gilt nichts anderes; ist eine Sanktion ungeeignet, ist sie unangewendet zu lassen.[91]

Die unmittelbare Geltung der Garantienormen der Union bewirkt somit, **19** dass nationales Strafrecht, welches mit diesen Normen unvereinbar ist, unionsrechtswidrig und damit unanwendbar ist.

Im Schrifttum wird dieser aus der Verschränkung zwischen Unionsrecht und nationalem Recht herrührende Effekt auch anders systematisiert. Danach bestimmen die Garantienormen – insbesondere die vier Grundfreiheiten – einerseits eine Obergrenze für nationales Strafrecht. Andererseits sollen die sachlichen Anforderungen an nationale Sanktionsnormen (wirksam, verhältnismäßig und abschreckend) und das Gebot, den Unionsinteressen denselben Schutz wie nationalen Rechtsgütern zu gewähren, eine Untergrenze für die nationale Strafrechtspflege darstellen.[92]

Dies vermag jedoch nicht zu überzeugen. Das wichtige Prinzip der Verhältnismäßigkeit gehört sicher zu den allgemeinen Grundsätzen des Unionsrechts. Nach Art. 49 Abs. 3 der Grundrechtecharta gilt das in besonderer Weise für die Bestimmung des Strafmaßes. Dieses darf im Verhältnis zur Schwere der Tat und zur Schuld des Täters aber weder nach unten noch nach oben unverhältnismäßig ausfallen. Das Verhältnismäßigkeitsprinzip ist also als Rahmen, nicht als Ober- oder Untergrenze für die nationale Gesetzgebung und Rechtsanwendung im Strafrecht zu verstehen. Die Einordnung der „Mindesttrias" (wirksam, *verhältnismäßig* und abschreckend) als Untergrenze wird dem Charakter des Merkmals „verhältnismäßig" daher nicht gerecht. Dasselbe gilt für das Gleichstellungsgebot, das ebenfalls zugleich zu einer Ober- und einer Untergrenze führen kann. Die Worte „wirksam" und „abschreckend" in der Trias hingegen sind konturenlos (Kap. 4/45) und haben auch in der Rechtsprechung des EuGH keine nähere Ausformung erfahren.

Die Problematik der so verstandenen Untergrenze verschärft sich, sofern man dazu auch die aus dem Loyalitätsprinzip des Art. 4 Abs. 3 EUV herzuleitende Pflicht zur strikten Anwendung vorhandener Sanktionsnormen des nationalen Strafrechts zählt.

---

90 EuGH C-501/14, Urteil vom 19.10.2016 – EL-EM-2001 Ltd., Rdn. 37 ff.; EuGH C-210/10, Urteil vom 9.2.2012 – Urban, Rdn. 23, 41; zum Inhalt des Prinzips näher EuGH C-477/14, Urteil vom 4.5.2016 – Pillbox, Rdn. 48.
91 EuGH C-387/02, Urteil vom 3.5.2005 – Berlusconi, Rdn. 72.
92 *Hecker* 7/Rdn. 36, 41; *Satzger* IntStrR § 9/11 ff.

Wenn staatliche Stellen eines Mitgliedstaates Abschöpfungen (Zoll) nicht erheben, obwohl sie dazu unionsrechtlich verpflichtet sind, und wenn der Staat es absichtlich unterlässt, die Schuldigen dafür zur Rechenschaft zu ziehen, dann geht es in Wahrheit nicht um die Grenzen staatlicher Sanktionsbefugnis, sondern allein um Fragen persönlicher Rechtstreue. Es erscheint sachgemäß, diese Fragen unter der Kategorie eines europäischen Legalitätsprinzips (Kap. 9/ 5, 9) zu behandeln. Hiernach erscheint ein System von Ober- und Untergrenzen wenig geeignet, den Gestaltungsspielraum des nationalen Strafgesetzgebers substantiell zu umreißen.

> **!** **Stichworte:** Bei der Durchführung des Rechts der Union durch die Mitgliedstaaten gelten europäische Garantienormen unmittelbar für die handelnden Institutionen, und zwar auch, soweit nationales Recht zur Anwendung gelangt. Garantienormen sind die allgemeinen Grundsätze des Unionsrechts, die Grundrechte und die Grundfreiheiten.

3. Kompetenzen zum Erlass unmittelbar geltender Straf- und Strafverfahrensnormen

a) Generelle Zuständigkeit kraft Sachzusammenhangs?

20 Seit langem streitig war die Frage, ob die Verträge der Gemeinschaft generell die Befugnis einräumten, Strafvorschriften mit unmittelbarer, supranationaler Geltung in allen Mitgliedstaaten zu erlassen.[93] Dagegen wurde u.a. eingewandt, dass dem das Prinzip der begrenzten Einzelermächtigung entgegenstehe, weil – zunächst – strafrechtliche Kompetenznormen für die Gemeinschaft gänzlich fehlten. Nach dem Inkrafttreten der Verträge von Maastricht und Amsterdam ergab sich zusätzlich das Argument, dass der Bereich des Strafrechts einschließlich des Verfahrensrechts den besonderen Regelungen der dritten Säule vorbehalten worden war. Diese sahen eine Zusammenarbeit der Mitgliedstaaten auf völkerrechtlicher Basis vor, nicht hingegen ein Tätigwerden der Gemeinschaft mit supranationaler Wirkung.

Die Befürworter einer supranationalen Strafrechtskompetenz verwiesen im Kern vor allem auf die Pflicht der Gemeinschaft, den Verträgen zu voller Wirksamkeit zu verhelfen. Deshalb müsse, wo der Einsatz des Strafrechts geboten sei, eine Gemeinschaftskompetenz kraft Sachzusammenhangs bestehen.

Eine Kompetenz der Gemeinschaft zum Erlass unmittelbar geltender Strafrechtsnormen wurde überwiegend abgelehnt. Aber für eine durch Richtlinien auszuübende Anweisungskompetenz fanden sich für die Materie Strafrecht,

---

93 Übersicht bei *Hecker* 4/Rdn. 73; *Schröder* Richtlinien S. 112 ff., 161.

gestützt auf Art. 94 EGV, beachtliche Stimmen, soweit es um den Schutz der finanziellen Interessen der Union und um ergänzende Regelungen zur Durchsetzung harmonisierter Politikfelder insbesondere im Wirtschaftsrecht ging. Auch das Wort „Annex" wurde hierfür bereits benutzt.[94]

Durchgesetzt haben sich mit Hilfe des EuGH die Befürworter einer Regelungskompetenz. Der EuGH hat – ganz im Sinne des effet utile – der Gemeinschaft eine strafrechtliche Gesetzgebungskompetenz für die Gebiete zugesprochen, auf denen ihr Vorhandensein zur Durchsetzung außerstrafrechtlicher Politiken geboten war (Kap. 4/48). Das bedeutete, dass der Gemeinschaftsgesetzgeber Normen des Nebenstrafrechts schaffen durfte, nicht jedoch Straftatbestände im Bereich des Kernstrafrechts. Diese Rechtsprechung des EuGH hat der Vertrag von Lissabon in Art. 83 Abs. 2 AEUV mit der Schaffung der so genannten **Annexkompetenz** der Union legalisiert, jedoch mit einer wichtigen Grenze. Zulässiges Mittel bei der Wahrnehmung der Annexkompetenz ist allein die Richtlinie. Unmittelbar geltendes, supranationales Recht darf die Union somit jedenfalls nicht aufgrund der allgemeinen Bestimmung des Art. 83 AEUV setzen.

Damit ist kein Raum mehr für die Annahme, die EU könne generell kraft Sachzusammenhangs zum Erlass von Rechtsnormen im Bereich des Strafrechts und des Strafverfahrensrechts zuständig sein.[95] Das Prinzip der begrenzten Einzelermächtigung bildet dafür eine eindeutige Sperre. Es verlangt für jeden Bereich ausdrückliche Kompetenzzuweisungen in den Verträgen. Ein Sachzusammenhang zwischen verschiedenen Rechtsmaterien ist keine Einzelzuweisung; beides liegt auf verschiedenen Ebenen. Während ein Sachzusammenhang ein objektives, in der Natur der in Betracht kommenden Bereiche liegendes Näheverhältnis darstellt, ist die Kompetenzzuweisung ein bewusster gesetzgeberischer Akt.

Die Rechtsprechung des EuGH, die letztlich zur Verankerung der Annexkompetenz in den Verträgen geführt hat (Kap. 4/48), kann deshalb zwar als historisch notwendige Vervollkommnung des integrativen Instrumentariums der EU gelten. Aber gerade die Entwicklungsgeschichte und die Begrenzung der vorgenommenen Kodifizierung auf die Ergebnisse der Rechtsprechung in Art. 83 Abs. 2 AEUV hindern die Annahme, dass der Vertragsgesetzgeber dem Gedanken des Sachzusammenhangs weiteren Raum eingeräumt hat. Zugleich entfaltet Art. 83 Abs. 2 AEUV eine **Sperrwirkung** (Kap. 4/49) derart, dass in den

---

94 *Streinz* Otto-Festschrift S. 1029, 1035 f.; *Tiedemann* Roxin-Festschrift S. 1401, 1412.
95 Im Ergebnis ebenso *Ambos* IntStrR § 9/6; *Hecker* 4/Rdn. 77, 80; *Satzger* IntStrR § 8/29.

von der Annexkompetenz abgedeckten Bereichen als gesetzgeberisches Mittel allein die Richtlinie, nicht jedoch die Verordnung, zulässig ist.[96]

b) Auslegung von Spezialbestimmungen

21 Damit stellt sich allein noch die Frage, ob im Vertrag von Lissabon Spezialvorschriften existieren, welche zur Setzung supranationalen Rechts auf bestimmten Gebieten ermächtigen. Bestimmungen, die ihrem Wortlaut nach eine ausdrückliche Kompetenzzuweisung dieser Art enthalten, finden sich in den Verträgen nicht. Es kann daher nur darum gehen, ob sich eine solche Zuständigkeit der EU mittels Auslegung begründen lässt.[97] Im Schrifttum werden in dieser Hinsicht die Art. 33 (Zollunion), 40 Abs. 2; 43 Abs. 2 (Landwirtschaft und Fischerei), 79 Abs. 2 Buchst. d) (Menschenhandel), 91 Abs. 1 Buchst. a) (Verkehrspolitik), 141 (Binnenmarkt) und 325 Abs. 4 AEUV (Schutz der finanziellen Interessen der Union) genannt.[98]

22 **aa)** Hiervon bewegen sich die Vorschriften zur Landwirtschaft und Fischerei sowie zur Verkehrspolitik auf Gebieten, auf denen die EU Harmonisierungsmaßnahmen ergriffen hat. Sie unterliegen daher von vornherein der Sperrwirkung des Art. 83 Abs. 2 AEUV, nach der hier strafrechtliche Regelungen allenfalls durch Richtlinien getroffen werden dürfen.

23 **bb) Art. 33 AEUV** ergibt, auch in der Zusammenschau mit Art. 32 AEUV, selbst dann keine strafrechtliche Unionskompetenz, wenn man eine solche im Zollwesen für sachangemessen hält. Art. 33 wendet sich mit dem dort bezeichneten Ziel der Zusammenarbeit an die Akteure der EU, d.h. die Mitgliedstaaten und die Kommission. Privatpersonen, welche Zollstraftaten verüben, stehen völlig außerhalb dieses Adressatenkreises. Als Rechtsgrundlage für den Erlass von supranationalen Strafvorschriften wäre Art. 33 AEUV allein mithilfe einer völligen Umformung seiner Zielrichtung zu verwenden. Das ist aber auch bei historischer Auslegung nicht angezeigt.

Zwar enthielt die ansonsten gleichlautende Vorgängerbestimmung im Vertrag von Amsterdam (Art. 135 EGV) einen jetzt weggefallenen Zusatz, welcher lautete:

---

96 Vgl. *Hecker* 7/Rdn. 15.
97 Umfassend zur Gesamtproblematik *Grünewald* JR 2015, 245; zu einem bereichsspezifischen Allgemeinen Teil S. 252 f.
98 *Hecker* 4/Rdn. 76.

„Die Anwendung des Strafrechts der Mitgliedstaaten und ihre Strafrechtspflege bleiben von diesen Maßnahmen unberührt."

Die Folgerung, dass der Wegfall dieser Klausel den Art. 33 AEUV für den Erlass von supranationalen Strafvorschriften geöffnet habe, ist angesichts von dessen Wortlaut und Zielrichtung aber nicht nahe liegend; einleuchtender erscheint der Schluss, dass die Klausel deshalb weggefallen ist, weil sie nicht nur überflüssig, sondern sachlich unrichtig wäre; denn auch für diese Materie gilt Art. 83 Abs. 2 AEUV[99] einschließlich seiner Sperrwirkung.

cc) Die Bekämpfung von Menschenhandel ist eine Materie des Kernstrafrechts. **24** Aus **Art. 79 Abs. 2 Buchst. d) AEUV** lässt sich dafür aber keine Zuständigkeit herleiten, weil dieselbe Materie in Art. 83 Abs. 1 Unterabsatz 2 AEUV ausdrücklich und abschließend geregelt sowie auf den Erlass von Richtlinien begrenzt ist. Wenn beide bezeichneten Vorschriften strafrechtliche Kompetenznormen wären, könnte dies nur auf einem Versehen beruhen, dessen Korrektur aus systematischen Gründen – Standort des Kernstrafrechts ist Art. 83 Abs. 1 – zum Vorrang dieser letztgenannten Bestimmung führen müsste. Aber Art. 79 AEUV befasst sich überhaupt nicht mit Strafrechtsfragen, sondern mit der gemeinsamen Einwanderungspolitik, welche auch die Verhütung und verstärkte Bekämpfung von illegaler Einwanderung und Menschenhandel gewährleisten soll – so der Wortlaut von Art. 79 Abs. 1 AEUV. Es geht in der Vorschrift bei zutreffender Auslegung folglich um Verwaltungsrecht, nicht um Strafrecht.[100] Dieser Auffassung ist auch der Unionsgesetzgeber, der sich mit seiner 2011 erlassenen Richtlinie zur Bekämpfung des Menschenhandels auf Art. 83 Abs. 1 AEUV gestützt hat.[101]

Dasselbe gilt für Art. 141 AEUV. Die Vorschrift über den Binnenmarkt wird im Schrifttum zwar als geeignete Rechtsgrundlage auch strafrechtlicher Maßnahmen der EU, insbesondere gegen Geldwäsche,[102] betrachtet. Dem kann jedoch nicht gefolgt werden.

---

99 *Böse* in *Böse* Enz. § 4/25; a.A. *Safferling* IntStrR § 10/43; *Satzger* IntStrR § 8/25 a.E.; *Schramm* IntStrR 4/Rdn. 19; *Vogel/Brodowski* in *Sieber u.a.* EurStrR § 5/6b.
100 *Böse* in *Böse* Enz. § 4/25; *Grünewald* JZ 2011, 972, 974; kompliziert *Satzger* IntStrR § 8/26, § 9/51; a.A. *Krüger* HRRS 2012, 311, 312; *Mansdörfer* HRRS 2010, 11, 18; *Schramm* IntStrR 4/Rdn. 20.
101 Richtlinie 2011/36/EU vom 5.4.2011 zur Verhütung und Bekämpfung des Menschenhandels und zum Schutz seiner Opfer sowie zur Ersetzung des Rahmenbeschlusses 2002/629/JI – ABl. 2011 L 101 S. 1.
102 *Hecker* 11/Rdn. 56.

25 **dd)** Besonderer Betrachtung bedarf **Art. 325 AEUV.** Auch seine Vorgängervorschrift – Art. 280 Abs. 4 in der Fassung des Vertrags von Amsterdam – enthielt die bei Art. 33 AEUV erwähnte Klausel, wonach die Anwendung des Strafrechts der Mitgliedstaaten unberührt bleibe; sie ist ebenfalls weggefallen. Die Vorschrift steht im Sechsten Teil, Titel II des AEUV, der sich mit den Finanzvorschriften befasst, aber noch nach den Gemeinsamen Bestimmungen für die Finanzvorschriften und in einem eigenen Kapitel 6. Bereits diese Gliederung legt die Vermutung nahe, dass Gegenstand des Art. 325 AEUV weder Finanzvorschriften noch sonst verwaltungsrechtliche Regelungen sind. Nach der Rechtsprechung des EuGH hat die Bestimmung zudem herausragende Bedeutung im Kampf gegen Verhaltensweisen, welche eine Schädigung der finanziellen Interessen der Union zum Ziel haben. Aus ihr ergibt sich beispielsweise unmittelbar eine Pflicht der Mitgliedstaaten, die Mittel der Strafverfolgung wirksam gegen schwere Steuerstraftaten, welche EU-Interessen berühren, einzusetzen. Nationale Rechtsvorschriften, die der Wirksamkeit der Strafverfolgung im Wege stehen – wie zu kurze Verjährungsfristen – bleiben dann unangewendet.[103] Daher drängt sich die Annahme auf, dass Art. 325 AEUV einen besonderen Charakter und eine besondere Zielrichtung hat. Das wird durch eine Textanalyse bestätigt.

Das Ziel der Vorschrift ist nach ihrem Absatz 1 der Kampf gegen Betrügereien und sonstige gegen die finanziellen Interessen der Union gerichtete rechtswidrige Handlungen. Die Worte „Betrügereien" und „rechtswidrige Handlungen" sind der strafrechtlichen Terminologie entlehnt und assoziieren sogleich als notwendige und übliche staatliche Reaktion den Einsatz des Strafrechts. Weiterhin sollen nach dem Wortlaut der Vorschrift die zu ergreifenden Maßnahmen „abschreckend" sein und einen „effektiven Schutz" bewirken. Die Wortwahl nimmt den Sprachgebrauch des EuGH auf, nach dem es – nicht nur,[104] aber vornehmlich – die strafrechtlichen Sanktionen sind, die „abschreckend, wirksam und verhältnismäßig" sein müssen (Kap. 3/9).

Absatz 2 wendet sich danach dem Recht der Mitgliedstaaten zu und enthält eine „Assimilierungsklausel", welche sich erkennbar auf das Strafrecht bezieht.[105] Die Wortwahl – Bekämpfung von Betrügereien – ist identisch mit der in den anderen Absätzen der Vorschrift; es liegt nahe, dass sie auch dasselbe meint.

Die Kompetenzzuweisung in Absatz 4 des Art. 325 AEUV ermächtigt die Union sodann, zum Zwecke der Verhütung und Bekämpfung von Betrügereien,

---

103 EuGH C-105/14, Urteil vom 8.9.2015 – Taricco, Rdn. 39, 50.
104 Vgl. für arbeitsrechtliche Sanktionen EuGH C-14/83, Urteil vom 10.4.1984 – Von Colson u. Kamann, Rdn. 28; EuGH C-79/83, Urteil vom 10.4.1984 – Harz, Rdn. 28.
105 *Safferling* IntStrR § 10/22, 42.

die sich gegen die finanziellen Interessen der Union richten, auch Verordnungen zu erlassen. Das Wort „Betrügereien" wird hier wiederholt. Die Analyse weist hiernach – in verschlüsselter Form, aber deutlich – darauf hin, dass eine **Zuständigkeit der EU** zum Erlass sektoralen supranationalen Strafrechts **begründet** ist.[106]

Dafür spricht auch die historische Auslegung. Art. 325 AEUV ist nahezu wortgleich mit der Vorgängervorschrift – Art. 280 EGV – formuliert. Auch seinerzeit ergab der Text daher eine Ermächtigung der Gemeinschaft zur Schaffung supranationalen Strafrechts. Um sie auszuschließen, bedurfte es zwingend der oben bei Art. 33 AEUV zitierten Vorbehaltsklausel für das Strafrecht. Ihre Einfügung hatte konstitutive Bedeutung; ihr Wegfall macht somit den Weg für die gebotene Textinterpretation frei.[107] Die Sachlage ist hier also anders als bei Art. 33 AEUV zu beurteilen.

Das Ergebnis wird schließlich auch durch systematische Erwägungen gestützt. Art. 325 AEUV kann nicht isoliert, sondern muss im Zusammenhang mit Art. 86 AEUV gelesen werden.[108] Dieser Artikel ermächtigt die Union zur Errichtung einer Europäischen Staatsanwaltschaft, deren Zuständigkeit – zunächst – auf die Bekämpfung von Straftaten zum Nachteil der finanziellen Interessen der Union begrenzt ist. Art. 86 Abs. 2 AEUV legt fest, dass der Errichtungsakt die Straftaten bezeichnen muss, für deren Verfolgung die Staatsanwaltschaft zuständig sein soll. Das setzt voraus, dass europäische Straftatbestände formuliert sind. Ein Verweis auf das nicht harmonisierte materielle Strafrecht der Mitgliedstaaten würde den Anforderungen des Art. 86 Abs. 2 nicht genügen; anderenfalls würde man eine neue Behörde errichten, ihr aber das notwendige Handwerkszeug vorenthalten. Ihre Arbeit wäre kaum durchführbar, wenn sie das materielle Strafrecht von vielen Mitgliedstaaten zu überblicken und anzuwenden hätte.

Diese Auffassung teilt auch der europäische Gesetzgeber. Der von der Kommission vorgelegte Vorschlag für eine Richtlinie, welche die materiellen Strafvorschriften der Mitgliedstaaten zum Schutze der finanziellen Interessen der Union harmonisieren soll, ist auf Art. 325 Abs. 4 AEUV gestützt. Die Euro-

---

106 Ebenso *Ambos* IntStrR § 9/8; *Dannecker* in *Böse* Enz. § 8/27; *Esser* EuIntStrR § 2/125; *Hecker* 4/Rdn. 82; *Meyer* EuR 2011, 169; 185; *Rosenau/Petrus* in *Vedder/Heintschel/v. Heinegg* Art. 83 Rdn. 7; *Satzger* IntStrR § 8/25; *Schramm* IntStrR 4/Rdn. 16; JZ 2014 749, 753; *Vogel/Brodowski* in *Sieber u.a.* EurStrR § 5/5, 6b; a.A. *Böse* in *Böse* Enz. § 4/24; *Sturies* HRRS 2012, 273; *Zöller* in *Böse* Enz. § 21/96.
107 Anders – deklaratorische Bedeutung der Klausel – *Krüger* HRRS 2012, 311, 316.
108 *Grünewald* JZ 2011, 972, 976; *Krüger* HRRS 2012, 311, 317, *Weißer* GA 2014, 433.

päische Staatsanwaltschaft soll ihre Tätigkeit erst aufnehmen, wenn die Rechtsangleichung in den Mitgliedstaaten vollzogen ist.[109]

Die Frage, ob möglicherweise sogar Art. 86 Abs. 2 AEUV selbst eine eigene
Rechtsgrundlage zum Erlass von Strafvorschriften sei,[110] erweist sich damit als
gegenstandslos. Es ergäbe keinen Sinn, in Art. 86 und Art. 325 Kompetenznormen mit demselben Inhalt zu erblicken. Dass Art. 86 Abs. 2 – anders als
Art. 325 – von Tätern und Teilnehmern spricht, hat keine konstitutive Bedeutung, sondern spiegelt die in den europäischen Rechtsakten ständig praktizierte
Übung wieder, Täter und Teilnehmer gleich zu behandeln.

Damit verlieren zugleich aus dem Subsidiaritätsprinzip hergeleitete Einwände gegen eine materiellrechtliche Rechtsetzungskompetenz der EU nach
Art. 325 AEUV an Gewicht. Gestatten die Verträge die Errichtung einer Europäischen Staatsanwaltschaft, der man aus Sachgründen das notwendige Rüstzeug
mitgeben muss, dann stellt sich die Subsidiaritätsfrage nicht mehr im Rahmen
des Art. 325 AEUV, sondern allein bei der Errichtung der Europäischen Staatsanwaltschaft.

26   Nicht entkräftet sind damit allerdings andere **Bedenken**. Art. 86 Abs. 2
AEUV begründet eine Verfolgungszuständigkeit für „Täter oder Teilnehmer". Es
stellt sich die Frage, ob Straftatbestände, welche herkömmlicherweise einem
Besonderen Teil des StGB zugewiesen sind, ohne Normen eines zugehörigen
Allgemeinen Teils vollziehbar sind. Zum Erlass eines Allgemeinen Teils besteht
jedoch keine Unionskompetenz.[111] Die Erwägung, insoweit bereichsspezifische
Vorschriften zu erlassen, hilft nicht weiter. Zwar wird eine Unionskompetenz
kraft Sachzusammenhangs insoweit mitunter mit guten Gründen bejaht.[112] Aber
derartige Vorschriften führen zu kaum lösbaren Komplikationen, wenn eine
oder mehrere Taten zu beurteilen sind, die teils nach Unionsrecht, teils nach
nationalem Recht strafbar sind. Hat ein Täter Fördermittel erschwindelt, wodurch teils die EU, teils der Mitgliedstaat geschädigt wurde, sind unterschiedliche Kriterien für die Annahme von Täterschaft und Teilnahme oder über den
Beginn des Versuchs kaum hinnehmbar. Auch inhaltlich können sich gegen
bereichsspezifische Regelungen Bedenken ergeben, weil sie typischerweise auf

---

109 Vorschlag der Kommission für eine Richtlinie über die strafrechtliche Bekämpfung von
gegen die finanziellen Interessen der Europäischen Union gerichtetem Betrug, COM (2012) 363;
Vorschlag der Kommission für eine Verordnung über die Errichtung der Europäischen Staatsanwaltschaft, COM (2013) 534, Art. 75 Abs. 2.
110 Ablehnend *Satzger* IntStrR § 8/30; *Zöller* in *Böse* Enz. § 21/96.
111 *Ambos* IntStrR § 11/11; *Satzger* ZIS 2016, 771, 773; *Schramm* IntStrR 4/47; a.A. *Bleckmann*
Stree/Wessels-Festschrift S. 107, 113; *Weißer* GA 2014, 433, 444 ff.
112 *Brons* S. 124 f.; *Satzger* ZIS 2016, 771 775; *Stuckenberg* in *Böse* Enz. § 10/4, 6; umfassend
Grünewald JR 2015, 245.

die Straftatbestände des speziellen Bereichs zugeschnitten und damit einseitig wären.[113] Doch sollten die Hindernisse auch nicht dramatisiert werden.[114] Nach den Vorstellungen der Kommission soll zunächst eine Richtlinie Rechtsangleichung in den Mitgliedstaaten herbeiführen. Da die Anwendung der angeglichenen Rechtsvorschriften alsdann „Durchführung von Unionsrecht" sein wird, lassen sich die Bedenken jedenfalls durch eine zukünftige Rechtsprechung des EuGH ausräumen, der dazu aufgerufen sein wird, auch in diesem Bereich als Motor der Integration zu wirken (Kap. 14/2).

Angesichts der engen Berührungen zwischen Art. 325 Abs. 4 und Art. 83 **27** Abs. 1 AEUV – Geldwäsche und Korruption können in beiden Bereichen relevant werden – könnte es zwar als folgerichtig erscheinen, die Vorschrift über die **„Notbremse"** nach Art. 83 Abs. 3 AEUV analog auch im Rahmen der EU-Kompetenz zur Bekämpfung von Betrügereien zum Nachteil der finanziellen Interessen der Union anzuwenden.[115] Aber Art. 325 AEUV schützt Bestand und finanzielle Fähigkeiten der Union, Art. 83 Abs. 3 AEUV betrifft die Mitgliedstaaten, und bei ihnen mit den grundlegenden Aspekten ihrer Strafrechtsordnung ethische und rechtsstaatliche Gesichtspunkte. Es fehlt daher an vergleichbaren, für eine Analogie geeigneten Sachverhalten. Eine Differenzierung danach, ob der Unionsgesetzgeber sich des Mittels der Verordnung oder der Richtlinie bedient hat,[116] würde zudem dem formalen Charakter der Maßnahme sachlich einen höheren Rang beilegen als den in Art. 83 Abs. 3 AEUV gemeinten Grundlagen der Strafrechtsordnung.

Dem Wortlaut von Art. 86 Abs. 3 AEUV zweifelsfrei zu entnehmen ist hingegen die Kompetenz des Unionsgesetzgebers, mit unmittelbarer Geltung in der gesamten Union **verfahrensrechtliche Normen** zu erlassen, welche die Erfüllung der Aufgaben der künftigen Europäischen Staatsanwaltschaft regeln.[117]

ee) Art. 75 AEUV. Eher am Rande liegend und lediglich der Vollständigkeit **28** halber zu erwähnen ist Art. 75 AEUV. Die Vorschrift enthält – ebenso wie Art. 215 AEUV[118] – eine gemischt präventiv-polizeiliche und strafprozessuale Ermächtigung, die zwecks Verhütung und Bekämpfung von Terrorismus das Einfrieren von Vermögenswerten sowie die Überwachung von Zahlungsvorgän-

---

113 *Weigend* Roxin-Festschrift S. 1375, 13 181; ferner *Eckstein* ZStW 124 (2012) 490, 520; *Grünewald* JZ 2011, 972, 976.
114 Vgl. *Stuckenberg* in *Böse* Enz. § 10/2; *Vogel* in *Böse* Enz. § 7/32.
115 *Hecker* 8/Rdn. 46, 58.
116 So *Satzger* IntStrR § 9/53, 54.
117 Zu den Problemen *Grünewald* HRRS 2013, 508; *Hecker* 14/Rdn. 49 ff.; *Satzger* IntStrR § 10/22 ff.; *Schramm* JZ 2014, 749, 756.
118 Dazu EuGH C-130/10, Urteil vom 19.7.2012 – Parlament ./. Rat.

gen und Kapitalbewegungen ermöglicht. Zulässige Maßnahme ist die Verordnung, welche im ordentlichen Gesetzgebungsverfahren zu erlassen ist. Eine Ermächtigung zum Erlass materiell-rechtlicher Strafvorschriften liegt darin nicht.[119] Im Zusammenhang mit der Erörterung des Verhältnisses des EU-Rechts zum Völkerrecht ist ein einschlägiger Fall bereits behandelt[120] (Kap. 2/22).

❗ Stichworte: Nur Art. 325 Abs. 4 AEUV enthält eine spezielle Ermächtigung der Union zum Erlass unmittelbar geltender Strafrechtsnormen.

---

4. Anweisungskompetenzen

29 Abgesehen von diesen Vorschriften, welche unmittelbar gelten oder zur Schaffung von unmittelbar geltenden, supranationalen Normen ermächtigen, beschränkt sich die Unionskompetenz im Bereich des Strafrechts auf das Ziel der Harmonisierung. Sie wird ausgeübt durch Richtlinien, d.h. durch Anweisungen an die Mitgliedstaaten zur Schaffung nationalen Rechts gemäß den Vorgaben der Union. Im Bereich des Strafprozessrechts soll zunächst das Ziel der gegenseitigen Anerkennung justizieller Entscheidungen verwirklicht werden, sodann besteht aber auch hier eine Angleichungskompetenz. Keine Kompetenz besteht zur Aufhebung nationaler Rechtsvorschriften, also zur „Entkriminalisierung".[121]

a) Strafprozessrecht

Das Strafprozessrecht regelt im Einzelnen Art. 82 AEUV. In den Absätzen 1 und 2 schafft er Kompetenznormen mit verschiedener Zielsetzung.

aa) Anerkennungsprinzip

30 Absatz 1 des Art. 82 AEUV legt zunächst den Grundsatz der gegenseitigen Anerkennung gerichtlicher Urteile und anderer Entscheidungen fest. Danach sollen justizielle Entscheidungen – vorbehaltlich eines Anerkennungsaktes im jeweiligen Mitgliedstaat – **europaweit verkehrsfähig** werden. Wie bereits mit dem Europäischen Haftbefehl begonnen, entfalten somit Entscheidungen, welche in einem Unionsstaat erlassen werden, im Prinzip unmittelbare Wirkung für das gesamte Gebiet der Union (dazu näher Kap. 6/33, 34). Zu diesem Zweck dürfen

---

119 *Krüger* HRRS 2012, 311, 313; zurückhaltend *Vogel/Brodowski* in *Sieber u.a.* EurStrR § 6/58.
120 EuGH C-402/05 P und EuGH C-415/05 P, Urteil vom 3.9.2008 – Kadi und Al Barakaat.
121 *Schramm* IntStrR 1/48.

im ordentlichen Gesetzgebungsverfahren Maßnahmen verabschiedet werden, welche Regeln für die gegenseitige Anerkennung von Gerichtsentscheidungen enthalten, Kompetenzkonflikte zwischen den Mitgliedstaaten verhindern und die Zusammenarbeit zwischen den Justizbehörden – und zwar allen Justizbehörden, das heißt Gerichten und Staatsanwaltschaften – im Rahmen der Strafverfolgung und der Strafvollstreckung erleichtern. Da der Vertrag hier von „Maßnahmen" spricht, sind nach seinem Wortlaut an sich alle Rechtssetzungsinstrumente der Union (Verordnung, Richtlinie, Beschluss – zuvor nur Rahmenbeschlüsse –) verfügbar. Ob aber etwa von dem Instrument der Verordnung Gebrauch gemacht werden darf, ist in erster Linie nach den Grundsätzen des Subsidiaritätsprinzips zu beantworten.

Eine weitere Zuständigkeit betrifft die Vermeidung konkurrierender nationaler Zuständigkeiten. Maßnahmen zur Verhinderung von Kompetenzkonflikten haben zum Ziel, die doppelte Strafverfolgung derselben Tat in mehreren Staaten von vornherein zu unterbinden. Kompetenzkonflikte können bekanntlich entstehen, weil die Zuständigkeit des deutschen Staates nach §§ 3–7 StGB nichts über die Zuständigkeit anderer Staaten aussagt (einseitige Kollisionsnormen). Dazu existiert auch ein Rahmenbeschluss,[122] der in einschlägigen Fällen gegenseitige Informationspflichten und Konsultationen vorsieht. Die Konsultationen sollen ein Einvernehmen darüber herstellen, welcher Staat das Verfahren durchführt, damit die nachteiligen Wirkungen einer mehrfachen Strafverfolgung vermieden werden können (näher Kap. 2/23).

Das Anerkennungsprinzip hat aber nicht nur Auswirkungen im Strafprozessrecht, sondern auch im **materiellen Strafrecht**. Ein in Deutschland umgesetzter Rahmenbeschluss der EU verlangt, dass in einem fremden Mitgliedstaat ergangene **frühere Verurteilungen** in einem neuen Strafverfahren in demselben Maße berücksichtigt werden wie im Inland ergangene frühere Verurteilungen, und dass sie mit gleichwertigen Rechtswirkungen versehen werden.[123] Danach müssen beispielsweise ausländische Vorverurteilungen in Deutschland in demselben Rahmen und nach denselben Grundsätzen wie inländische Vorstrafen bei der Strafzumessung berücksichtigt werden. Bei der Umsetzung des Rahmenbeschlusses in deutsches Recht[124] bedurfte es hierzu keiner Änderung des Gesetzeswortlauts, da das Ergebnis sich durch Auslegung des Begriffes „Vorleben" nunmehr zwingend aus § 46 Abs. 2 StGB ergibt. In gleicher Weise muss

31

---

122 Rahmenbeschluss 2009/948/JI v. 30.11.2009 (ABl. L 328 S. 42).
123 Rahmenbeschluss zur Berücksichtigung der in anderen Mitgliedstaaten der EU ergangenen Verurteilungen in einem neuen Strafverfahren vom 24.7.2008 (ABl. L 220 S. 32).
124 Umsetzungsgesetz Rahmenbeschlüsse Einziehung und Vorverurteilungen vom 2.10.2009 (BGBl. I S. 3214).

eine ausländische Verurteilung, die nach deutschem Recht gesamtstrafenfähig wäre, als ausländische Entscheidung aber in eine deutsche Strafe nicht einbezogen werden kann, bei der Strafzumessung im Rahmen eines Härteausgleichs mildernd berücksichtigt werden. Dazu ist die Rechtsprechung nach Art. 3 Abs. 5 Satz 2 des Rahmenbeschlusses ausdrücklich verpflichtet.[125]

Im Bereich des Verfahrensrechts genügt zur Einstellung des in Deutschland anhängigen Verfahrens gemäß § 154 StPO das Vorliegen einer ausländischen Verurteilung.[126] Näher hierzu Kap. 5/16.

Geltung kraft Unionsrechts hat das Anerkennungsprinzip auch in Vorschriften des **Verwaltungs- und Sozialrechts**, welche mittelbar für die Erfüllung eines **Straftatbestandes** von Bedeutung sind. Ausländische Verwaltungsakte sind häufig selbst dann in Deutschland wirksam, wenn sie missbräuchlich herbeigeführt worden sind. Als Beispiel sei der Erwerb einer ausländischen Fahrerlaubnis nach Entziehung der inländischen genannt (Führerscheintourismus). Hierzu Kap. 5/9 ff.

bb) Problematik des Anerkennungsprinzips

32 Art. 82 Abs. 1 AEUV hat zum Ziel, die Zusammenarbeit zwischen den Mitgliedstaaten auf strafrechtlichem Gebiet entscheidend zu vereinfachen und zu verbessern. Das darf aber nicht darüber hinwegtäuschen, dass das dazu gewählte Mittel des Anerkennungsprinzips den Rahmen zwischenstaatlicher Rechtshilfe weder begrifflich noch der Sache nach verlässt. Die Beurteilung der programmatischen Wahl dieses Prinzips wie auch der Effektivität seiner Verwirklichung hängt damit entscheidend davon ab, inwieweit die Nachteile und Anachronismen des Rechtshilfeverfahrens überwunden oder zumindest auf ein erträgliches Maß reduziert werden können. Der Gedanke der staatlichen Souveränität ist besonders im Rechtshilferecht weiterhin virulent. Der Anerkennungsgrundsatz wird sich deshalb auch nicht ohne essentielle Rechtsangleichung bruchlos verwirklichen lassen.[127]

33 **Generell** gibt es bei der **internationalen Rechtshilfe** vertraglichen und vertraglosen Verkehr. Rechtsgrundlage für den vertraglichen Verkehr sind bilaterale oder multilaterale völkerrechtliche Verträge, ergänzend ist hier das IRG heranzuziehen. Der vertraglose Verkehr bestimmt sich allein nach dem IRG. Die durch Art. 82 Abs. 1 AEUV ermöglichte Zusammenarbeit der Mitgliedstaaten der

---

125 Ebenso BGH, Beschluss vom 27.1.2010 – 5 StR 432/09, StV 2010, 238.

126 Schriftl. Bericht des Rechtsausschusses des BT zum Umsetzungsgesetz BTDrucks. 16/13.673 S. 9; dazu vgl. auch *Hackner/Schierholt* Rdn. 4, Fn. 20.

127 Ebenso *Hauck* in *Böse* Enz. § 11/49.

EU auf strafrechtlichem Gebiet steht dazwischen, weil die nationalen Regelungen durch supranationales Recht dominiert sind.

Das Instrument der herkömmlichen Rechtshilfe war umständlich, langwierig und vor allem nicht umfassend. Rechtshilfe konnte meist abgelehnt werden bei politischen Straftaten, Steuerstraftaten, militärischen Straftaten. Besondere Hindernisse für die Gewährung von Rechtshilfe konnten unterschiedliche Verjährungsfristen, das Erfordernis beiderseitiger Strafbarkeit der Tat in den in Betracht kommenden Staaten, schließlich das Spezialitätsprinzip sein. Dieses zuletzt genannte Prinzip ist ein eherner Grundsatz der Rechtshilfe und besagt, dass die Verurteilung des Ausgelieferten nur wegen der Taten erfolgen darf, die der Auslieferungsbewilligung zugrunde liegen. Sollen andere Taten abgeurteilt werden, muss der ausliefernde Staat dazu um seine Zustimmung gebeten werden. Das nationale Rechtshilfeverfahren war ferner seit jeher zweigeteilt. Der Staat beispielsweise, welcher einen Beschuldigten in sein Hoheitsgebiet verbracht haben wollte, hatte an den anderen Staat ein Ersuchen um Festnahme des Beschuldigten zu richten. Wenn die Festnahme erfolgt war, musste binnen 40 Tagen ein Auslieferungsersuchen folgen, dem eine Reihe von Unterlagen beizufügen war. Im ersuchten Staat prüfte sodann ein Gericht die Zulässigkeit der Auslieferung. Daran schloss sich ein behördliches Bewilligungsverfahren an, in dem die Regierung nach freiem, gerichtlich nicht überprüfbarem Ermessen entschied, ob sie die – rechtlich für zulässig befundene – Auslieferung unter vornehmlich außenpolitischen Gesichtspunkten gestatten will.[128] Das Verfahren war schwerfällig, bürokratisch und zeitraubend. Die Vorschriften des Zweiten Teils des IRG, die für den vertraglosen Auslieferungsverkehr mit Drittstaaten gelten, bieten dafür ein anschauliches Bild. Die Staaten Europas haben viele bilaterale und multilaterale Verträge geschlossen, um die grenzüberschreitende Strafverfolgung und -vollstreckung zu erleichtern und zu vereinfachen. Ein Durchbruch ist nicht gelungen. Außerdem ist das Verhältnis des bisherigen Völkerrechts zu neuen Rechtsakten vielfach unklar oder unübersichtlich.[129]

Die Hemmnisse im traditionellen Rechtshilferecht beruhten auf dem Gedanken, dass zwar die gemeine Kriminalität grenzüberschreitend bekämpft werden sollte, dass aber Zurückhaltung geboten sei bei Taten, die die Struktur und die Souveränität der Staaten berühren. Diese Erwägungen sind teils **überholt,** teils **widersprechen** sie den Zielen der Verträge.

Im Raum der Freiheit, der Sicherheit und des Rechtes ist die Verweigerung 34 der Rechtshilfe bei den meisten der herkömmlichen Versagungsgründe ein

---

128 OVG Berlin StV 2002, 87.

129 Vgl. BGHSt 52, 191.

Anachronismus, weil die Völker Europas eine immer enger werdende Union bilden werden (Art. 1 EUV).

(1) Die Staaten der EU sind denselben politischen Grundsätzen verpflichtet; die Auslieferung an einen Mitgliedstaat der EU kann daher nach dem Grundverständnis der Union keine Unterstützung eines verfeindeten oder abzulehnenden politischen Systems darstellen.

(2) Das Steuersystem ist teilweise harmonisiert und soll weiter harmonisiert werden; die finanziellen Verflechtungen innerhalb der Union verpflichten die Mitgliedstaaten zu gemeinsamem Kampf gegen Steuerdelikte und verbieten gegenseitige Abschottung.

(3) Angesichts gemeinsamer Einsätze von Truppen im Ausland und der Perspektive einer europäischen Armee (Art. 42 Abs. 2, Abs. 6 EUV) ist beispielsweise Fahnenflucht nahezu eine inländische Straftat geworden.

(4) Das Prinzip der Spezialität hat seinen Grund in Misstrauen zwischen den Staaten. Es will verhindern, dass ein Staat sich einen Beschuldigten wegen einer relativ geringfügigen Tat ausliefern lässt und ihn dann mit einem Verfahren überzieht, für das er ihn in keinem Fall ausgeliefert erhalten hätte. Ein solches Misstrauen ist zwischen den Staaten der EU nicht mehr angebracht. Der EuGH hat daraus sogar weitergehende Konsequenzen als der Rahmenbeschluss gezogen und den Grundsatz der Spezialität zu einem bloßen Vollstreckungshindernis herabgestuft (Kap. 6/26).

(5) Die Zweiteilung des Rechtshilfeverfahrens, welche eine behördliche Bewilligung nach freiem Ermessen vorsieht, ist unvereinbar mit einer Rechtspflicht zur Bewilligung, welche dem Anerkennungsprinzip zugrunde liegt. Die Beseitigung der Zweiteilung des Verfahrens ist daher geboten, weil die Zweiteilung und das Anerkennungsprinzip einen konzeptionellen Widerspruch in sich bilden. Beide Prinzipien können nicht gleichzeitig gelten.

(6) Dazu kamen schließlich praktische Anforderungen an die Effektivität der Strafverfolgung. Die Mobilität der Bürger unserer Zeit verbietet es, den Informationsaustausch unter Strafverfolgungsbehörden verschiedener Mitgliedstaaten der EU nach den Kriterien der Rechtshilfe abzuwickeln. Mit dem Wechsel von den Prinzipien der Rechtshilfe zum Grundsatz des Informationsaustausches nach Verfügbarkeit ist auf diesem Gebiet ein grundlegender Wandel bereits vollzogen.

Es bestand deshalb Anlass, die Rechtshilfe im europäischen Rahmen insgesamt auf den Prüfstand zu stellen. Das Ergebnis der Bemühungen, das seinen augenfälligsten Ausdruck im Übergang zum Anerkennungsprinzip gefunden hat, lässt freilich auch hier deutlich erkennen, dass mühsam Kompromisse gesucht werden mussten. So sind unterschiedliche Verjährungsfristen in den Mitgliedstaaten und unterschiedliche Strafbarkeitsvoraussetzungen weiterhin Umstände, welche der Auslieferung im Wege stehen können. Nach Art. 4 Nr. 4 des Rahmenbeschlusses Europäischer Haftbefehl ist beispielsweise die im ersuchten Staat eingetretene Verjährung ein fakultatives, nach § 78 Abs. 1, § 9 Nr. 2 IRG sogar ein zwingendes Auslieferungshindernis (dazu Kap. 6/14). Das Erfordernis beiderseitiger Strafbarkeit in den betroffenen Mitgliedstaaten ist für (sehr) viele Delikte und Deliktsgruppen beseitigt, aber nicht abgeschafft. Erst wenn es leerläuft, weil die Vorschriften des materiellen Rechts substantiell einander angeglichen sind, wird es sich erledigt haben. Diese Aufgabe bleibt daher. Andererseits erweist gerade das Beispiel des Europäischen Haftbefehls, dass das herkömmliche Rechtshilfesystem in Auflösung begriffen ist (Kap. 6/33f.).[130]

Stichworte: Im einheitlichen Rechtsraum der EU wäre eine Zusammenarbeit der Strafverfolgungsbehörden der Mitgliedstaaten auf der Basis der bisherigen internationalen Rechtshilfe anachronistisch. **!**

Das **Anerkennungsprinzip** wurde **zuerst** als Instrument des Wirtschaftsrechts 35 zur Herstellung des Binnenmarktes verwendet[131] und später auf gerichtliche Entscheidungen in Zivilsachen übertragen (jetzt Art. 81 AEUV). Es gilt auch in Bereichen des Verwaltungs- und Sozialrechts. Nunmehr liegt es den europäischen Rechtsakten zu Grunde, welche das Ziel verfolgen, strafrechtliche und strafprozessuale Entscheidungen von Justizbehörden und Gerichten europaweit verkehrsfähig zu machen. Das müssen nicht nur Urteile sein. Haftbefehle, Beschlüsse über Bewährungsauflagen oder zur Vermeidung von Untersuchungshaft gehören ebenso hierher wie Anordnungen, welche die Erhebung bestimmter Beweise, etwa die Überwachung der Telekommunikation, Beschlagnahmen oder Durchsuchungen zum Ziel haben. Das Prinzip beruht deshalb auf einem tragfähigen Konzept; es ist darauf angelegt, die verschiedenen und unübersichtlichen Regelungen zur Rechtshilfe zwischen den Staaten durch möglichst einen einzigen Rechtsakt zu ersetzen und damit den Rechtsverkehr zwischen den Mitgliedstaaten zu erleichtern. Es bezweckt weiterhin, Gründe für eine Ablehnung von Rechtshilfeersuchen, welche effektiver Rechtshilfe im Wege stehen, inhaltlich und der Zahl nach abzubauen sowie das bisherige freie Ermessen der Bewilligungsbehörde durch rechtlich gebundene Entscheidungen zu ersetzen.

Der häufige **Einwand**, ein dem Wirtschaftsverkehr angemessenes Prinzip lasse sich nicht auf das Strafrecht mit den unterschiedlichen nationalen Straf-

---

130 *Meyer* Weßlau-Gedächtnisschrift S. 193, 202.
131 *Hecker* 12/Rdn. 53, 62; *Satzger* IntStrR § 10/24; *Harms/Knauss* Roxin-Festschrift II S. 1479.

rechtsordnungen übertragen,[132] greift nicht durch. Es ließ sich beispielsweise auch auf das ebenso national geprägte Verwaltungsrecht und hier auf Fahrerlaubnisse übertragen, die prinzipiell europaweit gültig sind. Der Einwand vernachlässigt das Ziel der Union, einen einheitlichen Rechtsraum in einer immer enger werdenden Union der Völker Europas zu schaffen. Unter diesem Gesichtspunkt ist die **Argumentation umzukehren**. Nicht der Unterschied der Rechtsordnungen darf Ausgangspunkt und Grenze rechtspolitischer Bemühungen sein, sondern im Gegenteil das Ziel, im Rahmen des Möglichen diese Unterschiede abzubauen.[133] Der durch die Verwirklichung des Anerkennungsprinzips zwangsläufig hervorgerufene **Angleichungsdruck** für die nationalen Rechtsordnungen ist ein wesentlicher Integrationsfaktor. Der Vorwurf, dass auf diese Weise der zweite Schritt vor dem ersten getan werde,[134] ist zwar nicht von der Hand zu weisen, berücksichtigt aber nicht die faktischen Verhältnisse. Auch der Einwand, dass die Schaffung des einheitlichen Rechtsraums in erster Linie den Interessen der Strafverfolgung diene, die Belange des Beschuldigten aber vernachlässige,[135] ist überzeichnet. Die Überwindung nationaler Grenzen der Strafverfolgung ist ein notwendiges Korrelat zur Reisefreiheit und musste deshalb zunächst im Vordergrund stehen.

36 Der europäische Gesetzgeber hat mit dem Rahmenbeschluss über den **Europäischen Haftbefehl** ein **Muster** geschaffen, nach dem alle Rechtsakte strukturiert sind, welche das Anerkennungsprinzip verwirklichen sollen. Der damit eingeführte Mechanismus, nach dem der Anordnungsstaat die betreffende Entscheidung erlässt und der Vollstreckungsstaat verpflichtet ist, sie – vorbehaltlich enumerativ aufgezählter Ausnahmefälle – auszuführen, setzt ein hohes Maß an **Vertrauen** zwischen den Mitgliedstaaten voraus. Der Erwägungsgrund 10 des Rahmenbeschlusses über den Europäischen Haftbefehl führt diese Grundlage einer fruchtbaren Zusammenarbeit in der EU ausdrücklich an. Der EuGH verwendet den Begriff des Vertrauens als rechtliches Argumentationsmuster und hat ihm, ebenso wie dem darauf aufbauenden Anerkennungsprinzip, fundamentale Bedeutung für das Unionsrecht beigelegt.[136] Auch das

---

132 Dazu *Satzger* Roxin-Festschrift II S. 1515, 1533; *Roger* S. 218 ff.; anders *Harms/Knauss* Roxin-Festschrift II S. 1479, 1489, *Vogel* in *Böse* Enz. § 7/32; *Eisele* in *Tiedemann u.a.* Die Verfassung moderner Strafrechtspflege S. 221, 223.
133 *Sieber* in *Sieber u.a.* EurStrR Einführung Rdn. 203, 207.
134 *Ambos* IntStrR § 12/46; noch anders *Eckstein* ZStW 124 (2012) 490, 514 („Harmonisierung durch die Hintertür").
135 Etwa *Satzger* Widmaier-Festschrift S. 551, 557.
136 EuGH C-388/08 PPU, Urteil vom 1.12.2008 – Leymann und Pustovarov; EuGH C-187/01, Urteil vom 11.2.2003 – Gözütok, Rdn. 33; EuGH C-404/15, Urteil vom 5.4.2016 – Aranyosi u.

Bundesverfassungsgericht sieht im gegenseitigen Vertrauen die entscheidende Basis der Zusammenarbeit in der EU. Tatsächliche Angaben eines Mitgliedstaats, die einem Auslieferungsersuchen zugrunde liegen, sind deshalb regelmäßig nicht nachzuprüfen.[137] Eine umfassende Prüfung verlangt auch der EGMR selbst bei Urteilen aus Drittstaaten nicht.[138] Fehlt ein hinlängliches Maß an Vertrauen zwischen den Mitgliedstaaten oder gegenüber einzelnen Mitgliedstaaten der EU, droht das Anerkennungsprinzip allerdings zu scheitern.

Gegenseitiges **Misstrauen** kann verschiedene Ursachen haben. Einmal können die gesetzlichen Voraussetzungen für die Anordnung von Zwangsmaßnahmen in den einzelnen Mitgliedstaaten unterschiedlich ausgestaltet sein. Wenn in einem Mitgliedstaat die Überwachung der Telekommunikation bereits beim Verdacht eines einfachen Diebstahls zulässig ist und vielleicht dafür auch kein Richtervorbehalt besteht, in einem anderen Mitgliedstaat jedoch der Verdacht des Bandendiebstahls und eine richterliche Entscheidung erforderlich sind, dann stellt sich die Frage, ob die unterschiedlich hohen Schwellen für Eingriffe in Grundrechte vernachlässigt werden dürfen. Misstrauen kann aber auch darauf beruhen, dass ein Mitgliedstaat zwar alle rechtsstaatlichen Standards anerkennt, hiervon aber in der Praxis abweicht. Ein Beispiel hierfür wäre die menschenunwürdige Behandlung oder Unterbringung von Untersuchungsgefangenen in einem Mitgliedstaat der EU. Schließlich kann Misstrauen auch durch unangemessene Behandlung des Einzelfalls entstehen.

In einem solchen Fall geraten das Prinzip, dass einem anderen Mitgliedstaat grundsätzlich zu vertrauen sei, und das Anerkennungsprinzip in ein Spannungsverhältnis zu den grundlegenden Rechten des Beschuldigten. Doch sieht gerade in dem zuletzt genannten Beispiel die Rechtsordnung hinreichende rechtliche Möglichkeiten für die angemessene Entscheidung des Einzelfalls vor. Dass das Anerkennungsprinzip im Strafrecht mangels eines allgemeinen ordre-public-Vorbehalts Probleme bereiten werde,[139] trifft so nicht mehr zu (Kap. 6/17). Außerdem sind dem Vertrauen als Rechtsbegriff **Grenzen immanent**, welche der EuGH aus dem Vertragsziel des Art. 3 Abs. 2 EUV – Kriminalitätsbekämpfung im Raum der Sicherheit – herleitet (Kap. 9/70).

Caldararu, Rdn. 78; dazu auch *Gaede* in *Böse* Enz. § 3/48; *Kaufhold* EuR 2012, 408; skeptisch *Satzger* in *Streinz* Art. 82 Rdn. 13; dagegen *Roger* S. 244.
137 BVerfGE 140, 317, Beschluss vom 15.12.2015 – 2 BvR 2735/14, Rdn. 73; BVerfG, Beschluss vom 6.9.2016 – 2 BvR 890/16, Rdn. 33; kritisch zur beschränkten Nachprüfung des Tatverdachts *Roger* S. 145.
138 *Esser* Weg S. 795.
139 *Satzger* IntStrR § 10/25, 26; s. auch *Gless* in *Böse* Enz. § 16/13 ff.

37   Faktische Probleme des Rechtsschutzes und unterschiedlich hohe gesetzliche Schwellen und Maßstäbe für Eingriffe in Grundrechte sind in der Rechtspraxis aber **nicht zu überspielen**. Dies war einer der Gründe dafür, dass der – für Deutschland mittlerweile aufgehobene – Rahmenbeschluss über die Europäische Beweisanordnung[140] von den Mitgliedstaaten nicht in nationales Recht umgesetzt worden ist. Er sollte die Übermittlung von vorhandenen, unmittelbar verfügbaren Sachen, Urkunden und Daten aus dem Ausland ins Inland regeln; die Gewinnung von neuen Beweisen war ausgeklammert. Führt man sich etwa vor Augen, dass ein rumänisches Gericht eine Durchsuchung bei einem Zeugen in Portugal anordnet und diese in Portugal auch durchgeführt wird, dann ist fraglich, wo der Zeuge gegen die Durchsuchung Rechtsmittel einlegen können soll. Fraglich ist weiter, nach welcher Rechtsordnung es sich bestimmt, ob die gefundenen Beweismittel gerichtlich verwertbar sind.[141] Hier zeigt sich besonders, dass das Anerkennungsprinzip Probleme bereitet, die ihren Grund sowohl im Nebeneinander verschiedener Rechtsordnungen, als auch in faktischen Schwierigkeiten der Wahrnehmung der Individualrechte haben können. Die nunmehr erlassene, umfassende Richtlinie über die Europäische Ermittlungsanordnung (dazu Kap. 6/36) trägt den geschilderten Bedenken weitgehend Rechnung, indem sie es ermöglicht, die Leistung von Rechtshilfe in bestimmten Fällen divergierenden Grundrechtsschutzes auszuschließen. Das mindert zwar die Effektivität des Instruments der Ermittlungsanordnung, schafft aber Vertrauen und erzeugt zugleich einen Angleichungsdruck in den verschiedenen Mitgliedstaaten. Die Kompetenz der EU zur Rechtsangleichung nach Art. 82 Abs. 2 AEUV ist daher konsequent, sachgemäß und notwendig. Der deutsche Gesetzgeber ist den materiellen europäischen Vorgaben – wenn auch unwillig und mit Einschränkungen – gefolgt. Im Verfahren hat er die Zweiteilung in Rechtsprüfung und Bewilligung bei der Auslieferung sachgemäß beschränkt, bei der Europäischen Schutzanordnung beseitigt.

38   Demgegenüber vermag die manchmal die Grenzen der Sachlichkeit erreichende Fundamentalkritik, die von Teilen des deutschen Schrifttums an der gesamten Rechtspolitik der Europäischen Union geübt wird,[142] nicht zu über-

---

140 Vom 18.12.2008 – 2008/978/JI, ABl. 2008 L 350 S. 72.
141 *Hecker* 12/Rdn. 63 ff.; *Böse* ZIS 2014, 152; *Schünemann/Roger* ZIS 2010, 92; weitere Stellungnahmen ZIS 2010, Ausgabe 9; StV 2013, 317–339.
142 Vornehmlich *Schünemann,* gesammelt in „Die Europäisierung der Strafrechtspflege als Demontage des demokratischen Rechtsstaats" (2014); ferner StV 2016, 178 („Demokratieblinde Rechtsprechung des EuGH"); zurückhaltend *Perron* Küper-Festschrift S. 429; *Roger* (insbes. gegen Beschränkung der Prüfung beiderseitiger Strafbarkeit S. 154); deutlich positiver *Initiative europäischer Strafrechtslehrer* „Manifest zum Europäischen Strafverfahrensrecht", ZIS 2013, 412; „Manifest zur Europäischen Kriminalpolitik", ZIS 2009, 697; sehr ausführliche Kritik mit

zeugen. Sie stützt sich im Wesentlichen auf das Argument, dass im Hinblick auf die Beschuldigtenrechte der niedrigste nationale Standard zum europäischen Gemeingut werde. Das ist jedoch, wie die Europäische Ermittlungsanordnung zeigt, eine unbegründete Befürchtung geblieben und beruht im Übrigen auf der anfechtbaren Meinung, dass die eigene Überzeugung vom notwendigen Standard verfahrensrechtlicher und materiellrechtlicher Garantien europäisches Gesetz werden müsse.[143] Europa lebt jedoch vom Kompromiss.

Als Zukunftsaufgabe bleibt aber auch, in einem sehr großen Raum der Freiheit, der Sicherheit und des Rechts ein Gleichgewicht zwischen europäisierter Strafverfolgung und institutionalisierter Strafverteidigung herzustellen. Die faktischen Probleme einer notwendigen Überbrückung großer Entfernungen bestehen zwar bereits heute im normalen Rechtshilfeverkehr. Aber je enger die nationalen Strafverfolgungsbehörden zusammenarbeiten, umso eher können auch in der Sache Belange der Verteidigung berührt sein, denn häufig ermöglicht erst die genaue Kenntnis der verschiedenen nationalen Verfahrensabläufe eine umfassende Beurteilung der Verteidigungsaussichten im konkreten Fall.[144]

Stichworte: Art. 82 Abs. 1 AEUV begründet im verfahrensrechtlichen Bereich eine Anweisungskompetenz der Union, deren Ziel es ist, durch Verwirklichung des Anerkennungsprinzips justizielle Entscheidungen europaweit verkehrsfähig zu machen. Damit werden die Anachronismen und Brüche des traditionellen Rechtshilfesystems überwunden. Es setzt aber gegenseitiges Vertrauen voraus. **!**

---

cc) Rechtsangleichung

Absatz 2 des Artikels 82 AEUV gestattet den Erlass von Richtlinien – nicht von **39** anderen Maßnahmen – im ordentlichen Gesetzgebungsverfahren zum Zwecke der Rechtsangleichung prozessualer Vorschriften. Der Zweck der Rechtsangleichung ist allerdings dreifach einschränkend umschrieben. Die Richtlinien müssen zur Erleichterung der gegenseitigen Anerkennung gerichtlicher Urteile und Entscheidungen oder der polizeilichen und justiziellen Zusammenarbeit erforderlich sein – was regelmäßig zu bejahen sein dürfte, da jegliche Rechtsangleichung die gegenseitige Anerkennung fördert. Die in Frage kommenden Straf-

---

positivem Ausblick bei *Satzger* in *Böse* Enz. § 2/20 ff., 75 ff.; kritisch zur „Punitivität" ferner *Vogel* in *Zieschang/Hilgendorf/Laubenthal* S. 55.
143 Dazu *Satzger* in *Tiedemann u.a.* Die Verfassung moderner Strafrechtspflege S. 277 in Auseinandersetzung mit *Vogel* JZ 2012, 25.
144 Zu den Vorschlägen und Modellen europäischer Verteidigung ausführlich *Rackow* in *Böse* Enz. § 23/10 ff.

sachen müssen ferner eine grenzüberschreitende Dimension haben. Außerdem ist die Zulässigkeit von derartigen Richtlinien gegenständlich beschränkt auf die Sachgebiete

- Zulässigkeit von Beweismitteln
- Rechte des Einzelnen im Strafverfahren
- Rechte des Opfers von Straftaten
- sonstige spezifische Aspekte, die vom Rat nach Zustimmung des Europäischen Parlaments bezeichnet worden sind.

Die zuletzt genannte Klausel ist vom Bundesverfassungsgericht in seinem Lissabon-Urteil nicht als problematisch betrachtet worden.

Der Katalog ist abschließend, wie der Wortlaut von Art. 82 Abs. 2 AEUV zwingend ergibt. Inhaltlich dürfen die Richtlinien lediglich Mindestvorschriften enthalten. Sie müssen die Unterschiede zwischen den Rechtsordnungen und -traditionen der Mitgliedsstaaten berücksichtigen.[145]

dd) „Notbremse"

40 Absatz 3 des Artikels 82 AEUV hat dieser Kompetenz der Union zur Rechtsangleichung zusätzlich noch eine „Notbremse" eingefügt. Wenn ein Mitglied des Rates der Auffassung ist, dass ein Richtlinien-Entwurf zur Rechtsangleichung nach Art. 82 Abs. 2 AEUV **grundlegende Aspekte** seiner Strafrechtsordnung berührt, kann er die Aussetzung des Gesetzgebungsverfahrens mit dem Ziel einer Einigung verlangen. Kommt eine Einigung nicht zu Stande, ist das Gesetzgebungsverfahren gescheitert, jedoch können in diesem Falle die anderen – mindestens neun – Mitgliedsstaaten eine Verstärkte Zusammenarbeit herbeiführen. In Deutschland gilt aufgrund der Vorbehalte des Bundesverfassungsgerichts zusätzlich die Regelung, dass der deutsche Vertreter im Rat verpflichtet ist, den Europäischen Rat anzurufen, sofern der Bundestag oder auch – soweit Kompetenzen der Länder betroffen sind – der Bundesrat ihn dazu angewiesen hat.[146]

Zu den sachlichen Voraussetzungen einer Inanspruchnahme des Notbremse-Mechanismus s. auch Kap. 4/52.

---

145 Zu den Mühen der Praxis anschaulich *Vogel/Matt* StV 2007, 206.
146 § 9 des Gesetzes über die Wahrnehmung der Integrationsverantwortung des Bundestages und des Bundesrates in Angelegenheiten der Europäischen Union vom 22.9.2009 (BGBl. I S. 3022).

b) Materielles Strafrecht

Die Kompetenzen der Union im Bereich des materiellen Strafrechts sind in **41** Art. 83 AEUV aufgeführt. Ziel ist zunächst die Angleichung der Rechtsvorschriften der Mitgliedsländer in bestimmten Bereichen; einzig zulässiges Mittel dafür ist die Richtlinie, welche lediglich Mindestvorschriften enthalten darf (Art. 83 Abs. 1 AEUV). Demgegenüber ist in Art. 83 Abs. 2 AEUV eine sog. strafrechtliche Annexkompetenz der EU begründet, welche, anders als Abs. 1, nicht die Harmonisierung nationaler Strafvorschriften zum Ziel hat, sondern die effektive Durchsetzung der Unionspolitiken.

Die Vorschrift ist eine Spezialbestimmung für den Bereich des Strafrechts **42** und entfaltet damit eine **Sperrwirkung** derart, dass Anweisungen zum Erlass von Strafvorschriften nur auf sie gestützt werden können.[147] Nur wenn eine primärrechtliche Vorschrift eindeutig und zweifelsfrei eine anderweitige Regelung trifft – was durch Auslegung wie bei Art. 325 AEUV[148] zu ermitteln ist (Kap. 4/ 25) –, kann eine Ausnahme gelten.

Die Sperrwirkung ergibt sich aus systematischen Überlegungen. Art. 83 AEUV setzt sich in vierfacher Hinsicht von anderen Normen des Vertragswerks ab und schränkt die Unionskompetenz so in ganz spezieller Weise ein:

- ihr Gegenstand ist auf das materielle Strafrecht beschränkt,
- als Mittel der Aufgabenerfüllung ist lediglich die Richtlinie vorgesehen,
- Art. 83 Abs. 1 UA 3 AEUV bringt zum Ausdruck, dass ein Tätigwerden der Union in anderen als den in der Vorschrift genannten Bereichen der Strafrechts ausgeschlossen sein soll. In anderen Bereichen soll die Union Kompetenzen vielmehr nur dann haben, wenn ein neuer Akt des Vertragsgesetzgebers ihr solche verschafft.
- Und schließlich ist auf die „Notbremse" nach Art. 83 Abs. 3 AEUV zu verweisen. Danach können die in Art. 83 AEUV bezeichneten Kompetenzen der Union weiter beschränkt werden, wenn ein Mitgliedstaat der Auffassung ist, dass grundlegende Aspekte seiner Strafrechtsordnung berührt sind.

Damit ist hinlänglich zum Ausdruck gebracht, dass Art. 83 AEUV ein Spezialgesetz ist, welches anderen Regelungen prinzipiell vorgeht. Das entzieht zugleich der Auffassung die Grundlage, dass z.B. Richtlinien über die Geldwäsche mittels einer (sehr) weiten Auslegung von Art. 114 AEUV, der sich mit der Verwirklichung des Binnenmarktes befasst, auch auf diese Vorschrift gestützt werden könnten. Eine doppelte unionsrechtliche Anweisungskompetenz[149] kann es

---

147 *Meyer* EuR 2011, 169, 184.
148 *Vogel/Brodowski* in *Sieber u.a.* EurStrR § 5/6a; a.A. *Sturies* HRRS 2012, 273, 278.
149 *Böse* in *Böse* Enz. § 4/23; a.A. *Hecker* 11/Rdn. 56; 8/Rdn. 20.

schon deshalb nicht geben, weil sie überflüssig wäre und zu Ungewissheit über das gebotene Rechtsetzungsverfahren führen müsste.

Der Unionsgesetzgeber hat diese Linie beim Erlass der jüngsten Geldwäscherichtlinie[150] strikt befolgt. Die Richtlinie ist lediglich auf Art. 114 AEUV gestützt und enthält sich deshalb jeglicher Anweisung zum Erlass von strafrechtlichen Bestimmungen. Regelungsgegenstand sind ausschließlich verwaltungsrechtliche Sanktionen und Bußgelddrohungen für Verstöße gegen die in der Richtlinie behandelten Anzeige-, Melde- und Sorgfaltspflichten. Zum Erlass derartiger Sanktionen weist sie die Mitgliedsstaaten an „unbeschadet des Rechts der Mitgliedstaaten, strafrechtliche Sanktionen vorzusehen und zu verhängen" (Art. 58 Abs. 2 der Richtlinie). Zusätzlich ermächtigt sie die Mitgliedstaaten, von verwaltungsrechtlichen Sanktionen abzusehen, wenn sie das Strafrecht einsetzen (Art. 58 Abs. 2 Satz 2 der Richtlinie). Näher dazu Kap. 11/22.

43   Etwas komplizierter erscheint die Sachlage in den Bereichen **„Rassismus und Fremdenfeindlichkeit"**, deren Bekämpfung Art. 67 Abs. 3 AEUV zu den Zielen der Union zählt. Art. 83 AEUV sieht dafür keine strafrechtliche Unionskompetenz vor; es existiert jedoch ein Rahmenbeschluss, der sich mit bestimmten Aspekten der Materie befasst.[151] Dieser Rahmenbeschluss bleibt zwar nach dem Protokoll über die Übergangsbestimmungen weiterhin in Kraft, es ist aber fraglich, ob er durch eine Richtlinie ersetzt werden könnte oder – wenn er nicht gänzlich aufgehoben wird – gleichsam „versteinert". Nach den obigen Ausführungen sind die Anweisungskompetenzen der Union aber in Art. 83 AEUV konzentriert; Art. 67 Abs. 3 AEUV definiert Unionsziele, schafft aber keine spezielle Rechtsgrundlage zum Erlass von Rechtsakten. Der Rahmenbeschluss kann daher nur dann durch eine Richtlinie ersetzt werden, wenn der in Art. 83 Abs. 1 aufgeführte Kompetenzkatalog in dem Verfahren des Art. 83 Abs. 1 UA 3 AEUV zuvor erweitert wurde.[152]

❗ Stichworte: Art. 83 AEUV entfaltet für das materielle Strafrecht eine Sperrwirkung derart, dass sich eine Anweisungskompetenz der Union auf andere Vertragsbestimmungen nicht stützen lässt.

Auch im materiellen Strafrecht ist zwischen zwei verschiedenen Zuständigkeiten zu unterscheiden.

---

150 Richtlinie 2015/849 vom 20.5.2015, ABl. 2015 L 141 S. 73.
151 Rahmenbeschluss 2008/913/JI vom 28.11.2008 zur strafrechtlichen Bekämpfung bestimmter Formen und Ausdrucksweisen von Rassismus und Fremdenfeindlichkeit, ABl. 2008 L 328 S. 55.
152 A.A. *Hecker* 11/Rdn. 4; dagegen *Satzger* IntStrR § 9/34.

aa) Rechtsangleichung

Nach Art. 83 Abs. 1 AEUV hat die EU für besonders schwere Kriminalität mit (ty- 44
pischerweise)[153] **grenzüberschreitender Dimension** eine Kompetenz zur Rechtsangleichung im ordentlichen Gesetzgebungsverfahren in folgenden Bereichen:

- Terrorismus
- Menschenhandel und sexuelle Ausbeutung von Frauen und Kindern
- illegaler Drogenhandel
- illegaler Waffenhandel
- Geldwäsche
- Korruption
- Fälschung von Zahlungsmitteln
- Computerkriminalität
- organisierte Kriminalität.

Der **Katalog**[154] kann durch Ratsbeschluss mit Zustimmung des Europäischen
Parlamentes **erweitert** werden; die EU kann ihre Kompetenzen mithin durch
die Entscheidung ihrer eigenen Organe ausdehnen. In dieser Kompetenz-Kom-
petenz liegt eine Ausnahme von dem Prinzip der begrenzten Einzelermächtigung (Art. 5 Abs. 1, Abs. 2 EUV), welche der EU jedoch in Art. 83 Abs. 1 AEUV
ausdrücklich zugestanden ist. Das ist zwar europarechtlich unbedenklich. Jedoch liegt darin ein innerstaatliches Problem, weil die Erweiterung der Kompetenzen der EU eine Vertragsänderung darstellt. Das Bundesverfassungsgericht
hat in seinem Urteil zum Lissabon-Vertrag deshalb gefordert, dass die Kompe-
tenz-Erweiterung durch einen gesetzgeberischen Akt des Deutschen Bundestages gedeckt sein muss. Das Begleitgesetz zum Lissabon-Vertrag sieht das
nunmehr auch vor;[155] der deutsche Vertreter im Rat darf einem Erweiterungsbe-
schluss nur zustimmen, wenn der Deutsche Bundestag ihn zuvor durch Gesetz
dazu ermächtigt hat. Auch insoweit gilt jedoch, dass den entscheidenden Gre-
mien ein sehr weites politisches Ermessen zusteht.[156]

Die Rechtsangleichung im materiellen Strafrecht ist – wie ihr prozessuales
Pendant – kein Selbstzweck, sondern dient der Durchsetzung des prozessualen
Prinzips der gegenseitigen Anerkennung justizieller Entscheidungen und damit
der Erleichterung der europaweiten Strafverfolgung. Denn übereinstimmende

---

153 *Böse* in *Böse* Enz. § 4/9.
154 Übersicht über erlassene Rechtsakte der EU bei *Brons* S. 128 ff.
155 § 7 des Gesetzes über die Wahrnehmung der Integrationsverantwortung des Bundestages
und des Bundesrates in Angelegenheiten der Europäischen Union vom 22.9.2009 (BGBl. I
S. 3022).
156 Einschränkend *Ambos* IntStrR § 11/6; *Satzger* IntStrR § 9/36.

Strafnormen schaffen ein Vertrauen dahin, dass der Täter in den anderen Mitgliedstaaten der EU in gleicher Weise zur Verantwortung gezogen wird wie im Inland.[157]

45   Europäische **Richtlinien** (und früher Rahmenbeschlüsse) zur Angleichung des materiellen Strafrechts der Mitgliedstaaten sind ebenfalls nach einem bestimmten Muster **strukturiert** (dazu auch Kap. 2/51; 5/14). Nach einer Definition des Verhaltens, welches unter Strafe gestellt werden soll – also der Tatbestandsvarianten – enthalten sie die Anweisung, in welchem Rahmen dieses Verhalten sanktioniert werden soll. Verbreitet ist dabei das System der „Mindesthöchststrafen". Der etwas komplizierte Ausdruck besagt, dass der vom nationalen Gesetzgeber festzulegende Strafrahmen nach oben hin eine Mindesthöhe aufweisen muss; die Höchststrafe des Rahmens darf eine bestimmte Grenze nicht unterschreiten. Diese Technik birgt die abstrakte Gefahr in sich, dass das nationale Rechtsfolgensystem in sich unstimmig (inkohärent) wird, wenn es seine Strafrahmen nach der Wertigkeit der einzelnen Rechtsgüter abstuft und in diese Stufenfolge vom EU-Gesetzgeber eingegriffen wird.[158] Aber bisher hat sich diese Gefahr ersichtlich nicht verwirklicht.

In zunehmendem Maße werden die Anweisungen zur Rechtsfolgenseite durch die vom EuGH übernommene Formel ergänzt, wonach die zu verhängenden Strafen **„wirksam, abschreckend und verhältnismäßig"** (in dieser oder anderer Reihenfolge) sein müssen. Bei den ersten beiden Merkmalen handelt es sich indessen um Leerformeln, die auch in der Rechtsprechung konturenlos geblieben sind. Eine Strafvorschrift, die nicht wirksam ist, darf ohnehin nicht erlassen werden, weil sie mangels Eignung und Erforderlichkeit unverhältnismäßig und außerdem unter Gesichtspunkten der Subsidiarität unzulässig ist. Eine Vorschrift, welche keine abschreckende Wirkung entfaltet, dürfte im Normalfall zugleich unwirksam sein. Sachlichen Gehalt hat allein das Merkmal der Verhältnismäßigkeit. Das Prinzip der Verhältnismäßigkeit gehört jedoch zu den allgemeinen Grundsätzen des Unionsrechts und ist in Art. 49 Abs. 3 der Grundrechtecharta verankert; es ist Teil der europäischen Garantienormen. Seine Erwähnung in Richtlinien hat daher keine selbstständige rechtliche Bedeutung.

Darüber hinaus enthalten die Rechtsakte regelmäßig die Anweisung, dass **Anstiftung** und **Beihilfe** zu erfassen sind; dasselbe gilt für den **Versuch**, mitunter auch für Vorsatz und Fahrlässigkeit. Das ist zulässig, weil hiermit lediglich das strafbare Verhalten phänomenologisch umschrieben wird, ohne dass zugleich in das Rechtssystem der Mitgliedstaaten eingegriffen wird.[159] Der Inhalt

---

157 *Hecker* 11/Rdn. 3.
158 *Böse* in *Böse* Enz. § 4/15.
159 *Hecker* 8/Rdn. 38; 11/Rdn. 6.

dieser Rechtsbegriffe wird auf europäischer Ebene durch die weitere Rechtsprechung des EuGH, d.h. durch autonome Auslegung, zu entwickeln sein (Kap. 14/2).

Je nach der geregelten Materie können die Richtlinien auch weitere[160] und weitergehende, zugleich das Verfahren betreffende Anweisungen umfassen. So enthält die EU-Richtlinie zur Bekämpfung des Menschenhandels und zum Schutz seiner Opfer[161] Regelungen zum Charakter der Taten als Offizialdelikte und zum Beweisverfahren (Art. 9 Abs. 1), zur Verjährung (Art. 9 Abs. 2), zum Strafanwendungsrecht (Art. 10), zum Opferschutz (Art. 12), zum Schutz kindlicher Zeugen (Art. 15). Alle diese Regelungen sind im Einklang mit dem jeweiligen Rechtssystem in nationales Recht umzusetzen, soweit dies nicht ganz oder teilweise bereits aufgrund des mit der Richtlinie aufgehobenen Rahmenbeschlusses geschehen war.

bb) Problematik der Rechtsangleichung im materiellen Strafrecht

Gegen die Regelungen zur Rechtsangleichungs-Kompetenz der EU im mate- 46 riellen Strafrecht wird – über prinzipielle Bedenken wie im Verfahrensrecht (Kap. 4/37) hinaus – eingewandt, dass der Katalog in Art. 83 Abs. 1 AEUV an **Bestimmtheit** zu wünschen übrig lasse.[162] Soweit diesem Einwand Vorstellungen zugrunde liegen, die dem Grundsatz nulla poena sine lege entnommen sind, ist indessen darauf hinzuweisen, dass dieser Grundsatz für die Anforderungen an die Bestimmtheit der einzelnen Straftatbestände gilt, damit der Rechtsunterworfene sein Verhalten an den Geboten des Strafrechts ausrichten kann. Der Grundsatz gilt jedoch nicht für den Umfang von Gesetzgebungskompetenzen, die nach völlig anderen Maßstäben zu beurteilen sind. Die Aufteilung der Zuständigkeiten bei der Bekämpfung schwerer grenzüberschreitender Kriminalität bestimmt sich nach Gesichtspunkten der Zweckmäßigkeit, welche an den Vertragszielen zu messen sind. Bei der Abwägung steht dem Unionsgesetzgeber ein weiter politischer Ermessensspielraum zu. Seine Ausfüllung kann ohne Einbuße an Rechtsstaatlichkeit dem politischen Kräftespiel und notfalls der Entscheidung des EuGH überlasen werden.[163] Im Übrigen bietet Anhang I

---

160 Zum Strafanwendungsrecht *Hecker* 11/Rdn. 7.

161 Richtlinie 2011/36/EU vom 5.4.2011 zur Verhütung und Bekämpfung des Menschenhandels und zum Schutz seiner Opfer sowie zur Ersetzung des Rahmenbeschlusses 2002/629/JI, ABl. 2011 L 101 S. 1.

162 *Satzger* IntStrR § 9/34.

163 Aus Gründen internen Verfassungsrechts a.A. BVerfGE 123, 267 Rdn. 351 ff.; dagegen zutreffend *Böse* in *Böse* Enz. § 4/4, 11; *Mansdörfer* HRRS 2010, 11, 16; vgl. auch *Esser* EuIntStrR § 2/135; *Weigend* H. Jung-Festschrift S. 1069, 1073.

der jetzt geltenden Verordnung zur Errichtung von Europol[164] eine praktische Anleitung zur Auslegung der verwendeten Begriffe. Europol ist lediglich für bestimmte Formen schwerer Kriminalität zuständig. Es ist nahe liegend, dass die Verträge und dieser Rechtsakt die gemeinten Straftaten in demselben Sinn verstehen.

Unberechtigt erscheint die Kritik des Schrifttums an der Begrenzung der Unionskompetenz auf den Erlass von Mindestvorschriften. Insoweit wird bemängelt, dass das Unionsrecht nicht zu einem Verbot von Straftatbeständen ermächtige und insoweit einseitig sei, und dass dem System eine Tendenz zur Strafausdehnung („**Punitivität**") sowohl auf der Tatbestands- wie auf der Rechtsfolgenseite innewohne.[165] Eine solche Kritik verkennt das Ziel der Harmonisierung. Es besteht, wie das Wort Harmonisierung sagt, in der europaweiten Angleichung der Rechtsvorschriften mit dem Zweck, eine gleichmäßige Strafverfolgung im gesamten Raum der Freiheit, der Sicherheit und des Rechtes zu ermöglichen sowie die gegenseitige Anerkennung der justiziellen Entscheidungen der Mitgliedstaaten zu erleichtern. Diese Voraussetzung für die Schaffung eines einheitlichen Rechtsraums bei der Strafverfolgung kann nicht von kriminalpolitischen Vorstellungen in einzelnen Ländern abhängig sein.

Geltend gemacht wird auch, dass den Aktivitäten der EU im strafrechtlichen Bereich eine expansive Tendenz innewohne.[166] Damit sei die Gefahr verbunden, die gewachsenen **Strafrechtssysteme** der Mitgliedstaaten zu **beschädigen**; die unterschiedliche Ausgestaltung der Strafrechtsordnungen werde ohne Not auf dem Altar der Rechtsvereinheitlichung geopfert. Das Pathos des Einwands verdeckt nationale Vorbehalte gegenüber der europäischen Einigung, welche auch im Lissabon-Urteil des Bundesverfassungsgerichts aufscheinen, wenn dort das Strafrecht als besonders sensible Materie bezeichnet wird.[167] Zur Berücksichtigung der kriminalpolitischen Sachzwänge besteht keine Alternative. Ebenso wie im innerstaatlichen Bereich ist auch auf europäischer Ebene die Abwägung zwischen wirksamer Strafverfolgung und Sicherung der Freiheitsinteressen des Bürgers eine fortdauernde Aufgabe.[168]

Die Klage über drohende Beschädigungen des nationalen Strafrechtssystems durch den europäischen Gesetzgeber erscheint nach den bisherigen Erfah-

---

164 Verordnung 2016/794 vom 11.5.2016 über die Agentur der Europäischen Union für die Zusammenarbeit auf dem Gebiet der Strafverfolgung (Europol), ABl. 2016 L 135 S. 53.
165 *Satzger* IntStrR § 9/42; dazu zutr. *Vogel* in *Böse* Ezz. § 7/33; rechtspolitisch *Böse* in *Böse* Enz. § 4/13.
166 *Ambos* IntStrR § 11/7.
167 BVerfGE 123, 267 Rdn. 253; dagegen *Burchard* in *Tiedemann u.a.* Die Verfassung moderner Strafrechtspflege S. 27, 37 f.; *Brodowski* ebendort S. 141, 171 ff.
168 *Hecker* 1/Rdn. 38.

rungen zudem weit übertrieben. Ob und wieweit die Strafbarkeit in das Vorfeld von Rechtsgüterverletzungen vorverlegt werden soll, berührt nicht die Unversehrtheit des Strafrechtssystems. Die Antwort hängt dogmatisch von dem Stellenwert ab, den man der Rechtsgutlehre beimisst und ist im Übrigen ein rechtspolitisches Problem, dessen Lösung verschieden ausfallen und auch durch neue Erscheinungsformen von Kriminalität beeinflusst werden kann. Das gilt etwa für § 263a Abs. 3 StGB, wenn geltend gemacht wird, im deutschen Recht werde das Vermögen nicht gegen Vorfeldangriffe geschützt.[169] Das Argument ist angesichts der Existenz von § 264a StGB unrichtig und im Hinblick auf § 264 StGB sowie den Begriff des „Gefährdungsschadens" in den §§ 263, 266 StGB zumindest zu hinterfragen. Mitunter werden ferner Vorwürfe gegen die EU erhoben, die eindeutig den deutschen Gesetzgeber treffen. So muss man § 202c StGB als krasse Fehlleistung bezeichnen, wenn dort die Tatvorbereitung, nicht aber der Versuch unter Strafe gestellt wird und zudem unterschiedliche Strafantragserfordernisse aufgestellt werden.[170]

Das größte, nicht behobene Problem bei der Rechtsangleichung durch die EU besteht allerdings darin, dass die Unionskompetenz den **Allgemeinen Teil** des Strafgesetzbuchs nicht umfasst. Die erlassenen Richtlinien ordnen zwar durchweg an, dass die Teilnahme und der Versuch strafbar sein sollen. Das ist nach wohl einhelliger Ansicht auch zulässig. Was Teilnahme und was Versuch ist, wird aber nicht näher erläutert und kann mangels Kompetenz dazu auch nicht erläutert werden.[171] Ebenso verhält es sich mit den übrigen Zurechnungsregeln des Allgemeinen Teils. Insoweit steht eine beträchtliche Aufgabe vor dem EuGH (Kap. 14/2). 47

Stichworte: Kompetenznorm für das materielle Strafrecht ist Art. 83 AEUV. Sein Absatz 1 ermächtigt zum Erlass von Richtlinien zwecks Rechtsangleichung der Vorschriften über schwere grenzüberschreitende Kriminalität. Eine Ermächtigung zum Erlass von Richtlinien über den Allgemeinen Teil eines Strafgesetzbuches fehlt. **!**

---

cc) Annexkompetenz

Art. 83 Abs. 2 AEUV enthält sodann mit der so genannten „Annexkompetenz" eine besondere Ermächtigungsnorm. Es gibt viele „vergemeinschaftete" Rechtsmaterien (Zollrecht, Wettbewerbsrecht, Umwelt). Hier erlässt oder veranlasst die Union verwaltungsrechtliche oder zivilrechtliche Normen. Es kann aber 48

---

169 *Brons* S. 253; LK-*Tiedemann/Valerius* § 263a Rdn. 4.
170 *Brons* S. 336; LK-*Hilgendorf* § 202a Rdn. 42.
171 *Böse* in *Böse* Enz. § 4/14; abw. *Satzger* in *Böse* Enz. § 2/88.

sein, dass die Durchsetzung dieser Normen nicht ohne strafrechtliche Sanktionen gewährleistet ist. Dies war Anlass für die Schaffung der strafrechtlichen Annexkompetenz der Union, welche vom **EuGH** ausging.

Im Jahre 2003 hatte der Rat als Maßnahme der „Dritten Säule" einen Rahmenbeschluss zum Schutz der Umwelt durch das Strafrecht erlassen. Darin hatte er eine Reihe von Umweltstraftaten definiert und die Mitgliedstaaten aufgefordert, insoweit strafrechtliche Sanktionen vorzusehen. Der EuGH hat diesen Rahmenbeschluss im Jahre 2005 für nichtig erklärt, weil die dritte Säule keine Zuständigkeit der EU für den Umweltschutz vorsah. Dabei hat der EuGH jedoch ausgeführt: Umweltschutz sei eines der wesentlichen Ziele der Gemeinschaft. Für den Umweltschutz habe die Gemeinschaft im Rahmen der dritten Säule zwar keine Zuständigkeit. Das könne den Gemeinschaftsgesetzgeber jedoch nicht daran hindern, Maßnahmen in Bezug auf das Strafrecht der Mitgliedsstaaten zu ergreifen, die erforderlich sind, um die volle Wirksamkeit der zum Schutz der Umwelt erlassenen Rechtsnormen zu gewährleisten. Grundlage dieser Maßnahmen sei aber die Regelungskompetenz der Gemeinschaft für das Umweltrecht.[172] Auf dieser Grundlage hat die EU sodann noch vor dem Inkrafttreten des Lissabon-Vertrages eine Richtlinie über den strafrechtlichen Schutz der Umwelt,[173] eine Richtlinie zur Bekämpfung der Meeresverschmutzung durch Schiffe[174] und ferner eine Richtlinie zur Bekämpfung illegaler Einwanderung[175] erlassen.

49   Diese Rechtsprechung hat der AEUV in Art. 83 Abs. 2 als Primärrecht der Union übernommen. Die Vorschrift ist, wie Art. 83 Abs. 1 AEUV (Kap. 4/42), eine Spezialbestimmung für den Bereich des Strafrechtes und entfaltet damit eine **Sperrwirkung** derart, dass Anweisungen zum Erlass von Strafvorschriften im Nebenstrafrecht nur auf sie gestützt werden können.[176]

50   Art. 83 Abs. 2 AEUV ermächtigt die Union zum Erlass von strafrechtlichen Richtlinien für die Gebiete außerhalb des Strafrechtes, die von der Europäischen Union bereits rechtlich harmonisiert worden sind. Es handelt sich also um eine offene Kompetenznorm, sie beschränkt sich nicht auf bestimmte Berei-

---

172 EuGH C-176/03, Urteil vom 13.9.2005 – Kommission ./. Rat; ferner EuGH C-440/05, Urteil vom 23.10.2007 – Kommission ./. Rat; zum Streit darum *Satzger* IntStrR § 9/39.

173 Richtlinie vom 19.11.2008 über den strafrechtlichen Schutz der Umwelt, ABl. 2008 L 328, S. 28.

174 Richtlinie vom 21.10.2009, ABl. 2009 L 280 S. 52.

175 Richtlinie 2009/52/EG vom 18.6.2009 über Mindeststandards für Sanktionen und Maßnahmen gegen Arbeitgeber, die Drittstaatsangehörige ohne rechtmäßigen Aufenthalt beschäftigen, ABl. 2009 L 168 S. 24.

176 *Ambos* IntStrR § 11/34; *Böse* in *Böse* Enz. § 4/23; *Gärditz* in *Böse* Enz. § 6/28; *Satzger* IntStrR § 9/51.

che. Rein akademischer Natur ist dabei die Frage, ob Art. 83 Abs. 2 AEUV allein oder nur gemeinsam mit den außerstrafrechtlichen Kompetenznormen des harmonisierten Politikbereichs als Rechtsgrundlage anzusehen ist.[177] Denn jedenfalls muss in dem anderen Politikbereich eine Harmonisierung bereits **erfolgt sein oder gleichzeitig erfolgen.** Auffassungen, die insoweit eine vorgängige Harmonisierung des anderen Politikbereichs verlangen,[178] vernachlässigen die Einschätzungsprärogative des Gesetzgebers. Unerheblich ist dabei, ob der andere Politikbereich voll oder nur zum Teil harmonisiert worden ist; nach dem Vertragstext genügt, dass (irgendwelche) „Harmonisierungsmaßnahmen erfolgt" sind. Aber selbstverständlich korrespondiert der Umfang der Annexkompetenz mit dem Ausmaß der tatsächlich durchgeführten Angleichung in dem anderen Politikbereich. Nähme die Union ihre Harmonisierungsbefugnisse nur teilweise in Anspruch, würden darüber hinausgehende, andere Bereiche abdeckende Straftatbestände nicht mehr der „wirksamen Durchführung der Politik der Union" (Art. 83 Abs. 2 AEUV) dienen.

Voraussetzung für die Inanspruchnahme der Annexkompetenz ist, dass sich die Angleichung der strafrechtlichen Rechtsvorschriften als unerlässlich für die wirksame Durchführung der Politik der Union in dem anderen, außerstrafrechtlichen Bereich erweist. Der Vertragstext folgt hier nahezu wörtlich dem EuGH.

Die Bestimmung betrifft im Wesentlichen typisches **„Nebenstrafrecht"**, welches vor allem die Befolgung verwaltungsrechtlicher Pflichten durchsetzen soll.[179] Das Nebenstrafrecht hat in Deutschland einen sehr großen Umfang, Verstöße gegen verwaltungsrechtliche Pflichten sind überaus häufig mit Straf- oder zumindest mit Bußgelddrohungen bewehrt. Da der deutsche Gesetzgeber dieses Vorgehen offensichtlich und unbeanstandet für notwendig gehalten hat, um seine Ziele zu erreichen, wird man kaum argumentieren können, dass dies auf europäischer Ebene anders ist. Das Kriterium der „Unerlässlichkeit" wird deshalb weitgehend dem Beurteilungsspielraum des Unionsgesetzgebers überlassen bleiben müssen. Ebenso wenig ist Stimmen beizupflichten, welche mit kritischem Unterton anmerken, das Strafrecht werde hier als „Durchsetzungsmechanismus für sonstige Unionspolitikern" gebraucht und als bloßer Annex behandelt.[180] Das ist auch im deutschen Nebenstrafrecht so, welches im Übrigen

---

177 *Hecker* 8/Rdn. 5.
178 *Böse* in *Böse* Enz. § 4/17; *Safferling* IntStrR § 10/56; *Satzger* IntStrR § 9/41; *Schramm* IntStrR 4/50; *Suhr* in *Callies/Ruffert* Art. 83 Rdn. 25.
179 Beispiele bei *Brons* S. 119.
180 *Ambos* IntStrR § 11/9; *Satzger* IntStrR § 9/38; anders *Böse* in *Böse* Enz. § 4/16; *Safferling* IntStrR § 10/58.

so umfangreich ist, dass im Vergleich dazu bei Art. 83 Abs. 2 AEUV kaum von einer expansiven Tendenz zur Strafrechtsangleichung gesprochen werden kann.

51   Damit verlagert sich das Kompetenzproblem in den Bereich der Subsidiaritätsklausel. Man kann gewiss darüber diskutieren, ob eine europäische Lösung im Einzelfall erforderlich ist, wenn beispielsweise der deutsche Gesetzgeber in ausreichendem Umfang Strafvorschriften erlassen hat und dazu auch weiterhin in der Lage ist. Aber auch hier gilt, dass nicht der Fleiß und die Durchsetzungsfähigkeit eines nationalen Gesetzgebers allein maßgebend sind; für die Beurteilung sind die Verhältnisse europaweit zugrunde zu legen.

Die auf den harmonisierten Gebieten bestehenden Pflichten, welche im Rahmen des Art. 83 Abs. 2 AEUV durch Strafdrohungen wirksam durchgesetzt werden sollen, sind häufig auch dazu bestimmt, für die Wirtschaftsteilnehmer am Markt gleiche Ausgangsbedingungen herzustellen und die Einhaltung der Wettbewerbsregeln im Interesse des Verbraucherschutzes zu gewährleisten. Dass gerade dieser Bereich Kernbereiche deutscher Staatlichkeit betreffe, wie das Bundesverfassungsgericht meint,[181] und innerstaatliche Verfassungskonformität allein mittels einer engen Auslegung der Verträge herzustellen sei, überzeugt allerdings nicht. Es dient der Herbeiführung **gleicher Lebensverhältnisse**, wenn die rechtliche Situation in allen Mitgliedstaaten vergleichbar ist.

Die von den Mitgliedstaaten zu erlassenden Strafvorschriften müssen ferner – so die wiederkehrende Formulierung des EuGH – „abschreckend, wirksam und verhältnismäßig" sein (s. Kap. 4/45). Das zulässige Gesetzgebungsverfahren bestimmt sich nach dem Gesetzgebungsverfahren, das für die Harmonisierungsmaßnahme gegolten hat.

52   Der Vertrag sieht auch hinsichtlich des materiellen Strafrechts eine „**Notbremse**" wie hinsichtlich des Strafprozessrechts in Art. 82 AEUV vor, die nicht analogiefähig ist,[182] weil sie nur für Richtlinien vorgesehen ist, nicht für Verordnungen, welche Art. 325 AEUV ermöglicht. Auch sachlich liegt die „Notbremse" auf einer gänzlich anderen Ebene als dem Schutz der finanziellen Interessen der Union. Sie kann daher beim beabsichtigten Erlass von Maßnahmen nach Art. 325 AEUV nicht in Anspruch genommen werden.

Welche Sachgründe dazu führen können, den Mechanismus der Notbremse in Gang zu setzen, lässt sich weder abstrakt umschreiben noch konkret vorhersagen. Eine beabsichtigte Einführung einer Verbandsstrafbarkeit, die in Deutschland rechtspolitisch umstritten ist, dürfte kaum dazu gehören, nachdem der

---

181 BVerfGE 123, 267 Rdn. 361, 362; *Satzger* IntStrR § 9/41; a.A. zu Recht *Hecker* 8/Rdn. 48; *Mansdörfer* HRRS 2010, 11, 17.
182 *Safferling* IntStrR § 10/67; a.A. *Dannecker* in *Böse* Enz. § 8/28.

BGH schon früh entschieden hat, dass ein solches System mit dem deutschen ordre public vereinbar ist.[183]

Stichworte: Mittels der Annexkompetenz (Art. 83 Abs. 2 AEUV) können die Mitgliedstaaten zum Erlass von typischen Vorschriften des Nebenstrafrechts angewiesen werden, wenn solche zur Durchsetzung von Unionszielen auf anderweitig harmonisierten Politikfeldern erforderlich sind. Art. 83 Abs. 2 AEUV entfaltet ebenfalls eine Sperrwirkung. **[!]**

---

5. Strafrechtliches Übergangsrecht – Rahmenbeschlüsse

Vor dem Vertrag von Lissabon – während der Drei-Säulen-Struktur der Gemein- **53** schaft – besaß diese im Bereich des Strafrechts zunächst keine supranationalen Befugnisse. Demgemäß waren völkerrechtliche Übereinkommen und sog. „Gemeinsame Standpunkte" wesentliche, aber unzulängliche Handlungsformen.

Seit dem Vertrag von Amsterdam (1999) war jedoch der Rahmenbeschluss das **zentrale Rechtssetzungsinstrument** der EU in der dritten Säule.[184] Wie dargelegt ist dieses Instrument durch den Vertrag von Lissabon mit Wirkung für die Zukunft beseitigt worden; die bisher erlassenen Rahmenbeschlüsse gelten aber fort (Protokoll 36, Art. 9). Geändert werden können sie allerdings nicht mehr, nur noch aufgehoben und durch andere Rechtsakte ersetzt. Bis 2014 durfte die Kommission auch kein Vertragsverletzungsverfahren wegen mangelnder Umsetzung eines Rahmenbeschlusses einleiten. Das Instrument des Rahmenbeschlusses hat gegenwärtig und für absehbare Zukunft auch zahlenmäßig noch eine beträchtliche Bedeutung.

a) Rechtsgrundlage und Rechtsnatur

Die maßgebende Rechtsgrundlage im Amsterdam-Vertrag (Art. 34 Abs. 2 **54** Buchst. b) lautete wie folgt:

> (Der Rat kann auf Initiative eines Mitgliedstaats oder der Kommission einstimmig) „Rahmenbeschlüsse zur Angleichung der Rechts- und Verwaltungsvorschriften der Mitgliedstaaten annehmen. Rahmenbeschlüsse sind für die Mitgliedstaaten hinsichtlich des zu erreichenden Ziels verbindlich, überlassen jedoch den innerstaatlichen Stellen die Wahl der Form und der Mittel. Sie sind nicht unmittelbar wirksam."

---

183 BGHSt. 5, 28, 32; anders *Esser* EuIntStrR § 2 Rdn. 150; *Satzger* § 9/50; *Schramm* IntStrR 4/53.
184 Zur „Skandalisierung" der einschlägigen Rechtsetzung durch *Schünemann/Roger* ZIS 2010, 515, 735 zutreffend *Böse* ZIS 2010, 607.

Die ausdrückliche Bestimmung, dass Rahmenbeschlüsse nicht unmittelbar wirksam seien, war eine Reaktion auf die Rechtsprechung des EuGH, wonach Richtlinien auch vor ihrer Umsetzung in nationales Recht zu Gunsten des Bürgers unmittelbare Rechtsgeltung erlangen können, wenn die Umsetzungsfrist verstrichen ist. Beim Rahmenbeschluss wollte man **Vorwirkungen** dieser Art verhindern. Der EuGH als der Motor der Integration hat in der berühmten Rechtssache Pupino[185] jedoch anders entschieden und damit dem Instrument des Rahmenbeschlusses die Grundlage entzogen; im Vertrag von Lissabon gibt es folgerichtig nur noch das schon vorher verfügbare und mit dem Rahmenbeschluss vergleichbare Instrument der Richtlinie.

Der Rahmenbeschluss war als Instrument im Rahmen der dritten Säule und damit als Mittel der intergouvernementalen Zusammenarbeit konzipiert. In dieser Sicht hatte er keinen supranationalen Charakter, sondern entfaltete Wirkungen innerhalb der nationalen Rechtsordnung erst, wenn der Mitgliedstaat durch eigene Rechtsetzung tätig geworden war. Andererseits war nicht zu verkennen, dass ihm auch supranationale Elemente innewohnten. Das betraf insbesondere sein Zustandekommen. Allein ein Unionsorgan – der Rat – erließ den Rechtsakt, und anders als bei völkerrechtlichen Übereinkommen war eine Ratifikation nicht erforderlich, um für den Mitgliedstaat rechtliche Pflichten zu erzeugen. Der Rahmenbeschluss kann daher als Zwischenform und als Vorstufe zu voll ausgeprägter supranationaler Rechtsetzung bezeichnet werden. Je nachdem, welcher Betrachtung der Vorzug gegeben wurde, erfuhr die nachfolgend dargestellte **Rechtsprechung** des EuGH Beifall oder Kritik.

b) Leitentscheidung des EuGH

55 Anlass der Entscheidung des EuGH in der Rechtssache Pupino war die Vorlage eines italienischen Richters zum – mittlerweile ersetzten[186] – Rahmenbeschluss über die Stellung des Opfers im Strafverfahren aus dem Jahre 2001. Der Rahmenbeschluss sah – pauschal gesagt – vor, dass Opfer, die als Zeugen gehört werden, im Prozess geschont und geschützt werden sollen. Die italienische StPO bestimmte nun, dass Zeugen unter 16 Jahren im Wege der sogenannten Beweissicherung außerhalb der Hauptverhandlung und unter besonderen Vorkehrungen zu ihrem Schutz vernommen werden können, wenn das Verfahren Sexualdelikte oder Delikte mit sexuellen Bezug zum Gegenstand hat.

---

185 Urteil vom 16.6.2005, C-105/03 – Pupino m. Bespr. *Weißer* ZIS 2006, 562.
186 Richtlinie 2012/29/EU vom 25.10.2012 über Mindeststandards für die Rechte, die Unterstützung und den Schutz von Opfern von Straftaten sowie zur Ersetzung des Rahmenbeschlusses 2001/220/JI, ABl. 2012 L 315 S. 57.

Im Ausgangsverfahren war die Angeklagte – Frau Maria Pupino – nun aber nicht eines solchen Delikts beschuldigt. Sie sollte vielmehr als Kindergärtnerin mehrere der ihr anvertrauten Kinder misshandelt, also Körperverletzungsdelikte begangen haben. Die Kinder, alle unter fünf Jahre alt, mussten als Zeugen gehört werden. Der italienische Richter war der Auffassung, dass die Vernehmung der Kinder außerhalb der Hauptverhandlung und unter besonderen Schutzvorkehrungen geboten sei. Er hatte aber Zweifel, ob die in der italienischen StPO enthaltene Beschränkung solcher Vernehmungen auf Verfahren, die Sexualdelikte oder Delikte mit sexuellem Bezug betreffen, mit dem Rahmenbeschluss zur Stellung des Opfers im Strafverfahren vereinbar sei und hat die Sache deshalb dem Europäischen Gerichtshof zur Vorabentscheidung vorgelegt.

Der EuGH prüft zunächst die Zulässigkeit der Vorlage. Er legt dar, diese sei zu verneinen, wenn die Vorlage offensichtlich keine Bedeutung für die vom italienischen Richter zu treffende Entscheidung hätte, etwa weil Rahmenbeschlüsse ihrer Natur nach im anhängigen Verfahren keine Wirkung entfalten könnten. Er folgt dieser Erwägung jedoch nicht.

Zwar bezweifelt der EuGH nicht, dass ein Rahmenbeschluss zwischenstaatlichen Charakter hat und keine Verordnung ist. Ein solcher Beschluss hat also nicht wie eine Verordnung die Kraft, nationales Recht zu brechen. Deshalb ist der nationale Richter an sein Recht gebunden und darf nicht etwa unter Berufung auf einen Rahmenbeschluss contra legem judizieren.

Aber der EuGH tut einen bemerkenswerten Schritt darüber hinaus.

Er weist auf die Parallelität des Wortlauts von Art. 34 EU-Vertrag in der Fassung von Amsterdam zu den Vorschriften hin, die den Charakter von EG-Richtlinien beschreiben. Und Art. 249 Abs. 3 EGV sah ganz ähnlich vor, dass Richtlinien für die Mitgliedstaaten hinsichtlich des zu erreichenden Ziels verbindlich sind, jedoch den innerstaatlichen Stellen die Wahl der Form und der Mittel überlassen. Dazu aber hat der Europäische Gerichtshof bereits früher ausgesprochen, dass die nationalen Behörden und Gerichte verpflichtet sind, ihr innerstaatliches Recht im Lichte von Wortlaut und Zweck der Richtlinien auszulegen, das heißt gemeinschaftsfreundlich in dem Sinne, dass sie keine Maßnahmen treffen dürfen, die die Ziele der Richtlinie gefährden. Diese Rechtsprechung überträgt der Gerichtshof nun auf die Bestimmung von Wirkung und Reichweite von Rahmenbeschlüssen. Auch sie sind danach für die nationalen Gerichte nicht etwa bedeutungslos, weil sie lediglich künftig zu erfüllende völkerrechtliche Pflichten der Mitgliedstaaten entstehen ließen. Vielmehr wirken Rahmenbeschlüsse mit ihrem Erlass auf die nationale Rechtsordnung dergestalt ein, dass sie eine zwingende inhaltliche Vorgabe für die Auslegung des innerstaatlichen Rechts darstellen. Der EuGH misst damit auch Rahmenbeschlüssen eine Vorwirkung zu. Diese kann zwar nicht darin bestehen, dass nach Ablauf der Umsetzungsfrist wie bei Richtlinien eine unmittelbare Anwendung zu Gunsten des Bürgers in Betracht kommt – dem steht der Wortlaut des Vertrages entgegen.[187] Aber die anderen für nicht umgesetzte Richtlinien geltenden Vorwirkungen sind auch bei Rahmenbeschlüssen zu beachten.[188]

56　　Zur Begründung seiner Ansicht beruft sich der Gerichtshof nicht allein auf den Vergleich des für Richtlinien und Rahmenbeschlüsse gleichermaßen geltenden Wortlauts der Verträge. Er zieht aus dem analogen Wortlaut zugleich die Folgerung, dass die Vertragsparteien mit der Wortwahl das Ziel verbanden, dem Rahmenbeschluss analoge Rechtswirkungen wie dem Rechtsinstrument der Richtlinie beizulegen, um dem Ziel einer immer enger werdenden Union näherzukommen. Ferner führt er an, dass die Zuständigkeit des Gerichtshofs für die Auslegung von Rahmenbeschlüssen auf Vorlage nationaler Gerichte keinen Sinn hätte, wenn diese Beschlüsse vor den nationalen Gerichten keinerlei Bedeutung hätten. Außerdem gelte der Grundsatz der loyalen Zusammenarbeit der Mitgliedsstaaten auch im Rahmen der dritten Säule; anders könne die Union ihre Aufgaben kaum erfüllen. Letztlich leitet er sein Ergebnis damit nicht aus innerstaatlichem Recht, etwa dem Gebot zu einer völkerrechtsfreundlichen Auslegung, ab, sondern aus dem EU-Vertrag selbst, also aus dem Recht der Union.[189]

So gelangt der Gerichtshof zu der Feststellung, dass der Rahmenbeschluss über die Stellung des Opfers im Strafverfahren für den italienischen Richter nicht bedeutungslos ist. Sache des italienischen Richters sei es aber zu beurteilen, ob sein Recht ihm eine Auslegung ermöglicht, welche den Zielen des Rahmenbeschlusses gerecht wird. Zur unionsrechtkonformen Auslegung ist er verpflichtet. Dazu müsse er seine gesamte Rechtsordnung berücksichtigen. Diese Erwägungen führten zur Zulässigkeit der Vorlage.

57　　Das Ergebnis ist kritisiert worden. Abgesehen von dem Hinweis auf den Wortlaut des Amsterdamer Vertrages wird geltend gemacht, dass der Rahmenbeschluss ein Instrument der intergouvernementalen Zusammenarbeit ist, dessen völkerrechtliche Charakter mit einer unmittelbar innerstaatlichen Geltung unvereinbar sei.[190] Aber die Argumente, welche für die Annahme von Vorwirkungen bei nicht umgesetzten Richtlinien gelten, treffen auch hier zu. Die Einheit der EU als Rechtsunion[191] rechtfertigt deshalb die Rechtsprechung des EuGH.

---

187 *Satzger* IntStrR § 9/115.
188 Ebenso EuGH C-42/11, Urteil vom 5.9.2012 – Lopes Da Silva Jorge, Rdn. 53 ff.
189 *Hecker* 10/Rdn. 80.
190 *Hackner/Schierholt* Rdn. 16; anders BVerfG StV 2006, 541; BGHSt. 54, 216 Rdn. 28.
191 EuGH C-362/14, Urteil vom 6.10.2015 – Schrems (Facebook), Rdn. 60.

In der Sache selbst hat der EuGH betont, der Rahmenbeschluss zur Stellung des Opfers im Strafverfahren sei dahin auszulegen, dass das nationale Gericht die Möglichkeit haben muss, Kleinkindern, welche Opfer von Misshandlungen geworden sind, zu erlauben unter Modalitäten auszusagen, die ihnen einen angemessenen Schutz bieten.

Er hat aber auch betont, dass für die Europäische Union die Grundrechte gelten und dass der Rahmenbeschluss nicht dazu führen darf, dass das Verfahren gegen die Angeklagte Pupino nicht mehr fair im Sinne von Art. 6 EMRK ist. Gemeint ist damit offensichtlich, dass der Angeklagten oder ihrem Verteidiger das Fragerecht nicht beschnitten werden darf.

c) Rechtsprechung

Die Rechtsprechung über **seine Befugnis zur Auslegung von Rahmenbe-** 58 **schlüssen** hat der EuGH stetig **fortgeführt.** Er hat sie der Auslegung von sonstigem EU-Recht völlig angeglichen. Danach haben die Gerichte der Mitgliedstaaten die Pflicht, ihr Recht generell **rahmenbeschluss-konform** auszulegen und eine entgegenstehende Rechtsprechung ggf. abzuändern; lediglich unmittelbare Rechtswirkungen können Rahmenbeschlüsse nach dem eindeutigen Wortlaut des Art. 34 EUV in der Fassung des Vertrages von Amsterdam nicht entfalten.[192] Ebenso betont der EuGH regelmäßig, dass die im Rahmenbeschluss Europäischer Haftbefehl aufgeführten Gründe für eine Ablehnung der Vollstreckung des Haftbefehls prinzipiell abschließend sind; die Mitgliedstaaten sind jedoch nicht gehindert, die Übergabe des gesuchten Straftäters zu erleichtern und damit das rechtliche System der EU zu verstärken. Zur Auslegung des Rahmenbeschlusses Europäischer Haftbefehl – zu dem besonders zahlreiche Entscheidungen des EuGH vorliegen – vgl. im Einzelnen Kap. 6/19 ff.

Beispiel: Ein Mitgliedstaat der EU macht die Auslieferung zur Vollstreckung eines Abwesenheitsurteils generell davon abhängig, dass der Verurteilte ohne weiteres die Wiederaufnahme seines Verfahrens erlangen kann. Das ist so in Art. 5 des Rahmenbeschlusses über den Europäischen Haftbefehl nicht vorgesehen.

Der EuGH führt aus,[193] dass die im nationalen Recht vorgesehene Bedingung die volle Wirksamkeit des Rahmenbeschlusses beeinträchtigen würde und da-

---

192 EuGH C-42/11, Urteil vom 5.9.2012 – Lopes Da Silva Jorge, Rdn. 53 ff.; EuGH C-554/14, Urteil vom 8.11.2016 – Ognyanov, Rdn. 56 ff.
193 EuGH C-399/11, Urteil vom 26.2.2013 – Melloni, Rdn. 63; EuGH C-123/08, Urteil vom 6.10.2009 – Wolzenburg, Rdn. 57 ff.

her mit dem Recht der EU unvereinbar ist; Art. 53 der Charta habe keinen Vorrang.

> Ein weiteres **Beispiel:** In Ungarn führt ein Privatkläger eine Privatklage wegen Betrugs. Er möchte als Zeuge gehört werden, was das Gericht mit der Begründung ablehnt, nach ungarischem Recht sei zwar vorgesehen, dass der Privatkläger als Staatsanwalt fungiere, es sei aber rechtlich ausgeschlossen, dass ein Staatsanwalt gleichzeitig Zeuge sei.

Der EuGH führt aus,[194] nach dem Rahmenbeschluss über die Stellung des Opfers im Strafverfahren müsse sichergestellt sein, dass das Opfer eine Aussage machen kann und dass diese als Beweismittel berücksichtigt wird. Die Verschaffung einer förmlichen Zeugenstellung ist aber nicht gefordert. Nach einer anderen Entscheidung[195] verlangen der Rahmenbeschluss oder die EMRK ebenso wenig, dass dem Opfer das Recht eingeräumt wird, die Strafverfolgung eines Dritten herbeizuführen, um seine Verurteilung zu erreichen.

Ein weiteres Beispiel, in dem der nationale Richter vom EuGH[196] vergeblich eine Korrektur seines eigenen, nationalen Rechts erstrebte:

> **Fall:** Ein spanisches Gericht hatte den Angeklagten wegen Misshandlung seiner Opfer im familiären Bereich zu einer Strafe verurteilt und ihm als Nebenstrafe für eine bestimmte Zeit verboten, sich seinen Opfern zu nähern. Kurze Zeit nach dem Urteil zogen der Angeklagte und seine Opfer auf deren Wunsch wieder zusammen. Der Angeklagte wurde nunmehr wegen Missachtung des Annäherungsverbotes verurteilt. Er berief sich darauf, dass er das Verbot gar nicht missachtet habe, weil das Zusammenleben dem Wunsch der Opfer entspreche.

Der EuGH entschied, dass der Rahmenbeschluss entsprechend seinem Zweck, ein Schutzniveau für Opfer festzulegen, diesen ein Anhörungsrecht gebe, jedoch keinen Einfluss auf Art und Höhe der Strafe.

> **Fall:** Ein Tscheche führt in Österreich einen Lkw auf einer für Lkw gesperrten Straße und wird dafür vom Bezirkshauptmann mit einer „Verwaltungsstrafe" von 220 € belegt. Das gegebene Rechtsmittel zum „Unabhängigen Verwaltungssenat" legt der Betroffene nicht ein. Auf Antrag Österreichs wird in Tschechien die Vollstreckung genehmigt. Gegen diese Genehmigung wendet sich der betroffene Lkw- Fahrer.

---

194 EuGH C-404/07, Urteil vom 9.10.2008 – Katz und Sos.
195 EuGH C-507/10, Urteil vom 21.12.2011 – X. – Ähnlich C-79/11, Urteil vom 12.7.2012 – Giovanardi.
196 EuGH C-1/10, Urteil vom 15.9.2011 – Gueye und Sanchez.

Der – in Deutschland mittlerweile umgesetzte (Kap. 8/21) – Rahmenbeschluss über die gegenseitige Anerkennung von Geldstrafen und Geldbußen,[197] verpflichtet zur Vollstreckung von Sanktionen wegen Verkehrsübertretungen, sofern die Entscheidung des Anordnungsstaates vor einem Gericht angefochten werden konnte, das auch für Strafsachen zuständig ist.

Die dazu ergangene Entscheidung des EuGH[198] ist für Deutschland von Bedeutung, denn wir haben in Deutschland zur Ahndung von Verkehrsübertretungen dasselbe System wie Österreich (Bußgeldbescheid der Verwaltungsbehörde, Rechtsbehelf zum Amtsgericht). Der EuGH führt aus, dass die vorgängige Prüfung im Verwaltungsverfahren für die Beurteilung unerheblich ist; maßgeblich ist der zulässige Rechtsbehelf. Der Begriff des auch für Strafsachen zuständigen Gerichts ist unionsrechtlich einheitlich auszulegen und wird dadurch bestimmt, ob das Gericht ein Verfahren anzuwenden hat, welches die wesentlichen Merkmale eines Strafverfahrens aufweist. Der Begriff des Gerichts ist ebenso wie in Art. 267 AEUV zu verstehen.

Stichworte: Der Rahmenbeschluss war im Vertrag von Amsterdam als Handlungsform im Rahmen der Dritten Säule eingeführt worden. Die Rechtsprechung hat ihn jedoch nahezu völlig dem Charakter von Richtlinien angeglichen und dazu eine reichhaltige Entscheidungspraxis entwickelt. Im Vertrag von Lissabon wurde er für die Zukunft beseitigt; zuvor erlassene Rahmenbeschlüsse gelten aber fort.

---

6. Normenvielfalt zur strafrechtlichen Zusammenarbeit

Nach dem Vertrag von Maastricht und insbesondere dem von Amsterdam hat 59 eine Flut von Normen des europäischen Gesetzgebers und von Übereinkünften der Mitgliedstaaten der EU auf dem Gebiet der strafrechtlichen Zusammenarbeit eingesetzt, jedoch ungeordnet und unsystematisch.[199] Das war zwar einerseits Ausdruck aufgestauter Bedürfnisse beim normativen Zusammenwachsen Europas; es hatte andererseits aber auch zur Folge, dass die Rechtslage insgesamt äußerst unübersichtlich wurde, zumal neben den Rechtsakten der EU auch die

---

197 Rahmenbeschluss über die gegenseitige Anerkennung von Geldstrafen und Geldbußen vom 24.2.2005 (ABl. L 76/16) i.d.F. v. 26.2.2009 (ABl. L 81/24).
198 EuGH C-60/12, Urteil vom 14.11.2013 – Balaz.
199 Vgl. *Hackner* in *Breitenmoser u.a.* S. 277, 279 ff.

Produktion von UN-Übereinkommen und von Übereinkommen des Europarates weiterlief.[200]

Die **Unübersichtlichkeit**[201] beruhte zum einen auf der schnellen Abfolge verschiedener und verschiedenartiger Rechtsakte. Erst seit dem Vertrag von Amsterdam stand überhaupt ein gemeinschaftsrechtliches Rechtsetzungsinstrument – der Rahmenbeschluss – zur Verfügung. Die davor allein gegebene Handlungsform des völkerrechtlichen, innerhalb der Dritten Säule ausgehandelten Übereinkommens lief erst allmählich aus. Multilaterale Übereinkommen aber werden üblicherweise von den Staaten zu sehr verschiedenen Zeitpunkten ratifiziert und zudem bei der Ratifikation häufig mit Vorbehalten versehen.[202] Einige der Abkommen sahen darüber hinaus ausdrücklich die Möglichkeit einer „vorläufigen Anwendbarkeit" im Verhältnis einiger Mitgliedstaaten zueinander vor. Bei supranationalen Rechtsakten war und ist zum anderen jeweils zu prüfen, für welche Mitgliedstaaten sie gelten. Insbesondere das nach dem Vertrag von Lissabon mögliche „opt in" von einzelnen Mitgliedstaaten, die dem Schengen-Verbund nicht angehören oder sich den Verpflichtungen aus dem Raum der Freiheit der Sicherheit und des Rechts nicht unterworfen haben, erfordert bei jedem Rechtsakt eine Prüfung seines Geltungsbereichs.[203] Soweit völkerrechtliche Vereinbarungen später in den rechtlichen Rahmen der EU überführt worden sind (Schengen-Besitzstand und Vertrag von Prüm) ist jeweils zu prüfen, ob sich die Überführung auch auf die zu den Übereinkommen abgegebenen Erklärungen der Vertragsstaaten erstreckt (Kap. 4/7). Eine einzigartige Erscheinung bilden Rechtsakte der EU, welche allein zu dem Zweck erlassen wurden, die

---

200 Beispielsweise richtete sich der vertragliche Vollstreckungshilfeverkehr in Europa nach 4 Abkommen:
– ein Übereinkommen des Europarates über die Überstellung verurteilter Personen aus dem Jahre 1983
– ein Zusatzprotokoll zu diesem Übereinkommen aus dem Jahre 1997
– das SDÜ
– ein EU-Vollstreckungs-Übereinkommen aus dem Jahre 1991
(vgl. Gesetzentwurf zur Umsetzung der Rahmenbeschlüsse Freiheitsstrafen und Bewährungsüberwachung, BTDrucks. 18/4347 S. 51 ff.).
201 *Gless* IntStrR Rdn. 486 („Chaos"); *Hecker* 12/Rdn. 7 („Normendickicht"); *Lagodny* in *Sieber u.a.* EurStrR § 31/9 („Normenchaos"); *Schomburg* in *Breitenmoser* 2015 S. 221, 222 f. („Dschungel").
202 Vgl. etwa die Erklärung der Bundesrepublik Deutschland bei der Ratifizierung des Übereinkommens über die Überstellung verurteilter Personen BGBl. 1992 II S. 98–101.
203 Dazu *Gless* IntStrR Rdn. 510; *Brodowski* ZIS 2015, 79, 82; zu unterschiedlichen Beteiligungs- und Stimmrechten EuGH C-482/08, Urteil vom 26.10.2010 – Großbritannien ./. Rat.

Mitgliedstaaten zu alsbaldiger Ratifizierung von Übereinkommen oder zum Verzicht auf Vorbehalte zu veranlassen.[204]

Der Unübersichtlichkeit, welche aus der Aufeinanderfolge verschiedener **60** Regelungen folgt, sollen im Allgemeinen zwar Bestimmungen begegnen, welche entgegenstehendes Recht ausdrücklich außer Kraft setzten. Aber selbst diese Bestimmungen sind selten eindeutig, weil mit ihnen Vorbehalte, Einschränkungen oder Ergänzungen verbunden werden. Immerhin ist mittlerweile ein Bemühen sowohl des Europarates wie der EU festzustellen, klare Verhältnisse zu schaffen. So stellen die Richtlinien der EU im Allgemeinen das **Verhältnis** zu früheren Rechtsakten und zu völkerrechtlichen Übereinkommen **am Ende der Richtlinie** klar. Und auch in den Übereinkommen des Europarates finden sich nunmehr Regelungen über den Geltungsbereich konkurrierender Vorschriften. Beispielsweise bestimmt Art. 43 Abs. 3 des Übereinkommens das Europarates zum Schutz von Kindern vor sexueller Ausbeutung und sexuellem Missbrauch,[205] dass in den Beziehungen der Mitgliedstaaten der EU untereinander das EU-Recht Vorrang hat.[206] Bei Unklarheiten über die Geltung konkurrierender Normen empfiehlt es sich deshalb, den Regelungen über den Geltungsbereich jeweils besondere Aufmerksamkeit zu schenken.

Dabei ist jedoch zu beachten, dass Normen in EU-Richtlinien, welche das **61** Verhältnis zu anderen Rechtsakten der Völkerrechtsebene oder der EU klären sollen, **keine innerstaatliche Wirkung** entfalten. Nur unmittelbar geltendes, supranationales EU-Recht hat Vorrang gegenüber nationalen, aus Völkerrecht transformierten Normen. Dagegen kann die EU einen völkerrechtlichen Vertrag, welchen Deutschland ratifiziert hat, nicht durch Richtlinien außer Kraft setzen; dafür fehlt ihr die Kompetenz. Das geschieht erst durch den deutschen Gesetzgeber.[207] Das bedeutet aber auch, dass völkerrechtliche Verträge in Deutschland als Bundesgesetz weitergelten können, solange und soweit Deutschland den überholenden Rahmenbeschluss oder die überholende Richtlinie der EU nicht rahmenbeschluss- oder richtlinienkonform in sein eigenes nationales Recht umgesetzt hat.

---

204 Beispiel: Rahmenbeschluss 2001/500/JI vom 26.6.2001 über Geldwäsche sowie Ermittlung, Einfrieren Beschlagnahme und Einziehung von Tatwerkzeugen und Erträgen aus Straftaten, ABl. 2001 L 182 S. 1.
205 Gesetz vom 21.1.2015 zu dem Übereinkommen des Europarates vom 25.10.2007 zum Schutz von Kindern vor sexueller Ausbeutung und sexuellen Missbrauch, BGBl. 2015 II S. 26.
206 Ebenso Art. 52 Abs. 4 des Geldwäsche – Übereinkommens des Europarats vom 16.5.2005 (BGBl. II 2016 S. 1370); ähnlich Art. 35 Abs. 3 des Strafrechtsübereinkommens des Europarats vom 27.1.1999 über Korruption nebst Zusatzprotokoll (BGBl. II 2016 S. 1322).
207 Zu Europol vgl. Europol – Gesetz vom 16.12.1997 (BGBl. 1997 II S. 2150).

Der **deutsche Gesetzgeber** hat bei der **Umsetzung** europäischen Rechts durch Änderung des IRG eindeutig den Vorrang umgesetzten Unionsrechts gegenüber allen völkerrechtlichen Vereinbarungen betont (§ 1 Abs. 4; § 78 Abs. 2; § 84 Abs. 3; § 86 Abs. 2; § 90a Abs. 3; § 90o Abs. 3; § 91 Abs. 2 IRG). Diesen Bestimmungen wird sachlich zwar verschiedentlich keine große Bedeutung beigemessen;[208] aber das trifft jedenfalls für die innerstaatliche Ebene nicht zu, und zumindest als klarstellende Normen sind sie für die Praxis von allergrößter Wichtigkeit. Doch gilt dies alles nur im Verhältnis der Mitgliedstaaten der EU zueinander. Multilaterale völkerrechtliche Vereinbarungen der Mitgliedstaaten können im Verhältnis zu Drittstaaten oder zu internationalen Organisationen durchaus sektoral und regional begrenzte Geltung haben und behalten.

Unter dem Blickwinkel der Rechtsquellenlehre **problematisch** erscheint auch eine andere Konstellation. Am 29.5.2000 wurde beispielsweise – im Rahmen der damaligen Dritten Säule – das Übereinkommen über die Rechtshilfe in Strafsachen zwischen den Mitgliedstaaten der Europäischen Union geschlossen. Es regelt u.a. den Geschäftsverkehr zwischen den Justizbehörden und ersetzt insoweit Art. 52 SDÜ (Kap. 4/13). Dass ein völkerrechtliches, zwischenstaatliches Übereinkommen die Kraft hat, supranationales und unmittelbar geltendes EU-Recht (Kap. 4/5) zu ersetzen, ist allein durch den besonderen Charakter der vormaligen „Dritten Säule" erklärbar. Seit dem Vertrag von Amsterdam stellte sich diese augenscheinlich als eine Vorstufe auf dem Wege der Integration dar. Wenn sie dabei nachrangige Fragen die Kompetenzordnung großzügig handhabe, kann das als Übergangserscheinung hingenommen werden.

Ein **technisches Hilfsmittel** zur Ermittlung des geltenden Rechts sind die Fundstellennachweise A und B, die als Beilage zum Bundesgesetzblatt jährlich aktualisiert werden. Sie sind auch im Internet abrufbar.

! **Stichworte:** Die Übergangsphase zwischen den Verträgen von Maastricht und Lissabon hat eine große Normenvielfalt auf dem Gebiet des Strafrechts hervorgebracht. Die Übersicht ist nur mühsam zurückzugewinnen.

---

208 *Hackner* in *Schomburg/Lagodny/Gleß/Hackner* § 78 IRG Rdn. 8; *Trautmann* ebendort § 86 Rdn. 5; abw. *Hackner* ebendort § 91 Rdn. 3; *v. Heintschel-Heinegg* in *Sieber u.a.* EurStrR § 37/25.

Kapitel 5:
Umsetzung europäischer Vorgaben in nationales Recht

Das deutsche Strafrecht ebenso wie das deutsche Strafprozessrecht ist in vielfäl- **1** tiger Weise durch europäische Vorgaben dominiert. Diese Vorgaben können sowohl von der EU ausgehen als auch von der Rechtsprechung des EGMR in Straßburg. So ist beispielsweise der Wortlaut des § 147 StPO über das Aktenein-sichtsrecht des Verteidigers wörtlich auf eine Entscheidung des EGMR zurück-zuführen.[1] Ebenso beruht die grundlegende Umgestaltung des § 329 StPO mit der neu eingefügten Befugnis des Angeklagten, sich in der Berufungshauptver-handlung vertreten zu lassen,[2] auf der Rechtsprechung des EGMR.[3] In erster Li-nie und unmittelbar ist die deutsche Rechtsordnung aber von der EU beein-flusst.

I. Umsetzung durch Gesetzgebung

1. Ausdrückliche Einbeziehung der EU als Schutzgut in nationale Straftatbestände

Unabhängig vom Umfang der deutschen Strafgewalt (§§ 3–7 StGB) enthält das **2** deutsche Strafrecht Vorschriften, welche nur bei der Verletzung inländischer Rechtsgüter eingreifen. Das kann darauf beruhen, dass die deutsche Staatsge-walt nach herkömmlicher Auffassung nicht dazu berufen ist, Rechtsgüter aus-ländischer Staaten zu schützen – so etwa durch die Staatsschutzdelikte, aber auch durch die Bestimmung des § 113 StGB (Widerstand gegen Vollstreckungs-beamte).[4] Diese Betrachtung ist im Hinblick auf das Zusammenwachsen der eu-ropäischen Staaten in vieler Beziehung überholt. Die Gesetzgebung muss dem Rechnung tragen, und in vielerlei Hinsicht ist sie dazu durch die Verträge ver-pflichtet. Aber es gibt hierfür verschiedene Methoden. Eine von ihnen besteht darin, in die nationale Strafvorschrift die EU als Schutzgut aufzunehmen oder

---

1 EGMR, Urteil vom 27.1.2009 – Ramishvili & Kokhreidze ./. Georgien, Beschwerdenummer 1704/06, Rdn. 124; EGMR, Urteil vom 9.7.2009 – Mooren ./. Deutschland, Beschwerdenummer 11364/03, Rdn. 124.
2 Art. 1 des Gesetzes vom 17.7.2015, BGBl. I S. 1332.
3 EGMR, Urteil vom 8.11.2012 – Neziraj ./. Deutschland, Beschwerdenummer 30.804/07.
4 Dazu *Hecker* 2/Rdn. 4 ff. eingehend LK-*Werle/Jeßberger* vor § 3 Rdn. 271 ff.

DOI 10.1515/9783110456103-005

den Geltungsbereich der Vorschrift auf **europäische Sachverhalte** auszudehnen.

Straftaten nach den §§ 129 ff. StGB beispielsweise sind uneingeschränkt strafbar, sofern es sich um kriminelle oder terroristische Vereinigungen innerhalb der EU handelt (§ 129b Abs. 1 Satz 1 StGB). Bei Vereinigungen in Drittstaaten sind zur Strafbarkeit zusätzliche räumliche oder personelle Bezüge zu Deutschland erforderlich, und außerdem ist die Tat nur mit Ermächtigung des Bundesjustizministers verfolgbar (§ 129b Abs. 1 Satz 2–5 StGB). Der Schutz der finanziellen Interessen der Union wird dadurch gewährleistet, dass der Anwendungsbereich der Vorschrift über den Subventionsbetrug (§ 264 StGB) ausgedehnt wird auf Subventionen, welche von der Europäischen Union gewährt worden sind (§ 264 Abs. 7 Satz 2 StGB). Die Strafbarkeit der Hinterziehung von harmonisierten Verbrauchsteuern, von Umsatzsteuer und von Einfuhr- und Ausfuhrabgaben bezieht sich auch auf Abgaben, die in anderen Mitgliedstaaten der EU erhoben werden (§ 370 Abs. 6 AO).[5] Der Anwendungsbereich der Strafvorschriften über Falschaussagen ist in § 162 StGB ausdrücklich auch auf die europäischen Gerichte ausgedehnt worden. Ebenso sind die Bestimmungen über die Bestechung und die Bestechlichkeit von deutschen Amtsträgern (§§ 331 ff. StGB) auf die entsprechenden Taten von und gegenüber Angehörigen der Verwaltung von Mitgliedstaaten[6] und der EU-Verwaltung anwendbar, weil diese Bediensteten deutschen Amtsträgern gleichgestellt sind; zur Vereinfachung der Gesetzestechnik hat der deutsche Gesetzgeber dazu eigens den Begriff des europäischen Amtsträgers geschaffen.[7] Dasselbe gilt für Abgeordnete des Europaparlaments und Mitglieder fremder nationaler Parlamente.[8] Angehörige von Europol, welche die für sie geltenden Bestimmungen über den Geheimnisschutz verletzen, sind – ungeachtet der sonst für Bedienstete von Europol geltenden Immunitätsrechte – gleichfalls nach den entsprechenden deutschen Strafvorschriften strafbar.[9] Schließlich werden ausländische Amtsträger, welche im Rahmen der grenzüberschreitenden Zusammenarbeit in Deutschland angegriffen werden oder selbst Straftaten begehen, durch das SDÜ und die von der Bundesrepublik dazu geschlossenen Ergänzungsverträge, durch den Vertrag von

---

5 Beispiel BGH NStZ 2014, 329 m. Anm. *Schuhr*; s. auch *Kohlmann*, Zur Ahndung grenzüberschreitender Steuerhinterziehungen, Hirsch-Festschrift (1999) S. 577.

6 Dazu BGHSt 60, 266 Rdn. 19.

7 Gesetz zur Bekämpfung der Korruption vom 20.11.2015 (BGBl. 1 S. 2025), §§ 11 Abs. 1 Nr. 2a, 331 ff., 335a StGB n.F.; dazu *Deiters* Weßlau-Gedächtnisschrift S. 51, 55, 58.

8 48. Strafrechtsänderungsgesetz vom 23.4.2014 (BGBl. I S. 410); Gesetz zur Bekämpfung der Korruption vom 20.11.2015 (BGBl. I S. 2025).

9 § 8 des Europolgesetzes vom 16.12.1997 (BGBl. 1997 II S. 2150) i.d.F. des Gesetzes vom 31.7.2009 (BGBl. I S. 2504).

Prüm und das EU-Übereinkommen über Rechtshilfe in Strafsachen (Art. 15) in-ländischen Amtsträgern gleichgestellt (Kap. 7/8). Diese Gleichstellung ist durch das Zweite Zusatzprotokoll zum Europäischen Übereinkommen über Rechtshilfe in Strafsachen für alle Formen der grenzüberschreitenden Zusammenarbeit auf sämtliche Mitgliedstaaten des Europarats ausgedehnt worden.[10]

Auch ohne ausdrückliche Inkorporierung europarechtlicher Vorgaben in das deutsche Recht wird vielfach einer Erstreckung des deutschen strafrechtli-chen Schutzes auf europarechtliche Sachverhalte das Wort geredet. So soll etwa § 132 StGB auch dann eingreifen, wenn ein Hochstapler sich als Bediensteter der Europäischen Kommission ausgibt. Das wäre eine beträchtliche Ausdehnung des Anwendungsbereichs der Vorschrift, welche bisher lediglich die deutsche Staatsgewalt schützt. Eine solche „unionsfreundliche" Auslegung des deut-schen Strafrechts, die nicht durch das Gebot unionsrechtkonformer Auslegung gestützt ist, ist jedoch nicht zur befürworten. Näher dazu Kap. 5/34, 36.

Stichworte: Die Umsetzung von Vorgaben der EU geschieht auf verschiedenen Wegen. Einer davon ist die Erstreckung des Tatbestandes deutscher Strafvorschriften auf europarechtliche Sachverhalte.

---

2. Verweisung auf EU-Vorschriften im nationalen Strafrecht

Ist eine Rechtsmaterie europäisch geregelt („vergemeinschaftet"), dann steht 3 dem europäischen Gesetzgeber für die Anweisung, Verstöße zu sanktionieren, die **Annexkompetenz** nach Art. 83 Abs. 2 AEUV zur Verfügung. Bei der Umset-zung solcher Anweisungen verwendet der deutsche Gesetzgeber eine andere Gesetzgebungstechnik. Verstöße gegen unmittelbar geltende Verordnungen der EU werden durch nationale **Blankettvorschriften** unter Strafe gestellt. Blan-kettvorschriften haben keinen eigenen oder keinen vollständigen eigenen Tat-bestand und verweisen mit ihrer Strafdrohung stattdessen auf eine bestimmte EU-Verordnung (EU-Richtlinien kommen dafür nicht in Betracht).

Beispielsfall: Eine EU-Verordnung verbietet die Verwendung bestimmter Stoffe in Lebens-mitteln und weist die Mitgliedstaaten an, Verstöße zu sanktionieren. Ein Mitgliedstaat schafft eine nationale Strafvorschrift, in welcher als Tatbestand das Verwendungsverbot wortgleich mit der EU-Verordnung formuliert ist.

---

10 Gesetz vom 5.12.2014 zu dem 2. Zusatzprotokoll vom 8.11.2001 zum Europäischen Überein-kommen vom 20.4.1959 über die Rechtshilfe in Strafsachen, BGBl. 2014 II S. 1038.

Der Normadressat darf nach der Ansicht des EuGH über den Gemeinschaftscharakter einer Rechtsnorm nicht im Unklaren gelassen werden. Nur so können nach seiner Meinung dessen Zuständigkeit und sein Auslegungsmonopol wirksam gesichert werden; außerdem kann der Rechtsanwender lediglich auf diese Weise das Inkrafttreten und etwaige Besonderheiten der EU-Regelung selbst anhand des Normtextes nachprüfen.[11] Bedenkenfrei wäre die im Beispiel gezeigte Regelung daher allein, wenn der nationale Gesetzgeber – sei es auch nur durch einen Klammerzusatz – in der Strafvorschrift auf ihre Herkunft hingewiesen hätte. Da ein derartiges Vorgehen allenfalls in seltenen Fällen möglich oder sinnvoll ist, bleibt für den Regelfall die Technik der Blankettvorschrift.

Anders kann es liegen, wenn eine deutsche Strafvorschrift sowohl Fälle mit europäischem Bezug wie auch rein nationale Fallgestaltungen erfassen soll. Deshalb stellt beispielsweise die Vorschrift des § 266a StGB, die sozialrechtsakzessorisch ist, pauschal auf das Bestehen einer Sozialversicherungspflicht ab ohne danach zu differenzieren, ob sich diese Pflicht allein aus deutschen Rechtsvorschriften ergibt oder auch aus Vorschriften der EU. Hier liegt eine sektoral verdeckte Verweisung auf EU-Recht vor (vgl. den Fall in Kap. 5/12).

a) Problematik der Verwendung von Blankettvorschriften

4   Diese Gesetzgebungstechnik hat aber auch eine eigene sachliche Problematik. Das Verweisungsobjekt bleibt europäisches Recht und ist damit (vom EuGH) autonom nach seinen Grundsätzen (beispielsweise nach den Grundsätzen des effet utile) auszulegen. Die Strafvorschrift dagegen ist natürlich nationales Recht, die – abgesehen von ihrer Überformung durch die europäischen Garantienormen – nach deutschen Interpretationsregeln auszulegen ist. Dabei können Unklarheiten auch deswegen auftreten, weil die Abgrenzung zwischen Blanketten und normativen Tatbestandsmerkmalen nach deutschem Recht mitunter unsicher ist; die Frage ist für die rechtliche Behandlung des Irrtums von Bedeutung.[12]

Keine Probleme sollte hingegen die Vielzahl der Amtssprachen in Europa aufwerfen. Können Zweifel am Inhalt einer EU-Norm bestehen, ist der EuGH nach Art. 267 AEUV anzurufen, der diesen Inhalt verbindlich feststellt.[13] Die so festgestellte Norm ist dann allen weiteren innerstaatlichen Überlegungen und Prüfungen zugrunde zu legen (Kap. 5/28).

---

11 EuGH C-34/73, Urteil vom 10.10.1973 – Variola, Rdn. 11, 15; *Satzger* IntStrR § 9 Rdn. 60.
12 *Bülte* JuS 2015, 769; *Enderle* S. 79 ff., 293.
13 Beispiel: EuGH C-464/15, Urteil vom 30.6.2016 – Admiral Casinos, Rdn. 26 f.

Es können jedoch weitere Konflikte auftreten. Blankettvorschriften mit 5 Verweisungen auf außerstrafrechtliche und europäische Normen sind zwar verfassungsrechtlich nicht unzulässig.[14] Sie können in Einzelfällen sogar geboten sein, wenn die europäische Norm nur so in nationales Recht umgesetzt werden kann.[15] Verweisungen des deutschen Strafgesetzgebers auf außerdeutsche Bestimmungen können aber insbesondere in Konflikt mit dem **Bestimmtheitsgebot** und dem **Parlamentsvorbehalt** des Grundgesetzes geraten, wenn es sich um „**dynamische**" Verweisungen[16] handelt, wenn also die außerdeutsche Norm durch eine andere außerdeutsche Norm ersetzt werden kann, ohne dass der deutsche Gesetzgeber darauf Einfluss hätte (Verweisung auf eine „jeweils gültige Fassung" der EU-Norm). In einem solchen Fall muss der deutsche Gesetzgeber die Voraussetzungen der Strafbarkeit sowie Art und Maß der Strafe bereits in seinem eigenen Gesetz hinreichend deutlich umschreiben,[17] anderenfalls ist der Straftatbestand defizitär. Nur unter dieser Voraussetzung auch sind Methoden akzeptabel, mit deren Hilfe dem deutschen Verordnungsgeber Einfluss auf die Bestimmung der Strafbarkeit eingeräumt wird („Rückverweisungs-" und „Entsprechensklauseln", Kap. 5/8).[18]

„**Statische**" Verweisungen – bei denen das Verweisungsobjekt durch den deutschen Gesetzgeber unverwechselbar und auf Dauer festgelegt ist – sind hingegen rechtlich nicht problematisch.[19] Voraussetzung ist allerdings, dass das Verweisungsobjekt, die europäische Rechtsnorm, identisch bleibt. Wird diese vom europäischen Gesetzgeber durch eine andere Norm ersetzt, muss die Verweisungskette vom deutschen Gesetzgeber gleichzeitig mit dem Inkrafttreten der neuen europäischen Vorschrift, auf die verwiesen werden soll, angepasst werden. Ansonsten ist die deutsche Strafnorm unvollständig und nicht vollziehbar.[20]

---

14 BVerfG, Beschluss vom 21.9.2016 – 2 BvL 1/15 – Rindfleischetikettierungsgesetz, Rdn. 42, 44.
15 BVerfG, Beschluss vom 21.9.2016 – 2 BvL 1/15 – Rindfleischetikettierungsgesetz, Rdn. 46; EuGH C-34/73, Urteil vom 10.10.1973 – Variola, Rdn. 11, 15.
16 *Ambos* IntStrR § 11/30; *Hecker* 7/Rdn. 77 ff.; zurückhaltend *Böse* Krey-Festschrift S. 7, 18 ff.; Beispiele auch bei *Dannecker* BGH-Festgabe S. 339, 372 ff.; a.A. *Heger* in *Böse* Enz. § 5/66 f.
17 BGHSt. 59, 11 Rdn. 14; BGHSt. 42, 79, 85; s. ferner BVerfG wistra 2010, 396.
18 BGH 2 StR 525/13, Urteil vom 23.12.2015, Rdn. 56 ff. m. Bespr. *Hoven* NStZ 2016, 377; dazu *Hecker* 7/Rdn. 93 ff.; *Satzger* IntStrR § 9 Rdn. 73; *Schramm* IntStrR 4/71; ferner *Dannecker* ZIS 2016, 723; *Freund/Rostalski* GA 2016, 443.
19 BVerfG, Beschluss vom 21.9.2016 – 2 BvL 1/15 – Rindfleischetikettierungsgesetz, Rdn. 43; BGHSt. 42, 219 zum Bundesnaturschutzgesetz; *Hecker* 7/Rdn. 83 ff.; LK-*Dannecker* § 1 Rdn. 157; *Satzger* IntStrR § 9 Rdn. 70.
20 BGHSt. 27, 181; OLG Koblenz NStZ 1989, 188; LK-*Dannecker* § 1 Rdn. 146.

Wenn die Anpassung erst **verspätet** geschieht, ist die Verweisungskette für einen bestimmten Zeitraum unterbrochen. Für diesen Zeitraum fehlt es an einer wirksamen Strafnorm, so dass § 2 Abs. 3 StGB Anwendung findet. Das kann zu Straflosigkeit für die zuvor begangenen Gesetzesverstöße führen.[21]

Die mit der Verweisungstechnik verbundenen Fragen sind zwar genuin nationaler Natur (Art. 80, 103 Abs. 2 GG), haben aber durch die Garantienormen des europäischen Rechts mittlerweile zugleich eine europäische Dimension.[22]

6   **Beispiele** für diese Verweisungstechnik:[23]

§ 8 Abs. 1 Nr. 1 Buchst. b) des Fahrpersonalgesetzes, nach dem u.a. Anforderungen an die Lenk- und Ruhezeiten für das Fahrpersonal festgelegt werden können, lautet wie folgt:

> Ordnungswidrig handelt, wer vorsätzlich oder fahrlässig als Unternehmer einer Vorschrift der Verordnung (EG) Nr. 2135/98, der Verordnung (EWG) Nr. 3821/85, der Verordnung (EU) Nr. 165/2014 oder des AETR zuwiderhandelt, soweit eine Rechtsverordnung nach § 2 Nr. 1 Buchst. e) oder Nr. 2 Buchst. e) für einen bestimmten Tatbestand auf diese Bußgeldvorschrift verweist.

Dies ist ein Bußgeldtatbestand, für Straftatbestände gilt aber nichts anderes. Als Beispiel möge die jüngste Änderung im Abfallstrafrecht dienen. § 326 Abs. 2 StGB lautete bisher wie folgt:

> (2) (ebenso) wird bestraft, wer Abfälle im Sinne des Absatzes 1 entgegen einem Verbot oder ohne die erforderliche Genehmigung in den, aus dem oder durch den Geltungsbereich dieses Gesetzes verbringt.

Durch das 45. Strafrechtsänderungsgesetz und eine weitere Änderung[24] hat die Vorschrift nunmehr folgende Fassung:

> (2) Ebenso wird bestraft, wer
> 1.   Abfälle im Sinne des Artikels 2 Nummer 1 der Verordnung (EG) Nr. 1013/2006 des Europäischen Parlaments und des Rates vom 14. Juni 2006 über die Verbringung von Abfällen (ABl. L 190 vom 12.7.2006, S. 1, L 318 vom 28.11.2008, S. 15), die zuletzt durch die Verordnung (EU) Nr. 135/2012 (ABl. L 46 vom 17.2.2012, S. 30) geändert worden ist, in nicht unerheblicher Menge, sofern es sich um ein illegales Verbringen

---

21 BGH NStZ 1992, 535; *Hecker* 7/Rdn. 88 ff.; *Satzger* IntStrR § 9 Rdn. 74 ff.; *Schröder* Richtlinien S. 172; a.A. *Harms/Heine* Amelung-Festschrift S. 393, 402; differenzierend BGH NStZ 2014, 329 m. Anm. *Schuhr*.
22 Art. 49 Grundrechtecharta; EuGH C-387/02, Urteil vom 3.5.2005 – Berlusconi, Rdn. 68, 69.
23 Weiteres Beispiel (zum Lebensmittelrecht) bei *Dannecker* ZIS 2016, 723.
24 Gesetz vom 21.1.2013, BGBl. I S. 95.

von Abfällen im Sinne des Artikels 2 Nummer 35 der Verordnung (EG) Nr. 1013/2006 handelt, oder

2. sonstige Abfälle im Sinne des Absatzes 1 entgegen einem Verbot oder ohne die erforderliche Genehmigung

in den, aus dem oder durch den Geltungsbereich dieses Gesetzes verbringt.

Insoweit liegt eine gemischte Blankettvorschrift vor,[25] da sie einerseits auf EU-Recht Bezug nimmt, andererseits mit den Begriffen der Einfuhr, Ausfuhr und Durchfuhr (scheinbar) deutsche Rechtsbegriffe verwendet. Dazu näher Kap. 5/ 47.

Die Verweisungstechnik ist hinnehmbar, weil sich die Vorschriften meist an 7 Experten richten, bei denen man einschlägige Rechtskenntnisse voraussetzen muss („**Expertenstrafrecht**").[26] Es sollte auch nicht übersehen werden, dass der Verweis auf das Europarecht zu einer klareren Gesetzesfassung führen kann. Früher verwies § 326 Abs. 2 StGB mit den Worten „entgegen einem Verbot" sowie „ohne erforderliche Genehmigung" auf das deutsche Verwaltungsrecht; Umweltrecht ist verwaltungsakzessorisch.[27] Die Ermittlung der geltenden Rechtslage war also auch bisher schon nur durch die Zusammenschau verschiedener Gesetze möglich. Jetzt finden sich die einschlägigen verwaltungsrechtlichen Normen aber nicht mehr im nationalen Recht, denn das Umweltrecht ist vergemeinschaftet, voll harmonisiert (Art. 191 AEUV). Es ist daher folgerichtig und dient der Klarheit, wenn die Vorschriften des Europarechts, welche für die Verwaltungsakzessorietät allein noch maßgeblich sind, in der deutschen Strafvorschrift genannt werden. Schön ist aber auch das nicht. Der juristische Laie, der die Vorschrift nicht versteht, muss Rechtsrat einholen.

Eine Variante der Verweisungstechnik besteht darin, nicht auf europäische Rechtsvorschriften zu verweisen, sondern auf Ratsbeschlüsse, welche ebenfalls im Amtsblatt der EU veröffentlicht sind und daher dem Erfordernis der genügenden Verlautbarung eines Rechtsaktes entsprechen. So ist das Schengener Informationssystem der zweiten Generation (SIS II) durch einen ausführlichen Beschluss des Rates der EU eingerichtet worden, aber die innerstaatliche Umsetzung des Beschlusses beschränkte sich auf einen einzigen Gesetzesartikel

---

25 Abw. *Heger* Kühl-Festschrift S. 669, 674.
26 Vgl. auch beispielsweise die Strafdrohungen nach dem Lebensmittel- und Futtermittelgesetzbuch (i.d.F. d. Bek. v. 3.6.2013, BGBl. I S. 1426) §§ 58 ff., zu denen hinsichtlich des EU-Rechts eine eigene „Lebensmittelrechtliche Straf- und Bußgeldverordnung" ergangen ist (Neuf. v. 4.5.2016, BGBl. I S. 1166). Ebenso im Weinrecht: „Weinrechtliche Straf – und Bußgeldverordnung" vom 20.2.2014 (BGBl. I S. 143). Für Verfassungswidrigkeit beim LFGB *Bode/Seiterle* ZIS 2016, 91, 172; *Dannecker* ZIS 2016, 723.
27 Eingehend dazu *Heger*, Kühl-Festschrift (2014) S. 669.

mit dem Wortlaut „Der ... Beschluss ist anwendbar".[28] Dieser Technik werden solange keine durchgreifenden Bedenken entgegenstehen, als sich die Verweisungen nicht auf strafbegründende oder -ergänzende Vorschriften beziehen, sondern auf Regelungen technischer Art. Im Falle von SIS II ist diese Voraussetzung erfüllt.

8   Wie das Bundesverfassungsgericht nunmehr entschieden hat, ist jedoch **verfassungswidrig** die nicht ganz selten anzutreffende Technik, die Bezeichnung des Verweisungsobjekts vollständig dem **Verordnungsgeber** zu überlassen oder sogar den Verordnungsgeber zu ermächtigen zu bestimmen, welche gesetzlich bloß ihrer Art nach bestimmten Verstöße gegen EU-Recht im Einzelnen unter die nationale Strafdrohung fallen sollen.[29] Dadurch soll zwar der Gesetzgeber entlastet werden, und die Grenzen zwischen hinnehmbarer Entlastung des Gesetzgebers und Verfassungsverstoß mögen fließend sein. Welches Verhalten strafbar sein soll, darf jedoch nicht der alleinigen Entscheidung des Verordnungsgebers überlassen werden. Verordnungen dürfen allenfalls Konkretisierungen der gesetzgeberischen Entscheidung darstellen.[30] Das Problem stellt sich nicht lediglich unter dem Gesichtspunkt einer Vereinbarkeit mit dem deutschen Bestimmtheitsgebot des Art. 103 Abs. 2 oder mit Art. 80 GG. Ist die deutsche Blankettvorschrift defizitär, die Strafdrohung mithin für nichtig zu erklären, so ist im Bereich beispielsweise einer von der Union ausgeübten Annexkompetenz die erlassene EU-Richtlinie rechtlich nicht ordnungsgemäß in nationales Recht umgesetzt. Es liegt daher zugleich eine Vertragsverletzung vor.

b) Innerstaatliche Wirkungen fremder Hoheitsakte

9   Da die Blankettnormen meist verwaltungsakzessorisches **Nebenstrafrecht** betreffen, ist mit ihnen eine **weitere Problematik** verbunden. Die Strafbarkeit eines bestimmten Verhaltens hängt von verwaltungsrechtlichen Vorschriften, verwaltungsrechtlichen Genehmigungen oder Verboten ab. Das macht die Entscheidung darüber erforderlich, **welche Wirkung** rechtliche **Regelungen** oder **Verwaltungsakte**, welche **außerhalb Deutschlands** in Durchführung von Unionsrecht erlassen worden sind, hier haben sollen. § 330d Abs. 2 StGB hat für das Abfallrecht die volle Gleichstellung eingeführt. Für den Fall der Nacheile

28 Art. 1 des Gesetzes zum Schengener Informationssystem der Zweiten Generation (SIS-II-Gesetz) vom 6.6.2009, BGBl. I S. 1226 zur Umsetzung des Ratsbeschlusses vom 12.6.2007, ABl. 2007 L 205 S. 63.
29 BVerfG, Beschluss vom 21.9.2016 – 2 BvL 1/15 – Rindfleischetikettierungsgesetz.
30 BVerfG, Beschluss vom 21.9.2016 – 2 BvL 1/15 – Rindfleischetikettierungsgesetz, Rdn. 47.

sind vergleichbare Regelungen im SDÜ getroffen. Von einem Mitgliedstaat angebrachte Zollplomben genießen in unionsrechtkonformer Auslegung des deutschen Strafrechts den Schutz von § 136 Abs. 2 StGB (Kap. 5/40). Das muss aber nicht so sein.

> **Fall:** Ein Anbieter von Sportwetten mit ordnungsgemäßer britischer Konzession erstreckt seine Geschäftstätigkeit auf Deutschland, ohne hier eine Erlaubnis erlangt zu haben. Gegen ihn wird ein Strafverfahren wegen Verstoßes gegen § 284 StGB betrieben.

Die Frage der Wirksamkeit ausländischer Verwaltungsakte im Inland stellt sich in diesem Fall allein, weil die Grundfreiheit des freien Dienstleistungsverkehrs betroffen ist. Da diese Grundfreiheit aber aus Gründen des nationalen öffentlichen Wohls beschränkbar ist (Art. 62, Art. 52 Abs. 1 AEUV), kann eine ausländische Erlaubnis nicht von selbst über das Gebiet des Mitgliedstaates, in dem sie erteilt ist, hinaus wirken.[31] Die Prüfung unter diesen Gesichtspunkten wäre sonst ohne weiteres zu umgehen (Kap. 5/58).

Das wirft zugleich die Frage auf, welche Wirkung **missbräuchlich** im Ausland **erlangte Genehmigungen** in Deutschland entfalten; die Frage ist nur in einigen Bereichen gesetzlich geregelt (vgl. z.B. § 330d Abs. 1 Nr. 5 StGB).[32] Der EuGH hatte mehrfach derartige Fälle zu entscheiden. Eine Entscheidung betrifft den so genannten „Führerscheintourismus." Im Ausländerrecht hatte der EuGH eine deutsche Regelung über die Bedeutung missbräuchlich erlangter ausländischer Visa zu beurteilen, welche im EU-Recht fehlte. In einem weiteren Fall ging es um einen Missbrauch im Bereich des Entsenderechts. Diese Entscheidungen sollen hier als Beispiele für viele herausgegriffen werden: **10**

> **Fall:** Der Betroffene wird in Deutschland wegen Trunkenheit im Verkehr zu einer Geldstrafe verurteilt; außerdem wird ihm die Fahrerlaubnis mit einer Sperrfrist bis 2008 entzogen. 2010 wird bei einer Verkehrskontrolle festgestellt, dass er nunmehr einen tschechischen Führerschein hat, in dem als Wohnort ein Ort in Tschechien eingetragen ist und der nach Ablauf der deutschen Sperrfrist ausgestellt worden war. Die Verwaltungsbehörde ordnet an, dass in diesen Führerschein ein Sperrvermerk eingetragen werde, wonach das Dokument in Deutschland nicht zum Führen von Kraftfahrzeugen berechtigt. Dagegen beschreitet der Betroffene den Verwaltungsrechtsweg. Die Materie ist durch EU-Richtlinien eingehend geregelt.

---

31 LK-*Krehl* § 284 Rdn. 22a; a.A. *Satzger* IntStrR § 9 Rdn. 84.
32 *Heger* ZIS 2013, 289; *Heger* Kühl-Festschrift S. 669, 682.

Der EuGH[33] hat hier versucht, einen Ausgleich zwischen dem europäischen Recht und dem Bedürfnis nach einer Verhinderung von Missbräuchen zu finden. Nach EU-Recht sind in einem Mitgliedstaat ausgestellte Führerscheine ohne jede Formalität in jedem anderen Mitgliedsstaat **anzuerkennen**. Eine Nachprüfung, ob die Ausstellung zu Recht erfolgte, ist prinzipiell untersagt. Ausnahmen: Die Anerkennung ist zu versagen, wenn feststeht, dass das Wohnsitzerfordernis nicht beachtet wurde. War die Fahrerlaubnis im Inland entzogen, ist die Rechtmäßigkeit der Ausstellung eines Führerscheins im EU-Ausland der Nachprüfung entzogen, wenn der ausländische Führerschein nach Ablauf der Sperrfrist erteilt wurde. So lag es hier. Dem Missstand, dass der Betroffene in Deutschland wieder fahren darf, obwohl hier eine neue Fahrerlaubnis nicht erteilt ist, ist durch eine enge Zusammenarbeit der verschiedenen nationalen Verwaltungsbehörden zu begegnen (Kap. 7/16).

Der Führerscheintourismus ist jedoch zu unterscheiden von den Fällen, für die allein das straf- und polizeirechtliche Territorialitätsprinzip anzuwenden ist.

> **Fall:** Eine österreichische Kraftfahrerin mit Wohnsitz in Österreich und dort erteilter Fahrerlaubnis fährt in Deutschland unter dem Einfluss berauschender Mittel. Die Bußgeldbehörde verhängt eine Geldbuße und ein Fahrverbot; die Verwaltungsbehörde entzieht ihr mit Wirkung für Deutschland die Fahrerlaubnis. Hiergegen beschreitet sie den Verwaltungsrechtsweg.

Ob die Voraussetzungen für die Erstausstellung einer Fahrerlaubnis erfüllt waren, hat nach dem Anerkennungsprinzip allein der Ausstellungsstaat zu prüfen. Für die Reaktion auf in einem anderen Mitgliedstaat später begangene Verstöße ist jedoch nach dem Territorialitätsprinzip der andere Mitgliedstaat zuständig. Seine Sache ist es auch festzulegen, unter welchen Bedingungen die – territorial begrenzte – Versagung der Anerkennung des ausländischen Führerscheins wieder aufgehoben werden kann.[34]

Die bloß territoriale Geltung eines von einer nationalen Behörde angeordneten Fahrverbots (§ 44 StGB, § 25 StVG) kann allerdings Probleme aufwerfen, wenn die inländische Verurteilung wegen eines Verstoßes gegen das Fahrverbot in einem anderen Mitgliedstaat der EU vollstreckt werden soll (vgl. Kap. 8/11).

11   In einem anderen Fall war die Wirksamkeit ausländischer Verwaltungsakte im Inland ebenfalls von entscheidender Bedeutung.

---

33 EuGH C-419/10, Urteil vom 26.4.2012 – Hofmann ./. Bayern, NJW 2012, 1935.
34 EuGH C-260/13, Urteil vom 23.4.2015 – Aykul m.Anm. *Ternig* NZV 2017, 85.

> **Fall:** Der Angeklagte war Mitglied einer Schleuserbande, welche Vietnamesen illegal nach Deutschland und Schweden brachte. Dabei wurde ungarischen Behörden vorgespiegelt, die Vietnamesen wollten zu touristischen Zwecken in die EU einreisen bzw. als Beerenpflücker saisonal arbeiten. Ungarn erteilte entsprechende Visa. Tatsächlich waren Aufenthalte auf Dauer geplant. Der Angeklagte war wegen der Schleusertätigkeit in Deutschland angeklagt.

Die erteilten Visa hätten widerrufen werden können, das war nicht geschehen. Nach deutschem Strafrecht steht jedoch ein durch Täuschung erschlichenes Visum dem Fehlen eines Visums gleich (§§ 95, 96 AufenthaltsG). Eine solche Vorschrift fehlt hingegen im EU-Recht. Es war deshalb die Frage, ob das EU-Recht allein auf die Verwaltungsakte der Erteilung und des Widerrufs des Visums abstellt und die deutsche Regelung dazu in Widerspruch stand.

Der Fall betrifft das einheitliche Visa-Regime der Union, das durch Art. 10 SDÜ eingeführt wurde und heute seine Grundlage in Art. 77 Abs. 2 Buchst. a) AEUV findet. Das Regime stellt ebenfalls eine bemerkenswerte Einschränkung nationaler Souveränitätsrechte dar. Ein Mitgliedstaat kann einem Drittausländer die Erlaubnis zur Einreise (Visum) in jeden anderen Staat der EU erteilen und jeder Mitgliedstaat der EU wiederum darf dieses Visum ggf. widerrufen. Aber auch hier folgt die EU-Regelung Sachzwängen. Wenn die Grenzkontrollstellen an den Binnengrenzen beseitigt sind, wäre eine auf ein nationales Territorium begrenzte Einreiseerlaubnis ein Anachronismus und die Einhaltung der Begrenzung nicht zu kontrollieren. Der EuGH hat entschieden,[35] dass die Mitgliedstaaten nach EU-Recht (Rahmenbeschluss und Richtlinien) **verpflichtet** seien, bei Verstößen gegen das Einreiserecht wirksame, angemessene und abschreckende **Sanktionen** vorzusehen und dem System zu voller praktischer Wirksamkeit zu verhelfen. Die deutsche Regelung hatte daher Bestand.

> **Fall:** Ein deutsches Unternehmen beschäftigt portugiesische Bauarbeiter, führt für sie aber keine Sozialversicherungsbeiträge ab. Es hat in Portugal eine Scheinfirma gegründet, ihre Arbeiter als dort beschäftigt und nur vorübergehend nach Deutschland entsandt angemeldet. Die portugiesische Sozialversicherung bescheinigt infolge dieser Täuschung, dass in Deutschland keine Pflicht zur Abführung von Sozialversicherungsbeiträgen bestehe.

12

§ 266a StGB ist sozialrechtsakzessorisch. Für die Strafbarkeit nach dieser Vorschrift gelten die Vorschriften des Sozialrechts. Dessen Normen können jedoch in Fällen mit Auslandsberührung eine **versteckte** Verweisung auf EU-Recht

---

35 EuGH C-83/12, Urteil vom 10.4.2012 – Minh Khoa Vo; Endentscheidung BGHSt. 57, 239 m. Anm. *Kretschmer* JR 2012, 527.

enthalten, wenn es darum geht zu entscheiden, wer wo Sozialversicherungsbeiträge abzuführen hat.

Das europäische Recht kennt hier Bescheinigungen des Sozialversicherungsträgers, die im Ergebnis den Zahlungspflichtigen bestimmen. Sie sehen eine faktische Bindung an diese ausländischen Bescheinigungen vor, indem sie deren **Nachprüfung** im Aufenthaltsstaat des Arbeitnehmers **untersagen**. Dadurch soll gewährleistet werden, dass Wanderarbeitnehmer nur in einem Staat zu Beiträgen herangezogen werden. Der BGH hat im Hinblick auf die Rechtsprechung des EuGH keine Möglichkeit gesehen, sich über diese Bindung bei erschlichenen Bescheinigungen hinwegzusetzen, solange die Bescheinigung nicht widerrufen ist.[36]

Diese Regelung hat nach wie vor Bestand, ist aber in einer neueren EU-Verordnung relativiert worden. Danach sind die Sozialversicherungsträger der Mitgliedstaaten verpflichtet, beim Verdacht von Unredlichkeiten zusammenzuarbeiten; der Sozialversicherungsträger des Ausstellungsstaats hat die Bescheinigung ggf. zu **widerrufen**.[37] Wird die Bescheinigung widerrufen, entfällt damit das Verbot der Nachprüfung, also eine verfahrensrechtliche Sperre. Die materielle Rechtslage ändert sich dadurch nicht. Der deutsche Unternehmer, der die Bescheinigung in Portugal erschlichen hat, ist in diesem Falle deshalb nach § 266a StGB für die gesamte Dauer seines tatbestandsmäßigen Verhaltens strafbar.

! **Stichworte:** Eine verbreitete, aber mitunter rechtlich nicht unproblematische Gesetzgebungstechnik besteht in der tatbestandlichen Verweisung auf Vorschriften des EU-Rechts durch nationale Blankettnormen. Ein Sonderproblem bildet dabei die Frage der Anerkennung ausländischer Verwaltungsakte im Inland, insbesondere wenn diese erschlichen sind.

---

3. „Normale" Umsetzung europarechtlicher Vorgaben

13 Bei der Schaffung von Nebenstrafrecht zur Durchsetzung verwaltungsrechtlicher Pflichten hat die gesetzgeberische Verweisungstechnik ihren Platz. Sie wird aber auch dort nicht durchgängig verwandt. Wo das nicht der Fall ist, be-

---

36 BGHSt. 51, 124; EuGH C-2/05, Urteil vom 26.1.2006 – Herbosch Kiere; s. auch BGHSt. 52, 67; Bespr. *Hauck* NStZ 2007, 221; *Zimmermann* ZIS 2007, 407.

37 Art. 5 der Verordnung (EG) Nr. 987/2009 vom 16.9.2009 zur Festlegung der Modalitäten für die Durchführung der Verordnung (EG) Nr. 883/2004 über die Koordinierung der Systeme der sozialen Sicherheit, ABl. 2009 L 284 S. 1; unklar zur Rückwirkung *Zimmermann* ZIS 2007, 407, 413.

dient sich der deutsche Gesetzgeber der Form des normalen Umsetzungsgesetzes. Im Kernstrafrecht ist die Verwendung dieser Form die Regel.

Der deutsche Gesetzgeber schafft hier in eigener Kompetenz Rechtsnormen, welche formal nationales Recht sind, aber inhaltlich europäischen Vorgaben entsprechen. Ist ein Rahmenbeschluss oder eine Richtlinie durch Änderung der Vorschriften des StGB in deutsches Recht umgesetzt, ist die europarechtliche **Herkunft** der nationalen Regelung im Normalfall **nicht mehr erkennbar.** Ein Beispiel dafür ist in Kap. 2/6 abgedruckt. Das StGB enthält einen gewöhnlichen strafrechtlichen Tatbestand, der jedoch nur scheinbar von einem souveränen Deutschen Bundestag beschlossen wurde, inhaltlich in Wahrheit aber von den Vorgaben der EU dominiert ist. Die Lage ist dann nicht mehr anders als im Zivilrecht, wo 80% der Vorschriften des Wirtschaftsrechts europarechtlich vorgegeben sind.

Richtlinien sind im einfachsten Fall wie folgt aufgebaut: Sie beginnen mit **14** den so genannten Erwägungsgründen, die Bestandteil des Rechtsaktes sind (Kap. 2/51, 4/45). Für die Auslegung der Richtlinie können sie ausschlaggebende Bedeutung erlangen. Am Anfang des eigentlichen Normtextes steht meist eine Umschreibung von Gegenstand und Ziel der Richtlinie; es folgen Begriffsbestimmungen. Die Begriffsbestimmungen können sehr ausführlich sein. Die eigentliche Anweisung an den nationalen Gesetzgeber umschreibt alsdann Art und Inhalt der zu ergreifenden Maßnahmen sowie Ausnahmeregelungen. Im materiellen Strafrecht gehören neben einer Bestimmung des Tatbestandes und der zugehörigen weiteren Regelungen – Erfassung von Teilnahme, Versuch, Strafbarkeit von juristischen Personen – zum Kern der Richtlinie ein Rahmen für die Strafdrohungen einschließlich der verlangten Nebenstrafen. Zum Schluss findet sich die Frist zur Umsetzung.

Etwas anders verhält es sich im Bereich der Annexkompetenz. Der gesetzliche Straftatbestand ist hier durch die Beschreibung der individuellen Pflichten im voll harmonisierten Politikfeld gegeben. Der durch eine strafrechtliche Richtlinienkompetenz gezogene Rahmen knüpft an diese Verpflichtungen an. Die Anweisung an den nationalen Gesetzgeber umfasst konkret nur noch die Rechtsfolgen der Pflichtverletzung, also den Umfang der Strafbarkeit (etwa für Teilnehmer) und den Rahmen der Straf- oder Bußgelddrohung.

Richtlinien im Bereich des materiellen Strafrechts sehen in der Regel so genannte Mindesthöchststrafen vor. Der etwas komplizierte Ausdruck besagt, dass der nationale Gesetzgeber zwar innerhalb eines Spielraumes einen eigenen Strafrahmen festlegen darf, dass jedoch die Obergrenze dieses Rahmens (die Höchststrafe) ein bestimmtes Maß nicht unterschreiten darf (mindestens X Jahre betragen muss).

Europäische Richtlinien zum materiellen Recht und zum Verfahrensrecht **15** dürfen nur Mindestvorschriften enthalten (Art. 82 Abs. 1, Abs. 2, Art. 83 Abs. 1,

Abs. 2 AEUV). Nach ihrer Begriffsbestimmung dürfen Richtlinien zudem nur einen Rahmen vorgeben, den der nationale Gesetzgeber auszufüllen hat.

Das Problem, ob der europäische Gesetzgeber bei der Richtliniengesetzgebung seine Befugnisse so extensiv ausgeschöpft hat, dass für den nationalen Gesetzgeber kein wesentlicher eigener Gestaltungsspielraum mehr verbleibt, ist soweit ersichtlich bisher nicht aufgetreten, vielleicht auch, weil dem europäischen Gesetzgeber insoweit weit gehende Befugnisse zugestanden werden.[38] Es hat in der deutschen Verfassungspraxis – solange das GG eine Rahmengesetzgebung zuließ (Art. 75 GG a.F.) – aber eine beträchtliche Rolle gespielt.[39] Die damals in Deutschland angestellten Erwägungen können im europäischen Zusammenhang ebenfalls Bedeutung erlangen. Doch kann die zulässige Regelungsdichte nicht abstrakt bestimmt werden; sie hängt einerseits von den Besonderheiten der Materie, andererseits von der Dringlichkeit der Rechtsangleichung ab.

! **Stichworte:** Die normale Umsetzung europäischer Vorgaben besteht zumindest im Kernstrafrecht im Erlass eines gewöhnlichen Bundesgesetzes, dessen europarechtliche Bezüge äußerlich nicht erkennbar sind.

---

4. Stille Umsetzung – Der Rahmenbeschluss Vorverurteilungen

16 Vielfach erzeugen europäischer Rechtsakte keinen Bedarf nach ausdrücklichen Gesetzesänderungen. Das kann darauf beruhen, dass die verlangte Regelung im nationalen Bereich bereits vorhanden ist. Es kann aber auch darauf beruhen, dass vorhandene nationale Bestimmungen durch Gesetzesbefehl eine neuen Sinn erhalten. Dann ordnet der Gesetzgeber an, die erfasste Vorschrift gemäß den Vorgaben der EU auszulegen und anzuwenden; eine Änderung des Gesetzeswortlauts ist nicht erforderlich, wenn die europäische Vorgabe durch den bisherigen Text abgedeckt ist. Es handelt sich mithin um eine stille Umsetzung, wie sie bei der unionsrechtkonformen Auslegung als stille Rechtsangleichung (Kap. 5/39 ff.) häufiger begegnet. Dort hat sie aber eine andere Rechtsgrundlage. Hier hat der Gesetzgeber die europäische Regelung in seinen Willen aufgenommen, ohne am Gesetzeswortlaut etwas zu ändern; dort nimmt der Rechtsanwender die neue Auslegung vor.

Ein Beispiel dafür bietet der **Rahmenbeschluss Vorverurteilungen**, dessen Umsetzung nur in einem Punkt durch die Änderung des Wortlauts, im We-

---

38 Vgl. *Satzger* ZIS 2016, 771, 775.
39 BVerfGE 111, 226, 248.

sentlichen aber still erfolgt ist. Dass diese stille Umsetzung dem gesetzgeberischen Willen entspricht, ergibt sich eindeutig aus den Gesetzesmaterialien;[40] im Übrigen gilt die Vermutung, dass der Gesetzgeber bei der Umsetzung eines Rechtsaktes der Union europarechtskonform handelt.[41]

Der Rahmenbeschluss zur Berücksichtigung der in anderen Mitgliedstaaten der EU ergangenen Verurteilungen in einem neuen Strafverfahren[42] verlangt, dass in einem fremden Mitgliedstaat ergangene frühere Verurteilungen in einem neuen Strafverfahren in demselben Maße berücksichtigt werden wie im Inland ergangene frühere Verurteilungen, und dass sie mit gleichwertigen Rechtswirkungen versehen werden. Er erstreckt damit materielle und verfahrensrechtliche **Urteilswirkungen** über die Staatsgrenze des jeweiligen Mitgliedstaats hinaus auf das gesamte Gebiet der EU. Ähnlich wie beim Verbot der Doppelverfolgung (Art. 54 SDÜ) – das wegen seines Grundrechtsbezugs später behandelt wird (Kap. 9/58 ff.) – entfaltet ein in einem Mitgliedstaat erlassenes Erkenntnis von Rechts wegen Wirkungen in allen anderen Mitgliedstaaten; ein Akt der Anerkennung ist dafür nicht vorgesehen. Die revolutionäre Bedeutung dieser beiden Maßnahmen wird überwiegend unzureichend gewürdigt oder gar verkannt.

Die Gleichstellung ausländischer Vorverurteilungen mit inländischen ist nach dem Wortlaut des Rahmenbeschlusses (Art. 1) auf den Zweck der Berücksichtigung in „**neuen Strafverfahren**" begrenzt. Die an eine Verurteilung geknüpften Rechtswirkungen anderer, etwa verwaltungsrechtlicher Art werden daher von der Gleichstellung nicht erfasst. Die im deutschen Beamtenrecht eintretende Folge des Verlusts der Beamtenstellung bei Verurteilungen wegen vorsätzlicher Tat zu einer Freiheitsstrafe von mehr als einem Jahr oder der entsprechende Verlust der Ruhestandsbezüge bei Verurteilungen zu mehr als zwei Jahren Freiheitsstrafe, überhaupt die Frage der Zulässigkeit einer Anknüpfung von Disziplinarmaßnahmen an strafrechtliche Verurteilungen wird somit von der europarechtlichen Vorgabe nicht beeinflusst. Ebenso bestimmen sich die Prüfungsgrundlagen für die Beurteilung der persönlichen Zuverlässigkeit bei bestimmten Berufsgruppen oder für Inhaber von Berechtigungen nach den jeweils für diese Sachbereiche geltenden Vorschriften.

In Strafsachen sind jedoch Differenzierungen zwischen inländischen und **17** ausländischen Vorverurteilungen nunmehr schlechthin unzulässig. Sofern dabei Auslegungszweifel auftreten, ist eine rahmenbeschlusskonforme Auslegung geboten.

---

40 Schriftl. Bericht des Rechtsausschusses des BT zum Umsetzungsgesetz BTDrucks. 16/13.673.
41 So für die vergleichbare Lage bei der EMRK BVerfG vom 14.10.2004 – 2 BvR 1481/04, BVerfGE 111, 307, Rdn. 32 – Fall Görgülü.
42 Vom 24.7.2008, ABl. 2008 L 220 S. 32.

Bei der Umsetzung des Rahmenbeschlusses hat der deutsche Gesetzgeber lediglich den Wortlaut von § 56g Abs. 1 Satz 1 StGB geändert.[43] Der Erlass einer Strafe nach Ablauf der Bewährungszeit konnte früher nur aufgrund einer neuen inländischen Verurteilung widerrufen werden. Jetzt genügt dafür auch eine ausländische Verurteilung. Alle anderen Wirkungen von ausländischen Vorverurteilungen sind nach dem Willen des Gesetzgebers der bisherigen gesetzlichen Regelung, welche inhaltlich durch die Vorgaben des Rahmenbeschlusses verändert ist, zu entnehmen.

Ob ausländische Vorstrafen unter den Begriff „Vorleben" in § 46 Abs. 2 StGB fielen, konnte früher zweifelhaft sein.[44] Solche Zweifel sind nicht mehr berechtigt; aufgrund der europarechtlichen Vorgabe gehören ausländische Vorstrafen nunmehr zwingend zum Vorleben des Täters. Danach müssen beispielsweise bei der **Strafzumessung** ausländische Vorverurteilungen in Deutschland in demselben Rahmen und nach denselben Grundsätzen wie inländische Vorstrafen berücksichtigt werden. Bei der Umsetzung des Rahmenbeschlusses in deutsches Recht bedurfte es hierzu keiner Änderung des Gesetzeswortlauts. Zweifel über den Umfang der Gleichstellung können sich allerdings ergeben, wenn die Fristen für die **Tilgung im Strafregister** im Ausland andere sind als in Deutschland. Nach § 51 Abs. 1 BZRG besteht für getilgte oder tilgungsreife Eintragungen ein Verwertungsverbot im Strafprozess. § 58 BZRG überträgt diese Regelung auf ausländische Verurteilungen indem er anordnet, dass die deutschen Bestimmungen über die Tilgungsreife auf ausländische Verurteilungen anzuwenden sind, auch wenn das deutsche Strafregister sie nicht ausweist. Das ist mit dem Rahmenbeschluss der EU vereinbar. Dieser ordnet lediglich an, dass fremden Verurteilungen hier „dieselben Rechtswirkungen" wie inländischen Verurteilungen beizulegen sind. Die Anordnung in § 58 BZRG, dass der Lauf der Tilgungsfristen für ausländische Verurteilungen nach deutschem Recht zu bemessen ist, genügt diesen Anforderungen.[45]

Formallogisch einwandfrei ist auch die Erwägung, dass ausländische Vorverurteilungen dann nicht strafschärfend berücksichtigt werden dürfen, wenn die zu Grunde liegende Tat in Deutschland nicht strafbar ist. Denn eine solche Tat könnte in Deutschland überhaupt keine Rechtswirkungen erzeugen. Eine dazu ergangene Entscheidung des OLG Köln behandelt in der Sache allerdings nicht dieses Problem, sondern einen einfachen Darstellungsmangel des

---

43 Umsetzungsgesetz Rahmenbeschlüsse Einziehung und Vorverurteilungen vom 2.10.2009 (BGBl. I S. 3214).
44 Vgl. LK-*Gribbohm*, 11. Auflage § 46 Rdn. 164.
45 BGH StV 2012, 149.

Tatrichters (ungenügende Beschreibung des im Ausland abgeurteilten Verhaltens).[46]

Eine Erstreckung des Norminhalts auf ausländische Verurteilungen ohne 18 Änderung des Gesetzeswortlauts findet sich auch in anderen Vorschriften. So verhält es sich bei Entscheidungen über die Strafaussetzung zur Bewährung (§ 56 Abs. 1 StGB), bei der Aussetzung des Strafrestes nach Verbüßung der Hälfte der Strafe (§ 57 Abs. 2 StGB) sowie beim Widerruf gewährter Strafaussetzung oder Aussetzung der Unterbringung (§ 56f Abs. 1 Nr. 1, § 67g Abs. 1 Nr. 1 StGB). Weitere Fälle,[47] in denen ausländische Vorverurteilungen eine Rolle spielen können, sind § 35 Abs. 6 Nr. 2 BTMG, die Vorschriften über die Sicherungsverwahrung, Tatbestandsmerkmale wie gewerbsmäßig, gewohnheitsmäßig, beharrlich und wiederholt, ferner Prognoseentscheidungen der verschiedenen Art.

Die Merkmale solcher Vorschriften können zwar auch erfüllt sein, ohne dass gegen den Betroffenen ein verurteilendes Erkenntnis ergangen ist. **Fehlt es** an einer **Verurteilung**, fällt die Tat daher nicht in den Geltungsbereich des Rahmenbeschlusses. Aber ausländische Taten, welche nicht zu einer Verurteilung geführt haben, können **nicht anders** behandelt werden als Taten, welche abgeurteilt wurden. Dem Sinn des Rahmenbeschlusses ist zu entnehmen, dass das strafrechtliche Vorleben eines Täters im Interesse seiner gerechten Beurteilung umfassend und ohne Rücksicht auf Tatort und Staatsgrenzen bewertet werden soll. Mögliche Feststellungen dazu dürfen deshalb nicht unterbleiben, weil der Täter sich beispielsweise einer Verurteilung entziehen konnte. Doch ist dies letztlich eine Frage des nationalen Rechts.

Eine ausländische Verurteilung, die nach deutschem Recht **gesamtstrafenfähig** wäre, als ausländische Entscheidung aber in eine deutsche Strafe nicht einbezogen werden kann, muss bei der Strafzumessung im Rahmen eines Härteausgleichs mildernd berücksichtigt werden. Dazu ist die Rechtsprechung nach Art. 3 Abs. 5 Satz 2 des Rahmenbeschlusses ausdrücklich verpflichtet.[48]

Auch im Bereich des **Verfahrensrechtes** knüpft eine Reihe von Bestimmungen ausdrücklich oder stillschweigend an Vorverurteilungen an. Die Bestimmungen erfassen fortan ausländische Bestrafungen in gleicher Weise wie inländische Bestrafungen. Das kann im Rahmen von § 81g Abs. 4 und § 112a Abs. 1 Nr. 2 Satz 2 StPO zutreffen, und ebenso bei der Beurteilung eines be-

---

46 OLG Köln StV 2016, 572.
47 Gesamtübersicht Schriftl. Bericht des Rechtsausschusses des BT zum Umsetzungsgesetz BTDrucks. 16/13.673 S. 5 ff.
48 Ebenso BGH, Beschluss vom 27.1.2010 – 5 StR 432/09, StV 2010, 238; zum Problem auch *Esser* StV 2010, 266.

stimmten Verdachtsgrades oder von Fluchtgefahr. Die bisher streitige Frage, ob ausländische Vorverurteilungen auch im Rahmen von Einstellungsentscheidungen nach § 154 Abs. 1 Nr. 1 StPO eine Rolle spielen, hat der Gesetzgeber in bejahendem Sinne entschieden.[49]

19 Notwendige Folge dieser Ausdehnung von Urteilswirkungen über die Staatsgrenzen der Mitgliedstaaten hinaus ist die Schaffung europaweiter Informationsmöglichkeiten über die vorhandenen Einträge im **Strafregister**. Die registerrechtlichen Voraussetzungen dafür sind durch einen Rahmenbeschluss[50] geschaffen, der in Deutschland umgesetzt wurde.[51] Die Strafregister in der EU werden vernetzt,[52] um einen automatisierten Datenaustausch zu ermöglichen. Ein besonderes, der Eintragung ausländischer Verurteilungen vorgeschaltetes gerichtliches Verfahren ist unzulässig.[53]

! **Stichworte:** Der Rahmenbeschluss Vorverurteilungen begründet eine europaweite Wirksamkeit verurteilender Erkenntnisse über Art. 54 SDÜ hinaus.

---

5. Sachliche Maßstäbe für die Umsetzung; Folgen ihrer Nichtbeachtung

20 Allgemeine Maßstäbe für die inhaltliche Ausfüllung des durch Richtlinien gegebenen Rahmens enthalten die Verträge nicht. Das bedeutet jedoch nicht, dass der nationale Gesetzgeber bei der Umsetzung einer Richtlinie völlig frei wäre. Zunächst ergibt sich aus dem Loyalitätsgebot und dem Gebot zur wirksamen Durchsetzung der Vertragsziele die Pflicht, den **sachlichen Gehalt** der Richtlinie auszuschöpfen. Abweichungen, welche den Begriffsbestimmungen der Richtlinie zuwiderlaufen und den definitorischen Rahmen der zulässigen Maßnahmen verlassen, sind vertragswidrig. Darüber hinaus ist die Umsetzung von Richtlinien sowie später auch die Anwendung des durch die Umsetzung erzeugten nationalen Rechts „**Durchführung von Recht der Union**", so dass hierbei

---

49 Schriftl. Bericht des Rechtsausschusses des BT zum Umsetzungsgesetz BTDrucks. 16/13.673 S. 9; dazu vgl. auch *Hackner/Schierholt* Rdn. 4, Fn. 20.
50 Rahmenbeschluss 2009/315/JI vom 26.2.2009 über die Durchführung und den Inhalt des Austauschs von Informationen aus dem Strafregister zwischen den Mitgliedstaaten (ABl. 2009 L 93 S. 23) mit Beschluss des Rates vom 6.4.2009 zur Errichtung des Europäischen Strafregisterinformationssystems (ECRIS), ABl. 2009 L 93 S. 33.
51 Gesetz vom 15.12.2011 (BGBl. I S. 2714) – § 57a BZRG; zur Problematik *Hochmayr/Ligocki* ZIS 2016, 158.
52 *Sollmann* NStZ 2012, 253.
53 EuGH C-25/15, Urteil vom 9.6.2016 – Balogh.

die Garantienormen des europäischen Rechts (Kap. 4/16) unmittelbare Wirksamkeit entfalten.

a) Verstößt der nationale Gesetzgeber bei der Umsetzung der Richtlinie gegen die Vorgaben zur **Tatbestandsseite** von Strafvorschriften, so hat das für sich genommen auf die Wirksamkeit des innerstaatlich gesetzten Rechts aber **keinen Einfluss.** Da Richtlinien keine unmittelbare Wirkung entfalten, sondern rechtliche Anweisungen darstellen, hat der nationale Richter allein sein eigenes Recht anzuwenden. Dieses hat er allerdings europarechtskonform auszulegen. Notfalls ist eine Klärung der Tragweite der Richtlinie im Vorabentscheidungsverfahren herbeizuführen. Eine dennoch bleibende Divergenz zwischen nationalem Gesetz und einer einschlägigen Richtlinie bleibt aber außer Betracht; insbesondere gestattet eine solche Divergenz **keine Auslegung des nationalen Rechts contra legem.** Das nationale Recht ist – selbst bei einer offensichtlichen Divergenz – auch nicht etwa unanwendbar, da eine Kollision von Normen mit direktem Geltungsanspruch wie bei einem nicht auszuräumenden Widerspruch zwischen europäischer Verordnung und nationalem Gesetz nicht vorliegt.[54] Die Abweichung ist notfalls im Vertragsverletzungsverfahren zu bereinigen.

Anders liegt es jedoch, sofern die Divergenz zwischen Richtlinie und Um- 21 setzungsgesetz zugleich eine Missachtung der europäischen **Garantienormen** darstellt. Verstößt der nationale Gesetzgeber etwa gegen die Grundrechtecharta, so liegt in dieser Art von „Durchführung des Rechts der Union" zugleich eine Kollision, welche den nationalen Straftatbestand unanwendbar macht.

Die Konsequenzen dieser Rechtslage reichen sehr weit und können durchaus in Widerspruch zum Rechtsgefühl treten. Dazu sei der Fall Berlusconi wiederholt:

> **Fall:** Gegen den italienischen Ministerpräsidenten Berlusconi wurde ein Strafverfahren wegen Bilanzfälschung betrieben. Während des Laufs des Verfahrens änderte der italienische Gesetzgeber die Rechtslage. Es wurden zusätzliche Tatbestandsmerkmale eingeführt, welche die Strafbarkeit teils beseitigten, und ferner wurden die Taten zu Vergehen mit kürzerer Verjährungsfrist herabgestuft. Eine Verurteilung Berlusconis schied daher wegen Verjährung und mangels Strafbarkeit aus.

Das zur Entscheidung berufene italienische Gericht war der Auffassung, dass die Gesetzesänderung von den europäischen Richtlinien zum Bilanzrecht abwich, wonach die Mitgliedsstaaten für die Verletzung der Vorschriften geeignete

---

54 EuGH C-168/95, Urteil vom 26.9.1995 – Arcaro, Rd. 43; *Esser* EuIntStrR § 2 Rdn. 17; *Hecker* 9/Rdn. 15: „unechte (scheinbare) Kollision"; *Schröder* Richtlinien S. 345.

Sanktionen vorzusehen hatten. Es erhoffte sich ersichtlich Hilfe beim EuGH, der sie ihm aber nicht gewähren konnte, weil Richtlinien keine unmittelbare Wirkung in den Mitgliedstaaten entfalten. Selbst ein offensichtlicher, vielleicht sogar bewusster Verstoß gegen die Anweisungen europäischer Richtlinien hat mithin keinen Einfluss auf die Geltung des nationalen Rechts, sofern nicht ein Fall der Vorwirkung (Kap. 2/56) vorliegt. Insbesondere der Grundsatz „Keine Strafe ohne Gesetz" verbietet eine strafbegründende Wirkung von Richtlinien, selbst wenn das nationale Gesetz unionsrechtswidrig ist; auch das in Art. 49 Abs. 1 Satz 3 der Grundrechtecharta verbriefte Gebot der rückwirkenden Anwendung nachträglicher Strafmilderungen gehört hierzu.[55]

22 **b)** Getrennt davon sind jedoch die inhaltlichen Anforderungen an die Ausgestaltung der **Sanktionsdrohung** durch den nationalen Gesetzgeber zu betrachten. Mindeststandard ist auch hier die Beachtung der **Garantienormen** des europäischen Rechts.

> **Fall:** Ein Lkw-Fahrer begeht einen formalen und geringfügigen Verstoß bei der Pflicht zur Führung eines Fahrtenschreibers, der keine Auswirkungen auf die Verkehrssicherheit hat. Das auf EU-Vorgaben beruhende nationale Recht sieht für alle Verstöße im Zusammenhang mit dem Betrieb von Fahrtenschreibern ohne jede Differenzierung nur eine pauschale Geldbuße in erheblicher Höhe vor.

In ständiger, hier wiederholter und zusammengefasster Rechtsprechung verwendet der EuGH die Formel, dass die Festlegung der Sanktionen den Mitgliedstaaten überlassen ist, diese müssen lediglich wirksam, abschreckend und verhältnismäßig sein.[56] Die Formel ist in der Rechtsprechung – mit Ausnahme des Verhältnismäßigkeitsgrundsatzes – nicht näher erläutert worden und daher insgesamt konturenlos geblieben. Der **Verhältnismäßigkeitsgrundsatz** verlangt jedoch, dass Art und Schwere der Sanktion der Art und Schwere des begangenen Unrechts und dem Ausmaß der persönlichen Schuld entsprechen. Die Androhung einer pauschalen Sanktion ohne Differenzierung nach der Schwere des Vorwurfs und der individuellen Schuld verstößt ohne Zweifel gegen diese Grundsätze. Die Formel („Mindesttrias",[57] Kap. 4/19, 45) wird zunehmend auch

---

55 EuGH C-387/02, Urteil vom 3.5.2005 – Berlusconi, Rdn. 68, 69; EuGH C-7/11, Urteil vom 28.6.2012 – Caronna, Rdn. 51 ff.
56 EuGH C-210/10, Urteil vom 9.2.2012 – Urban: zur Verhältmäßigkeit auch EuGH C-262/99, Urteil vom 12.7.2001 – Louloudakis, Rdn. 67; EuGH C-477/14, Urteil vom 4.5.2016 – Pillbox, Rdn. 48.
57 *Esser* EuIntStrR § 2 Rdn. 56; *Hecker* 7/Rdn. 36 ff.

bei Ausübung der Anweisungskompetenzen der EU in Richtlinien verwandt. Im Verfahrensrecht gelten zusätzlich das Äquivalenz- und das Effektivitätsprinzip.

Im Beispielsfall bedeutet dies allerdings, dass die Norm, gegen welche der Lkw-Fahrer verstoßen hat, unvollständig ist. Da der Richter eine unanwendbare Strafnorm nicht durch eine eigene ersetzen darf, fehlt dem Tatbestand die Rechtsfolge. Eine Sanktion kann deshalb nicht verhängt werden.

Die nach ständiger Rechtsprechung stets zu beachtenden Garantienormen gelten aber nicht nur für Tatbestand und Rechtsfolge der nationalen Sanktionsnorm. Ihr Geltungsumfang erstreckt sich vielmehr auf alle aus Anlass des Rechtsverstoßes vorgenommenen Eingriffe.

> **Fall:** Ein LKW-Fahrer verstößt gegen die EU-Vorschriften über Kontrollgeräte und Fahrtenschreiber. Die ungarische Verwaltungsbehörde setzt ihm gegenüber ein Bußgeld von 1.270 Euro fest und stellt – in Anwendung ungarischen Rechts – den seinem Arbeitgeber gehörenden Lkw bis zur Zahlung des Bußgeldes sicher.

Der EuGH wiederholt seine Grundsätze, wonach die Mitgliedstaaten befugt sind, bei Verstößen gegen Unionsrecht die ihnen sachgerecht erscheinenden Sanktionen vorzusehen, dass sie dabei aber das Unionsrecht und seine allgemeinen Grundsätze, also auch den Grundsatz der Verhältnismäßigkeit, beachten müssen. Maßnahmen, welche die Begleichung verhängter Geldbußen sicherstellen sollen, widersprechen nicht schlechthin dem Grundsatz der Verhältnismäßigkeit. Unvereinbar mit ihm ist es aber, wenn solche Maßnahmen gegen Dritte verhängt werden, und wenn die Wirkung der Sicherungsmaßnahme über das mit ihr verfolgte Ziel hinausreicht. Von mehreren geeigneten muss die mildeste Maßnahme ergriffen werden. Im Beispielsfall hätten nach Ansicht des EuGH Sicherungsmaßnahmen gegen den Fahrer genügt, so dass das Fahrzeug dem Arbeitgeber weiter zur Verfügung gestanden hätte.[58]

Zu den grundlegenden Prinzipien der Unionsrechtsordnung gehört auch das – in Art. 18 AEUV nur unvollständig beschriebene – umfassende **Diskriminierungsverbot**. Aus ihm leitet sich die generelle Verpflichtung der Mitgliedstaaten ab, Sachverhalte mit Bezug zur EU nicht anders als rein nationale Sachverhalte zu behandeln. Der EuGH formuliert insoweit, dass die Mitgliedstaaten, denen allerdings die Wahl der Mittel verbleibt, darauf achten müssen, dass Verstöße gegen Gemeinschaftsrecht nach ähnlichen sachlichen wie verfahrensrechtlichen Regeln geahndet werden wie Verstöße gleicher Art und Schwere gegen nationales Recht.[59]

---

58 EuGH C-501/14, Urteil vom 19.10.2016 – EL-EM-2001 Ltd., Rdn. 37 ff.
59 EuGH C-387/02, Urteil vom 3.5.2005 – Berlusconi, Rdn. 65.

Die Merkmale ordnungsgemäßer Sanktionsdrohungen gehören dem Unionsrecht an und sind ohne Einschränkung der Prüfung durch den EuGH zugänglich. Sie sind zwingend. Bei der Nachprüfung überlässt der EuGH den Mitgliedstaaten allerdings einen weiten **Beurteilungsspielraum** und beschränkt sich häufig – ausgenommen wohl beim Gleichstellungserfordernis – auf eine bloße Vertretbarkeitsprüfung.[60] Ergibt diese aber, dass die Grundsätze für die Aufstellung nationaler Sanktionsdrohungen unbeachtet geblieben sind, gilt uneingeschränkt der Vorrang des Unionsrechts; die nationale Sanktionsdrohung ist alsdann unanwendbar.

Damit können sich **Fehler** bei der Umsetzung von **Richtlinien** auf der **Tatbestandsseite** von Strafvorschriften **anders auswirken** als Fehler auf der Rechtsfolgenseite. Dieses Ergebnis erscheint aber nur auf den ersten Blick paradox. Auf der Tatbestandsseite wirkt die europäische Norm nicht direkt, sondern nur vermittels eines Aktes des nationalen Gesetzgebers. Dessen Entscheidung, nicht die Richtlinie, regelt den zur Entscheidung vorliegenden Sachverhalt unmittelbar. Die vom EuGH für die Rechtsfolgenseite entwickelten Grundsätze wirken hingegen direkt auf die rechtliche Beurteilung ein; sie sind unmittelbar geltendes Recht.

Soweit dem nationalen Gesetzgeber bei der Umsetzung einer Richtlinie ein **Gestaltungsspielraum** verbleibt, ist er an das nationale Verfassungsrecht gebunden. In diesem Umfang ist auch das Bundesverfassungsgericht für die Prüfung der Verfassungskonformität zuständig.[61]

! **Stichworte:** Bei der Umsetzung von Richtlinien muss der nationale Gesetzgeber deren Inhalt voll ausschöpfen. Fehler der Umsetzung haben auf der Tatbestandsseite aber grundsätzlich keine Auswirkungen. Verstöße gegen Garantienormen können dagegen zur Unanwendbarkeit der nationalen Strafnorm insgesamt führen.

---

23 **c) Säumnis oder Fehler** bei der Umsetzung von strafrechtlichen **Richtlinien** können noch in anderer Hinsicht Folgen haben.

Richtlinien können nach Ablauf der Umsetzungsfrist auch im Bereich des Strafrechts und des Strafprozessrechts **unmittelbare Wirkung** entfalten. Eine solche wird zwar kaum in Betracht kommen, wo es um die Begründung von Strafbarkeit oder die Höhe des Strafmaßes geht, wenn also das europäische Recht schärfer ist als das nationale. Vorwirkungen nicht oder unzulänglich umgesetzter Richtlinien (Kap. 2/56) kommen nur zu Gunsten des Angeklagten, nicht aber zu seinen Lasten in Betracht.

---

60 *Hecker* 7/Rdn. 53.
61 BVerfG, Beschluss vom 21.9.2016 – 2 BvL 1/15 – Rindfleischetikettierungsgesetz, Rdn. 32.

Aber im Übrigen sind solche Vorwirkungen nicht ausgeschlossen. Ein einschlägiger Fall ist in Kap. 2/55 dargelegt.

Eine unmittelbare Geltung von Richtlinien, welche die Rechtsstellung des **Opfers** einer Straftat verbessern sollen, erscheint im Bereich des **materiellen** Strafrechts dagegen kaum denkbar. Eine Besserstellung des Opfers bringt zwangsläufig eine Belastung der Stellung des Beschuldigten mit sich. Damit scheidet eine Vorwirkung aus.

Dagegen sind im **Verfahrensrecht** Vorwirkungen von nicht oder unzulänglich umgesetzten Richtlinien ohne weiteres denkbar. Die EU ist fortlaufend bemüht, die Verfahrensrechte des Beschuldigten und des Opfers zu sichern und auszubauen. Zu erwähnen wären Rechte auf Übersetzungen, Dolmetscher, rechtlichen Beistand, Informationen. Sofern eine mit diesem Ziel erlassene Richtlinie unmittelbar nur zum Vorteil des Begünstigten wirkt und einen hinreichend konkreten Inhalt hat, bestehen keine Hindernisse für die Annahme einer unmittelbaren Geltung der Richtlinie, wenn die Umsetzungsfrist verstrichen ist. Selbst für den Beschuldigten sind hier Vorwirkungen zu seinen Gunsten denkbar. 24

> **Fall:** Der Beschuldigte wird in Bulgarien schwerster Verbrechen beschuldigt und sitzt dort seit 3 Jahren in Untersuchungshaft. Das bulgarische Gesetz verbietet, bei nachträglichen Entscheidungen über die Untersuchungshaft das Vorliegen eines hinreichenden Tatverdachts zu prüfen. Nach Auffassung der bulgarischen Gerichte widerspricht diese Bestimmung der EMRK und der EU-Richtlinie zur Unschuldsvermutung.[62]

Zunächst gilt zwar der Wortlaut des bulgarischen Gesetzes. Der Umstand, dass die Regelung sowohl der EMRK wie auch der EU-Richtlinie widerspricht, hat – wenn eine europarechtskonforme Auslegung nicht möglich ist – keine Bedeutung für ihre Rechtswirksamkeit. Nach Ablauf der Umsetzungsfrist für die EU-Richtlinie wird aber eine Vorwirkung dahin anzunehmen sein, dass das Verbot der Prüfung hinreichenden Tatverdachts wegfällt.

Für Rahmenbeschlüsse kommt dagegen eine Vorwirkung dieser Art auch nach Ablauf der Umsetzungsfrist nicht in Betracht. Der Wortlaut von Art. 34 Abs. 2 Buchst. b) AEUV a.F. schließt eine unmittelbare Wirkung ausdrücklich und eindeutig aus. Über diese gesetzliche Regelung könnte sich auch die Rechtsprechung nicht hinwegsetzen.

---

62 EuGH C-439/16, Urteil vom 27.10.2016 – Milev (Sachverhalt leicht verändert).

❗ **Stichworte:** Fehler bei der Umsetzung von EU-Richtlinien können auf der Tatbestands- und der Rechtsfolgenseite der Strafvorschrift unterschiedliche Folgen haben. Nur Verstöße gegen europäische Garantienormen ziehen stets die Unanwendbarkeit der nationalen Regelung nach sich. Vorwirkungen von Richtlinien zu Gunsten des Tatopfers kommen bei verfahrensrechtlichen Regelungen in Betracht, welche dessen Rechtsstellung verbessern.

6. Grenzen der Rechtsetzungsbefugnis für autonome nationale Strafnormen durch Rückkoppelung („Inländerdiskriminierung")

25 Wie mehrfach erörtert, gibt es insbesondere im Bereich der Annexkompetenz eine Vielzahl nationaler Strafbestimmungen, welche europäische Regelungen voraussetzen und diese sanktionieren sollen. Dabei findet sich eine spezifische Verschränkung der Prinzipien des europäischen Rechts mit diesen Strafbestimmungen. Betroffen sind in der Regel Vorschriften des Nebenstrafrechts, also Normen, welche durch die Kombination einer verwaltungsrechtlichen Pflicht mit einer strafrechtlichen Sanktion gekennzeichnet sind. Mit ihnen sollen verwaltungsrechtliche Pflichten durchgesetzt werden (Kap. 4/50). Betroffen sind aber auch Vorschriften des Kernstrafrechts, welche durch europäische Richtlinien harmonisiert wurden. Es gilt der Grundsatz: Der Inhalt solcher Strafvorschriften und deren Anwendung ist Sache der Mitgliedstaaten. Aber den Mitgliedstaaten sind Grenzen gesetzt. Sie können nicht nur in den Fällen überschritten sein, in denen die EU durch Richtlinien den Erlass von Strafnormen bestimmten Inhalts vorgegeben hat und der nationale Gesetzgeber dagegen verstößt. Nationale Strafvorschriften, welche Verstöße gegen Gemeinschaftsrecht sanktionieren, müssen vielmehr generell die Grundrechte und Grundfreiheiten (freier Personenverkehr, freier Warenverkehr, freier Dienstleistungsverkehr, freier Kapitalverkehr), die allgemeinen Grundsätze des Unionsrechts wie das Prinzip der Verhältnismäßigkeit, das Diskriminierungsverbot – kurz: die Garantienormen insgesamt – beachten. Sie bilden eine Grenze für die Befugnis der Mitgliedstaaten, europarechtlich determinierte Pflichten durch Strafnormen zu sanktionieren. Diese Prinzipien sind Bestandteil des Europarechts, ihre Einhaltung daher uneingeschränkt vom EuGH nachprüfbar. Lässt sich durch eine Auslegung, die wie stets Vorrang hat, keine Harmonisierung erzielen, ist die nationale Vorschrift unanwendbar.

26   Diese Grenzen sind zwar durch Europarecht gezogen und primär in Fällen mit grenzüberschreitender Dimension anwendbar. Aber sie reichen sehr weit und greifen tief in die Souveränität der Mitgliedsstaaten ein. Die Verschränkung der Normenkreise kann daher nicht ohne **Rückwirkungen auf die Befugnis der Mitgliedstaaten zum Erlass von autonomen, nicht durch Unionsrecht determinierten Strafvorschriften** bleiben. Ein international tätiger Betrüger

kann aus deutscher Sicht nicht anders behandelt werden als ein Betrüger, der sich lediglich deutsche Opfer aussucht. Die Ersetzung eines bestimmten Verbraucherleitbildes durch eine europäische Richtlinie könnte im Rahmen des § 263 StGB nicht auf den durch die Richtlinie erfassten Personenkreis begrenzt werden.[63] Daher müssen die grundlegenden europarechtlichen Prinzipien kraft Rückkoppelung mittelbar auf das nationale Recht einwirken. Diese aus **Gerechtigkeitsgründen** erforderliche **Gleichbehandlung** wird mitunter dem Stichwort eines Verbots der „Inländerdiskriminierung" zugeordnet. Das ist jedoch zumindest missverständlich. Das Diskriminierungsverbot (Art. 18 AEUV) findet seine Grundlage im Europarecht. Ob die Vorschrift durch analoge Anwendung auf grenzüberschreitende Fälle erweitert werden kann, in denen Inländer schlechter behandelt werden als Ausländer, ist hier nicht zu erörtern. Die Notwendigkeit, für ein und dasselbe Unrecht ein und dieselbe Strafdrohung vorzusehen, ergibt sich vielmehr innerstaatlich aus dem allgemeinen Gleichheitsgrundsatz des Art. 3 GG.[64]

Abwandlung des Leitfalls Kap. 2/8: Der deutsche Arzt wohnt in Konstanz, arbeitet aber in einer Schweizer Klinik, in der Abtreibungen ohne Beachtung der deutschen Vorschriften, aber nach Schweizer Recht legal durchgeführt werden.   27

Die Dienstleistungsfreiheit des Europarechts ist hier nicht berührt, weil die Schweiz nicht Mitglied der EU ist. Ein Anwendungsvorrang des EU-Rechts kommt daher nicht in Betracht. Theoretisch müsste daher die Strafanwendungsnorm des § 5 Nr. 9 StGB gelten und ein Strafverfahren gegen den deutschen Arzt geboten sein. Indessen läge darin ein Verstoß gegen das Gleichbehandlungsgebot, wenn der an der Grenze zu den Niederlanden wohnende Arzt aus Rechtsgründen straffrei bleibt.

Das bedeutet, dass europarechtlich makelbehaftete Strafvorschriften aus Gründen der Gleichbehandlung auch innerstaatlich kontaminiert sein können. Die verfahrensrechtliche Klärung wird allerdings nicht im Wege des Vorabentscheidungsverfahrens nach Art. 267 AEUV, sondern ggf. durch Vorlage nach Art. 100 GG an das Bundesverfassungsgericht zu erfolgen haben.

Stichworte: Auch autonomes nationales Strafrecht muss die Garantienormen des europäischen Rechts beachten, weil kraft des Gleichheitssatzes nach Art. 3 GG Inländer nicht schlechter behandelt werden können als Ausländer.

---

63 *Heger* HRRS 2014, 467, 469.
64 *Satzger* IntStrR § 9 Rdn. 86; *Gaede* in *Böse* Enz. § 3/35; anders in der Begründung *Oppermann/Classen/Nettesheim* § 22 Rdn. 13; s. ferner *Croon – Gestefeld* EuR 2016, 56.

II. Umsetzung durch Rechtsanwendung

1. Auslegung des europäischen Rechts

28 Für die Rechtsanwendung bei Sachverhalten mit europarechtlichem Bezug gilt wie dargelegt der Vorrang des Europarechts. Das Gebot der unionsrechtkonformen Auslegung des nationalen Rechts trifft die nationalen Stellen stets. Beides setzt aber voraus, dass der Inhalt der europäischen Rechtsnormen feststeht. Selbstverständlich ist das nicht immer der Fall; es kann stets vorkommen, dass Begriffe in den europäischen Richtlinien oder Verordnungen Auslegungszweifel aufwerfen, selbst wenn der EuGH oder der nationale Gesetzgeber gesprochen haben. Der richtige Weg ist dann die (erneute) **Vorlage** an den EuGH.

Auslegungszweifel können auch dadurch entstehen, dass die Fassungen der Rechtsakte in den verschiedenen Amtssprachen der EU inhaltlich voneinander abweichen. Auch diese Zweifel sind durch Vorlage an den EuGH auszuräumen. Abweichungen der **Sprachfassungen** schaffen kein neues Recht, vielmehr gibt es im einheitlichen Rechtsraum der EU materiell jeweils nur eine Regelung, die aufzufinden ist. Daher haben Vorschläge, einer Bestrafung des Täters etwa jeweils die am Tatort geltende Fassung des europäischen Rechtsaktes zugrunde zu legen, keine sachliche Berechtigung.[65]

Nicht nur bei Verordnungen, sondern auch bei Richtlinien und Rahmenbeschlüssen,[66] welche in nationales Recht umgesetzt und für dessen Auslegung wichtig sind, insbesondere aber bei Blankettvorschriften, welche auf außerstrafrechtliche europäische Normen Bezug nehmen,[67] kann eine Klärung der Bedeutung semantischer Zweifel durch den EuGH geboten sein.

Fehlt es im Tatzeitpunkt überhaupt an einer Veröffentlichung in der Amtssprache – was nach dem Beitritt neuer Mitglieder zur EU vorgekommen ist – so ist der Rechtsakt in dem neuen Mitgliedstaat zwar wirksam, kann dem einzelnen Bürger aber nicht entgegengehalten werden.[68]

Der **EuGH bewältigt Auslegungszweifel**, die auf unterschiedlichen Sprachfassungen eines Rechtsaktes beruhen, mit den herkömmlichen Auslegungsmethoden. Danach muss in einem solchen Fall die Bestimmung anhand ihres Zusammenhangs und ihrer Ziele ausgelegt werden.[69] Besonderheiten bestehen insoweit nicht. Das Gebot der Gesetzesbestimmtheit, welches im Schrifttum

---

65 A.A. *Greco* GA 2016, 195, 209; s. auch *Satzger* IntStrR § 9 Rdn. 69.
66 Beispiel: EuGH C-294/16, Urteil vom 28.7.2016 – JZ, Rdn. 39.
67 Beispiel: EuGH C-464/15, Urteil vom 30.6.2016 – Admiral Casinos, Rdn. 26 f.
68 EuGH C-161/06, Urteil vom 11.12.2007 – Skoma-Lux, Rdn. 59; *Langheld* S. 148 ff.
69 EuGH C-627/13, Urteil vom 5.2.2015 – Miguel M., Rdn. 49.

ebenfalls als Ausgangspunkt für die Erörterung von Lösungsmöglichkeiten herangezogen wird,[70] ist nicht einschlägig. Es greift erst ein, wenn die Auslegung des objektiven Gesetzes zu keinem eindeutigen Ergebnis führt. Dann ist allerdings die betreffende Vorschrift wegen inhaltlicher Unbestimmtheit irreparabel fehlerhaft.

Jedoch können in den Fällen, in denen die Texte der verschiedenen Amtssprachen inhaltlich voneinander abweichen, die subjektive Tatseite und hier wiederum die Unterscheidung zwischen Verbotsirrtum und – grundsätzlich unbeachtlichem – Subsumtionsirrtum[71] eine Rolle spielen.[72]

Fall: Eine belgische Firma beabsichtigt im Rahmen eines Programms zur Versorgung von Mitarbeitern mit eigenen Aktien des Unternehmens, solche eigenen Aktien am Markt zu kaufen. Dafür verfügt sie über alle notwendigen Informationen. Zu einem günstigen Zeitpunkt kauft sie Aktien. Deshalb wird gegen sie und den Inhaber ein Verfahren eingeleitet.

Nach der EU-Richtlinie über Insider-Geschäfte ist die „Nutzung" von derartigen Informationen verboten und strafrechtlich zu verfolgen. Es stellte sich die Frage, was unter „Nutzung" zu verstehen ist, insbesondere, ob dazu der Vorsatz in vollem Umfang – also auch die Kenntnis der besonderen Eigenschaft der Informationen als Insider – Information (= Eignung zur Marktbeeinflussung) gehört.

Der EuGH[73] hat entschieden, dass der bloße Abschluss eines Geschäftes genügt, und dass der Tatvorsatz vom Gesetz vermutet werde. Er hat darin keine Kollision mit der Unschuldsvermutung gesehen vorausgesetzt, dass der Betroffene im Verfahren alle Verteidigungsrechte hat, insbesondere die Vermutung des Missbrauchs widerlegen könne. Diese Rechtsprechung begegnet schwerwiegenden Bedenken. Belastende Vermutungen haben im Zivilrecht ihre Berechtigung – im Strafrecht gilt allein die Unschuldsvermutung. Die Rechtsprechung dürfte durch die neue Richtlinie über strafrechtliche Sanktionen bei Marktmanipulation (Marktmissbrauchsrichtlinie)[74] aber auch ihre Grundlage verloren haben. Danach sind die Mitgliedstaaten angewiesen, die Strafbarkeit

70 *Langheld* S. 36, 147.
71 BGH NStZ 2010, 337; LK – *Vogel* § 16 Rdn. 108.
72 Beispiel bei *Langheld* S. 239.
73 EuGH C-45/08, Urteil vom 23.12.2009 – Spector und Van Raemdonck m. Bespr. *Begemeier* HRRS 2013, 179, 183; *Ransiek* wistra 2011, 1; *Rönnau/Wegner* GA 2013, 561, 580; anders auch BGH NStZ 2010, 339.
74 Richtlinie 2014/57 vom 16.4.2014 über strafrechtliche Sanktionen bei Marktmanipulation (Marktmissbrauchsrichtlinie) – ABl. 2014 L 173 S. 179; Grundlage: Verordnung 596/2014 vom 16.4.2014 (Marktmissbrauchs-Verordnung), ABl. 2014 L 173 S. 1 (in Kraft ab 3.7.2016).

von Insider-Geschäften für vorsätzliche Taten vorzusehen, d.h. aber bei nach-gewiesenermaßen[75] vorsätzlichen Taten.

29   Zweifelhaft kann auch der Inhalt eines in einer EU-Richtlinie verwendeten Begriffs sein.

> **Fall:** Der Angeklagte verkaufte eine Kräutermischung, der synthetische Haschischstoffe beigemischt waren, als Rauschmittel. Die Beimengungen fielen zur Tatzeit nicht unter das BtMG. Er wurde wegen Verstoßes gegen das Arzneimittelgesetz angeklagt. Es war fraglich, ob der durch eine EU-Richtlinie bestimmte Arzneimittelbegriff einschlägig war.

Der EuGH hat entschieden, dass Stoffe, die lediglich einen Rausch erzeugen und obendrein gesundheitsschädlich sind, nach der EU-Richtlinie keine Arzneimit-tel darstellen. Dass ihr Vertrieb damit jeglicher Strafverfolgung entzogen wird, ist irrelevant. Das Verfahren führte infolge des Fehlens eines Straftatbestands zum Freispruch.[76]

Das EU-Recht kann auch Lücken haben, die geschlossen werden müssen. Dazu nochmals folgender

> **Fall:** Der Angeklagte war Mitglied einer Schleuserbande, welche Vietnamesen illegal nach Deutschland und Schweden brachte. Dabei wurde ungarischen Behörden vorgespiegelt, die Vietnamesen wollten zu touristischen Zwecken in die EU einreisen bzw. als Beerenpflücker saisonal arbeiten. Ungarn erteilte entsprechende Visa. Tatsächlich waren Aufenthalte auf Dauer geplant. Der Angeklagte war wegen der Schleusertätigkeit in Deutschland angeklagt.

Die erteilten Visa hätten widerrufen werden können, das war aber nicht ge-schehen. Nach deutschem Strafrecht steht ein durch Täuschung erschlichenes Visum dem Fehlen eines Visums gleich (§§ 95, 96 AufenthaltsG). Eine solche Vorschrift fehlt aber im EU-Recht. Es war deshalb die Frage, ob das EU-Recht allein auf die Verwaltungsakte der Erteilung und des Widerrufs des Visums ab-stellt und die deutsche Regelung dazu in Widerspruch stand.

Der EuGH hat, wie erörtert (Kap. 5/11), entschieden,[77] dass die Mitgliedstaa-ten nach EU-Recht verpflichtet seien, bei Verstößen gegen das Einreiserecht wirksame, angemessene und abschreckende Sanktionen vorzusehen und dem System zu voller praktischer Wirksamkeit zu verhelfen. Falls erforderlich, müss-

---

75 So auch Erwägungsgrund 23 der Marktmißbrauchsrichtlinie.

76 EuGH C-358/13, Urteil vom 10.7.2014 – Markus D, Rdn. 48; Endentscheidung BGH, Urteil vom 4.9.2014 – 3 StR 437/12; vgl. aber BGH NStZ 2015, 597.

77 C-83/12, Urteil vom 10.4.2012 – Minh Khoa Vo; Endentscheidung BGHSt. 57, 239 mit Anm. *Kretschmer* JR 2012, 527.

ten die nationalen Gerichte daher Lösungen praktischer Konkordanz in Bezug auf Normen suchen, deren Anwendung die Wirksamkeit oder die Kohärenz der Unionsregelung infrage stellen könnte. Da die vorherige Annullierung der Visa nicht stets möglich sei, unterliege die deutsche Regelung keinen Bedenken.

Stichworte: Auslegungszweifel, auch solche, die auf Abweichungen in den verschiedenen Sprachfassungen eines europäischen Rechtsaktes beruhen, sind ausschließlich auf dem Wege der Vorlage zu beheben.

---

2. Unionsrechtkonforme Auslegung des nationalen Rechts

Soweit der Unionsgesetzgeber von seiner Anweisungskompetenz durch den 30 Erlass von Richtlinien oder Rahmenbeschlüssen Gebrauch gemacht hat, bleibt Raum für die Anwendung nationalen Rechts. Dieses bedarf im Regelfall der Auslegung; dabei kann zweifelhaft werden, wie weit die gegenseitige Durchdringung der Rechtskreise geht und gehen darf. Insoweit folgt aus dem Wesen von Richtlinien als Prinzip zunächst, dass sie Bestand und Inhalt nationaler Vorschriften voraussetzen und unberührt lassen. Insbesondere ermächtigen Richtlinien, aber auch sonstige Normen des Europarechts die nationalen Gerichte nicht zu einer Rechtsanwendung contra legem.[78] Im Übrigen aber sind die Union und die Mitgliedstaaten einander durch das **Loyalitätsgebot** (Art. 4 Abs. 3 EUV) verbunden; das kann sich auf die Auslegung nationalen Rechts auswirken. Für Rahmenbeschlüsse gelten nach der Rechtsprechung des EuGH dieselben Grundsätze[79] (Kap. 4/55). Bei der Durchführung von Unionsrecht sind stets auch die Garantienormen des Europarechts (Kap. 4/16) unmittelbar bindend. Die Auslegung eines nationalen Gesetzes darf sich daher nicht auf eine Norm des Unionsrechts stützen, die ihrerseits mit europäischem Recht unvereinbar ist. Die Feststellung einer solchen Unvereinbarkeit obliegt allerdings allein dem EuGH.

Leitfall: Die Klägerin hat sich bei einer Firma um Einstellung beworben. Diese teilt ihr mit, dass nur männliche Bewerber in Betracht kämen. In ihrer Klage vor dem Arbeitsgericht verlangt sie Schadensersatz durch Abschluss eines Arbeitsvertrages.

---

78 Beispiel: BGHSt. 54, 216 Rdn. 30 (Begriff kriminelle Vereinigung).
79 Für Rahmenbeschlüsse EuGH C-105/03, Urteil vom 16.6.2005 – Pupino, Rdn. 47.

Es war nicht zweifelhaft, dass die beklagte Firma eine europäische Richtlinie, welche die Gleichstellung von Männern und Frauen bezweckte, und auch eine entsprechende, zur Umsetzung der Richtlinie erlassene Vorschrift des BGB missachtet hatte. Das deutsche Gesetz (§ 611a BGB) sah als Schadensersatz aber nur den sog. Vertrauensschaden vor (hier: Fahrtkostenersatz), nicht das Erfüllungsinteresse (hier: die Begründung des Arbeitsverhältnisses oder eine Gehaltszahlung). Immerhin war nach Auffassung der Bundesregierung eine Auslegung des BGB möglich, welche den Schadensersatzanspruch der Klägerin begründet erscheinen ließ.

Der EuGH hat dazu ausgeführt, dass die sich aus der Richtlinie ergebende Verpflichtung der Mitgliedstaaten, das in dieser vorgesehene Ziel zu erreichen, sowie die Pflicht der Mitgliedstaaten aus Art. 5 des EWG-Vertrages, alle zur Erfüllung dieser Verpflichtung geeigneten Maßnahmen zu treffen, allen Trägern öffentlicher Gewalt in den Mitgliedstaaten obliegt, und zwar im Rahmen ihrer Zuständigkeit auch den Gerichten. Daher muss das nationale Gericht bei der Anwendung des nationalen Rechts dieses nationale Recht im Lichte des Wortlauts und des Zweckes der Richtlinie auslegen.[80] Das ist seither ständige Rechtsprechung des Gerichtshofs und gilt für alle Bereiche, auch das Strafrecht. Die Loyalitätsverpflichtung der Mitgliedstaaten ergibt sich heute aus Art. 4 Abs. 3 EUV.

a) Rechtsgrundlage

31 Rechtsgrundlage des Gebots zu unionsrechtkonformer Auslegung ist nach der Rechtsprechung **Art. 4 Abs. 3 EUV**. Weiterer Ableitungen des Gebots bedarf es nicht.[81] Erwogen wird zwar, den Gedanken des Vorrangs des Unionsrechts heranzuziehen.[82] Aber die Vorrangregelung greift im Falle einer entstandenen Kollision ein, die unionsrechtkonforme Auslegung soll einen solchen Fall gerade verhindern. Der Vorranggedanke passt daher nicht. Erwogen wird ferner, ob neben dem europarechtlichen Loyalitätsgebot eine entsprechende, selbstständige Verpflichtung der Gerichte zur unionsrechtkonformen Auslegung im nationalen Recht vorhanden oder sogar erforderlich ist. Aber auch dies erscheint als eine unnötige Komplizierung ohne sichtbaren Ertrag. Die Verträge sind

---

80 EuGH C-14/83, Urteil vom 10.4.1984 – Von Colson u. Kamann, Rdn. 26; EuGH C-79/83, Urteil vom 10.4.1984 – Harz, Rdn. 26; für Rahmenbeschlüsse EuGH C-105/03, Urteil vom 16.6.2005 – Pupino, Rdn. 34 ff.; *Hecker* JuS 2014, 385.

81 *Esser* EuIntStrR § 2 Rdn, 70; *Schröder* Richtlinien S. 353; *Tiedemann* Schünemann-Festschrift S. 1107, 1110; abw. *Heger* in Böse Enz. § 5/106; *Hecker* 10/Rdn. 8.

82 Vgl. *Safferling* IntStrR § 11/15.

durch Zustimmungsgesetz des Parlaments gemäß Art. 59 GG in innerstaatliches Recht transformiert worden und haben damit den Charakter als normales Bundesgesetz erhalten. Die damit begründeten vertraglichen Pflichten sind also – auch – nationale Pflichten geworden und bedürfen keiner „Verdoppelung". Das gilt auch, soweit die Rechtsprechung des EuGH zur Auslegung der Verträge heranzuziehen ist. Im Bereich der europäischen Menschenrechtskonvention findet sich eine vergleichbare Erscheinung; dort hat das Bundesverfassungsgericht für die deutschen Gerichte eine Pflicht zur Beachtung der Konvention und der dazu ergangenen Rechtsprechung des EGMR aus dem Transformationsgesetz hergeleitet.[83]

Der **Beginn der Pflicht** zu unionsrechtkonformer Auslegung ist der Rechtsprechung des EuGH zu entnehmen: Richtlinien – um deren Auslegung es in der Praxis meist geht – entfalten mit ihrem Erlass gewisse Vorwirkungen, welche sich nach dem Ablauf der Umsetzungsfrist inhaltlich verändern und verstärken. Hierzu näher Kap. 2/56 ff.

b) Gegenstand

Gegenstand des Gebots zu unionsrechtkonformer Auslegung ist das gesamte **nationale Recht**. Bezugspunkt dafür ist das Recht der Union, dessen gesamter Bestand der Maßstab für die Übereinstimmung mit dem nationalen Recht ist. In der Praxis ist der Bezugspunkt für die unionsrechtkonforme Auslegung normalerweise zwar die Richtlinie, oder, soweit noch vorhanden, der Rahmenbeschluss.[84] Aber es ist stets das **gesamte Unionsrecht** in den Blick zu nehmen, so bei der Entscheidung über die Zulässigkeit einer Werbung in grenzüberschreitenden Fällen auch die Wirkung der Grundfreiheiten.[85] **32**

Bevor ein Vergleich des nationalen mit dem europäischen Recht stattfinden kann, ist aber der Inhalt des nationalen Rechts zu ermitteln. Dazu hat sich der nationale Richter aller herkömmlichen und zulässigen Auslegungsmethoden zu bedienen. Zulässige Auslegungsmethode ist seit jeher auch die Ermittlung von Sinn und Zweck einer Vorschrift. Deshalb ist als Auslegungsmethode auch die Zielvorstellung des europäischen Gesetzgebers – die im Regelfall den Erwägungsgründen des Rechtsaktes zu entnehmen ist – in die Gesetzesinterpretation

---

83 BVerfG vom 14.10.2004 – 2 BvR 1481/04, BVerfGE 111, 307, Rdn. 32 – Fall Görgülü.
84 EuGH C-294/16, Urteil vom 28.7.2016 – JZ, Rdn. 32; EuGH C-554/14, Urteil vom 8.11.2016 – Ognyanov, Rdn. 61 ff.
85 *Hecker* 10/Rdn. 24 („mehrphasiger Interpretationsakt").

einzubringen;[86] die Zielvorstellung des europäischen Gesetzgebers ist über das Transformationsgesetz nach Art. 59 GG Teil des nationalen Rechts geworden und daher zu berücksichtigen.[87] Es kann auch davon ausgegangen werden, dass der Wille des nationalen Gesetzgebers darin bestand, eine europäische Vorgabe korrekt umzusetzen.[88] Ergibt die dergestalt vorgenommene Auslegung die Möglichkeit, die nationale Vorschrift unionsrechtkonform auszulegen – steht also nicht etwa der Wortlaut entgegen –, hat sie unbedingten Vorrang, sofern anderenfalls eine rechtliche Kollision entstände; sie ist nach der Rechtsprechung des EuGH zu wählen.[89]

33   Die Basis für eine unionsrechtkonforme Auslegung bleibt immer das nationale Recht, und im Strafrecht insbesondere das Vorhandensein einer nationalen Strafdrohung. Enthält dieses keine Strafvorschrift, kann eine europäische Richtlinie sie nicht ersetzen, für eine unionsrechtkonforme Auslegung ist dann kein Raum. Weist das nationale Recht eine nicht zu beanstandende Strafvorschrift auf, ist diese jedoch der Auslegung zugänglich und unter Einbeziehung aller zulässigen Gesichtspunkte – wie dargelegt auch der Zielvorstellungen des europäischen Gesetzgebers – zu interpretieren. Das kann sich zugunsten, aber auch zulasten des Beschuldigten auswirken, weil eine gerichtliche Auslegungspraxis unter keinem Gesichtspunkt Bestandsschutz genießt.[90] So kann eine GmbH & Co. KG des Auslands im Inland als juristische Person gelten.[91]

c) Ziel, Inhalt, Grenzen unionsrechtkonformer Auslegung

34   Wie der EuGH in dem oben geschilderten Leitfall (Kap. 5/30) dargelegt hat, sind die Mitgliedstaaten kraft des Loyalitätsgebotes gehalten, ihr nationales Recht nach Wortlaut und Ziel der Richtlinie auszulegen. Als **Ziel** ist jeweils die wirksame **Durchsetzung** der Unionspolitik in dem in Frage kommenden Bereich zu betrachten. Aber darin erschöpft sich die Verpflichtung nicht. Soweit die Zuständigkeit der EU reicht, ist ihr Ziel die Schaffung eines **einheitlichen Rechts-**

---

86 So ausdrücklich EuGH C-14/83, Urteil vom 10.4.1984 – Von Colson u. Kamann, Rdn. 26; BGH NStZ 2004, 285 m. Anm. *Pananis*, vgl. dazu BGHSt. 47, 373, 379 (Scalping); BGHSt. 50.347, 355 (Hehlerei u. Geldwäsche).

87 So für die vergleichbare Lage bei der EMRK BVerfG vom 14.10.2004 – 2 BvR 1481/04, BVerfGE 111, 307, Rdn. 32 – Fall Görgülü.

88 *Satzger* in *Sieber u.a.* EurStrR § 9/52.

89 BGHSt 60, 121 Rdn. 19; im Ergebnis ebenso *Hecker* 10/Rdn. 29.

90 EuGH C-554/14, Urteil vom 8.11.2016 – Ognyanov, Rdn. 67; BGHSt. 41, 101, 111; *Ambos* IntStrR § 11/50; *Hecker* 10/Rdn. 61 ff., 49; *Satzger* IntStrR § 9 Rdn. 95; *Schramm* IntStrR 4/87; abw. LK-*Dannecker* § 1 Rdn. 432 ff, 445.

91 OLG Düsseldorf ZIS 2016, 206 m. Anm. *Johnson*.

raumes. Das Postulat der Einheit der Rechtsordnung gilt auch im „vertikalen" Verhältnis zwischen Mitgliedstaat und Union. Daher soll die unionsrechtkonforme Auslegung nicht lediglich bewirken, Kollisionen zwischen nationalem und EU-Recht zu verhindern. Auch **Wertungswidersprüche** und **Spannungen** zwischen dem nationalen Normenkreis und dem Rechtssystem der Europäischen Union sind zu vermeiden. Ausnahmsweise wird sich eine solche Auslegungspflicht ferner aus dem Loyalitätsgebot in Fällen ergeben, in denen die Union „hilfsbedürftig" ist, sich mangels einschlägiger Kompetenzen aber nicht selbst helfen kann.

Jedoch ist der Begriff der „**unionsfreundlichen**" Auslegung in diesem Zu- 35 sammenhang missverständlich. Die Union hat von den Mitgliedstaaten keine Freundlichkeiten zu verlangen. Im Strafrecht sind die Beziehungen zwischen der EU und den Mitgliedstaaten nach den Verträgen rechtlicher Natur. Deshalb ist es erforderlich und genügend, dass die Anwendung des nationalen Rechts „**unionsrechtkonform**" geschieht.[92] Liegen Konflikte der erörterten Art nicht vor, kann weder die Loyalitätspflicht noch eine daraus folgende Schutzpflicht ein rechtliches Gebot begründen, das nationale Recht in einer bestimmten Richtung auszulegen.[93] Eine andere, aus den Normen des nationalen Rechts zu beantwortende Frage ist, ob die Herstellung inhaltlich übereinstimmender Regelungen zweckmäßig oder wünschenswert ist.

Daher lässt sich beispielsweise die im Schrifttum erhobene Forderung, die 36 Geltung von deutschen Strafvorschriften, welche den deutschen Staat schützen (z.B. § 132 StGB) in weitem Umfang auf die EU und deren Bedienstete zu erstrecken, **europarechtlich** nicht rechtfertigen.

Fall: Ein Hochstapler gibt sich als Bediensteter der Kommission der EU aus und führt in deren Namen Kontrollen durch.

Im Schrifttum wird vertreten, dass § 132 StGB (Amtsanmaßung) auch in Fällen anzuwenden sei, in denen sich ein Hochstapler als Beamter der Europäischen Union ausgibt. Der Wortlaut der Vorschrift, der auf die Anmaßung eines „öffentlichen" Amtes abstellt, steht dem nicht entgegen. Allerdings ist nach gesicherter Auslegung **Rechtsgut** der Vorschrift der **Schutz der deutschen Staatsorgane**, so dass ausländische Staaten von § 132 StGB nicht geschützt werden. Aber man könnte argumentieren, dass infolge der Übertragung deutscher Hoheitsgewalt

---

92 Ebenso *Heger* Kühl-Festschrift S. 669, 680; *Heger* in *Böse* Enz. § 5/103; in diesem Sinne auch *Mansdörfer* Jura 2004, 297, 302; *Schröder* Richtlinien S. 453.
93 A.A. *Esser* EuIntStrR § 2 Rdn. 75, 77.

auf die EU die Union auch einen Teil deutscher Staatsgewalt ausübt, so dass der Sinn des § 132 StGB solche Fälle erfasst. Der systematische Zusammenhang sowie die Gesetzgebungstechnik in § 162 StGB, in § 264 StGB und bei den Bestechungsdelikten sprechen indessen gegen den Vorschlag. Dies gilt insbesondere angesichts der dem § 132 StGB nachfolgenden Vorschrift des § 132a StGB. Diese bezieht ausdrücklich den Missbrauch ausländischer Amts- und Dienstbezeichnungen ein und hebt sich dadurch deutlich von dem Wortlaut des § 132 StGB ab.[94] Ähnliche Erwägungen gelten für § 133 StGB, zur besonderen Lage bei § 136 Abs. 2 StGB s. Kap. 5/40.

Die Vorschrift des § 348 StGB auf Bedienstete der EU anzuwenden,[95] scheitert am Gesetzeswortlaut, der die besondere Täterqualifikation als Amtsträger gemäß § 11 Abs. 1 Nr. 2 StGB voraussetzt; Auch die Verhängung erhöhter Strafe nach dem Regelbeispiel des § 267 Abs. 3 Nr. 4 StGB, das den Missbrauch einer Stellung als Amtsträger voraussetzt, ist nach dem eindeutigen Gesetzeswortlaut bei EU-Bediensteten nicht möglich. Das Gesetz zur Bekämpfung der Korruption,[96] welches durch § 11 Abs. 1 Nr. 2a StGB den Begriff des Europäischen Amtsträgers geschaffen hat, hat vielmehr von einer Erstreckung des Geltungsbereichs auf diese Bediensteten (anders als in § 263 StGB, § 370 AO) abgesehen. Dies alles zeigt, dass der deutsche Gesetzgeber bisher nicht geneigt ist, die Frage der Einbeziehung der EU in den Schutzbereich deutscher Strafvorschriften einer in sich geschlossenen, systematisch einwandfreien Lösung zuzuführen. Angesichts der Wortlautgrenze in § 267 Abs. 3, § 348 StGB ist eine im Ganzen stimmige Lösung aber auch durch eine „unionsfreundliche" Auslegung nicht erzielbar. Dass der Geltungsbereich dieser Vorschriften ohne ausdrückliche Normierung ausgedehnt werden sollte, steht zudem völlig im Gegensatz zur sonstigen Tendenz des Schrifttums, das einer strafrechtausdehnenden Gesetzesinterpretation eher skeptisch begegnet.

37   Das Gebot unionsrechtkonformer Auslegung des nationalen Rechts ist in den genannten Fällen nicht einschlägig. Wie dargelegt, verlangt dieses europäische Prinzip lediglich, die Übereinstimmung des nationalen Rechts mit den Zielen und den Rechtsakten der Union herbeizuführen oder zu erhalten sowie, als Ausfluss des Loyalitätsprinzips, allenfalls, den Schutz von Rechtsgütern der Union durch das nationale Strafrecht zu gewährleisten, wenn die Union „hilfsbedürftig" ist, aber sich mangels Kompetenz nicht helfen kann. Richtlinien oder andere Rechtsakte, die Veranlassung zu einer Ausdehnung des Anwendungsbe-

---

94 LK-*Krauß* § 132 Rdn. 13; a.A. *Hecker* 10/Rdn. 66; *Safferling* IntStrR § 11/19; *Satzger* IntStrR § 9 Rdn. 101; *Schramm* IntStrR 4/92.
95 *Satzger* IntStrR § 9 Rdn. 102, 103.
96 Gesetz vom 20.11.2015 (BGBl. I S. 2025).

reichs der nationalen Vorschriften zum Schutz der Staatsgewalt geben könnten, existieren indessen überhaupt nicht. Die herkömmliche Auffassung zu den deutschen Rechtsvorschriften steht auch ersichtlich weder im Widerspruch noch auch nur in einem Spannungsverhältnis zu sonstigen Regelungen des EU-Rechts; es ist überdies nicht ersichtlich, dass die EU durch dieses Verständnis bisher Schaden genommen hätte. Das Loyalitätsprinzip sollte nicht dadurch überdehnt werden, dass es ohne Not als Rechtsgrundlage für neue Anwendungsfelder nationaler Strafvorschriften herangezogen wird.

Ebenso wenig ist es angängig, durch unionsrechtkonforme Auslegung den Geltungsbereich eines nationalen Verwaltungsakts allein deshalb auf andere Mitgliedstaaten zu erstrecken, weil er eine Grundfreiheit berührt (z.b. Glücksspielkonzession, vgl. Kap. 5/9).

Die **Grenzen** unionsrechtkonformer Auslegung werden nicht allein durch 38 den Gesetzeswortlaut markiert. Die unmittelbar auf das nationale Strafrecht einwirkenden europäischen **Garantienormen** können Grenzen ziehen.[97] Aber auch das **System** des deutschen Strafrechts kann eine solche Schranke aufrichten.

> **Beispiel:** Nach der Rechtsprechung ist eine (terroristische oder kriminelle) Vereinigung gemäß §§ 129ff. StGB der auf eine gewisse Dauer angelegte, freiwillige organisatorische Zusammenschluss von mindestens 3 Personen, die bei Unterordnung des Willens des Einzelnen unter den Willen der Gesamtheit gemeinsame Zwecke verfolgen und unter sich derart in Beziehung stehen, dass sie sich untereinander als einheitlicher Verband fühlen.[98] Es existieren Rahmenbeschlüsse der EU, welche den Begriff der Vereinigung abweichend definieren.

Im Hinblick auf Rahmenbeschlüsse der EU (Kap. 11/26)[99] wird im Schrifttum die Ansicht vertreten, dass der Begriff der Vereinigung in den §§ 129ff. StGB europarechtsfreundlich zu modifizieren sei, indem die Anforderungen an die organisatorischen und voluntativen Voraussetzungen des Zusammenschlusses herabgesetzt werden.[100] Der BGH ist dem nicht gefolgt und hat dies überzeugend damit begründet, dass hierdurch das sorgfältig abgestufte deutsche System der Straf-

---

97 EuGH C-42/11, Urteil vom 5.9.2012 – Lopes Da Silva Jorge, Rdn. 55; *Ambos* IntStrR § 11/51; *Esser* EuIntStrR § 2 Rdn. 98.
98 BGHSt. 54, 216 Rdn. 23.
99 Rahmenbeschluss 2002/475/JI vom 13.6.2002 zur Terrorismusbekämpfung, ABl. 2002 L 164 S. 3, geändert durch Rahmenbeschluss 2008/919/JI vom 28.11.2008, ABl. 2008 L 330 S. 21; Rahmenbeschluss 2008/841/JI vom 24.10.2008 zur Bekämpfung der organisierten Kriminalität, ABl. 2008 L 300 S. 42.
100 LK-*Krauß* § 129a Rdn. 20ff.; *von Heintschel-Heinegg* F.C. Schroeder-Festschrift S. 799, 807.

barkeit beim Zusammenwirken mehrerer Personen an einer Straftat aufge-löst würde. Dieses System unterscheidet zwischen Mittäterschaft, Bande und (krimineller) Vereinigung. Eine Übernahme des Vereinigungsbegriffs aus dem europäischen Recht würde die Grenze zwischen Bande und Vereinigung verwi-schen. Die Mitgliedschaft in einer Bande ist jedoch für sich genommen nicht strafbar; sie kann lediglich dazu führen, dass bei Erfüllung eines strafrechtli-chen Grundtatbestandes eine Strafschärfung eintritt. Die Grenzen zwischen Vereinigung und Bande dürfen deshalb nicht verwischt werden.[101]

! **Stichworte:** Das Loyalitätsgebot (Art. 4 Abs. 3 EUV) legt den Mitgliedstaaten und allen ihren Gliederungen die Rechtspflicht auf, ihr nationales Recht unionsrechtkonform auszulegen. Zweck ist die bestmögliche Verwirklichung der Unionsziele und die Schaffung eines einheitli-chen Rechtsraums. Eine unionsrechtkonforme Auslegung ist daher geboten, sofern andernfalls Kollisionen oder Wertungswidersprüche zwischen den Normenkreisen drohen.

Die Pflicht findet ihre Grenze am zwingenden Inhalt des nationalen Gesetzes.

---

3. Stille Angleichung des nationalen Rechts

39 Aus dem erwähnten Gebot, das eigene Recht **unionsrechtkonform** oder auch richtlinienkonform auszulegen, ergibt sich in vielen Fällen eine „stille Rechts-angleichung" des nationalen Rechts an das Unionsrecht. Seine Grundlage hat auch dieses Gebot in der Verpflichtung der Mitgliedstaaten zur gegenseitigen Loyalität und zur **Loyalität** gegenüber der Union. Grenze der Befugnis sind die zwingenden Bestimmungen des nationalen Rechts. Wo sie eine Auslegung nicht mehr erlauben, kann auch das EU-Recht sie nicht erzwingen, weil der nationale Richter nicht contra legem entscheiden darf; gegebenenfalls bleibt das Ver-tragsverletzungsverfahren. Ist eine Auslegung des nationalen Rechts aber mög-lich, so kann die Angleichung an Europarecht mittels Auslegung auf **verschie-denen Wegen** erfolgen.

a) Veränderung von nationalen Begriffsinhalten

40 Eine unionsrechtkonforme Auslegung kann zunächst einmal dadurch gesche-hen, dass der Begriffsinhalt eines nationalen Gesetzes eine Veränderung er-fährt.

---

101 BGHSt. 54, 216 Rdn. 29; zust. *Hoffmann-Holland* Geppert-Festschrift S. 245; *F.C. Schroeder* ZIS 2014 389, 391; *Zöller* ZIS 2014, 402, 409; zurückhaltend *Kress/Gazeas* Puppe-Festschrift S. 1487, 1499.

> **Fall:** In Portugal wird ein Lkw des Angeklagten mit einer Ladung von 11 Millionen unversteuerten und unverzollten Zigaretten nach EU-Recht zollamtlich abgefertigt. Der Angeklagte reißt in Deutschland die portugiesische Plombe ab, wirft sie weg und entnimmt die Ladung.

Eine Plombe ist ein Siegel im Sinne von § 136 Abs. 2 StGB. Es muss sich nach dieser Vorschrift aber um ein **„dienstliches"** Siegel handeln; dienstliche Siegel sind die von deutschen Behörden amtlich angebrachten besonderen Kennzeichen. Demgemäß schützt § 136 StGB im Allgemeinen nicht die von fremden Staaten für ihre Zwecke benutzten Siegel.

Die EU ist jedoch eine Zollunion (Art. 30 AEUV), das Verfahren der Zollabfertigung ist durch die Gemeinschaft einheitlich geregelt. Da Deutschland für den Warenverkehr innerhalb der EU keine eigene Zollabfertigung vornimmt, hat die in Portugal vorgenommene Verplombung des Lkw dieselbe Funktion und Bedeutung wie eine inländische Verplombung. Auch wenn hierüber keine ausdrücklichen Vorschriften bestehen sollten, ergibt sich diese Bedeutung zwingend als Konsequenz aus dem Binnenmarkt ohne Grenzen für den Warenverkehr. Die Überformung des inländischen Zollverfahrens durch EU-Recht hat deshalb die Wirkung, das Tatbestandsmerkmal „dienstlich" in § 136 Abs. 2 StGB für den Zollverkehr auf Plomben zu erstrecken, die von der Zollverwaltung eines anderen Mitgliedstaats der EU im Rahmen des gemeinschaftlich geregelten Verfahrens zur zollamtlichen Überwachung und Nämlichkeitsprüfung im gesamten Zollgebiet der EU angelegt worden sind.[102]

> **Beispiel:**[103] Die Union hat eine Reihe von Richtlinien zum Verbraucherschutz erlassen, die auch Maßstäbe für die Etikettierung und Aufmachung von Lebensmitteln und die Werbung dafür umfassen. Ziel ist, den Verbraucher vor Irreführung und Täuschung zu bewahren.

Deutschland kennt schon lange ebensolche Vorschriften, welche Irreführung **41** und Täuschung des Verbrauchers mittels Etikettierung, Aufmachung und Werbung verbieten und den Verstoß dagegen unter Strafe stellen (jetzt § 59 Nr. 7 LFGB).[104] Die europäische Richtlinie zum **Verbraucherschutz** bedurfte daher insoweit keiner Umsetzung mehr in nationales Recht.

Die deutsche Rechtsprechung hat aber bei der Auslegung des Begriffs „Irreführung" darauf abgestellt, ob ein flüchtiger, nicht sehr aufmerksamer Durch-

---

102 BGH NStZ 1996, 229; LK – *Krauß* § 136 Rdn. 34; *Dannecker* BGH-Festgabe S. 339, 356.
103 Weiteres Beispiel: BGHSt 37, 333, 336 – Pyrolyse – zum Abfallbegriff; dazu LK-*Dannecker* § 1 Rdn. 343.
104 Lebensmittel- und Futtermittel-Gesetzbuch i.d.F. d. Bek. v. 3.6.2013, BGBl. I S. 1426.

schnittsverbraucher aufgrund der Etikettierung einem Irrtum über die Beschaffenheit der Ware erliegen konnte.[105] Sie war also besonders verbraucherfreundlich. Der EuGH stellt dagegen auf die mutmaßliche Erwartung eines durchschnittlich informierten, aufmerksamen und verständigen Verbrauchers ab.[106] Dieser Verbraucherhorizont des europäischen Rechts ist ein anderer als der des früheren deutschen Rechts. Da es um die Auslegung des gemeinschaftsrechtlichen Begriffs „Irreführung" geht, steht dem EuGH die Definitionsmacht für den Begriff zu, und sie ist europaweit maßgebend.

Damit ist auch die Strafvorschrift des deutschen Rechts, welche an den Begriff der Irreführung anknüpft, entsprechend einschränkend auszulegen, weil sie sonst mit der Grundfreiheit des freien Warenverkehrs in der vom EuGH gefundenen Auslegung kollidieren würde.

42　　Das deutsche Schrifttum geht teilweise sogar darüber hinaus. Es hält das Verbraucherleitbild des EuGH auch im Rahmen des **Betrugstatbestandes** (§ 263 StGB) für maßgebend.[107] Danach wäre eine Täuschung zu verneinen, wenn ein durchschnittlich informierter, aufmerksamer, verständiger Verbraucher sich nicht täuschen lassen würde. Das ist mit der bisherigen gefestigten deutschen Rechtsprechung unvereinbar. Nach ihr ist es im Rahmen des Betrugstatbestandes rechtlich unerheblich, ob das Opfer bei hinreichend sorgfältiger Prüfung die Täuschung hätte erkennen können.[108] Daran sollte im Interesse eines individualisierten Vermögensschutzes festgehalten werden.

Zunächst: Der EuGH hat seine Definition des Verbraucherhorizonts für die Fälle entwickelt, in denen es um irreführende Aufmachung und Etikettierung von Produkten sowie um Werbung dafür ging. Diese Fälle waren nach einer Richtlinie zu beurteilen, die sich mit der Eignung zur Irreführung des Verbrauchers befasst.[109] Dort fehlen offensichtlich Berührungspunkte mit dem Betrugstatbestand, weil lediglich die generelle Eignung des Aussehens der Ware zur Herbeiführung einer Fehlvorstellung bei dem Verbraucher eine Rolle spielt. Die Tatbestände decken sich also nicht.

Berührungspunkte mit einem Betrugsvorsatz bestehen hingegen in Fällen unlauterer Geschäftspraktiken, wenn also das Geschäftsgebaren einschließlich

---

105 BGHSt. 2, 139, 145; BGHSt. 34, 199, 201; *Hecker* 10/Rdn. 13 ff.; *Fezer* in *Fezer/Büscher/Obergfell* UWG 3.Aufl. 2016 Bd. 1, § 3 Rdn. 401.
106 EuGH C-465/98, Urteil vom 4.4.2000 – Verein gegen Unwesen in Handel und Gewerbe Köln ./. Adolf Darbo AG; EuGH C-303/97, Urteil vom 28.1.1999 – Verbraucherschutzverein ./. Kessler Rdn. 36; EuGH C-195/14, Urteil vom 4.6.2015 – Teekanne, Rdn. 36.
107 *Satzger/Schmitt/Widmaier*, StGB § 263 Rdn 67; *Satzger* IntStrR § 9 Rdn. 105; anders LK-*Tiedemann* vor § 263 Rdn. 40; s. auch Schünemann-Festschrift S. 1107, 1113.
108 BGHSt. 34, 199, 201; BGH NJW 2014, 2595 Rdn. 20.
109 Art. 2, 3 der Richtlinie 2000/13/EG vom 20.3.2000, ABl. 2000 L 109 S. 29.

der Werbung des Unternehmers gegen das deutsche UWG verstößt. Diese sind unionsrechtlich nach der Richtlinie über unlautere Geschäftspraktiken zu beurteilen, welche auf den Durchschnittsverbraucher und bei besonders schutzbedürftigen Opfern auf den Durchschnitt dieser Gruppe abstellt.[110] Die Richtlinie differenziert mithin nach der Schutzbedürftigkeit des Verbrauchers. In ihrem Erwägungsgrund 18 stellt sie ab auf den „Durchschnittsverbraucher, der angemessen gut unterrichtet und angemessen aufmerksam und kritisch ist." Der EuGH hat, soweit ersichtlich, hierzu lediglich in einer Entscheidung am Rande Stellung bezogen.[111] Dort heißt es, dass die Richtlinie den Durchschnittsverbraucher, der angemessen gut unterrichtet und angemessen aufmerksam und kritisch ist, „unter Berücksichtigung sozialer, kultureller und sprachlicher Faktoren als Maßstab" nimmt. Seine Rechtsprechung zum Verbraucherleitbild bei irreführende Aufmachung und Etikettierung zitiert er zwar, ihre Bedeutung für die Definition des Durchschnittsverbrauchers nach der Richtlinie über unlautere Geschäftspraktiken erläutert er jedoch nicht. Bei unbefangener Betrachtung spricht daher nicht viel für Identität der Verbraucherleitbilder in den beiden Richtlinien. Vielmehr stellt die Richtlinie über unlautere Geschäftspraktiken auch nach den Formulierungen des EuGH stark auf die individuelle Schutzbedürftigkeit und auf die konkrete Tatsituation, nicht hingegen auf abstrakte Begrifflichkeiten ab.

Hiernach ist festzustellen, dass es im Unionsrecht einen für die Betrugsstrafbarkeit vorgreiflichen Begriff des Verbrauchers nicht gibt. Der BGH hat es deshalb – allerdings ohne die gebotene Vorlage gemäß Art. 267 AEUV – zu Recht abgelehnt, die Auslegung des Betrugstatbestandes zu modifizieren.[112]

Die Gesamtbetrachtung der Richtlinie über unlautere Geschäftspraktiken **43** zeigt, dass sich zwischen ihrem Verbraucherleitbild und dem deutschen Verständnis des Betrugstatbestandes rechtserhebliche sachliche Unterschiede kaum ausmachen lassen. Der Durchschnittsverbraucher ist, wie der BGH sinngemäß schon 1952 formuliert hat,[113] von vornherein nicht sehr aufmerksam, er wendet angebotenen Produkten in der Regel nur einen flüchtigen Blick zu. Dass das Angebot unlauter ist, vermag er als Durchschnittsbürger nicht zu erkennen. Das ist die Beschreibung der konkreten Tatsituation, die auch die Richtlinie im

---

110 Art. 5 Abs. 2, Abs. 3 der Richtlinie 2005/29/EG vom 11.5.2005, ABl. 2005 L 149 S. 22.
111 EuGH C-122/10, Urteil vom 12.5.2011 – Konsumentombudsmannen, Rdn. 22, 23.
112 BGH, Urt. v. 5.3.14 – 2 StR 616/12, NJW 2014, 2595 m. zust. Besprechung *Cornelius* NStZ 2015, 310; *Heger* HRRS 2014, 467; *Krack* ZIS 2014, 536, 540; *Rönnau/Wegner* JZ 2014, 1064; ebenso *Klesczewski* Schünemann-Festschrift S. 1085, 1095. Weiterer Fall, der nach dem Schrifttum unter kartellrechtlichen Gesichtspunkten zu einem abweichenden Verständnis von § 263 StGB führen kann: BGH bei Holtz MDR 1981, 100; dazu *Rönnau/Wegner* GA 2013, 561, 576.
113 BGHSt. 2, 139, 145 f.

Auge hat. Eben diesen Maßstab verwendet die deutsche Rechtsprechung wiederum, wenn sie die Tatbestandsmerkmale der Täuschung und des Irrtums beim Betrug festzustellen hat und dabei auch den Leichtgläubigen in den Strafrechtsschutz einbezieht. Es spricht daher viel dafür, dass der in der Richtlinie über unlautere Geschäftspraktiken gemeinte Verbraucherhorizont – auch im Hinblick auf seinen Schutzzweck – und sein deutsches Pendant in § 263 StGB identisch sind.

Nur dieses Verständnis vermeidet auch die Gefahr einer Normspaltung,[114] welche entstünde, wenn für Marktteilnehmer ein anderer Begriff von Täuschung und Irrtum gälte als für außerhalb des Wirtschaftsverkehrs stehende Opfer.

44   Bei der Entscheidung über eine **Verfahrenseinstellung** nach §§ 153 ff. StPO ist neben anderen Gesichtspunkten auch das öffentliche Interesse an der Strafverfolgung der Sache abzuwägen. Berührt der Fall Interessen – nicht nur finanzieller Art – der EU, sind nach dem Loyalitätsgebot des Art. 4 Abs. 3 EUV zwingend diese Interessen zu berücksichtigen. Der Inhalt des Begriffes „öffentliche Interessen" hat mithin eine Erweiterung über die nationalen Grenzen hinaus (vgl. dazu bisher Nr. 90 RiStBV) erfahren.[115]

Ein weiteres Beispiel der Veränderung des Inhalts eines nationalen Rechtsbegriffs durch EU-Recht findet sich ferner in § 326 Abs. 2 StGB. Der Tatbestand der **Ausfuhr** ist durch Verweisung auf eine Verordnung weit in das Vorfeld des Grenzübertritts vorverlegt worden (näher dazu Kap. 5/47). Eine Veränderung des Begriffs der **Vereinigung** in den §§ 129 ff. StGB hat der BGH dagegen abgelehnt (Kap. 5/38). Die mögliche Veränderung nationaler Begriffsinhalte beschränkt sich nicht auf das Strafrecht. Ein Beispiel bietet die Einschränkung des Begriffs der zivilprozessualen Rechtskraft durch das unionsrechtliche Effektivitätsprinzip.[116]

45   Die Veränderung nationaler Begriffsinhalte ist zu unterscheiden von der Veränderung **tatsächlicher und rechtlicher Umstände.** So wechselte die Einführung des Euro als gesetzliches Zahlungsmittel den Gegenstand der Geldfälschungsdelikte aus, und die Osterweiterung der EU hatte beträchtliche Auswirkungen auf die Subsumtion von Schmuggelfahrten unter die einschlägigen Straftatbestände der AO.[117] Ihre Begriffe selbst sind aber inhaltlich unverändert geblieben.

---

114 *Rönnau/Wegner* GA 2013, 561, 565 f.
115 *Jokisch* S. 158.
116 EuGH C-505/14, Urteil vom 11.11.2015 – Klausner Holz ./. NRW, Rdn. 45.
117 *Jäger* Amelung-Festschrift S. 447.

b) Veränderung nationaler Bewertungsmaßstäbe

Nach § 1 UWG galt vergleichende Werbung bis 1998 als grundsätzlich sittenwid-   46
rig und unzulässig. Nachdem die Gemeinschaft eine Richtlinie erlassen hatte,
welche derartige Werbemaßnahmen unter bestimmten Voraussetzungen für
zulässig erklärte, hat der BGH seine Auslegung von § 1 UWG so geändert, dass
vergleichende Werbung dem Begriff der **Sittenwidrigkeit** nicht mehr prinzipiell
unterfiel (vgl. jetzt § 6 UWG). Bewertungsmaßstab für das neue Verständnis des
deutschen Gesetzes waren die Vorgaben der Richtlinie.[118]

In einer Reihe von Fällen ist die EU aufgrund ihrer Zuständigkeit ferner befugt, an Verbrauchsgüter bestimmte technische Anforderungen zu stellen oder
auch die Verwendung gefährlicher Stoffe zu verbieten. Diese Standards
bestimmen alsdann auch den Fahrlässigkeitsmaßstab, der bei der Beurteilung
von Schäden anzulegen ist, welche beim Umlauf oder durch den Gebrauch der
Wirtschaftsgüter entstanden sind. Der Vertrieb von Waren, welche in allen Be-
langen bindenden EU-Vorgaben entsprechen, kann nicht den Vorwurf fahrlässiger Körperverletzung oder Tötung begründen,[119] sofern nicht im Einzelfall
besondere Kenntnisse des Täters oder besondere Umstände eine andere Beurteilung gebieten. Umgekehrt wirkt eine Verletzung der technischen Normen als
Indiz für die Berechtigung des Vorwurfs der Fahrlässigkeit.

Dabei ist von untergeordneter Bedeutung, ob der europäische Standard in
einer Verordnung bindend oder in einer Richtlinie als Anweisung niedergelegt
ist. Eine noch nicht umgesetzte Richtlinie entfaltet in dieser Beziehung von ihrem Erlass an eine Vorwirkung, weil der nationale Gesetzgeber von diesem
Standard nicht mehr abweichen kann, ohne gegen den Inhalt seiner unionsrechtlichen Umsetzungspflichten zu verstoßen. Allerdings kann in diesen Fällen die subjektive Tatseite eine besondere Prüfung erfordern.

Auch im Bereich der Unterlassungsdelikte – genauer: der Entstehung von
Garantenpflichten – können derartige technische Regelungen, die zu einem
einheitlichen Standard führen, Bedeutung erlangen.[120]

c) Veränderung dogmatischer Maßstäbe

Ein Grenzfall einer durch Europarecht gebotenen Auslegung findet sich im Ab-   47
fallstrafrecht. Sie führt zu einer Veränderung der bisherigen dogmatischen Einordnung eines bestimmten Sachverhalts und zeigt anschaulich die Probleme,

---

118 BGHZ 138, 55.
119 *Esser* EuIntStrR § 2 Rddn. 83; *Hecker* 10/Rdn. 77 f.; *Satzger* IntStrR § 9 Rdn 109; Beispiele
EuGH C-40/04, Urteil vom 8.9.2005 – Yonemoto und bei *Schröder* NStZ 2006, 669.
120 *Schröder* NStZ 2006, 669, 673; *Schröder* Richtlinien S. 32, 211 ff.

welche sich aus einer Verzahnung europarechtlicher und nationaler Begriffsinhalte in derselben Strafvorschrift ergeben können.

Nach § 326 Abs. 2 StGB macht sich u.a. strafbar, wer Abfall unerlaubt[121] „aus dem Geltungsbereich dieses Gesetzes verbringt" (Wortlaut s. Kap. 5/6). Darunter wird bisher die grenzüberschreitende Abfallbeförderung verstanden, welche vollendet ist, sobald die Staatsgrenze überschritten wird. Auch alle anderen Wirtschaftsgesetze Deutschlands begreifen als den Vollendungszeitpunkt der Ausfuhr die Überschreitung der Grenze.

Die Vorschrift des § 326 Abs. 2 StGB beruht auf einer Richtlinie über den strafrechtlichen Schutz der Umwelt, welche den Mitgliedstaaten gebietet, die unerlaubte Verbringung von Abfällen unter Strafe zu stellen. Diese war – unter Vorwegnahme der Annexkompetenz des Art. 82 Abs. 2 AEUV – noch vor Inkrafttreten des Vertrages von Lissabon erlassen worden.[122] Sie bezieht sich auf eine „Verbringungsverordnung", welche die Abfallbeseitigung unter ein strenges europarechtliches Regime stellt. Darin ist die „Verbringung" von Abfällen aber definiert als „Transport von zur Verwertung oder Beseitigung bestimmten Abfällen, der zwischen zwei Staaten erfolgt oder erfolgen *soll*".[123] Unter Hinweis auf diese Definition, wonach eine Verbringung bereits mit dem Transportbeginn im Inland vorliegt, wird die Auffassung vertreten, dass auch § 326 Abs. 2 StGB so auszulegen, der Vollendungszeitpunkt für die Tat also auf den Fahrtbeginn im Inland vorzuverlegen sei.[124] Das zieht auch eine Änderung des Versuchsbeginns nach sich. Während der Versuch früher mit der Annäherung an die Grenze begann, müsste er jetzt schon bei den Vorbereitungen für den Transport anzusetzen sein. Diese Auslegung erscheint zwar überraschend, ist aber nicht von der Hand zu weisen. Damit folgt der Änderung von Inhalt und Reichweite des Rechtsbegriffs „Ausfuhr" und der Vorverlegung des Versuchsbeginns zugleich eine Neubestimmung des Zeitpunkts des Angriffs auf das geschützte Rechtsgut.

Stichworte: Die Gebote unionsrechtkonformer Auslegung nationalen Rechts können zu einer „stillen Rechtsangleichung" führen. Das kann durch die Veränderung nationaler Begrifflichkeit, durch eine Veränderung nationaler Bewertungsmaßstäbe und im Bereich der Dogmatik geschehen.

---

121 Neufassung durch 45. Strafrechtsänderungsgesetz vom 6.12.2011 (BGBl. I S. 2557) mit Änderung durch Gesetz vom 21.1.2013 (BGBl. I S. 95).
122 Richtlinie 2008/99/EG über den strafrechtlichen Schutz der Umwelt vom 19.11.2008 (ABl. L 328, 28), Art. 3 Buchst. c).
123 Verordnung (EG) Nr. 1013/2006 über die Verbringung von Abfällen vom 14.6.2006 (ABl. L 190, 1), Art. 2 Nummer 34.
124 *Kropp* NStZ 2011, 674, 676.

4. Anwendungsfälle und Wirkungen europäischer Garantienormen

a) Verfahrensgarantien

Die europäischen Institutionen müssen sich bei der Durchführung des Unions- 48
rechts in großem Umfang auf die Behörden der Mitgliedstaaten stützen, die in
der Regel allein die Sachkunde und die Zwangsmittel haben, um dem Unionsrecht zu voller Wirksamkeit zu verhelfen. Die Bindung der nationalen Behörden
kann dabei unterschiedlich sein.

Die EU ist in einigen Bereichen befugt, Verordnungen zu erlassen, welche
unmittelbar Einzelpersonen betreffen und von ihnen auch mit der Nichtigkeitsklage angefochten werden können (Art. 75, Art. 263 Abs. 4 AEUV). In anderen Bereichen – etwa dem Kartellrecht – hat die Europäische Kommission Exekutivbefugnisse; gleichwohl benötigt sie vielfach Amtshilfe durch die Mitgliedstaaten. In
weiteren Fällen enthält das Unionsrecht einige Verfahrensbestimmungen, die
alsdann für die Mitgliedstaaten bei der Durchführung verbindlich sind, im Übrigen aber Raum für die Anwendung nationaler Regeln lassen. Schließlich finden
sich in großer Zahl Regelungen, die allein das materielle Recht betreffen, das Verfahren zur Durchsetzung dieses Rechts aber den Mitgliedstaaten überlassen.

Die Rechtsnatur der Verfahrensvorschriften kann zwar variieren. Sie können der Vorbereitung einer Verwaltungsentscheidung dienen und sind insoweit
strafrechtlich nicht unmittelbar von Bedeutung. Aber die im Verwaltungswege
gewonnenen Beweisergebnisse können in einem anschließenden Strafverfahren
in der Regel verwertet werden und sind daher von vornherein auch unter strafprozessualen Gesichtspunkten zu betrachten.

Dementsprechend sind die europarechtlichen Anforderungen an die Ausgestaltung der nationalen Verfahrensbestimmungen unterschiedlich. Einheitlich
gilt allerdings der Grundsatz, dass die **Garantienormen des Unionsrechts**,
insbesondere die Menschenrechte und die Grundrechte stets beachtlich und
nicht disponibel sind.

aa) Verfahrensgrundrechte

Fall: Der Angeklagte wird beschuldigt, Mitglied einer ausländischen terroristischen Ver- 49
einigung zu sein. Er soll Gelder für den bewaffneten Kampf seiner Organisation in der Türkei eingetrieben und dorthin weitergeleitet haben. Die Organisation ist im Anhang zu einer
Verordnung der EU aufgeführt, die auf Veranlassung des Sicherheitsrates der UN zu Embar-
go-Zwecken erlassen wurde. Ein Verstoß gegen die Embargo-Verordnung ist nach § 34
Abs. 4 AWG strafbar. Der Angeklagte beruft sich darauf, dass er keine Möglichkeit hatte,
gegen die Liste vorzugehen. Das OLG Düsseldorf hat die Sache dem EuGH zur Vorabentscheidung vorgelegt.

Der EuGH hat nicht weiter dargelegt, inwieweit er zur Überprüfung völkerrechtlicher Maßnahmen befugt ist; dazu Kap. 2/22. Er hat ausgesprochen, dass die EU-Verordnung ungültig ist, weil sie mangels Begründung für die Aufnahme in die Embargo-Liste eine gerichtliche Kontrolle unmöglich machte.[125] Eine Bestrafung des Angeklagten könne daher nicht auf sie gestützt werden. In ähnlicher Weise hat das Gericht Verstöße gegen die Verteidigungsrechte und das Recht auf effektiven Rechtsschutz infolge Versagung des Zugangs zu Beweismitteln beanstandet.[126] Noch eindeutiger war die Stellungnahme des EuGH in einem Fall, in dem Sozialleistungen und Sozialhilfe einem Berechtigten nur deshalb versagt wurde, weil sein Ehegatte in der besagten Liste aufgeführt war.[127] Der Umstand, dass solche Leistungen beim Zusammenleben von Ehegatten auch dem Verdächtigen zugutekommen, sei unerheblich.

bb) Amtshilfe in Wettbewerbs- und Kartellsachen

50 **Fall:** Die Kommission ordnet bei einer Firma eine „Nachprüfung" wegen des Verdachts verbotener Kartellabsprachen an. Aufgrund der Anordnung ersucht sie Frankreich um Unterstützung. In diesem Rahmen ordnet ein französisches Gericht die Durchsuchung der Firma an, welche allerdings freiwillig gestattet wird. Die Firma geht nunmehr gegen den Durchsuchungsbeschluss mit der Begründung vor, das französische Gericht habe den Tatverdacht nicht prüfen können und nicht geprüft, weil es nur die Nachprüfungsanordnung der Kommission in Händen hatte.

Die Anordnung des französischen Richters griff in Grundrechte ein. Sie war in Durchführung europäischen Rechts erlassen. Die Anwendbarkeit der Charta der Grundrechte der EU ist damit nach der heutigen Rechtslage nicht zweifelhaft (Kap. 4/16f.).

Vor dem Inkrafttreten der Grundrechtecharta hat der EuGH allgemein zu Inhalt und Umfang der Amtshilfe nationaler Gerichte ausgeführt:[128] Die Anordnung der Durchsuchung greift in Grundrechte ein. Die Grundrechte gehörten – vor dem Erlass der Grundrechtecharta – nach ständiger Rechtsprechung zu den allgemeinen Rechtsgrundsätzen, deren Wahrung der EuGH zu sichern hat. Bei der Bestimmung von Inhalt und Umfang der Grundrechte ließ sich der EuGH von den gemeinsamen Verfassungstraditionen der Mitgliedstaaten sowie von

---

125 EuGH C-550/09, Urteil vom 29.6.2010 – E und F, Rdn. 56, 62.
126 EuG T-85/09, Urteil vom 30.10.2009 – Kadi.
127 EuGH C-340/08, Urteil vom 29.4.2010 – M u.a.
128 EuGH C-94/00, Urteil vom 22.10.2002 -Roquette Freres.

den Hinweisen leiten, die die völkerrechtlichen Verträge über den Schutz der Menschenrechte geben, an deren Abschluss die Mitgliedstaaten beteiligt waren oder denen sie beigetreten sind. Hierbei kam der EMRK besondere Bedeutung zu.

Der Schutz vor willkürlichen oder unverhältnismäßigen Eingriffen in die Privatsphäre ist ein allgemeiner Grundsatz des Gemeinschaftsrechts, der von den nationalen Stellen zu beachten ist. Bei der Ermittlung der Tragweite des Grundsatzes ist die Rechtsprechung des EGMR zu berücksichtigen, aber auch die unionsrechtliche Pflicht zu loyaler Zusammenarbeit. Das nationale Gericht hat die Gesetzmäßigkeit, nicht die Zweckmäßigkeit der Maßnahmen der Kommission zu prüfen. Dabei ist Prüfungsgegenstand aber in erster Linie die Frage, ob die von der Kommission angeordnete Maßnahme willkürlich und unverhältnismäßig ist. Das nationale Gericht kann, wenn die Nachprüfungsanordnung für seine Entscheidung nicht genügt, von der Kommission Erläuterungen verlangen, nicht aber die Vorlage ihrer Akten.

Die Ausführungen des EuGH haben nahezu wörtlich Eingang in die Kartellverordnung der EU,[129] die jetzt Rechtsgrundlage für die Nachprüfung wäre, gefunden.

Nunmehr prüft der EuGH die Rechtmäßigkeit von Nachprüfungsbeschlüssen der Kommission nach dem Maßstab der Grundrechte in Art. 8 EMRK und Art. 7 der Charta (Schutz des Privat- und Familienlebens), deren Inhalt er als identisch ansieht.[130] An die Ordnungsmäßigkeit derartiger Beschlüsse stellt er hohe formale Anforderungen. Er verlangt jedoch nicht eine vorherige richterliche Genehmigung. Sie wird nach Maßgabe des nationalen Rechts erst notwendig, wenn der Betroffene sich der Nachprüfung widersetzt.

Die Frage, wie mit Zufallsfunden umzugehen ist, scheint dabei nicht abschließend geklärt. Zwar betont der EuGH, dass der Nachprüfungsbeschluss eine Grenze für die Verwertbarkeit der durch die Nachprüfung erlangten Beweise darstelle; doch schließe das nicht aus, solche Funde zum Anlass für neue und weitergehende Untersuchungen zu nehmen.[131] Offen ist, inwieweit sie im anhängigen Nachprüfungsverfahren Bedeutung erlangen können; die Abgrenzungen des EuGH erscheinen hier höchst diffizil und kaum praktikabel.

---

129 VO (EG) 1/2003 vom 16.12.2002 zur Durchführung der Wettbewerbsregeln des Vertrages, ABl. 2003 L 1 S. 1.
130 EuGH C-583/13 P, Urteil vom 18.6.2015 – Deutsche Bahn, Rdn. 36.
131 EuGH C-583/13 P, Urteil vom 18.6.2015 – Deutsche Bahn, Rdn. 45, 59.

cc) Verfahrensregeln des EU-Rechts

51 **Fall:** Eine EU-Richtlinie regelt die Lebensmittelüberwachung. Darin ist vorgesehen, dass die Behörde Proben entnehmen darf, aber dem Betroffenen eine zweite Probe zu überlassen hat, damit dieser ein Gegengutachten einholen kann. Die Richtlinie ist in deutsches Recht umgesetzt. Verstöße gegen die lebensmittelrechtlichen Pflichten sind als Straftat oder (bei Fahrlässigkeit) als Ordnungswidrigkeit zu ahnden. In einem Verfahren in Schleswig-Holstein hatte die Behörde Lebensmittelproben entnommen, dem Betroffenen aber keine Zweitprobe belassen.

Dem Gericht stellte sich nunmehr die Frage, ob das Gutachten über die Auswertung der ersten Probe ein zulässiges Beweismittel sei.

In diesem Fall war eine lückenhafte EU-Vorschrift anzuwenden. Sie sieht zwar ein bestimmtes Vorgehen bei der Probenentnahme vor, regelt aber nicht die Folgen von Verstößen. Diese Folgen sind daher im Wege der Lückenfüllung dem nationalen Recht zu entnehmen. Der EuGH[132] hat dazu ausgeführt, dass es Sache der Mitgliedstaaten sei, das Gerichtsverfahren festzulegen. Es darf nur nicht ungünstiger sein als andere innerstaatliche Verfahren (Äquivalenzprinzip) und darf die Ausübung der durch die Gemeinschaftsordnung verliehenen Rechte nicht praktisch unmöglich machen oder übermäßig erschweren (Effektivitätsprinzip). Im Übrigen übernimmt der EuGH in vollem Umfang die Rechtsprechung des EGMR. Ob ein Beweisverwertungsverbot anzunehmen ist, ist nach dem Grundsatz des fairen Verfahrens, wie er in der Rechtsprechung des EGMR zu Art. 6 Abs. 1 EMRK entwickelt wurde, zu beurteilen. Wenn das nationale Gericht feststellt, dass die Zulassung der behördlichen Probe als Beweismittel zu einer Verletzung des Grundsatzes des fairen Verfahrens führt, muss es den Beweis ausschließen.

Der aus dem angelsächsischen Rechtskreis stammende Begriff des fairen Verfahrens ist allerdings seinerseits problematisch, dazu Kap. 9/55.

dd) Alleinige Anwendung nationalen Rechts bei Durchführung von EU-Recht

52 **Fall:** Der Kläger führt Knoblauch mit der Behauptung in die Niederlande ein, die Ware stamme aus Pakistan. Die Zollbehörde ordnet eine Nachprüfung an und betraut damit ein amerikanisches Labor. Dieses gelangt zu dem Ergebnis, dass die Ware aus China stamme. Es weigert sich aber, die Grundlagen für seine Untersuchung mitzuteilen, da es sich um

---

132 EuGH C-276/01, Urteil vom 10.4.2003 – Steffensen, Rdn. 60 ff. m. Bespr. *Esser* StV 2004, 221.

„sensible Daten" handele. Aufgrund des Ergebnisses der Laboruntersuchung setzt die Behörde Zoll fest, wogegen der Kläger den Rechtsweg beschreitet. Ein Strafverfahren wegen Zollhinterziehung steht im Raum.

Die niederländische Zollbehörde führte hier Unionsrecht durch und hatte die Herkunft der Ware zu beweisen. Der Begriff des Beweises ist unionsrechtlich nicht geregelt. Daher sind alle Beweismittel zulässig, die die Mitgliedstaaten in vergleichbaren Verfahren zulassen. Das nationale Verfahren muss deshalb lediglich dem Äquivalenzprinzip und dem Effektivitätsgrundsatz genügen. Das Prinzip des effektiven rechtlichen Gehörs (Art. 47 der Charta) garantiert, dass die Beteiligten alle Unterlagen und Schriftstücke erhalten, die dem Gericht vorliegen, damit sie Stellung nehmen und sich verteidigen können. Die Charta garantiert aber nur, dass das Gericht seine Beweismöglichkeiten ausschöpfen muss. Sind seine Einwirkungsmöglichkeiten auf einen ausländischen Sachverständigen erschöpft, ist das hinzunehmen, und das Gericht muss sich seine Überzeugung anhand der vorhandenen Beweise bilden. Die Weigerung des amerikanischen Labors, weitere Auskünfte zu erteilen, beeinträchtigte die Rechte des Klägers daher nicht.[133]

Man wird diese Entscheidung nicht verallgemeinern dürfen; es kommt darauf an, welche Fehlerquellen bei der Untersuchung nahe liegen. Andererseits ist auch zu beachten, dass das Labor möglicherweise ein Interesse daran hatte, seine Untersuchungsmethoden nicht offenbaren zu müssen, weil die Offenbarung dazu führen könnte, dass eine Nachprüfung künftig nicht mehr möglich ist.

Fall: Der Kläger ist wegen eines Verbrechens zu 12 Jahren Freiheitsstrafe verurteilt und hat nach französischem Recht dadurch sein aktives und passives Wahlrecht verloren. Aus diesem Grund wurde er aus dem Wählerverzeichnis für die Wahlen zum Europäischen Parlament – die gemäß EU-Recht nach den nationalen Gesetzen ablaufen – gestrichen. Dagegen hat er Klage erhoben.

Der EuGH[134] hat seine Zuständigkeit bejaht, da zu prüfen war, ob die französische Regelung die in Art. 39 Abs. 2 der Grundrechtecharta garantierten Bedingungen für Wahlen erfüllten. Obwohl für die Wahlen zum Europäischen Parlament allein nationales Recht galt und anzuwenden war, handelte es sich bei der Streichung aus dem Wählerverzeichnis um die Durchführung von Unionsrecht.

---

133 EuGH C-437/13, Urteil vom 23.10.2014 – Unitrading; EuGH C-249/13, Urteil vom 11.12.2014 – Boudjlida Rdn. 41.
134 EuGH C-650/13, Urteil vom 6.10.2015 – Delvigne m. Anm. *Gundel* EuR 2016, 176.

Die Garantienormen – hier die Gewährleistungen der **Grundrechtecharta** – waren deshalb unmittelbar einschlägig und bestimmten das Ergebnis der Rechtsprüfung. Der EuGH hat in der Sache selbst die nationale Regelung nicht beanstandet, da sie durch Art. 52 Abs. 1 der Charta gedeckt war.

b) Diskriminierungsverbot

53 Im Zusammenhang mit den Grundfreiheiten spielt auch das europäische Diskriminierungsverbot nach Art. 18 AEUV, welches jegliche Diskriminierung aus Gründen der Staatsangehörigkeit verbietet, eine Rolle.[135] Man kann das Diskriminierungsverbot systematisch zu den Grundfreiheiten zählen[136] und danach differenzieren, ob eine nationale Regelung unmittelbar – d.h. im Normtext – oder **mittelbar** zu einer Diskriminierung führt. Als mittelbare Diskriminierung werden Maßnahmen bezeichnet, welche Anforderungen enthalten, die typischerweise leichter von Inländern als von Ausländern erfüllt werden können. Mittelbare Diskriminierungen können aus überwiegenden Gründen gerechtfertigt sein; bei unmittelbaren Diskriminierungen ist dies grundsätzlich ausgeschlossen.[137]

> **Fall:** Ein Engländer wird in der Pariser Metro von unbekannten Tätern überfallen. Er beantragt Entschädigung vom französischen Staat, welche ihm aus Gründen der Staatsangehörigkeit versagt wird.

Es ist eine zwingende Folge der Freizügigkeit innerhalb der Union, dass jeder Mitgliedstaat Leib und Leben von Angehörigen anderer Mitgliedstaaten in gleicher Weise zu schützen hat wie das seiner eigenen Staatsangehörigen – so seinerzeit der EuGH. Diese Pflicht erstreckt sich auch auf Entschädigungsleistungen, welche im nationalen Recht vorgesehen sind. Zwar gehört das Entschädigungsrecht für Opfer von Gewalttaten zum Straf- und Strafverfahrensrecht (für das noch keine Gemeinschaftskompetenz bestand), dieses darf jedoch nach allgemeinen Grundsätzen des Gemeinschaftsrechts weder zu einer Diskriminierung noch zu einer Verletzung der Grundfreiheiten führen.[138] Dem Opfer musste daher Entschädigung gewährt werden. Nunmehr gilt eine EU-Richtlinie, welche

---

135 Zu Diskriminierungen aufgrund des Geschlechts (Art. 19 AEUV) vgl. EuGH – 407/14, Urteil vom 17.12.2015 – Arjona Camacho.

136 *Ehlers* in *Ehlers* § 7 Rdn. 2.

137 *Kingreen* in *Ehlers* § 13 Rdn. 22 ff.

138 EuGH C-186/87, Urteil vom 2.2.1989 – Cowan, Rdn. 17, 19.

diese Grundsätze für alle grenzüberschreitenden Fälle verwirklicht.[139] Mitgliedstaaten, welche sie nicht in vollem Umfang umsetzen, begehen eine Vertragsverletzung.[140] In Deutschland sind die Fälle vom Opferentschädigungsgesetz erfasst.

> **Fall:** Russland schreibt mit Hilfe von Interpol den Betroffenen, einen Staatsangehörigen von Estland, zur Festnahme aus. Er wird in Lettland verhaftet und soll an Russland ausgeliefert werden. Lettland untersagt die Auslieferung eigener Staatsangehöriger an Drittstaaten. Es stellt sich daher die Frage, ob die Auslieferung eines estnischen Unionsbürgers dem unionsrechtlichen Diskriminierungsverbot zuwiderläuft.

Der EuGH[141] beurteilt den Fall wie folgt: Die Situation wird von Unionsrecht erfasst (Kap. 3/5 ff.). Art. 18 AEUV verlangt die Gleichbehandlung von Personen, die sich in einer in den Anwendungsbereich der Verträge fallenden Situation befinden. Hier hat der Betroffene von seinem Recht auf Freizügigkeit innerhalb der Union (Art. 21 AEUV) Gebrauch gemacht. Daher ist Art. 18 AEUV im Lichte des Rechts auf Freizügigkeit zu interpretieren. Dieses Recht wird durch eine drohende Auslieferung beeinträchtigt, doch kann die Beeinträchtigung gerechtfertigt sein, wenn sie einem legitimen Zweck dient.

Würde Lettland die Auslieferung an Russland ablehnen, besteht die Gefahr, dass der Betroffene – dem schwerer Handel mit Betäubungsmitteln vorgeworfen wird – jeglicher Strafe entgeht, weil Lettland keine Gerichtsbarkeit zur Aburteilung der Tat hat. Diese Gefahr darf die Union, die nach Art. 3 Abs. 2 EUV auch ein Raum der Sicherheit ist, im Interesse der Kriminalitätsbekämpfung nicht eingehen. Wenn aber eine mildere Maßnahme als die Auslieferung zur Verfügung steht, so ist zum Schutze des Unionsbürgers und seiner Rechte diese zu wählen. In der vorliegenden Situation haben die lettischen Behörden Estland zu informieren und, wenn dort eine Zuständigkeit gegeben ist, die Überstellung des Betroffenen zur Strafverfolgung in seinem Heimatland anzuregen.

> **Fall:** Ein in Italien lebender Deutscher führt einen Pkw ohne Beachtung der Einfuhrbestimmungen ein. Es entsteht in Italien eine Umsatzsteuerschuld, die nicht beglichen ist. Das italienische Recht bedrohte die Hinterziehung von Mehrwertsteuer bei Einfuhrgeschäften mit weitaus höheren Strafen als entsprechende Verstöße bei Inlandsgeschäften.

---

139 Richtlinie 2004/80 vom 29.4.2004 zur Entschädigung der Opfer von Straftaten, ABl. 2004 L 261 S. 15.
140 EuGH C-601/14, Urteil vom 11.10.2016 – Kommission ./. Italien.
141 EuGH C-182/15, Urteil vom 6.9.2016 – Aleksei Petruhhin, Rdn. 26 ff.

Der EuGH hat diesen Fall nicht ausdrücklich, wohl aber in der Sache unter dem Gesichtspunkt des Diskriminierungsverbotes behandelt. Im Interesse des freien Warenverkehrs verfügt das harmonisierte Mehrwertsteuersystem der Gemeinschaft Abgabenneutralität bei grenzüberschreitenden Geschäften. Ein System von Sanktionen bei Verstößen gegen steuerliche Vorschriften darf diesen Grundsatz prinzipiell nicht beeinträchtigen. Eine unterschiedliche strafrechtliche Behandlung von Einfuhr- und Inlandsgeschäften ist zwar nicht völlig ausgeschlossen, jedoch dürfen die Unterschiede nicht unverhältnismäßig sein.[142]

Fall: Der Angeklagte Bickel, ein Österreicher, wohnt in Österreich. Gegen ihn schwebt in Bozen (Südtirol) ein Strafverfahren wegen Trunkenheit im Verkehr. Gegen den Angeklagten Franz, einen Deutschen, der in Deutschland wohnt, schwebt – ebenfalls in Bozen – ein Strafverfahren wegen Mitführens eines verbotenen Messers. Beide Angeklagte erklären, sie beherrschten nicht die italienische Sprache, und beantragen, die Verhandlung in Deutsch durchzuführen. Nach dem Autonomiestatut für Südtirol ist dort auch Deutsch Amtssprache. Das Gericht in Bozen legt die Sache dem EuGH mit der Frage vor, ob das Autonomiestatut auch auf Ausländer anzuwenden sei.

Das Gericht hat die Frage bejaht.[143] Es hat erneut ausgeführt, für das Strafrecht und das Strafverfahrensrecht seien zwar grundsätzlich die Mitgliedstaaten zuständig, doch setze das Gemeinschaftsrecht nach der ständigen Rechtsprechung des EuGH dieser Zuständigkeit Grenzen. Derartige Rechtsvorschriften dürften weder zu einer Diskriminierung von Personen führen, denen das Gemeinschaftsrecht einen Anspruch auf Gleichbehandlung mit Inländern gewährt, noch die vom Gemeinschaftsrecht garantierten Grundfreiheiten beschränken. In den vorliegenden Fällen liege ein Verstoß gegen das Diskriminierungsverbot vor, wenn den Angeklagten, deren Muttersprache Deutsch ist, eine Verhandlung auf Deutsch verwehrt werde.

Fall: Ein afghanischer Asylbewerber wird hier wegen Diebstahls zu einer Freiheitsstrafe verurteilt. In den Strafzumessungsgründen des Urteils heißt es, strafschärfend sei ins Gewicht gefallen, dass er als Ausländer das von Deutschland gewährte Gastrecht missbraucht habe.

Die deutsche Rechtsprechung zur Strafzumessung erblickt seit jeher einen Rechtsverstoß darin, dass einem Ausländer straferschwerend angerechnet wird, er habe „durch seine Tat das Gastrecht, welches er als Asylbewerber genießt,

---

142 EuGH C-299/86, Urteil vom 25.2.1988 – Drexl, Rdn. 23.
143 C-274/96, Urteil vom 24.11.1998 – Bickel und Franz.

missbraucht". Diese Rechtsprechung ergibt sich aus der Interpretation von § 46 StGB.[144] Ein Abweichen von ihr wäre jedoch zugleich auch ein Verstoß gegen das unionsrechtliche Diskriminierungsverbot.

c) Wirkungen der Grundfreiheiten im Strafrecht

Fasst man die Bedeutung der Grundrechte, wie sie vom EuGH entwickelt wur- **54** den zusammen, so ergibt sich ein weitgehender Gleichklang zwischen dem EuGH, dem EGMR und dem deutschen Bundesverfassungsgericht. Diese Rechtslage ist nunmehr auch im Vertrag von Lissabon festgeschrieben. Europarecht ist mithin ebenso wie deutsches Recht an denselben Maßstäben der Grundrechtsverbürgungen zu messen. Man sollte die Übereinstimmung der rechtlichen Grundauffassungen in den europäischen Staaten als hohes Gut betrachten, welches weitere Integrationsschritte erleichtert.

Neben den Grundrechten spielen aber die vier Grundfreiheiten seit jeher auch bei der Anwendung von Strafvorschriften eine beträchtliche Rolle.[145] Bei den Grundfreiheiten handelt es sich um den freien Warenverkehr, den freien Personenverkehr, den freien Dienstleistungsverkehr und den freien Kapitalverkehr (Art. 28, 21/45, 56, 63 AEUV). Die Freiheiten sind nicht absolut gewährt; sie können im Rahmen des **Diskriminierungsverbots und des Verhältnismäßigkeitsgrundsatzes aus Gründen des öffentlichen Wohls** eingeschränkt werden. Nationale Maßnahmen, die die Ausübung der Grundfreiheiten behindern oder weniger attraktiv machen können, müssen deshalb vier Voraussetzungen erfüllen:

(1) Sie müssen in nicht diskriminierender Weise angewandt werden
(2) Sie müssen aus zwingenden Gründen des Allgemeininteresses gerechtfertigt sein;
(3) Sie müssen dem Prinzip der Verhältnismäßigkeit genügen, also
    a) geeignet sein, die Verwirklichung des mit ihnen verfolgten Zieles zu gewährleisten und
    b) sie dürfen nicht über das hinausgehen, was zur Erreichung dieses Zieles erforderlich ist.[146]

---

144 BGH NStZ 1993, 337; LK – *Theune* § 46 Rdn. 186 ff.
145 Vgl. EuGH C-8/74, Urteil vom 11.7.1974 – Dassonville (Schott.Whisky); EuGH C-16/83, Urteil vom 13.3.1984 – Prantl (Bocksbeutelflaschen); EuGH C-268/91, Urteil vom 24.11.1993 – Keck u. Mithouard (Verkauf unter Einstandspreis).
146 EuGH C-55/94, Urteil vom 30.11.1995 – Gebhard, Rdn. 37; EuGH C-19/92, Urteil vom 31.3.1992 – Kraus, Rdn. 32 (betr. Niederlassungsfreiheit als Anwalt und Führung im Ausland erworbener akademischer Grade im Inland).

55   Aber wenn eine Kollision des nationalen Rechts mit einer Grundfreiheit vorliegt, welche nicht durch Auslegung behoben werden kann, hat das nationale Recht zurückzutreten; es ist unanwendbar.[147]

> **Fall:** Die Angeklagte, eine Italienerin, war als Touristin auf Kreta und wurde wegen unerlaubten Besitzes von Betäubungsmitteln zu drei Monaten Freiheitsstrafe sowie zur Ausweisung aus Griechenland auf Lebenszeit verurteilt. Die Ausweisung beruht auf dem griechischen Betäubungsmittelgesetz. Gegen die Ausweisung wandte sich die Angeklagte.

Der EuGH hat den Fall unter dem Gesichtspunkt der Grundfreiheit des freien Dienstleistungsverkehrs beurteilt und ausgeführt:[148] Die Angeklagte war als Touristin Empfängerin von Dienstleistungen. Daher ist von der Verurteilung diese Grundfreiheit betroffen. Das Strafrecht gehört zwar grundsätzlich zum Bereich der den Mitgliedstaaten vorbehaltenen Rechtsmaterien. Es darf aber nicht die Grundfreiheiten beschränken. Hier lag offensichtlich eine Beschränkung vor, weil die Angeklagte überhaupt nicht mehr nach Kreta einreisen durfte. Eine Rechtfertigung unter dem Gesichtspunkt der öffentlichen Ordnung – die eng auszulegen wäre – lag im gegebenen Fall nicht vor.

56   Auch der zu Beginn (Kap. 2/7) erwähnte Fall des deutschen Arztes, der in einer holländischen Abtreibungsklinik arbeitet und von der deutschen Staatsanwaltschaft wegen Verstoßes gegen § 218 StGB verfolgt wird, ist hierher einzuordnen. Nochmals der Sachverhalt:

> **Fall:** Der deutsche Arzt A. wohnt mit seiner Familie in Deutschland im Grenzgebiet zu den Niederlanden. Er fährt täglich zu seiner Arbeitsstelle in Holland, einer Abtreibungsklinik, in der Schwangerschaftsunterbrechungen ohne Rücksicht auf das Vorliegen der Voraussetzungen der §§ 218 ff. des deutschen StGB, aber nach niederländischem Recht völlig legal, vorgenommen werden. Die deutsche Staatsanwaltschaft leitet gemäß § 5 Nr. 9 StGB ein strafrechtliches Ermittlungsverfahren wegen Verdachts des Verstoßes nach § 218 StGB gegen ihn ein. Ebenso werden Verfahren gegen deutsche Schwangere, die die Klinik aufgesucht haben, eingeleitet.

Der deutsche Arzt wird hier in seinem Recht auf Freizügigkeit (Art. 45 AEUV) auch unter Berücksichtigung der deutschen Verfassungslage, die dem Schutz des ungeborenen Lebens dient und Abtreibungstourismus verhindern soll, unverhältnismäßig behindert, wenn er eine in Holland legale Tätigkeit überhaupt

---

147 *Hecker* 7/Rdn. 46; Beispiele 9/Rdn. 13.
148 EuGH C-348/96, Urteil vom 19.1.1999 – Calfa.

nicht ausüben darf.[149] Anders könnte es im Hinblick auf die Schwangere liegen, die sich nach Holland in die Klinik begibt. Zwar wird ihre – passive – Dienstleistungsfreiheit (Art. 56 AEUV) betroffen. Aber angesichts der vielfältigen Möglichkeiten, nach Inanspruchnahme der vorgeschriebenen Beratung (§ 218a Abs. 4, § 219 StGB) auch in Deutschland straffrei zu bleiben oder ins Ausland zu gehen, erscheint die Beschränkung nicht unverhältnismäßig.[150]

> **Fall:** Die Angeklagte ist Griechin, wohnt aber seit Jahren in Deutschland und ist hier berufstätig. Sie besitzt einen griechischen Führerschein. Sie hat versäumt, ihn in einen deutschen Führerschein umzutauschen, wie es nach damaligem Recht geboten war. Sie wird wegen Fahrens ohne Fahrerlaubnis angeklagt.

57

Der EuGH hat ausgeführt,[151] die Mitgliedstaaten blieben befugt, einen Verstoß gegen die Umtauschpflicht zu ahnden. Sie dürften jedoch keine unverhältnismäßige Sanktion verhängen, die ein Hindernis für die Freizügigkeit schaffen würde. So lag es jedoch hier.

> **Fall:** Der Betroffene hat seinen Wohnsitz in Ungarn, arbeitet aber in Österreich und hat von seinem Arbeitgeber ein in Österreich zugelassenes Kraftfahrzeug für die Fahrten zwischen Wohnung und Arbeitsstätte zur Verfügung erhalten. Dass er berechtigter Fahrer ist, kann er bei einer Verkehrskontrolle aber nicht nachweisen. Das ungarische Recht bestimmt, dass Fahrer von im Ausland zugelassenen Fahrzeugen einen solchen Nachweis bei einer Kontrolle vorlegen müssen. Gegen den Fahrer wird ein Bußgeldverfahren eingeleitet.

Die ungarische Regelung berührt die Freizügigkeit der Arbeitnehmer und ist daher nur zulässig, wenn sie aus Gründen des öffentlichen Wohls gerechtfertigt werden kann. Die ungarische Regierung berief sich im Verfahren allein darauf, dass sie aus steuerlichen Gründen eingeführt sei. Darin vermochte der EuGH eine Rechtfertigung nicht zu erkennen.[152]

> **Fall:** Der Kläger war in Serbien wegen Betäubungsmittelhandels verurteilt. Nach Strafverbüßung kehrt er in sein Heimatland Bulgarien zurück. Hier erlässt die Polizei allein wegen der Verurteilung ein Verbot, Bulgarien zu verlassen und stellt ihm keine Reisedokumente aus.

---

149 Hecker 9/Rdn. 47.
150 *Hecker* 9/Rdn. 45.
151 EuGH C-193/94, Urteil vom 29.2.1996 – Skanavi und Chryssanthakopoulos.
152 EuGH C-5/13, Urteil vom 10.10.2013 – Kovacs Rdn. 30.

Wie der EuGH ausführt, kann die Freizügigkeit auch aus Gründen der öffentlichen Ordnung – einem Unterfall des Allgemeininteresses – beschränkt werden. Was das ist, bestimmt jeder Mitgliedstaat selbst. Aber er muss den Zweck der Verträge und die Grenzen des Unionsrechts beachten. Beschränkungen sind daher nur zulässig bei tatsächlicher, erheblicher und gegenwärtiger Gefahr; nicht allein wegen der Tatsache der Verurteilung, und unter Wahrung des Grundsatzes der Verhältnismäßigkeit. Welche Einschränkungen im Einzelnen zulässig sind, ergibt sich aus den Verträgen und durch Auslegung; diese Fragen sind hier nicht zu behandeln.[153]

58 Die vier Grundfreiheiten haben – vom Ausgangspunkt der EU als einer Wirtschaftsgemeinschaft her – besondere Bedeutung im **Wirtschaftsrecht**, insbesondere im Lebensmittel- und im Wettbewerbsrecht. So darf der deutsche Gesetzgeber nicht den Vertrieb ausländischen Bieres in Deutschland verbieten und unter Strafe stellen, nur weil es dem deutschen *Reinheitsgebot* nicht entspricht.[154] In diesen Fällen genügt entsprechende Kennzeichnung. Aber auch im Wirtschaftsrecht gelten die Grundfreiheiten nicht absolut. Wann ihre Einschränkung unter Gesichtspunkten der öffentlichen Ordnung gerechtfertigt ist, prüft der EuGH stets eingehend; den nationalen Gerichten überlässt er die Prüfung nicht (s. Kap. 3/12).

> **Fall:** Dem Angeklagten wird in einem italienischen Strafverfahren vorgeworfen, als Buchmacher ohne Konzession Sportwetten für ausländische Gesellschaften entgegengenommen, also unerlaubtes Glücksspiel betrieben zu haben.

Der EuGH betrachtete dieses Verfahren unter den Gesichtspunkten des Eingriffes in die Niederlassungsfreiheit und in die Dienstleistungsfreiheit und prüfte, ob die in der Konzessionspflicht liegenden Beschränkungen zulässig oder aus zwingenden Gründen des allgemeinen Interesses gerechtfertigt sind. Wenn der Staat die Konzession unter Verstoß gegen Gemeinschaftsrecht versagt hat, ist ein daran anknüpfendes Strafverfahren wegen verbotenen Glücksspiels unzulässig.[155]

---

153 EuGH C-430/10, Urteil vom 17.11.2011 – Gaydarov.
154 EuGH C-178/84. Urteil vom 12.3.1987 – Kommission ./. Deutschland; zum Schadensersatz wegen Untätigkeit des Gesetzgebers in solchen Fällen EuGH C-46/93, Urteil vom 5.3.1996- Brasserie du Pecheur.
155 EuGH C-243/01, Urteil vom 6.11.2003 – Gambelli, Rdn. 46, 60; EuGH C-338/04, Urteil vom 6.3.2007 – Placanica, Rdn. 69; zum so genannten kleinen Glücksspiel EuGH C-464/15, Urteil vom 30.6.2016 – Admiral Casinos.

Dieselben Fragen stellten sich auch in Deutschland für Sportwetten. Hier bestand ein Monopol des Staates (Glücksspielmonopol); Verstöße wurden nach § 284 StGB geahndet. Dieses Monopol war bereits nach der innerstaatlichen Verfassungslage grundgesetzwidrig und ist vom Bundesverfassungsgericht beanstandet worden, allerdings unter Aufrechterhaltung für eine Übergangszeit.[156]

Der EuGH hat hierzu seinerseits ausgeführt, dass das Ziel der Bekämpfung ausufernder Spielsucht und sozialer Verwerfungen durchaus einen Rechtfertigungsgrund zur Einschränkung der Grundfreiheit darstellen könnte. So könnte die Veranstaltung von Glücksspielen im Internet ohne weiteres verboten werden. Welche Beschränkungen der Staat zur Begrenzung des Glücksspiels trifft, liege in seinem Ermessen. Wenn er ein Erlaubnissystem schafft, muss dieses an objektive, im Voraus bekannte Kriterien gebunden sein, welche eine willkürliche Handhabung ausschließen. Ferner muss für den Betroffenen ein effektiver Rechtsschutz gewährleistet sein.

Das deutsche Monopol für Sportwetten ist vor dem EuGH daran gescheitert, dass andere als die monopolisierten Glücksspiele zulässig blieben und das Monopol selbst – zum Zwecke der Erhöhung der Einnahmen – so gehandhabt wurde, dass es eine begrenzende Funktion nicht entwickeln konnte. Dem Argument, die Schaffung des Monopols sei zur Begrenzung nachteiliger gesellschaftlicher Wirkungen in der Bevölkerung zwingend erforderlich, stand die Praxis entgegen; es wurde nicht ernst genommen.[157]

Dass allerdings einer ausländischen Konzession durch unionsrechtkonforme Auslegung unmittelbare Geltung im Inland beizulegen sei,[158] ist unzutreffend, weil dadurch der Vorbehalt unterlaufen würde, dass aus Gründen der nationalen öffentlichen Ordnung Beschränkungen der Grundfreiheit verhängt werden können (Kap. 5/9).

Die Grundfreiheit des freien Warenverkehrs (Art. 34, 36 AEUV) kann ebenfalls Einschränkungen und Grenzen der Befugnis zum Erlass nationaler Strafvorschriften bewirken. **59**

Fall: Der Angeklagte führt als Spediteur Nachbauten von Einrichtungsgegenständen im Bauhausstil aus Italien ein, die in Deutschland urheberrechtlich geschützt sind. Der Verkäufer besitzt keine Lizenz für ihren Vertrieb. Der Angeklagte wird wegen Beihilfe zum Vertrieb urheberrechtlich geschützter Werke verurteilt.

---

156 BVerfGE 115, 276; zuletzt dazu EuGH C-336/14, Urteil vom 4.2.2016 – Ince; zur Rechtslage insgesamt LK- *Krehl* vor § 284 Rdn. 8 ff.
157 EuGH C-46/08, Urteil vom 8.9.2010 – Carmen Media Group; EuGH C-316/07, Urteil vom 8.9.2010 – Stoß; für Restriktion des Begriffs Glücksspiel *Heine* Amelung-Festschrift S. 413, 420.
158 *Satzger* IntStrR § 9 Rdn. 84.

Nach dem deutschen Urheberrechtsgesetz ist die Verbreitung urheberrechtlich geschützter Werke ohne Erlaubnis des Rechteinhabers verboten; der Verstoß dagegen strafbar. Darin liegt eine Beschränkung des internationalen freien Warenverkehrs, die jedoch gemäß Art. 36 AEUV aus Gründen des Schutzes des gewerblichen und kommerziellen Eigentums gerechtfertigt ist. Die Verurteilung hatte daher Bestand.[159]

Die in der Rechtsprechung des EuGH vorgenommene Ausweitung der Grundfreiheiten vom regulatorischen Prinzip des Wirtschaftsverkehrs zum Quasi-Grundrechtsschutz wird im Schrifttum vielfach **kritisiert**. Daran ist zutreffend, dass beispielsweise Art. 34 AEUV, der mengenmäßige Einfuhrbeschränkungen sowie alle Maßnahmen gleicher Wirkung zwischen den Mitgliedstaaten verbietet, offensichtlich eine an den Staat gerichtete Norm darstellt, eine Integrationsnorm. Der EuGH hat die Norm dagegen weiter entwickelt zu einem individuellen Freiheitsrecht. Diese Weiterentwicklung entspricht aber dem Geist der Verträge, denn nach dem Programm der EU in Art. 3 Abs. 2 EUV ist für alle ein Raum der Freiheit, der Sicherheit und des Rechts zu schaffen. Der Rechtsprechung ist daher beizupflichten.

! **Stichworte:** Nationale Strafvorschriften sind, soweit deren Rechtsfolgen mit den Garantienormen des europäischen Rechts unvereinbar sind, unanwendbar.

5. Strafrechtsdogmatische Wirkungen des Vorrangs von Unionsrecht

60 Aus dem Vorrang des Unionsrechts folgt, dass entgegenstehendes nationales Recht ohne weiteres unanwendbar ist; eines besonderen Verfahrens der Feststellung der Unanwendbarkeit bedarf es nicht. Das kann dazu führen, dass – dem äußeren Anschein nach – zwei Bestimmungen existieren, welche die Strafbarkeit eines Verhaltens in unterschiedlicher Weise regeln. Die verschiedentlich aufgeworfene Frage, ob der Anwendungsvorrang des Unionsrechts in einem solchen Fall bei der nationalen Strafvorschrift zu einem Tatbestandsausschluss oder gar zu einem Rechtfertigungsgrund führt,[160] stellt sich indessen nicht. Wenn das geltende Recht keine Strafdrohung enthält, fehlt es an jedem Anknüpfungspunkt für derartige Überlegungen.

159 BGHSt. 58, 15 mit EuGH, C-5/11, Urteil vom 21.6.2012 – Donner, Rdn. 33 ff.
160 Vgl. *Esser* EuIntStrR § 2 Rdn. 16; *Hecker* 9/Rdn. 11 ff.

Fall: Ein Winzer bringt Wein unter unzutreffender Bezeichnung in den Verkehr. Er weiß, dass dies nach nationalem Recht strafbar ist. Er weiß aber nicht, dass die EU vor seiner Tat eine Verordnung erlassen hat, welche die verwendete Bezeichnung gestattet.

In diesem Fall hält der Winzer sein Tun für verboten, obwohl es dies infolge des Anwendungsvorrangs des Unionsrechts nicht ist. Der Winzer handelt im „umgekehrten Verbotsirrtum"; er begeht ein sogenanntes Wahndelikt, das straflos ist.[161]

Stichworte: Ist eine nationale Strafvorschrift infolge Kollision mit Unionsrecht unanwendbar, ist ein von ihr erfasstes Verhalten straflos. **[!]**

---

161 BGHSt. 8, 263, 268; BGH NStZ 1986, 550; LK-*Hillenkamp* § 22 Rdn. 202.

Kapitel 6:
Musterrechtsakte der EU: Der Europäische Haftbefehl und die Europäische Ermittlungsanordnung

I. Übersicht

Die verstärkte Tätigkeit der EU im Bereich des Strafrechts nach dem Vertrag von **1** Amsterdam hat im Verhältnis der Mitgliedstaaten der EU zueinander vielfältige positive Wirkungen. An erster Stelle ist der Effekt der Rechtsbereinigung zu nennen, welcher die Normenvielfalt in vielen Bereichen auf ein erträgliches Maß zurückgeführt hat. Als weitere Wirkungen können **Rechtsvereinheitlichung und Rechtsvereinfachung** bezeichnet werden. Dazu nur einige Beispiele:

Im Auslieferungsrecht befassten sich ein Übereinkommen des Europarates mit zwei Zusatzprotokollen sowie drei Übereinkommen der EU mit der Materie. Außerdem enthielten die Art. 59 ff. SDÜ einschlägige Regelungen.

Alle diese Vorschriften sind – zunächst nicht mit innerstaatlicher Wirkung (Kap. 4/61) – durch Art. 31 des Rahmenbeschlusses über den Europäischen Haftbefehl aufgehoben worden. Die Aufhebung erstreckt sich auf die durch den Rahmenbeschluss gebundenen Mitgliedstaaten der EU und lässt Vereinbarungen zur weiteren Erleichterung des Auslieferungsverkehrs ausdrücklich zu.

Ähnlich verhält es sich mit der Rechtshilfe zur Beweisgewinnung und zum Beweistransfer. Hier galt ein Übereinkommen des Europarates mit zwei Zusatzprotokollen sowie ein Übereinkommen der EU mit einem Zusatzprotokoll. Ferner enthielt auch hier das SDÜ entsprechende Vorschriften; schließlich existierte ein Rahmenbeschluss über die Europäische Beweisanordnung.

Sämtliche Bestimmungen, die sich mit der Materie befassen, sind nach Art. 34 der Europäischen Ermittlungsanordnung am 22. Mai 2017 als Europarecht und durch das deutsche Umsetzungsgesetz auch innerstaatlich außer Kraft getreten.

Mit der Vollstreckungshilfe im weiteren Sinne befassten sich das Überstel- **2** lungsabkommen des Europarates mit einem Zusatzprotokoll, ein Europäisches Abkommen über die internationale Geltung von Strafurteilen, ein Abkommen der EU zur Vollstreckungshilfe sowie die Art. 67 ff. SDÜ.

Art. 26 des Rahmenbeschlusses Freiheitsstrafen hat diese Bestimmungen ebenfalls aufgehoben. Mit der Umsetzung des Rahmenbeschlusses hat die Aufhebung auch innerstaatliche Wirkung erlangt.

DOI 10.1515/9783110456103-006

Bestimmungen zum Geschäftsverkehr zwischen den Organen der Mitgliedstaaten waren in wohl allen Rechtshilfeverträgen enthalten. Auch das SDÜ enthielt in Art. 52ff. entsprechende Vorschriften.

In diesem Bereich gilt jetzt allein das Übereinkommen über die Rechtshilfe in Strafsachen zwischen den Mitgliedstaaten der Europäischen Union vom 29.5.2000, welches in Kap. 4/13 dargestellt ist.

Der Aufgabe einer Rechtsvereinfachung hat sich die EU aber nicht nur mit dem Mittel der **Rechtsbereinigung** gewidmet. Sie sucht dieses Ziel vielmehr auch dadurch zu erreichen, dass sie ihre Rechtsakte **inhaltlich** möglichst **einheitlich strukturiert**. Der Rahmenbeschluss über den Europäischen Haftbefehl und die Richtlinie über die Europäische Ermittlungsanordnung sind Muster dieses Vorgehens und zugleich für die praktische Durchführung von Strafverfahren mit grenzüberschreitenden Bezügen von besonderer Bedeutung, weil sie die Gewinnung der Beweismittel und die Gestellung des Beschuldigten im Prozess ermöglichen.

3   Im Strafverfahren benötigt die Strafverfolgungsbehörde den Beschuldigten – zur Vernehmung, zur Gegenüberstellung mit Zeugen und schließlich als Angeklagten in der Hauptverhandlung. In der Strafvollstreckung benötigt sie ihn zur Verbüßung der Strafe. Wenn der Beschuldigte im Inland nicht greifbar ist, muss die Strafverfolgungsbehörde seiner im Ausland habhaft werden. Im Ausland kann sie aber keine Hoheitsgewalt ausüben, das würde der fremde Staat sich energisch verbitten und die tätig gewordenen Beamten selbst strafrechtlich verfolgen. Traditionell müssen sich die Staaten daher in solchen Fällen des Instruments der internationalen Rechtshilfe bedienen. Auch zur Beschaffung von Beweisen im Ausland ist internationale Rechtshilfe erforderlich. Die zunehmende internationale Verflechtung von Kriminalität lässt die Zahl auch solcher Fälle steigen. Heroin wird grenzüberschreitend und telefonisch gehandelt.

Ein zentrales Prinzip innerhalb der EU, welches die Rechtshilfe vereinfachen und effektiver gestalten soll, ist das **Prinzip der gegenseitigen Anerkennung** justizieller Entscheidungen (Kap. 4/30 ff.). Der Grundsatz der gegenseitigen Anerkennung, der Urteile und andere gerichtliche Entscheidungen europaweit verkehrsfähig machen soll, wurde im europäischen Rahmen zunächst durch eine Reihe von Rahmenbeschlüssen verwirklicht. **Muster** war der Rahmenbeschluss über den Europäischen Haftbefehl. Nunmehr steht das Instrument der Richtlinie zur Verfügung.

4   Zu nennen sind hier eine Reihe von Rahmenbeschlüssen, die durchweg vor dem Inkrafttreten des Lissabon-Vertrags geändert wurden, um die Problematik von Abwesenheitsurteilen zu erfassen. Die letzten von ihnen sind durch drei Gesetze des deutschen Gesetzgebers vom 16.7.2015 und vom 17.7.2015 in natio-

nales Recht umgesetzt worden. Diese Gesetze haben den Rahmenbeschlüssen für den innerstaatlichen Gebrauch zugleich verbindliche **Kurzbezeichnungen** beigelegt. Es handelt sich um

- den Rahmenbeschluss Europäischer Haftbefehl aus 2002 (vgl. §§ 78 ff., § 81 Nr. 4 IRG),
- den Rahmenbeschluss Geldsanktionen aus 2005 (vgl. §§ 86 ff., § 87 Abs. 1 IRG),
- den Rahmenbeschluss Einziehung aus 2006 (vgl. §§ 88 ff. IRG),
- den Rahmenbeschluss Freiheitsstrafen aus 2008 (vgl. §§ 84 ff. IRG),
- den Rahmenbeschluss Bewährungsüberwachung aus 2008 (vgl. §§ 90a ff. IRG),
- den Rahmenbeschluss Überwachungsanordnung aus 2009 (vgl. §§ 90o ff. IRG).

Als Richtlinien, welche das Anerkennungsprinzip im europäischen Rahmen durchsetzen, sind zu erwähnen
- die Europäische Ermittlungsanordnung aus 2014 (vgl. §§ 91a ff. IRG),
- die Europäische Schutzanordnung (vgl. Kap. 11/6).

Bei der Umsetzung der Rahmenbeschlüsse hat der deutsche Gesetzgeber gleich- **5** zeitig die Vorschriften erlassen, die für die Behandlung von Rechtshilfeersuchen fremder Staaten (eingehende Ersuchen) erforderlich sind, ferner diejenigen, die bei der Anbringung von entsprechenden deutschen Ersuchen an einen anderen Mitgliedstaat der EU (ausgehende Ersuchen) zu beachten sind. Unter welchen Voraussetzungen der andere Mitgliedstaat der EU sodann Rechtshilfe leistet, hat dieser durch seine – ebenfalls an den Rahmenbeschluss gebundene – Rechtsordnung zu entscheiden.

Die von der EU zur Verfügung gestellten und national umgesetzten Instrumente der internationalen Rechtshilfe stehen den Staaten **alternativ**, nicht ausschließlich zur Verfügung. Es steht ihnen beispielsweise frei, statt einen Europäischen Haftbefehl zu erlassen, ein herkömmliches Auslieferungsersuchen zu stellen (vgl. etwa § 82, § 84 Abs. 2 Nr. 2, § 90a Abs. 2 Nr. 2 IRG).

Für die Rechtsklarheit und Rechtssicherheit im einheitlichen europäischen Rechtsraum ist von besonderer Bedeutung, dass die in Umsetzung der europäischen Rechtsakte geschaffenen deutschen Vorschriften im IRG Vorrang vor den entsprechenden früheren völkerrechtlichen Übereinkommen haben (vgl. z.B. § 1 Abs. 4, § 78 Abs. 2 IRG).

Alle Rahmenbeschlüsse sind in vergleichbarer Weise strukturiert; dement- **6** sprechend folgen auch die Vorschriften des IRG, welche zur Umsetzung ergangen sind, in der Sache ähnlichen **Strukturprinzipien**.

Grundlegendes, gemeinsames Merkmal aller Regelungen ist die **Pflicht** des **ersuchten deutschen Staates (Vollstreckungsstaates)**, die justizielle Entscheidung des ersuchenden Staates **(Anordnungsstaates, Entscheidungsstaates) ohne weitere Förmlichkeiten anzuerkennen und ihrer Verwirklichung zuzuführen.** Die Anerkennung darf nur – von Ausnahmen abgesehen – aus bestimmten, **im Gesetz enumerativ aufgeführten Gründen verweigert** werden. Straftaten, welche generell zur Verweigerung von Rechtshilfe berechtigen, gibt es nicht mehr; die Prüfung der beiderseitigen Strafbarkeit ist überwiegend stark eingeschränkt. Am Verfahren sind zwar nach wie vor Behörden und Gerichte beteiligt. Bei der **Umsetzung** der Rahmenbeschlüsse in deutsches Recht hat der Gesetzgeber aber eine wichtige Neuerung eingeführt. Soweit der Behörde ein Entscheidungsermessen bei der Geltendmachung von Ablehnungsgründen zusteht, hat sie dieses, wenn eine gerichtliche Zulässigkeitsprüfung erforderlich ist, **vor** der Zuleitung der Sache an das Gericht auszuüben, und ihre Ermessensentscheidung muss sie begründen. Die **Entscheidung unterliegt sodann gerichtlicher Nachprüfung.** Der **Spezialitätsgrundsatz** ist zwar nicht beseitigt, aber für die Fälle praktisch **bedeutungslos**, in denen eine Verpflichtung zur Leistung der Rechtshilfe besteht; darüber hinaus hat der EuGH ihn zu einem bloßen Verfolgungshindernis herabgestuft (näher Kap. 6/26).

7 Leider hat der deutsche **Gesetzgeber** ansonsten in doppelter Hinsicht **versagt.** Er klammert sich ohne Sachgrund an **überkommene Strukturen** des Rechtshilferechts einschließlich der Aufteilung des Verfahrens in einen behördlichen und einen gerichtlichen Abschnitt mit der damit verbundenen Terminologie. Die Fiktion einer Bewilligungsbefugnis wird selbst dort aufrechterhalten, wo eine Behörde allein zum Vollzug einer rechtskräftigen gerichtlichen Entscheidung handelt (§ 84h Abs. 2, § 90i Abs. 2 IRG).

Darüber hinaus leiden – vor allem – die später erlassenen Gesetze zur Umsetzung etwa der Rahmenbeschlüsse Freiheitsstrafen und Bewährungsentscheidungen an **übermäßiger Kompliziertheit.** Sie enthalten ein Übermaß an entbehrlichen Detailregelungen, verwenden mit unübersichtlichen Regel-Ausnahmekonstellationen und Binnenverweisungen eine unzumutbare Gesetzestechnik und sind teilweise nicht lesbar. Insgesamt erweisen sie sich als fehlerträchtig, als Hemmnis für die zügige Zusammenarbeit zwischen den Mitgliedstaaten und als Expertenrecht im schlechten Sinne (s. ferner Kap. 6/33f.).

Vielfach wird vorgeschlagen, die strafrechtliche Zusammenarbeit im Rahmen der EU in einem eigenen Gesetz zu regeln. Die Möglichkeiten, die Umsetzung der europäischen Vorgaben im IRG zu vollziehen, erscheinen in der Tat erschöpft. So ist beispielsweise zur Umsetzung des Rahmenbeschlusses Überwachungsanordnung eine Paragraphenfolge von §§ 90o bis 90z in das IRG eingefügt worden. Aber auch bei der Umsetzung der Europäischen Ermittlungsanordnung wurden diese Erwägungen jüngst nicht beachtet. Im Zuge der nunmehr dringlichen gesetzlichen Neukonzeption sollte die Gelegenheit auch dazu benutzt werden, die verfehlte restriktive Haltung zur Integration und die beibehaltenen fossilen Strukturen des Rechtshilferechts aufzugeben und den Gesamtkomplex gesetzgebungstechnisch und sachlich von Grund auf zu überarbeiten.

Stichworte: Muster der europäischen Rechtsakte zur gegenseitigen Anerkennung von Entscheidungen im Strafverfahren ist der Rahmenbeschluss Europäischer Haftbefehl. **!**

II. Der Europäische Haftbefehl

Der bisher praktisch wichtigste Rechtsakt der EU ist der Rahmenbeschluss über **8** den Europäischen Haftbefehl, der mittlerweile in den 28 Staaten der EU in nationales Recht umgesetzt ist – auch Großbritannien nimmt teil. Kroatien hat sich nach seinem Beitritt 2013 allerdings gesperrt, ihn rückwirkend auf frühere Taten anzuwenden. Auf Druck der EU hat es seine Haltung aufgegeben.

Ein **Europäischer Haftbefehl ist eine justizielle Entscheidung** (Kap. 6/ 19), welche die Festnahme und Übergabe einer gesuchten Person zur Strafverfolgung oder Strafvollstreckung bezweckt (Art. 1 Abs. 1 des Rahmenbeschlusses), und der – getrennt davon – ein Haftbefehl, ein Urteil oder eine andere vollstreckbare richterliche Entscheidung zugrunde liegt (Art. 8 Abs. 1 Buchst. c) des Rahmenbeschlusses).[1] Sie ist Vollstreckungsgrundlage für das gesamte anschließende Übergabeverfahren zwischen Mitgliedstaaten der EU und für die Übergabe selbst.

1. Inhalt und tragende Prinzipien des Rahmenbeschlusses

Der Rahmenbeschluss über den Europäischen Haftbefehl[2] ist im Jahre 2002 in **9** Kraft getreten. Er wurde im Jahr 2009 abgeändert, soweit die Anerkennung von Abwesenheitsurteilen betroffen ist. Dazu wurde ein neuer Art. 4a eingefügt, der 2015 in deutsches Recht umgesetzt wurde.[3] Ziel des Rahmenbeschlusses ist, das Durcheinander des Auslieferungsrechts und der internationalen Rechtshilfe

---

1 EuGH C-241/15, Urteil vom 1.6.2016 – Bob-Dogi.
2 Vom 13.6.2002, ABl. 2002 L 190/1 mit Änderung durch Rahmenbeschluss vom 26.2.2009, ABl. 2009 L 81 S. 24 (betreffend Abwesenheitsurteile).
3 Gesetz vom 17.7.2015 (BGBl. I S. 1332), Art. 2.

überhaupt zu überwinden und die justizielle Zusammenarbeit auf eine völlig neue Grundlage zu stellen. Der Europäische Haftbefehl kann zum Zwecke der Strafverfolgung, aber auch zum Zwecke der Strafvollstreckung erlassen werden. Mit ihm sollen die bislang von klassischer Kooperation geprägten Beziehungen (zu ihren Anachronismen Kap. 4/34) zwischen den Mitgliedstaaten durch ein System des freien Verkehrs strafrechtlicher justizieller Entscheidungen innerhalb des Raums der Freiheit, der Sicherheit und des Rechts ersetzt werden. Mit anderen Worten: Das Prinzip der gegenseitigen Anerkennung soll Geltung erlangen.

Der Rahmenbeschluss über den Europäischen Haftbefehl legt deshalb fest, dass für das gesamte Gebiet der EU das aus der Internationalen Rechtshilfe bekannte Institut der Auslieferung beseitigt und durch ein System der **Übergabe** zwischen den Justizbehörden ersetzt wird.

(1) Der Haftbefehl wird in dem einen Staat ausgestellt, im anderen vollstreckt. Die Fahndung und die Festnahme erfolgen aufgrund der Möglichkeiten des Schengener Informationssystems. Der Europäische Haftbefehl ist also in der gesamten Union wirksam. Zur Durchführung der Vollstreckung ist zwar noch eine Prüfung der Zulässigkeit der Übergabe durch den vollstreckenden Staat vorgesehen.

(2) In der Regel darf der Vollstreckungsstaat die Vollstreckung des Haftbefehls jedoch nur noch in bestimmten Fällen ablehnen. Liegt kein Übergabehindernis vor, ist der ersuchte Staat zur Übergabe rechtlich verpflichtet. Die Fälle einer zulässigen Ablehnung der Vollstreckung sind im Rahmenbeschluss im Einzelnen und abschließend aufgeführt. Daher kann ein Beschuldigter seiner Auslieferung nicht etwa dadurch entgehen, dass er in ein anderes EU-Land flieht und dort einen Asylantrag oder einen Antrag auf Anerkennung als Flüchtling stellt; diese Umstände sind im Rahmenbeschluss nicht als Ablehnungsgrund aufgeführt und daher unbeachtlich.[4]

Im Einzelnen führt der Rahmenbeschluss einen Katalog von Straftaten auf, bei denen eine Prüfung der beiderseitigen Strafbarkeit unter der Voraussetzung nicht mehr zulässig ist, dass sie mit einer Höchststrafe von mindestens drei Jahren bedroht sind.[5] Es handelt sich um Straftaten beispielsweise des Terrorismus, des Menschenhandels, des Drogen- und Waffenhandels, aber auch um Alltagsdelikte wie Betrug, Vergewaltigung, Brandstiftung. Straftaten, die in diesem Katalog nicht aufgeführt sind, können Gegenstand eines Europäischen Haftbefehls sein, sofern ihre Höchststrafe bei mindestens einem Jahr liegt (Art. 2).

---

4 EuGH C-306/09, Urteil vom 21.10.2010 – I.B.
5 Zur ausreichenden Bestimmtheit EuGH C-303/05, Urteil vom 3.5.2007 – Advokaten voor de wereld, Rdn. 48 ff., 52; a.A. und zu Unrecht insgesamt sehr kritisch z.B. *Ambos* IntStrR § 12/41 ff., 46.

(3) Art. 3 führt Gründe auf, nach denen der Vollstreckungsstaat die Übergabe zwingend abzulehnen hat. Solche Gründe sind Amnestie im Vollstreckungsstaat, Verbot der wiederholten Strafverfolgung und Strafunmündigkeit.

(4) Art. 4 des Rahmenbeschlusses führt sodann fakultative Ablehnungsgründe auf. Das sind etwa fehlende beiderseitige Strafbarkeit in den Fällen, in denen dieser Grund geltend gemacht werden darf, eigene Strafverfolgung des Falles, Verjährung im ersuchten Staat, wenn seine Gerichtsbarkeit zur Verfolgung des Falles gegeben war. Nach Art. 4 Nr. 6 kann die Vollstreckung eines Europäischen Haftbefehls ferner u. a. dann abgelehnt werden, wenn die Auslieferung zur Urteilsvollstreckung erfolgen soll und der Verurteilte sich im Vollstreckungsstaat aufhält. In Art. 5 ist schließlich festgelegt, welche Bedingungen an die Übergabe geknüpft werden dürfen, so etwa bei lebenslanger Freiheitsstrafe die Möglichkeit der Prüfung einer bedingten Entlassung nach höchstens 20 Jahren.

(5) Art. 27 legt fest, dass der Grundsatz der Spezialität nur eingeschränkt gilt. Die Staaten können auf die Einhaltung dieses Grundsatzes verzichten. Wird eine nachträgliche Zustimmung zu erweiterter Strafverfolgung erforderlich, besteht eine Pflicht zur Erteilung der Zustimmung außer in den Fällen, in denen die Übergabe unter Berufung auf fakultative Ablehnungsgründe abgelehnt werden dürfte. Der EuGH hat den Grundsatz noch weiter eingeschränkt.

(6) Daneben ist das Verfahren der Übergabe ausführlich geregelt. Als Anhang ist dem Rahmenbeschluss ein Formular beigefügt, das im Rechtsverkehr zu benutzen ist.

Der Rahmenbeschluss soll die bisherigen Vereinbarungen über die Auslieferung zwischen Mitgliedstaaten der EU ablösen. Sie sind in den Artikeln 31 und 32 des Rahmenbeschlusses ausdrücklich aufgeführt.[6]

Das bisherige System der Auslieferung ist damit zwar nicht beseitigt, aber **10** entscheidend vereinfacht worden. Auch die Ersetzung der Bezeichnung Auslieferung durch Übergabe ist Programm.

Terminologisch und begrifflich zu unterscheiden sind der **Ausstellungsstaat** und der **Vollstreckungsstaat**. Der Ausstellungsstaat erlässt den Europäischen Haftbefehl, der Vollstreckungsstaat hat ihn zu vollstrecken, die Entscheidung ist also in der gesamten Union prinzipiell wirksam (Kap. 6/33 ff.).

Die Exklusivität der Gründe für eine Verweigerung der Übergabe ist für die Effektivität des neuen Systems von überragender Bedeutung. Der EuGH hat deshalb besonderen Wert darauf gelegt, dass es nicht durch Ausnahmen relativiert wird. Aber zugleich ergaben sich daraus auch Konflikte, weil Fallkonstella-

---

6 Zu Übergangsproblemen EuGH C-296/08, Urteil vom 12.8.2008 – Goicoechea.

tionen unberücksichtigt bleiben konnten, in denen die Menschenrechte im Spiel waren. Mittlerweile erscheint das Problem jedoch prinzipiell entschärft (Kap. 6/17 ff.).

Die Möglichkeit eines vereinfachten Auslieferungsverfahrens ist im Rahmenbeschluss nicht beseitigt und in § 41 IRG aufrechterhalten. Voraussetzung hierfür ist die nach Belehrung erteilte Zustimmung des Verfolgten. Im Falle des vereinfachten Verfahrens bedarf es einer Prüfung der Zulässigkeit der Auslieferung durch das OLG nicht (§ 79 Abs. 2 Satz 4 IRG).[7]

! **Stichworte:** Der Rahmenbeschluss über den Europäischen Haftbefehl schränkt die Auslieferungsvoraussetzung beiderseitiger Strafbarkeit wesentlich ein; Taten, welche nicht auslieferungsfähig sind, gibt es überhaupt nicht mehr. Die Gründe, welche die Ablehnung der Auslieferung rechtfertigen, sind enumerativ und abschließend aufgezählt. Liegt kein Ablehnungsgrund vor, ist der Vollstreckungsstaat zur Auslieferung verpflichtet. Der Spezialitätsgrundsatz ist eingeschränkt; das Verfahren soll einstufig sein.

Das Verfahren des europäischen Haftbefehls gilt nicht allein für Erwachsene, sondern ist auch in Strafsachen gegen **Jugendliche** und Heranwachsende anwendbar. In Verfahren gegen Jugendliche sind jedoch die besonderen Verfahrensgarantien für Kinder[8] (Personen bis zur Vollendung des achtzehnten Lebensjahres) zu beachten, die eine bis zum 11.6.2019 umzusetzende Richtlinie vorsieht.

Vom Zeitpunkt der Festnahme an hat der Verfolgte nach einer neuen EU-Richtlinie auch Anspruch auf **Prozesskostenhilfe**.[9]

2. Die Umsetzung des Rahmenbeschlusses in Deutschland

a) Erste Änderung des IRG

11 Das Parlament hatte die Umsetzung durch eine Änderung des Gesetzes über die Internationale Rechtshilfe in Strafsachen beschlossen.[10] Das Änderungsgesetz

---

7 *Hackner/Schierholt* Rdn. 87.

8 Richtlinie 2016/800 vom 11.5.2016 über Verfahrensgarantien in Strafverfahren für Kinder, die Verdächtige oder beschuldigte Personen in Strafverfahren sind, ABl. 2016 L 132 S. 1 – Art. 17.

9 Richtlinie 2016/1919 vom 26.10.2016 über Prozesskostenhilfe für Verdächtige und beschuldigte Personen in Strafverfahren sowie für gesuchte Personen in Verfahren zur Vollstreckung des Europäischen Haftbefehls, ABl. 2016 L 297 S. 1.

10 Gesetz zur Umsetzung des Rahmenbeschlusses über den Europäischen Haftbefehl und die Übergabeverfahren zwischen den Mitgliedstaaten der EU vom 21.10.2004 (BGBl. I S. 1748); Überblick über die Umsetzung in den anderen Mitgliedstaaten *Ambos* IntStrR § 12/44.

fügte dem IRG besondere Abschnitte ein, welche sich ausschließlich mit der Rechtshilfe im Verhältnis zu Mitgliedstaaten der Europäischen Union befassten. Es behielt allerdings die Terminologie (Auslieferung) bei und schaffte auch das zweistufige Verfahren nicht ab. In der Begründung zum Entwurf des Änderungsgesetzes ist dazu nicht mehr gesagt, als dass man dem Herkommen folgen wolle.[11] Im Übrigen aber setzte das Gesetz die Vorgaben des Rahmenbeschlusses im Wesentlichen um. Im ersuchten Staat eingetretene Verfolgungs- oder Vollstreckungsverjährung ist allerdings nach dem Rahmenbeschluss (Art. 4 Nr. 4) ein fakultativer Ablehnungsgrund; er wurde durch das deutsche Umsetzungsgesetz (§ 9 Nr. 2 IRG) zu einem zwingenden Versagungsgrund ausgestaltet. Zuvor – im Jahre 2000 – hatte der Gesetzgeber durch eine Änderung des Artikels 16 GG die Übergabe **deutscher Staatsangehöriger** an Mitgliedstaaten der Europäischen Union ermöglicht.[12]

b) Nichtigerklärung durch das BVerfG

Das Änderungsgesetz hat das Bundesverfassungsgericht aber für nichtig erklärt.[13] Der Entscheidung lag folgender Fall zu Grunde: **12**

> Der Beschwerdeführer war deutscher und syrischer Staatsangehöriger. Er sollte zur Strafverfolgung nach Spanien ausgeliefert werden und befand sich in Auslieferungshaft. Vorgeworfen wurde ihm die Mitgliedschaft in einer terroristischen Vereinigung; er soll die Schlüsselfigur von Al Quaida in Europa gewesen und für diese Organisation in Spanien, Deutschland und Großbritannien tätig geworden sein. Die Tätigkeit soll er ausgeübt haben, **bevor** die Mitgliedschaft in einer ausländischen terroristischen Vereinigung auch in Deutschland strafbar wurde.

Das OLG erklärte die Auslieferung für zulässig; die Bewilligung der Justizverwaltung zur Auslieferung wurde erteilt. Dagegen richtete sich die Verfassungsbeschwerde.

Das Bundesverfassungsgericht hat ausgeführt, Art. 16 GG habe früher ein generelles Auslieferungsverbot für Deutsche enthalten. Die vorgenommene Lockerung des Verbotes für Auslieferungen an Mitgliedstaaten der EU und an internationale Gerichtshöfe sei zwar zulässig gewesen, doch dürfe das Grundrecht

---

11 Regierungsentwurf des (ersten) Änderungsgesetzes BTDrucks. 15/1718 S. 10 f.; abl. *Hecker* 2/Rdn. 80.

12 Gesetz zur Änderung des Grundgesetzes (Art. 16 GG) vom 29.11.2000 (BGBl. I S. 1633).

13 Urteil vom 18.7.2005 – 2 BvR 2236/04, BVerfGE 113, 273 m. Anm. *Lagodny* StV 2005, 515 u. Anm. *Schünemann* StV 2005, 681.

der Auslieferungsfreiheit nur schonend und entsprechend dem Grundsatz der Verhältnismäßigkeit eingeschränkt werden. Erforderlich seien daher Vorkehrungen dafür, dass im ersuchenden Staat auch im Einzelfall rechtsstaatliche Grundsätze beachtet werden. Das Bundesverfassungsgericht lässt hier deutlich seine Skepsis gegenüber dem Grundsatz anklingen, dass justizielle Zusammenarbeit in Europa auf der Grundlage gegenseitigen Vertrauens der Staaten möglich sei.

Einigermaßen überraschend gelangt es dann zur Auffassung, dass Fälle mit maßgebendem Inlandsbezug nach der Verfassung von den deutschen Strafverfolgungsbehörden verfolgt werden müssten, eine Auslieferung Deutscher also nicht bewilligt werden dürfe.

Einen weiteren verfassungsrechtlichen Mangel erblickte das Gericht darin, dass die behördliche Bewilligungsentscheidung – die bisher gerichtlich nicht überprüfbar war, weil sie außenpolitischen Gesichtspunkten Rechnung zu tragen hatte – weiterhin vom gerichtlichen Rechtsschutz ausgenommen bleiben sollte. Dazu führte es aus, dass die verbliebenen Versagungsgründe des Rahmenbeschlusses eine Rechtsprüfung erforderten, das bisherige Ermessen also eingeschränkt sei. Deshalb müssten unter Gesichtspunkten des Grundrechtsschutzes alle Versagungsgründe in die Gerichtskontrolle einbezogen sein.

c) Gegenwärtige Rechtslage

13 Nach der Nichtigerklärung des ersten Gesetzes zur Umsetzung des Rahmenbeschlusses über den Europäischen Haftbefehl hat der Gesetzgeber die nunmehr geltenden Bestimmungen zur Umsetzung des Rahmenbeschlusses erlassen, indem er das IRG erneut änderte.[14] Darin sind die Beanstandungen des Bundesverfassungsgerichts berücksichtigt. Die Auslieferung (Übergabe) eines Deutschen ist also unzulässig, wenn die Tat einen **„maßgebenden Inlandsbezug"** aufweist, der im Gesetz (§ 80 Abs. 1, Abs. 2 IRG) mit komplizierten Formulierungen definiert[15] und in Teilen als unionsrechtswidrig angesehen wird.[16]

> **Fall:** Der deutsche Verfolgte hat seinen Wohnsitz in Deutschland; er ist Geschäftsführer einer Gesellschaft mit Sitz in Polen, die er aber nicht persönlich leitet. Von den polnischen Strafverfolgungsbehörden wird ihm Insolvenzverschleppung und unterlassene Abführung von Sozialversicherungsbeiträgen zur Last gelegt.

---

14 Gesetz vom 20.7.2006 (BGBl. I S. 1721).
15 *Hackner/Schierholt* Rdn. 108: „Regelungstechnisch missglückt"; *Hackner u.a.* NStZ 2006, 663, 667, 669: „ Handwerklich schlecht"; ebenso *Weigend* H.Jung-Festschrift S. 1069, 1079.
16 *Ambos* IntStrR § 12/52.

Der Begriff des maßgebenden Inlandsbezuges bestimmt sich nach dem Handlungsort (§ 9 StGB), der auch für Unterlassungstaten heranzuziehen ist. Handelt der Täter im Inland, während der Erfolg im Ausland eintritt, so ist eine Abwägung vorzunehmen. Selbst wenn – wie im Beispielsfall – hiernach ein maßgebender Auslandsbezug vorliegt, bedarf es zusätzlich einer Prüfung der Verhältnismäßigkeit der Überstellung in das Ausland, in die auch die persönlichen Umstände des Verfolgten einzubeziehen sind.[17]

Die Ermessensentscheidung der Behörde zur Bewilligung der Auslieferung ist bei der Zuleitung der Akte an das Gericht zu erklären und zu begründen (Vorabbewilligung), sie unterliegt gerichtlicher Überprüfung (§ 79 Abs. 2 IRG), deren Gegenstand bei Ausländern in erster Linie das Resozialisierungsinteresse des Verurteilten ist.[18] Das Gesetz hält also an der herkömmlichen Terminologie – Auslieferung und Bewilligung statt Übergabe – sowie in Resten auch an der Zweiteilung des Verfahrens in einen behördlichen und einen gerichtlichen Teil fest. Nur sind jetzt die Fälle, in denen die Behörde die Bewilligung ablehnen muss oder kann, enumerativ aufgezählt. Bewilligungsbehörde ist die Generalstaatsanwaltschaft.[19] Die gerichtliche Zulässigkeitsentscheidung wird vom OLG in erster und letzter Instanz getroffen. Die Ausschreibung im Schengener Informationssystem (SIS) gilt als Europäischer Haftbefehl (§ 83a Abs. 2 IRG). Dieser selbst ist nicht mit Rechtsmitteln anfechtbar, wohl aber die Ausschreibung (Kap. 7/14).

Die fakultativen Ablehnungsgründe sind in § 83b IRG aufgeführt. Entgegen **14** Art. 4 Nr. 1 des Rahmenbeschlusses Europäischer Haftbefehl ist das Fehlen **beiderseitiger Strafbarkeit** in den Fällen, in denen diese Voraussetzung noch geprüft werden darf, im deutschen Recht jedoch nicht als fakultativer, sondern als zwingender Versagungsgrund ausgestaltet worden (§ 81 Nr. 4, § 3 IRG). Zum Begriff der beiderseitigen Strafbarkeit vgl. Kap. 8/11.

Der deutsche Gesetzgeber ist bis in die jüngste Zeit – bei der Umsetzung der Richtlinie über die Europäische Ermittlungsanordnung – so verfahren und hat nach europäischem Recht fakultative Versagungsgründe zu zwingenden Gründen umgestaltet (§ 91b, § 91c Abs. 2 Nr. 1 IRG). Das sind **klare Verstöße** gegen europäisches Recht, weil sie die umfassende Geltung und Durchsetzung des Anerkennungsprinzips, das in Art. 82 Abs. 1 AEUV als Ziel der Verträge bezeichnet ist, beeinträchtigen. Die gegenteilige Auffassung meint, der nationale Gesetzge-

---

17 BVerfG, Beschluss vom 9.11.2016 – 2 BvR 545/16 = StV 2017, 236, Rdn. 34, 41 ff.
18 Instruktiver Fall OLG Karlsruhe StV 2015, 371; dazu auch EuGH C-66/08, Urteil vom 17.7.2008 – Kozlowski Rdn. 45.
19 Vereinzelt die Landesjustizverwaltung; vgl. Begründung zum Entwurf Umsetzungsgesetz Rahmenbeschluss Freiheitsstrafen, BTDrucks. 18/4347 S. 51 f.

ber dürfe das den Verwaltungsbehörden europarechtlich eingeräumte Ermessen von sich aus „reduzieren" und damit die Einzelfallentscheidung vorwegnehmen.[20] Es ist jedoch ein Unterschied, ob den Behörden des Vollstreckungsstaates bei der Anerkennung eines justiziellen Aktes eines anderen Mitgliedstaates ein Ermessen im Einzelfall verbleibt oder nicht. Die behördliche Einzelfallentscheidung kann aus guten Gründen anders ausfallen als die vom deutschen Gesetzgeber angeordnete generelle Ablehnung.

Die fakultativen Ablehnungsgründe können Bedeutung insbesondere bei Ausländern erlangen, welche ihren gewöhnlichen Aufenthalt in Deutschland haben (§ 83b Abs. 2 IRG). Wenn bei einem deutschen Staatsangehörigen die Auslieferung wegen „maßgeblichen Inlandsbezugs" der Tat (§ 80 Abs. 1, 2 IRG) unzulässig wäre, kann die Behörde die Auslieferung des Ausländers ablehnen. Bei Drittstaatsangehörigen kann sie das nicht – eine merkwürdige Regelung:[21] das gesetzgeberische Bemühen, EU- Ausländer mit Wohnsitz im Inland gegenüber Deutschen nicht zu diskriminieren, führt zu anderweitiger Diskriminierung.

Dem EuGH ist die Frage, ob eine unterschiedliche Behandlung von Deutschen und Ausländern im Auslieferungsrecht mit dem europäischen Gleichbehandlungsgrundsatz und dem Diskriminierungsverbot vereinbar ist, mehrfach zur Entscheidung unterbreitet worden. Er hat sich zunächst jedoch einer Entscheidung enthalten und stattdessen den Begriff des **Aufenthalts** näher umschrieben.

15   **Fall:** Der Verfolgte ist in Polen rechtskräftig zu 5 Monaten Freiheitsstrafe verurteilt worden. Er verbüßt in Stuttgart eine Freiheitsstrafe von 3 Jahren 6 Monaten wegen Betrügereien. Vor der Verhaftung war er eineinhalb Jahre in Deutschland, im Übrigen in Polen. Seinen Lebensunterhalt in Deutschland bestritt er überwiegend aus Betrügereien. Wo und wie lange er hier an einzelnen Orten gewohnt hat, ist nicht bekannt.

Die Behörde will für die Auslieferung nach Polen kein Bewilligungshindernis geltend machen. Das Gericht hat zu prüfen, ob sie § 83b IRG zu Recht herangezogen hat. Dazu hat es den EuGH um Auslegung des Begriffes „Aufenthalt" gebeten und ihm weiter die Frage vorgelegt, ob europäisches Recht Differenzierungen nach der Staatsangehörigkeit gestattet.

Art. 4 Nr. 6 des Rahmenbeschlusses über den Europäischen Haftbefehl gestattet eine Ablehnung der Auslieferung bei Ausländern, die sich im Inland befinden.

---

20 Begründung zum Entwurf des 4. Änderungsgesetzes zum IRG (Europäische Ermittlungsanordnung), BTDrucks. 18/9757 S. 28.
21 *Ambos* IntStrR § 12/54.

Er stellt dabei alternativ auf den Aufenthalt und ferner auf den Wohnsitz[22] ab; dieser war im vorliegenden Fall in Deutschland nicht begründet.

Der EuGH hebt hervor, dass das der Behörde gewährte Ablehnungsermessen es ermöglichen soll, die Resozialisierungschancen für den Verurteilten dadurch zu erhöhen, dass dieser im Land seines Aufenthalts – vielleicht in einem vertrauten Umfeld – verbleiben kann. Der Begriff des Aufenthaltes setzt voraus, dass der Betroffene im Vollstreckungsstaat für eine gewisse Dauer verblieben ist und Bindungen an diesen Staat entwickelt hat, die eine ähnliche Intensität aufweisen, wie sie sich aus einem Wohnsitz ergeben. Dazu bedarf es einer Gesamtschau, welche Dauer, Art und Bedingungen des Verweilens sowie die familiären und wirtschaftlichen Verbindungen zum Vollstreckungsstaat umfasst.

Im Vorlagefall fehlte die Voraussetzung des Aufenthalts in Deutschland. Das hat der EuGH selbst ausgesprochen und sich daher einer Entscheidung über die Frage, ob eine Differenzierung zwischen Deutschen und Ausländern zulässig ist, enthoben gesehen.[23]

Die zunächst nicht entschiedene Frage der Zulässigkeit einer **Differenzie-** 16 **rung zwischen Inländern und Ausländern im Auslieferungsrecht zwischen Mitgliedstaaten der Union** hat der EuGH jedoch später beantwortet. Diskriminierungen allein aufgrund der Staatsangehörigkeit sind selbstverständlich unzulässig. Aber eine Diskriminierung liegt nicht vor, wenn – im Sinne des Gleichbehandlungsgrundsatzes – unterschiedliche Sachverhalte verschieden geregelt werden und hierbei sachgemäß an die Staatsangehörigkeit angeknüpft werden kann. Wohnt ein Ausländer im Vollstreckungsmitgliedstaat und hat er hier Bindungen, ist es deshalb zulässig, auf die Dauer seines Aufenthalts abzustellen und die Vollstreckung eines Europäischen Haftbefehls unter Hinweis auf diese Sachlage abzulehnen.[24] Im Übrigen ist die Unterscheidung seit jeher Grundlage des Auslieferungsrechts. Sie wird durch die Verträge nicht infrage gestellt; im Bereich von Grenzkontrollen, Asyl und Einwanderung (Art. 77–79 AEUV) wird der Begriff des Drittstaatsangehörigen ausdrücklich verwandt. Der in Art. 82 Abs. 1 AEUV angesprochene Bereich der strafrechtlichen Zusammenarbeit bezieht sich zwar auf die Mitgliedstaaten und auf die Angelegenheiten, die ihre Angehörigen betreffen. Damit wird aber der Gesichtspunkt der Staatsangehörigkeit als zulässiger Anknüpfungspunkt für rechtliche Regelungen

---

22 Allgemein zum Begriff des (gewöhnlichen) Wohnsitzes EuGH C-528/14, Urteil vom 27.4.2016 – X, Rdn. 31 ff.
23 EuGH C-66/08, Urteil vom 17.7.2008 – Kozlowski Rdn. 46 ff., 53; zur Sachfrage s. EuGH C-42/11, Urteil vom 5.9.2012 – Lopes Da Silva Jorge.
24 EuGH C-123/08, Urteil vom 6.10.2009 – Wolzenburg, Rdn. 63, 70; EuGH C-42/11, Urteil vom 5.9.2012 – Lopes Da Silva Jorge, Rdn. 50; krit. *Tinkl* ZIS 2010, 320.

nicht beseitigt. Nach Art. 9 Satz 3 EUV tritt die Unionsbürgerschaft zur nationalen Staatsbürgerschaft hinzu, ersetzt sie jedoch nicht. Die in Art. 4 Nr. 6 des Rahmenbeschlusses und in § 83b Abs. 2 IRG getroffene Regelung hält sich deshalb innerhalb des Gestaltungsspielraums des Gesetzgebers.[25]

Sollen Unionsbürger nicht an ihren Heimatstaat, sondern an einem **Drittstaat** ausgeliefert werden, gelten besondere Regeln, die der EuGH entwickelt hat (Kap. 5/53).

3. Schutz der Grund- und Menschenrechte

17   **Fall:** Bulgarien ersucht mit Europäischem Haftbefehl um Überstellung eines Beschuldigten zwecks Strafverfolgung. Dem zur Entscheidung berufenen OLG liegen Anhaltspunkte dafür vor, dass in bulgarischen Untersuchungsgefängnissen der menschenrechtliche Mindeststandard nicht gewahrt sei.

Schwierigkeiten bereitete der Rechtsprechung bisher immer wieder das Problem der Überstellung eines Verfolgten in einen Mitgliedstaat der EU, welcher die Grund- und Menschenrechte zwar – selbstverständlich – anerkennt, ihre Beachtung in der Praxis aber nicht zu gewährleisten vermag. Nach innerstaatlichem Recht wäre für die Beurteilung § 73 IRG maßgebend. Danach ist die Leistung von Rechtshilfe unzulässig, wenn sie wesentlichen Grundsätzen der deutschen Rechtsordnung widersprechen würde. Die Frage wird in Deutschland vorwiegend unter dem Gesichtspunkt des Verhältnisses der deutschen Grundrechtsordnung zu den Festlegungen des europäischen Rechts diskutiert. Zweifelsfrei lag und liegt darin eine der Kernfragen der europäischen Zusammenarbeit.[26] S. dazu auch Kap. 9/41 ff.

Anerkannt ist, dass der damit gemeinte deutsche – richtig wäre: europäische – ordre public[27] nicht verlangt, in vollem Umfang deutsche Vorstellungen über grundrechtliche Gewährleistungen durchzusetzen. Die Ordnung in der Gemeinschaft gebietet vielmehr, **fremde Auffassungen grundsätzlich zu achten**, auch wenn sie von den Anschauungen innerhalb Deutschlands abweichen. So sind Abwesenheitsurteile nicht schlechthin rechtsstaatswidrig; sie müssen aber jedenfalls den Vorgaben des Rahmenbeschlusses über den Europäischen Haftbefehl nach seiner Änderung (Einfügung von Art. 4a) genügen. Nicht zutreffend ist aber, die Rechtsgrundlage zur Problemlösung im innerstaatlichen

---

25 *Hackner/Schierholt* Rdn. 109a.
26 *Böse* in *Tiedemann u.a.* Die Verfassung moderner Strafrechtspflege S. 211, 212.
27 *Böse* in *Tiedemann u.a.* Die Verfassung moderner Strafrechtspflege S. 211, 213.

Recht zu suchen.[28] Beim Vollzug des Rahmenbeschlusses über den Europäischen Haftbefehl handelt es sich um die Durchführung von Unionsrecht. Deshalb sind die **Garantienormen** der EU heranzuziehen. Das sind hier die Grundrechtecharta und die Gewährleistungen der EMRK, die auch in der Präambel des EUV und in der Präambel der Grundrechtecharta ausdrücklich angesprochen sind. Sie gelten, wie außerdem auch in dem Erwägungsgrund 12 und in Art. 1 Abs. 3 des Rahmenbeschlusses über den Europäischen Haftbefehl hervorgehoben ist, zusätzlich zu den Versagungsgründen, die nach dem Rahmenbeschluss von dem Vollstreckungsstaat geltend gemacht werden dürfen. Richtigerweise ist daher nicht innerstaatlichem Recht (§ 73 IRG), sondern dem **Unionsrecht** der zutreffende rechtliche Maßstab für die Beurteilung zu entnehmen. Diese Sichtweise teilt mittlerweile auch der EuGH; er befindet sich dabei – sachlich – in bemerkenswerter Übereinstimmung mit dem deutschen Bundesverfassungsgericht:

Fälle: Rumänien und Ungarn haben Europäische Haftbefehle erlassen und begehren die Überstellung der Verfolgten zur Strafverfolgung. Mittlerweile hat der EGMR beide Staaten wegen Verstoßes gegen die EMRK verurteilt, weil die Bedingungen der Untersuchungshaft in den Vollzugsanstalten dieser Länder menschenunwürdig seien. **18**

Der EuGH betont zwar in ständiger Rechtsprechung, dass der Vorrang des Unionsrechts auch gegenüber nationalem Verfassungsrecht gilt. In erster Linie sind daher immer die Gewährleistungen der Grundrechtecharta und der EMRK maßgebend. Nationale Grundrechte sind nur anwendbar, wenn dadurch weder das Schutzniveau der Charta, noch der Vorrang, die Einheit und die Wirksamkeit des Unionsrechts beeinträchtigt werden.[29]

Das OLG Bremen hat die beiden Fälle aber dem EuGH vorgelegt, und das Problem damit vor das richtige Gremium zur Entscheidung gebracht. Der EuGH war dadurch gehalten, zu dem Problem des Menschenrechtsschutzes innerhalb des Systems der gegenseitigen Anerkennung Stellung zu nehmen. Insbesondere wurde es damit erforderlich, die Auffassung, wonach die Gründe für die Ablehnung der Vollstreckung eines Europäischen Haftbefehls im Rahmenbeschluss abschließend aufgezählt seien, anhand der Grundrechtecharta zu präzisieren.

---

28 So BVerfG StV 2016, 586; OLG München StV 2013, 710; OLG Bremen StV 2015, 365; umfassend dazu *Riegel/Speicher* StV 2016, 250.
29 EuGH C-399/11, Urteil vom 26.2.2013 – Melloni, Rdn. 60; dazu auch *Bülte/Krell* StV 2013, 713, 716; *Risse* HRRS 2014, 93, 105; zur spanischen Endentscheidung *Herzmann* EuGRZ 2015, 445.

Der EuGH[30] hat zunächst betont, dass das Anerkennungsprinzip auf dem Vertrauensgrundsatz beruhe und beide Prinzipien fundamentale Bedeutung hätten. An der Auffassung, dass die Ablehnungsgründe für die Vollstreckung eines Europäischen Haftbefehls im Rahmenbeschluss abschließend aufgezählt seien, hält er deshalb fest. Er erkennt aber an, dass unter **außergewöhnlichen Umständen Ausnahmen** davon möglich seien und versucht, die Grundsätze des Vertrauensprinzips und der gegenseitigen Anerkennung justizieller Entscheidungen miteinander in Einklang zu bringen.

Dazu führt er aus, dass das Verbot menschenunwürdiger Behandlung (Art. 4 der Charta) absoluten Charakter habe; die Vollstreckung eines Haftbefehls dürfe nicht zu einer unmenschlichen Behandlung führen. Einer – nicht völlig auszuschließenden – Aufweichung des Anerkennungsprinzips sucht der EuGH sodann durch **verfahrensmäßige Vorkehrungen** zu begegnen. Danach muss das Gericht des Vollstreckungsstaates anhand des Einzelfalls prüfen, ob die Voraussetzungen des Art. 4 der Charta im Anordnungsstaat vorliegen; die Berufung auf frühere Urteile des EGMR genügt dafür nicht. Vielmehr ist der Anordnungsstaat um zusätzliche Informationen zu bitten. Sollte die Prüfung ergeben, dass zuverlässige und konkrete Anhaltspunkte für Menschenrechtsverletzungen vorliegen, ist die Vollstreckung des Europäischen Haftbefehls **aufzuschieben**, nicht aufzugeben. Auch der weitere Vollzug von Auslieferungshaft erscheint in einem neuen Licht. Im Falle eines Aufschubs ist **Eurojust** zu informieren, im wiederholten Falle muss der **Rat** Kenntnis erhalten. Verfahrensmäßige Sicherungen greifen auch im Falle der Auslieferung eines Unionsbürgers an einem **Drittstaat**. Der um Auslieferung ersuchte Mitgliedstaat hat sich zunächst mit dem Heimatstaat des Unionsbürgers in Verbindung zu setzen, um dort eine Aburteilung zu ermöglichen (Kap. 5/53, Fall 2). Wenn konkrete Anhaltspunkte nachgewiesen sind, dass dem Betroffenen im Drittstaat Verletzungen seiner Grund- und Menschenrechte drohen, ist die Auslieferung in den Drittstaat in jedem Falle zu versagen.[31]

Der Auffassung des EuGH ist sachlich auch das **Bundesverfassungsgericht**, welches in seinen jüngsten Entscheidungen dem Unionsrecht und dem GG einen inhaltlich übereinstimmenden Vorbehalt rechtsstaatlichen Minimums entnommen hat.[32] Die bisherige Rechtsprechung des EuGH, welche die im Rah-

---

30 EuGH C-404/15, Urteil vom 5.4.2016 – Aranyosi u. Caldararu, Rdn. 78 ff.; m. Bespr. *Brodowski* JR 2016, 415; *Meyer* JZ 2016, 621; *Satzger* NStZ 2016, 514; s. auch *Burchard* in *Böse* Enz. § 14/18, 19.
31 EuGH C-182/15, Urteil vom 6.9.2016 – Aleksei Petruhhin, Rdn. 26 ff., 57.
32 BVerfGE 140, 317, Beschluss vom 15.12.2015 – 2 BvR 2735/14, Rdn. 84, 106; m. Anm. *Kühne* StV 2016, 299; m. Bespr. *Brodowski* JR 2016, 415; *Satzger* NStZ 2016, 514; Folgeentscheidung BVerfG, Beschluss vom 6.9.2016 – 2 BvR 890/16, Rdn. 32 ff., 36.

menbeschluss aufgeführten Versagungsgründe als abschließend betrachtet,[33] steht dem nicht entgegen. Mit der Bedeutung von Menschenrechtsverletzungen befasst sie sich nicht und musste sie sich nicht befassen, weil Abwesenheitsurteile nicht per se den europäischen ordre public verletzen. Würde die Überstellung des Verfolgten in einen Mitgliedstaat der EU zu einer schwerwiegenden Verletzung seiner Menschenrechte führen – etwa indem er menschenunwürdigen Bedingungen bei der Vollstreckung von Untersuchungshaft ausgesetzt wäre –, ist sie somit unzulässig.[34] Nach Ansicht des Bundesverfassungsgerichtes kann das auch bei einer Überstellung nach Großbritannien in Betracht kommen, soweit dort allein aus dem völligen Schweigen des Angeklagten Schlüsse zu seinem Nachteil gezogen werden dürfen (vgl. dazu Kap. 11/19).[35] Divergenzen in der Beurteilung des europäischen und des nationalen Menschenrechtsschutzes sind aber nicht mehr prinzipieller Natur; sie können lediglich bei der Würdigung eines konkreten Einzelfalls auftreten. Eine andere Frage ist, ob das Bundesverfassungsgericht zu solchen Entscheidungen berufen oder nicht vielmehr verpflichtet ist, seine Sachen gemäß Art. 267 AEUV dem EuGH vorzulegen (vgl. Kap. 2/21).

Stichworte: Der Schutz der Menschenrechte ist auch im Auslieferungsverfahren durch Unionsrecht gewährleistet. Prinzipielle Divergenzen zwischen dem EuGH und dem BVerfG bestehen nicht mehr. **!**

---

4. Verwirklichung der Neuregelung in der Rechtsprechung

Der Europäische Haftbefehl ist eine justizielle Entscheidung, welche von einer **Justizbehörde** ausgestellt wird (Art. 1 Abs. 1, Art. 6 Abs. 1 des Rahmenbeschlusses).

Fall: Der Betroffene ist von einem Gericht in Litauen zu einer Freiheitsstrafe verurteilt. Das Justizministerium von Litauen erlässt einen Europäischen Haftbefehl und ersucht die Niederlande um Festnahme und Übergabe. **19**

---

33 EuGH C-396/11, Urteil vom 29.1.2013 – Radu; EuGH C-399/11 PPU, Urteil vom 26.2.2013 – Melloni; EuGH C-168/13, Urteil vom 30.5.2013 – Jeremy F.; dazu *Brodowski* ZIS 2013, 455, 469.
34 OLG Bremen StV 2015, 365; umfassend dazu *Riegel/Speicher* StV 2016, 250; ferner etwa OLG Düsseldorf NStZ 2006, 692; *Ambos* IntStrR § 12/29; *v. Heintschel-Heinegg* in *Sieber u.a.* EurStrR § 37/56; *Wasmeier* in *Sieber u.a.* EurStrR § 32/43.
35 BVerfG, Beschluss vom 6.9.2016 – 2 BvR 890/16, Rdn. 36; BVerfG StV 2016, 586; *Esser* StV 2017, 241.

Die Begriffe der Justizbehörde und der justiziellen Entscheidung sind nach europäischem Recht autonom zu bestimmen. Justizbehörden sind nicht lediglich die Gerichte, sondern alle Behörden, die zur Mitwirkung in der Rechtspflege berufen sind. Ein Exekutivorgan wie das Justizministerium gehört nicht dazu, wohl aber die Staatsanwaltschaft.[36] Unberührt hiervon bleibt das dem Wortlaut des Rahmenbeschlusses (Art. 8 Abs. 1 Buchst. c)) zu entnehmende Erfordernis, dass dem Europäischen Haftbefehl eine hiervon getrennte richterliche Entscheidung zu Grunde liegen muss.[37]

> **Fall:** Ein US-Bürger ist in Italien in Abwesenheit zu 30 Jahren Freiheitsstrafe verurteilt worden. Italien verlangt von Deutschland aufgrund Europäischen Haftbefehls seine Auslieferung zur Strafvollstreckung. Er macht dagegen plausibel geltend, dass die besonderen Voraussetzungen einer Überstellung aufgrund eines Abwesenheitsurteils nicht vorlägen. Das OLG holt zwar eine Auskunft der italienischen Behörden ein, enthält sich aber einer abschließenden eigenen Feststellung dazu.

Die Frage hat das Bundesverfassungsgericht behandelt. Das Gericht hat das Prinzip bekräftigt, wonach die Beziehungen zwischen den Mitgliedstaaten der EU auf gegenseitigem **Vertrauen** beruhen. Es besteht daher regelmäßig kein Anlass, **tatsächliche Angaben** der Behörden des anderen Staates **anzuzweifeln** und in Nachforschungen einzutreten. Das ist jedoch anders, wenn begründete Anhaltspunkte dafür vorliegen, dass die Angaben in dem Formular zum Europäischen Haftbefehl lückenhaft sind und auch auf Nachfrage nicht befriedigend beantwortet werden.[38] Spätere Rechtsakte der EU treffen genau diese Regelungen ausdrücklich.[39] Die Problematik von **Abwesenheitsurteilen** ist durch eine neue Richtlinie der EU, welche die verfahrensmäßigen Mindestanforderungen an solche Erkenntnisse festlegt, entschärft worden (Kap. 11/ 20).

---

36 EuGH C-477/16, Urteil vom 10.11.2016 – Kovalkovus, Rdn. 34 f.; ferner EuGH C-453/16, Urteil vom 10.11.2016 – Özcelik (von der Staatsanwaltschaft bestätigter Haftbefehl der Polizei genügt); EuGH C-452/16, Urteil vom 10.11.2016 – Poltorak (schwedisches Reichspolizeiamt [Polizeibehörde] genügt nicht).

37 EuGH C-241/15, Urteil vom 1.6.2016 – Bob-Dogi.

38 BVerfGE 140, 317, Beschluss vom 15.12.2015 – 2 BvR 2735/14, Rdn. 73; BVerfG, Beschluss vom 6.9.2016 – 2 BvR 890/16, Rdn. 33.

39 Vgl. Art. 11 Abs. 1 Buchst. a) Rahmenbeschluss Bewährungsüberwachung, ABl. 2008 L 337 S. 102.

> **Fall:** Der Betroffene soll aufgrund eines Abwesenheitsurteils zur Vollstreckung ausgeliefert werden. Die Ladung zu dem Hauptverhandlungstermin wurde bewirkt, indem das zuzustellende Schriftstück einem Hausbewohner, der zur Übergabe an den Betroffenen bereit war, ausgehändigt wurde.

Art. 4a Abs. 1 des Rahmenbeschlusses Europäischer Haftbefehl verlangt für die Ordnungsmäßigkeit eines Abwesenheitsurteils, dass der Angeklagte zur Hauptverhandlung persönlich **vorgeladen** oder auf andere Weise offiziell von dem Termin in Kenntnis gesetzt wurde. Das ist aus rechtsstaatlichen Gründen unverzichtbar, weil der Angeklagte sich in einem Abwesenheitsverfahren nicht persönlich verteidigen kann. Es muss daher zweifelsfrei nachgewiesen sein, dass er die Gelegenheit zur Verteidigung hatte und sie nicht nutzen wollte. Die Förmlichkeiten der Ladung und Benachrichtigung sind aus diesem Grund penibel zu beachten Die Zustellung durch Übergabe an einen Hausbewohner genügt dafür nicht, auch wenn sich dieser zur Aushändigung an den Empfänger verpflichtet hatte[40] (s. dazu auch Kap. 11/20).

> **Fall:** Der Beschwerdeführer ist in Auslieferungshaft genommen worden und macht erfolglos geltend, man habe ihn mit einer anderen Person verwechselt. Dagegen ruft er den EGMR an.

Das Recht, nicht ausgeliefert zu werden, wird von den Gewährleistungen der EMRK nicht erfasst. Ein Auslieferungsersuchen ist auch nicht mit einer strafrechtlichen Anklage im Sinne von Art. 6 Abs. 1 EMRK gleichzusetzen. Geltend gemacht werden kann daher lediglich, dass der Staat zurechenbar seine persönlichen Menschenrechte wie das Recht auf Leben oder auf Freiheit von Folter und unwürdiger Behandlung verletzt habe.[41]

Ein wichtiges Ziel des Rahmenbeschlusses ist die **Beschleunigung** der Verfahren. Zu diesem Zweck hat er **Fristen** für die Entscheidung über die Anerkennung und die Vollstreckung des Europäischen Haftbefehls festgesetzt, die nur ausnahmsweise überschritten werden dürfen. Sie sind in § 83c IRG in das deutsche Recht übernommen worden. **20**

---

40 EuGH C-108/16, Urteil vom 24.5.2016 – Dworzecki.
41 EGMR, Urteil vom 7.10.2008 – Monedero Angora ./. Spanien, Beschwerdenummer 41.138/05; kritisch *Gless* IntStrR Rdn. 69.

> **Fall:** Der Verfolgte wird eines Tötungsdeliktes beschuldigt. Er ist aus Großbritannien nach Irland geflohen. Das Vereinigte Königreich betreibt die Auslieferung; daher wird der Verfolgte in Auslieferungshaft genommen. Sie dauert bis zu seiner Übergabe an Großbritannien nahezu 2 Jahre. Im Gerichtsverfahren macht der Verfolgte geltend, aufgrund der Fristüberschreitungen seien das Übergabeersuchen abzulehnen und er selbst freizulassen.

Die Fristbestimmungen im Rahmenbeschluss sind nach Auffassung des EuGH zwar zwingend; die staatlichen Autoritäten müssen sie beachten. Die Pflicht zur Übergabe des Verfolgten entfällt aber nicht, wenn die Vollstreckung des Europäischen Haftbefehls aufgeschoben wird. Daher ist auch die Überschreitung von Fristen kein Hindernis für die Fortführung des Verfahrens. Das erscheint zutreffend, weil anderenfalls entgegen der Systematik des Rahmenbeschlusses ein darin nicht aufgeführtes Auslieferungshindernis begründet würde. Ferner müssen die in Art. 17 des Rahmenbeschlusses bestimmten Fristen auch dann eingehalten werden, wenn das nationale Recht mit aufschiebender Wirkung ausgestattete Rechtsmittel gewährt; dies gilt auch für den Fall der nachträglichen Zustimmung nach Art. 27.[42]

Die Übergabe des Betroffenen hat nach Art. 23 Abs. 2 des Rahmenbeschlusses binnen 10 Tagen nach der endgültigen Zulässigkeitsentscheidung aufgrund Vereinbarung der beteiligten Staaten zu erfolgen; die **Übergabefrist** darf nur ausnahmsweise überschritten werden. Scheitert die Übergabe am Verhalten des Betroffenen, so führt der bloße Fristablauf nicht zu seiner Freilassung, vielmehr haben die beteiligten Stellen einen neuen Übergabetermin zu vereinbaren.[43]

21   Über die insgesamt zulässige **Dauer** der Auslieferungshaft enthält der Rahmenbeschluss keine Vorschriften. Insoweit ist – auch nach Auffassung des EuGH – die EMRK heranzuziehen.

Hierzu bestimmt Art. 5 Abs. 1 Buchst. f) EMRK, dass im Falle eines Auslieferungsverfahrens ein Freiheitsentzug zulässig ist, wenn die Festnahme rechtmäßig ist. Es muss daher ein Auslieferungsverfahren unter Wahrung der dafür bestimmten materiellen Voraussetzungen und Formen schweben; die Rechtmäßigkeit der Freiheitsentziehung ist aber gesondert zu prüfen und bestimmt sich auch danach, ob das Verfahren mit der gebotenen Sorgfalt durchgeführt wird. Seine zulässige Dauer ist unter Beachtung aller maßgebenden Umstände zu ermitteln. Dabei ist von Bedeutung, dass im Falle einer Auslieferung zur Strafverfolgung für den Betroffenen die Unschuldsvermutung gilt und dass das Auslieferungsverfahren kurze Fristen vorsieht. Ob die Dauer der Inhaftierung des

---

42 EuGH C-168/13 PPU, Urteil vom 30.5.2013 – Jeremy F.
43 EuGH C-640/15, Urteil vom 25.1.2017 – Vilkas.

Verfolgten danach unangemessen lang ist, hat der nationale Richter zu beurteilen.[44]

Nicht nur die Dauer, auch die **Art des Eingriffs** in die persönliche Freiheit kann insoweit von Bedeutung sein. Hierzu folgender Fall (vgl. Kap. 9/86):

Fall: Aufgrund Europäischen Haftbefehls wird der Betroffene in Großbritannien festgenommen, aber alsbald unter mehreren Auflagen, darunter dem Tragen einer elektronischen Fußfessel, auf freien Fuß gesetzt. Nach seiner Überstellung stellt sich im polnischen Strafprozess die Frage, ob die in Großbritannien unter Überwachung verbrachte Zeitspanne als vollstreckte Haft anzurechnen ist.

Der EuGH hat die Wirkungen der erteilten Auflagen – unter Verwendung der Maßstäbe des EGMR – nicht als so einschneidend betrachtet, dass sie als Haft anzusehen sein müssten, die gemäß Art. 26 Abs. 1 des Rahmenbeschlusses über den Europäischen Haftbefehl auf die in Polen erkannte Strafe anzurechnen wäre. Die Würdigung im Einzelfall obliegt jedoch dem nationalen Richter.

Fall: Belgien begehrt aufgrund Europäischen Haftbefehls von den Niederlanden die Überstellung des Verurteilten zur Vollstreckung einer Freiheitsstrafe von 5 Jahren. In dieser Strafe enthalten ist eine Verurteilung wegen unerlaubten Führens einer Waffe, welches in den Niederlanden nicht mit Freiheitsstrafe bedroht ist. Strafbar ist das Führen jedoch in beiden Ländern.

Sind die Taten im Anordnungs- und Vollstreckungsstaat strafbar, dann ist die Überstellung zwingend, wenn die Taten im Anordnungsstaat mit einer Freiheitsstrafe von mindestens 3 Monaten bedroht sind. (Art. 2 Abs. 2, 4 des Rahmenbeschlusses Europäischer Haftbefehl). Hier war das Führen der Waffe in beiden Staaten strafbar, in den Niederlanden aber nicht mit Freiheitsstrafe bedroht. Das niederländische Gericht fragte, ob die Überstellung deshalb abgelehnt werden konnte.

Der EuGH hat auf den Wortlaut von Art. 2 Abs. 4 des Rahmenbeschlusses abgestellt. Danach ist ein fakultativer Ablehnungsgrund nur beim Fehlen der beiderseitigen Strafbarkeit begründet, auf die Strafdrohung im Vollstreckungsstaat kommt es nicht an.[45]

In der Praxis scheint sich das **Institut zu bewähren**. Veröffentlichte Entscheidungen befassen sich in letzter Zeit relativ selten mit Grundsatzfragen. So 22

---

44 EuGH C-237/15 PPU, Urteil vom 16.7.2015 – Lanigan Rdn. 37 ff., 54 ff.; EGMR, Urteil vom 24.3.2015 – Gallardo Sanchez ./. Italien, Beschwerdenummer 11.620/07.
45 EuGH C-463/15, Beschluss vom 25.9.2015 – A. Rdn. 24 ff., 30.

wurde ausgesprochen, dass der Grundsatz der Verhältnismäßigkeit eingreifen kann, wenn die dem Verfolgten im Ausstellungsstaat drohende Strafe unerträglich hart wäre.[46] Der EuGH hat ferner die Selbstverständlichkeit betont, dass das unionsweit geltende Grundrecht auf rechtliches Gehör es nicht gebietet, dass der Ausstellungsstaat den Beschuldigten vor Erlass des Europäischen Haftbefehls anhört, weil dies das ganze System zum Scheitern bringen würde – die Anhörung im Vollstreckungsstaat vor der Auslieferung genügt.[47]

Da das Auslieferungsbegehren des Anordnungsstaates abzulehnen ist, wenn ihm das Verbot doppelter Strafverfolgung entgegensteht (ne bis in idem), war aber auch insoweit der **Tatbegriff** zu klären. Der EuGH hat entschieden,[48] dass der Begriff derselben Tat im Rahmenbeschluss über den Europäischen Haftbefehl denselben Inhalt wie in Art. 54 SDÜ hat (Kap. 9/64). In ständiger Rechtsprechung betont der EuGH außerdem, dass die Ablehnungsgründe im Rahmenbeschluss abschließend aufgeführt sind.[49] Über die Frage, inwieweit außerordentliche Gründe des Menschenrechtsschutzes eine andere Beurteilung rechtfertigen, ist damit jedoch nicht entschieden (hierzu Kap. 6/17). Die Auslieferung zur Vollstreckung von Abwesenheitsurteilen unterliegt nach § 83 Abs. 1 Nr. 3, Abs. 2 und Abs. 3 IRG besonderen Zulässigkeitsvoraussetzungen; dabei ist zu beachten, dass Art. 4a des Rahmenbeschlusses über den Europäischen Haftbefehl (vgl. Kap. 6/9) erst kürzlich in deutsches Recht umgesetzt worden ist.[50]

23   Eine wichtige Entscheidung betrifft allerdings das Gebot der rahmenbeschlusskonformen Auslegung, welche der EuGH in dem Urteil Pupino statuiert hat.

Das OLG Stuttgart hatte aufgrund eines in Polen erlassenen Europäischen Haftbefehls über die Anordnung der Auslieferungshaft zu befinden. Im Auslieferungsverfahren ist – von Ausnahmefällen abgesehen – nicht zu prüfen, ob gegen den Verfolgten ein hinreichender Tatverdacht besteht, also der Verdacht, die ihm zur Last gelegte Straftat begangen zu haben.[51] Sehr wohl ist nach dem Wortlaut des deutschen Gesetzes (§ 15 IRG) für die Anordnung der Haft aber ein speziell **auslieferungsrechtlicher Haftgrund** erforderlich, zum Beispiel die Gefahr, dass sich der Betroffene dem Auslieferungsverfahren oder der Auslieferung entziehen werde. In dem Rahmenbeschluss ist das Fehlen eines solchen

---

46 OLG Stuttgart StV 2010, 262.
47 EuGH C-396/11, Urteil vom 29.1.2013 – Radu, Rdn. 40 m. Anm. *Brodowski* HRRS 2013, 54.
48 EuGH C-261/09, Urteil vom 16.11.2010 – Mantello m. Anm. *Böse* HRRS 2012, 19.
49 EuGH C-396/11, Urteil vom 29.1.2013 – Radu m. Anm. *Brodowski* HRRS 2013, 54; EuGH C-399/11 PPU, Urteil vom 26.2.2013 – Melloni; EuGH C-168/13, Urteil vom 30.5.2013 – Jeremy F.
50 Gesetz vom 17.10.2015 (BGBl. I S. 1332); überholt daher KG StV 2015, 370.
51 BGHSt. 32, 314; *Hecker* 2/Rdn. 70.

Haftgrundes dagegen nicht als Grund aufgeführt, der es gestattete, die Vollstreckung des Europäischen Haftbefehls abzulehnen. Das Oberlandesgericht Stuttgart legt nun das deutsche Gesetz im Lichte des Rahmenbeschlusses dahin aus, dass der deutsche Richter seine Überzeugung vom Vorliegen eines Haftgrundes auch daraus herleiten darf, dass der Richter eines Mitgliedstaats der Europäischen Union diese Frage unter Beachtung von Art. 5 Abs. 1 Buchst. c) der Europäischen Menschenrechtskonvention geprüft und bejaht hat.[52] Das OLG hat damit das Vertrauensprinzip, welches der justiziellen Zusammenarbeit in Europa zugrundeliegt, für die Auslegung fruchtbar gemacht. Zu den immanenten Grenzen dieses Grundsatzes vgl. Kap. 9/70.

5. Veränderung des Grundsatzes der Spezialität

Weiter hat der EuGH zum Grundsatz der Spezialität (Art. 27 des Rahmenbe- 24 schlusses) eine grundlegende Entscheidung zum Begriff der „anderen Handlung" und zur rechtlichen Bedeutung des gesamten Prinzips der Spezialität getroffen.[53] Wie erinnerlich, besagt der Grundsatz, dass die Verurteilung nur wegen der Handlung erfolgen darf, welche dem Europäischen Haftbefehl zugrundeliegt. Der Verurteilung wegen einer „anderen Handlung" stand nach deutschem Recht bisher ein Verfahrenshindernis entgegen.

Dem Fall lag folgender Sachverhalt zu Grunde:

Fall: Der Angeklagte Leymann war aufgrund Europäischen Haftbefehls von Polen an Finnland ausgeliefert worden. Zu Grunde lag der Vorwurf, eine große Menge des Betäubungsmittels Amphetamin zum Zwecke des Weiterverkaufs nach Finnland eingeführt zu haben. Verurteilt wurde er wegen der Einfuhr von 26 kg Haschisch. Auch der andere Angeklagte wurde statt Einfuhr von Amphetamin wegen Einfuhr von Haschisch verurteilt; in seinem Falle erteilte der Übergabestaat nach dem Urteilserlass seine Zustimmung.

Die Frage war hier, wie der Begriff der anderen Handlung zu bestimmen ist, ob er etwa eine Verwandtschaft mit dem prozessualen Tatbegriff hat, welcher dem Verbot wiederholter Strafverfolgung nach Art. 50 der Grundrechtscharta und Art. 54 SDÜ zugrundeliegt.

Der EuGH hat daran erinnert, dass der Europäische Haftbefehl das Ziel des freien Verkehrs justizieller Entscheidungen statt traditioneller Kooperation ver-

---

52 OLG Stuttgart NStZ 2007, 410.
53 C-388/08 PPU, Urteil vom 1.12.2008 – Leymann und Pustovarov m. Anm. *Heine* NStZ 2010, 35.

folgt, und dass er ein hohes Maß an gegenseitigem Vertrauen voraussetzt. Das Prinzip der Spezialität beruht dagegen auf gegenseitigem Misstrauen. Es soll verhindert werden, dass ein Staat sich einen Verfolgten wegen eines Alltagsdeliktes ausliefern lässt und dann, wenn die Person in seiner Gewalt ist, ein Verfahren einleitet, das nie und nimmer eine Auslieferung gerechtfertigt hätte, dass also der ausliefernde Staat – vereinfacht gesagt – hintergangen wird.

25   Demgemäß hat der EuGH darauf abgestellt, dass die im Haftbefehl beschriebene Handlung dem Stand der **Erkenntnis zur Zeit seines Erlasses** entspricht. Im Lauf des Verfahrens können sich diese Erkenntnisse dann aber ändern, präzisiert werden. Dem Ziel des Rahmenbeschlusses entspricht es daher, dass nicht jede Änderung des Sachverhalts zu einem Verfahrenshindernis führt. **Änderungen** der zeitlichen, örtlichen Umstände sind ohne weiteres möglich. Es muss lediglich sichergestellt sein, dass diejenigen Tatbestandsmerkmale, welche die Übergabe zu Grunde gelegen haben, identisch geblieben sind und keine Änderung des Charakters der Tat nach sich gezogen haben. Die Auswechselung der gehandelten Betäubungsmittel (Amphetamin gegen Haschisch) führt nicht zur Annahme einer anderen Handlung. Der Verurteilung stand mithin der dem Spezialitätsgrundsatz zu entnehmende Grundsatz, wonach die der Bewilligung zu Grunde liegenden Tat und die abgeurteilte Tat identisch sein müssen, nicht entgegen. In der Sache hat der EuGH damit auf den Begriff der Tatidentität abgestellt.

Nach deutschem Recht ist das bisher ebenso. Die deutsche Rechtsprechung formuliert, dass der Grundsatz der Spezialität die Verurteilung unter einem anderen rechtlichen Gesichtspunkt nicht ausschließt, sofern ihr derselbe Sachverhalt zu Grunde liegt und der zusätzlich herangezogene Straftatbestand ebenfalls auslieferungsfähig ist.[54] Ändern sich zwischen Haftbefehl und Ergebnis der Hauptverhandlung nicht die rechtliche Beurteilung, sondern innerhalb derselben Tat einzelner ihrer Umstände, gilt nichts anderes.[55]

❗ Stichworte: Der Begriff der Tat ist im Zusammenhang mit dem Spezialitätsgrundsatz ebenso wie beim Doppelverfolgungsverbot zu verstehen. Nach diesem Maßstab sind auch Abweichungen zwischen der Tatschilderung im Europäischen Haftbefehl und dem Ergebnis der Hauptverhandlung zu beurteilen.

---

26   Aber der EuGH hat in der Entscheidung Leymann eine weitere, weitreichende Einschränkung des Spezialitätsgrundsatzes vorgenommen. Das Prinzip ist nach deutschem Recht bisher ein Verfahrenshindernis, ein umfassendes Strafverfol-

---

54 BGH NStZ 2014, 581, 582 Rdn. 11; BGH StV 2013, 294 Rdn. 14; BGH NStZ 1986, 557.
55 BGHSt. 59, 105 Rdn. 14.

gungsverbot. Seine rechtliche Grundlage findet es in § 83h IRG. Der EuGH – der zurecht darauf abhebt, dass zwischen den Mitgliedstaaten der EU das dem Prinzip zugrundeliegende Misstrauen nicht angebracht ist – hat den Spezialitätsgrundsatz von einem umfassenden Verfahrenshindernis herabgestuft zu einem bloßen **Vollstreckungshindernis.**

Der Spezialitätsgrundsatz hat somit nur noch die Bedeutung eines bloßen Vollstreckungsverbots.[56] Das Ermittlungsverfahren, das Erkenntnisverfahren und die Hauptverhandlung dürfen nach EU-Recht jetzt ohne Rücksicht darauf durchgeführt werden, ob die Beschuldigung mit der der Auslieferung zu Grunde liegenden Tat identisch ist. Ausgeschlossen ist nach dem EuGH allerdings die Verhängung oder Vollstreckung freiheitsbeschränkender Maßnahmen wie Untersuchungshaft, bevor der ausliefernde Staat seine Zustimmung erteilt hat. Ein Haftbefehl darf danach erlassen werden, lediglich seine Vollstreckung ist beim Eingreifen des Spezialitätsgrundsatzes unzulässig.[57] In der Regel aber stellt sich die Frage der Spezialität damit erst bei der Vollstreckung einer Freiheitsstrafe oder freiheitsentziehenden Maßregel.

Doch gilt das nur innerhalb der EU und hier nur im Raum der Freiheit, der **27** Sicherheit und des Rechts (vgl. Protokoll 21). Im Verhältnis zu Drittstaaten ist das anders. Ist der Angeklagte etwa von der Schweiz ausgeliefert worden, ist der Spezialitätsgrundsatz nach einer anfechtbaren Entscheidung des BGH nach wie vor ein umfassendes Verfahrenshindernis, das nur durch Zustimmung des ausliefernden Staates beseitigt werden kann.[58]

Fall: Ein Angeklagter wird zur Strafverfolgung von Irland nach Deutschland überstellt und **28** hier abgeurteilt. Es ergibt sich, dass er in Deutschland zuvor ein weiteres Mal verurteilt worden ist und eine Gesamtstrafe (§ 55 StGB) gebildet werden müsste.

Variante: Der Angeklagte ist zuvor nicht in Deutschland, sondern in Irland durch ein weiteres Urteil verurteilt worden.

Der BGH[59] hat sich dem EuGH – ohne nähere Auseinandersetzung mit dem bisherigen Verständnis des Gesetzes – jüngst angeschlossen und den Spezialitätsgrundsatz ebenfalls als bloßes Vollstreckungshindernis bezeichnet. In dem ent-

---

56 C-388/08 PPU, Urteil vom 1.12.2008 – Leymann und Pustovarov m. Anm. *Heine* NStZ 2010, 35 – Rdn. 72, 73.
57 OLG Stuttgart StV 2015, 361.
58 BGH StV 2013, 294 Rdn. 19.
59 BGH, Beschluss vom 25.6.2014 – 1 StR 218/14, NStZ 2014, 590; vgl. ferner BGH StV 2015, 563; Beschluss vom 27.7.2011 – 4 StR 303/11; BGH NStZ 1998, 149. Zur Reichweite des Spezialitätsgrundsatzes BGH StV 2013, 298.

schiedenen Fall fehlte für die Vollstreckung des weiteren deutschen Urteils die Auslieferungsbewilligung. Der BGH hat die Bildung der **Gesamtstrafe** als Anordnung der Vollstreckung auch der Strafe betrachtet, für die die Bewilligung fehlt, und die Gesamtstrafe deshalb aufgehoben.[60] Falls Irland zustimmt, könnte nachträglich aber eine Gesamtstrafe im Verfahren nach § 460 StPO gebildet werden.

Die Strafe aus einem ausländischen Urteil kann jedoch nicht durch ein deutsches Gericht in eine Gesamtstrafe einbezogen werden. Dies wäre ein Eingriff in die Souveränität des fremden Staates. Wegen der Unmöglichkeit der Gesamtstrafenbildung ist, wenn ohne diesen Umstand § 55 StGB anwendbar wäre, ein **Härteausgleich** bei der Strafbemessung zu gewähren.[61]

29 **Fall:** Gegen den Angeklagten liegen drei Europäische Haftbefehle (Frankreich, Finnland, Ungarn) vor. Er wird in Großbritannien festgenommen und nach Ungarn, von dort nach Finnland überstellt.

Fälle der **Weiterlieferung** behandelt Art. 28 des Rahmenbeschlusses über den Europäischen Haftbefehl. Zweifelhaft kann in solchen Konstellationen sein, inwieweit die Zustimmung der beteiligten Staaten zur weiteren Strafverfolgung erforderlich ist. Der EuGH hat dazu Stellung bezogen;[62] zustimmen muss der **letzte** übergebende Staat. Eine Darstellung der Einzelheiten kann an dieser Stelle unterbleiben.

30   Das neue Verständnis des Spezialitätsgrundsatzes ist sachgemäß, weil es eine ihm anhaftende Ungereimtheit beseitigt. Bisher konnte ein Staat, solange er des Beschuldigten nicht habhaft geworden war, dessen sämtliche seiner Gerichtsbarkeit unterfallenden Straftaten ohne jede Einschränkung aufklären und verfolgen. War ihm der Beschuldigte überstellt, verengte sich seine Strafverfolgungsbefugnis jedoch plötzlich auf die Taten, welche der Auslieferungsbewilligung zugrundelagen. Der Aufklärung von Straftaten des Beschuldigten, welche erst während des Laufs des Auslieferungsverfahrens bekannt geworden waren, stand eine rechtliche Schranke im Wege, obwohl der Beschuldigte nach der Auslieferung greifbar war und obwohl für die Ermittlungen in erster Linie er in Betracht kam. Diese nur durch eine nachträgliche Zustimmung des Auslieferungsstaates zu überwindende Ungereimtheit besteht nun nicht mehr. Die Strafverfolgungsbehörden sind nicht gehindert, nach der Überstellung des Be-

---

60 Ebenso BGH, Beschluss vom 11.5.2015, StV 2017, 245, Rdn. 22; BGH, Beschluss vom 20.4.2016 – 1 StR 661/15, StV 2017, 248.
61 BGH, Beschluss vom 27.1.2010 – 5 StR 432/09, StV 2010, 238.
62 EuGH C-192/12, Urteil vom 28.6.2012 – West.

schuldigten die erforderlichen Ermittlungen zu allen Taten vorzunehmen, deren der Beschuldigte verdächtig ist. Insbesondere ist es auch zulässig, den Beschuldigten zu Taten zu vernehmen, die von der Auslieferungsbewilligung nicht erfasst sind, deswegen Anklage zu erheben und die Hauptverhandlung durchzuführen.

Mit dem deutschen Gesetzeswortlaut ist das vereinbar. Nach § 83h Abs. 2 Nr. 3 IRG greift der Spezialitätsgrundsatz nicht ein, wenn die Strafverfolgung nicht zur Anwendung einer die persönliche Freiheit beschränkenden Maßnahme führt. Dabei kommt es nicht darauf an, ob die Strafverfolgung zu einer solchen Maßnahme führen kann, vielmehr ist in konkreter Betrachtungsweise darauf abzustellen, ob die Strafverfolgungsmaßnahme im Einzelfall zu einer Freiheitsbeschränkung führt.[63] Das ist naturgemäß zu verneinen, wenn sie infolge des möglichen Eingreifens des Spezialitätsgrundsatzes generell nicht beabsichtigt wird.

Stichworte: Der EuGH hat den Grundsatz der Spezialität von einem umfassenden Verfahrenshindernis in ein bloßes Vollstreckungshindernis umgewandelt. **!**

Nun noch folgender Fall: 31

Fall: 1983 wird in Bayern ein dort lebender Exilkroate ermordet. Der Befehl dazu und die Organisation der Tat sollen von zwei hochrangigen Mitgliedern des damaligen jugoslawischen Geheimdienstes ausgegangen sein. Diese wurden aber nicht ausgeliefert. Am 1.7.2013 tritt Kroatien der EU bei und übernimmt damit den gesamten „acquis communautaire", also auch die Pflichten aus dem Rahmenbeschluss über den Europäischen Haftbefehl. Darauf erwirkt die Staatsanwaltschaft München einen Europäischen Haftbefehl und verlangt von Kroatien die Überstellung der beiden Beschuldigten, die dort leben. Kroatien weigert sich, erlässt sogar ein Gesetz, wonach ein Europäischer Haftbefehl nicht rückwirkend für frühere Taten gelte. Auf Druck der EU muss Kroatien dieses Gesetz aufheben und die Beschuldigten ausliefern. Sie wurden in München vor Gericht gestellt.

Das Auslieferungsrecht gehört zum **Verfahrensrecht**. Für Verfahrensrecht gilt das **Rückwirkungsverbot nicht**, wie jetzt auch der EuGH[64] für den europäischen Rechtsraum bestätigt hat. Danach war das Verhalten Kroatiens vertragswidrig.

---

63 Begründung zum Entwurf des 1. Haftbefehlsgesetzes BTDrucks. 15/1718 S. 25; ebenso Begründung zum Entwurf des Umsetzungsgesetzes Freiheitsstrafen BTDrucks. 18/4347 S. 132 (zu § 84i IRG).
64 EuGH C-399/11, Urteil vom 26.2.2013 – Melloni, Rdn. 32; ebenso BVerfGE 113, 273 Rdn. 98.

6. Würdigung

32 Das deutsche Gesetz zur Umsetzung des Rahmenbeschlusses über den Europäischen Haftbefehl ist vielfach kritisiert worden, insbesondere weil es das behördliche Bewilligungsverfahren beibehalte. Die Kritik ist nach der Neufassung des IRG in diesem Punkte jedoch **nicht mehr berechtigt**; unverständlich bleibt insoweit lediglich die Beibehaltung der überkommenen Terminologie.

Der Gesetzgeber hatte bei der ersten Änderung des IRG zur Umsetzung des Rahmenbeschlusses das alte System von Rechtsprüfung und Bewilligung beibehalten. Die Bewilligungsbehörde konnte daher noch nach dem Abschluss der gerichtlichen Zulässigkeitsprüfung die Auslieferung nach ihrem Ermessen ablehnen. Die zweite Änderung des IRG diente allein dem Ziel, die Beanstandungen des Bundesverfassungsgerichts auszuräumen; weitere Eingriffe in das System des deutschen Auslieferungsrechts sollten unterbleiben. Der Regierungsentwurf des zweiten Änderungsgesetzes betont ausdrücklich, dass die Trennung von Rechtsprüfung und Bewilligungsverfahren nicht angetastet werden solle.[65] Es hat jedoch den Anschein, als ob auch in diesem Fall des Gesetz klüger ist als seine Verfasser, denn mit der in § 79 Abs. 2 IRG getroffenen Neuregelung hat der Gesetzgeber die **Doppelspurigkeit** des Verfahrens **praktisch beseitigt**. Nach dieser Vorschrift hat die Behörde vor der Befassung des Gerichts zu entscheiden, ob sie fakultative Bewilligungshindernisse geltend machen will und ihre Entscheidung, die gerichtlicher Nachprüfung unterliegt, zu begründen. Ein freies Ermessen zur Verweigerung der Auslieferung gibt es nicht mehr. Das frühere Bewilligungsverfahren ist folglich in die **Rechtsprüfung integriert**. Damit **endet** das Auslieferungsverfahren mit der gerichtlichen **Zulässigkeitsentscheidung** des Oberlandesgerichts; für eine nachfolgende Ablehnung des Auslieferungsersuchens ist grundsätzlich kein Raum.

Zwar erwachsen weder die gemäß § 79 Abs. 2 IRG zu erklärende Vorwegbewilligung noch die Entscheidung des OLG in Rechtskraft; aber sie sind beide nicht willkürlich abänderbar. Nach § 79 Abs. 3 und § 33 IRG ist Voraussetzung für eine neue Entscheidung vielmehr der Eintritt oder das Bekanntwerden rechtserheblicher neuer Umstände. Die Rechtslage gleicht insoweit den Regelungen über das Wiederaufgreifen eines Verfahrens und die Zweitentscheidung, die aus dem allgemeinen Verwaltungsverfahrensrecht bekannt sind.[66] Der Zeitpunkt des Verfahrensabschlusses ändert sich durch das Vorhandensein solcher Regelungen

---

65 Entwurf des (zweiten) Gesetzes zur Umsetzung des Rahmenbeschlusses über den Europäischen Haftbefehl und die Übergabeverfahren zwischen den Mitgliedstaaten der EU, BTDrucks. 16/1024 S. 10.

66 § 51 des Verwaltungsverfahrensgesetzes des Bundes.

aber nicht. Die Erwägung des Regierungsentwurfs,[67] dass die Bewilligungsbehörde auch nach der gerichtlichen Entscheidung ohne weiteres einen fakultativen Ablehnungsgrund geltend machen könne, ist somit unzutreffend. Im Normalfall ist für eine eigene, das Verfahren abschließende Entscheidung der Behörde nur dann Raum, wenn vor der Zuleitung der Sache an das Gericht ein Auslieferungshindernis besteht und geltend gemacht werden soll. Diese Entscheidung aber obliegt naturgemäß nicht dem Gericht, sondern der Behörde.[68] Hat dagegen das Gericht entschieden, wird die Behörde im Regelfall nur noch zum **Vollzug der erlassenen Zulässigkeitsentscheidung** des OLG tätig; die behördliche Vollzugsmaßnahme ist daher auch nicht selbständig anfechtbar.[69] Noch deutlicher wird diese Rechtslage bei den gerichtlichen Entscheidungen über die Anerkennung fremder Erkenntnisse, die förmlich rechtskräftig werden (Kap. 8/12, 20, 26). Hier ist für eine behördliche Bewilligung schlechterdings kein Raum.

Stichworte: Entgegen den Intentionen des Gesetzgebers und der Terminologie des Gesetzes ist die frühere Zweispurigkeit des Auslieferungsverfahrens (Rechtsprüfung und Bewilligung nach Ermessen) beseitigt. ❗

Gewichtige **Einwände**, die nicht lediglich terminologischer Natur sind, bestehen gegen die getroffenen gesetzlichen Regelungen aber in **anderer** Richtung. **33**

Nach Art. 1 Abs. 1 des Rahmenbeschlusses ist ein Europäischer Haftbefehl eine in einem Mitgliedstaat ergangene justizielle Entscheidung, welche die Festnahme und Übergabe des Verfolgten bezweckt. Nach Art. 1 Abs. 2 des Rahmenbeschlusses haben die Mitgliedsstaaten **diese** Entscheidung nach dem Grundsatz der gegenseitigen Anerkennung zu vollstrecken/zu exekutieren.[70] Der Rahmenbeschluss spricht auch in den weiteren Vorschriften (Art. 12, 15, 16, 17, 22) bis hin zur Übergabe (Art. 23) ausschließlich von der Vollstreckung des Europäischen Haftbefehls. Auf das nationale Recht ist nur in Art. 12 Bezug genommen, nach dem es der vollstreckenden Justizbehörde obliegt zu entscheiden, ob die gesuchte Person nach Maßgabe ihres Rechts in Haft zu halten ist.

Dass der mit dem Erlass des Europäischen Haftbefehls zur Existenz gelangte justizielle Akt des Anordnungsstaates zu vollstrecken ist – und nichts sonst –, ergeben auch seine rechtlichen Folgen. Dieser Akt begründet im Regelfall unmittelbar die Verpflichtung des Vollstreckungsstaates, dem im Haftbefehl zum

---

67 Gesetzentwurf BTDrucks. 16/1024 S. 14; ebenso *Hackner/Schierholt* Rdn. 66, 68, 68a; *Hackner u.a.* NStZ 2006, 663, 665.
68 Nicht berechtigt deshalb die Kritik von *Satzger* IntStrR § 10/36.
69 *Meyer* in *Ambos/König/Rackow* 2/760; a.A. *Ambos* IntStrR § 12/56.
70 *Ambos* IntStrR § 12/39; kritisch auch *Weigend* H. Jung-Festschrift S. 1069, 1078.

Ausdruck gekommenen Begehren Folge zu leisten. Die Begründung einer derartigen staatlichen **Verpflichtung durch einseitigen Hoheitsakt** eines **anderen** Staates ist aber nur erklärbar, wenn der Europäische Haftbefehl transnational wirkt. Der Vorbehalt seiner Anerkennung im Vollstreckungsstaat ändert daran nichts. Seit jeher hat in Deutschland die zur Rechts- oder Amtshilfe verpflichtete Stelle zu prüfen, ob sie die begehrte Hilfe nach den für sie geltenden Vorschriften leisten kann (vgl. z.B. § 158 Abs. 2 GVG; StPO 8. Buch).

Nur ein solches Verständnis fügt sich auch dem mit der Schaffung des Europäischen Haftbefehls verfolgten Ziel ein, die europaweite Verkehrsfähigkeit von Haftentscheidungen herzustellen. Nicht ein Anerkennungsakt des Vollstreckungsstaates muss verkehrsfähig gemacht werden, sondern die justizielle Entscheidung des Anordnungsstaates. Diesem Ziel entspricht es aber am besten und im Sinne des effet utile, indem man den Europäischen Haftbefehl als transnational wirksamen Hoheitsakt begreift.

Dies alles gebietet es jedenfalls nach der Konzeption des Rahmenbeschlusses, den Europäischen Haftbefehl als den eigentlichen **Vollstreckungstitel im Verfahren** zu betrachten. Selbst die Einbettung des Haftbefehls in das rudimentär den alten Strukturen verhaftete System der Rechtshilfe hindert nicht diesen Schluss. Rechtshilfe ist Hilfe zu fremder Strafverfolgung oder -vollstreckung. Die fremde Rechtsordnung hat daher den Vollstreckungstitel zu liefern, der in dem anderen Staat ausgeführt werden soll. Nichts anderes ergibt ein Vergleich mit der Systematik der (später erlassenen) Rahmenbeschlüsse zur Vollstreckung von Freiheitsstrafen,[71] sowie zur Vollstreckung von Geldstrafen und Geldbußen.[72] Im Gegensatz zu dem Rahmenbeschluss über den Europäischen Haftbefehl ist dort zwar sorgfältig zwischen Anerkennung und Vollstreckung unterschieden. So heißt es in beiden die Vollstreckung betreffenden Rahmenbeschlüssen, dass der Vollstreckungsstaat die übermittelte Entscheidung anerkennt und unverzüglich alle erforderlichen Maßnahmen zu „deren" Vollstreckung trifft, sofern nicht ein Grund für die Versagung der Anerkennung oder der Vollstreckung geltend gemacht wird. Aber mit der Anerkennung wird das ausländische Erkenntnis nicht etwa gegenstandslos; vielmehr wird durch die Anerkennung seine Geltung im Inland bestätigt; vollstreckt wird die „übermittelte Entscheidung". Augenfällig ist das bei einem auf Freiheitsstrafe lautenden Urteil: Es ist

---

71 Rahmenbeschluss 2008/909/JI vom 27.11.2008 über die Anwendung des Grundsatzes der gegenseitigen Anerkennung auf Urteile in Strafsachen, durch die eine freiheitsentziehende Strafe oder Maßnahme verhängt wird, für die Zwecke ihrer Vollstreckung in der Europäischen Union, ABl. 2008 L 327 S. 27.

72 Rahmenbeschluss 2005/214/JI vom 24.2.2005 über die Anwendung des Grundsatzes der gegenseitigen Anerkennung von Geldstrafen und Geldbußen, ABl. 2005 L S. 16.

und bleibt Grundlage für die Art und die Dauer der dem Verurteilten auferlegten Einbuße an Freiheit oder Vermögen. Vollstreckungstitel ist mithin auch dort die ausländische Entscheidung, nicht hingegen der inländische Ausspruch über die Anerkennung.[73] Ähnlich formuliert die Richtlinie über die Europäische Ermittlungsanordnung,[74] die ebenfalls zwischen Anerkennung und Vollstreckung unterscheidet und in Art. 9 bestimmt, dass der Vollstreckungsstaat die Vollstreckung der Beweisanordnung „gewährleistet". Auch hier wird mit der Beweisanordnung die ausländische Entscheidung vollstreckt. Die Richtlinie über die Europäische Schutzanordnung (Kap. 11/7) wiederum ist vom deutschen Gesetzgeber so in deutsches Recht umgesetzt worden, dass Anerkennung und Durchführung rechtlich und praktisch zusammenfallen.

Der Europäische Haftbefehl stellt deshalb **nicht lediglich** das herkömmliche Festnahme – und Auslieferungs**ersuchen** dar, welches nach nationalem Rechtshilferecht zu vollziehen ist. Der Rahmenbeschluss hat ihm vielmehr eine **neue rechtliche Qualität** verliehen. Der Europäische Haftbefehl ist die Verfahrensgrundlage für alle Maßnahmen des Vollstreckungsstaates, die zur Übergabe führen und für die Übergabe selbst.[75] Dem steht nicht entgegen, dass er vielfach von der Staatsanwaltschaft, nicht vom Gericht ausgefertigt wird. Seine Grundlage ist jedenfalls zwingend eine richterliche Entscheidung, und das genügt wie im deutschen Recht beim Vollstreckungshaftbefehl nach § 457 Abs. 2 StPO, der vom Rechtspfleger der Staatsanwaltschaft erlassen wird.[76] **34**

Ebenso wenig steht dem entgegen, dass der Europäische Haftbefehl notwendig eine gesonderte nationale Entscheidung über die Inhaftierung voraussetzt, die nicht mit diesem identisch sein darf (Art. 8 Abs. 1 Buchst. c) Rahmenbeschluss), und die unverzichtbar ist.[77] Diese Voraussetzung berührt seine Ordnungsmäßigkeit, nicht die rechtliche Einordnung.

Demgegenüber erläutert das IRG an keiner Stelle, was es unter einem Europäischen Haftbefehl versteht und welche Wirkungen er hat. Im Gegenteil, in § 79 Abs. 1 bezeichnet das IRG ihn als „Ersuchen um Auslieferung". Das Gesetz verwendet unter bewusster Vernachlässigung des mit dem Rahmenbeschluss eingeführten neuen Systems auch die alten Begriffe Auslieferung und Bewilligung. Die in der Gesetzesbegründung zum Ausdruck gekommene Verhaftung

---

73 A.A. *Krumm/Lempp/Trautmann* Rdn. 1/155.
74 Richtlinie vom 3. April 2014 über die Europäische Ermittlungsanordnung in Strafsachen, ABl. 2014 L 130 S. 1.
75 *Burchard* in *Böse* Enz. § 14/28; *Meyer* in *Ambos/König/Rackow* 2/751; *Wasmeier* in *Sieber u.a.* EurStrR § 32/37.
76 Verkannt von *Schomburg* in *Breitenmoser u.a.* 2015 S. 221, 228 ff.
77 EuGH C-241/15, Urteil vom 1.6.2016 – Bob-Dogi.

seiner Verfasser in dem alten System hat sich daher auch im Gesetz selbst niedergeschlagen.

Unvereinbar mit dem Rahmenbeschluss und mit seiner Systematik ist es daher, wenn für die Inhaftierung des Verfolgten ein vorläufiger Haftbefehl und ein endgültiger Haftbefehl des OLG erforderlich ist (§ 78 Abs. 1, §§ 15, 16 IRG), denn nach Art. 12 des Rahmenbeschlusses hat der Vollstreckungsstaat lediglich darüber zu befinden, ob die festgenommene Person „in Haft zu halten ist". Es ist also über die Fortdauer, nicht über die erstmalige Anordnung der Haft zu befinden. Ebenso liegt es, wenn das OLG über die Zulässigkeit der Auslieferung entscheidet statt den Europäischen Haftbefehl anzuerkennen und wenn eine Auslieferung „bewilligt" wird, wo der Vollstreckungsstaat rechtlich zur Übergabe des Verfolgten verpflichtet ist.[78] Vollends unvereinbar mit einem solchen System der Überstellung sind dogmatische Vorstellungen, wonach mit der Bewilligung ein zwischenstaatlicher Vertrag zustande komme, dessen Abschluss mit dem Rechtshilfeersuchen eingeleitet worden sei.[79]

Diese Einwände sind nicht lediglich konstruktive und terminologische Gedankenspielereien. Es geht wie bei Urteilen (Art. 54 SDÜ) um die integrationspolitisch und rechtlich wichtige Frage der **europaweiten Wirksamkeit des Europäischen Haftbefehls**. Ob diese Wirksamkeit zutreffend mit dem Begriff „Durchgriff" zu umschreiben ist, mag zweifelhaft sein,[80] kann aber dahinstehen, denn die Pflicht des Vollstreckungsstaates zur Übergabe resultiert unmittelbar aus dem **Hoheitsakt des Anordnungsstaates**, der damit **transnational** wirkt. Der Europäische Haftbefehl verkörpert den beginnenden Übergang von der Rechts- zur Amtshilfe.[81]

Die in den Formulierungen und Regelungen des deutschen Gesetzes aufscheinende prinzipielle Zurückhaltung (augenfälliges Beispiel weiter Kap. 11/4) vernachlässigt die notwendigen Vereinfachungen des Rechtshilfeverkehrs, die sich konsequenterweise aus den Sachzwängen ergeben, welche ein einheitlicher Rechtsraum mit sich bringt. Sie werden durch die Begründung des Regierungsentwurfs zum ersten Änderungsgesetz des IRG nicht ausgeräumt. Dort ist zur Rechtfertigung der vorgeschlagenen Ablehnung eines Systemwechsels im Grunde nicht mehr ausgeführt, als dass es „immer schon so war".[82] Das genügt nicht und erweist das System der Neuregelung als vertragswidrig. Ein deswegen

---

78 *Hecker* 12/Rdn. 45 Fn. 91.

79 Vgl. dazu *Vogel* in *Grützner/Pötz/Kreß* vor § 1 IRG Rdn. 6.

80 *Globke* GA 2011, 412.

81 *Burchard* in *Böse* Enz. § 14/8; im Ergebnis ebenso *Meyer* Weßlau-Gedächtnisschrift S. 193, 201: Strafverfolgungsverbund.

82 Regierungsentwurf des (ersten) Änderungsgesetzes BTDrucks. 15/1718 S. 10 f.

angestrengtes Vertragsverletzungsverfahren gegen Deutschland (Art. 258 ff. AEUV) wäre wohl nicht ohne Erfolgsaussicht.[83] Leider aber sind das Schicksal des Rahmenbeschlusses und noch mehr das deutsche Umsetzungsgesetz nicht ohne Auswirkungen auf die nachfolgenden Rechtsakte der Union und deren Umsetzung geblieben. Diese sind deutlich von der retardierenden deutschen Strömung beeinflusst.

Stichworte: Da der Europäische Haftbefehl als Hoheitsakt des Anordnungsstaates eine Rechtspflicht des Vollstreckungsstaates zur Auslieferung begründet, ist er rechtlich die alleinige Grundlage des gesamten Überstellungsverfahrens. Für eine eigenständige Bewilligungsentscheidung des Vollstreckungsstaates ist kein Raum.

Insgesamt aber ist festzustellen, dass **viele alte Zöpfe abgeschnitten** sind, und 35 dass die Auslieferung sehr viel schneller erfolgt als bisher. Knapp mehr als die Hälfte der Festgenommenen stimmt einer Übergabe zu; in diesen Fällen dauert das Auslieferungsverfahren durchschnittlich 15 Tage. In den anderen Fällen dauert die Auslieferung im Durchschnitt 48 Tage – und damit deutlich kürzer als vor der Einführung des Europäischen Haftbefehls (ca. 1 Jahr).[84] Mehr als die Hälfte der Europäischen Haftbefehle wurden 2008 und 2009 in Polen, Deutschland und Rumänien erlassen (50–65%) und auch in diesen drei Ländern vollstreckt (58–68%). Nach einer von der Kommission verwalteten Website im Internet – „Europäisches Justizportal" – wurden in der EU im Jahre 2012 10.450 und im Jahr 2013 13.100 Europäische Haftbefehle erlassen. Dies führte 2012 zu 4.480 Übergaben und im Jahr 2013 zu 3.460 Übergaben. In den meisten Mitgliedstaaten erfolgte eine Übergabe mit Zustimmung des Verfolgten innerhalb von 14–16 Tagen. Ohne Zustimmung des Verfolgten dauerte das Verfahren jeweils etwa 2 Monate. Auch nach dieser Aufstellung stimmt etwa die Hälfte der Verfolgten der Übergabe zu.

Das dürfte ein sehr erheblicher Fortschritt sein.[85] Probleme bleiben dennoch. So ist nach dem Rahmenbeschluss die Prüfung der beiderseitigen Strafbarkeit im Ausstellungs- und im Vollstreckungsstaat bei bestimmten Katalogtaten ausgeschlossen. Diese Katalogtaten sind jedoch teilweise sehr unscharf formuliert („Rassismus und Fremdenfeindlichkeit", „Korruption"),[86] so dass die

---

83 Vgl. *Suhr* in *Callies/Ruffert* Art. 82 Rdn. 31; *Böse* in *Grützner/Pötz/Kreß* § 79 IRG Rdn. 1, 6.
84 Europäisches Parlament, Plenarsitzungsdokument A7 – 00 39/2014: Bericht Sarah Ludford „Empfehlungen an die Kommission zur Überprüfung des europäischen Haftbefehls" vom 28.1.2014 (aufgrund statistischer Daten bis 2009).
85 *Hecker* 12/Rdn. 41.
86 Dazu EuGH C-303/05, Urteil vom 3.5.2007 – Advocaten voor de wereld.

Notwendigkeit einer Angleichung auch der materiellrechtlichen Strafvorschriften als Aufgabe bleibt.

III. Die Richtlinie über die Europäische Ermittlungsanordnung in Strafsachen

1. Tragweite und Inhalt der Richtlinie

36 Im Ermittlungsverfahren muss die Verfolgungsbehörde nicht nur den Beschuldigten haben, sondern vor allem auch die notwendigen Beweise. Zu diesem
Zweck existierte eine Reihe von Vorschriften der internationalen Rechtshilfe in
Strafsachen. Ferner hatte der Rat 2008 den Rahmenbeschluss über die **Europäische Beweisanordnung** erlassen.[87] Er regelte die Übermittlung von vorhandenen, unmittelbar verfügbaren Sachen, Urkunden und Daten aus dem Ausland
ins Inland. Die Gewinnung von neuen Beweisen war ausgeklammert. Das Instrument erfasste damit nur einen Teilbereich und war insgesamt nicht ausge-
reift. Insbesondere das Problem der unterschiedlichen Eingriffsschwellen in
Grundrechte in den verschiedenen Mitgliedstaaten der Union war nicht gelöst.
Beispielsweise war in Spanien die Anordnung der Telefonüberwachung – anders als in Deutschland – bisher bei jedem Delikt zulässig. Eine Verpflichtung
Deutschlands, einem spanischen Ersuchen ohne weiteres stattzugeben, hätte
daher das grundrechtliche Schutzniveau in Deutschland beträchtlich gesenkt.[88]
Deutschland hatte den Rahmenbeschluss aus diesen und anderen Gründen
nicht umgesetzt; er ist mittlerweile auch durch die EU **aufgehoben** worden.[89]

Aber die aus der Verflechtung der europäischen Volkswirtschaften sich er-
gebenden Sachzwänge erforderten eine Intensivierung der Möglichkeiten
grenzüberschreitender Strafverfolgung. Wenn ein Vorstandsmitglied der Baye-
rischen Landesbank verdächtig ist, für den Verkauf von Anteilen des Unternehmens Formel 1 an Bernie Ecclestone von dem Käufer 50 Millionen € für sich
privat erhalten zu haben (Bestechung und Bestechlichkeit), so muss das Amtsgericht München eine Anordnung zur Beschlagnahme von Computern und von
Kontounterlagen des Beschuldigten oder Zeugen Ecclestone erlassen können,
welche sodann zeitnah von der britischen Polizei in London durchzuführen ist.
Oder wenn dieselbe Bayerische Landesbank beim Kauf einer Bank in Österreich
(Alpe Hypo Adria in Kärnten) vom Verkäufer und/oder dem eigenen Vorstand

---

87 Vom 18.12.2008 – 2008/978/JI, ABl. 2008 L 350 S. 72.
88 *Hecker* 12/Rdn. 67; s. aber *Schuster* StV 2015, 393, 397.
89 VO vom 20.1.2016, ABl. 2016 L 26 S. 9.

geschädigt wurde, besteht ein unabweisbarer Bedarf, dasselbe einfache Verfahren in Österreich anzuwenden. Die Aussicht, dass das künftig problemlos möglich wird, erscheint regelrecht faszinierend. Und natürlich muss es in der heutigen Zeit möglich sein, ohne weiteres im Ausland Zeugen zu vernehmen oder DNA-Proben zu gewinnen.

Nunmehr hat die EU die Problematik einer umfassenden Lösung zugeführt **37** und die wichtige Richtlinie über die Europäische Ermittlungsanordnung[90] erlassen. Die Richtlinie ist mittlerweile in nationales Recht umgesetzt,[91] befasst sich mit jeglicher Art von **Beweiserhebung** (außer der von gemeinsamen Ermittlungsgruppen und bei gemeinsamer grenzüberschreitender Observation, Erwägungsgrund 9)[92] und ersetzt für die betroffenen Staaten alle bisherigen Vorschriften auf diesem Gebiet.[93] Auch die Überlassung bereits **vorhandener** Beweismittel kann durch sie verlangt werden. Ihre Rechtsgrundlage findet sie in Art. 82 Abs. 1 Buchst. a) AEUV. Das bedeutet, dass nur die Erhebung von Beweisen geregelt ist, nicht ihre spätere Verwertbarkeit im nationalen Gerichtsverfahren. Wäre das beabsichtigt gewesen, hätte die Richtlinie auch auf Art. 82 Abs. 2 Buchst. a) AEUV gestützt sein müssen.

Die Europäische Ermittlungsanordnung ist die Entscheidung eines Ermittlungsorgans, mit der eine Beweiserhebung im Ausland bezweckt ist. Sie muss von einem **Richter oder Staatsanwalt erlassen** oder, wenn das nicht der Fall ist, von einer dieser Personen „**validiert**" (geprüft und als richtig bestätigt) sein (Art. 1 Abs. 1, Art. 2 Buchst. c)). Sie kann in allen Stadien von strafrechtlichen Verfahren und in Verwaltungsverfahren erlassen werden, wenn das Rechtsmittel gegen die Verwaltungsentscheidung an ein Strafgericht führt. Beantragt werden kann ihr Erlass auch vom Beschuldigten oder seinem Verteidiger (Art. 1 Abs. 3). Bei Maßnahmen zur technischen Überwachung soll die Anordnung vorrangig an den Staat gerichtet werden, in dem die betroffene Person sich befindet (Erwägungsgrund 31). Die Europäische Ermittlungsanordnung kann auch das Ersuchen enthalten, eine bestimmte Person zu überstellen. Das ist jedoch nur zulässig, wenn es um die Gewinnung von Beweismitteln geht. Dient die Maßnahme Verfolgungszwecken, ist in der Regel ein Europäischer Haftbefehl zu erlassen (Erwägungsgründe 25, 26).

---

90 Richtlinie vom 3. April 2014 über die Europäische Ermittlungsanordnung in Strafsachen, ABl. 2014 L 130 S. 1, dazu *Albrecht* StV 2013, 114; *Böse* ZIS 2014, 152; *Brodowski* ZIS 2015, 79, 94; *Schneiderhan* DRiZ 2014, 176; *Schuster* StV 2015, 393; *Zimmermann* ZStW 127 (2015) 142.
91 4. Gesetz zur Änderung des IRG vom 5.1.2017 (BGBl. I S. 31); Gesetzentwurf BTDrucks. 18/9757.
92 Zu den Gründen für die Ausnahmen s. Begründung zum Gesetzentwurf BTDrucks. 18/9757 S. 55f.
93 Dazu *Ruggeri* ZIS 2015, 456.

38   Inhaltlich folgt die Richtlinie dem **Anerkennungsprinzip**. Vorbild ist wiederum der Rahmenbeschluss über den Europäischen Haftbefehl. Die im Anordnungsstaat erlassene Anordnung, in einem anderen Staat bestimmte Beweise zu erheben, muss der andere Staat, der Vollstreckungsstaat, binnen kurzer Fristen ausführen, wenn nicht bestimmte, enumerativ aufgezählte Versagungsgründe vorliegen. **Versagungsgründe** (Art. 11) sind beispielsweise gegeben, wenn privilegierte Personen oder Gegenstände – etwa Verteidiger oder Angehörige der Presse – betroffen sind oder wenn Anhaltspunkte dafür bestehen, dass die Beweiserhebung mit der Charta der Grundrechte oder den Grundprinzipien der EU nach Art. 6 EUV unvereinbar wäre. Das Erfordernis beiderseitiger Strafbarkeit[94] und die nationalstaatliche Beschränkung bestimmter Ermittlungsmaßnahmen etwa auf Katalogtaten können zur Versagung bei einigen, keinesfalls aber bei allen Ermittlungsmaßnahmen führen; Zeugenvernehmungen beispielsweise sind immer zu erledigen (Art. 11 Abs. 2). Zur Rechtsstellung Verdeckter Ermittler Kap. 7/8.

39   Technisch ist die Richtlinie aufgeteilt in Regelungen, welche für alle Beweiserhebungen gelten, und in Sondervorschriften für bestimmte Ermittlungsmaßnahmen. Allgemein gilt, dass der **Vollstreckungsstaat** bei der Durchführung der Beweiserhebung **seinen nationalen Regeln folgt** (Art. 9 Abs. 1). Gilt im Vollstreckungsstaat für bestimmte Maßnahmen ein **Richtervorbehalt**, so ist er auch bei der Befolgung der Ermittlungsanordnung zu beachten (Art. 2 Buchst. d)). Bei der Beweiserhebung im Vollstreckungsstaat können Beamte des Anordnungsstaates zugegen sein; ist das der Fall, werden sie straf- und zivilrechtlich den Beamten des Vollstreckungsstaates gleichgestellt (Art. 17, 18). In bestimmten Fällen kann der Vollstreckungsstaat die verlangte Maßnahme durch eine andere ersetzen, vor allem, wenn diese ein weniger belastende Eingriff ist (Art. 10).

40   Mit Rücksicht auf die Vorbehalte wegen einer möglichen Absenkung des Schutzniveaus bei Grundrechtseingriffen bestimmt Art. 6 Abs. 1 Buchst. b), dass der **Anordnungsstaat** eine Ermittlungsanordnung **nur erlassen** darf, wenn die Ermittlungsmaßnahme in einem **vergleichbaren innerstaatlichen Fall ebenfalls** angeordnet werden könnte. Diese Voraussetzung unterliegt beschränkter Nachprüfung im Vollstreckungsstaat (Art. 6 Abs. 3). Bei der **Telefonüberwachung** sieht Art. 30 Abs. 5 zusätzlich vor, dass die Vollstreckung der Ermittlungsanordnung abgelehnt werden kann, wenn sie in einem vergleichbaren innerstaatlichen Fall – also in einem Ermittlungsverfahren des Vollstreckungs-

---

94 A.A. *Böse* ZIS 2014, 152, 156.

staats – nicht angeordnet werden würde. Man kann insofern von einem Erfordernis **formeller Gegenseitigkeit** sprechen.

Die früheren Rechtsakte der EU, welche dieselbe Materie betreffen, wurden zwar aufgehoben (Art. 34). Sie können aber im Verhältnis zu Mitgliedstaaten, die durch die Europäische Ermittlungsanordnung nicht gebunden sind, weitergelten. Andere internationale Übereinkommen wie solche des Europarats über diese Gegenstände werden verdrängt (Erwägungsgrund 35).

2. Umsetzung in deutsches Recht

Die Richtlinie über die Europäische Ermittlungsanordnung in Strafsachen wur- 41 de durch das Vierte Gesetz zur Änderung des IRG in deutsches Recht umgesetzt; mit ihm wurden die §§ 91a bis 91j sowie § 92d als neuer Abschnitt 2 in das IRG eingefügt. Die Beweisgewinnung für Strafverfahren in Mitgliedstaaten der EU gehört damit in den Bereich der sog. „sonstigen Rechtshilfe".

Die grundsätzliche Pflicht zur Vollstreckung der Ermittlungsanordnung entsprechend dem Anerkennungsprinzip ist in § 91h Abs. 1 IRG verankert.

Da die Richtlinie weithin darauf verzichtet, die Mitgliedstaaten zu schwer wiegenden Eingriffen in ihr Rechtssystem zu nötigen, hält sich das Umsetzungsgesetz über weite Strecken im System der klassischen Rechtshilfe. Deshalb erklärt es die für dieses System geltenden Teile des IRG in großem Umfang für anwendbar und begnügt sich mit notwendigen Ergänzungen (§ 91a Abs. 4 IRG). Das führt zu beträchtlicher Erschwernis in der Handhabung des Gesetzes, aber auch zur Perpetuierung gravierender Unzulänglichkeiten des bisherigen Rechts der sonstigen Rechtshilfe.

Ein besonders schwer wiegender Mangel dürfte für den unbefangenen Leser darin liegen, dass für ihn nicht erkennbar ist, welche Stellen für die Vollstreckung der Ermittlungsanordnung zuständig sind. Das Gesetz selbst spricht nur von den „zuständigen" Stellen. Es differenziert darüber hinaus zwischen Behörden, welche für die Bewilligung der Rechtshilfe und solchen, welche für die Vornahme der Rechtshilfe zuständig sind (§ 60 IRG). Wer dies im Einzelnen ist, ist einer Zuständigkeitsvereinbarung zwischen Bund und Ländern[95] sowie den Bestimmungen der Länder zu entnehmen, welche aufgrund der Zuständigkeitsvereinbarung ergangen sind. Mit der Zuständigkeitsvereinbarung hat der Bund seine Befugnisse auf dem Gebiet der Rechtshilfe in weitem Umfang den Ländern

---

95 Zuständigkeitsvereinbarung vom 4. Mai 2004 über die Zuständigkeit im Rechtshilfeverkehr mit dem Ausland in strafrechtlichen Angelegenheiten (im Internet abrufbar).

übertragen und sie ermächtigt, die zuständigen Landesbehörden zu bestimmen. Zusätzlich sind die RiVASt zu beachten.

42   Ein weiterer wesentlicher Mangel des Umsetzungsgesetzes besteht darin, dass es auf eine Bereinigung der Rechtsbehelfe gegen Ermittlungsmaßnahmen verzichtet. Nach Art. 14 der Richtlinie war bei der Umsetzung das Äquivalenzprinzip zu beachten, im Übrigen verweist die Richtlinie auf das innerstaatliche Recht, so dass dessen Rechtsbehelfe gegeben sind.[96] Danach kommt für Einwendungen des Betroffenen gegen die Bewilligung der Rechtshilfe durch die Bewilligungsbehörde wohl der Rechtsweg nach § 23 EGGVG in Betracht. Die Generalstaatsanwaltschaft kann die Zulässigkeit der Rechtshilfe von sich aus und isoliert durch das OLG überprüfen lassen (§ 61 Abs. 1 Satz 2 IRG). Über die Herausgabe von Gegenständen befindet das Oberlandesgericht (vgl. § 61 Abs. 1 Satz 2 IRG).

Vornahmehandlungen wiederum sind völlig unterschiedlich anfechtbar. So hat Durchsuchungen und Beschlagnahmen durch die Staatsanwaltschaft oder die Polizei zwar das Amtsgericht zu überprüfen (§ 98 Abs. 2 StPO); gerichtliche Entscheidungen unterliegen der Beschwerde. Wird aber eine Vornahmehandlung (z.B. Durchsuchung) angefochten, so ist nach wohl richtiger Auffassung in diesem Verfahren auch die Frage der Zulässigkeit der Rechtshilfe zu prüfen; jedoch besteht nach § 61 Abs. 1 Satz 1 IRG in diesem Fall eine Vorlagepflicht an das OLG. Für den Rechtsunterworfenen wird diese komplizierte und schwer verständliche Lage weiter erschwert durch Art. 14 Abs. 2 der Richtlinie, wonach Einwendungen gegen die sachlichen Gründe der Ermittlungsanordnung im Anordnungsstaat vorzubringen sind. Das nötigt unter Umständen zur Einlegung mehrerer Rechtsmittel in verschiedenen Staaten. § 91i IRG mildert die Unzuträglichkeiten nur zu einem geringen Teil und insofern ab, als behördliche Ermessensentscheidungen – allerdings nur auf Antrag – in das Verfahren vor dem OLG nach § 61 IRG einzubeziehen sind.

43   Im Gegensatz zu der grundsätzlichen Absicht des Gesetzentwurfs, die Richtlinie im Verhältnis 1 : 1 in deutsches Recht umzusetzen, weicht er in zwei nicht ganz unbedeutenden Punkten von zwingenden Vorgaben ab.

(1) Die fakultativen Ablehnungsgründe der Richtlinie sind im Gesetz überwiegend zu zwingenden Versagungsgründen geworden.[97] Das ist eine Überschreitung der Kompetenzen des deutschen Gesetzgebers und vertragswidrig (Kap. 6/14).

---

96 Übersicht in Begründung des Gesetzentwurfs BTDrucks. 18/9757 S. 29 ff., 78.
97 Begründung zum Entwurf des 4. Änderungsgesetzes zum IRG (Europäische Ermittlungsanordnung), BTDrucks. 18/9757 S. 28.

(2) Art. 24 Abs. 7 der Richtlinie verpflichtet den Vollstreckungsstaat sicherzustellen, dass bei audiovisuellen Vernehmungen Zeugen und Sachverständige im Falle einer Aussageverweigerung oder Falschaussage denselben formellen und materiellen Vorschriften unterliegen wie Beweispersonen in nationalen Verfahren. Das deutsche Recht (§§ 70, 77 StPO) sieht insoweit Ordnungs- und Beugemittel vor und bedroht Falschaussagen mit Strafe. § 91c Abs. 1 IRG erklärt die Videovernehmung im Rechtshilfeweg dagegen für unzulässig, wenn die zu vernehmende Person nicht zustimmt; damit sind Zwangsmaßnahmen ausgeschlossen. Die Begründung des Gesetzentwurfs weist darauf hin, dass das deutsche Recht keine Verpflichtung für Zeugen und Sachverständige kenne, sich einer Vernehmung durch ausländische Justizbehörden im Wege einer audiovisuellen Übertragung zu stellen Deshalb könnten gegen diese Personen keine Ordnungsmittel verhängt werden.[98]

Damit lässt das Gesetz diese Regelung der Richtlinie leerlaufen. Entgegen ihrem offenkundigen Zweck wird dem Territorialitätsprinzip der Vorzug gegeben vor der Verbesserung der Sachaufklärung im anderen Mitgliedstaat der Union. Sie nötigt den Anordnungsstaat, auf das normale Mittel der Vernehmung durch Niederschrift und Verlesung des Protokolls zurückzugreifen und erzielt durch diese formale Betrachtungsweise ein paradoxes Ergebnis. Denn zum Erscheinen im gewöhnlichen Vernehmungstermin, der ein weniger gutes Beweisergebnis erwarten lässt, darf der Zeuge oder Sachverständige notfalls gezwungen werden,[99] und Falschaussagen sind mit Strafe bedroht. Das Gesetz ist auch nicht konsequent. Es bedroht Falschaussagen mit Strafe, wenn die Beweisperson ihrer Vernehmung zugestimmt hatte. Obwohl die §§ 153 ff. StGB Delikte gegen die deutsche Rechtspflege darstellen, soll in diesem Fall auch die Falschaussage in der – als ausländisch qualifizierten – audiovisuellen Vernehmung zur Begründung von Strafbarkeit genügen, weil sie sich angesichts der zwingenden Teilnahme deutscher Amtsträger auch gegen die deutsche Rechtspflege richte.[100] Wieso die Willensentscheidung eines Zeugen die rechtliche Einordnung des Verfahrens beeinflussen kann, bleibt unerklärt.

3. Würdigung

Die Würdigung der Richtlinie und – im Wesentlichen – ihrer Umsetzung fällt 44 angesichts der rechtspolitischen Ausgangslage positiv aus. Man wird sagen dür-

---

98 BTDrucks. 18/9757 S. 37.
99 *Hackner/Schierholt* Rdn. 186; Gesetzentwurf BTDrucks. 18/9757 S. 37.
100 Gesetzentwurf BTDrucks. 18/9757 S. 37.

fen, dass die wesentlichen Einwände gegen die frühere Beweisanordnung ausgeräumt sind.[101] Darüber hinaus bereitet die Richtlinie eine Harmonisierung der
Vorschriften über die Verwertbarkeit von Beweisen im Strafverfahren vor, indem sie bereits dem Erlass von Europäischen Ermittlungsanordnungen in sensiblen Bereichen Schranken setzt.

Grundlegend ist die Pflicht des Vollstreckungsstaates, entsprechend dem
Anerkennungsprinzip Ermittlungen allein aufgrund der Entscheidung des Anordnungsstaates vorzunehmen; die Zurückweisungsgründe sind beschränkt
worden. Davon abgesehen ändert sich jedoch nicht allzu viel, zumal die bisherigen internationalen Übereinkommen für die sonstige Rechtshilfe bereits ein
beachtliches Ausmaß möglicher Zusammenarbeit erreicht hatten. Dass die Leistung der Rechtshilfe ausschließlich nach innerstaatlichem Recht erfolgt – so
dass auch Beschränkungen auf Katalogtaten und Kompetenzvorbehalte beachtlich bleiben –, beeinträchtigt zwar die Durchschlagskraft des Anerkennungsprinzips in diesem Bereich. Von voller Verkehrsfähigkeit nationaler Anordnungen über die Beweiserhebung ist Europa noch weit entfernt. Das kann sich in
diesem Bereich besonders nachteilig auswirken, weil der Zugriff auf Beweismittel beim Beschuldigten oder bei Zeugen oft keinen Aufschub duldet. Davon
kann aber zugleich auch ein verstärkter Angleichungsdruck ausgehen. Ferner
ist zu beachten, dass Eingriffe in Grund- und Menschenrechte unverzichtbar
besondere Eingriffsvoraussetzungen und eine erhöhte Eingriffsschwelle erfordern.

Probleme könnte der prinzipielle Ausschluss der Prüfung des Tatverdachts
im Vollstreckungsstaat bereiten. Dieser Ausschluss ist zwar ein allgemeines
Prinzip im Rechtshilferecht,[102] und normalerweise können in einem frühen Sta-
dium des Verfahrens besondere Anforderungen an die Stärke des Tatverdachts
nicht gestellt werden, weil es gerade das Ziel des Ermittlungsverfahrens ist, die
Tatumstände zu klären. Dennoch wird das innerhalb der EU vorausgesetzte gegenseitige Vertrauen möglicherweise nichts stets tragfähig genug sein, um
Grundrechtseingriffe zu rechtfertigen (Kap. 6/17 ff.). Art. 11 Abs. 1 Buchst. f) der
Richtlinie, § 91b Abs. 3 IRG dürften hier einen angemessenen Ausgleich schaffen.[103]

Zur Frage der Verwertbarkeit vorhandener Beweise, nicht in den Bereich der
Beweiserhebung, gehört auch das Problem, ob in einem nationalen Verfahren
bedenkenfrei gewonnene Beweismittel, welche im Wege der Rechtshilfe in einen anderen Mitgliedstaat transferiert werden, auch dann von diesem anderen

---

101 *Hecker* 12/Rdn. 68.
102 Vgl. bereits BGHSt. 32, 314.
103 Dazu Begründung des Gesetzentwurfs BTDrucks. 18/9757 S. 31, 59.

Staat benutzt werden dürfen, wenn dessen besondere Vorschriften nicht beachtet worden waren, weil dazu kein Anlass bestand.[104] Hierzu siehe Kap. 10/3.

Nicht ausgeräumt sind auf der anderen Seite Vorbehalte gegen die Regelung der zulässigen Rechtsbehelfe. Sachliche Einwendungen gegen den Erlass der Ermittlungsanordnung sind bei dem Gericht des Anordnungsstaates zu erheben (Art. 14), Einwände gegen alle Entscheidungen des Vollstreckungsstaates bei dessen Gerichten. Die großen Entfernungen in Europa, die Verschiedenheit der Rechtsordnungen und die Sprachprobleme im justiziellen Verkehr können die Effektivität des Rechtsmittels des Beschuldigten oder eines anderen Betroffenen beeinträchtigen. Aber das ist heute im gewöhnlichen Rechtshilfeverkehr nicht anders und eine wohl zwangsläufige Folge jeder grenzüberschreitenden Zusammenarbeit. Die Konzentration der Rechtsmittelzuständigkeiten in einem Staat verspräche für die regelmäßig in verschiedenen Mitgliedstaaten ansässigen Beteiligten jedenfalls keine Verbesserung.[105] Die Richtlinie ist bemüht, etwaige Härten abzumildern.

Insgesamt wird man den europäischen Rechtsakt mit Recht gegen Kritiker verteidigen dürfen, welche bemängeln, dass nicht überall die deutschen Regelungen durchgesetzt worden sind. In Wahrheit ist das in beträchtlichem Maße der Fall. Die Begründung zum Entwurf des Umsetzungsgesetzes betont immer wieder, dass es der Bundesregierung in den Verhandlungen gelungen sei, im Richtlinientext die Gründe für eine mögliche Zurückweisung der Ermittlungsanordnung zu erweitern.[106] Diese Linie hat das Umsetzungsgesetz nicht verlassen.

4. Vorläufige Maßnahmen

Die Europäische Ermittlungsanordnung befasst sich **auch** mit **vorläufigen** 45
Maßnahmen zur Sicherstellung von Beweismitteln. Bisher bestimmte sich die Sicherung von Beweisen nach einem Rahmenbeschluss aus dem Jahr 2003, der durch die §§ 91, 94 bis 96 IRG in deutsches Recht umgesetzt worden ist.[107] Das Verfahren gestattete allein die Sicherstellung der Beweismittel; sollten sie dem

---

104 *Satzger* IntStrR § 10/41.
105 A.A. *Hecker* 12/Rdn. 15.
106 Begründung zum Gesetzentwurf BTDrucks. 18/9757 S. 17, 18, 26.
107 Rahmenbeschluss 2003/577/JI vom 22.7.2003 über die Vollstreckung von Entscheidungen über die Sicherstellung von Vermögensgegenständen oder Beweismitteln in der Europäischen Union (Rahmenbeschluss Sicherstellung), ABl. 2003 L 196 S. 45, umgesetzt mit Gesetz vom 6.6.2008 (BGBl. I S. 995).

Anordnungsstaat übermittelt werden, war dazu der normale Weg der Rechtshilfe einzuschlagen, so dass zwei selbstständige Verfahren durchzuführen waren.[108] Nunmehr lässt die Europäische Ermittlungsanordnung von Rechts wegen die Verpflichtung des Vollstreckungsstaates entstehen, die erlangten Beweise nicht nur zu erheben, sondern auch dem Anordnungsstaat zu übermitteln (Art. 13). In Fällen besonderer Eilbedürftigkeit kann der Anordnungsstaat mit der Ermittlungsanordnung die Sicherung von Beweisen verlangen; die Vollstreckungsbehörde hat darüber in der Regel binnen 24 Stunden zu entscheiden. Ob die sichergestellten Beweise im Vollstreckungsstaat verbleiben, entscheidet aber auch in diesem Fall der Anordnungsstaat (Art. 32). Die früheren Rechtsakte der EU zu diesem Thema wurden, soweit es um die Sicherung von Beweisen geht, aufgehoben. Die innerstaatlich hierzu erlassenen §§ 91, 94 bis 96 IRG gelten zwar mit unverändertem Wortlaut weiter. Ihr Anwendungsbereich erstreckt sich aber nicht mehr auf die Sicherstellung von Beweismitteln, sondern bezieht sich nur noch auf die Sicherstellung zum Zwecke des Verfalls oder der Einziehung (§ 91a Abs. 3 IRG).

Stichworte: Die Europäische Ermittlungsanordnung folgt dem Anerkennungsprinzip in eingeschränktem Maße, indem sie verstärkt die Besonderheiten des jeweiligen nationalen Beweisrechts berücksichtigt. Der Anordnungsstaat darf eine Ermittlungsanordnung nur erlassen, wenn sie nach seinem Recht zulässig ist; im Vollstreckungsstaat sind grundsätzlich besondere innerstaatliche Zulässigkeitsvoraussetzungen und Kompetenzvorbehalte zu beachten.

---

108 *Gless* in *Sieber u.a.* EurStrR § 39/82.

Kapitel 7:
Unionsregelungen über die praktische Zusammenarbeit der nationalen Ermittlungsbehörden

Die Verträge haben bei der Schaffung und Ausgestaltung des Raums der Frei- **1**
heit, der Sicherheit und des Rechtes im Bereich der Strafjustiz die Grundlagen
der förmlichen Verfahrensabläufe in den Mittelpunkt gestellt. Daher sind die
gegenseitige Anerkennung justizieller Entscheidungen und die Rechtsangleichung zentrale Anliegen der Art. 82, 83 AEUV. Aber unabhängig von einer
zweckmäßigen Ausgestaltung des förmlichen Ermittlungsverfahrens und des
Strafprozesses gibt es praktische Bedürfnisse der **polizeilichen** und **staatsanwaltschaftlichen** Zusammenarbeit, die dem Ermittlungsverfahren oft vorgela-
gert sind. Gerade hier gibt es Sachzwänge, deren Negierung eine effektive Kriminalitätsbekämpfung verhindern kann. Art. 87 AEUV verleiht der Union auf
diesem Gebiet bestimmte Kompetenzen; ebenfalls bedeutend sind die rechtlich
unmittelbar in der gesamten EU geltenden Befugnisse des **Schengen-Besitzstandes**, für den Art. 89 AEUV teilweise eine primärrechtliche Kompetenznorm
der EU bildet. Im Hinblick darauf, dass die polizeiliche Tätigkeit regelmäßig der
Aufklärung von Straftaten dient und insofern Teil des Ermittlungsverfahrens ist,
hat auch Art. 87 AEUV erhebliche Bedeutung. Diese liegt einmal darin, dass die
Vorschrift die Errichtung von Informationssystemen und Maßnahmen zur grenzüberschreitenden operativen Zusammenarbeit von Polizeibehörden ermöglicht,
zum anderen darin, dass sie für alle Polizeibehörden einschließlich der Zoll-
fahndung und der Steuerfahndung gilt.[1]

Nachrichtendienste gehören jedenfalls nach deutschem Verständnis nicht
in den Anwendungsbereich von Art. 87 AEUV.[2]

Die unionsrechtlichen Regelungen zur grenzüberschreitenden Strafverfolgung sind neben dem Übergang zum Anerkennungsprinzip ein weiterer wichtiger **Integrationsfaktor**. Grenzen werden bedeutungslos, und damit wird auch
der Bereich der traditionellen Rechtshilfe verlassen. Die Möglichkeit unmittelbaren Zugriffs auf Datensammlungen im automatisierten Verfahren, der Austausch von Informationen nach dem Grundsatz der Verfügbarkeit – aber auch

---

1 Zur grenzüberschreitenden Zusammenarbeit im Zollwesen *Zurkinden/Gellert* in *Sieber u. a.*
EurStrR § 42.
2 *Kugelmann* in *Böse* Enz. § 17/52.

DOI 10.1515/9783110456103-007

die Erstreckung von Urteilswirkungen über die nationalen Grenzen hinaus – sind grundlegende Bausteine eines einheitlichen Rechtsraums.[3]

I. Grenzüberschreitende Ermittlungen

1. Nacheile

2 Über den Informationsaustausch zwischen den Polizeibehörden und weitere unterstützende Maßnahmen hinaus regelt das SDÜ die grenzüberschreitende Nacheile. Das Institut der Nacheile gibt es auch in Deutschland. Wird ein Täter auf frischer Tat betroffen, ist er geflohen und wird verfolgt, so darf ihn in Deutschland die Polizei auch über die Grenzen des eigenen Bundeslandes hinaus in das nächste Bundesland hinein verfolgen, obwohl die eigene Hoheitsgewalt eines jeden Landes an seinen Grenzen endet. Das ist in § 167 GVG und – im Wesentlichen ohne Beschränkungen – durch eine Ländervereinbarung geregelt. Art. 41 SDÜ überträgt dieses Prinzip mit Einschränkungen auf die Staatsgrenzen der Mitgliedstaaten. Deutsche Polizeibeamte dürfen einen Flüchtling daher in das benachbarte Ausland hinein **verfolgen** und umgekehrt. Voraussetzung ist besondere Dringlichkeit, Kontaktaufnahme mit dem zuständigen Polizeiorgan spätestens bei Grenzübertritt, Einhaltung bestimmter Nacheile-Modalitäten. Die Modalitäten der Nacheile haben einige Nachbarländer Deutschlands recht unterschiedlich ausgestaltet, während Deutschland in dieser Beziehung großzügig war und das Recht der Nacheile den Beamten aller Nachbarländer ohne räumliche und zeitliche Begrenzung für alle auslieferungsfähigen Straftaten unter Einräumung eines Festhalterechts gewährt hat. Der Begriff des **Festhalterechts** unterscheidet sich nur wenig von dem der vorläufigen Festnahme, wie er etwa in § 127 StPO verwendet wird.[4] Doch ist die Differenzierung in Art. 41 Abs. 2 SDÜ angelegt. Entscheidend ist, dass der nacheilende Beamte jede weitere Ortsveränderung des Flüchtigen verhindern darf, sich aber mit den zuständigen Dienststellen in Verbindung zu setzen hat, damit diese die weitere Sachbehandlung übernehmen.[5]

3 Rechtmäßig die Nacheile ausübende fremde Polizeibeamte sind in Deutschland ferner im **Straßenverkehr** von den Vorschriften der StVO insoweit befreit, als auch inländische Polizeibeamte Sonderrechte in Anspruch nehmen dürfen (§ 35 Abs. 1a StVO).

---

3 *Meyer* Weßlau-Gedächtnisschrift S. 193: Strafverfolgungsverbund.
4 *Goy* S. 204.
5 *Krüßmann* in *Böse* Enz. § 18/45.

Darüber hinaus hat die Bundesrepublik mit den **Nachbarstaaten Überein-** 4
kommen und völkerrechtliche Verträge geschlossen, welche die grenzüberschreitende Zusammenarbeit der Polizeibehörden umfassend regeln (Kap. 4/8).
Als Beispiel sei der Vertrag über die Zusammenarbeit der Polizei-, Grenz- und
Zollbehörden vom 15.5.2014 mit der Republik Polen erwähnt.[6] In Ergänzung zu
Art. 41 SDÜ bestimmt Art. 25 dieses Vertrages, dass die grenzüberschreitende
Nacheile ohne zeitliche und räumliche Begrenzung, auch über Luft- und Was-
sergrenzen hinaus, zulässig ist, ferner dass ein Festhalterecht und eine Befugnis
zum Anhalten von Fahrzeugen besteht. Mit Frankreich ist die Zulässigkeit des
Einsatzes von Luftfahrzeugen vereinbart.[7] Weitere Vorschriften zur Ergänzung
und zur Erleichterung der Anwendung des SDÜ enthält das EU-Rechtshilfe-
abkommen.[8]

Nicht unmittelbar geregelt ist in Art. 41 SDÜ und den Übereinkommen mit
den Nachbarstaaten die sog. „**Durcheile**". Das sind Fälle, in denen der Polizeibeamte zunächst das Territorium eines angrenzenden Mitgliedstaates betritt,
die Verfolgung aber erst auf dem Gebiet eines dritten Mitgliedstaates zu Ende
führen kann. In der Region eines Dreiländerecks kann das sehr schnell praktisch werden. Da die Union auch eine Sicherheitsunion ist (Art. 67 Abs. 3 AEUV)
erscheint die Annahme ausgeschlossen, dass das durch Art. 41 SDÜ begründete
System für solche Fälle nicht gelten solle. Bei der rechtlichen Beurteilung wird
jeweils auf das im Verhältnis zu Deutschland geltende Recht des Staates abzustellen sein, auf dessen Territorium der Polizeibeamte den streitigen Hoheitsakt
vorgenommen hat.

2. Gemeinsame Ermittlungsgruppen

Unionsrechtliche Grundlage für die Bildung gemeinsamer Ermittlungsgrup- 5
pen aus verschiedenen Mitgliedstaaten der EU ist Art. 13 des Übereinkommens
über Rechtshilfe in Strafsachen zwischen den Mitgliedstaaten der Europäischen

---

6 Gesetz vom 24.2.2015 zu dem Abkommen vom 15.5.2014 zwischen der Regierung der Bundesrepublik Deutschland und der Regierung der Republik Polen über die Zusammenarbeit der
Polizei-, Grenz- und Zollbehörden, BGBl. 2015 II S. 234.
7 Gesetz vom 1.3.2017 zu dem Protokoll vom 7.4.2016 über den grenzüberschreitenden Einsatz
von Luftfahrzeugen, BGBl. 2017 II S. 194.
8 Gesetz vom 22.7.2005 zum Übereinkommen vom 29.5.2000 über die Rechtshilfe in Strafsachen zwischen den Mitgliedstaaten der Europäischen Union, BGBl. 2005 II S. 650, Art. 1
Abs. 1 Buchst. c, Art. 15, 16 des Übereinkommens.

Union,[9] welche für die Bundesrepublik durch Einfügung von § 83 k (jetzt § 93) in das IRG in nationales Recht umgesetzt wurde.[10] Ansonsten gilt § 61b IRG. Ein Rahmenbeschluss aus dem Jahre 2002,[11] der die Mitgliedstaaten zu beschleunigter Ratifizierung des Übereinkommens anhalten sollte (Erwägungsgrund 4), ist mittlerweile gegenstandslos.

Die strafrechtliche Verantwortlichkeit bei dem Einsatz von Beamten außerhalb des eigenen Staates regelt das EU-Abkommen über Rechtshilfe in Strafsachen ebenfalls, und zwar in Art. 15. Umfassende Bestimmungen über gemeinsame Ermittlungsgruppen finden sich in den Polizeiverträgen über grenzüberschreitende Zusammenarbeit.[12]

6   Gemeinsame Ermittlungsgruppen sind eine spezielle Form der internationalen Zusammenarbeit von Strafverfolgungsbehörden, deren Ziel die Aufklärung von Straftaten und damit – auch – die Beweisgewinnung ist. Besonderes Kennzeichen dieser Form von Ermittlungsarbeit ist aber, dass die gewonnenen **Beweise nicht** zwischen einzelnen Staaten **transferiert** werden, sondern dass sie mit unmittelbarer **innerstaatlicher Relevanz entstehen**.[13] Dazu enthalten die einschlägigen Rechtsakte die eigentlich selbstverständliche Bestimmung, dass innerhalb der Ermittlungsgruppe die erlangten Kenntnisse ausgetauscht werden dürfen (vgl. § 93 Abs. 3, 4 IRG).

An gemeinsamen Ermittlungsgruppen kann sich auch Europol beteiligen (Art. 88 Abs. 2 Buchst. b) AEUV).[14]

Der **Rechtsschutz** gegen Maßnahmen gemeinsamer Ermittlungsgruppen ist nicht näher geregelt. Grundsätzlich wird aber das Zurechnungsprinzip zu gelten haben. Danach ist der Staat verantwortlich, dem die angefochtene Maßnahme zuzurechnen ist.[15] In der Praxis dürfte das darauf hinauslaufen, dass dies der Staat ist, dessen Organen Organisation und Leitung der gemeinsamen Ermittlungsgruppe obliegen.

---

9 Gesetz vom 22.7.2005 zum Übereinkommen vom 29.5.2000 über die Rechtshilfe in Strafsachen zwischen den Mitgliedstaaten der Europäischen Union (BGBl. 2005 II S. 650) mit Gesetz zum Protokoll vom 16.10.2001 (BGBl. 2005 II S. 661).

10 Gesetz vom 22.7.2005 (BGBl. 2005 I S. 2189), Gesetzentwurf BTDrucks. 15/4232.

11 Rahmenbeschluss über gemeinsame Ermittlungsgruppen vom 13.6.2002, ABl. 2002 L 162 S. 1.

12 Modell einer Vereinbarung zur Bildung einer Gemeinsamen Ermittlungsgruppe ABl. 2017 C 18 S. 1.

13 *Krüßmann* in *Böse* Enz. § 18/5, 26; zur Praxis § 18/17 ff.

14 Dazu Verordnung 2016/794 vom 11.5.2016 über die Agentur der Europäischen Union für die Zusammenarbeit auf dem Gebiet der Strafverfolgung (Europol), ABl. 2016 L 135 S. 53, Art. 5.

15 *Dannecker/Müller* in Hdb. Rschutz § 39/214.

3. Weitere Formen der Zusammenarbeit

Daneben sind in den mit den Nachbarstaaten geschlossenen Verträgen auf der 7 Basis des SDÜ weitere Formen der grenzüberschreitenden Zusammenarbeit im Ermittlungsverfahren geregelt. So sind die Möglichkeit **gemeinsamer Streifen, grenzüberschreitender Observation**[16] und ihre Bedingungen sowie der Einsatz **Verdeckter Ermittler** im Einzelnen vereinbart. In allen diesen Fällen ist es möglich und zulässig, dass sich Polizeibeamte des Nachbarstaates auf deutschem Boden aufhalten und hier Amtshandlungen vornehmen, und dass umgekehrt deutsche Beamte im Nachbarland tätig werden.

Die Richtlinie über die Europäische Ermittlungsanordnung sieht ferner vor, dass bei der **Beweiserhebung** im Vollstreckungsstaat Beamte des anordnenden Staates zugegen sein dürfen. Auch sieht sie den Einsatz Verdeckter Ermittler zur Sachaufklärung in ausländischen Strafverfahren vor; sie ist mittlerweile in deutsches Recht umgesetzt (vgl. § 91c Abs. 2 Buchst. c, § 91e Abs. 1 Nr. 5 IRG) und verdrängt insoweit das SDÜ.

Diese Formen gemeinsamer Fahndung und Sachverhaltsaufklärung sind im Übrigen jetzt für das gesamte Gebiet des Europarates vereinbart. Deutsche Polizeibeamte dürfen aufgrund der neuen Rechtslage daher nicht nur im Hoheitsgebiet der angrenzenden Staaten tätig werden und umgekehrt, sondern nach Inkrafttreten der neuen Bestimmungen in allen Ländern, die Mitglied des Europarates sind.[17]

Wichtige weitere Formen der Strafverfolgung über Staatsgrenzen hinweg liegen in den vielfältigen Möglichkeiten des Austauschs von Informationen, die in einer Fülle von Rechtsakten verankert sind. Im Hinblick auf eine Überwindung der starren formalen Grenzen von Rechtshilfe, welche ein Ersuchen voraussetzt, hat die Rechtshilfe ohne Ersuchen, die **spontane Rechtshilfe**, beträchtliche Bedeutung. Deutschland hat sie in Umsetzung des Rechtshilfe-Übereinkommens der EU durch § 61a sowie § 92c IRG zugelassen.

Stichworte: Europarecht und ergänzende Nachbarschaftsverträge sehen vielfältige Formen grenzüberschreitender Ermittlungsarbeit vor. Dazu gehören Nacheile, gemeinsame Streifen, grenzüberschreitende Observation, Einsatz Verdeckter Ermittler.

---

16 *Breitenmoser* in *Breitenmoser u.a.* S. 45.
17 Gesetz vom 5.12.2014 zu dem Zweiten Zusatzprotokoll zum Europäischen Übereinkommen über die Rechtshilfe in Strafsachen, BGBl. 2014 II S. 1038.

4. Rechtsstellung der Polizeibeamten

8   Es bedurfte deshalb einer Regelung des Status der Beamten, die jeweils im Nachbarland oder sonst außerhalb des eigenen Staatsgebietes hoheitlich tätig werden. Natürlich unterliegen sie zunächst einmal der **Rechtsordnung** des Staates, in dem sie handeln. Wird ein ausländischer Polizeibeamter auf deutschem Staatsgebiet tätig, so hat er bei der Festnahme eines flüchtigen Verdächtigen § 127 StPO zu beachten.

Die Rechtsstellung eines ausländischen Bediensteten, den die deutschen Behörden als **Verdeckten Ermittler** im Inland einsetzen, ist allerdings zweifelhaft. § 110a Abs. 2 StPO setzt voraus, dass Verdeckte Ermittler Beamte des Polizeidienstes sind. Damit sind deutsche Beamte im Rechtssinne gemeint. Der BGH hat daraus abgeleitet, dass Amtsträger eines ausländischen Staates nicht Verdeckte Ermittler im strafprozessualen Sinne sein können; deshalb finden auf sie nicht die sachlichen Voraussetzungen und die Kompetenzvorbehalte der §§ 110aff. StPO Anwendung,[18] sondern die Grundsätze über Vertrauenspersonen der Polizei.[19] Die Frage ist bei der Umsetzung der Europäischen Ermittlungsanordnung in deutsches Recht ausdrücklich offen gelassen worden.[20] Im Gegensatz dazu bezeichnen Art. 29 Abs. 3 der Richtlinie über die Europäische Ermittlungsanordnung und § 91c Abs. 1 Nr. 2c, § 91e Abs. 1 Nr. 5 IRG die ausländischen Bediensteten ausdrücklich als Verdeckte Ermittler und verlangen außerdem, dass für ihren Einsatz im Inland die sachlichen Voraussetzungen nach § 110a StPO vorliegen. Ihre Tätigkeit soll sich aber allein nach den Grundsätzen über den Einsatz von Vertrauenspersonen der Polizei bestimmen; insbesondere sind ihnen keine hoheitlichen Befugnisse verliehen. Ob sie rechtmäßig unter einer Legende am Rechtsverkehr teilnehmen dürfen (§ 110a Abs. 2 Satz 2 StPO), ist ungeklärt.

Das SDÜ (Art. 42) und die mit den Nachbarstaaten geschlossenen Abkommen (Kap. 4/8) sehen hingegen ausdrücklich und einheitlich vor, dass die Polizeibeamten des anderen Schengen-Staates, die in Deutschland tätig werden, in **Bezug auf die Straftaten**, die ihnen gegenüber begangen werden oder die sie selbst begehen, deutschen Hoheitsträgern in jeder Beziehung **gleichgestellt** werden (Beispiel: Art. 35 des deutsch-polnischen Vertrages; Art. 23 Abs. 5 des deutsch-tschechischen Vertrages). Das gilt umgekehrt für die deutschen Beamten, die im Ausland tätig werden, in gleicher Weise, und dieselbe Regelung ist jetzt für das Gebiet des Europarates insgesamt vereinbart worden. Auch die Eu-

---

18 BGH NStZ 2007, 713.
19 Dazu Anlage D zu den RiStBV; BGHSt 32, 115, 121f.; 45, 321, 330.
20 Begründung des Gesetzentwurfs BTDrucks. 18/9757 S. 41, 64, 69.

ropäische Ermittlungsanordnung sieht diese Gleichstellung für Ermittlungspersonen vor, die einer Beweiserhebung im Ausland beiwohnen (Art. 17). § 98d IRG hat die Regelung in nationales Recht umgesetzt. Man wird mittlerweile sagen können, dass das **Gleichstellungsprinzip ein allgemeiner Grundsatz des europäischen Rechts** geworden ist.

Diese Gleichstellung kann mittelbar zu einer Ausdehnung des Anwen- 9
dungsbereichs deutscher Strafvorschriften führen.

> **Fall:** Ein Straftäter ist in Polen geflohen und wird von einem polnischen Polizisten über die deutsche Grenze nach Brandenburg verfolgt. Als der Polizist ihn hier festhalten will, wehrt er sich dagegen mit Gewalt.

Der polnische Polizeibeamte darf den Flüchtling nach dem auf deutschem Staatsgebiet anwendbaren § 127 StPO festnehmen. Die Nacheilebefugnis des Art. 41 SDÜ und der deutsch-polnische Ergänzungsvertrag hierzu verleihen ihm diese Befugnis, obwohl er polnischer Hoheitsträger ist und diese Eigenschaft mit dem Übertritt über die Grenze selbstverständlich nicht ablegt.[21] Wenn der Flüchtling sich seiner Festnahme mit Gewalt widersetzt, macht er sich nach § 113 StGB wegen Widerstandes gegen Vollstreckungsbeamte strafbar. Die Bestimmung des § 113 StGB schützt zwar nach einhelliger Auffassung an sich nur die deutsche Staatsgewalt. Aber die Gleichstellungsklausel des Art. 42 SDÜ dehnt den Anwendungsbereich dieser Vorschrift auf den Fall der grenzüberschreitenden Nacheile aus. Umgekehrt macht sich der Polizeibeamte einer Straftat im Amt nach deutschem Recht schuldig, wenn er seine Befugnisse überschreitet. Auch Schadensersatz ist dann vom deutschen Staat zu leisten. Über die Folgen von Fehlern bei der Ausübung der Nacheilebefugnis s. Kap. 10/6.

Durch das bereits erwähnte Zusatzprotokoll zum Europäischen Übereinkommen über die Rechtshilfe in Strafsachen sind diese Regelungen auf die Amtsträger aller Mitgliedstaaten des Europarats erstreckt worden, so dass beispielsweise auch ein Verdeckter Ermittler aus der Ukraine, der in Deutschland tätig wird, zivil- und strafrechtlich deutschen Polizeibeamten gleichgestellt ist.[22]

Stichworte: Für den ausländischen Polizeibeamten, der auf deutschem Staatsgebiet tätig wird, gilt die deutsche Rechtsordnung. Er wird hinsichtlich der Straftaten, die ihm gegenüber begangen werden oder die er selbst begeht, deutschen Beamten gleichgestellt.

---

21 *Hecker* 5/Rdn. 101; unklar *Heger* in *Böse* Enz. § 5/41.
22 Gesetz vom 5.12.2014 zu dem 2. Zusatzprotokoll vom 8.11.2001 zum Europäischen Übereinkommen vom 20.4.1959 über die Rechtshilfe in Strafsachen, BGBl. 2014 II S. 1038.

5. Rechtsschutz

10 Als problematisch wird jedoch mitunter die Frage des Rechtsschutzes gegenüber Maßnahmen betrachtet, welche fremde Polizeiangehörige auf deutschem Hoheitsgebiet ergreifen; sogar die deutsche Gerichtsbarkeit wird für solche Fälle verneint.[23] Indessen dürfte darin ein Scheinproblem liegen. Die erhobenen Bedenken beruhen auf dem Argument, dass deutsche Gerichtsbarkeit gemäß Art. 19 Abs. 4 GG nur gegeben sei, wenn eine Rechtsverletzung durch die deutsche öffentliche Gewalt behauptet werde. Ob ein solches Verständnis der lediglich eine Rechtsweggarantie enthaltenden Vorschrift möglich ist oder ob es sinnvoll ist, sogar auf Rechtsinstitute wie Organleihe zurückzugreifen, mag offen bleiben. Jedenfalls **fingiert die Gleichstellungsklausel** im SDÜ und in den Verträgen über grenzüberschreitende Zusammenarbeit (Vertrag von Prüm, Polizeiverträge mit Nachbarstaaten) in den hier einschlägigen Fällen gerade die **Ausübung deutscher Hoheitsgewalt** und schafft damit zugleich die zulässigen Rechtsbehelfe für Dritte. Daran sind alle beteiligten Staaten gebunden.

Nach Art. 41 SDÜ unterliegen die Maßahmen des Polizeibeamten, der auf fremdem Hoheitsgebiet handelt, dem Recht des Handlungsortes. Auch persönlich ist der Polizist diesem Regime unterstellt; für ihm gegenüber und von ihm begangene Straftaten gilt das Recht des Tatortes. Für zivilrechtliche Schadensersatzansprüche, die sich aus unerlaubter Handlung des Polizisten ergeben, haftet der Staat des Tatorts (und auch nach dessen zivilrechtlichen Regeln). Es wäre unverständlich, wenn angesichts dieser Konzentration aller Regeln der Rechtsanwendung auf den Staat des Handlungsortes nicht dessen Gerichte zu entscheiden hätten, sondern die Gerichte des Heimatstaates des Polizisten. Dabei müssten diese Gerichte wiederum die Beweise am Tatort erheben und hätten auf den festgestellten Sachverhalt für sie fremdes Recht anzuwenden. Im Hinblick auf die vereinbarte Ausdehnung des Instrumentariums gemeinsamer Fahndung und Sachverhaltsaufklärung auf alle Mitgliedstaaten des Europarates, welche zu denselben Konsequenzen führen müsste, hätte diese Auffassung eine ganz beträchtliche Erschwerung des Rechtsschutzes in Europa zur Folge. Derartige Ergebnisse erscheinen bei zutreffender Auslegung des SDÜ nicht geboten. Die Regelung, dass das Recht des Handlungsortes maßgebend ist, umfasst vielmehr das gesamte Recht dieses Staates einschließlich des Verfahrensrechts und der dazu gehörenden Bestimmungen über den Rechtsschutz.

---

23 *Ambos* IntStrR § 12/6; *Gless* IntStrR Rdn. 551; *Gless/Lüke* Jura 2000, 400; *Goy* S. 253; *Hecker* 5/Rdn. 103 ff.; *Hetzer* in *Sieber u. a.* EurStrR § 41/62; *Kugelmann* in *Böse* Enz. § 17/146.

Stichworte: Bei grenzüberschreitenden Ermittlungen bestimmt das Recht des Handlungsortes auch das zuständige Gericht. !

II. Gegenseitiger Informationsaustausch

Bevor ein Haftbefehl erlassen oder vollstreckt werden kann, müssen aber die 11 dafür erforderlichen tatsächlichen Grundlagen gesichert werden. Eine der wichtigsten Maßnahmen dazu ist die Sammlung der in den verschiedenen Mitgliedstaaten möglicherweise vorhandenen Informationen. Nach dem „Haager Programm zur Stärkung von Freiheit, Sicherheit und Recht in der Europäischen Union" des Europäischen Rates[24] sollen vorhandene Informationen künftig nach dem **Grundsatz der Verfügbarkeit** ohne Rücksicht darauf ausgetauscht werden können, dass mit der Übermittlung Staatsgrenzen überschritten werden. Der Grundsatz bedeutet nicht, dass allein das Vorhandensein bestimmter Informationen die Übermittlungspflicht begründe; die Übermittlung geschieht vielmehr nach Maßgabe des europäischen Rechts und der jeweiligen nationalen Rechtsordnung.

Da der Informationsaustausch vor allem die Speicherung und Übermittlung von personenbezogenen Daten bedingt, bewegt sich die Rechtsetzung hier auf einem sensiblen Gebiet. Die EU hat deshalb eine spezielle Richtlinie hierzu erlassen, die den Schutz natürlicher Personen bei der Verarbeitung personenbezogener Daten im Rahmen der Strafverfolgung regeln soll.[25] Sie gilt für die Mitgliedstaaten der Union bei der Durchführung (Kap. 3/7 ff.) von Unionsrecht.

1. Schengener Informationssystem (SIS)

Zur grenzüberschreitenden Übermittlung von Informationen gehört die Fahn- 12 dung. Wer von internationaler Fahndung hört, denkt zwar zunächst an Interpol. Interpol hat jedoch nur noch im Verhältnis zu Drittstaaten, nicht mehr innerhalb des Schengen-Systems Bedeutung.[26] Im Schengen-Raum ist Interpol ersetzt durch das Schengener Informations-System (SIS), das bei Personen neben der Ausschreibung zur Festnahme die Ausschreibung zur Aufenthaltsermittlung und zur verdeckten Observation ermöglicht, bei Sachen die Ausschreibung ge-

---

24 ABl. 2005 C 53 S. 1 – Punkt III. 2.1.
25 Richtlinie 2016/680 vom 27.4.2016 zum Schutz natürlicher Personen bei der Verarbeitung personenbezogener Daten im Rahmen der Strafverfolgung pp., ABl. 2016 L 119 S. 89.
26 *Hecker* 5/Rdn. 4; *Breitenmoser* in *Breitenmoser u. a.* S. 25, 35.

suchter Gegenstände, insbesondere zu überwachender Kraftfahrzeuge (Art. 92 ff. SDÜ). Die ordnungsgemäße Ausschreibung zur Festnahme im SIS gilt als Europäischer Haftbefehl (§ 83a Abs. 2 IRG). SIS ersetzt das frühere, in Papierform geführte Deutsche Fahndungsbuch; die Ausschreibung steht den Polizeibeamten bei einer Polizeikontrolle auf ihrem Lesegerät zur Verfügung.

Das Schengener Informationssystem (SIS) war ursprünglich durch die Art. 92 ff. SDÜ geschaffen worden. Nach der Überführung des SDÜ in den rechtlichen Rahmen der Union (Kap. 4/4) und dem Beitritt neuer Staaten hat der Rat 2007 eine Weiterentwicklung des Systems zum Schengener Informationssystem der zweiten Generation – SIS II – beschlossen. Hierdurch können zur Personenfahndung beispielsweise auch Lichtbilder und biometrische Daten übermittelt werden.[27] Die Vorschriften der Art. 92 ff. SDÜ wurden aufgehoben.[28] Die erforderlichen innerstaatlichen gesetzgeberischen Akte sind erlassen.[29] SIS II hat am 9.4.2013 seine Arbeit aufgenommen.[30] Es wird verwaltungsmäßig geleitet durch die „Europäische Agentur für Betriebsmanagement von IT-Großsystemen im Raum der Freiheit, der Sicherheit und des Rechtes" (EU-LISA) mit dem Sitz in Tallinn.[31]

Damit alle nationalen Stellen in Europa immer über denselben Datenbestand verfügen, ist eine technische Unterstützungseinheit mit dem Sitz in Straßburg eingerichtet, die zu einer zentralen Datenbank ausgebaut wurde.[32] Sie ist Vermittlungsstelle, über die alle nationalen Eingaben geleitet werden. Im Übrigen geschieht der Daten- und Informationsaustausch nach dem SIS II zwar durch Einschaltung einer zentralen Stelle, in Deutschland des Bundeskriminalamts, sonst aber ohne weitere Förmlichkeiten.

13   Das Schengener Informationssystem betrifft allerdings nur **Informationen**, welche die nationalen Strafverfolgungsbehörden **schon haben**; diese sind allen Mitgliedstaaten zugänglich. Etwas anderes gilt für Beweismittel, die in einem anderen Mitgliedstaat erst noch beschafft werden müssen. Beschlagnahme, Durchsuchung, Zeugenvernehmungen – alle diese Beweiserhebungen unterlie-

---

27 *Husi-Stämpfli* in *Breitenmoser u. a.* 2015 S. 127 ff.

28 Aufgehoben und ersetzt durch Art. 52 der VO (EG) 1987/2006 vom 20.12.2006, ABl. 2006 L 381 S. 4 sowie durch „Schengen II"- Ratsbeschluss 2007/533/JI vom 12.6.2007, ABl. 2007 L 205 S. 63 (Art. 68), Umsetzung durch Gesetz vom 6.6.2009 (BGBl. I S. 1226).

29 Art. 1 Gesetz vom 6.6.2009 (BGBl. I S. 1226), dort Anordnung der unmittelbaren innerstaatlichen Anwendbarkeit des Ratsbeschlusses zu SIS II.

30 Zur Entwicklung und zu Einzelheiten des praktischen Umgangs vgl. Durchführungsbeschluss 2016/209 der Kommission vom 12.7.2016, ABl. 2016 L 203 S. 35 mit Anhang – SIRENE – Handbuch; *Th. Meyer* in *Breitenmoser u. a.* S. 77.

31 Verordnung 1077/2011 vom 25.10.2011, ABl. 2011 L 286 S. 1.

32 Übersicht bei *Hackner/Schierholt* Rdn. 60; *Eisele* in *Sieber u. a.* EurStrR § 49/7.

gen einem anderen Regime, dessen europaweite Verankerung noch nicht abgeschlossen ist. Diesem Bereich des europäischen Rechtsverkehrs widmet sich die mittlerweile in nationales Recht umgesetzte Europäische Ermittlungsanordnung (Kap. 6/36).

Gegen die Ausschreibung im Schengener Informationssystem sind die **14** **Rechtsbehelfe** des nationalen Rechts gegeben. Sie sind zulässig ohne Rücksicht darauf, welche Stelle in welchem Mitgliedstaat der EU die beanstandeten Informationen in das System eingespeist hat. Jeder Mitgliedstaat ist verpflichtet, unanfechtbare Entscheidungen eines anderen Mitgliedstaates zu vollziehen (Kap. 4/4).[33] In Deutschland ist im Rahmen von strafrechtlichen Ermittlungsverfahren das nach § 131 StPO zulässige Rechtsmittel zum Amtsgericht gegeben.[34] Ansonsten ist der Verwaltungsrechtsweg statthaft, da für die Eingabe der Daten in das System das Bundeskriminalamt verantwortlich ist, das insoweit als Verwaltungsbehörde handelt. Für das gerichtliche Verfahren ist das Verwaltungsgericht am Sitz des BKA, das Verwaltungsgericht Wiesbaden, zuständig.

Stichworte: Zentrales Fahndungsinstrument in der EU ist das Schengener Informationssystem. **!**
Die Ausschreibung zur Festnahme im SIS gilt als Europäischer Haftbefehl.

---

2. Der Vertrag von Prüm sowie der EUCARIS-Vertrag

Nach der Schaffung des Schengener Informationssystems zur Personenfahn- **15** dung schlossen die Vertragsparteien des SDÜ und zusätzlich Österreich und Spanien am 27.5.2005 den **Vertrag von Prüm** (einem Ort in der Eifel unweit von Trier), der eine weitere Vertiefung der grenzüberschreitenden polizeilichen Zusammenarbeit zum Ziele hat. Auch dieser Vertrag ist in den rechtlichen Rahmen der EU überführt worden, er gehört jedoch nicht förmlich zum Schengen-Besitzstand, da er im Anhang zum Protokoll des Amsterdam-Vertrages nicht aufgeführt ist und zeitlich noch nicht aufgeführt werden konnte. Die Umwandlung in Recht der Union geschah durch einen Ratsbeschluss, der später durch Transformationsgesetz in deutsches Recht umgesetzt wurde.[35]

---

33 Ursprünglich Art. 111, 116 SDÜ, jetzt Art. 43 der VO (EG) 1987/2006 vom 20.12.2006, ABl. 2006 L 381 S. 4; Art. 59 des Ratsbeschlusses vom 12.6.2007, ABl. 2007 L 205 S. 63.
34 OLG Celle NStZ 2010, 534; *Dannecker/Müller* in Hdb. Rschutz § 39/169 f.
35 Die Regelungen über den Zugriff auf die Datensammlungen beruhen auf einer komplizierten Abfolge verschiedener Rechtsakte:
a)   Vertrag von Prüm vom 27.5.2005 (BGBl. 2006 II S. 626)
b)   Beschluss des Rates 2008/615/JI vom 23.6.2008 zur Überführung des Prümer Vertrages in den rechtlichen Rahmen der EU, ABl. 2008 L 210 S. 1 (Art. 35)

Mit dem Vertrag von Prüm wurden überaus wichtige Strafverfolgungsinstrumente vereinbart, nämlich u.a. der Zugriff der Mitgliedstaaten auf **die nationalen DNA-Register, auf die Fingerabdruckregister und auf die Register mit Kraftfahrzeugdaten.** Der automatisierte Zugriff auf DNA-Register und Fingerabdruckregister führt allerdings nur zur Auskunft darüber, ob Übereinstimmungen vorliegen. Die Übermittlung weiterer Informationen bestimmt sich nach innerstaatlichem Recht einschließlich der Vorschriften über die Rechtshilfe (Art. 5, 10 des Ratsbeschlusses).[36] Darüber hinaus schafft der Vertrag – allerdings allein zur Gefahrenabwehr – Rechtsgrundlagen für gemeinsame Einsätze von Polizeikräften mehrerer Staaten, etwa bei Großveranstaltungen.[37]

Nach dem Vorbild des SDÜ enthalten der Vertrag von Prüm (Art. 31) sowie der Ratsbeschluss zur Überführung des Vertrages in den rechtlichen Rahmen der Union (Art. 22) Vorschriften, die die strafrechtliche Verantwortlichkeit bei Einsätzen von Polizeibeamten, die auf fremdem Staatsgebiet tätig werden, regeln. Auch hier ist volle **Gleichstellung** angeordnet.

Zur innerstaatlichen Umsetzung des Vertragswerkes von Prüm sind auch die Bundesländer verpflichtet.[38] Zentralstelle in Deutschland ist für Kraftfahrzeugdaten das Kraftfahrt-Bundesamt, im Übrigen wiederum das BKA.

16 In engem sachlichen Zusammenhang hiermit steht der **EUCARIS-Vertrag,**[39] den die Beneluxstaaten, Großbritannien und Deutschland am 29.6.2000 abgeschlossen haben, der aber mittlerweile für nahezu die gesamte Union gilt. Er ergab sich ebenfalls aus den Sachzwängen des freien Reiseverkehrs, der die europaweite Gültigkeit von Kfz-Kennzeichen und Fahrerlaubnissen mit sich brachte. Sein Zweck besteht in der Verhinderung, Ermittlung und Verfolgung von Verstößen gegen **Rechtsvorschriften im Bereich der Fahrerlaubnisse, der Kraftfahrzeugzulassung und bei fahrzeugbezogenen Betrugsdelikten und Straftaten** (Art. 2 Abs. 2 des Vertrages). Dazu können die zentralen registerführenden Behörden der Mitgliedstaaten die entsprechenden Daten übermitteln. Diese Behörden haben auch allein Zugriff auf die Dateien. Zentrale Stelle in Deutschland ist das Kraftfahrt-Bundesamt.

---

c) Durchführungs – Beschluss des Rates 2008/616/JI vom 23.6.2008, ABl. 2008 L 210 S. 12

d) Ausführungsgesetz zum Prümer Vertrag und zum Ratsbeschluss Prüm vom 31.7.2009 (BGBl. I S. 2507), dort (Art. 1) Anordnung der unmittelbaren innerstaatlichen Anwendbarkeit des Ratsbeschlusses zu b).

36 Vgl. auch EuGH – C-14/15, Urteil vom 22.9.2016 – Parlament ./. Rat.

37 Hierzu *Kugelmann* in *Böse* Enz. § 17/96 ff.

38 *Kugelmann* in *Böse* Enz. § 17/111.

39 Gesetz vom 13.12.2003 zum Vertrag vom 29.6.2000 über ein Europäisches Fahrzeug – und Führerscheininformationssystem (BGBl. 2003 II S. 1786); dazu *Esser* in *Böse* Enz. § 19/141.

Der Vertrag ist eine notwendige Folge der europaweiten Wirksamkeit von Verwaltungsakten, hier der Zulassung von Kraftfahrzeugen und der Erteilung von Fahrerlaubnissen. So ist etwa der erforderliche Kenntnisstand der nationalen Behörden über erteilte und entzogene Fahrerlaubnisse im Zusammenhang mit dem sog. Führerscheintourismus (Kap. 5/10) allein durch das mit ihm geschaffene System gewährleistet.

Stichworte: Weitere europaweite Ermittlungsinstrumente sind durch den Vertrag von Prüm und den EUCARIS-Vertrag geschaffen worden. Sie erlauben nach dem Grundsatz der Verfügbarkeit den Zugriff auf DNA-Register, Fingerabdruckregister, Kraftfahrzeugdaten und Führerscheindaten.

---

3. Weitere Normen zur Datenweitergabe für Zwecke der Strafverfolgung

Das SIS und der Informationsaustausch nach dem Vertrag von Prüm haben eine 17 nochmalige Erweiterung erfahren. Nach einem EU-Rahmenbeschluss[40] (der nicht die von SIS und Prüm erfassten Daten betrifft)[41] haben **alle Strafverfolgungsbehörden ihre verfügbaren Daten** auf Anforderung an jede Behörde eines anderen Mitgliedstaates nach denselben Grundsätzen wie an inländische Strafverfolgungsbehörden herauszugeben (**Diskriminierungsverbot**). Es gilt der Grundsatz der europaweiten Übermittlungspflicht nach Verfügbarkeit.[42] Der Rahmenbeschluss ist 2012 durch Einfügung der §§ 92ff. in das IRG und die Änderung weiterer Gesetze in deutsches Recht umgesetzt worden.[43] Durch § 92 Abs. 1 Satz 3 IRG ist auch hier das BKA als Zentralstelle eingeschaltet.[44]

In – notwendiger – Durchbrechung eines hergebrachten Grundsatzes der 18 Rechtshilfe gestattete Art. 46 SDÜ **Spontaninformationen** der Behörden des Nachbarstaates; ein vorher angebrachtes Ersuchen um Rechtshilfe entfällt in solchen Fällen. Diese Regelung ist durch den Rahmenbeschluss über die Vereinfachung des Informationsaustausches innerhalb der EU ersetzt worden. Die Umsetzung erfolgte in § 92c IRG, § 14a BKA-Gesetz. Voraussetzung ist die Rele-

---

40 Rahmenbeschluss vom 18.12.2006 über die Vereinfachung des Austausches von Informationen und Erkenntnissen zwischen den Strafverfolgungsbehörden der Mitgliedstaaten der Europäischen Union, ABl. 2006 L 386 S. 89; 2007 L 75 S. 26; zur Schweiz *Gless* IntStrR Rdn. 474.
41 Gesetzentwurf des Umsetzungsgesetzes BTDrucks. 17/5096 S. 14.
42 Dazu *Hauck* in *Böse* Enz. § 11/51; *Meyer* NStZ 2008, 188; *Zöller* ZIS 2011, 64.
43 Gesetz über die Vereinfachung des Austauschs von Informationen und Erkenntnissen zwischen den Strafverfolgungsbehörden der Mitgliedstaaten der Europäischen Union vom 21.7.2012 (BGBl. I S. 1566), dazu Gesetzentwurf der Bundesregierung BTDrucks. 17/5096.
44 Kritisch dazu *Kugelmann* in *Böse* Enz. § 17/130.

vanz zur Verfolgung bestimmter Straftaten. Die Besonderheit bei vom BKA übermittelten Spontaninformationen besteht darin, dass ihre Verwertung vor Gericht grundsätzlich **ausgeschlossen** ist.

19   Außerdem sind auf der Grundlage eines Rahmenbeschlusses aus dem Jahre 2009[45] unter Beachtung des nationalen Rechts alle **Strafregisterdaten** an die Mitgliedstaaten der EU zu übermitteln und umgekehrt. Dazu hat die EU ein Strafregisterinformationssystem geschaffen (ECRIS), bei dem es sich jedoch nicht um ein zentrales, dem unmittelbaren Zugriff aller Mitgliedstaaten unterliegendes Informationssystem handelt. Obwohl die Strafregister in der EU vernetzt werden, um eine automatisierte Datenübermittlung zu ermöglichen,[46] geschieht die Registerauskunft nach Maßgabe des BZRG und nach dessen Bestimmungen. Auch dieser Rahmenbeschluss ist mittlerweile in deutsches Recht umgesetzt.[47] Gegen die Eintragung ausländischer Verurteilungen im Bundeszentralregister ist der Rechtsweg nach §§ 23 ff. EGGVG gegeben.[48] Zentrale Registerbehörde ist in Deutschland das Bundesamt für Justiz (§ 1 BZRG). S. auch Kap. 5/19.

❗ Stichworte: Über die speziellen Datenaustauschsysteme hinaus besteht nunmehr eine generelle Pflicht aller Strafverfolgungsbehörden zum Informationsaustausch nach Verfügbarkeit. Strafregisterdaten sind hiervon nicht ausgenommen.

4. VIS, Eurodac und ZIS

20   Das **Visa-System** der EU erfordert eine enge Zusammenarbeit der Verwaltungsbehörden der Mitgliedstaaten. Zur Kontrolle der Außengrenzen und des **Einreiseverkehrs** bedarf es zugleich der Gewährleistung eines reibungslosen Informationsaustausches zwischen den Mitgliedstaaten. Dieser Informationsaustausch dient zugleich der Abwehr von terroristischen und anderen Gefahren durch einreisende Angehörige von Drittstaaten. Zu diesem Zweck hat die EU ein gemeinsames Visa-Informationssystem (VIS) geschaffen[49] und den Zugang zu

45 Rahmenbeschluss vom 26.2.2009, ABl. 2009 L 93 S. 23 mit Beschluss des Rates zur Einrichtung des Europäischen Strafregisterinformationssystems (ECRIS), ABl. 2009 L 93 S. 33.
46 *Sollmann* NStZ 2012, 253; allgemein *Esser* in *Böse* Enz. § 19/148.
47 Gesetz vom 15.12.2011 (BGBl. I S. 2714); Zu den registerrechtlichen Voraussetzungen s. ebenfalls G. v. 15.12.2011 (BGBl. I S. 2714) – §§ 53a ff. BZRG.
48 S. BVerfG, Beschluss vom 23.1.2017 – 2 BvR 2584/12.
49 Ratsbeschluss vom 8.6.2004, ABl. 2004 L 213 S. 5; VO 767/2008 vom 9.7.2008 (VIS-VO), ABl. 2008 L 218 S. 60.

diesem System auch **Strafverfolgungsbehörden** der Mitgliedstaaten sowie Europol geöffnet.[50]

Darüber hinaus besteht eine **Fingerabdruck-Datei** (Eurodac), in welcher die Fingerabdrücke der Drittstaatsangehörigen gespeichert sind, die um **Asyl** in einem der Mitgliedstaaten der EU nachgesucht haben.[51] Zur Abwehr von Terror- und anderen Gefahren sind der Zugang zu dieser Datei und der Datenabgleich ebenfalls bestimmten **Strafverfolgungsbehörden** und Europol eröffnet.

Beide Systeme werden von der für SIS zuständigen Agentur (Kap. 7/12) in Talinn geleitet.

Während **zentrale Stelle** (Kopfstelle) in Visaangelegenheiten das Bundesverwaltungsamt ist, gehört die Ausschreibung von Drittstaatsangehörigen zur Einreise- und Aufenthaltsverweigerung zum Aufgabenbereich von SIS II.[52]

In gleicher Weise haben neben nationalen Behörden auch Europol und Eurojust in den Grenzen ihrer Mandate Zugang zu dem – im Rahmen der Zollunion errichteten – **Zollinformationssystem** (ZIS).[53]

Stichworte: Das einheitliche Visaregime der EU, das Asylregime und die Zollunion haben zur Einrichtung von speziellen Informationssystemen geführt, welche in begrenztem Rahmen auch den Strafverfolgungsbehörden offen stehen.

III. Institutionen zur strafrechtlichen Zusammenarbeit in Europa – Übersicht

1. Anfänge

Die Zusammenarbeit der Mitgliedsstaaten der EU entwickelte sich allmählich, aus kleinen Anfängen und teils auf informeller Basis.[54] Im Jahre 1968 wurde ein Übereinkommen des Europarates über die Erteilung von **Auskünften** über ausländisches Recht geschlossen,[55] welches 1978 durch ein Zusatzprotokoll auf 21

---

50 Ratsbeschluss vom 23.6.2008, ABl. 2008 L 218 S. 129.
51 Verordnung 603/13 vom 26.6.2013 (Einrichtung und Zweckbestimmung der Fingerabdruck-Datei), ABl. 2013 L 180 S. 1.
52 Art. 20 VO 1987/2006 vom 20.12.2006, ABl. 2006 L 381 S. 4.
53 Ratsbeschluss 2009/917/JI vom 30.11.2009 über den Einsatz der Informationstechnologie im Zollbereich, ABl. 2009 L 323 S. 20.
54 Hierzu *Hecker* 5/Rdn. 26 ff.
55 Auslands-Rechtsauskunftsgesetz (Übereinkommen des Europarats vom 7.6.1968, BGBl. 1974 II S. 937; Ausführungsgesetz vom 5.7.1974, BGBl. I S. 1433).

Strafsachen erweitert wurde;[56] berechtigt zur Einholung von Rechtsauskünften bei ausländischen Stellen sind nur Gerichte.[57] Im Rahmen des SDÜ gilt jetzt dessen Art. 57.

1996 beschloss der Rat – im Rahmen der vormaligen Dritten Säule – eine „Gemeinsame Maßnahme" über den Austausch von **Verbindungsbeamten** zwischen den Justizverwaltungen der Mitgliedstaaten.[58] Die Einzelheiten über die Aufgaben und den Status dieser Verbindungsbeamten sind zwischen den beteiligten Mitgliedstaaten jeweils zu vereinbaren.

Ebenfalls durch eine „Gemeinsame Maßnahme" entstand 1998 das **Europäische Justizielle Netz**.[59] Es hat Ende 2008 durch einen Ratsbeschluss eine neue rechtliche Grundlage erhalten,[60] um den in den europäischen Rechtsakten durchweg vorgesehenen **direkten Geschäftsverkehr** zwischen den Justizbehörden der Mitgliedstaaten zu erleichtern. Danach ist vorgesehen, dass jeder Mitgliedstaat Kontakt- und Anlaufstellen benennt, welche direkte Kontakte zwischen den beteiligten Behörden oder Gerichten mehrerer Mitgliedstaaten herstellen, rechtliche und praktische Informationen erteilen und sonstige Hilfe leisten. Insbesondere ist vorgesehen, dass sie im Rahmen der Rechtshilfe die im jeweils anderen Staat zuständige Stelle benennen können. Der Rahmenbeschluss Freiheitsstrafen sieht beispielsweise die Inanspruchnahme des justiziellen Netzes in Art. 5 Abs. 4 ausdrücklich vor. Eine eigenständige Organisation stellt das Netz nicht dar; es kann Personenidentität mit den Verbindungsbeamten bestehen. Deutsche Kontaktstellen sind das Bundesamt für Justiz, der Generalbundesanwalt und sonstige, von den Ländern benannte Stellen.[61]

2. Europol

22 Inzwischen wurden aber auch Einrichtungen der Union geschaffen, die eine verfestigte Organisationsstruktur und konkret umrissene Aufgaben haben. So hat die EU die **Agentur der Europäischen Union für die Zusammenarbeit auf dem Gebiet der Strafverfolgung (Europol)** errichtet (Art. 88 AEUV). Die Behörde sammelt, speichert und verarbeitet Informationen, welche Hinweise für

---

56 Zusatzprotokoll vom 5.3.1978, dazu Gesetz vom 21.1.1987 (BGBl. 1987 II S. 58).
57 Beispiele: BGHSt. 45, 123, 125; BGH NStZ 1998, 149; BGH NStZ 1999, 250.
58 Gemeinsame Maßnahme 96/277/JI vom 22.4.1996, ABl. 1996 L 105 S. 1.
59 Gemeinsame Maßnahme 98/428/JI vom 29.6.1998, ABl. 1998 L 191 S. 4.
60 Ratsbeschluss 2008/976/JI vom 16.12.2008, ABl. 2008 L 348 S. 130; umgesetzt durch Gesetz zur Änderung des Eurojust-Gesetzes vom 7.6.2012 (BGBl. I S. 1270), Art. 1 Nr. 12.
61 § 14 Eurojust-Gesetz i.d.F. des Gesetzes vom 7.6.2012 (BGBl. I S. 1270).

konkrete Fahndungsmaßnahmen geben können. Ferner berät und unterstützt sie die nationalen Strafverfolgungsbehörden in Fällen grenzüberschreitender schwerer Kriminalität. Operativ ist sie gegenwärtig nur ausnahmsweise tätig. Zu den Rechtsgrundlagen, der Organisation und den Befugnissen von Europol im Einzelnen s. Kap. 12/2.

3. Eurojust

Als Pendant zum Europäischen Polizeiamt Europol entstand 2002 auf der **ge-** 23 **richtlichen und staatsanwaltschaftlichen Ebene** Eurojust. Aufgaben und Ziele der Einrichtung, auch ihre Zuständigkeit, entsprachen im Wesentlichen denen von Europol; die Abstimmung mit Europol zur Vermeidung von Doppelarbeit war wesentlich. 2009 wurde die Organisation erheblich umgebaut und erhielt einige operative Befugnisse zur Anordnung bestimmter Ermittlungsmaßnahmen. Der Vertrag von Lissabon behandelt sie in Art. 86 Abs. 1 Satz 1 AEUV als **Keimzelle** der geplanten Europäischen Staatsanwaltschaft. Im Einzelnen hierzu Kap. 12/11. Im Zusammenhang mit den Plänen zur Errichtung einer Europäischen Staatsanwaltschaft soll Eurojust – wie Europol – eine neue Rechtsgrundlage erhalten, die eine neue Bezeichnung vorsieht und in der insbesondere das Verhältnis zur Europäischen Staatsanwaltschaft näher ausgestaltet werden soll.[62]

Nunmehr hat Eurojust durch eine Entscheidung des **EuGH** eine **neue Aufgabe** zugewiesen erhalten. Schiebt ein Gericht eines Mitgliedstaates die Vollstreckung eines Europäischen Haftbefehls mit der Begründung auf, im Anordnungsstaat drohe dem Verfolgten aufgrund der dortigen Haftbedingungen unmenschliche Behandlung (Kap. 6/18), ist nach dieser Entscheidung Eurojust einzuschalten.[63] Seine Aufgabe wird darin bestehen, die Bedingungen dafür zu schaffen, dass der Aufschub der Vollstreckung hinfällig und damit der partielle Zusammenbruch des Systems gegenseitiger Anerkennung verhindert wird.

---

62 Vorschlag der Kommission für eine Verordnung betreffend die Agentur der Europäischen Union für justizielle Zusammenarbeit in Strafsachen (Eurojust) vom 17.7.2013 – COM (2013) 535.
63 EuGH C-404/15, Urteil vom 5.4.2016 – Aranyosi u. Caldararu, Rdn. 99.

4. OLAF

24 Das Europäische **Amt für Betrugsbekämpfung** (OLAF)[64] wurde 1999 durch einen Beschluss der Kommission errichtet;[65] Aufgaben und Verfahren sind durch Verordnung geregelt.

Die Verwaltung und Verteilung erheblicher finanzieller EU- Mittel erfordert Kontrolle und Nachprüfung. Diese Aufgabe obliegt der **Kommission**. Durch die Errichtung des Amtes hat sie die Wahrnehmung der Aufgabe zur Steigerung der Effektivität konzentriert und **OLAF übertragen**; das Amt handelt in völliger sachlicher Unabhängigkeit. Seine Ermittlungen können je nach Art des Verdachtsfalles interner oder externer Natur sein. Die Tätigkeit des Amtes bezweckt die Aufklärung von Straftaten, sein Verfahren ist dem von Polizeibehörden vergleichbar und dient der Vorbereitung oder Einleitung auch strafrechtlicher Maßnahmen durch die Mitgliedstaaten. Näher Kap. 12/21.

5. Europäische Staatsanwaltschaft

25 Art. 86 AEUV ermächtigt die Union, zur Bekämpfung von Straftaten zum Nachteil der **finanziellen Interessen der Union** eine Europäische Staatsanwaltschaft zu bilden. Art. 86 Abs. 4 AEUV sieht vor, dass die Zuständigkeit dieser Staatsanwaltschaft durch Beschluss des Europäischen Rates auf die Bekämpfung jeglicher schwerer Kriminalität mit grenzüberschreitender Dimension ausgedehnt werden kann. Innerstaatlich bedürfte es für die Zustimmung des deutschen Vertreters zu einer Entwurfsvorlage, welche auf eine derartige Vertragsänderung abzielt, eines Gesetzesbeschlusses des deutschen Bundestages gemäß § 7 des Gesetzes über die Wahrnehmung der Integrationsverantwortung des Bundestages und des Bundesrates. Die Behörde ist noch nicht errichtet, doch wird dies voraussichtlich in absehbarer Zeit geschehen. Im Einzelnen Kap. 12/31.

! **Stichworte:** Die wesentlichen gemeinschaftlichen Einrichtungen, die auch mit Strafverfolgung befasst sind, sind Europol, Eurojust, OLAF und die künftige Europäische Staatsanwaltschaft.

---

64 Office Europeen de Lutte Anti-Fraude.
65 Beschluss der Kommission vom 28.4.1999, ABl. 1999 L 136 S. 20; vgl. auch Vereinbarung vom 25.5.1999 zwischen Parlament, Rat und Kommission ABl. 1999 L 136 S. 15.

Kapitel 8:
Strafvollstreckung

I. Übersicht

Das in einem Mitgliedstaat der Union erlassene Strafurteil ist in der gesamten 1
Union ohne einen weiteren Akt nationalstaatlicher Anerkennung wirksam und
lässt im gesamten Bereich der Union eine Verfolgungssperre entstehen. Aber
ein Urteil ordnet – wenn es sich nicht um einen Freispruch handelt – im Normalfall Rechtsfolgen an, die **durchgesetzt** werden müssen. Befindet sich der
Verurteilte im Ausland, können für die Vollstreckung von Freiheits- und Geldstrafen, und – bei Aussetzung der Vollstreckung – für die Überwachung der
Bewährung Notwendigkeiten zu zwischenstaatlicher Zusammenarbeit bestehen. Dasselbe gilt für die Vollstreckung von Einziehungsentscheidungen, wenn
der eingezogene Gegenstand im Inland nicht greifbar ist. Die EU hat sich diesem
Komplex umfassend gewidmet.

Bei der Durchsetzung eines Urteils ist zwischen **Strafvollstreckung und** 2
Strafvollzug zu unterscheiden. Als Strafvollstreckungsrecht wird die Summe der
Normen bezeichnet, welche dazu dienen, die Verwirklichung der im Urteil angeordneten Rechtsfolgen zu organisieren. Das geht von der Ladung zum Strafantritt
über die Auswahl der zuständigen Haftanstalt und deren Benachrichtigung bis
zur Berechnung des Zeitpunktes der Entlassung – besonders wichtig bei Anrech-
nung von Untersuchungshaft – sowie der entsprechenden Eintragungen im
Strafregister. Folgt der Verurteilte einer Ladung zum Strafantritt nicht, muss er
zwangsweise ergriffen und zur Verbüßung seiner Strafe gebracht werden. Das
geschieht mittels Vollstreckungshaftbefehls (§ 457 StPO). Während des Vollzugs
der Haft können gerichtliche Entscheidungen erforderlich werden, z.B. über die
Aussetzung des Strafrestes nach Verbüßung von zwei Dritteln.

Neben diesen Normen des Strafvollstreckungsrechts gibt es das Strafvoll-
zugsrecht. Diese Materie befasst sich mit dem Ziel des Freiheitsentzugs und den
internen Abläufen in der Haftanstalt (Arbeitspflicht, Urlaub, Entgelt, Gesund-
heitsfürsorge, Disziplinarmaßnahmen).

Für den Bereich der Strafvollstreckung bestehen völkerrechtliche und euro- 3
päische Regelungen.

Fall: Ein deutscher Straftäter wird in Italien zu einer Freiheitsstrafe verurteilt, befindet sich
aber nicht in Haft. Nach Rechtskraft des Urteils verlegt er seinen Wohnsitz, um sich der
Vollstreckung zu entziehen, nach Deutschland. Was kann Italien tun?

DOI 10.1515/9783110456103-008

Italien **kann wählen**. Es kann in Vollzug des Rahmenbeschlusses Freiheitsstrafen (Kap. 8/6) Deutschland um die Vollstreckung seines Urteils ersuchen (§§ 84 ff. IRG). Dann wird Deutschland auch für die nachträglichen Entscheidungen, etwa für die Aussetzung des Strafrestes zur Bewährung, zuständig (Art. 17 Rahmenbeschluss Freiheitsstrafen; § 84 k IRG). Es kann aber auch einen Europäischen Haftbefehl erlassen, der sodann in Deutschland zur Festnahme des Verurteilten führt. Der Europäische Haftbefehl dient nicht nur als Instrument der Strafverfolgung, er ist zugleich auch ein Instrument der Strafvollstreckung. Der Erlass eines Europäischen Haftbefehls bewirkt, dass der Verurteilte nach Italien zu überstellen ist[1] und Italien für die nachträglichen Entscheidungen (z.B. Entlassung auf Bewährung nach Verbüßung einer Teilstrafe) zuständig bleibt. Nach § 80 Abs. 3 IRG muss ein verurteilter Deutscher dem allerdings zustimmen. Bei einem Ausländer mit Wohnsitz in Deutschland könnte die Auslieferung abgelehnt werden (§ 83b Abs. 2 Nr. 2 IRG). Gemäß §§ 84, 49 Abs. 2 IRG bedarf es ferner der Zustimmung des Verurteilten zur Übergabe, wenn er – anders als im Beispielsfall – sich im Urteilsstaat aufhält.[2] Ob diese Einschränkung mit dem Rahmenbeschluss über den Europäischen Haftbefehl in Einklang steht, dürfte zweifelhaft sein; der Rahmenbeschluss enthält eine solche Einschränkung nicht.

Vor der europäischen Neuregelung der Materie konnte Italien, wenn der Verurteilte einverstanden war, aufgrund des Europäischen Überstellungsübereinkommens mit Deutschland die Übernahme der Vollstreckung nach hier vereinbaren. Auch in diesem Fall wurde Deutschland für die nachträglichen Entscheidungen zuständig (Kap. 8/6). Dieses Übereinkommen ist jedoch durch den Rahmenbeschluss Freiheitsstrafen und seine Umsetzung in nationales Recht im Verhältnis zu Italien gegenstandslos geworden (vgl. § 84 Abs. 3 IRG).

4   Auch wenn die Voraussetzungen für den Erlass eines Europäischen Haftbefehls und ebenso für eine Übertragung des Vollstreckungsverfahrens auf Deutschland nach dem Recht der EU vorliegen, kann Italien – aus welchen Gründen auch immer – im Wege der **klassischen Rechtshilfe** vorgehen. Die Regeln des vertraglosen Rechtshilfeverkehrs und – nach deutscher Auffassung – auch die der durch EU-Recht ersetzten völkerrechtlichen Vereinbarungen[3] gelten subsidiär weiter. Dass die Regeln über den vertraglosen Rechtshilfe-

---

1 Über die dabei maßgebenden Gesichtspunkte OLG Karlsruhe StV 2015, 371.
2 *Hackner/Schierholt* Rdn. 133; zum Grundrechtsschutz in der Vollstreckungshilfe *Morgenstern* in *Böse* Enz. § 15/3.
3 Regierungsentwurf des (ersten) Gesetzes zur Umsetzung des Rahmenbeschlusses über den Europäischen Haftbefehl und die Übergabeverfahren zwischen den Mitgliedstaaten der EU, BTDrucks. 15/1718 S. 14; anders *Hackner/Schierholt* Rdn. 55.

verkehr weiterhin gelten, ergibt sich für die Auslieferung und die Vollstreckung von Freiheitsstrafen z.B. aus § 82, § 84 Abs. 2 Nr. 2 IRG. Allerdings führt ein Ersuchen um Übernahme der Vollstreckung auch auf diesem Wege dazu, dass das Vollstreckungsverfahren mit der Überstellung des Verurteilten auf Deutschland übergeht, das deutsche Vollstreckungsrecht anwendbar wird und Deutschland für die nachträglichen Entscheidungen wie die Aussetzung des Strafrechts zuständig wird (§§ 48 ff., § 57 IRG).[4] Nach § 57 Abs. 1 IRG hat der ausländische Staat bei dieser Form der Vollstreckungshilfe aber die Möglichkeit, Einfluss auf die Vollstreckung in Deutschland zu nehmen.

Für den **umgekehrten Fall**, in dem ein deutsches Urteil in einem anderen 5 Mitgliedstaat der Europäischen Union vollstreckt werden soll, enthalten die §§ 85 bis 85f IRG ausführliche Regelungen zum Verfahren.

Ist die erkannte Freiheitsstrafe **nicht** zu vollstrecken, weil sie zur Bewährung ausgesetzt ist, bestehen Rechtsinstrumente zur Übertragung der Bewährungsüberwachung. Auch Geldstrafen und Geldbußen können aufgrund entsprechender Rahmenbeschlüsse und ihrer Umsetzung in deutsches Recht innerhalb der EU über Binnengrenzen hinweg beigetrieben werden. Diese Instrumente werden nachfolgend im Einzelnen dargestellt.

Stichworte: Der Europäische Haftbefehl ist auch ein Rechtsinstrument der Vollstreckungshilfe. Er steht dem Urteilsstaat wahlweise neben anderen europäischen Instrumenten zur Verfügung.

II. Einzelne europäische Rechtsakte zur Strafvollstreckung und ihre Umsetzung

1. Der Rahmenbeschluss Freiheitsstrafen

a) Früheres Recht

Zur Förderung der Resozialisierung verurteilter Personen ermöglichte bisher 6 u.a. das vom Europarat erarbeitete Überstellungsübereinkommen,[5] dass Straftäter ihre Strafe nicht im Urteilsstaat, sondern in ihrem Heimatstaat als Vollstreckungsstaat verbüßen. Voraussetzung dafür war die Zustimmung des Verurteil-

---

4 *Hackner/Schierholt* Rdn. 138, 167a.
5 Gesetz vom 26.9.1991 zu dem Übereinkommen vom 21.3.1983 über die Überstellung verurteilter Personen (BGBl. 1991 II S. 1006); Erklärung der Bundesrepublik bei der Ratifikation BGBl. 1992 II S. 98; Ausführungsgesetz zu dem Übereinkommen vom 26.9.1991 (BGBl. I S. 1954); Überblick über die gesamte frühere Rechtslage: Begründung zum Entwurf des Umsetzungsgesetzes Freiheitsstrafen und Bewährungsentscheidungen BTDrucks. 18/4347 S. 51 ff.

ten, der auch die Staatsangehörigkeit des Vollstreckungsstaates haben musste. Ferner setzte die Überstellung das Einvernehmen der beteiligten Staaten voraus (Art. 3 des Übereinkommens). Wurde der Verurteilte überstellt, ging die Zuständigkeit für die zu treffenden nachträglichen Entscheidungen auf den Vollstreckungsstaat über (Art. 9 Abs. 3 des Übereinkommens). Hatte sich der Verurteilte der Strafvollstreckung im Urteilsstaat entzogen und hielt er sich im Vollstreckungsstaat auf, so konnte er durch richterliche Anordnung vorläufig festgehalten werden, bis alle förmlichen Voraussetzungen für die Überstellung geschaffen waren (§§ 4, 5 AusfG).

Da das Übereinkommen mit dem Resozialisierungsinteresse des Verurteilten auch seine grundrechtlich geschützten Positionen betraf, forderte Art. 19 Abs. 4 GG, gegen ablehnende Entscheidungen der Behörde den **Rechtsweg** zu eröffnen.[6] Gegen Entscheidungen, mit denen der Wunsch eines Verurteilten abgelehnt wurde, aus Deutschland in seinen Heimatstaat überstellt zu werden, war daher der Antrag auf gerichtliche Entscheidung nach §§ 23 ff. EGGVG gegeben.[7]

b) Inhalt des Rahmenbeschlusses

7 Dieses Übereinkommen ist durch den Rahmenbeschluss Freiheitsstrafen[8] ersetzt worden, der durch Gesetz vom 17.7.2015 (BGBl. I S. 1349) in nationales Recht umgesetzt wurde (§§ 84–85f IRG). Seither gelten das Überstellungsübereinkommen und alle weiteren, damit zusammenhängenden internationalen Normen nur noch im Verhältnis Deutschlands zu Staaten, die durch den Rahmenbeschluss Freiheitsstrafen nicht gebunden sind (Art. 26).

Die von dem Rahmenbeschluss geregelte Materie deckt sich nicht mit dem Bereich, der durch den Rahmenbeschluss über den Europäischen Haftbefehl erfasst wird. Ein solcher Haftbefehl kann zwar auch zur Vollstreckung erlassen werden. Er bezweckt und bewirkt jedoch keinen Übergang der Vollstreckung auf einen anderen Staat, sondern die Ergreifung des Verurteilten, seine Auslieferung und die Vollstreckung der Strafe im Urteilsstaat.

---

6 BVerfG NStZ 1998, 140; zu Art. 8 EMRK vgl. EGMR, Urteil vom 7.3.2017 – Polyakova ./. Russland, Beschwerdenummer 35.090/09, Rdn. 87.

7 *Hackner/Schierholt* Rdn. 157 ff.; dort auch zu weiteren Einzelheiten des Verfahrens.

8 Rahmenbeschluss 2008/909/JI vom 27.11.2008 über die Anwendung des Grundsatzes der gegenseitigen Anerkennung auf Urteile in Strafsachen, durch die eine freiheitsentziehende Strafe oder Maßnahme verhängt wird, für die Zwecke ihrer Vollstreckung in der Europäischen Union, ABl. 2008 L 327 S. 27.

Der Rahmenbeschluss Freiheitsstrafen ist nach dem Vorbild des Rahmenbeschlusses über den Europäischen Haftbefehl aufgebaut. Er unterscheidet sich von dem Überstellungsübereinkommen und allen anderen früheren Instrumenten der Vollstreckungshilfe insbesondere dadurch, dass er eine Verpflichtung des Vollstreckungsstaates zur Übernahme der Vollstreckung begründet, sofern keine Ablehnungsgründe, die in Art. 9 enumerativ aufgezählt sind, vorliegen (Art. 8). Der Anstoß zur Übertragung der Vollstreckung kann auch vom Vollstreckungsstaat und insbesondere von der verurteilten Person selbst kommen (Art. 4 Abs. 5). Sie kommt in Betracht, wenn der Verurteilte die Staatsangehörigkeit des Vollstreckungsstaates besitzt und dort lebt, wenn er in den Staat seiner Staatsangehörigkeit abgeschoben werden soll, außerdem stets, sofern die beteiligten Staaten sich einigen.

Die Zustimmung des Verurteilten zur Übertragung der Vollstreckung ist nicht nötig, wenn dieser in seinem Heimatstaat lebt, dorthin abgeschoben werden wird oder in den Vollstreckungsstaat geflohen war (Art. 6). Die beiderseitige Strafbarkeit ist nach dem Rahmenbeschluss im Umfang des für den Europäischen Haftbefehl geltenden Katalogs nicht zu prüfen; jedoch kann jeder Staat die Anwendung dieser Regelung durch einfache, widerrufliche Erklärung ausschließen (Art. 7 Abs. 3). Die Bundesrepublik hat von dem Vorbehalt Gebrauch gemacht. Zur Sicherung der Vollstreckung kann auch vorläufige Haft angeordnet werden (Art. 14).

Nach der Anerkennung richtet sich die Vollstreckung nach dem Recht des Vollstreckungsstaates. Die Zuständigkeit für die nachträglichen Entscheidungen wie die Aussetzung des Strafrestes geht auf den Vollstreckungsstaat über (Art. 17).

Art. 18 betrifft den Spezialitätsgrundsatz. Danach darf der Verurteilte im Vollstreckungsstaat nicht wegen einer vor der Überstellung begangenen anderen Handlung verfolgt werden als derjenigen, welche der Überstellung zugrundeliegt. Der Rahmenbeschluss Freiheitsstrafen ist in diesem Punkt sorgfältig mit dem Rahmenbeschluss Europäischer Haftbefehl abgestimmt. Der Spezialitätsgrundsatz greift zunächst nicht ein, wenn der Verurteilte seiner Überstellung zugestimmt hat. Darüber hinaus greift er auch nicht ein, wenn der Ausstellungsstaat der weiteren Strafverfolgung zustimmt. Dazu ist dieser verpflichtet, wenn er nach dem Rahmenbeschluss Europäischer Haftbefehl rechtlich gehalten wäre, seine Zustimmung zu erteilen (Art. 18 Abs. 3). Hierzu vgl. Kap. 6/9.

Sind in einem ausländischen Erkenntnis eine Freiheitsstrafe und zusätzlich eine Geldsanktion verhängt, richten sich Zuständigkeit und Verfahren getrennt für jede Sanktion nach den für sie geltenden Bestimmungen (Kap. 8/25).

c) Umsetzung in deutsches Recht

8 Das deutsche Umsetzungsgesetz zu dem Rahmenbeschluss[9] zeichnet sich durch besondere Kompliziertheit und **Perfektionssucht** aus. Von einer knappen, einfachen und verständlichen Gesetzessprache kann keine Rede sein. Es gibt Vorschriften, die sich einerseits als Ausnahme von einer Regel darstellen, andererseits aber den Umfang dieser Ausnahme durch eine doppelte Verneinung umschreiben (§ 84a Abs. 3 Satz 1 IRG). Daher lässt sich etwa der Sinn von § 84a Abs. 3 Satz 1 IRG allein durch einen Rückgriff auf die Gesetzesmaterialien erschließen, es geht hier ersichtlich um eine Harmonisierung mit dem zwecks Vollstreckung erlassenen Europäischen Haftbefehl.[10]

aa) Zulässigkeitsvoraussetzungen

9 Die Vorschriften über die Vollstreckungshilfe knüpfen im Allgemeinen an die deutsche Staatsangehörigkeit des Verurteilten oder an seinen Aufenthalt an. Die Vollstreckung kann im Prinzip übernommen werden:
- bei einem deutschen Staatsangehörigen oder einem Ausländer, der in Deutschland lebt, nach § 84a Abs. 1 Nr. 3 Buchst. a) IRG;
- bei einem verurteilten Deutschen oder Ausländer, der sich im Urteilsstaat aufhält, mit seiner Zustimmung nach §§ 84a Abs. 1 Nr. 3 Buchst. c) IRG.

Die Vollstreckung eines deutschen Urteils kann in das Ausland abgegeben werden
- nach Maßgabe des Rahmenbeschlusses Freiheitsstrafen, wenn sich der Verurteilte im Ausland befindet; sonst nur bei seinem Einverständnis oder nach gerichtlicher Entscheidung gemäß § 85c (§§ 85 ff. IRG).

Jedoch ist die Anknüpfung an den Aufenthalt oder die Staatsangehörigkeit nicht einheitlich. Einige Vorschriften knüpfen auch oder stattdessen an den gewöhnlichen Aufenthalt an (§ 84a Abs. 1 Nr. 3 Buchst. a) IRG), andere an den Lebensmittelpunkt (§ 84a Abs. 4 Nr. 1 IRG) oder an den ausländerrechtlichen Status (§ 84a Abs. 4 Nr. 2 IRG).

Aufenthalt ist wie bei dem Europäischen Haftbefehl zu verstehen. Danach ist erforderlich, dass der Betroffene im Vollstreckungsstaat für eine gewisse Dauer verblieben ist und Bindungen an diesen Staat entwickelt hat, die eine ähnliche Intensität aufweisen, wie sie sich aus einem Wohnsitz ergeben. Dazu

---

9 Gesetz vom 17.7.2015 (BGBl. I S. 1349).

10 Begründung zum Entwurf des Umsetzungsgesetzes Freiheitsstrafen BTDrucks. 18/4347 S. 49, 111 ff.

bedarf es einer Gesamtschau, welche Dauer, Art und Bedingungen des Verweilens sowie die familiären und wirtschaftlichen Verbindungen zum Vollstreckungsstaat umfasst.[11] Ausländer müssen auf Dauer ihren rechtmäßigen Aufenthalt in der Bundesrepublik haben sowie ferner entweder hier leben oder sich mit der Übernahme der Vollstreckung durch Deutschland einverstanden erklärt haben (§ 84a Abs. 1 Nr. 3 IRG). Bestehen Anhaltspunkte dafür, dass ihr Aufenthaltstitel unwirksam werden wird, liegen die Voraussetzungen der Übernahme nicht vor; auf die Bestandskraft einer etwa ergangenen Verwaltungsentscheidung kommt es nicht an.[12]

Die materiellen Voraussetzungen für die Übernahme der Vollstreckung sind **10** dem Rahmenbeschluss nachgebildet. Das ausländische Erkenntnis muss anerkannt und vollstreckt werden, wenn die Anerkennung und Vollstreckung zulässig ist und die Behörde nicht Gründe für eine Versagung geltend macht, deren Geltendmachung das Gesetz ihrem Ermessen überlässt (§ 84d IRG).

Die Zulässigkeitsvoraussetzungen entsprechen zunächst dem Rahmenbeschluss. Jedoch kann die Vollstreckung trotz Verjährung bewilligt werden, wenn der Verurteilte selbst die Übertragung der Vollstreckung beantragt hat (§ 84b Abs. 2 IRG).

Das Vorliegen der Zulässigkeitsvoraussetzungen ist durch eine Bescheinigung darzutun, welche wie bei dem Rahmenbeschluss Geldsanktionen (Kap. 8/ 23) für die deutschen Stellen prinzipiell bindend ist (Art. 9 Abs. 1 Buchst. a) Rahmenbeschluss Freiheitsstrafen).

Aber auch die **beiderseitige Strafbarkeit** der abgeurteilten Tat ist von Be- **11** deutung. Der Begriff der beiderseitigen Strafbarkeit kann Fragen aufwerfen.

> **Fall:** Der Betroffene ist in Tschechien zu einer Freiheitsstrafe verurteilt worden, weil er ein ihm von den dortigen Behörden auferlegtes Fahrverbot missachtet hatte. Da er in der Slowakei wohnt, ersucht Tschechien die Slowakei um Vollstreckung des Urteils.
>
> Die tschechische Strafvorschrift gilt nur für Verstöße gegen tschechische Fahrverbote. Die Slowakei hat eine vergleichbare Regelung, welche ihrerseits nur für slowakische Fahrverbote gilt und daher den in Tschechien begangenen Verstoß nicht erfasst.

Nach dem Wortlaut des Rahmenbeschlusses Freiheitsstrafen kommt es – ebenso wie beim Rahmenbeschluss Europäischer Haftbefehl – nicht auf die Formulierungen in den zu vergleichenden Straftatbeständen an. Entscheidend ist, ob

---

11 EuGH C-66/08, Urteil vom 17.7.2008 – Kozlowski; Begründung des Entwurfs des Umsetzungsgesetzes Rahmenbeschluss Freiheitsstrafen BTDrucks. 18/4347 S. 36, 110.
12 Begründung des Entwurfs des Umsetzungsgesetzes Rahmenbeschluss Freiheitsstrafen BTDrucks. 18/4347 S. 110.

sich die maßgebenden Sachverhaltselemente in beiden Mitgliedstaaten entsprechen und ob der Betroffene auch im Vollstreckungsstaat verurteilt worden wäre, hätte er die Tat dort begangen.[13] Das ist hier ersichtlich der Fall. Der EuGH leitet dieses Ergebnis außer aus dem Wortlaut auch aus der systematischen Erwägung ab, dass die Voraussetzungen einer Versagung der Anerkennung eng ausgelegt werden müssen. Denn die Versagung ist eine Ausnahme von der im Verhältnis der Mitgliedstaaten zueinander geltenden Regel, wonach Urteile grundsätzlich anzuerkennen sind.

Sofern nicht der Verurteilte die Übertragung der Vollstreckung selbst beantragt hat (§ 84b Abs. 2 IRG), ist nach deutschem Recht generelle **Zulässigkeitsvoraussetzung** für die Übernahme der Vollstreckung aber zusätzlich die **beiderseitige Strafbarkeit** der Tat, welche in dem ausländischen Erkenntnis abgeurteilt wurde (§ 84a Abs. 1 Nr. 2 IRG).

Das steht zwar in Einklang mit dem Rahmenbeschluss, da dieser in Art. 7 Abs. 3 jedem Mitgliedsstaat die Möglichkeit eröffnet, durch Erklärung mitzuteilen, dass auf dieses Erfordernis nicht verzichtet wird. Die deutsche Bundesregierung hat den Vorbehalt im Umsetzungsgesetz ausgenutzt. Warum das jedoch geschehen ist, ist **völlig unerfindlich** und in der Gesetzesbegründung auch nicht annähernd plausibel begründet.

Nach der Gesetzesbegründung[14] sollen bei fehlender Gegenseitigkeit wegen des Grundsatzes nulla poena sine lege verfassungsrechtliche Bedenken gegen die Möglichkeit einer Inhaftierung ohne (deutsche) Strafdrohung bestehen. Außerdem sei der Katalog der von der Gegenseitigkeitsprüfung ausgeschlossenen Straftaten unbestimmt und auch daher bedenklich. Wäre das zutreffend, dann wäre die rechtliche Gewährleistung beiderseitiger Strafbarkeit ein Verfassungsgebot. Das ist aber ersichtlich nicht der Fall. Auch das Bundesverfassungsgericht hat in seiner Entscheidung zum Europäischen Haftbefehl den gesetzgeberischen Verzicht auf die beiderseitige Strafbarkeit nicht beanstandet. Wäre darin ein Problem zu sehen gewesen, hätte der Sachverhalt Anlass zur Erörterung der Frage geboten. Denn das dem Verfolgten in jenem Verfahren (auch) vorgeworfene Verhalten – Mitgliedschaft in einer ausländischen terroristischen Vereinigung – war im Tatzeitpunkt in Deutschland nicht strafbar.

Die Begründung des Gesetzentwurfs übergeht, dass die Vollstreckungsübernahme auf dieselbe Art Freiheitsentzug abzielt wie die inländische Vollstreckung eines Europäischen Haftbefehls, und gleichermaßen sind auch die Vollstreckung von Geldstrafen oder Geldbußen wie die Überwachung von Bewährungsauflagen Eingriffe in die Rechtsgüter des Verurteilten. Für alle diese Eingriffe müsste –

---

13 EuGH C-289/15, Urteil vom 11.1.2017 – Grundza, Rdn. 37.
14 Gesetzentwurf der Bundesregierung BTDrucks. 18/4347 S. 109, 154.

wäre der Nulla-Poena-Satz hier einschlägig – das Erfordernis beiderseitiger Strafbarkeit unabdingbar sein. Wieso für den Freiheitsentzug, der auf einem rechtskräftigen ausländischen Erkenntnis beruht, andere Grundsätze als für die ausländische Anordnung der Untersuchungshaft oder die Verhängung von Geldstrafen gelten sollen, ist nicht ersichtlich. Der auch vorgenommene Rückgriff auf „Grundsätze des internationalen Vollstreckungshilferechts"[15] erweist sich als unergiebig, weil das herkömmliche Vollstreckungsrecht keinen Verzicht auf die beiderseitige Strafbarkeit vorgesehen hatte und gerade das Festhalten daran begründungsbedürftig war. Die Argumentation der Gesetzesbegründung ist daher inkonsequent und in sich widersprüchlich; sie steht im Gegensatz zu der auch außerhalb des Rahmens der EU zu verzeichnenden Rechtsentwicklung in den letzten Jahrzehnten. Den Sinn des Anerkennungsprinzips verkennt sie fundamental, und der Verurteilte ist den Gesetzesverfassern aus dem Blick geraten.

Die deutsche Regelung ist rückwärtsgewandt. Sie ist in ihrer Kompliziertheit unzweckmäßig und fehlerträchtig. Ihre Lektüre und die Erfassung der darin niedergelegten Regel-Ausnahme-Verhältnisse ist langwierig und erschließt sich nicht ohne weiteres; die wortreich durch viele Verweisungen aufgeblähte Gesetzestechnik erweckt den Eindruck, dass ein von Spezialisten für Spezialisten geschaffenes Normengeflecht vorliegt. Die dadurch geschaffene Unübersichtlichkeit der Rechtslage im Verhältnis zwischen den einzelnen Mitgliedstaaten der EU mindert die Praxistauglichkeit des Instruments beträchtlich.

bb) Verfahren

Bewilligungsbehörde ist die **Staatsanwaltschaft** (§ 84e Abs. 1 Satz 1 IRG). Gegen die Ablehnung der Vollstreckungsübernahme kann der Verurteilte **Antrag auf gerichtliche Entscheidung stellen** (§ 84e Abs. 3 IRG). Zuständig für die Entscheidung ist das Landgericht (§ 84f IRG), und hier die **Strafvollstreckungskammer** (§ 84f mit § 84 Abs. 2 Nr. 1, § 50 IRG, § 78a GVG).[16] Will die Staatsanwaltschaft die Übernahme bewilligen, also kein Bewilligungshindernis geltend machen, so hat sie beim Landgericht die Vollstreckbarkeitserklärung des ausländischen Urteils zu beantragen. Das Landgericht prüft auch die Ermessensausübung der Staatsanwaltschaft nach; das Verfahren ist insoweit dem Verfahren bei der Anerkennung des Europäischen Haftbefehls nachgebildet. Das ausländische Urteil selbst ist nicht zu überprüfen; es geht allein um die Voraussetzungen der Vollstreckbarkeit. Die Entscheidung des Landgerichts ist

12

---

15 So in der Begründung des 1. Umsetzungsgesetzes zum Europäischen Haftbefehl, BTDrucks. 15/1718 S. 16, beiläufig aufgenommen in BVerGE 113, 273 Rdn. 100.
16 Begründung zum Entwurf des Umsetzungsgesetzes BTDrucks. 18/4347 S. 124.

nach § 84 Abs. 2 Nr. 1 mit § 55 Abs. 2 IRG durch sofortige Beschwerde anfechtbar, also auch der **formellen Rechtskraft** fähig (§ 84 h Abs. 2 IRG).

Ist die gerichtliche Entscheidung ergangen, „bewilligt" die Staatsanwaltschaft nach § 84h IRG die Vollstreckung des Urteils. Wie in Absatz 2 der Vorschrift zum Ausdruck kommt, handelt es sich rechtlich dabei lediglich noch um
den **Vollzug** der Entscheidung des Landgerichts (Kap. 6/33; 8/20), wie das bei
rechtskräftigen Gerichtsentscheidungen selbstverständlich ist. Auch die Gesetzesbegründung hebt hervor, dass die Staatsanwaltschaft vollumfänglich an die
Entscheidung des Gerichts gebunden ist.[17]

Bereits vor der Entscheidung des Landgerichts kann zur Sicherung der
künftigen Vollstreckung in Deutschland ein Sicherungshaftbefehl erlassen werden (§ 84j IRG).

> **Fall:** Ein bulgarischer Staatsangehöriger ist in Dänemark zu 15 Jahren Freiheitsstrafe verur-
> teilt. Die weitere Vollstreckung der Strafe soll von Bulgarien übernommen werden. Der Ver-
> urteilte hat in der dänischen Haft Arbeit geleistet, welche nach dänischem Recht nicht zu
> einer Verkürzung der Vollstreckungsdauer führt. Nach bulgarischer Rechtsprechung ist das
> anders. Es stellt sich daher die Frage, ob die bulgarische Regelung zu Gunsten des Verur-
> teilten auch für die in Dänemark verbüßte Zeit gilt.

Der übergebende Staat muss vor der Überstellung die von ihm vollstreckte Zeitdauer bestimmen. Nach dem Anerkennungsprinzip ist der aufnehmende Staat
daran gebunden; der Vollstreckungsstaat darf nicht rückwirkend sein Strafvoll-
zugsrecht auf den Fall anwenden.[18] Der Zeitpunkt der Überstellung bildet also
eine Zäsur hinsichtlich der Bestimmung des maßgebenden Rechts.

13   Mit der Übernahme geht die gesamte Strafvollstreckung über. Reste verbleiben beim Urteilsstaat nur insoweit, als dieser weiterhin berechtigt ist – neben
dem deutschen Staat – Begnadigungen vorzunehmen und Amnestien zu erlassen. Der Übergang der Strafvollstreckung drückt sich durch die in § 84k IRG angesprochene Befugnis der deutschen Gerichte aus, über die Aussetzung des
Strafrestes zu befinden. Diese Regelung ist zwar konsequent und systematisch
unabweisbar. Aber darin liegt auch ein großes Problem, da sowohl die gesetzlichen Vorschriften wie die Rechtspraxis zur Aussetzung des Strafrestes in den
Mitgliedstaaten der Union weiterhin unterschiedlich sind.[19] Vermutlich darauf
ist es zurückzuführen, dass von der Übertragung relativ selten Gebrauch gemacht wird.

---

17 Begründung zum Entwurf des Umsetzungsgesetzes BTDrucks. 18/4347 S. 129.
18 EuGH C-554/14, Urteil vom 8.11.2016 – Ognyanov, Rdn. 44.
19 *Morgenstern* in *Böse* Enz. § 15/45, 46.

Stichworte: Die Übertragung der Vollstreckung auf den Heimatstaat des Verurteilten kann in **!** besonderem Maße der Resozialisierung des Verurteilten dienen. Die deutsche Regelung zeichnet sich dagegen durch Formalismus aus.

2. Der Rahmenbeschluss Bewährungsüberwachung

Die grenzüberschreitende Überwachung von Bewährungsentscheidungen er- 14 möglicht nicht nur dem zu einer Bewährungsstrafe Verurteilten, sein Recht auf Freizügigkeit innerhalb der EU wahrzunehmen. Sie verhindert auch, dass die Gerichte des Urteilsstaates eine an sich gerechtfertigte Strafaussetzung zur Bewährung versagen, weil sich der Angeklagte in einen anderen Mitgliedsstaat der EU begeben könnte und deshalb für die Bewährungsüberwachung unerreichbar wäre. Die Verkehrsfähigkeit von Bewährungsentscheidungen dient ferner nachhaltig der Resozialisierung des Verurteilten, weil seine familiären, kulturellen und sprachlichen Bindungen damit sachgemäß berücksichtigt werden können.[20] Der Rahmenbeschluss Bewährungsüberwachung und seine Umsetzung in deutsches Recht (§ 90a ff. IRG)[21] sind daher ein wichtiger Baustein bei der Schaffung eines einheitlichen europäischen Rechtsraums.

a) Inhalt des Rahmenbeschlusses

Die Übernahme der Vollstreckung und Überwachung hat nach dem Rahmenbe- 15 schluss (Art. 1, Art. 2) und dem deutschen Umsetzungsgesetz zunächst zwei Voraussetzungen:

- In den Regelungsbereich fallen Entscheidungen nur, wenn die Vollstreckung einer Freiheitsstrafe ausgesetzt oder vorbehalten ist; es geht ausschließlich um die Lebensführung des Verurteilten in Freiheit (§ 90b Abs. 1 Nr. 2 IRG).
- Der Verurteilte muss in Deutschland seien rechtmäßigen gewöhnlichen Aufenthalt haben und sich in Deutschland aufhalten (§ 90b Abs. 1 Nr. 5 IRG).

---

20 Erwägungsgrund 8 des Rahmenbeschlusses Bewährungsüberwachung.
21 Rahmenbeschluss 2008/947/JI vom 27.11.2008 über die Anwendung des Grundsatzes der gegenseitigen Anerkennung auf Urteile und Bewährungsentscheidungen im Hinblick auf die Überwachung von Bewährungsmaßnahmen und alternativen Sanktionen, ABl. 2008 L 337 S. 102; geändert durch Rahmenbeschluss ABl. 2009 L 81 S. 24 – *Rahmenbeschluss Bewährungsüberwachung* – umgesetzt durch Gesetz vom 17.7.2015 (BGBl. I S. 1349).

Aufenthalt ist ebenso wie im Rahmenbeschluss Europäischer Haftbefehl und im Rahmenbeschluss Freiheitsstrafen und deshalb – nach der Übernahme dieses europäischen Begriffs – auch einheitlich im deutschen Recht zu verstehen. Er setzt voraus, dass der Betroffene im Vollstreckungsstaat für eine gewisse Dauer verblieben ist und Bindungen an diesen Staat entwickelt hat, die eine ähnliche Intensität aufweisen, wie sie sich aus einem Wohnsitz ergeben. Dazu bedarf es einer Gesamtschau, welche Dauer, Art und Bedingungen des Verweilens sowie die familiären und wirtschaftlichen Verbindungen zum Vollstreckungsstaat umfasst.[22]

16 Der Rahmenbeschluss enthält außerdem in Art. 14 – wie beispielsweise der Rahmenbeschluss Europäischer Haftbefehl – den Katalog der Taten, bei denen die Prüfung der beiderseitigen Strafbarkeit ausgeschlossen ist. Das **deutsche Umsetzungsgesetz** hat aber eine andere Regelung getroffen. Es hat generell die Übernahme von der Voraussetzung abhängig gemacht, dass die der Verurteilung zugrunde liegende Tat dem Erfordernis **beiderseitiger Strafbarkeit** genügt (§ 90b Abs 1 Nr. 4 IRG). Diese Prüfung hat lediglich zu unterbleiben, sofern allein die Überwachung der Bewährung, nicht aber – wie im Falle eines Widerrufs der Strafaussetzung – eine Vollstreckung freiheitsentziehender Sanktionen in Betracht kommen kann (§ 90b Abs. 3 IRG). In diesem Falle ist auch unerheblich, ob die der Verurteilung zu Grunde liegende Tat zu den Katalogtaten nach Art. 14 des Rahmenbeschlusses gehört.

Das steht zwar in Einklang mit dem Rahmenbeschluss, da dieser in Art. 14 Abs. 3 jedem Mitgliedsstaat die Möglichkeit eröffnet, durch Erklärung mitzuteilen, dass er Art. 14 im Übrigen nicht anwenden wird. Die deutsche Bundesregierung hat von dem Vorbehalt im dargelegten Umfang Gebrauch gemacht.[23] Warum das jedoch geschehen ist, ist ebenso wie bei der Umsetzung des Rahmenbeschlusses Freiheitsstrafen **unerfindlich** und in der Gesetzesbegründung auch nicht annähernd plausibel begründet (Kap. 8/11). Die dazu geäußerten Bedenken gegen die Regelung gelten in gleicher Weise hier; sie **verstärken** sich aber dadurch, dass mit ihr die Übernahme der Überwachung von Freiheitsstrafen, die zur Bewährung ausgesetzt sind, in vielen Fällen der unteren und mittleren Kriminalität ausgeschlossen sein wird. Gerade in diesem Bereich wäre es jedoch sinnvoll, ein einfaches, ortsnah vorhandenes und mit den Verhältnissen des Verurteilten vertrautes Instrument der Bewährungsüberwachung einsetzen zu können.

Die deutsche Regelung ist – ebenso wie die Vorschriften zur Umsetzung des Rahmenbeschlusses Freiheitsstrafen (Kap. 8/11) – nicht lediglich rückwärtsge-

---

22 EuGH C-66/08, Urteil vom 17.7.2008 – Kozlowski Rdn. 46 ff., 53.
23 Gesetzentwurf der Bundesregierung BTDrucks. 18/4347 S. 154.

wandt; sie ist in ihrer Kompliziertheit zudem unzweckmäßig und fehlerträchtig. Allein die Lektüre von § 90b IRG und die Erfassung der darin niedergelegten Regel – Ausnahme – Verhältnisse ist langwierig und erschließt sich nicht ohne weiteres. Die durch Deutschland geschaffene Unübersichtlichkeit der Rechtslage im Verhältnis zwischen den einzelnen Mitgliedstaaten der EU mindert die Praxistauglichkeit des Instruments beträchtlich. Die übermäßige Kompliziertheit des Gesetzes räumt selbst der Entwurf ein,[24] freilich ohne daraus Konsequenzen zu ziehen. Es ist zu hoffen, dass die fehlerhafte Art von Gesetzgebung auf lange Sicht den Druck zur Angleichung der materiellen Strafvorschriften der Mitgliedstaaten erhöht und die Probleme damit gegenstandslos werden.

b) Zulässigkeitsvoraussetzungen

Zulässigkeitsvoraussetzung für die Übernahme der Bewährungsüberwachung **17** ist ein ausländisches Erkenntnis (in Urteils- oder in sonstiger Entscheidungsform), durch welches eine freiheitsentziehende Sanktion zur Bewährung ausgesetzt wurde oder die Vollstreckung des Restes einer freiheitsentziehenden Sanktion ausgesetzt wurde. Ferner muss dem Verurteilten eine der Bewährungsmaßnahmen auferlegt worden sein, die in § 90b Abs. 1 Nr. 6 IRG enumerativ aufgezählt sind. Entgegen dem missverständlichen Wortlaut des Gesetzes können auch mehrere Maßnahmen zugleich verhängt worden sein.[25] Wesentlich ist lediglich, dass dem Verurteilten für den Fall des Verstoßes gegen eine Bewährungsauflage eine bestimmte freiheitsentziehende Sanktion angedroht ist (§ 90b Abs. 1 Nr. 2 Buchst. c) IRG). Das Vorliegen dieser Voraussetzungen ist wie bei dem Rahmenbeschluss Geldsanktionen durch eine **Bescheinigung** darzutun, welche für die deutschen Stellen **grundsätzlich bindend** ist (Art. 11 Abs. 1 Buchst. a) Rahmenbeschluss).

Zu den Bewährungsmaßnahmen kann auch die Verpflichtung gehören, be- **18** stimmte Orte oder Gebiete zu meiden und die Verpflichtung, den Kontakt zu bestimmten Personen zu meiden (§ 90b Abs. 1 Nr. 6 Buchst. b), f) IRG). Diese Bewährungsauflagen aber **überschneiden** sich mit den Maßnahmen, die in einer **Europäischen Schutzanordnung** angeordnet werden können. Die Maßnahmen der Europäischen Schutzanordnung sind auch nicht vom Strafgericht, sondern vom Familiengericht zu treffen (Kap. 11/7). Sofern eine derartige Überschneidung vorliegt, wird – schon wegen der verschiedenartigen, aber nicht kumulierbaren Folgen eines Verstoßes gegen die angeordneten Maßnahmen – für die Frage des Widerrufs der Strafaussetzung eine **Entscheidungssperre**

---

24 BTDrucks. 18/4347 S. 170.
25 So auch Begründung des Entwurfs des Umsetzungsgesetzes BTDrucks. 18/4347 S. 152.

nach Art eines Verfahrenshindernisses wegen anderweitiger Rechtshängigkeit greifen müssen. Dabei muss dem Gericht der Vorrang zukommen, welches zuerst mit der Sache befasst wurde. Insoweit können die zu § 462a StPO entwickelten Grundsätze herangezogen werden.[26] Die Vermeidung von Komplikationen wird dadurch erleichtert, dass die ausländische Schutzanordnung Auskunft über das zugrundeliegende Straferkenntnis geben muss.

19   Mit der Übernahme geht grundsätzlich das **gesamte Verfahren** auf Deutschland über. Die deutschen Gerichte haben deshalb nicht nur die Lebensführung des Verurteilten und die Befolgung der Bewährungsauflagen zu überwachen, sondern sind auch für den **Widerruf der Strafaussetzung** oder der Aussetzung des Strafrestes zuständig (§ 90j IRG). Jederzeit, auch bei der Erstentscheidung über die Übernahme des Verfahrens, hat das Gericht auch die angeordneten Bewährungsmaßnahmen zu prüfen und darf sie ggf. abändern (§ 90h IRG).

Wie bei der Vollstreckung von Freiheitsstrafen kann auch bei der Übertragung der Bewährungsüberwachung die mangelnde Einheitlichkeit der Regelungen in den Mitgliedstaaten der EU zu Problemen führen. Wenn in einigen Staaten Bewährungshilfe ein eingriffsintensives Programm darstellt, in anderen hingegen nicht, so kann das damit verbundene Risiko des Bewährungswiderrufs für den Verurteilten eine große Belastung, für den abgebenden Staat ein Hemmnis dafür sein, von dem Rechtsinstrument Gebrauch zu machen.[27]

Das deutsche Umsetzungsgesetz unterscheidet aber zusätzlich zwischen Vollstreckung und Überwachung. Denn in bestimmten Fällen kann sich die Übernahme auf die Bewährungsüberwachung beschränken (§ 90f Abs. 4 IRG). Diese Fälle sind in § 90b Abs. 3 IRG aufgeführt; es handelt sich dabei vor allem um Entscheidungen, in denen das ausländische Erkenntnis keine freiheitsentziehende Sanktion für den Fall des Verstoßes gegen Bewährungsmaßnahmen festgesetzt hat. Deren Festsetzung wollte der Gesetzgeber den deutschen Gerichten nicht zuweisen; daher geht hier das Verfahren wieder auf den Urteilsstaat über.[28] Der Einklang dieser Regelungen mit dem Rahmenbeschluss Bewährungsentscheidungen wird dadurch hergestellt, dass die Bundesregierung eine entsprechende Erklärung, welche nach Art. 14 Abs. 3 des Rahmenbeschlusses zulässig ist, abgibt.

---

26 Vgl. etwa (allerdings betreffend die örtliche Zuständigkeit) BGH NStZ 2000, 391.
27 *Morgenstern* in *Böse* Enz. § 15/60.
28 Begründung zum Entwurf des Umsetzungsgesetzes BTDrucks. 18/4347 S. 157.

c) Verfahren

Bewilligungsbehörde ist die **Staatsanwaltschaft** (§ 90f IRG). Sie kann die Über- 20
nahme des Verfahrens in eigener Zuständigkeit ablehnen. Wie unter der Geltung des Überstellungsabkommens (Kap. 8/6) steht dem Verurteilten, wenn er mit der Übernahme einverstanden war oder sie beantragt hat, dagegen der **Antrag auf gerichtliche Entscheidung** offen (§ 90f Abs. 3 IRG).

Lehnt die Staatsanwaltschaft die Bewilligung nicht ab, stellt sie beim Gericht den Antrag, das ausländische Urteil für vollstreckbar und die Bewährungsüberwachung für zulässig zu erklären (§ 90f Abs. 2 IRG); ggf. beschränkt sie ihren Antrag auf Entscheidung über die Zulässigkeit der Bewährungsüberwachung. Zuständiges Gericht ist das Landgericht (§ 90g Abs. 1 IRG) und hier die **Strafvollstreckungskammer** (§ 90a Abs. 2 Nr. 1, § 50 IRG, § 78a Abs. 1 Nr. 3 GVG).

Das Gericht kann Beweise zur Zulässigkeit der Übernahme der Vollstreckung und der Bewährungsüberwachung und ferner zu den Grundlagen der Ermessensausübung der Staatsanwaltschaft erheben. Eine Nachprüfung des ausländischen Urteils in der Sache ist ihm verwehrt (§ 90g Abs. 5 mit § 30 Abs. 2 Satz 2 IRG). Zur Zuständigkeit für die nachträglichen Entscheidungen Kap. 8/19. Die Entscheidung des Landgerichts ist nach § 90a Abs. 2 Nr. 1, § 55 Abs. 2 IRG mit der sofortigen Beschwerde anfechtbar und daher der **formellen Rechtskraft** fähig (§ 90 i Abs. 2 IRG).

Danach ist nach § 90i IRG noch eine besondere Bewilligungsentscheidung vorgesehen, die aber lediglich dem **Vollzug** der Gerichtsentscheidung dient und daher keine selbstständige Bedeutung hat (Kap. 6/33; 8/12). Das kommt auch in der Gesetzesbegründung zum Ausdruck, in der hervorgehoben wird, dass die Staatsanwaltschaft sowohl an eine positive wie an eine negative Gerichtsentscheidung gebunden ist.[29]

Stichworte: Die Übertragung der Bewährungsüberwachung auf einen anderen Mitgliedstaat eröffnet in Fällen der unteren Kriminalität einen resozialisierungsfreundlichen Weg, der aber vom deutschen Gesetzgeber nur unzureichend beschritten worden ist. **!**

---

3. Der Rahmenbeschluss Geldsanktionen

Die Reisefreiheit in Europa, die Verflechtung der verschiedenen Wirtschafts- 21
räume und der gegenseitige Warenaustausch bringen es mit sich, dass auch die

---

29 Begründung zum Entwurf des Umsetzungsgesetzes BTDrucks. 18/4347 S. 179.

Zahl von Rechtsverstößen, an denen Staatsangehörige verschiedener Mitgliedstaaten der EU beteiligt sind, zunehmen. Zahlenmäßig stehen dabei die kleine und die mittlere Kriminalität sowie Ordnungswidrigkeiten im Vordergrund, d.h. Rechtsverstöße, die lediglich mit Geldstrafen oder mit Geldbußen geahndet werden. Insbesondere der **grenzüberschreitende Kraftfahrzeugverkehr** von Touristen und der gewerbliche Gütertransport beschäftigen die zuständigen Institutionen und die Justiz massenhaft und haben die bisherigen Instrumente zur Ahndung und Vollstreckung dieser Rechtsverstöße als eklatant unzureichend erwiesen. Ein großer Teil im Ausland begangener Straftaten und Ordnungswidrigkeiten blieb deshalb ungeahndet.[30] Eine europäische Regelung wurde im Interesse der Verkehrssicherheit, zur Aufrechterhaltung der Ordnung und zur Wahrung der Rechtstreue der Bevölkerung dringend.

Durch den Rahmenbeschluss Geldsanktionen, der im Jahre 2010 in deutsches Recht umgesetzt wurde,[31] ist nunmehr die Möglichkeit geschaffen, ausländische Entscheidungen, die Geldstrafen oder Geldbußen verhängt haben, einfach und effektiv im Inland zu vollstrecken. Die große Zahl der zu erwartenden Vorgänge[32] und die Vielgestaltigkeit der betroffenen Rechtsmaterien ließen es als zweckmäßig erscheinen, dem nationalen Gesetzgeber einen großen Gestaltungsspielraum einzuräumen. Der Rahmenbeschluss Geldsanktionen und noch mehr das deutsche Umsetzungsgesetz (§§ 87 ff. IRG) weichen daher nicht unerheblich von dem Muster des Rahmenbeschlusses über den Europäischen Haftbefehl ab. Insbesondere ist Vollstreckungsgrundlage hier, wie sich aus § 87g Abs. 1 Satz 1 IRG eindeutig ergibt, nicht der ausländische Titel, sondern die deutsche Entscheidung über die Anerkennung.[33] Darin liegt eine gewisse Folgerichtigkeit insofern, als der Vollstreckungserlös der deutschen Staatskasse zufließt.

a) Inhalt des Rahmenbeschlusses und der deutschen Regelung

22 Der Rahmenbeschluss regelt die Anerkennung und Vollstreckung ausländischer Entscheidungen, durch die eine Geldstrafe oder Geldbuße festgesetzt worden ist. Geldstrafe oder Geldbuße bedeutet die rechtskräftig festgesetzte Verpflich-

---

30 *Krumm/Lempp/Trautmann* Rdn. 1/49 ff.
31 Rahmenbeschluss 2005/214/JI vom 24.2.2005 über die Anwendung des Grundsatzes der gegenseitigen Anerkennung von Geldstrafen und Geldbußen, ABl. 2005 L 76 S. 16 – Umsetzung durch Gesetz vom 18.10.2010 (BGBl. I S. 1408) mit Änderung durch Gesetz vom 17.7.2015 (BGBl. I S. 1332); dazu Regierungsentwurf BTDrucks. 17/1288, ferner die Kontroverse *Schünemann/Roger* ZIS 2010, 515 – *Böse* ZIS 2010, 607 – *Schünemann* ZIS 2010, 735.
32 Bisher nur aus den Niederlanden (98%), s. *Johnson* ZIS 2015, 478 Fn. 1.
33 *Krumm/Lempp/Trautmann* Rdn. 1/154 f.

tung zur Zahlung eines Geldbetrages wegen einer strafbaren oder bußgeldbe-
wehrten Zuwiderhandlung einschließlich der Verfahrenskosten und bestimmter
weiterer Beträge. Darunter fällt auch die Auferlegung einer Geldsanktion in Fällen verschuldensunabhängiger Haftung („Halterhaftung").[34] Die Entscheidung
kann von einem Gericht erlassen sein oder von einer Verwaltungsbehörde, sofern der Betroffene dagegen ein Gericht anrufen konnte, welches auch für Strafsachen zuständig ist (Art. 1).

Die Prüfung der **beiderseitigen Strafbarkeit** ist zunächst bei den Taten
ausgeschlossen, die auch im Rahmenbeschluss Europäischer Haftbefehl aufgeführt sind, also in einem **Katalog**, der von der Beteiligung an einer kriminellen
Vereinigung bis zu Flugzeugentführungen reicht. Die Aufnahme dieser schweren Straftaten in den Katalog ist nur eine scheinbare Überregulierung, weil
Geldstrafen z.B. für leichte Fälle von Beihilfe in Betracht kommen oder als neben einer Freiheitsstrafe verhängte Sanktion wie in § 41 des deutschen StGB.

Der Katalog ist in diesem Rahmenbeschluss jedoch entscheidend **erweitert**
um Verstöße gegen die den Straßenverkehr regelnden Vorschriften einschließlich der Vorschriften über Lenk- und Ruhezeiten und des Gefahrgutrechts. Daneben ist die Prüfung der Gegenseitigkeit z.B. bei Verletzung von Rechten an
geistigem Eigentum, Bedrohungen und Gewalttaten einschließlich Gewalttätigkeit bei Sportveranstaltungen, Sachbeschädigung, Diebstahl untersagt (Art. 5).

Eine konsequente Vorschrift enthält der letzte Spiegelstrich von Art. 5 Abs. 1
des Rahmenbeschlusses. Danach ist die beiderseitige Sanktionierbarkeit bei
Bestimmungen nicht zu prüfen, die der Entscheidungsstaat im Vollzug von
Verpflichtungen erlassen hat, welche sich aus den Verträgen ergeben. Das betrifft jede Art von Straf- und Bußgeldbestimmungen, die aufgrund der Anweisungskompetenz einschließlich der Annexkompetenz der EU vom Entscheidungsstaat, aber noch nicht vom Vollstreckungsstaat erlassen sind. Säumnis
des Vollstreckungsstaates bei der Umsetzung von Richtlinien oder Rahmenbeschlüssen der EU soll die Durchsetzung der Verträge nicht behindern.

Der gesamte Katalog ist bei der Umsetzung unverändert in das IRG über- **23**
nommen worden (§ 87b Abs. 1 Satz 2 IRG). Die Frage, ob der der Ahndung zu Grunde liegende Sachverhalt die Annahme einer Katalogtat begründet, ist von der deutschen Behörde nicht im Einzelnen zu prüfen, sondern
nach **Plausibilitätsgesichtspunkten** zu entscheiden.[35] Diese Einschränkung des
Prüfungsumfangs findet ihre Grundlage in Art. 7 Abs. 1, letzte Alternative des
Rahmenbeschlusses. Danach ist die Anerkennung oder Vollstreckung vom Vollstreckungsstaat (nur) abzulehnen, wenn die dem Ersuchen beigefügten Unterla-

---

34 KG NStZ 2013, 603.
35 *Krumm/Lempp/Trautmann* Rdn. 1/98.

gen (Bescheinigung nach Art. 4 des Rahmenbeschlusses) dem **Sachverhalt offensichtlich nicht entsprechen**. Im Übrigen aber, insbesondere was die Beurteilung des eigenen Rechts des Entscheidungsstaats angeht, sind die ordnungsgemäß unter Verwendung des vorgeschriebenen Formulars übersandten Mitteilungen des Entscheidungsstaates in Deutschland, auch für das Gericht, bindend.[36]

24   Ist – außerhalb des Katalogs – das Erfordernis der beiderseitigen Sanktionierbarkeit nicht erfüllt, darf die ausländische Entscheidung nicht anerkannt und vollstreckt werden (§ 87b Abs. 1 Satz 1 IRG). Das kann für Straftaten aus dem Umfeld des Verkehrsrechts von Bedeutung werden. Tatbestände, welche die Weigerung mit Strafe bedrohen, den Fahrer eines an einem Verkehrsverstoß beteiligten Fahrers anzugeben, kennt das deutsche Recht wegen des Grundsatzes der Selbstbelastungsfreiheit nicht. Sie gehören aber auch nicht zu den Katalogtaten, welche den Straßenverkehr regeln. Verurteilungen wegen eines solchen Delikts können daher in Deutschland nicht anerkannt werden.[37] Gleichwohl kann es in ausländischen Rechtsordnungen Tatbestände geben, die Vermutungen oder Beweisregeln zulasten des Betroffenen vorsehen und damit gegen **europäische Garantienormen** wie die Grundrechte – etwa die Unschuldsvermutung oder den Grundsatz der Selbstbelastungsfreiheit – verstoßen. § 87b Abs. 3 Nr. 9 IRG berücksichtigt solche Konstellationen, verlangt aber, dass der Betroffene dies gegenüber der Bewilligungsbehörde **geltend** macht. Die Rechtsprechung hat darin bisher keine Probleme erblickt.[38]

In Art. 6 wird an dem Prinzip festgehalten, dass der Vollstreckungsstaat verpflichtet ist, die ausländische Entscheidung anzuerkennen und zu vollstrecken, wenn nicht bestimmte, in Art. 7 aufgeführte Versagungsgründe vorliegen. Diese Versagungsgründe sind im Rahmenbeschluss sämtlich als fakultative Gründe ausgestaltet; der deutsche Gesetzgeber hat bei der Umsetzung daraus aber überwiegend zwingende Normen gemacht. Hiervon sind hervorzuheben die Modifizierung des Doppelverfolgungsverbotes (Art. 7 Abs. 2 Buchst. a)), wonach die frühere Verurteilung nicht in einem Mitgliedstaat der EU ergangen, aber vollstreckt worden sein muss. Außerdem ist in Art. 7 Abs. 2 Buchst. h) als Bagatellgrenze für die Gewährung der Rechtshilfe der **Betrag von 70 €** festgeschrieben. Die Bagatellsumme kann durch die Zusammenrechnung von Sank-

---

36 OLG Düsseldorf ZIS 2015, 477 m. Anm. *Johnson*.

37 *Krumm/Lempp/Trautmann* Rdn. 1/95 ff.; vgl. auch den Sachverhalt in EGMR, Urteil vom 29.6.2007 – O'Halloran & Francis ./. Großbritannien, Beschwerdenummern 15.809/02, 25.624/02.

38 OLG Köln NZV 2012, 450 m. Anm. *Johnson*; OLG Braunschweig NZV2013, 148 m. Anm. *Johnson*; *Gless* in *Sieber u.a.* EurStrR § 39a/46 ff.

tion und Kosten überschritten werden;[39] unzulässig wäre jedoch ein Rechtshilfeersuchen allein zur Vollstreckung von Kosten. Vollstreckungsverjährung – nicht Verfolgungsverjährung – ist ein Ablehnungsgrund, wenn für die zu Grunde liegende Tat auch die deutsche Gerichtsbarkeit gegeben war (Art. 7 Abs. 2 Buchst. c) Rahmenbeschluss, § 87b Abs. 3 Nr. 6 IRG).[40] Für die Ahndung von Verkehrsverstößen mit ihren recht kurzen deutschen Fristen für die Verfolgungsverjährung liegt hierin eine beträchtliche Erleichterung der Rechtshilfe.

Nicht als Zulässigkeitsvoraussetzung und damit zwingenden Ablehnungsgrund ausgestaltet hat der deutsche Gesetzgeber Art. 7 Abs. 2 Buchst. d) des Rahmenbeschlusses, der im Inland begangene Taten betrifft, sowie solche, die außerhalb des Hoheitsgebietes des Entscheidungsstaates begangen wurden, und die nach deutschem Recht strafbar oder bußgeldbewehrt sind. Diese Fälle sind als fakultative Bewilligungshindernisse erfasst (§ 87d IRG). Sind sie nach deutschem Recht keine Straftat oder Ordnungswidrigkeit, ist die Vollstreckung dagegen unzulässig (§ 87b Abs. 3 Nr. 8 IRG).

Soll die Vollstreckung einer in einem EU-Mitgliedstaat verhängten **Frei-** 25 **heitsstrafe** und **zugleich** die Vollstreckung einer in demselben Erkenntnis verhängten **Geldsanktion** übertragen werden, so ist dies zwar möglich (Art. 3 Abs. 3 Rahmenbeschluss); die Vollstreckung der Geldsanktion bestimmt sich aber nach den Regeln des Rahmenbeschlusses Geldsanktionen und dessen deutscher Umsetzung. Es sind dann für die verschiedenen Teile des ausländischen Erkenntnisses in Deutschland je **verschiedene Behörden und Gerichte** zuständig.[41]

In der Sache richtet sich die Vollstreckung nach dem Recht des Vollstreckungsstaates (Art. 9). **Ersatzfreiheitsstrafen** können vollstreckt werden, sofern der Entscheidungsstaat dies im Einzelfall zugelassen hat. Deutschland hat die Vollstreckung von Ersatzfreiheitsstrafen aus – wenig überzeugenden – verfassungsrechtlichen Gründen generell ausgeschlossen, die Verhängung von Erzwingungshaft als Beugemaßnahme nach dem OWiG dagegen zugelassen.[42]

Ist die Geldstrafe oder Geldbuße gegen eine juristische Person verhängt, darf die Sanktion nach Art. 9 Abs. 3 des Rahmenbeschlusses nicht von der Vollstreckung ausgeschlossen werden, auch wenn das deutsche Recht eine entsprechende Unternehmensverantwortlichkeit nicht kennt. Der Gesetzgeber hat die Anweisung nach dem Vorbild von § 30 OWiG[43] in § 87i IRG in deutsches Recht

---

39 Regierungsentwurf BT Drucks. 17/1288 S. 25; *Krumm/Lempp/Trautmann* Rdn. 129.
40 Regierungsentwurf BTDrucks. 17/1288 S. 26.
41 Begründung zum Entwurf des Umsetzungsgesetzes BTDrucks. 18/4347 S. 36.
42 Regierungsentwurf BTDrucks. 17/1288 S. 17, 33; *Krumm/Lempp/Trautmann* Rdn. 1/160 ff.
43 *Krumm/Lempp/Trautmann* Rdn. 1/187.

umgesetzt. Der Begriff der juristischen Person orientiert sich nicht an der Rechtsfähigkeit nach deutschem Recht, sondern danach, ob das betreffende Unternehmen im Entscheidungsstaat Vollstreckungsschuldner sein kann.[44]

b) Verfahren

26 Deutsche Anerkennungs- und Vollstreckungsbehörde für Geldsanktionen ist das **Bundesamt für Justiz** (§ 74 Abs. 1 Satz 4, § 87n Abs. 1 Satz 1 IRG); eine Übertragung dieser Zuständigkeit auf die Länder ist nicht geplant.[45]

Den Besonderheiten der Materie angepasst sind Vorschriften über das Verfahren. Die Anerkennung und Vollstreckung ausländischer Geldstrafen und Geldbußen geschieht in einem Verwaltungsverfahren. Die Bewilligungsbehörde – das Bundesamt für Justiz – erkennt die Entscheidung an und führt die Vollstreckung auch selbst als Vollstreckungsbehörde durch (§ 87n Abs. 1 Satz 1 IRG). Nur in wenigen Ausnahmefällen, die in § 87i IRG aufgeführt sind, ist von Amts wegen das Gericht einzuschalten.[46]

Gegen die Bewilligung der Vollstreckung steht dem Betroffenen der **Einspruch** zum zuständigen **Amtsgericht** offen (§ 87g IRG). Das Amtsgericht prüft allerdings nicht die Schuld- und Straffrage, sondern hat das ausländische Erkenntnis so, wie es ihm übermittelt wurde, seinem Verfahren zu Grunde zu legen. Seine Prüfung beschränkt sich deshalb auf die Zulässigkeit der Vollstreckung und, wo dies veranlasst ist, auf die Frage fehlerfreier Ermessensausübung durch die Behörde (§ 87h IRG). Beweise, welche über die hierdurch aufgeworfenen Sachfragen hinausgehen, darf es nicht erheben (§ 87g Abs. 4 Satz 4 IRG). Die Entscheidung des Amtsgerichts ist durch befristete Rechtsbeschwerde zum OLG anfechtbar, wenn das Beschwerdegericht sie zulässt (§§ 87j, 87k IRG).

27 Ist die Vollstreckung rechtskräftig zugelassen, führt die Vollstreckungsbehörde sie nach den **Vorschriften des OWiG** durch. Auch die Vollstreckung von Geldstrafen, nicht nur die von Geldbußen, richtet sich einheitlich nach diesen Vorschriften. Werden während des Vollstreckungsverfahrens gerichtliche Entscheidungen notwendig – so die Anordnung von Erzwingungshaft (§ 87n Abs. 2 Satz 1 IRG, §§ 96, 97 OWiG), so entscheidet das Amtsgericht am Sitz der Vollstreckungsbehörde, im Normalfall also das Amtsgericht Bonn.[47] Geringe Besonder-

---

44 Regierungsentwurf BTDrucks 17/1288 S. 31.
45 Regierungsentwurf BTDrucks. 17/1288 S. 15.
46 Beispiel: OLG Düsseldorf ZIS 2016, 206 m. Anm. *Johnson*.
47 § 1 Abs. 2 des Gesetzes über die Errichtung des Bundesamtes für Justiz vom 17.12.2006 (BGBl. I S. 3171).

heiten gelten für die Fälle des § 87i IRG sowie in den Fällen, in denen das Amtsgericht nach Einspruch entschieden hat. Vollstreckungsbehörde ist hier die Staatsanwaltschaft (§ 87n Abs. 1 Satz 2 IRG).

Stichworte: Der Rahmenbeschluss Geldsanktionen macht auch Geldbußen europaweit vollstreckbar, die wegen Ordnungswidrigkeiten verhängt wurden. Die Regelungen ergeben sich sachnotwendig aus dem Umfang des grenzüberschreitenden Fahrzeugverkehrs.

Kapitel 9:
Der rechtsstaatliche Rahmen

Der Darstellung des „dynamischen Kompetenzgefüges", das Organisation und Abläufe in der EU kennzeichnet, ist der rechtsstaatliche Rahmen anzuschließen, welcher materiell die Grenzen markiert, innerhalb derer sich das Handeln der EU zu bewegen hat. Den rechtsstaatlichen Rahmen bilden die europäischen Garantienormen (Kap. 4/16) insgesamt. Von ihnen sind indessen eine Reihe teils abgeleiteter Maximen und bestimmte Grund – und Menschenrechte für das Strafrecht von besonderer Bedeutung. Ihnen gelten die folgenden Erörterungen.

I. Nationale Handlungspflichten zum aktiven Rechtsgüterschutz

Die EU bedient sich der nationalen Rechtsordnungen zur Erreichung ihrer Ziele. 1
Dazu zählt auch das Strafrecht. Aber dieses Verhältnis ist nicht mit dem Bild einer Einbahnstraße zu illustrieren. Die Schaffung und der Ausbau der Union dient der gemeinsamen Wohlfahrt der Völker Europas (Art. 3 Abs. 1 EUV). Es liegt daher im eigenen Interesse der Mitgliedstaaten, von sich aus zur Erreichung der Vertragsziele der Union beizutragen. Normativ hat dieses Interesse aus Sicht der Union in Art. 4 Abs. 3 EUV seinen Niederschlag gefunden. Das **Loyalitätsgebot**, welches in Deutschland eine Entsprechung in der Pflicht zu bundesfreundlichem Verhalten hat, kann **Schutzpflichten** zu Gunsten der EU auslösen, welche sich zu einzelnen Handlungspflichten konkretisieren lassen. Im Schrifttum wird dafür – in verschiedenen Varianten – auch der Ausdruck „Assimilierungsprinzip" verwandt.[1] Die Pflichten können sowohl die Gesetzgebung wie auch die Rechtsanwendung betreffen.

Aus einer anderen Wurzel und mit anderer Zielrichtung erwachsen Handlungspflichten zum Schutz der Menschenrechte. Aber auch hierbei kann es sich um Pflichten zu strafrechtlicher Sanktionierung handeln.

---

1 *Ambos* IntStrR § 11/37; *Esser* EuIntStrR § 2 Rdn. 35; *Hecker* 7/Rdn. 2; *Heger* in *Böse* Enz. § 5/15; *Schramm* IntStrR 4/62; *Zieschang* Tiedemann-Festschrift S. 1303, 1310; abw. *Safferling* IntStrR § 11/28; *Satzger* IntStrR § 9 Rdn. 27 (Assimilierung als Pflicht zur Gleichbehandlung von inländischen Sachverhalten und solchen mit Auslandsbezug).

DOI 10.1515/9783110456103-009

1. Gesetzgebung

2 Schon frühzeitig hat der EuGH entschieden, dass die Mitgliedstaaten **befugt** sind, zur Durchsetzung von Gemeinschaftsrecht von sich aus das Strafrecht einzusetzen, wenn sie dies für nötig halten und die gemeinschaftliche Vorschrift keine abschließende Regelung enthält.[2]

Eine den Gesetzgeber treffende allgemeine **Pflicht** zur Schaffung von strafrechtlichen Sanktionen nimmt dagegen der *EGMR* in ständiger Rechtsprechung an.

> **Fall:** Eine sechzehnjährige, geistig behinderte Niederländerin lebt in einem Heim. Der Schwiegersohn der Heimleiterin weckt sie nachts, zwingt sie, ihm in sein Zimmer zu folgen, und übt dort mit ihr den Geschlechtsverkehr aus. Der Vorfall hinterlässt traumatische Folgen beim Opfer und verstärkt ihre geistige Verwirrung. Der Vater stellt Strafantrag, da die Tochter dazu nicht in der Lage ist. Nach dem niederländischen Recht waren über 16 Jahre alte Personen seinerzeit nur selbst zum Strafantrag befugt; andere Personen konnten das unabhängig vom Geisteszustand des Opfers nicht für sie tun.

Der EGMR leitet aus der EMRK eine **positive Handlungspflicht** des Staates ab. Da nach ihrem Artikel 1 den der staatlichen Hoheitsgewalt unterstehenden Personen die Menschenrechte umfassend zugesichert sind, ist die Schutzpflicht ggf. auch durch gesetzgeberische Maßnahmen zu erfüllen. Im Beispielsfall bot die niederländische Gesetzgebung dem Opfer – obwohl es sich lediglich um eine Gesetzeslücke handelte – ungenügenden Schutz. Darin lag eine Verletzung von Art. 8 EMRK.[3]

Ebenso ist jeder Vertragsstaat verpflichtet, in seiner Gesetzgebung ausreichende und strafbewehrte Maßnahmen zum Schutz von Ehefrauen vor häuslicher Gewalt und Lebensgefahr[4] sowie zum Schutz von Frauen vor sexueller Ausbeutung[5] vorzusehen. Zum Schwangerschaftsabbruch vgl. Kap. 3/34.

Der EuGH hatte eine derartige Pflicht für die Mitgliedstaaten der EU bisher nicht statuiert. Das schloss zwar nicht aus, dass unmittelbar aus den Verträgen einmal ein Pönalisierungsgebot folgen könnte.[6] Insbesondere Handlungspflichten zum Schutze der finanziellen Interessen der EU kamen dafür in Betracht.

---

2 EuGH C-50/76, Urteil vom 2.2.1977 – Amsterdam Bulb, Rdn. 33; EuGH C-326/88, Urteil vom 10.7.1990 – Hansen & Son.

3 EGMR, Urteil vom 26.3.1985 – X.u.Y. ./. Niederlande, Beschwerdenummer 8978/80.

4 EGMR, Urteil vom 23.2.2016 – Civek ./. Türkei, Beschwerdenummer 55.354/11, Rdn. 46.

5 EGMR, Urteil vom 21.1.2016 – L.E. ./. Griechenland, Beschwerdenummer 71.545/12, Rdn. 64 ff.

6 *Hecker* 7/Rdn. 28.

Aber aus dem Loyalitätsgebot folgende, eigenständige Initiativen erschienen nicht veranlasst. Insbesondere das im Rahmen der vormaligen Dritten Säule geschlossene Übereinkommen über den Schutz der finanziellen Interessen der Europäischen Gemeinschaften und die gleichzeitig verabschiedeten Maßnahmen gegen Bestechung im Ausland[7] waren bereits wegweisende Schritte.

Diese Rechtsprechung hat sich geändert. Die **Verpflichtung** der Mitglied- **3** staaten aus Art. 325 AEUV, die finanziellen Interessen der Union zu schützen, kann ergeben, dass **strafrechtliche Sanktionen** zur Bekämpfung bestimmter Fälle von schwerem Steuerbetrug unerlässlich sind, weil keine andere Maßnahme dazu geeignet ist. Die zu ergreifenden Maßnahmen dürfen nicht hinter den Maßnahmen zurückbleiben, welche der Mitgliedstaat zum Schutz seiner eigenen finanziellen Interessen ergriffen hat.[8] Deshalb kann es geboten sein, Verjährungsregelungen, welche so kurz sind, dass sie sachgemäße Ermittlungen nicht gestatten, unangewendet zu lassen – mit anderen Worten: Der Gesetzgeber kann kraft Unionsrechts verpflichtet sein, sein Verjährungsrecht zu überprüfen (s. jedoch Kap. 9/14 f.).

Aber nicht nur zum Schutz der finanziellen Interessen der Union, sondern auch zur Verwirklichung anderer Unionsziele können gesetzgeberische Maßnahmen unter Einschluss strafrechtlicher Mittel geboten sein. Es erscheint undenkbar, bei der Verwirklichung des einheitlichen Visa – Regimes ohne Strafsanktionen auszukommen. Der Sache nach hat der EuGH dies im Falle der **Schleuser-Kriminalität** anerkannt (Kap. 5/11).

2. Rechtsanwendung

Sehr viel weitergehend fordert die Rechtsprechung den Einsatz der bereits **4** vorhandenen strafrechtlichen Instrumente. Die europäischen Gerichte haben zum Schutz der Menschenrechte einerseits, zum Schutz der Unionsinteressen andererseits im Ergebnis ein **übergreifendes, gemeineuropäisches Legalitätsprinzip** entwickelt. Wie im deutschen Recht (§ 152 Abs. 2 StPO) sind die Strafverfolgungsbehörden zum Einschreiten verpflichtet, wenn zureichende tatsächliche Anhaltspunkte für das Vorliegen einer Straftat gegeben sind. Zur Veranschaulichung sei der unter anderen Gesichtspunkten in Kap. 3/16 behandelte Fall noch einmal wiedergegeben:

---

7 Gesetze zu dem PIF-Abkommen und gegen Bestechung im Ausland vom 10.9.1998, BGBl. 1998 II S. 2322, 2327, 2340 (PIF :Protection des Interets Financiers).
8 EuGH C-105/14, Urteil vom 8.9.2015 – Taricco, Rdn. 37, 39; EuGH C-617/10, Urteil vom 26.2.2013 – Akerberg Fransson.

> **Fall:** 1986 führt eine Firma aus einem griechischen Hafen zwei Schiffsladungen Mais nach Belgien aus. Die griechischen Behörden deklarieren den Mais offiziell als griechischen Mais; in Wahrheit stammt er aus einem Drittstaat. Aufgrund der falschen griechischen Begleitpapiere werden keine Einfuhrabgaben erhoben. Die Abgabenhinterziehung war unter Mitwirkung griechischer Beamter begangen und später von höherer Seite durch falsche Urkunden und Erklärungen verschleiert worden. Nach Aufdeckung der Tat ersucht die Kommission Griechenland ohne Erfolg, die Einfuhrabgaben (Abschöpfungen) zu zahlen, die unterschlagenen Summen bei den Tätern einzuziehen sowie Straf- und Disziplinarverfahren gegen alle Beteiligten einzuleiten. Griechenland äußert sich nicht. Daraufhin leitet die Kommission ein Vertragsverletzungsverfahren ein, das Erfolg hat (Fall „Griechischer Mais").[9]
>
> **Weiterer Fall:** In Tschetschenien steht der Sohn der Beschwerdeführer im Verdacht, sich an den Kämpfen gegen Regierungstruppen beteiligt zu haben. Eines Nachts dringen maskierte Männer in seine Wohnung ein und verschleppen ihn. Er bleibt verschwunden. Die Angehörigen erhalten lediglich eine Mitteilung, dass die Nachforschungen zu keinem Ergebnis geführt hätten.

Aus der gemeinschaftsrechtlichen Pflicht, aktiv an der Durchsetzung der Ziele der Union mitzuwirken, ergab sich im Fall „Griechischer Mais" eine Pflicht zum Einsatz der vorhandenen strafrechtlichen Mittel in prinzipiell derselben Weise, wie vergleichbare Fälle im nationalen Recht behandelt würden.

Stehen der Erfüllung dieser Pflicht nationale Rechtsvorschriften – wie eine zu kurze Verjährungsfrist – entgegen, so kann dies zur Unanwendbarkeit der hemmenden Regelung im nationalen Recht führen.[10]

Zum Schutz der Grundfreiheit des freien Warenverkehrs muss der Staat seine vorhandenen Mittel auch strafrechtlicher Art einsetzen, wenn einheimische Konkurrenten Einfuhren durch Zerstörung der Waren oder Bedrohung der Empfänger blockieren (Kap. 9/13).

Die Pflicht zum Schutz der Menschenrechte gestattet es nicht, in Tötungsfällen oder anderen schwerwiegenden Kriminalfällen von Ermittlungen abzusehen oder nur unzulängliche Nachforschungen anzustellen.

In beiden Varianten beruht das Legalitätsprinzip zwar auf **verschiedenen Rechtsgrundlagen**, führt für den Staat aber zu **denselben Handlungsgeboten**. Näher hierzu Kap. 9/9ff.

! **Stichworte:** Gesetzgebung und Rechtsanwendung in den Mitgliedstaaten können verpflichtet sein, zur Verwirklichung der Gemeinschaftsziele und zum Schutz der Menschenrechte strafrechtliche Mittel effektiv einzusetzen. Daraus hat sich ein übergreifendes, gemeineuropäisches Legalitätsprinzip entwickelt.

---

9 EuGH C-68/88, Urteil vom 21.9.1989 – Kommission ./. Griechenland, Rdn. 23 ff.
10 EuGH C-105/14, Urteil vom 8.9.2015 – Taricco, Rdn. 49.

II. Maximen gemeineuropäischen Straf- und Strafprozessrechts

Die EMRK und die Rechtsprechung des EGMR dazu haben zu einem ausgefeilten 5 System prozessualer Regelungen geführt, denen man ohne weiteres das Prädikat „**Grundzüge eines gemeineuropäischen Strafprozessrechts**" verleihen könnte. Die Forderungen des EGMR an die Organisation der Strafverfolgungsbehörden und die Entscheidungen beider europäischer Gerichte zum Legalitätsprinzip beispielsweise behandeln Grundfragen eines europaweit rechtsstaatlichen Strafverfolgungssystems, gehen dabei aber bis in Einzelheiten. So liegt es auch bei vielen anderen Entscheidungen zu Verfahrensfragen, bei denen im Hintergrund stets die Geltungskraft der Grund – und Menschenrechte spürbar bleibt.

Die Verschränkung des Rechts der EU, insbesondere der Grundrechtecharta, mit der EMRK ist ein weiterer Anstoß, strafprozessuale Fragen im Lichte der Grund – und Menschenrechte zu betrachten. Das kann so weit gehen, dass eine Unterscheidung des mittlerweile entwickelten gemeineuropäischen Standards nach ihrer Rechtsquelle – EMRK oder Recht der EU – kaum noch möglich, aber auch wenig sinnvoll erscheint.[11] Das gilt auch für die Frage, ob die Maximen aus Grundrechten, den allgemeinen Rechtsgrundsätzen der EU oder aus beiden Quellen herzuleiten sind. Die nachfolgende Aufzählung ist als exemplarisch und für Ergänzungen offen anzusehen.

Stichworte: Rechtsetzung und Rechtsprechung haben in Europa zu einem Standard gemeineuropäischen Strafprozessrechts geführt, dem eine Reihe von Maximen zu entnehmen sind.

---

1. Schuldprinzip

Der deutsche Verfassungsgrundsatz, dass niemand ohne Schuld bestraft wer- 6 den darf, ist auch eine europäische Maxime. Sowohl der EuGH wie auch der EGMR sind ihr verpflichtet.

Nicht zweifelsfrei erscheint jedoch, ob der nationale Gesetzgeber bei der Durchführung von EU-Recht eine **verschuldensunabhängige** Sanktion einführen darf.

---

11 Hierzu auch *Vogel/Matt* StV 2007, 206.

> **Fall:** Ein Lkw-Fahrer überschreitet die durch eine europäische Richtlinie festgelegte tägliche Höchstlenkzeit. Aufgrund des dänischen Gesetzes zur Umsetzung der Richtlinie wird deshalb der Arbeitgeber des Fahrers mit einer Geldbuße belegt, obwohl diesem weder Vorsatz noch Fahrlässigkeit zur Last fällt.

Der EuGH[12] hat die Regelung des nationalen Gesetzes nicht beanstandet und betont, dass sie der Verwirklichung der europäischen Richtlinie dient. Mit der Frage, ob die Auferlegung des Bußgeldes mit dem Schuldprinzip vereinbar war, hat er sich nicht auseinandergesetzt; möglicherweise, weil er der administrativ-präventiven Wirkung der nationalen Regelung große Bedeutung beigemessen hat. Gleichwohl erscheint die Entscheidung nicht bedenkenfrei; es ist sehr zweifelhaft, ob eine solche verschuldensunabhängige Sanktion nach heutigem Verständnis zulässig wäre (vgl. aber Kap. 8/24).

Enthält eine nationale Regelung die Vorschrift, dass Unkenntnis nicht vor Strafe schütze, so ist – wenn der Betroffene in gutem Glauben gehandelt hat – bei der Festsetzung der Höhe der Sanktion das Ausmaß der Schwierigkeiten zu berücksichtigen, welche der Ermittlung der geltenden Regelung im Wege standen.[13] Die Entscheidung kann nicht als Billigung der Verhängung verschuldensunabhängiger Sanktionen verstanden werden; die Frage, inwieweit der Betroffene zur **Ermittlung der Rechtslage** verpflichtet war, war dem EuGH nicht gestellt.

2. Verhältnismäßigkeitsprinzip

7 Das Prinzip der Verhältnismäßigkeit hat sich zu einer **Garantienorm** und sowohl im nationalen wie im europäischen Bereich zu einem Grundsatz entwickelt, der **alle Bereiche des Rechts** erfasst und auch für das Strafrecht und Strafprozessrecht von größter Bedeutung ist. Es erstreckt sich auf die Gesetzgebung, für die das Gebot gilt, dass vom Gesetz angedrohte Strafen „abschreckend, wirksam und verhältnismäßig" sein müssen; es gilt aber in gleicher Weise für die Rechtsanwendung im Einzelfall. Verhängte Strafen dürfen insbesondere nicht außer Verhältnis zur Schwere der Rechtsgutverletzung und zur individuellen Schuld stehen.

Im Bereich des Strafprozessrechts wirkt das Verhältnismäßigkeitsprinzip vor allem dort, wo es um die Anordnung von Zwangsmaßnahmen oder sonstige

---

12 EuGH C-326/88, Urteil vom 10.10.1990 – Hansen.
13 EuGH C-262/99, Urteil vom 12.7.2001 – Louloudakis, Rdn. 76; s. auch *Stuckenberg* in *Böse* Enz. § 10/17.

Eingriffe in Rechtsgüter des Beschuldigten oder eines Zeugen geht. Die Schwere des Eingriffs darf nicht außer Verhältnis zu der dem Beschuldigten vorgeworfenen Tat und zu den absehbaren Folgen des Eingriffs stehen. Verhältnismäßigkeit im strengen Sinn verlangt ferner, dass die hoheitlich ergriffene Maßnahme **geeignet** ist, die vom Gesetz zulässigerweise verfolgten Ziele zu erreichen und nicht die Grenzen dessen überschreitet, was zur Erreichung dieser Ziele geeignet und **erforderlich** ist. Dabei können auch **Abwägungen** eine Rolle spielen, in die die Bedeutung des betroffenen Rechtes sowie Art, Schwere und Zweck des Eingriffs einfließen.[14]

3. Gesetzlichkeitsprinzip

Zum Bestimmtheitsgebot führt der EuGH[15] aus: Das **Bestimmtheitsgebot** ist ein **8** allgemeiner Grundsatz des Unionsrechts, der durch Art. 49 Abs. 1 der Charta gewährleistet wird. Aus diesem Grundsatz, der von den Mitgliedstaaten zu beachten ist – wenn sie die Missachtung unionsrechtlicher Vorschriften unter Strafe stellen – folgt, dass das nationale Gesetz klar die Tat und die Rechtsfolge definieren muss. Diese Voraussetzung ist nur erfüllt, wenn der Rechtsunterworfene anhand des Wortlauts und gegebenenfalls mithilfe der Auslegung durch die Gerichte erkennen kann, welche Handlungen und Unterlassungen seine strafrechtliche Verantwortlichkeit begründen.[16] Ob die Vorschriften des Unionsrechts präzise genug sind, um eine Grundlage nationaler Strafbewehrung sein zu können, unterliegt der Beurteilung durch das nationale Gericht. Auch für den EGMR gehört das Gesetzlichkeitsprinzip zu den grundlegenden Maximen gemeineuropäischen Strafrechts, welches nicht nur die Vorhersehbarkeit der Sanktion, sondern auch effektiven Schutz vor Willkür bieten soll.[17] Ferner zählt dazu das im deutschen StGB in § 2 Abs. 3 geregelte Meistbegünstigungsprinzip.[18]

---

14 EuGH C-293/12, Urteil vom 8.4.2014 – Vorratsdatenspeicherung, Rdn. 46, 47; EuGH C-291/12, Urteil vom 17.10.2013 – Schwarz, Rdn. 31 ff.; *Esser* Weg S. 822.

15 EuGH C-405/10, Urteil vom 10.11.2011 – Garenfeld, Rdn. 48.

16 Übereinstimmend EGMR, Urteil vom 24.1.2017 – Koprivnikar ./. Slowenien, Beschwerdenummer 67.503/13 Rdn. 46 ff.; BVerfGE 95, 96, 131; st. Rspr. mit weiterer Begründung aus dem Parlamentsvorbehalt; *Jähnke* in 50 Jahre BGH (2002) S. 393, 399.

17 EGMR, Urteil vom 15.7.2014 – Ashlarba ./. Georgien, Beschwerdenummer 45.554/08; EGMR, Urteil vom 11.2.2016 – Dallas ./. Großbritannien, Beschwerdenummer 38.395/12, Rdn. 69; EGMR, Urteil vom 4.10.2016 – Zaja ./. Kroatien, Beschwerdenummer 37.462/09.

18 EGMR, Urteil vom 17.9.2009 – Scoppola ./. Italien, Beschwerdenummer 10.249/03, Rdn. 105 ff.

Auch die weiteren von der europäischen Rechtsprechung aus dem Gesetz-lichkeitsprinzip hergeleiteten Grundsätze – Rückwirkungsverbot, Analogieverbot – decken sich in wesentlichen Bereichen mit der deutschen Auffassung hierzu. Eine Ausnahme macht mit Rücksicht auf die Verhältnisse im angelsächsischen Rechtskreis das Verbot von **Gewohnheitsrecht** zulasten des Beschuldigten. So ist eine Bestrafung wegen „Contempt of Court" nicht als Verstoß gegen Art. 7 EMRK betrachtet worden.[19] Dagegen gilt das Rückwirkungsverbot prinzipiell bei Leitlinien, durch die die Kommission sich bei der Sanktionierung von Kartellverstößen eine Selbstbindung auferlegt hat.[20]

Das Gesetzlichkeitsprinzip wird häufig auf die Kurzformel „Keine Strafe ohne Gesetz" gebracht. Die Formel deutet an, dass das Prinzip für **Strafen**, nicht für andere staatliche Reaktionen und auch nicht für Verfahrensvorschriften (Kap. 6/31) gilt. Reine Verwaltungssanktionen werden von der Garantie daher nicht erfasst (vgl. Kap. 9/63). Anders kann es bei Maßnahmen der Besserung und Sicherung liegen, die an begangenes Unrecht anknüpfen und sich im Ergebnis als Zufügung eines Übels darstellen, wie es im deutschen Recht bei der Sicherungsverwahrung der Fall war (vgl. Kap. 9/89).

4. Legalitätsprinzip

9 Die Rechtsprechung der beiden europäischen Gerichte in Straßburg und Luxemburg hat in nunmehr wohl ständiger Rechtsprechung betont, dass die Pflicht zur loyalen **Zusammenarbeit in der EU** und die Pflicht zum **Schutz der in der EMRK gewährleisteten Menschenrechte** staatliche Pflichten sowohl zur Organisation der Strafverfolgung als auch zur Anwendung der strafrechtlichen Befugnisse auslösen. Der Staat und seine Strafverfolgungsbehörden müssen einschreiten, wenn hinreichende Gründe für die Annahme vorliegen, dass strafbare Rechtsverletzungen begangen wurden (vgl. in Deutschland § 152 Abs. 2 StPO). Das Legalitätsprinzip hat damit europaweit – jedenfalls für gravierende Straftaten – Anerkennung gefunden (s. auch Kap. 4/14; 9/1 m. Fn. 1, Kap. 9/4). Es soll nach den Vorschlägen der Kommission auch für die künftige Europäische Staatsanwaltschaft gelten (Kap. 12/14).

10 **a)** Art. 2 Abs. 1 Satz 1 EMRK bestimmt, dass das Recht jedes Menschen auf Leben gesetzlich geschützt wird. Der **EGMR** hat aus dieser Vorschrift zwei ver-

---

19 EGMR, Urteil vom 11.2.2016 – Dallas ./. Großbritannien, Beschwerdenummer 38.395/12.
20 EuGH C-490/15, Urteil vom 14.9.2016 – Ori Martin.

schiedene Pflichten des Staates hergeleitet und diese beiden Schutzpflichten auf den Geltungsbereich der Menschenrechte insgesamt erstreckt.

- Einmal darf der Staat die geschützten Menschenrechte nicht verletzen, sondern hat sie – auch durch materielle Strafvorschriften – aktiv zu schützen (substantieller Aspekt).
- Darüber hinaus besteht eine staatliche Pflicht zu effektiver, d.h. ernsthafter, wirksamer und umfassender Strafverfolgung (prozessualer Aspekt).[21]

Verletzungen dieser Pflichten ergeben sich nicht nur, aber typischerweise aus **Unterlassungen,** so, wenn die staatlichen Institutionen keine ausreichende Vorsorge gegen die drohende Selbsttötung eines Alkoholkranken treffen,[22] oder wenn sie in Fällen häuslicher Gewalt nicht mit den notwendigen, auch strafrechtlichen Mitteln gegen Lebensgefahren des Opfers einschreiten.[23]

Zur **Effektivität** verlangt der EGMR dabei eine Strafverfolgung, bei der die handelnden Personen rechtlich und tatsächlich unabhängig und unparteiisch sind. Eine hierarchische oder institutionelle Verbindung von Ermittlungsorganen zu Personen, die in den Fall verwickelt sind, ist unzulässig; jeder Anschein von Kollusion, also eines Zusammenwirkens von Ermittlungsorganen mit Verdächtigen, muss vermieden werden.[24]

Der EGMR hat mehrfach Mitgliedsstaaten des Europarats wegen Verstoßes gegen diese Grundsätze in Fällen verurteilt, in denen die Ermittlungen offensichtlich auf höhere Weisung völlig unzureichend geführt worden waren.[25] Besonders die Türkei (in PKK-Fällen)[26] und Russland (in Tschetschenien-Fällen)[27] sind immer wieder verurteilt worden. Auch der Irak-Krieg sowie die Auseinan-

---

21 S. beispielsweise EGMR, Urteil vom 17.10.2013 – Keller ./. Russland, Beschwerdenummer 26.824/04; *Zöller* Kühne-Festschrift S. 629.
22 EGMR, Urteil vom 28.3.2017 – De Oliveira ./. Portugal, Beschwerdenummer 78.103/14, Rdn. 65.
23 EGMR, Urteil vom 23.2.2016 – Civek ./. Türkei, Beschwerdenummer 55.354/11, Rdn. 47; EGMR, Urteil vom 2.3.2017 – Talpis ./. Italien, Beschwerdenummer 41.237/14, Rdn. 95 ff.
24 EGMR, Urteil vom 17.9.2013, Przemyk ./. Polen, Beschwerdenummer 22.426/11; zusammenfassend EGMR, Urteil vom 14.4.2015 – Tune ./. Türkei, Beschwerdenummer 24.014/05, Rdn. 169 ff., 217 ff.
25 EGMR, Urteil vom 15.2.2011 – Tsindsabadze ./. Georgien, Beschwerdenummer 35.403/06, Rdn. 75; Urteil vom 24.4.2011 – Enukidze & Girgvliani ./. Georgien, Beschwerdenummer 25.091/07, Rdn. 241.
26 Z.B. EGMR, Urteil vom 12.11.2013 – Benzer u.a. ./. Türkei, Beschwerdenummer 23.502/06.
27 Z.B. EGMR, Urteil vom 10.10.2013 – Yandiyev u.a. ./. Russland, Beschwerdenummer 34.541/06, Rdn. 113 ff.

dersetzungen im zerfallenden Jugoslawien haben den EGMR unter diesem Gesichtspunkt beschäftigt.[28]

11   Die über den substantiellen Aspekt hinausgehende Pflicht zur Aufklärung des Sachverhalts und zur Strafverfolgung in Tötungsfällen[29] hat der EGMR mittlerweile auf Körperverletzungen mit Lebensgefährdung,[30] auf fahrlässige Tötungen[31] und Mängel der Versorgung von Neugeborenen,[32] schließlich auf Körperverletzungen unter Privatleuten[33] sowie durch Polizeibeamte[34] **ausgedehnt.** Die Verletzung der Pflicht zu unverzüglichen, nachdrücklichen und gründlichen Ermittlungen ist besonders bei Tötungsdelikten ein eigener Verstoß gegen die EMRK.[35] In die Ermittlungen eingebundene medizinische Sachverständige müssen dabei in jeder Richtung unabhängig sein.[36]

12   Art. 3 EMRK ist Grundlage für die entsprechenden Pflichten bei unmenschlicher oder erniedrigender Behandlung; diese umfassen zugleich die Vermeidung des erkennbaren **Risikos unmenschlicher Behandlung durch andere Staaten,**[37] greifen aber auch in Fällen **häuslicher Gewalt**, von Kindesmiss

---

28 EGMR, Urteil vom 20.11.2014 – Jaloud ./. Niederlande, Beschwerdenummer 47.708/08; EGMR, Urteil vom 16.9.2014 – Hassan ./. Großbritannien, Beschwerdenummer 29.750/09; EGMR, Urteil vom 12.6.2014 – Jelic ./. Kroatien, Beschwerdenummer 57.856/11.
29 Ferner beispielsweise EGMR, Urteil vom 13.11.2012 – Bajic ./. Kroatien sowie C.N. ./. Großbritannien, Beschwerdenummern 41.108/10 und 4239/08; weitere Nachweise bei *Esser,* Weg S. 105.
30 EGMR, Urteil vom 12.2.2013 – Popa ./. Moldawien, Beschwerdenummer 17.008/07.
31 EGMR, Urteil vom 13.11.2012 – Bajic ./. Kroatien, Beschwerdenummer 41.108/10; EGMR, Urteil vom 18.6.2013 – Banel ./. Litauen, Beschwerdenummer 14.326/11, Rdn. 62; EGMR, Urteil vom 24.7.2014 – Brincat ./. Malta, Beschwerdenummer 60.908/11.
32 EGMR, Urteil vom 30.8.2016 – Aydogdu ./. Türkei, Beschwerdenummer 40.448/06.
33 EGMR, Urteil vom 25.4.2013 – M.S. ./. Kroatien, Beschwerdenummer 36.337/10, Rdn. 73; EGMR, Urteil vom 28.5.2013 – Eremia ./. Moldawien, Beschwerdenummer 3564/11 Rdn. 51; noch weitergehend (Zugang zu Gericht für Opfer als substantielle Pflicht) vgl. EGMR, Urteil vom 20.5.2014 – Binisan ./. Rumänien, Beschwerdenummer 39.438/05.
34 EGMR, Urteil vom 5.4.2016 – Cazan ./., Beschwerdenummer 30.050/12.
35 EGMR, Urteil vom 14.3.2013 – Avkhadova ./. Russland, Beschwerdenummer 47.215/07, Rdn. 103; EGMR, Urteil vom 16.7.2013 – Mc Caughey ./. Großbritannien, Beschwerdenummer 43.098/09, Rdn. 130; EGMR, Urteil vom 26.2.2013 – Bozkir ./. Türkei, Beschwerdenummer 24.589/04.
36 EGMR, Urteil vom 13.11.2012 – Bajic ./. Kroatien, Beschwerdenummer 41.108/10.
37 EGMR, Urteil vom 13.12.2012 – El Masri ./. Mazedonien, Beschwerdenummer 39.630/09, Rdn. 182 bis 184; EGMR, Urteil vom 25.9.2012 – El Haski ./. Belgien, Beschwerdenummer 649/ 08; m. Anm. *Heine* NStZ 2013, 680; speziell zur Auslieferung auch EGMR, Urteil vom 14.2.2017 – Allanazarova ./. Russland, Beschwerdenummer 46.721/15, Rdn. 67.

handlung[38] und von sexuellem Missbrauch eines Schülers durch Lehrer[39] ein. In einem anderen Fall hat der EGMR Art. 4 EMRK (Verbot von Sklaverei und Zwangsarbeit) dahin ausgelegt, dass auch **Menschenhandel** unter die Vorschrift falle. Sie begründe ebenfalls eine Schutzpflicht des Staates und die Verpflichtung, Menschenhandel unter Strafe zu stellen und wirksam zu verfolgen.[40] Aus Art. 8 EMRK (Achtung des Privat- und Familienlebens) hat er eine Pflicht zum Erlass wirksamer Strafvorschriften und zur Strafverfolgung bei sexuellem Missbrauch und **Vergewaltigung** hergeleitet,[41] ebenso eine staatliche Pflicht, Minderheiten wie Roma vor rassistischen Übergriffen und Schmähungen zu schützen.[42] Diesen Regeln folgt mittlerweile auch das Bundesverfassungsgericht.[43]

b) Der **EuGH** in Luxemburg hat eine solche Aussage in dem Fall getroffen, **13** den wir unter dem Namen „**Griechischer Mais**" bereits kennen gelernt haben (Kap. 9/4).[44] Es ging, kurz gesagt, um die Hinterziehung von Eingangsabgaben unter Beteiligung griechischer Staatsbediensteter, die ungeahndet blieb.

Der EuGH hat unter Berufung auf die Pflicht zu unionsfreundlichem Verhalten, das Loyalitätsprinzip des Art. 4 Abs. 3 EUV, ausgeführt, die Mitgliedstaaten seien verpflichtet, alle geeigneten Maßnahmen zu treffen, um die **Geltung und Wirksamkeit des Gemeinschaftsrechts zu gewährleisten**. Dabei müssen die Mitgliedstaaten, denen allerdings die Wahl der Mittel verbleibt, namentlich darauf achten, dass Verstöße gegen Gemeinschaftsrecht nach ähnlichen sachlichen und verfahrensrechtlichen Regeln geahndet werden wie nach nationalem Recht, wobei die Sanktion jedenfalls wirksam, verhältnismäßig und abschreckend sein muss. Unterbleibt jegliche Sanktion, so stellt das eine Vertragsverletzung dar. Die Kommission hatte von Griechenland verlangt, strafge-

---

38 EGMR, Urteil vom 28.5.2013 – Eremia ./. Moldawien, Beschwerdenummer 3564/11 Rdn. 51; EGMR, Urteil vom 3.9.2015 – M. ./. Kroatien, Beschwerdenummer 10.161/13, Rdn. 131, 136.

39 EGMR, Urteil vom 28.1.2014 – O'Keeffe ./. Irland, Beschwerdenummer 35.810/09.

40 EGMR, Urteil vom 7.1.2010 – Rantsev ./. Zypern und Russland, Beschwerdenummer 25.965/04; EGMR, Urteil vom 21.1.2016 – L.E. ./. Griechenland, Beschwerdenummer 71.545/12, Rdn. 64 ff.

41 EGMR, Urteil vom 26.3.1985 – X. und Y. ./. Niederlande, Beschwerdenummer 8978/80; EGMR, Urteil vom 24.9.2013, N.A. ./. Moldawien, Beschwerdenummer 13.424/06; EGMR, Urteil vom 12.11.2013 – Söderman ./. Schweden, Beschwerdenummer 5786/08, Rdn. 78.

42 EGMR, Urteil vom 17.1.2017 – Kiraly ./. Ungarn, Beschwerdenummer 10.851/13; EGMR, Urteil vom 28.3.2017 – Skorjanec ./. Kroatien, Beschwerdenummer 25.536/14, Rdn. 52.

43 BVerfG, Beschl. v. 6.10.2014 – 2 BvR 1568/12 – StV 2015, 203 (Gorch Fock).

44 EuGH C-68/88, Urteil vom 21.9.1989 – Kommission ./. Griechenland (Slg. 1989, 2779).

richtliche und disziplinarrechtliche Maßnahmen vorzunehmen. Das hat der EuGH gebilligt.

> **Fall:** Französische Landwirte fühlen sich durch Importe landwirtschaftlicher Erzeugnisse aus anderen Mitgliedstaaten der EU benachteiligt. Sie gehen jahrelang und teils in kommandoartigen Aktionen gewalttätig gegen sie vor, indem sie Transporte blockieren, Ladungen zerstören, Händler einschüchtern. Die Regierung greift trotz Aufforderungen der Kommission nicht entschieden ein.

In dem Fall „**französische Landwirte**"[45] hat der EuGH die zum Fall „griechischer Mais" entwickelten Grundsätze bestätigt. Hervorzuheben ist aber, dass die Handlungspflichten des französischen Staates nicht aus Verstößen seiner Beamten gegen finanzielle Verpflichtungen zu Gunsten der EU hervorgingen. Die finanziellen Interessen der Union spielten hier keinerlei Rolle. Die Handlungspflichten beruhten vielmehr darauf, dass **Privatpersonen** den grenzüberschreitenden Warenverkehr beeinträchtigten und also die **Grundfreiheit** des freien Warenverkehrs in Rede stand, deren Geltung und Wirksamkeit der französische Staat nicht gewährleistet hat.

Ähnlich, wegen des Demonstrationsrechts aber mit anderem Ergebnis, entschied der EuGH in einem Fall nicht – strafrechtlicher Art, in dem Umweltschützer den Brenner – Pass blockiert hatten.[46]

c) Das Legalitätsprinzip reicht aber noch weiter.

14

> **Fall:** Der Angeklagte hat ein sog. Mehrwertsteuerkarussell, bei dem Scheinrechnungen erstellt und zum illegalen Vorsteuerabzug verwendet werden, organisiert. Die in Italien für Steuerhinterziehung geltende Verjährungsfrist ist insgesamt so kurz, dass das Strafverfahren nicht vor ihrem Ablauf abgeschlossen werden kann.

Der EuGH hat hierzu ausgeführt, dass die Mitgliedstaaten nach Art. 4 Abs. 3 EUV die Pflicht treffe, die Steuererhebung durchzuführen und alle Vorschriften zu erlassen, die Steuerbetrug bekämpfen können. Speziell aus Art. 325 AEUV ergebe sich die Pflicht, Steuerbetrug zum Nachteil der finanziellen Interessen der Union mit denselben Maßnahmen zu bekämpfen wie Betrügereien, welche sich gegen die eigenen Interessen des Mitgliedstaats richten. Dazu könne es unerlässlich sein, auch die Mittel des Strafrechts einzusetzen.

---

45 EuGH C-265/95, Urteil vom 9.12.1997 – Kommission ./. Frankreich, Rdn. 30.
46 EuGH C-112/00, Urteil vom 12.6.2003 – Schmidberger, Rdn. 62.

Wenn allerdings das Gericht feststellt, dass die Verjährungsregelung des nationalen Rechts (einschließlich der Möglichkeiten der Fristverlängerung) zur Folge hat, dass in einer beträchtlichen Anzahl von Fällen von schwerem Steuerbetrug keine Sanktionierung möglich ist, wären die Maßnahmen nicht wirksam und abschreckend und daher unvereinbar mit Art. 325 AEUV. Der nationale Richter – und zuvor die Staatsanwaltschaft – hätte die **Verjährungsregelung** dann, ohne dass es hierzu eines besonderen Verfahrens bedürfte, **unangewendet** zu lassen.[47]

Diese Rechtsprechung ist konsequent, aber nicht unproblematisch. Sie fügt 15 sich einerseits nahtlos ein in das Bemühen des EuGH, den Verträgen im Sinn des effet utile zu voller Wirksamkeit zu verhelfen. So wie eine nationale Regelung zur Durchführung des Unionsrechts gegen die Garantienormen – Grundrechte, Grundfreiheiten, allgemeine Grundsätze – sowie bei Richtlinien gegen deren Vorwirkungen verstoßen und daher unanwendbar sein kann, so kann eine einzelne Vorschrift des nationalen Strafrechts den Loyalitäts- und Schutzpflichten zuwiderlaufen, welche dem Mitgliedstaat gegenüber der Union und den anderen Mitgliedstaaten obliegen. Die Folge auch dieser Konfliktsituation kann aufgrund des Vorrangs des Unionsrechts nur Unanwendbarkeit der nationalen Bestimmung sein.

Gleichwohl stellen sich auch **Fragen.** Der EuGH führt hier seine exzessive Rechtsprechung zur Einordnung des Mehrwertsteuer – Regimes in den Bereich der Durchführung von Unionsrecht (Kap. 3/13) fort. Darüber hinaus stößt der EuGH auch aus anderen Gründen an eine Kompetenzgrenze. Die Entscheidung, wann und wie lange welche strafrechtlichen Mittel zur Bekämpfung von Steuerbetrug einzusetzen sind, ist eine politische Entscheidung, die zunächst dem Gesetzgeber obliegt. Insbesondere die Entscheidung, wann Missstände in der Strafverfolgung Abhilfe erfordern, berührt originär die Staatsorganisation; diese muss auch entscheiden, wie den Missständen zu begegnen ist. Allenfalls in extremen Ausnahmefällen wird hier eine so eindeutige Entscheidung möglich sein, dass sie mit rechtlichen Argumenten aus Art. 325 AEUV ableitbar ist. Der Umstand, dass eine Verfahrenserledigung vor Ablauf der Verjährungsfrist in einer „beträchtlichen" Zahl von Fällen nicht gelingt, genügt diesem Erfordernis offensichtlich nicht. Zu erwähnen ist in diesem Zusammenhang, dass das Gesetz, jedenfalls nach deutscher Auffassung, mit der Verjährung auch etwaiger Untätigkeit der Behörden vorbeugen will.[48] Daher sollten derartige Fälle dem Vertragsverletzungsverfahren vorbehalten bleiben.

---

47 EuGH C-105/14, Urteil vom 8.9.2015 – Taricco, Rdn. 44 ff.; kritisch *Hochmayr* HRRS 2016, 239, 241.
48 BGHSt. 11, 393, 396; BGHSt. 12, 335, 337.

Rechtsdogmatisch stellt sich bei dieser Entscheidung ferner die Frage, ob mit ihr eine Art „**relative Unanwendbarkeit**" geschaffen werden soll. Die Verjährungsregelung des italienischen Rechts erfasst nicht nur Fälle, in denen es um die Wahrung der finanziellen Interessen der Union geht. In anderen Fällen kann die Regelung daher durchaus angemessen sein und mit den Zielen der EU und den Pflichten der Mitgliedstaaten übereinstimmen. Die Rechtsfolge der Unanwendbarkeit der Bestimmung insgesamt wäre in solchen Fällen nicht mehr verhältnismäßig.

! **Stichworte:** Beide europäischen Gerichte haben das Legalitätsprinzip mit unterschiedlicher Begründung – aber im Ergebnis weitgehend übereinstimmend – anerkannt.

5. Begründung der Eigenschaft als Beschuldigter

16 **Fall:** In einem Fall gewaltsamer Tötung wird auf dem Notebook des Opfers ein Fingerabdruck gefunden, der möglicherweise vom Angeklagten stammt. Dieser wird festgenommen, seine Wohnung wird durchsucht. Er wird formal als Zeuge verhört und gesteht die Tat. Eine Belehrung über seine Rechte erfolgt erst später im Zusammenhang mit der formalen Eröffnung, dass nunmehr gegen ihn ein Ermittlungsverfahren geführt werde und aus diesem Anlass verzichtet er schriftlich auf die Zuziehung eines Anwalts.

EGMR: Es ist offensichtlich, dass die Polizisten den Beschwerdeführer verdächtigten, in das Tötungsdelikt, welches sie untersuchten, verwickelt zu sein. Unabhängig von innerstaatlichen Regelungen über den Beginn der Beschuldigteneigenschaft standen dem Beschwerdeführer zu diesem Zeitpunkt alle **Beschuldigtenrechte** zu; der Verzicht auf die Zuziehung eines Anwalts hatte deshalb keine Wirkung.[49] Maßgebend ist, ob der Betroffene förmlich zum Beschuldigten erklärt oder **faktisch** als Beschuldigter behandelt wird.[50] Wir haben für das deutsche Recht eine vergleichbare Rechtsprechung. Die Beschuldigteneigenschaft eines Tatverdächtigen wird hiernach zwar grundsätzlich durch einen – keiner bestimmten Form bedürftigen – Willensakt der Strafverfolgungsbehörde begründet, die dies nach der Stärke des Tatverdachts pflichtgemäß zu beurteilen hat. Ein Verfolgungswille ist aber auch dann anzunehmen, wenn eine Strafverfolgungsbehörde den Verdächtigen zwar nicht ausdrücklich zum Beschuldigten erklärt, gegen ihn aber faktische Maßnahmen wie eine Durchsu-

---

49 EGMR, Urteil vom 17.7.2014 – Omelchenko ./. Ukraine, Beschwerdenummer 34.592/06.
50 EGMR, Urteil vom 13.9.2016 – Ibrahim u.a. ./. Großbritannien, Beschwerdenummer 50.541/08, Rdn. 249.

chung ergreift, die objektiv darauf abzielen, gegen ihn wegen einer Straftat vorzugehen.[51] Eine neue EU-Richtlinie verpflichtet die Mitgliedstaaten auch, für
Beschuldigte Prozesskostenhilfe vorzusehen.[52]

6. Effektiver Rechtsschutz

a) Zugang zu Gericht

Die Gewährleistung effektiven Rechtsschutzes ist ein allgemeiner Grundsatz des   **17**
Unionsrechts, wie er sich aus den gemeinsamen Verfassungsüberlieferungen
der Mitgliedstaaten ergibt, in Art. 47 der Grundrechtecharta verbürgt und in
Art. 6, 13 EMRK verankert ist.[53]

Führen nationale Behörden EU-Recht aus, muss das dabei – auch im Falle
eines anschließenden Gerichtsverfahrens – einzuhaltende Verfahren bestimmten Anforderungen genügen. Neben der Beachtung des **Äquivalenzprinzips**
gilt das **Effektivitätsprinzip** (Kap. 3/10). Danach darf das nationale Verfahrensrecht dem Bürger den Rechtsschutz gegen eine angefochtene Maßnahme
nicht unmöglich machen oder übermäßig erschweren. Dieses Prinzip gilt aber
nicht allein für die Gesetzgebung. Auch im Einzelfall ist dem Bürger der Zugang
zu einem unabhängigen, unparteiischen Gericht ohne übermäßige Formalitäten
zu eröffnen und zu gewährleisten, dass eine umfassende Tatsachen- und Rechtsprüfung stattfindet. Das hindert zwar nicht, Zugangsvoraussetzungen zu nor-
mieren, welche die Inanspruchnahme der Gerichte sachgemäß begrenzen. Aber
diese Zugangsvoraussetzungen sind stets im Blick auf die Wahrung eines für
den Betroffenen effektiven Rechtsschutzes zu interpretieren.[54]

Die kurzen Rechtsmittelfristen der deutschen StPO sind zwar nicht zu bean-
standen, weil die Möglichkeit der Wiedereinsetzung in den vorigen Stand einen
Ausgleich schafft. Aber auch deren Interpretation ist an den Geboten des fairen
Verfahrens und des effektiven Zugangs zu Gericht auszurichten.[55]

---

51 BGH NStZ 1997, 398; ebenso EGMR, Urteil vom 13.3.2014 – Smirnow ./. Ukraine, Beschwerdenummer 69.250/11, Rdn. 71.
52 Richtlinie 2016/1919 vom 26.10.2016 über Prozesskostenhilfe für Verdächtige und beschuldigte Personen in Strafverfahren sowie für gesuchte Personen in Verfahren zur Vollstreckung
des Europäischen Haftbefehls, ABl. 2016 L 297 S. 1.
53 EuGH C-156/12, Beschluss vom 13.6.2012 – GREP Rdn. 35; EuGH C-409/06, Urteil vom
8.9.2010 – Winner Wetten Rdn. 58; *Gärditz* in *Böse* Enz. § 24/1.
54 Verfehlt EuG T-193/04, Urteil vom 4.10.2006 – Tillack; dazu auch EGMR, Urteil vom
27.11.2007 – Tillack ./. Belgien, Beschwerdenummer 20.477/05.
55 EGMR, Urteil vom 1.9.2016 – Marc Brauer ./. Deutschland, Beschwerdenummer 24.062/13,
Rdn. 33 ff.

Die EU ist eine **Rechtsunion,** in der alle Handlungen ihrer Organe gerichtlicher Kontrolle unterliegen. Wo das Rechtsschutzsystem Lücken aufweist, müssen diese geschlossen werden.[56] Bei der Durchführung von Unionsrecht durch die Mitgliedstaaten verpflichtet Art. 19 Abs. 1, Unterabsatz 2 EUV diese, die erforderlichen Rechtsbehelfe in ihrem Recht vorzusehen.[57]

Auch völkerrechtliche Akte, welche Restriktionsmaßnahmen gegen bestimmte Personen wegen ihrer Zugehörigkeit zu Terrororganisationen anordnen, unterliegen in bestimmtem Umfang der Nachprüfung durch die Gerichte (Kap. 2/22; 3/35).

b) Richtervorbehalt

Gestattet das Gesetz Eingriffe in Grundrechte wie bei der Überwachung der Telekommunikation oder bei Beschlagnahmen, so ist in der Regel ein Richtervorbehalt erforderlich. Ausnahmen davon sind nach Art. 52 Abs. 1 der Grundrechtecharta und der entsprechenden Rechtslage nach der EMRK nur in einem engen rechtlichen Rahmen und unter strikter Begrenzung zulässig.[58]

7. Stellung des Verteidigers

18 Aus Art. 6 Absatz 1, 3 EMRK hat der EGMR in einem Fall eine Fürsorgepflicht des Gerichts gegenüber dem Angeklagten hergeleitet, dessen Verteidigerin offensichtliche formale Fehler begangen hatte. Statt das von ihr eingelegte Rechtsmittel zu verwerfen, hätte das Gericht unter den besonderen Umständen des Falles einen entsprechenden Hinweis und die Gelegenheit zur Korrektur geben müssen. Der Grundsatz, dass die Verteidigung unabhängig ist und keiner Aufsicht unterliegt, stehe dem in einem solchen Fall nicht entgegen.[59] Von Bedeutung erscheint hier die prinzipielle Anerkennung der **Freiheit der Verteidigung** einerseits, das Bestehen einer – beschränkten – **Fürsorgepflicht** des Gerichts andererseits. Der EGMR betont ferner die besondere Rolle des Verteidigers im Strafverfahren, zu deren Beachtung auch die Polizei im Ermittlungsverfahren verpflichtet ist. Er hat den vom Europarat verabschiedeten Ethik-Code der Polizei vom 19.9.2001 in seine Rechtsprechung übernommen und deshalb die

---

56 EuGH C-362/14, Urteil vom 6.10.2015 – Schrems (Facebook) Rdn. 65; EuGH C-167/02, Urteil vom 30.3.2004 – Rothley, Rdn. 46.

57 EuGH C-562/12, Urteil vom 17.9.2014 – Liivimaa Lihaveis.

58 EuGH C-419/14, Urteil vom 17.12.2015 – WebMind Licenses, Rdn. 77.

59 EGMR, Urteil vom 10.10.2002 – Czekalla ./. Portugal, Beschwerdenummer 38.830/97.

auf einer Polizeistation erlittene Fingerverletzung eines Anwalts als entwürdi-
gende Behandlung gewertet.[60]

Zur wirksamen Verteidigung gehört auch ein ausreichender **Schutz** des Ver- 19
teidigers. Nicht nur die Wohnung, sondern auch die Kanzlei des Anwalts unter-
fällt dem Schutzbereich des Art. 8 EMRK. Durchsuchungen in den Geschäfts-
räumen von Anwälten berühren den „Kernbereich des Konventionssystems".
Daher ist bei Maßnahmen gegen Verteidiger besonders sorgfältig zu prüfen, ob
wirksame Garantien gegen Missbrauch und Willkür bestehen. Die Durchsu-
chungsanordnung des Gerichtes muss vor allem erkennen lassen, dass sie auf
einer eigenen Prüfung der gesetzlichen Voraussetzungen beruht, eine Begrenzung der Maßnahme enthalten und sicherstellen, dass kein privilegiertes Material beschlagnahmt wird.[61] Der EGMR setzt hier als selbstverständlich voraus,
dass es „**privilegiertes Material**" gibt, dass also die Verteidigerkorrespondenz
keiner Beschlagnahme unterliegt.

Die Vertraulichkeit der Beziehungen zwischen Anwalt und Mandant und
die berufliche Schweigepflicht können zwar berührt sein, wenn Vorschriften zur
Bekämpfung von Geldwäsche dem Anwalt Anzeigepflichten beim Verdacht von
Geldwäsche auferlegen. Dies gilt aber nicht, soweit der Anwalt nicht als Vertei-
diger oder Prozessbevollmächtigter handelt, sondern bei Vorbereitung oder
Durchführung finanzieller Transaktionen seines Mandanten tätig wird.[62]

Im Übrigen genießt auch der Rechtsanwalt den Schutz der **Meinungsfrei-** 20
heit, insbesondere bei kritischen Äußerungen in der Presse zum Verhalten der
Justiz.[63] Verfälschende Sachverhaltsdarstellungen und Behauptungen, dass ein
Sachverständiger die Ergebnisse seines Gutachtens manipuliert habe, genießen
diesen Schutz jedoch nicht.[64]

8. Verteidigungsrechte

a) Allgemein

Die Wahrung der Verteidigungsrechte ist ein tragender Grund des Unionsrechts 21
und mit dem Anspruch auf rechtliches Gehör (Kap. 9/25) untrennbar verbun-

---

60 EGMR, Urteil vom 5.4.2016 – Cazan ./. Rumänien, Beschwerdenummer 30.050/12, Rdn. 29,
41 ff.
61 EGMR, Urteil vom 9.4.2009 – Kolesnichenko ./. Russland, Beschwerdenummer 19.856/
04.
62 EGMR, Urteil vom 6.12.2012 – Michaud ./. Frankreich, Beschwerdenummer 12.323/11.
63 EGMR, Urteil vom 23.4.2015 – Morice ./. Frankreich, Beschwerdenummer 29.369/10,
Rdn. 124 ff.
64 EGMR, Urteil vom 27.1.2015 – Fuchs ./. Deutschland, Beschwerdenummer 29.222/11.

den. Die Modalitäten dieser Rechte sind, wenn sie nicht unionsrechtlich festgelegt sind, nach nationalem Recht zu bestimmen, lediglich dem Äquivalenzprinzip und dem Effektivitätsprinzip muss Genüge getan sein.[65] Nach der Rechtsprechung des EGMR hat der Beschuldigte vom Beginn der Ermittlungen an das Recht, einen Verteidiger seiner Wahl zu befragen;[66] doch kann der Zugang zu einem Verteidiger aus zwingenden Gründen **beschränkt** werden. Die so gewonnenen Beweismittel sind allerdings nur verwertbar, wenn das Verfahren dadurch nicht insgesamt **unfair** wird.[67]

b) Frage- und Konfrontationsrecht

22 Das in Art. 6 Abs. 3 EMRK verankerte Frage- und Konfrontationsrecht ist nach der Gesetzessystematik und der Rechtsprechung des EGMR eine Ausformung des Grundsatzes des fairen Verfahrens. Der Grundsatz gilt nach dem Wortlaut des Art. 6 zwar nur für das Gerichtsverfahren. Er bezieht sich aber auch auf das Vorverfahren, wenn und insoweit das Gerichtsverfahren durch einen Fehler im Ermittlungsverfahren unfair wird.[68] Bei dem Prinzip des fairen Verfahrens handelt es sich um einen **übergreifenden Gesichtspunkt** für alle Einzelregelungen des Art. 6 EMRK, welche damit aus ihm herzuleiten und an ihm zu messen sind (zur Kritik Kap. 9/55 f.).

Nach Art. 6 Abs. 3 EMRK hat jeder Beschuldigte das Recht, Fragen an Belastungszeugen zu stellen oder stellen zu lassen. Mit Recht misst der EGMR diesem grundlegenden Mitwirkungsrecht des Beschuldigten außerordentliche Bedeutung zu. Der Ausübung dieses Rechtes können jedoch Hindernisse entgegenstehen.

Der Zeuge kann unerreichbar sein, das Recht kann insbesondere Minderjährige vor einer erneuten Begegnung mit dem Täter schützen, und auch der Schutz von Leib und Leben des Zeugen gegenüber Racheakten des Täters oder seiner Familie kann eine Vernehmung vor Gericht verbieten. Das mögen die nachfolgenden Fälle deutlich machen.

---

65 EuGH C-249/13, Urteil vom 11.12.2014 – Boudjlida Rdn. 30, 41.

66 EGMR, Urteil vom 20.10.2015 – Dvorski ./. Kroatien, Beschwerdenummer 25.703/11.

67 EGMR, Urteil vom 13.9.2016 – Ibrahim u.a. ./. Großbritannien, Beschwerdenummer 50.541/08 Rdn. 257 ff. – Selbstmordattentäter in Londoner U-Bahn 2005; EGMR, Urteil vom 27.11.2008 – Salduz ./. Türkei, Beschwerdenummer 36.391/02, Rdn. 52.

68 EGMR, Urteil vom 17.10.2013 – Horvatic ./. Kroatien, Beschwerdenummer 36.044/09, Rdn. 76; EGMR, Urteil vom 15.12.2015 – Schatschaschwili ./. Deutschland, Beschwerdenummer 9154/10, Rdn. 104, StV 2017, 213.

Fall: Das Tatopfer hatte den Angeklagten wegen Menschenhandels und Zuhälterei angezeigt, war dann aber in sein Heimatland Polen zurückgekehrt und weigerte sich, zur Hauptverhandlung nach Deutschland zu kommen. Die Frau war hier von der Polizei vernommen worden, ohne dass der Angeklagte und die Verteidigung Möglichkeiten der Befragung hatten. In der Hauptverhandlung wurde das Opfer als unerreichbare Zeugin betrachtet, die Protokolle über ihre Vernehmungen wurden verlesen und die Ermittlungspersonen wurden als Zeugen gehört.[69]
Weiterer Fall: Der Angeklagte war beschuldigt, eine Minderjährige sexuell missbraucht zu haben. Einziger unmittelbarer Beweis war die Aussage des Opfers. Im Ermittlungsverfahren wurde das Opfer vom Ermittlungsrichter vernommen, ohne dass der Angeklagte anwesend war. Auch in der Hauptverhandlung wurde die Zeugin in Abwesenheit des Angeklagten gehört.[70]
Weiterer Fall: Der Angeklagte ist wegen Drogenhandels angeklagt. Er war aufgrund der Aussage einer Vertrauensperson der Polizei ermittelt worden und wurde sodann bei der Übergabe von Rauschgift festgenommen. Die Personalien der Vertrauensperson werden von der Polizei geheim gehalten, so dass der Angeklagte diese nicht befragen kann.[71]

In solchen Fällen sind die **Interessen** der Strafrechtspflege, die Interessen des Zeugen und die Interessen des Angeklagten in ein **ausgewogenes Verhältnis** zu bringen. Der Angeklagte oder sein Verteidiger muss aber in jedem Fall eine ausreichende und adäquate Möglichkeit haben, den Zeugen zu befragen. Diese Möglichkeit muss er entweder bei der Zeugenaussage selbst oder zu irgendeinem späteren Zeitpunkt erhalten.[72] Das in Deutschland geübte Verfahren, einem anonymen Zeugen schriftliche Fragen zu stellen, welche der Zeuge dann gegenüber einem Polizeibeamten oder Richter – wiederum in Abwesenheit des Beschuldigten und seines Verteidigers – beantwortet, ist vom EGMR in einer Entscheidung aus 1989 beanstandet,[73] jetzt aber prinzipiell gebilligt[74] worden. Auch der BGH neigt dazu, dieses Verfahren jedenfalls dann zuzulassen, wenn ohne Gefährdung des Untersuchungszwecks keine andere Möglichkeit besteht.[75]

---

69 Fall BGHSt 51, 150.
70 EGMR, Urteil vom 12.7.2007 – Kovac ./. Kroatien, Beschwerdenummer 503/05.
71 Vgl. BGHSt 42, 15, 25; zur Zulässigkeit der Geheimhaltung der Identität EGMR, Urteil vom 12.6.2014 – Doncev u. Burgov ./. Mazedonien, Beschwerdenummer 30.265/09, Rdn. 52.
72 EGMR, Urteil vom 12.7.2007 – Kovac ./. Kroatien, Beschwerdenummer 503/05, Rdn. 26; EGMR, Urteil vom 17.11.2005 – Monika Haas ./. Deutschland, Beschwerdenummer 73.047/01 = NStZ 2007, 103 m. Anm. *Esser*.
73 EGMR, Urteil vom 20.11.1989 – Kostovski ./. Niederlande, Beschwerdenummer 11.454/85.
74 EGMR, Urteil vom 12.6.2014 – Doncev u.Burgov ./. Mazedonien, Beschwerdenummer 30.265/09, Rdn. 56 EGMR, Urteil vom 15.12.2015 – Schatschaschwili ./. Deutschland, Beschwerdenummer 9154/10, Rdn. 129, StV 2017, 213.
75 BGHSt 46, 93, 103.

23   Für die Beurteilung der Frage, ob das Verfahren insgesamt fair war, war bisher von erheblicher Bedeutung, ob das Fehlen der Befragungsmöglichkeit der **Justiz zuzurechnen** ist. War das nicht der Fall, sondern beruhte die unterbliebene Befragung des Zeugen etwa auf einem Verhalten des Verteidigers, war dieser Mangel hinzunehmen. Er musste aber ausgeglichen werden durch eine besonders sorgfältige Beweiswürdigung. War der Mangel der Justiz zuzurechnen – etwa weil entgegen nationalem Recht im Ermittlungsverfahren kein Verteidiger bestellt war[76] –, bedurfte es zu einer Verurteilung des Vorliegens weiterer, gewichtiger Beweise. Das gilt im Prinzip auch weiter.[77] Der EGMR hat in einem Grundsatzurteil[78] seine Auffassung aber **modifiziert** und diese in einem weiteren Urteil der Großen Kammer[79] zu präzisieren gesucht.

Fall: Der erste Beschwerdeführer war beschuldigt, als Arzt sexuelle Übergriffe an zwei Patientinnen verübt zu haben. Eine der Patientinnen war von der Polizei vernommen worden und hatte die Vorfälle auch zwei Bekannten erzählt. Später verübte sie Selbstmord. In der Hauptverhandlung wurden die Bekannten und die zweite Patientin gehört; das Protokoll über die Vernehmung der ersten Patientin wurde verlesen. Der Beschwerdeführer wurde wegen Übergriffen an beiden Patientinnen verurteilt.
Weiterer Fall: Der zweite Beschwerdeführer war beschuldigt, während einer körperlichen Auseinandersetzung im „Milieu" einen seiner Gegner durch einen Stich in den Nacken vorsätzlich verletzt zu haben. Kein Zeuge konnte oder wollte in der Hauptverhandlung eindeutige Aussagen machen. Vor der Polizei hatte ein anderer Zeuge den Beschwerdeführer belastet. Er hatte aber Angst, vor Gericht auszusagen.

Der EGMR betont in seiner Entscheidung die Bedeutung des Prinzips der Unmittelbarkeit der Beweisaufnahme. Danach bedarf es eines **„guten (triftigen) Grundes"**, damit die persönliche Anhörung eines Zeugen in der Hauptverhandlung unterbleiben darf. Bei dem Tod des Zeugen liegt ein solcher Grund selbstverständlich vor. Auch das Alter kindlicher oder jugendlicher Opfer kann diese

---

76 EGMR, Urteil vom 19.7.2012 – H ./. Deutschland, Beschwerdenummer 26.171/07 – StV 2014, 452 m. Anm. *Pauly* (Zeugnisverweigerung aller Belastungszeugen in der Hauptverhandlung); vgl. auch BGHSt. 55, 70 m. Anm. *Schramm* HRRS 2011, 156.
77 EGMR, Urteil vom 15.12.2015 – Schatschaschwili ./. Deutschland, Beschwerdenummer 9154/10, Rdn. 120, StV 2017, 213.
78 EGMR, Urteil vom 15.12.2011 – Al-Khawaja und Tahery ./. Großbritannien, Beschwerdenummern 26.766/05 und 22228/06; ferner EGMR, Urteile vom 19.2.2013 und vom 28.2.2013 – Gani ./. Spanien und Mesesnel ./. Slowenien; EGMR, Urteil vom 17.9.2013, Brzuszczynski ./. Polen, Beschwerdenummer 23.789/09; EGMR, Urteil vom 12.12.2013 – Donohoe ./. Irland, Beschwerdenummer 19.165/08, Rdn. 73 ff.
79 EGMR, Urteil vom 15.12.2015, – Schatschaschwili ./. Deutschland, Beschwerdenummer 9154/10, StV 2017, 213 m. Bespr. *Thörnich* ZIS 2017, 39.

Voraussetzung erfüllen.[80] Furcht des Zeugen rechtfertigt seine Abwesenheit, wenn er durch den Angeklagten, in dessen Auftrag oder mit dessen Kenntnis und Billigung bedroht wird. Solche Drohungen müssen nicht ausdrücklich ausgesprochen sein; eine bloß subjektiv empfundene Furcht oder gar eine allgemeine Scheu vor den Folgen der Zeugenaussage genügen jedoch nicht. Liegen Bedrohungen in dieser Form vor, hat der Angeklagte sein Konfrontationsrecht verwirkt; die Verurteilung kann allein auf die schriftliche Aussage des Zeugen gestützt werden.

Ist die Furcht des Zeugen begründet, ohne dass eine Bedrohung nachweisbar ist, kommt es darauf an, ob die schriftliche Aussage des Zeugen das **einzige oder ein entscheidendes Beweismittel** ist („sole or decisive rule"). Bei einer derartigen Bedeutung des Beweismittels müssen in jedem Fall Gegenvorkehrungen durch das Gesetz oder im Einzelfall getroffen sein, welche die fehlende Befragungsmöglichkeit **ausgleichen**. In den beiden entschiedenen Fällen hat der EGMR im Ergebnis darauf abgehoben, ob neben der Aussage des abwesenden Zeugen weitere, wichtige Beweismittel vorhanden waren. Das hat er bei dem ersten Beschwerdeführer bejaht, bei dem zweiten Beschwerdeführer verneint.[81]

Nunmehr hat der EGMR seine Auffassung **generalisiert** und näher erläu- 24 tert.[82] Die Bedeutung einer unterbliebenen Konfrontation ist in drei Prüfungsschritten zu untersuchen:

(1) Allgemein ist zunächst zu prüfen, ob für die Abwesenheit des Zeugen ein „guter (triftiger) Grund" gegeben ist.

(2) Kann der Zeuge in der Hauptverhandlung nicht gehört werden, besteht für das Gericht die Pflicht, eine Befragung zu ermöglichen. Scheitert ein solcher Versuch, kommt es darauf an, ob der Zeuge das einzige oder entscheidende Beweismittel ist.

(3) Ist der Zeuge ein solches wesentliches Beweismittel, so ist zu prüfen, ob geeignete kompensierende Faktoren und Garantien vorliegen, welche den Nachteil einer fehlenden Befragungsmöglichkeit ausgleichen.

In seiner Entscheidung, welche die drei Prüfungsschritte erläutern soll, führt der Gerichtshof eine Reihe von Gesichtspunkten an, welche im Allgemei-

---

80 EGMR, Urteil vom 19.12.2013 – Rosin ./. Estland, Beschwerdenummer 26.540/08, Rdn. 53, 62.

81 Die Auffassung von *F.C.Schroeder*, GA 2003, 293, wonach die Gesamtbetrachtung der Verfahrensfairness eine Beruhensprüfung sei, trifft hier ersichtlich zu.

82 EGMR, Urteil vom 15.12.2015 – Schatschaschwili ./. Deutschland, Beschwerdenummer 9154/10, Rdn. 107 ff, StV 2017, 213.; kritisch zum Ersturteil vom 17.4.2014 *Hauck* in *Böse* Enz. § 11/40.

nen zu beachten sind. Da er alle diese Kriterien aber dem inhaltlich unbestimm-ten Merkmal des „fairen Verfahrens" unterordnet, bleibt offen, welches Gewicht jedem dieser Gesichtspunkte zukommt. Dementsprechend war die Entschei-dung des EGMR intern sehr umstritten, so dass von einer Konsolidierung der Rechtsprechung in diesem Punkt noch nicht gesprochen werden kann. Ihr ist aber jedenfalls zu entnehmen, dass bei schwerwiegenden Tatvorwürfen die frühzeitige Bestellung eines Verteidigers im Ermittlungsverfahren empfehlens-wert ist.

Die für Zeugen geltenden Grundsätze sind sinngemäß auf Fälle anwendbar, in denen es um die Gewährung der Möglichkeit geht, einen **Sachverständigen** zu befragen. Entscheidend ist auch hier, ob das Verfahren durch eine unterblie-bene Befragung insgesamt nicht unfair geworden ist.[83]

9. Rechtliches Gehör

25 **Fall:** Ein französischer Algerier lebt in Großbritannien, verlässt das Land aber. Großbritan-nien entzieht ihm die Aufenthaltsberechtigung und erlässt aus Gründen der öffentlichen Sicherheit ein Verbot der Wiedereinreise. Die Gründe dafür werden auch im Laufe des da-gegen angestrengten Gerichtsverfahrens nicht offengelegt. Bei einer Wiedereinreise dro-hen strafrechtliche Sanktionen nach Ausländerrecht.

Art. 6 Abs. 1 der EMRK fordert ebenso wie Art. 47 der Grundrechtecharta, dem Betroffenen rechtliches Gehör zu gewähren. Zwar ist es Sache der Mitgliedstaa-ten, die Modalitäten der Gewährung rechtlichen Gehörs im Einzelnen festzule-gen, sofern keine unionsrechtlichen Regelungen bestehen.[84] Aber als Ausfluss des Prinzips des fairen Verfahrens und der Garantie effektiver Verteidigung ist es zwingend erforderlich, dem Betroffenen **Einsicht** in alle Unterlagen und Be-weisergebnisse zu gewähren, die dem Gericht vorliegen.

Die **Weigerung**, entgegen diesen Prinzipien die für eine Entscheidung maß-gebenden Gründe offen zu legen, muss aber nicht auf Willkür beruhen. Geheim-haltungsinteressen Dritter und nationale Sicherheitsinteressen können vorbe-haltsloser Mitteilung entgegenstehen. Hier ist ein Ausgleich zu schaffen.

26 Auch im Strafverfahren können sich in der Praxis Probleme ergeben. Ein **Verteidiger** kann einen Beschuldigten nur dann sachgemäß verteidigen, wenn er die **Akten** kennt. Was ihm sein Mandant mitteilt, genügt dazu nicht, weil es

---

83 EGMR, Urteil vom 6.10.2016 – Constantinides ./. Griechenland, Beschwerdenummer 76.438/12, Rdn. 37 ff.
84 EuGH C-249/13, Urteil vom 11.12.2014 – Boudjlida Rdn. 41.

in aller Regel subjektiv gefärbt und unvollständig ist und eine Auseinandersetzung mit den von der Staatsanwaltschaft erhobenen Beweisen nicht gestattet. Wenn sich der Beschuldigte in Untersuchungshaft befindet und über deren Verlängerung zu entscheiden ist, können jedoch Interessen der Strafverfolgung verlangen, dass dem Beschuldigten noch nicht alle Ermittlungsergebnisse bekannt werden. In Betracht kommt das etwa, wenn es darum geht, Hintermänner oder Gehilfen der Tat zu überführen.

Dennoch gilt auch in frühen Stadien der Ermittlungen der Satz: **Was dem Gericht vorliegt, muss auch der Verteidiger kennen.** Das grundlegende, universelle Gebot, dem Beschuldigten zu jeder gegen ihn gerichteten Entscheidung rechtliches Gehör zu gewähren, verträgt insoweit keine Ausnahmen. Beide europäischen Gerichte haben dies bekräftigt. Nach der Rechtsprechung des EGMR folgt dies außer aus Art. 6 auch aus Art. 5 Abs. 3, 4 EMRK, in dem die Garantien bei Freiheitsentziehungen aufgeführt sind. Der Verteidiger muss hiernach „in geeigneter Weise" Zugang zu jedem Beweisgegenstand haben.[85] Der deutsche Gesetzgeber hat diesen Vorgaben unter wörtlicher Übernahme der Formulierungen des EGMR durch eine Neufassung von § 147 StPO Rechnung getragen.

Der EuGH formuliert sachlich übereinstimmend in ganz ähnlicher Weise. Wenn in Ausnahmefällen die Sicherheit des Staates es erfordert, dem Betroffenen Material vorzuenthalten, müssen die Gerichte Verfahren und Techniken haben, um die Staatsinteressen und das Gebot des rechtlichen Gehörs zu einem **Ausgleich** zu bringen. Das Gericht muss die vom Staat vorgebrachten Gründe umfassend prüfen und darüber entscheiden können; Vermutungen bestehen insoweit nicht. Sache des nationalen Gerichtes ist es, für die Beachtung dieser grundlegenden Verfahrensregeln zu sorgen.[86]

10. Beweisverwertungsverbote

Zu den beweisrechtlichen Folgen fehlerhafter Beweiserhebung äußert sich der EGMR im Allgemeinen sehr zurückhaltend. Nach seiner Auffassung hat das nationale Recht diese Folgen zu regeln; der EGMR prüft regelmäßig nur, ob das Verfahren insgesamt unfair war (vgl. Kap. 9/54 ff.). **27**

---

85 EGMR, Urteil vom 27.1.2009 – Ramishvili & Kokhreidze ./. Georgien, Beschwerdenummer 1704/06, Rdn. 124; EGMR, Urteil vom 9.7.2009 – Mooren ./. Deutschland, Beschwerdenummer 11364/03, Rdn. 124.
86 EuGH C-300/11, Urteil vom 4.6.2013 – ZZ, Rdn. 55 ff.; dazu kritisch *B. Vogel* ZIS 2017, 28.

> **Fall:** Ein Unternehmer gestaltet sein Unternehmen rechtsmissbräuchlich im Hinblick auf seine Umsatzsteuerpflicht. Im Besteuerungsverfahren werden Beweise (Ergebnisse der TÜ und beschlagnahmte E-Mails) verwandt, welche im Strafverfahren gewonnen wurden.

Es liegt ein Eingriff in das Recht aus Art. 7 der Charta (inhaltsgleich mit Art. 8 EMRK) vor. Die Rechtmäßigkeit dieses Eingriffes ist nach den Kriterien des nationalen Strafverfahrens zu beurteilen. Ob die gewonnenen Beweise auch im **Besteuerungsverfahren** verwandt werden dürfen, beurteilt sich nach Art. 52 Abs. 1 der Charta (hier: Gesetzliche Grundlage, Verhältnismäßigkeit, Gemeinwohl). Rechtsmissbrauch widerspricht dem Unionsrecht. Die Verwertung der im Strafverfahren gewonnenen Beweise war hier durch Art. 52 Abs. 1 der Charta gedeckt, insbesondere da durch die Möglichkeit gerichtlicher Nachprüfung ein Schutz vor willkürlicher Überlassung der Beweise an die Steuerbehörde gegeben war. Anderenfalls bestünde ein Beweisverwertungsverbot.[87]

> **Fall:** Der Angeklagte wird wegen Produktpiraterie angezeigt. Es ergeht ein Durchsuchungsbeschluss, der durchgeführt wird. Bei der Durchsuchung werden keine die Beschuldigung unterstützenden Gegenstände gefunden, wohl aber Haschisch in einer Menge, die für 2:600 Konsumeinheiten ausreicht. Der Durchsuchungsbeschluss wird später vom BVerfG für rechtswidrig erklärt. Der Betäubungsmittelfund führt zu einer strafrechtlichen Verurteilung.

Der EGMR geht ohne Erörterungen davon aus, dass **Zufallsfunde** im Strafverfahren verwertbar sind. Er befasst sich aber eingehend mit der Frage, ob die **Rechtswidrigkeit** der Durchsuchung Einfluss auf die Verwertbarkeit des gefundenen Beweismittels (Haschisch) hat. Unter dem Gesichtspunkt des fairen Verfahrens findet er hier keinen Grund zur Beanstandung, da der Angeklagte im Strafverfahren Gelegenheit hatte, seine Einwände gegen die Verwertung des Beweismittels vorzubringen und die von den nationalen Gerichten vorgenommene Abwägung zwischen dem öffentlichen Strafverfolgungsinteresse und der Eingriffsintensität der rechtswidrigen Durchsuchung ausreichend tragfähig sei.[88]

Angaben eines Flüchtlings in seinem **Asylverfahren**, die sich mit seinem strafrechtlich erheblichen Vorleben befassen, können im Strafverfahren verwertbar sein.[89]

---

87 EuGH C-419/14, Urteil vom 17.12.2015 – WebMindLicenses (WML), Rdn. 55, 81ff.

88 EGMR, Urteil vom 3.3.2016 – Prade ./. Deutschland,, Beschwerdenummer 7215/10.

89 EGMR, Urteil vom 13.11.2014 – H.u.J. ./. Niederlande, Beschwerdenummer 978/09.

Die mittels einer Durchsuchung erhobenen Beweise sind nicht deshalb unverwertbar, weil der zu Grunde liegende Tatverdacht auf der Auswertung einer sogenannten „**Steuer-CD**" beruht.[90]

In einem Kartellverfahren der Kommission können Zufallsfunde Anlass zur Einleitung eines neuen Verfahrens geben; sie sind darin verwertbar.[91]

Durch **Folter** erlangte Beweise sind in keinem Fall verwertbar. Bei unmenschlicher Behandlung kann es anders liegen.[92]

11. Befangenheit

Art. 47 der Grundrechtecharta, Art. 6 Abs. 1 EMRK verlangen, dass Richter un- 28
parteiisch sind. Die gesetzlichen Vorschriften über Ausschluss vom Richteramt
und über Befangenheit sind daher integraler Bestandteil eines gemeineuropäischen Strafprozessrechts. Die Grenzen der Befangenheit sind aber nicht immer
einfach zu ziehen. Die bloße **Vorbefassung** eines Richters mit demselben Sachverhalt begründet jedoch seine Befangenheit nicht.[93] Ein Richter, der lediglich
die ihm nach dem Gesetz obliegenden Pflichten erfüllt, kann von Rechts wegen
nicht befangen sein, auch wenn er – wie beim Erlass eines Haftbefehls oder bei
einer Vorlage nach Art. 267 AEUV – dabei eine vorläufige Würdigung des Sachverhalts vornehmen muss.[94]

12. Grundsätze für die Hauptverhandlung

Der EuGH hat das Recht des Angeklagten auf Anwesenheit in der Hauptver- 29
handlung als einen wesentlichen Teil des Rechts auf ein faires Verfahren bezeichnet, dieses auf Art. 47, 48 der Charta der Grundrechte gestützt und betont,
dass seine Entscheidung mit der Rechtsprechung des EGMR übereinstimmt. Im
Einzelnen hat er weiter ausgeführt, dass das Recht zur **Anwesenheit** in der
Verhandlung kein absolutes Recht sei. Der Angeklagte kann aus freiem Willen
ausdrücklich oder stillschweigend darauf **verzichten**, vorausgesetzt, dass der

90 EGMR, Urteil vom 6.10.2016 – K.S. und M.S. ./. Deutschland, Beschwerdenummer 33.696/
11.
91 EuGH C-583/13, Urteil vom 18.6.2015 – Deutsche Bahn AG, Rdn. 59.
92 EGMR, Urteil vom 1.6.2010 – Gäfgen ./. Deutschland, Beschwerdenummer 22.978/05.
93 EGMR, Urteil vom 27.5.2014 – Margus ./. Kroatien, Beschwerdenummer 5455/10, Rdn. 85;
EGMR, Urteil vom 4.3.2014 – Fazli Aslaner ./. Türkei, Beschwerdenummer 36073/04.
94 EuGH C-614/14, Urteil vom 5.7.2016 – Ognyanov.

Verzicht eindeutig feststeht, seiner Bedeutung entsprechend Mindestgarantien vorgesehen werden und ihm kein wichtiges öffentliches Interesse – das ist das Interesse an der Sachaufklärung – entgegensteht. Eine Verletzung des Rechts auf ein faires Verfahren ist insbesondere nicht erwiesen, wenn der Angeklagte von Termin und Ort der Verhandlung in Kenntnis gesetzt oder er durch einen Rechtsbeistand verteidigt wurde, dem er ein entsprechendes Mandat erteilt hatte.[95] Auch der EGMR betont, dass Abwesenheitsurteile zwar unter bestimmten Voraussetzungen nicht menschenrechtswidrig seien, dass der Angeklagte aber in jedem Fall ein Recht auf Anwesenheit in der Hauptverhandlung hat. Das gilt auch für die Berufungsinstanz.[96]

In diesen Zusammenhang gehört auch eine Entscheidung des EGMR. Nach deutschem Recht wurde die Berufung des Angeklagten bisher ohne Sachverhandlung verworfen, wenn der Angeklagte trotz Ladung nicht erscheint (§ 329 StPO). Das galt auch, wenn er für die **Berufungsverhandlung** einen Verteidiger bestellt hatte und sich vertreten lassen wollte. Der EGMR ist der Auffassung,[97] dass das Verteidigungsinteresse des Angeklagten gemäß Art. 6 Abs. 3 Buchst. c) EMRK Vorrang habe. Das Ausbleiben des Angeklagten liefere daher auch dann, wenn er keine genügende Entschuldigung für sein Fernbleiben hat, keine Rechtfertigung dafür, ihm das Recht zu entziehen, sich durch einen Anwalt verteidigen zu lassen. Die Pflicht zur Anwesenheit könne anders als durch Verwerfung des Rechtsmittels durchgesetzt werden. Nachdem deutsche Oberlandesgerichte entschieden haben, dass sie dieser Rechtsprechung nicht folgen könnten, weil sie mit dem Gesetzeswortlaut und dem System des deutschen Strafprozessrechts nicht vereinbar sei, Übereinstimmung mit dem Spruch des EGMR deshalb nur der Gesetzgeber herstellen könne,[98] hat die Bundesregierung einen entsprechenden Gesetzentwurf eingebracht.[99] Das Gesetz ist mittlerweile verabschiedet und in Kraft.[100]

95 EuGH C-399/11, Urteil vom 26.2.2013 – Melloni, Rdn. 49 ff.
96 EGMR, Urteil vom 14.2.2017 – Hokkeling ./. Niederlande, Beschwerdenummer 30.749/12, Rdn. 56 ff.
97 EGMR, Urteil vom 8.11.2012 – Neziraj ./. Deutschland, Beschwerdenummer 30.804/07.
98 OLG München StV 2013, 302.
99 BT-Drucks. 18/3562; dazu *Bartel* DRiZ 2015, 176.
100 Gesetz vom 17.7.2015, BGBl. I S. 1332, Art. 1.

13. Beweisantragsrecht

Die Befugnis, an der Feststellung des Sachverhalts durch das Gericht durch ei- **30** gene Anträge mitzuwirken, gehört zu den Grundprinzipien eines rechtsstaatlichen Strafverfahrens. In dieser Befugnis kommt die Stellung des Angeklagten als Subjekt im Verfahren zum Ausdruck. Der Angeklagte wird nicht mit einem Prozess überzogen, dessen Objekt er ist, sondern hat eigene Mitwirkungsrechte. Diese Rechte sind letztlich Ausfluss der Garantie der Menschenwürde.

> **Fall:** Hersteller von Fernwärmerohren bilden ein unzulässiges Kartell. Die Kommission verhängt Geldbußen in Millionenhöhe. Im Anfechtungsverfahren stellt der Betroffene zu seiner Verteidigung einen Beweisantrag auf Vernehmung eines Zeugen.

Auch im Bußgeldverfahren, für das in weitem Umfang die Garantien der EMRK gelten (Kap. 4/10), ist der Betroffene befugt, Beweisanträge zu stellen. Aber ähnlich wie das deutsche Recht (§ 244 Abs. 3 StPO) verlangt das Verfahrensrecht der EU für die Anbringung eines Beweisverlangens die Einhaltung bestimmter Voraussetzungen. Der EuGH[101] erblickt einen **Beweisantrag** in einem solchen Begehren nur dann, wenn das Beweismittel, die Beweistatsache und die Gründe, welche die Vernehmung rechtfertigen sollen, angegeben sind (vgl. im deutschen Recht: Konnexität). Allerdings führt er dann aus, dass es Sache des Gerichts sei zu beurteilen, ob die Beweiserhebung **erforderlich** ist. Auch der Grundsatz des fairen Verfahrens verbiete es nicht, dem Gericht insoweit einen Ermessensspielraum zuzubilligen.

14. In dubio pro reo

> **Fall:** Das Landgericht hat den Angeklagten in einem langen Indizienprozess zu einer hohen **31** Freiheitsstrafe verurteilt. Der Verteidiger hält die Indizien für völlig unzureichend und die Beweiswürdigung des Landgerichts für nicht nachvollziehbar; er rügt, dass das Landgericht dadurch den Grundsatz „Im Zweifel für den Angeklagten" verletzt habe.

Wie im nationalen Verfahrensrecht, so gilt auch im europäischen Bereich, dass der Grundsatz „In dubio pro reo" nicht bereits dann verletzt ist, wenn die Überzeugungsbildung des Gerichts anfechtbar, vielleicht auch unverständlich ist. Entscheidend ist nicht, ob das Gericht Zweifel an der Schuld des Täters hätte

---

101 EuGH C-189/02, Urteil vom 28.6.2005 – Dansk Rörindustri, Rdn. 68.

haben müssen, sondern ob es **Zweifel hatte**. Nur in diesem zuletzt genannten Fall ist der Zweifelssatz verletzt.[102] Nicht ausgeschlossen ist damit selbstverständlich, dass andere Rechtsfehler zu einer Beanstandung der Beweiswürdigung durch das Rechtsmittelgericht führen.

15. Überlange Verfahrensdauer

32 Nachdem in Straßburg immer wieder Klagen gegen Deutschland wegen überlanger Dauer eines Verfahrens erhoben wurden und erfolgreich waren, hat der EGMR in einem Urteil verlangt, dass Deutschland einen Rechtsbehelf einführen müsse, der diesen Missstand beseitigt.[103] Der BGH hat unter dem Einfluss dieser Rechtsprechung seine bisherige Linie, wonach der Konventionsverstoß durch eine Milderung der Strafe zu kompensieren sei, aufgegeben. Er ist zu der sog. **Vollstreckungslösung** übergegangen, wonach der Tatrichter auf die an sich verwirkte Strafe zu erkennen hat, die Verfahrensverzögerung aber durch den Ausspruch, dass ein bestimmter Teil dieser Strafe durch Vollstreckung erledigt ist, zu berücksichtigen sei.[104] Der deutsche Gesetzgeber hat dem Verlangen des EGMR ferner dadurch Rechnung getragen, dass er dem Betroffenen bei überlanger Verfahrensdauer einen Rechtsanspruch auf Entschädigung in Geld zubilligt.[105] Der EGMR stützt seine Rechtsprechung auf Art. 6 Abs. 1 EMRK, wonach das Gericht in angemessener Frist zu entscheiden hat.

Die vergleichbare Vorschrift des Art. 47 der Grundrechtecharta hat den EuGH dazu bewogen, dem Problem einer unangemessenen Verzögerung des Prozesses vor dem Gericht 1. Instanz der Union, dem EuG, seine Aufmerksamkeit zuzuwenden. Nach seiner Lösung **stellt er selbst** fest, dass das Verfahren von dem EuG eine unangemessene Verzögerung erfahren hat. Sache der Parteien ist es sodann, in einem besonderen Prozess Schadensersatz zu verlangen.[106] Zum Entschädigungsumfang hat er auf Art. 340 Abs. 2 AEUV verwiesen.[107]

---

102 EuGH C-293/13 P, Urteil vom 24.6.2015 – Fresh Del Monte, Rdn. 147 ff.; EuGH C-89/11, Urteil vom 22.11.2012 – E.ON ./. Kommission, Rdn. 72, 114.
103 EGMR, Urteil vom 8.6.2006 – Sürmeli ./. Deutschland, Beschwerdenummer 75.529/01, Rdn. 139.
104 BGHSt. 52, 124; krit. zu den Auswirkungen des Beschleunigungsgebotes nach der Rechtsprechung *Ambos* IntStrR § 10/22 a.E.
105 Gesetz über den Rechtsschutz bei überlangen Gerichtsverfahren und strafrechtlichen Ermittlungsverfahren vom 24.11.2011, BGBl. I S. 2302 (Einfügung eines 17. Titels in das GVG – §§ 198 ff.).
106 EuGH C-580/12, Urteil vom 12.11.2014 – Guardian Industries.
107 EuGH C-40/12, Urteil vom 26.11.2013 – Gascogne Sack Deutschland, Rdn. 95.

In einer neuen Entscheidung hat der BGH die Voraussetzungen des Doppel-verfolgungsverbotes nach Art. 54 SDÜ verneint, sofern in dem anderen Mit-gliedstaat eine Verfahrenseinstellung wegen überlanger Verfahrensdauer er-folgt ist; dazu Kap. 9/70.

16. Kronzeugenregelung

Bei Verstößen gegen das Kartellrecht der Union hat die Kommission die Befug- **33** nis, Geldbußen festzusetzen. Kartellabsprachen und ihr Umfang werden indes-sen ihrem Wesen nach von den Beteiligten geheim gehalten. Die Aufdeckung der verbotenen Beschränkungen des Wettbewerbs ist daher oftmals nur unter Schwierigkeiten möglich. Eines der Mittel dazu ist der „Kronzeuge". Hierbei deckt einer der Beteiligten das Kartell auf und kooperiert mit der Verfolgungs-behörde. Im Gegenzug erwartet er ein Entgegenkommen der Verfolgungsbehör-de in der Behandlung seiner eigenen Verstöße (vgl. dazu auch § 46b StGB, §§ 31, 31a BtMG). Die Kommission hat dazu eine „Mitteilung über den Erlass und die Ermäßigung von Geldbußen in Kartellsachen" herausgegeben,[108] nach der sie – im Wege der **Selbstbindung** – verfährt. Der EuGH scheint dem Verfahren zu-rückhaltend gegenüberzustehen. Er hält es teils für zulässig, wenn dadurch die einheitliche und wirksame Anwendung von Art. 101 AEUV nicht beeinträchtigt wird, in anderen Erkenntnissen für geboten.[109]

17. Maßnahmen gegen Presseangehörige

Art. 10 EMRK dokumentiert die überragende Bedeutung der Pressefreiheit für **34** das Funktionieren eines demokratischen und rechtsstaatlichen Gemeinwesens. In ganz erheblichem Umfang artikulieren sich die Vielfalt der Meinungen und der Kampf um die Wahrheit in der Presse. Sie bedarf deshalb nach den Grund-entscheidungen der EMRK des **Quellenschutzes**, weil dieser für die journalisti-sche Arbeit wesentlich ist. Durchsuchungen und Beschlagnahmen bei einem Journalisten, die sich lediglich auf nicht verifizierbare Gerüchte über Unregel-mäßigkeiten in einer Behörde stützen, oder welche nicht durch die in Art. 10 Abs. 2 EMRK bezeichneten übergeordneten Gesichtspunkte gerechtfertigt sind,

---

108 Mitteilung der Kommission ABl. 2006 C 298 S. 17; Änderung ABl. 2015 C 256 S. 1.
109 EuGH C-681/11, Urteil vom 18.6.2013 – Schenker, Rdn. 44; ohne Vorbehalte EuGH C-619/13, Urteil vom 26.1.2017- Robinetteria, Rdn. 51 ff.

verletzen deshalb die Gewährleistungen der EMRK.[110] Doch gibt es Unterschiede in der **Wertigkeit** und der Schutzbedürftigkeit der Quellen. Personen, welche die Öffentlichkeit suchen, um sich mithilfe der Presse einer Straftat zu rühmen – wie das bei den sog. Bekennerschreiben nach Terroranschlägen der Fall ist – unterliegen nicht demselben Quellenschutz wie Informanten, die über das Gemeinwesen berührende Vorgänge berichten, welche die Öffentlichkeit kennen muss. In solchen Fällen kann eine Durchsuchung bei einem Presseorgan durch Art. 10 Abs. 2 EMRK gedeckt sein.[111]

Fall: Der Beschwerdeführer, ein Journalist, berichtet über einen spektakulären Autounfall und zitiert geheime Dokumente aus den Ermittlungsakten. Diese hatte ein Geschädigter bei Akteneinsicht fotokopiert, aber verloren. Der Finder hatte sie dem Beschwerdeführer zugänglich gemacht. Wegen der Veröffentlichung wird er zu einer Freiheitsstrafe mit Bewährung verurteilt.

Auf breiter rechtsvergleichender Basis prüft der EGMR den Fall unter dem Gesichtspunkt der Freiheit der Meinungsäußerung (Art. 10 EMRK). Die Zulässigkeit strafrechtlicher Maßnahmen gegen Presseangehörige erfordert wegen der widerstreitenden Interessen der Beteiligten, insbesondere auch des Persönlichkeitsrechts des Angeklagten, sorgfältige Abwägungen, deren Maßstab der EGMR anhand seiner bisherigen Rechtsprechung zusammenfasst. Im entschiedenen Fall stellte die Verurteilung des Beschwerdeführers keinen Verstoß gegen die Gewährleistungen der Konvention dar.[112]

18. Verständigung im Strafverfahren

35 Grundsätzlich sind aus der EMRK keine Einwände gegen die Zulässigkeit einer Verständigung im Strafverfahren herzuleiten. Das **Verfahren** muss aber korrekt gehandhabt werden.

Verzichtet der Beschuldigte im Rahmen einer Verständigung auf die Durchführung einer Hauptverhandlung – was in einigen Verfahrensordnungen vorgesehen ist –, dann muss dieser Verzicht freiwillig und in voller Kenntnis der Fak-

---

110 EGMR, Urteil vom 27.11.2007 – Tillack ./. Belgien, Beschwerdenummer 20.477/05, Rdn. 53, 63; EGMR, Urteil vom 16.7.2013 – Nagla ./. Lettland, Beschwerdenummer 73.469/10.
111 EGMR, Urteil vom 27.5.2014 – Stichting Ostada Blade ./. Niederlande, Beschwerdenummer 8406/06, Rdn. 60 ff.
112 EGMR, Urteil vom 29.3.2016 – Bedat ./. Schweiz, Beschwerdenummer 56.925/08, Rdn. 22, 48, 50.

ten und Folgen geschehen. Die Art und Weise des Zustandekommens und der Inhalt der Verständigung müssen ferner gerichtlich geprüft werden.[113]

19. Verjährung

Die **rückwirkende** Verlängerung oder Beseitigung von Verjährungsfristen, wel- **36** che noch nicht abgelaufen sind, verstößt nicht gegen Art. 49 der Grundrechtecharta, also den Grundsatz nulla poena sine lege, weil die materielle Strafbarkeit des Täterverhaltens von der Verjährung nicht beeinflusst wird. Dies haben die beiden europäischen Gerichte übereinstimmend entschieden;[114] die Entscheidungen stehen im Einklang mit der deutschen Rechtsprechung zur prozessualen Natur des Rechtsinstituts.[115]

20. Sitzungspolizei

Sitzungspolizeiliche Maßnahmen wie die **Entfernung** eines Angeklagten aus **37** der Hauptverhandlung, der den Schlussvortrag wiederholt stört, berauben diesen nicht in einem Maße seines Rechtes auf Verteidigung, das mit der Forderung nach einem fairen Verfahren unvereinbar wäre.[116]

III. Europäische Grundrechte

Für den strafrechtlichen und strafprozessualen Bereich haben die vom EuGH **38** entwickelten europäischen Grundrechte[117] und seit dem Vertrag von Lissabon die Normen der europäischen Grundrechtecharta,[118] ferner die EMRK eine herausgehobene Bedeutung, denn ihre Bestimmungen befassen sich sehr häufig mit dem Schutz des Bürgers vor Eingriffen in seine Rechte, welche naturgemäß in Ermittlungs- und Strafverfahren besonders nachhaltig wirken können.

---

113 EGMR, Urteil vom 29.4.2014 – Natsvlishvili u. Togonidze ./. Georgien, Beschwerdenummer 9043/05, Rdn. 90 ff.
114 EuGH C-105/14, Urteil vom 8.9.2015 – Taricco, Rdn. 54 ff.; EGMR, Urteil vom 22.6.2000 – Coeme ./. Belgien, Beschwerdenummer 32492/96, Rdn. 149.
115 BVerfGE 1, 418; BVerfGE 25, 269; LK-*Schmid* vor § 78 Rdn. 11.
116 EGMR, Urteil vom 27.5.2014 – Margus ./. Kroatien, Beschwerdenummer 4455/10, Rdn. 90 f.
117 Beispiel: EuGH C-4/73, Urteil vom 14.5.1974 – Nold ./. Kommission, Rdn. 13.
118 Veröffentlichung BGBl. 2008 II S. 1165.

Leitfall: Ein belgischer Staatsangehöriger wird in Norwegen zu fünf Jahren Freiheitsstrafe verurteilt, weil er am 1.6.1999 unerlaubt Betäubungsmittel nach Norwegen eingeführt hat. Nach Verbüßung eines Teils der Strafe wird er 2002 auf Bewährung entlassen und nach Belgien gebracht. Hier wird er zu einem weiteren Jahr Freiheitsstrafe verurteilt, weil er die Betäubungsmittel, die er nach Norwegen eingeführt hat, zuvor unerlaubt aus Belgien ausgeführt hatte. Einfuhr und Ausfuhr sind auch in Deutschland Straftatbestände nach dem Betäubungsmittelgesetz; der Fall könnte also auch in Deutschland geschehen sein.

Die Frage ist, ob nach dem Grundsatz des „ne bis in idem" die zweite Verurteilung unzulässig war.

Der Grundsatz des Verbots doppelter Strafverfolgung wegen derselben Tat ist in vielen Vorschriften als rechtsstaatlicher Standard enthalten. Das Grundgesetz enthält ihn in Art. 103 Abs. 3, die EMRK in Art. 4 des Protokolls Nummer 7. Rechtssystematisch ist das Doppelverfolgungsverbot ein Verfahrenshindernis. Doch handelt es sich hierbei um Regelungen, die Geltung nur innerhalb derselben nationalen Rechtsordnung entfalten. Innerhalb Deutschlands darf nach Art. 103 Abs. 3 GG niemand wegen derselben Tat wiederholt verfolgt werden. Darum ging es hier nicht. Der Angeklagte ist von zwei verschiedenen Staaten nacheinander abgeurteilt worden. Das war bisher ohne weiteres zulässig und ergibt sich in Deutschland aus § 51 Abs. 3 StGB und wird von § 153c StPO vorausgesetzt.

Nunmehr enthält aber das Europarecht Vorschriften, die ein grenzüberschreitendes Verbot doppelter Strafverfolgung wegen derselben Tat begründen. Es handelt sich um Art. 50 der Charta der Grundrechte der Europäischen Union sowie um Art. 54 des Übereinkommens zur Durchführung des Übereinkommens von Schengen (SDÜ). Eine Regelung, welche mit Art. 54 SDÜ übereinstimmt, enthält u.a. Art. 3 des Rahmenbeschlusses über den Europäischen Haftbefehl. Das sind **revolutionäre** Vorschriften, weil sie die Wirksamkeit eines nationalen Strafurteils über die Staatsgrenze hinaus auf die gesamte Union ausdehnen. Nicht mehr um die zwischen Rechtshilfe und europaweiter unmittelbarer Geltung angesiedelten europäischen Rechtsakte, welche das Anerkennungsprinzip verwirklichen, geht es hier. Das europäische Doppelverfolgungsverbot des Art. 54 SDÜ verleiht nationalen Strafurteilen der Mitgliedstaaten transnationale Wirksamkeit; dasselbe gilt für die Grundrechte der Charta im Rahmen von deren Anwendungsbereich.

1. Die Europäische Grundrechtecharta

Zunächst zur Europäischen Grundrechtecharta: Die Charta der Grundrechte der **39** Europäischen Union ist in Art. 6 Abs. 1 EUV zwar nicht förmlich als Bestandteil des Vertragswerks bezeichnet. Politische Vorbehalte haben das verhindert. Aber in Art. 6 Abs. 1 EUV ist dennoch bestimmt, dass die Union die Rechte, Freiheiten und Grundsätze der Charta anerkennt, und dass die Verträge – EUV sowie AEUV – und die Charta rechtlich **gleichrangig** seien. Die den Verträgen beigefügte, gemeinsame Erklärung A. 1 der Vertragsparteien verwendet ausdrücklich das Wort „rechtsverbindlich". Lässt man die verschleiernden Formelkompromisse beiseite, ergibt sich, dass die Charta **verbindliches Primärrecht**[119] der Union darstellt.[120] Sie gilt in der ganzen Union. Polen und Großbritannien hatten zwar mit dem Protokoll Nr. 30 eine Ausnahme durchsetzen wollen;[121] dies hat der EuGH jedoch kurzerhand beiseite gewischt,[122] möglicherweise, weil der Text auch nach wiederholter Lektüre unverständlich bleibt. Außerdem wäre das Ziel der beiden Mitgliedstaaten durch das Protokoll ohnehin im Wesentlichen nicht erreicht worden. Die allgemeinen Grundsätze des Unionsrechts einschließlich der EMRK (Art. 6 Abs. 3 EUV) binden alle Mitgliedstaaten und schaffen weithin den mit der Charta ausformulierten Standard.[123]

Die Grundrechte gehören zu den europäischen **Garantienormen** (Kap. 4/ 16).

a) Rechtsnatur

Betrachtet man freilich die Entstehungsgeschichte, so handelt es sich um einen **40** merkwürdigen Zwitter. Die Charta ist von einem Konvent erarbeitet worden, dem Beauftragte der Staats-und Regierungschefs, Mitglieder des Europäischen Parlaments und Delegierte der nationalen Parlamente angehörten. Am 7.12.2000 ist sie in Nizza feierlich – freilich ohne unmittelbare Rechtswirkungen zu erzeugen – proklamiert worden. Nach einer Überarbeitung wurde sie am 12.12.2007, dem Vorabend der Unterzeichnung der Verträge von Lissabon, erneut, aber diesmal in Straßburg, feierlich **proklamiert**; sie wurde nicht etwa auf der Regierungs-

---

119 EuGH C-288/12, Urteil vom 8.4.2014 – Kommission ./. Ungarn, Rdn. 47; *Hecker* 4/Rdn. 46.
120 EuGH C-297/10 und 298/10, Urteil vom 8.9.2011 – Hennigs und Mai, Rdn. 46 f.; EuGH C-399/11, Urteil vom 26.2.2013 – Melloni, Rdn. 48.
121 Ebenso Tschechien; vgl. Anlage 1 der Schlussfolgerungen des Vorsitzenden des Europäischen Rates vom 29./30.10.2009, Ratsdokument 15.265/1/09 vom 1.12.2009.
122 EuGH C-411/10 und 493/10, Urteil vom 21.12.2011 – N.S. und M.E. Rdn. 116 ff.; anders *Hecker* 13/Rdn. 15; *Zöller* Krey-Festschrift S. 501, 520.
123 *Gaede* in *Böse* Enz § 3/33; *Rengeling* M. Schröder-Festschrift S. 271, 279.

konferenz von Lissabon von den vertragschließenden Parteien beschlossen. Förmlich ratifiziert worden ist sie von den Mitgliedsstaaten ebenfalls nicht; auch der Deutsche Bundestag hat nicht ausdrücklich darüber Beschluss gefasst. Eine förmliche Verkündung als Gesetz oder Gesetzgebungsakt fand ebenfalls nicht statt. Die Europäische Union veröffentlichte die Charta in der für Mitteilungen vorgesehenen Reihe C des Amtsblattes,[124] und die Bundesrepublik nahm im Bundesgesetzblatt lediglich eine „**Veröffentlichung**" vor, die vom Bundesaußenminister unterzeichnet war.[125] Aber zweifellos entspricht ihr Inhalt dem Willen der nationalen Gesetzgeber. Nach der Rechtsquellenlehre wird man den Sachverhalt wohl so zu beurteilen haben, dass ein außerrechtlicher Normenkomplex als Ganzes in das Vertragswerk **inkorporiert** worden ist. Praktisch werden in der Zukunft Schwierigkeiten kaum zu erwarten sein, weil die Übernahme der Grundrechtsverbürgungen der EMRK in das Unionsrecht durch den Vertrag von Lissabon (Art. 6 Abs. 3 EUV) sowie der vorgesehene Beitritt der Union zur EMRK ein gleichrangiges Schutzniveau gewährleisten.

! **Stichworte:** Die Charta der Grundrechte ist in der gesamten Europäischen Union verbindliches Primärrecht.

---

b) Verhältnis zur nationalen Grundrechtsordnung

41 Art. 53 der Charta bestimmt, dass die Charta nicht zu einer Einschränkung oder Verletzung der Menschenrechte und Grundfreiheiten führt, welche die Verfassungen der Mitgliedstaaten anerkennen. Damit stellt sich die Frage des Verhältnisses der nationalen Grundrechte zur Charta, wenn die beiden Normenkreise sich nicht decken.

Es ist zu differenzieren danach, ob es um fundamentale Grundsätze des Menschenrechtsschutzes geht oder um Gewährleistungen, welche in den nationalen Rechtsordnungen unterschiedlich ausgestaltet sein können.

Fall: Italien hat aufgrund eines gegen den Betroffenen ergangenen rechtskräftigen Abwesenheitsurteils einen Europäischen Haftbefehl erlassen. Der Betroffene wird daraufhin in Spanien festgenommen und soll ausgeliefert werden. Dagegen wehrt er sich. Nach spanischem Verfassungsrecht – in der Interpretation des Verfassungsgerichts – musste die Bewilligung der Auslieferung bei einem Abwesenheitsurteil an die Bedingung geknüpft werden, dass der Betroffene im Urteilsstaat eine Neuverhandlung seines Falles erreichen kann. Der Rahmenbeschluss über den Europäischen Haftbefehl sieht die Möglichkeit einer solchen Bedingung nicht vor.

---

124 ABl. 2007 C 303 S. 1.
125 Veröffentlichung der Charta der Grundrechte der Europäischen Union vom 8.10.2008 (BGBl. 2008 II S. 1165).

Der EuGH betont in ständiger Rechtsprechung, dass der Vorrang des Unionsrechts auch gegenüber nationalem Verfassungsrecht gilt. In erster Linie sind
daher immer die Gewährleistungen der Grundrechtecharta und der EMRK maßgebend. **Nationale Grundrechte** sind nur anwendbar, wenn dadurch weder
das Schutzniveau der Charta, noch **der Vorrang, die Einheit und die Wirksamkeit des Unionsrechts beeinträchtigt werden.**[126] Im konkreten Fall hatte
die nationale Regelung zurückzutreten. Denn Unionsrecht – einschließlich der
EMRK – enthält, auch unter dem Gesichtspunkt des fairen Verfahrens, kein Gebot, die Anwesenheit des Angeklagten in der Hauptverhandlung unter allen
Umständen zu gewährleisten oder gegenüber Abwesenheitsurteilen die Möglichkeit der Wiederaufnahme des Verfahrens vorzusehen. Daher beeinträchtigte
die nationale Regelung hier die volle Wirksamkeit des Rahmenbeschlusses über
den Europäischen Haftbefehl. So der EuGH.

Das ist mit dem Wortlaut von Art. 53 der Charta zwar vereinbar, weil diese **42**
Vorschrift lediglich das Verhältnis der Unionsgrundrechte zu den nationalen
Grundrechten betrifft und ein Unionsgrundrecht auf Anwesenheit in der Hauptverhandlung nicht existiert. Aber in Deutschland herrscht darüber Streit, weil
auf diese Weise ein höheres **nationales Schutzniveau** zurückgedrängt werden
kann. Bedenklich kann dies werden, wenn der EuGH über eine ausdehnende
Interpretation der für ihn geltenden Zuständigkeitsvorschriften zugleich zu einer Erweiterung des Anwendungsbereichs der Grundrechtecharta gelangt.[127] Die
deutsche Rechtsprechung ist der Auffassung, dass die in Art. 6 EUV niedergelegten Grundsätze, die auch in § 73 Satz 2 IRG angeführt werden, durch
die Rechtsprechung des EuGH nicht überspielt werden könnten, („Ultra-Vires-
Lehre"). Daher sei die Ablehnung der Vollstreckung eines Europäischen Haftbefehls weiterhin möglich, wenn nachgewiesen wird, dass die Menschenrechte
der Person, die übergeben werden soll, verletzt wurden oder in Zukunft verletzt
werden.[128] Die Vollstreckung aufgrund eines Abwesenheitsurteils sei aber kein
solcher Fall. – Diese Begründung ist schief; von einer Überschreitung der Kompetenz des EuGH kann hier keine Rede sein. Der EuGH hat lediglich den Vorrang des Unionsrechts (auch der Charta der Grundrechte) betont – dafür hat er

---

126 EuGH C-399/11, Urteil vom 26.2.2013 – Melloni, Rdn. 60; dazu auch *Bülte/Krell* StV 2013,
713, 716; *Gärditz* in *Böse* Enz. § 6/49; *Risse* HRRS 2014, 93, 105; zur spanischen Endentscheidung *Herzmann* EuGRZ 2015, 445; allgemein *Ohler* NVwZ 2013, 1433.
127 So EuGH C-617/10, Urteil vom 26.2.2013 – Akerberg Fransson, Rdn. 22 ff. m. Bespr.
Kingreen JZ 2013, 801, 803.
128 OLG München StV 2013, 710; dazu eingehend und überzeugend *Bülte/Krell* StV 2013, 713,
716; vgl. ferner *Safferling* NStZ 2014, 545.

einleuchtende Gründe, weil sonst 28 Verfassungsgerichte über den Inhalt eines europäischen Rechtsaktes entscheiden könnten.

43   Gleichwohl ist die Auffassung der deutschen Rechtsprechung zutreffend. Sie wird nunmehr auch vom EuGH und vom deutschen Bundesverfassungsgericht in prinzipiell gleicher Weise vertreten.

Menschenrechte dürfen nirgends und niemals verletzt werden. Dieses Ergebnis ergibt sich aber ohne Heranziehung der Ultra-Vires-Lehre aus den europäischen Rechtsakten und den Verträgen selbst. Die Präambel des Vertrages von Lissabon und Art. 6 Abs. 3 EUV, die Präambel der Grundrechtecharta und ihre einzelnen Grundrechte gebieten in der Zusammenschau den unbedingten Vorrang der primärrechtlichen Gewährleistung des Menschenrechtsschutzes. Der Rahmenbeschluss über den Europäischen Haftbefehl hebt in seinem Art. 1 Abs. 3 und in den Erwägungsgründen 12 und 13 diesen unbedingten Vorrang ausdrücklich hervor, und daran ist die Auslegung des Rahmenbeschlusses zu messen. Man darf nur nicht das eigene, nationale Rechtssystem als alleinige Verkörperung des Menschenrechtsschutzes betrachten; und auch die **Idee des Rechtsstaates verträgt verschiedene nationale Ausprägungen.** Anhand von Fällen zur Auslegung des Rahmenbeschlusses Europäischer Haftbefehl hat der EuGH seine Auffassung mittlerweile auch präzisiert und dem Schutz der Menschenrechte im Ergebnis und in der Begründung den gebührenden Rang zugewiesen; er befindet sich dabei in Übereinstimmung mit dem BVerfG. Auf die Darlegungen zum Europäischen Haftbefehl ist zu verweisen (Kap. 6/18 ff.).

! **Stichworte:** Der Schutz der Menschenrechte ist in seinem Kern durch die Verträge umfassend gewährleistet. Darüber hinaus sind nationale Grundrechte – bei der Durchführung von Unionsrecht – nur anwendbar, wenn der Vorrang, die Einheit und die Wirksamkeit des Unionsrechts nicht beeinträchtigt werden.

---

c) Inhalt

44 Inhalt und Grenzen der verbürgten Rechte und Freiheiten sind nicht immer ganz einfach zu ermitteln. Art. 6 Abs. 1, Unterabsatz 2 EUV betont zunächst, dass die Charta die in den Verträgen festgelegte Zuständigkeit der Union in keiner Weise erweitert. Das wird in der beigefügten vertraglichen Erklärung A. 1 wiederholt, und die Charta sagt dies in ihrem Art. 51 Abs. 2 auch selbst. Sodann verweist Art. 6 EUV in seinem Abs. 1, Unterabsatz 3 für die Grenzen der Anwendung und **Auslegung** der Charta auf ihren Titel VII und die beigefügten **Erläuterungen.** Maßgebend sind hier vor allem Art. 51, 52 der Charta. Im Einzelnen:

Nach Art. 51 Abs. 1 gilt die Charta für die Organe und die Stellen der Union selbst, für die **Mitgliedsstaaten** aber allein bei der **Durchführung des Rechts**

der Union. Die Abgrenzung von Unionsrecht und nationalem Recht ist also auch hier von Bedeutung und es wurde bereits dargelegt (Kap. 3/5, 14), welche Schwierigkeiten sie bereiten kann.

Einschränkungen der Rechte und Freiheiten müssen gesetzlich vorgesehen sein und deren Wesensgehalt achten (vgl. Art 19 GG); sie müssen ferner erforderlich und verhältnismäßig sein, dem Gemeinwohl dienen oder den Erfordernissen des Schutzes anderer entsprechen (Art. 52 Abs. 1). Die Bestimmung wird auch als „**horizontale Klausel**" bezeichnet, weil sie für alle Rechte und Freiheiten der Charta gilt.

Art. 52 macht in seinem Abs. 5 sodann einen Unterschied zwischen **Grund-**   45 **sätzen** und **Rechten.** Grundsätze, die in der Charta festgelegt sind, dürfen durch Akte der Gesetzgebung und Verwaltung umgesetzt, verwirklicht werden. Vor Gericht dürfen sie aber lediglich als Auslegungshilfe für derartige Akte herangezogen werden, sie erzeugen keine unmittelbaren Ansprüche für den Einzelnen. Bei den Grundrechten und Freiheiten ist das anders. Sie dürfen zwar nicht missbraucht werden (Art. 54), im Rahmen ihrer Gewährleistung können sie aber unmittelbar rechtsbegründend wirken.

d) Inhalt der Charta im Einzelnen

Das Regelwerk enthält einen vollständigen Grundrechtskatalog für alle Zweige   46 des staatlichen und gesellschaftlichen Lebens. Doch ist wiederum zu betonen, dass der Geltungsbereich der Charta prinzipiell auf die Organe und Stellen der Union beschränkt ist und für die Mitgliedstaaten nur dann gilt, wenn sie Unionsrecht durchführen. Das kann dazu führen, dass der Bürger im Bereich der Durchführung von Unionsrecht einen weitergehenden Grundrechtsschutz genießt als bei der Anwendung rein nationalen Rechts. So ist § 2 Abs. 3 StGB eine Regelung des einfachen Rechts, welche bei einer Änderung der Rechtslage zwischen Beendigung der Tat und Entscheidung die Anwendung des mildesten Gesetzes vorschreibt. Art. 49 Abs. 1 Satz 3 der Charta verleiht dem Prinzip europäischen Grundrechtsschutz. Dass daraus Probleme entstehen könnten, ist allerdings nicht ersichtlich.[129]

Im Titel I widmet sich die Charta dem Schutz der Menschenwürde. Darunter fasst sie auch das Recht auf Leben, auf körperliche Unversehrtheit, das Verbot der Todesstrafe, das Verbot von Folter oder unmenschlicher und erniedrigender Behandlung sowie das Verbot von Sklaverei, Zwangsarbeit, Leibeigenschaft und Menschenhandel.

---

129 Für Angleichung *Satzger* Kühl-Festschrift S. 407, 415.

Titel II der Charta bringt sodann die einzelnen Freiheitsrechte, vom Recht auf persönliche Freiheit und Sicherheit bis zu Regelungen des Asylrechts und des Schutzes vor Abschiebung.

Titel III behandelt die Gleichheit vor dem Gesetz und enthält dazu auch Vorschriften über die Rechte des Kindes, über die Rechte älterer Menschen und von Menschen mit Behinderung.

Alle diese Grundrechte sind nach dem Wortlaut der Bestimmungen zunächst ohne jede Einschränkung gewährt. Wie erwähnt, enthält die Charta aber eine „horizontale Klausel" in Art. 52 Abs. 1. Danach kann jedes Grundrecht nach Maßgabe dieser Vorschrift eingeschränkt werden; das heißt durch Gesetz, unter Wahrung des Wesensgehalts des Grundrechts sowie unter Einhaltung sachlicher Voraussetzungen – Verhältnismäßigkeit, Erforderlichkeit, Übereinstimmung mit anerkannten Zielsetzungen des Gemeinwohls, Übereinstimmung mit den Erfordernissen des Schutzes anderer. Die Frage, ob diese Möglichkeit zur Einschränkung der Rechte stets gelten soll, beispielsweise auch für die Menschenwürde oder beim Verbot von Sklaverei, wird allerdings nicht ohne weiteres zu bejahen sein.

47 Für die strafgerichtliche Praxis von größerer Bedeutung sind die **justiziellen Grundrechte** der Charta, welche in Titel VI unter der Bezeichnung „justizielle Rechte" aufgeführt sind.

So hat jedermann Anspruch auf gerichtlichen Rechtsschutz durch ein unabhängiges, unparteiisches und durch Gesetz zuvor errichtetes Gericht. Dessen Verfahren muss fair, öffentlich und in angemessener Frist ablaufen (Art. 47). Für jeden Angeklagten gilt die Unschuldsvermutung und das Recht auf Verteidigung (Art. 48). Die Parallelen zur EMRK sind offenkundig.

Eingehend wird in Art. 49 der Grundsatz „nulla poena sine lege" behandelt. Ein Angeklagter darf also nicht nach einem Gesetz zu Strafe verurteilt werden, das zur Zeit der Tatbegehung noch nicht galt; es darf auch keine schwerere Strafe verhängt werden als die zur Tatzeit angedrohte. Das Strafmaß darf zur Straftat nicht unverhältnismäßig sein.

e) Auslegung

48 Die Auslegung der Charta – also der Rechte ebenso wie der Grundsätze – hat nicht nur nach dem bereits angesprochenen Titel VII (also der Art. 51 ff.) der Charta zu erfolgen. Sie hat vielmehr außerdem – das ist eine besondere Eigenart der Regelung – **beigefügte Erläuterungen** zu berücksichtigen. Diese Erläuterungen sind durch Art. 6 EUV mit **Gesetzeskraft** zu einer verbindlichen Richtschnur für die Auslegung ausgestattet worden. Sie werden außerdem in der Charta selbst erwähnt, nämlich in der Präambel sowie in Art. 52 Abs. 7. Mit den Erläuterungen hat es folgende Bewandtnis:

Wie der Name sagt, handelt es sich bei den Erläuterungen, die zu jedem einzelnen Artikel der Charta ergangen sind, um Interpretationshilfen. Sie waren seinerzeit vom Präsidium des Konvents, der die Charta entworfen hat, in eigener Verantwortung formuliert worden und hatten keinerlei Rechtswirkung. Als authentische Interpretation durch die Verfasser der Charta hatten sie dennoch praktisches Gewicht. Nach der Anpassung der Charta im Zusammenhang mit der Unterzeichnung des Vertrags von Lissabon sind die Erläuterungen aktualisiert und im Amtsblatt der Europäischen Union als offizielles Dokument veröffentlicht worden.[130] Ihre Einbeziehung in das Vertragswerk von Lissabon verleiht ihnen damit erhebliche Bedeutung.

Stichworte: Die Charta gilt für Handlungen von Unionsorganen und für die Mitgliedstaaten bei der Durchführung von Unionsrecht. Für Ihre Auslegung sind dem Vertragswerk beigefügte Erläuterungen zu beachten. Einschränkungen der Grundrechte sind nach Maßgabe der horizontalen Klausel (Art. 52 Abs. 1 der Charta) zulässig.

f) Standort in der Normenhierarchie der Union

Die methodische Behandlung der Charta im Rahmen der Auslegung des EU-Rechts durch den EuGH hat zunächst geschwankt. Der EuGH selbst formulierte bisher, dass die Charta die von ihm entwickelten Grundrechte „bekräftigt" habe.[131] Davon scheint er nunmehr abzugehen. **49**

Die EU hatte eine Richtlinie zur Vorratsdatenspeicherung[132] erlassen. Danach mussten die Staaten gewährleisten, dass zum Zwecke der Verfolgung schwerer Straftaten und zur Bekämpfung von Terrorismus alle Anbieter von Telekommunikationsleistungen sämtliche Kommunikationsdaten der Benutzer (aber nicht die Inhalte der Kommunikation) für bestimmte Fristen speicherten und den Strafverfolgungsbehörden zur Verfügung stellten. Auf diese Weise waren von jedermann Zeit, Ort, Beteiligte, Standort, Häufigkeit, Dauer elektronischer Kontakte zu ermitteln, und zwar von allen elektronischen Medien (Festnetz, Mobiltelefon, Internettelefonie, E-Mail-Verkehr).

Der EuGH hat die Richtlinie für nichtig erklärt.[133] Ihre Rechtmäßigkeit hat er aber allein an Hand der Grundrechtecharta geprüft, einen Eingriff in die Grund-

---

130 ABl. 2007 C 303 S. 17.
131 Vgl. auch EuGH C-405/10, Urteil vom 10.11.2011 – Garenfeld, Rdn. 48 („gewährleistet wird").
132 Richtlinie 2006/24 EG vom 15.3.2006, ABl. 2006 L 105 S. 54.
133 EuGH C-293/12, Urteil vom 8.4.2014 – Vorratsdatenspeicherung.

rechte nach Art. 7, 8 der Charta bejaht und die Verhältnismäßigkeit des Eingriffs im Sinne der horizontalen Klausel (Art. 52 Abs. 1) verneint. Der Grundsatz der Verhältnismäßigkeit verlangt danach, dass die Handlungen der Unionsorgane geeignet sind, die mit der fraglichen Regelung zulässigerweise verfolgten Ziele zu erreichen, und dass sie nicht die Grenzen dessen überschreiten, was zur Erreichung dieser Ziele geeignet und erforderlich ist. Dabei kann der Gestaltungsspielraum des Gesetzgebers durch eine Reihe von Gesichtspunkten eingeschränkt sein; dazu gehören der betroffene Bereich, das Wesen der durch die Charta gewährleisteten Rechte, Art und Schwere des Eingriffs sowie dessen Zweck.[134]

An diesem Urteil ist methodisch von Bedeutung, dass das Sekundärrecht der Union allein an der Grundrechtecharta gemessen wurde. Das ist zwar sachlich nicht neu, weil auch vor dem Inkrafttreten der Charta die vom EuGH entwickelten Grundrechte Prüfungsmaßstab für die Rechtmäßigkeit des europäischen Sekundärrechts waren.[135] Der EuGH hat aber daran festgehalten und nicht nur eindeutig eine unionsrechtliche **Normenhierarchie** geschaffen, sondern mit dem Urteil zur Vorratsdatenspeicherung zusätzlich allein die Grundrechtecharta an die **Spitze** der Hierarchie gestellt. Darüber hinaus hat der EuGH in einem weiteren Urteil, aber eher beiläufig, ein Verständnis der Grundrechte der EU über ihre Funktion als bloße Abwehrrechte oder objektive Gewährleistungen hinaus angedeutet. In einer Entscheidung, in der es um die Reichweite des Doppelverfolgungsverbotes nach Art. 54 SDÜ ging, hat er ausgeführt, dass die Vorschrift des SDÜ im Lichte von Art. 50 der Grundrechtecharta – der sachlich dieselbe Materie betrifft – auszulegen sei.[136] Damit hat er das Wesen der Grundrechte als Ausdruck einer **objektiven Werteordnung** angesprochen und der künftigen Auslegung des gesamten EU-Rechts einen Weg gewiesen, den auch die deutsche Verfassungsrechtsprechung benutzt.

Ob die Grundrechtecharta auch im Verhältnis zum Primärrecht der Union Vorrang genießt, erscheint dagegen zweifelhaft. Die Problematik erinnert an die Diskussion im deutschen Recht darüber, ob es „verfassungswidriges Verfassungsrecht" gibt. Im Allgemeinen werden Kollisionen jedenfalls im Wege der Auslegung behebbar sein.[137]

---

134 EuGH C-293/12, Urteil vom 8.4.2014 – Vorratsdatenspeicherung, Rdn. 46, 47; zur Methodik ebenso EuGH C-291/12, Urteil vom 17.10.2013 – Schwarz Rdn. 31 ff.; EuGH C-404/15, Urteil vom 5.4.2016 – Aranyosi u. Caldararu.
135 EuGH C-540/03, Urteil vom 27.6.2006 – Parlament ./. Rat.
136 EuGH C-398/12, Urteil vom 5.6.2014 – M, Rdn. 35.
137 *Jarass* EuR 2013, 29.

So erschließt der EuGH den Inhalt der Gewährleistungen selbstverständlich durch die Auslegung der Bestimmungen der Grundrechtecharta selbst. Beispielsweise fasst er das Diskriminierungsverbot (Art. 21) als subjektives Recht auf, welches aus sich selbst heraus wirkt. Bestimmungen wie Art. 27 der Charta, welche im Titel „Solidarität" stehen, bedürfen hingegen der Konkretisierung.[138] In ähnlicher Weise zielgerichtet sind auch die Vorschriften der Verträge selbst zu interpretieren.

Stichworte: Die Grundrechte der Charta stehen an der Spitze der Normenhierarchie der Union. Vorschriften des Sekundärrechts, die mit ihnen unvereinbar sind, können daher vom EuGH für ungültig erklärt werden.

2. Europäische Grundrechte im Übrigen

Neben den vertraglichen Bestimmungen über die Grenzen und die Auslegung 50 der Charta enthält Art. 6 Abs. 3 EUV Regelungen, die über die Verträge hinausweisen. Danach sind die Grundrechte der **EMRK**, wie sie sich aus den gemeinsamen Verfassungsüberlieferungen der Mitgliedstaaten ergeben, als allgemeine Grundsätze Teil des Unionsrechts.

Abgesehen davon hatte der EuGH bereits vor dem Vertrag von Lissabon ein **System** von Grundrechtsverbürgungen[139] **entwickelt**, das er aus den Verträgen, insbesondere den Diskriminierungsverboten und den vier Grundfreiheiten, später auch aus einer Zusammenschau der gemeinsamen Verfassungsüberlieferungen der Mitgliedstaaten, herleitete. Daneben richtete er seinen Blick stets auch auf die EMRK und später auch auf die Charta der Europäischen Grundrechte.[140] Die vom EuGH entwickelten Grundrechte sind durch den Erlass der Charta aber nicht bedeutungslos geworden. Sie bleiben im Rahmen der historischen Auslegung weiterhin eine wichtige **Erkenntnisquelle**. Die Charta hat außerdem nur eine begrenzte Geltung, nämlich bei der Anwendung und Durchführung von europäischem Recht. Die Grundrechte des EuGH hingegen markieren neben den Grundfreiheiten und den anderen Garantienormen die Grenzen, welche die Gemeinschaftsordnung der nationalen Gesetzgebung der Mitgliedstaaten in Fällen mit grenzüberschreitender Dimension generell setzt. Daraus wird mitunter ge-

---

138 EuGH C-176/12, Urteil vom 15.1.2014 – Association de Mediation Socide, Rdn. 45, 47.
139 Beispiele bei *Esser* EuIntStrR § 6 Rdn. 28.
140 EuGH C-402/05 P und EuGH C-415/05 P, Urteil vom 3.9.2008 – Kadi und Al Barakaat, Rdn. 283, 335; EuGH C-156/12, Beschluss vom 13.6.2012 – GREP (betr. Grundsatz des effektiven Rechtsschutzes); *Satzger* IntStrR § 7 Rdn. 10.

schlossen, dass die vom EuGH früher entwickelten Grundrechte als allgemeine Grundsätze des Unionsrechts neben der Charta selbstständig weitergelten. Das wird in der deutschen Literatur[141] allerdings mit dem Zusatz vertreten, dass beide Normenkreise „harmonisierend" ausgelegt werden müssten.

51   Praktische Probleme im Verhältnis zu den früher geschaffenen Grundrechten dürften sich daraus kaum ergeben. Und jedenfalls wäre die Annahme abwegig, dass jedem Unionsbürger die europäischen Grundrechte in doppelter Ausfertigung zustehen. Denn Art. 6 Abs. 3 EUV **legalisiert** nunmehr die Ergebnisse, zu denen die Schaffung europäischer Grundrechte durch den EuGH gelangt war,[142] und darüber hinaus stellt er eine rechtliche Verbindung zur EMRK her. Diese Verbindung wird in der Charta weiter verdeutlicht. Nach der Präambel bekräftigt die Charta die Rechte, die sich unter anderem aus der EMRK und aus der Rechtsprechung des EuGH sowie des Europäischen Gerichtshofs für Menschenrechte ergeben. Art. 52 Abs. 3 der Charta erklärt ferner, dass die Rechte der Charta und der EMRK jeweils dieselbe Bedeutung und Tragweite haben sollen, sofern das Recht der Union nicht einen weitergehenden Schutz gewährt. In den Erläuterungen zu Art. 52 werden die einzelnen Grundrechte der Charta und der EMRK einander gegenübergestellt und in ihrer Bedeutung miteinander verglichen. Es gibt somit in der EU nur eine Grundrechtsordnung.

! **Stichworte:** Die Grundrechte der EMRK sind als allgemeine Grundsätze Teil des Unionsrechts. Die früher vom EuGH entwickelten Grundrechte sind durch die Charta legalisiert und bilden eine wichtige Erkenntnisquelle im Rahmen der historischen Auslegung.

---

3. Die Europäische Konvention zum Schutze der Menschenrechte und Grundfreiheiten

a) Übersicht

52 Das wichtigste Übereinkommen des Europarates, welches den rechtsstaatlichen Standard und die Achtung der Menschenrechte in Europa nachhaltig beeinflusst hat, ist die EMRK. Durch sie wurde der EGMR in Straßburg errichtet, dessen Rechtsprechung über die Europäische Grundrechtecharta, den EuGH und das Bundesverfassungsgericht wegweisend auch für die Rechtsprechung in Deutschland geworden ist (Kap. 2/29; 3/31).

Die EMRK beginnt in ihrem Text, ähnlich wie das Grundgesetz, mit den gewährleisteten Menschenrechten. Diese sind allerdings **nicht vollzählig** erfasst;

---

141 *Jarass* NStZ 2012, 611, 612; *Gaede* in *Böse* Enz. § 3/33.
142 *Ludwig* EuR 2011, 715, 724.

der Grundsatz „ne bis in idem" ist nachträglich in einem Zusatzprotokoll (Protokoll Nr. 7 Art. 4) vereinbart worden; das Schweigerecht und die Selbstbelastungsfreiheit des Beschuldigten sind überhaupt nicht aufgenommen, sondern durch die Rechtsprechung des EGMR entwickelt worden. Diese Rechtsfortbildung hat allerdings Grenzen; ein Recht, nicht ausgeliefert zu werden, wird auch vom EGMR nicht anerkannt.[143] Nach der Aufzählung der Menschenrechte folgen Verfahrensbestimmungen, insbesondere für den EGMR.

Danach kann jede Person, welche sich in ihren Menschenrechten oder Grundfreiheiten durch eine staatliche Maßnahme verletzt fühlt, nach Erschöpfung des nationalen Rechtsweges den EGMR im Wege der **Individualbeschwerde** anrufen. Auch die Mitgliedstaaten des Europarates können klagen, wenn ein anderer Mitgliedstaat seinen Pflichten aus der Konvention nicht nachkommt. Über deren Einhaltung wacht ein Ministerkomitee, welches freilich keine Exekutivbefugnisse besitzt.

b) Strafrechtliche Gewährleistungen der EMRK

Besonders viele Gewährleistungen der EMRK sind für das Strafverfahren von 53 Bedeutung. Sie haben durch die Rechtsprechung des EGMR überragende Bedeutung auch in der täglichen Strafpraxis erlangt (Kap. 3/33). Art. 3 bestimmt das Verbot von Folter, unmenschlicher oder erniedrigender Strafe oder Behandlung. Art. 5 führt die Rechte von festgenommenen Personen auf; die Aufzählung der Rechte ist außerordentlich eingehend – sie hat nahezu den Charakter einer Strafprozessordnung. Art. 7 verankert den Grundsatz nulla poena sine lege, Art. 8 das Recht auf Achtung des Privat- und Familienlebens in der Konvention. **Zentrale Vorschrift** für das Strafverfahren ist aber **Art. 6 EMRK** mit dem Begriff des fairen Verfahrens.

Art. 6 Abs. 1 beschreibt zunächst die von jedem Gericht einzuhaltenden Verfahrensgarantien genereller Art, darunter auch den Anspruch auf Entscheidung in angemessener Frist. Zusätzlich ist die Unschuldsvermutung in Art. 6 Abs. 2 verbürgt. Art. 6 Abs. 3 gewährleistet darüber hinaus umfängliche strafprozessuale Verteidigungsrechte für den Angeklagten. Das – rechtsordnungsinterne – Doppelverfolgungsverbot (ne bis in idem) ist nicht in der EMRK selbst, sondern in Art. 4 des Protokolls Nr. 7 enthalten.

Alle einzelnen Gewährleistungen in Art. 6 EMRK sind nach Auffassung des 54 EGMR **Ausfluss** des umfassenden Prinzips des **fairen Verfahrens**. Daher prüft das Gericht die einzelnen Gewährleistungen in Art. 6 stets noch zusätzlich unter

---

143 EGMR, Urteil vom 7.10.2008 – Monedero Angora ./. Spanien, Beschwerdenummer 41.138/ 05; *Gless* IntStrR Rdn. 69.

dem Gesichtspunkt, ob trotz einer Verletzung einzelner Ausprägungen des Beschuldigtenschutzes das **Verfahren in seiner Gesamtheit fair** war.[144] War das der Fall, lehnt es die Feststellung eines Konventionsverstoßes ab. Art. 6 stellt für den Umfang der Gewährleistungen im Strafverfahren zwar auf das Vorliegen einer Anklage ab. Die Gewährleistungen erstrecken sich nach der Rechtsprechung des EGMR jedoch auch auf das Ermittlungsverfahren, wenn davon der faire Ablauf des Verfahrens insgesamt berührt sein kann.[145]

55   Der **Begriff des fairen Verfahrens** ist allerdings nicht ohne **Probleme** in die deutsche Begrifflichkeit zu übertragen. Er entstammt dem anglo-amerikanischen Rechtskreis,[146] in dem auch in Strafsachen der Parteiprozess vorherrscht. Das Bild, wonach sich zwei mit gleichen Waffen ausgestattete Parteien gleichberechtigt gegenüberstehen, welche sich im Kampf ritterlich, „fair" zueinander verhalten sollen, beruhte stets auf Fiktion. Im deutschen Strafprozess, der ohne Parteirollen auskommt und der gerichtlichen Amtsaufklärungspflicht die beherrschende Rolle bei der Wahrheitsfindung zuweist, hängt er mit dieser Bedeutung verfahrenstheoretisch vollends in der Luft. Er müsste aus seiner ursprünglichen horizontalen Bedeutung als Regulativ zwischen zwei Parteien herausgelöst und zu einem vertikal vom Gericht zum Beschuldigten wirkenden Regulativ umgestaltet werden. Aber die Fairness des Gerichts – und zuvor aller Ermittlungsbehörden – liegt in der strikten Beachtung des Gesetzes. Allenfalls in Fällen, in denen strafprozessuale Vorschriften zwar nicht verletzt sind, in denen das Verhalten der Ermittlungsbehörden aber in mehrfacher Hinsicht „nahe an die Grenze" geht, ist es denkbar, das Prinzip des fairen Verfahrens ins Spiel zu bringen. Der Bundesgerichtshof hatte über eine solche Konstellation in seiner Entscheidung zur „Hörfalle" zu befinden. In jenem Fall hatten Ermittlungsbeamte eine Privatperson zu einem Telefongespräch mit dem Tatverdächtigen veranlasst, in welchem dieser sich selbst belastende Äußerungen machte. Materielle Kriterien zur Ausfüllung des Prinzips finden sich aber auch in dieser Entscheidung nicht.[147] Auch die Fälle der unzulässigen Tatprovokation behandelt der Bundesgerichtshof im Anschluss an die Rechtsprechung des EGMR – mangels sonst einschlägiger Verfahrensvorschriften – unter dem Gesichtspunkt des fairen Verfahrens. Hier hat er griffige Konturen für die Bewältigung der Proble-

---

144 EGMR, Urteil vom 15.12.2011 – Al-Khawaja und Tahery ./. Großbritannien, Beschwerdenummern 26.766/05 und 22228/06.
145 EGMR, Urteil vom 14.10.2014 – Baytar ./. Türkei, Beschwerdenummer 45.440/04; EGMR, Urteil vom 27.11.2008 – Salduz ./. Türkei, Beschwerdenummer 36.391/02 Rdn. 50.
146 *Jung* Kühl-Festschrift S. 915, 918: „Erfolgreichster Exportartikel aus der Sphäre des anglo – amerikanischen Rechts".
147 BGHSt. 42, 139, 156; vgl. auch *Brunhöber* ZIS 2010, 761, 769.

matik herausgearbeitet, allerdings ebenfalls ohne Analyse des Fairnessbegriffes.[148] Die Grundsätze des rechtlichen Gehörs und des prinzipiell ungehinderten Zugangs zu Beweismitteln sind dagegen selbstverständliche Maximen, die einen rechtsstaatlichen Prozess ausmachen (Kap. 9/26). Sie müssen nicht – wie es der EGMR tut – etwa unter dem Gesichtspunkt der „Waffengleichheit" als spezifische Teilrechte[149] des fairen Verfahrens besonders herausgehoben werden. Das gilt auch für ein Verständnis von Fairness als Gewährleistung einer konkreten und wirksamen Verteidigung, die als prozeduraler Ausgleich des Staates zur Legitimation von Strafe gelten soll.[150]

Welche Weite der Begriff des fairen Verfahrens nach Auffassung des EGMR hat, zeigt ein neueres Urteil. Darin führt der EGMR aus, dass dieser Begriff nicht nur den Angeklagten und seinen Verteidiger betreffe, sondern auch das Interesse der Öffentlichkeit und des Opfers an einer ordnungsgemäßen Strafverfolgung, notfalls auch die Rechte von Zeugen.[151] Die Entscheidung der Großen Kammer des EGMR war auch im Gerichtshof selbst außerordentlich umstritten, wie die abweichenden Voten ausweisen.

Das Problem verschärft sich, wenn ein selbstständiges Recht auf ein faires Strafverfahren auch für das **Tatopfer** erwogen wird;[152] weil Rechte des Tatopfers vielfach im Verhältnis kommunizierender Röhren zu Rechten des Angeklagten stehen. Es fragt sich daher, ob die Kategorie der Fairness materiell einen zusätzlichen Ertrag bringt. Ihre Bezeichnung als die „wichtigste Norm" der EMRK[153] erscheint sachlich jedenfalls fragwürdig.

Aber die Kategorie hat Eingang in die **Gesetzessprache** gefunden; auch **56** Art. 47 Abs. 2 der Grundrechtecharta verwendet den Begriff. Die Praxis muss daher mit ihm arbeiten. Das ändert freilich nichts daran, dass er sich schwerlich mit konkretem Inhalt definieren lässt; bezeichnenderweise hat auch der EGMR einen Versuch dazu bisher – soweit ersichtlich – nicht unternommen.[154]

Die Methode des EGMR, jeden der Rechtsverstöße nach Art. 6 EMRK zusätzlich unter dem Gesichtspunkt des fairen Verfahrens zu untersuchen, erscheint deshalb häufig als abschließende **Billigkeitskontrolle**, als Prüfung nach dem

---

148 BGHSt. 45, 321; BGHSt. 47, 44: BGH NStZ 2015, 541.
149 *Esser* EuIntStrR § 9 Rdn. 221; *Meyer* in *Karpenstein/Mayer* Art. 6 Rdn. 99.
150 *Gaede* Fairness als Teilhabe S. 370, 447.
151 EGMR, Urteil vom 15.12.2015 – Schatschaschwili ./. Deutschland, Beschwerdenummer 9154/10, Rdn. 101.
152 Vgl. EGMR, Urteil vom 12.2.2004 – Perez ./. Frankreich, Beschwerdenummer 47287/99- Rdn. 71, 80; *Helmken* StV 2016, 456; *Walther* JR 2008, 405, 408.
153 *Meyer* in *Karpenstein/Mayer* Art. 6 Rdn. 1.
154 Zur Kritik auch *Ambos* IntStrR § 10/42; *Jung* Kühl-Festschrift S. 915; GA 2013, 90; s. ferner *Esser* Weg S. 403; *Gless* IntStrR Rdn. 76 ff. (Waffengleichheit).

allgemeinen **Rechtsempfinden**. Mitunter fungiert Art. 6 EMRK auch als bloße Auffangnorm.[155] Unter diesen Gesichtspunkten verdient der Versuch, die Praxis des EGMR als Beruhensprüfung im Sinne von § 337 Abs. 1 der deutschen StPO zu deuten,[156] besondere Beachtung. Es ist offensichtlich, dass der EGMR diesen Gesichtspunkt jedenfalls in bestimmten Fällen als ausschlaggebend erachtet.[157]

! **Stichworte:** Nach der Rechtsprechung des EGMR ist der Zentralbegriff im Strafprozess die Kategorie des „fairen Verfahrens". Danach bleiben festgestellte Rechtsverstöße folgenlos, wenn das Verfahren „in seiner Gesamtheit" dennoch fair war.

4. Verhältnis der Gewährleistungen in der Grundrechtecharta zur EMRK

57   Das Verhältnis zwischen dem Vertrag von Lissabon und der EMRK zeichnet sich, wie erwähnt, durch eine enge **Verzahnung** der beiden Regelwerke aus. Auch die Grundrechtecharta enthält hierzu spezielle Bestimmungen. Nach Art. 52 Abs. 3 gilt als Basis eines Vergleichs die **Gleichwertigkeit** der durch die Grundrechtecharta und die EMRK verliehenen oder geschützten Rechte. Sofern das Unionsrecht einen weiterreichenden Schutz gewährt, ist jedoch dieser maßgebend. Umgekehrt bestimmt Art. 53 der Charta, dass mit ihr keine der Gewährleistungen der EMRK eingeschränkt wird. Eine ähnliche Bestimmung enthält Art. 53 EMRK. Danach sind nationale Vorschriften, auch soweit sie auf völkerrechtlichen Verträgen beruhen – wie die Charta der EU – für den Umfang der Gewährleistungen maßgebend.

Die wechselseitigen Verweisungen ergeben in der Zusammenschau, dass der jeweils für den Einzelnen günstigste Standard der Gewährleistungen rechtlich verbindlich sein soll. Es gilt also ein **Günstigkeitsprinzip**.[158] In der Praxis aber bemühen sich beide europäischen Gerichte um die Herstellung oder Beibehaltung eines einheitlichen Grundrechtsschutzes in Europa, so dass von einem **Gleichklang** der Gewährleistungen gesprochen werden kann.

Vor diesem Hintergrund ist nochmals auf die Erläuterungen zur Charta (Kap. 9/48) hinzuweisen, die eine **Synopse** der einzelnen Grund- und Men-

---

155 Vgl. EGMR, Urteil vom 7.3.2017 – Cerovsek ./. Slowenien, Beschwerdenummer 68.939/12 (Urteilsgründe sind nicht vom erkennenden, sondern einem anderen Richter verfasst).
156 *F.C. Schroeder* GA 2003, 293; *Renzikowski* Achenbach-Festschrift S. 373, 377; anders *Gaede* Fairness als Teilhabe S. 445; *Safferling* IntStrR § 13/36 („Gesamtabwägung").
157 Vgl. EGMR, Urteil vom 1.6.2010 – Gäfgen ./. Deutschland, Beschwerdenummer 22.978/05.
158 Vgl. *Satzger* IntStrR § 11 Rdn. 9; EuGH C-419/14, Urteil vom 17.12.2015 – WebMindLicenses, Rdn. 70 für Art. 7 der Charta und Art. 8 EMRK.

schenrechte enthalten und deren Tragweite in der Charta und der EMRK unter Einbeziehung der Rechtsprechung miteinander vergleichen.

II. Einzelne Gewährleistungen

1. Verbot doppelter Strafverfolgung (ne bis in idem)

a) Art. 50 Grundrechtecharta

Art. 50 der Charta der Europäischen Grundrechte befasst sich mit dem Grundsatz **58** „ne bis in idem".[159] Er verbietet, eine rechtskräftig verurteilte oder freigesprochene Person wegen derselben Tat erneut zu verfolgen. Eine solche Regelung ist zwar sachlich nicht neu. Ihre Grundsätze hatte der EuGH bereits 1966 entwickelt. Aber die Charta hat das Prinzip für die gesamte Union als Grundrecht festgeschrieben. Art. 50 ist damit aus strafprozessualer Sicht eine besondere Vorschrift. Er ist aufgrund der Rechtsprechung des EuGH Teil des Unionsrechts, der bisher nicht gesetzlich formuliert war. Es handelt sich bei der Vorschrift um eine echte strafprozessuale Regelung mit Geltung für alle nationalen Gerichte und Justizbehörden in der Union. Ihre rechtlichen Wirkungen erstrecken sich, wie dem Wortlaut eindeutig zu entnehmen ist, über die nationalstaatlichen Grenzen hinaus, sie wirkt nicht nur rechtsordnungs-intern (wie Art. 103 Abs. 3 GG, Art. 4 Protokoll 7 zur EMRK[160]), sondern **transnational**. Die Aburteilung einer Person in einem Unionsstaat hindert ein erneutes Verfahren wegen derselben Tat in demselben und in jedem anderen Mitgliedsstaat der Union. Das ist eine revolutionäre Regelung auf dem Wege zu dem Institut einer **europäischen materiellen Rechtskraft**.[161] Aburteilung bedeutet mindestens Verurteilung oder Freispruch. Für die Einstellung wegen eines Verfahrenshindernisses können Besonderheiten gelten; so ist die Amnestierung eines Kriegsverbrechens unwirksam und hindert daher nicht die erneute Verfolgung der Tat.[162]

b) Verhältnis zu Art. 54 SDÜ

Aber Art. 50 der Charta ist darüber hinaus im Zusammenhang mit Art. 54 SDÜ **59** zu sehen, der dieselbe Materie betrifft, historisch jedoch eine andere Wurzel

---

159 Rechtsvergl. *Kerner/Karnowski* Kühl-Festschrift S. 777, 790 ff.
160 Vom 22.11.1984 – von Deutschland nicht ratifiziert (Stand Juni. 2016).
161 *Satzger* Roxin-Festschrift II S. 1515, 1533.
162 EGMR, Entscheidung vom 27.5.2014 – Margus ./. Kroatien, Beschwerdenummer 4455/10, Rdn. 122 ff.

hat. Er wurde im Prozess der Herstellung eines Europa ohne Binnengrenzen (Art. 3 Abs. 2 EUV, Art. 67 Abs. 2 AEUV) als eine **Facette der Freizügigkeit** geschaffen. Art. 54 SDÜ lautet wie folgt:

> „Wer durch eine Vertragspartei rechtskräftig abgeurteilt worden ist, darf durch eine andere Vertragspartei wegen derselben Tat nicht verfolgt werden, vorausgesetzt, dass im Fall einer Verurteilung die Sanktion bereits vollstreckt worden ist, gerade vollstreckt wird oder nach dem Recht des Urteilsstaates nicht mehr vollstreckt werden kann."

Art. 54 SDÜ gilt, wie seine Entstehungsgeschichte und sein Wortlaut („Vertragspartei" des SDÜ, nicht „Mitgliedstaat" der EU) besagen, für **jegliche nationale Strafverfolgung** und nahezu im gesamten Geltungsbereich des Schengener Systems.[163] Die Bestimmung gilt ferner in Island, Norwegen, der Schweiz und Liechtenstein, die dem Abkommen von Schengen assoziiert sind. Sie ist durch den Vertrag von Lissabon nicht aufgehoben oder geändert worden;[164] hierzu und zur Frage einer Fortgeltung von Vorbehalten und Erklärungen, die zum SDÜ abgegeben worden waren, Kap. 4/5, 7.

60   Während die Vorschrift des Art. 54 SDÜ also einen umfassenden räumlichen und sachlichen Geltungsbereich hat, weist sie eine förmliche inhaltliche Begrenzung auf. Sie enthält ein **„Vollstreckungselement"** welches bestimmt, dass das Verfolgungsverbot im Falle einer Verurteilung des Täters für andere Staaten nur gilt, wenn die Sanktion bereits vollstreckt wurde, gerade vollstreckt wird oder nach dem Recht des Urteilsstaats nicht mehr vollstreckt werden kann. Ihr Ziel ist es zu verhindern, dass ein Straftäter sich nach einem gegen ihn ergangenen Urteil in einen anderen Staat begibt und dort unter Berufung auf das Doppelbestrafungsverbot unbehelligt leben kann, obwohl er die erkannte Strafe nicht verbüßt hat („**forum fleeing**").[165]

Die unterschiedlichen Formulierungen konnten es deshalb als zweifelhaft erscheinen lassen, in welchem Verhältnis Art. 50 der Charta zu der Bestimmung des Art. 54 SDÜ steht. Art. 50 der Charta findet zwar nur bei der Durchführung von Unionsrecht Anwendung (Art. 51), aber Art. 54 SDÜ ist Unionsrecht. Es gibt darüber hinaus auch noch Konventionen zum Schutze der finanziellen Interessen der Union und gegen Bestechung sowie ein „EG-ne-bis-in-idem-Übereinkommen", die derartige Regelungen enthalten, und ebenso verhält es sich mit

---

163 Nachweise bei *Duesberg* ZIS 2017, 66, 67; zur – rückwirkenden – zeitlichen Geltung im Falle des Beitritts von Kroatien BGH StV 2014, 459; EGMR, Urteil vom 27.5.2014 – Margus ./. Kroatien, Beschwerdenummer 4455/10.
164 Zur Entwicklung *Hecker* 13/Rdn. 9 ff.
165 EuGH C-129/14 PPU, Urteil vom 27.5.2014 – Spasic, StV 2014, 449; *Zöller* Krey-Festschrift S. 501, 519.

Art. 3 des Rahmenbeschlusses über den Europäischen Haftbefehl. In allen diesen Fällen stellt sich dieselbe Frage. Die Frage hat zu einer Vielzahl von literarischen Äußerungen geführt, welche in sich kein geschlossenes Bild abgeben.[166]

Demgegenüber hat der Bundesgerichtshof 2010 in zwei Entscheidungen **61** ausgesprochen, dass Art. 54 SDÜ mit seinem Vollstreckungselement **Vorrang** gegenüber der Charta genießt, weil die Grundrechte der Charta durch Gesetz eingeschränkt werden können und das Schengener Durchführungsübereinkommen ein solches Gesetz ist.[167] Der Bundesgerichtshof hat somit die „horizontale Klausel" des Art. 52 Abs. 1 der Charta angewandt; in der Begründung hat er zusätzlich auf die Erläuterungen zur Charta verwiesen. Diese Rechtslage hielt er völlig zu Recht für so zweifelsfrei, dass er von einer Vorlage an den EuGH abgesehen hat. Der EuGH ist ihm mit weiteren Ausführungen zum Inhalt der horizontalen Klausel gefolgt.[168] Er hat allerdings zusätzlich ausgeführt – ohne konkrete Folgerungen daraus zu ziehen –, dass Art. 54 SDÜ im Lichte des Art. 50 der Grundrechtecharta auszulegen sei und hierbei auch die Erläuterungen zur Grundrechtecharta beachtet werden müssten.[169] Das Verhältnis der beiden konkurrierenden Normen zum transnationalen Grundsatz des „ne bis in idem" ist damit zumindest kraft der Autorität des EuGH **geklärt**.[170]

Stichworte: Art. 54 SDÜ und Art. 50 der Grundrechtecharta enthalten ein neuartiges transnationales Doppelverfolgungsverbot. Art. 54 SDÜ gilt für jegliche nationale Strafverfolgung. Sein Vollstreckungselement soll dem sog. forum fleeing entgegenwirken. Es stellt eine Einschränkung des Grundrechts dar, daher hat Art. 54 SDÜ Vorrang vor diesem.

---

c) Auslegung des Artikels 54 SDÜ
Das bedeutet nun nicht, dass die Rechtslage damit insgesamt eindeutig wäre. **62**

aa) Begriff strafrechtliche Verfolgung
Zunächst ist zu klären, was überhaupt eine strafrechtliche Verfolgung ist, denn nur dafür gilt Art. 54 SDÜ.

---

166 Zum Meinungsstand *Ambos* IntStrR § 10/132; *Eckstein* JR 2015, 421, 425; *Merkel/Scheinfeld* ZIS 2012, 206; *Satzger* IntStrR § 10 Rdn. 57 ff.
167 BGHSt 56, 11, 15; Beschluss vom 1.12.2010 – 2 StR 420/10.
168 EuGH C-129/14 PPU, Urteil v. 27.5.2014 – Spasic, StV 2014, 449 mit Bespr. *Eckstein* JR 2015, 421; *Meyer* HRRS 2014, 270.
169 EuGH C-398/12, Urteil vom 5.6.2014 – M, Rdn. 35.
170 A.A. *Zöller* GA 2016, 325, 333; zum Meinungsstand ferner *Duesberg* ZIS 2017, 66, 68, der selbst von den Normtexten nicht gedeckte Abwägungen im Einzelfall vorschlägt.

> **Fall:** Marokko ersucht im normalen Rechtshilfeverkehr Deutschland um Auslieferung eines Franzosen, der in Marokko wegen Bildung einer kriminellen Vereinigung verfolgt werden soll. Dieser ist aber wegen derselben Tat bereits in Frankreich verurteilt worden und wehrt sich mit dieser Begründung gegen die Auslieferung.

Marokko ist weder Vertragsstaat des SDÜ noch Mitglied der EU. Deutschland ist aber verpflichtet, Art. 54 SDÜ und die Grundrechtecharta zu beachten. Deutschland darf daher wegen der in Frankreich erfolgten Verurteilung keine neue Strafverfolgung vornehmen. Jedoch ist die Auslieferung, um die Marokko ersucht, keine **eigene** Strafverfolgung, sondern als **Rechtshilfe Unterstützung** fremder Strafverfolgung (Kap. 2/12).[171] Marokko ist durch Vorschriften des EU-Rechts selbstverständlich nicht gebunden.[172] Dieser Auffassung könnte man zwar entgegenhalten, dass Art. 54 SDÜ den Betroffenen vor jeglicher Strafverfolgungsmaßnahme bewahren soll. Aber das würde den Anwendungsbereich der Vorschrift auf Drittstaaten ausdehnen und den Rechtshilfeverkehr mit ihnen in einer Weise beeinträchtigen, für die der Zweck der Vorschrift – Freizügigkeit innerhalb der Union – keine Rechtfertigung liefert. Auch begrifflich ist Rechtshilfe als Unterstützung eines fremden Staates zu verstehen, da sie ein Ersuchen voraussetzt; von sich aus kann der ersuchte Staat nicht im Wege der Rechtshilfe tätig werden und betreibt in diesem Fall daher auch keine eigene Strafrechtspflege; dass im Auslieferungsverfahren – wie in allen rechtlich geregelten Verfahren – Grundrechte gelten, verändert nicht seinen rechtlichen Charakter.[173]

63   **Fall:** Der Angeklagte beantragte bei der zuständigen polnischen Behörde eine landwirtschaftliche Einkommenshilfe, gab dazu aber eine falsche Größe der von ihm bewirtschafteten Fläche an. Die Behörde lehnte deshalb in Anwendung von EU-Recht die Gewährung der Zahlung ab und verhängte eine Sanktion in Gestalt des Verlusts von Ansprüchen für die folgenden drei Jahre. Später wurde der Angeklagte auch strafrechtlich wegen Subventionsbetrugs verurteilt. Streitig ist, ob der Verurteilung das Verbot doppelter Strafverfolgung entgegensteht.
Weiterer Fall: Der Angeklagte hat in seiner Steuererklärung unrichtige Angaben u.a. zur Umsatzsteuer gemacht und dadurch Steuern hinterzogen. Im Verwaltungswege wird ihm – bestandskräftig – deshalb ein beträchtlicher Zuschlag auf die zu entrichtende Steuer auferlegt. Danach leitet die Staatsanwaltschaft ein Strafverfahren wegen Steuerhinterziehung ein. Das zuständige schwedische Gericht hat dem EuGH die Frage vorgelegt, ob Art. 50 der Grundrechtecharta (ne bis in idem) dem Strafverfahren entgegensteht.

---

171 BGHSt. 32, 314, 322; *Hackner/Schierholt* Rdn. 1; anders – „international arbeitsteiliges Strafverfahren" – *Schomburg/Lagodny/Schallmoser* in *Böse* Enz. § 13/76.
172 OLG München StV 2013, 313 m. abl. Anm. *Brodowski* S. 339.
173 A.A. *Schünemann* StV 2016, 178, 181.

Der EuGH führt zum ersten Fall aus,[174] dass die Sanktionsregelung der (präventiven) Bekämpfung der zahlreichen Unregelmäßigkeiten diene und eine spezifische Handhabe der Verwaltung sei, um eine ordnungsgemäße Bewirtschaftung der Mittel der Union sicherzustellen. Es handele sich daher nicht um eine **Strafsanktion**. Dieses Ergebnis sichert der EuGH sodann durch eine Auseinandersetzung mit der Rechtsprechung des EGMR[175] ab. Danach sind für die **Abgrenzung** maßgebend: Die innerstaatliche Einordnung der Zuwiderhandlung, die Art der Zuwiderhandlung, Art und Schweregrad der angedrohten Sanktion. Diese Abgrenzung verwendet der EGMR auch im Rahmen der Bestimmung, was Strafe im Rahmen des Grundsatzes „nulla poena sine lege" ist.[176] Bei der Abgrenzung zu Maßnahmen der Besserung und Sicherung kann ferner wesentlich sein, ob die Maßnahme an die Begehung einer Straftat anknüpft und wie ihr Vollzug ausgestaltet ist (Kap. 9/89). Auch danach war die Verwaltungssanktion hier keine Strafverfolgungsmaßnahme. Das bestätigt der EuGH im zweiten Fall, jedoch mit der Ergänzung, dass es Sache des nationalen Richters sei zu prüfen, ob die Verwaltungssanktion bereits strafrechtlichen Charakter hatte und daher dem Strafverfahren entgegenstand.[177]

> **Fall:** Der Angeklagte ist im Verwaltungswege wegen Marktmanipulation zu einer Geldsanktion von 3.000.000 Euro und dem Verbot, führende Tätigkeiten in börsennotierten Unternehmen wahrzunehmen, verurteilt. Dasselbe Verhalten führt nunmehr zu einem Strafverfahren, welches noch nicht abgeschlossen ist.

Der EGMR betont, dass das Doppelverfolgungsverbot schon die Einleitung eines neuen Verfahrens verbietet und daher auch dann greift, wenn das zweite Verfahren noch nicht abgeschlossen ist. Er beurteilt die Verwaltungssanktion als Strafsache im Sinne der EMRK und stellt in der Sache selbst auf die Identität des

---

174 EuGH C-489/10, Urteil vom 5.6.2012 – Bonda.
175 EGMR, Urteil vom 10.2.2009 – Zolotoukhine ./. Russland, Beschwerdenummer 14939/03; EGMR, Urteil vom 14.1.2014 – Muslija ./. Bosnien und Herzegowina, Beschwerdenummer 32.042/11, Rdn. 26 ff.; EGMR, Urteil vom 15.11.2016 – A.und B. ./. Norwegen, Beschwerdenummer 24.130/11.
176 EGMR, Urteil vom 17.9.2009 – Scoppola ./. Italien, Beschwerdenummer 10.249/03, Rdn. 97; EGMR, Urteil vom 4.10.2016 – Zaja ./. Kroatien, Beschwerdenummer 37.462/09, Rdn. 85, 93.
177 EuGH C-617/10, Urteil vom 26.2.2013 – Akerberg Fransson, Rdn. 37; zu der merkwürdigen Rechtsprechung des EGMR, finnische Strafzuschläge betreffend, vgl. Urteil vom 20.5.2014, Häkkä ./. Finnland, Beschwerdenummer 758/11 einerseits, Urteil vom 20.5.2011 – Nykänen ./. Finnland, Beschwerdenummer 11.828/11 andererseits.

Sachverhalts (Kap. 9/65) ab. Sein Ergebnis sichert er durch eine Auseinandersetzung mit der Rechtsprechung des EuGH ab.[178]

! **Stichworte:** Das Doppelverfolgungsverbot erfasst nicht Rechtshilfeleistungen. Es schließt eine Kumulierung von Verwaltungssanktionen und Strafe nur dann aus, wenn auch die Verwaltungssanktion als strafrechtliche Maßnahme zu beurteilen ist. Ob eine Sanktion Strafe ist, beurteilt sich nach der innerstaatlichen Einordnung der Zuwiderhandlung, der Art der Zuwiderhandlung sowie Art und Schweregrad der angedrohten Sanktion.

---

bb) Tatbegriff

64 Schwierig ist der Begriff der Tat zu fassen. In Deutschland haben wir einen materiellen und einen prozessualen Tatbegriff. Nochmals folgender Fall:

> **Fall:** Ein belgischer Staatsangehöriger wird in Norwegen zu fünf Jahren Freiheitsstrafe verurteilt, weil er am 1.6.1999 unerlaubt Betäubungsmittel nach Norwegen eingeführt hat. Nach Verbüßung eines Teils der Strafe wird er 2002 auf Bewährung entlassen und nach Belgien gebracht. Hier wird er zu einem weiteren Jahr Freiheitsstrafe verurteilt, weil er die Betäubungsmittel, die er nach Norwegen eingeführt hat, zuvor unerlaubt aus Belgien ausgeführt hatte.

Einfuhr und Ausfuhr sind verschiedene materiellrechtliche Varianten ein und derselben Strafvorschrift; das bedeutet allerdings nicht notwendig, dass ihre Verwirklichung im vorliegenden Fall tateinheitlich geschehen wäre, und offen ist die weitere Frage, ob Tateinheit den Begriff der Tat im Sinne des Art. 54 SDÜ erfüllt.

Der EuGH hat die Frage in seinem Urteil vom 9.3.2006 (van Esbroeck, C-463/04) beantwortet und seine Auffassung in ständiger Rechtsprechung verfeinert.[179] Danach ist **Tatidentität** zu verstehen als das Vorhandensein eines **Komplexes unlösbar miteinander verbundener Tatsachen**, unabhängig von der rechtlichen Qualifizierung dieser Tatsachen oder von den rechtlich geschützten Interessen. Einfuhr und Ausfuhr derselben Betäubungsmittel können deshalb dieselbe Tat sein, doch obliegt dem nationalen Gericht die abschließende Beurteilung. Zur Begründung hat er ausgeführt, Art. 54 SDÜ müsse als Unionsrecht einheitlich ausgelegt werden. Das materielle Strafrecht der Mit-

---

178 EGMR, Urteil vom 4.3.2014 – Grande Stevens ./. Italien, Beschwerdenummer 18.640/10, Rdn. 94, 219, 229.
179 EuGH C-150/05, Urteil vom 28.9.2006 – Van Straaten; EuGH C-261/09, Urteil v. 16.11.2010 – Mantello; s. ferner BGHSt. 52, 275.

gliedstaaten ist jedoch nicht harmonisiert. Daher könne auf die unterschiedlichen materiellrechtlichen Qualifikationen eines Verhaltens in den Mitgliedsstaaten nicht abgestellt werden. Sie sind als Anknüpfung für eine unionsweite Verfolgungssperre ungeeignet. Entscheidend müsse deshalb der zugrundeliegende **Sachverhalt** sein. Ein einheitlicher Vorsatz allein kann deshalb eine Vielzahl von an verschiedenen Tatorten begangenen Einzelakten nicht zu einer Tat in diesem Sinne verbinden.[180]

Der EuGH verwendet in der Sache somit denselben **prozessualen Tatbegriff** zur Bestimmung des Begriffs „dieselbe Tat" wie das deutsche Prozessrecht. Das deutsche Prozessrecht braucht den prozessualen Tatbegriff zur Bezeichnung des angeklagten Sachverhalts, zur Bestimmung des Umfangs der gerichtlichen Kognitionspflicht sowie – genau wie Art. 54 SDÜ – des Umfangs der Rechtskraft. Der Begriff der prozessualen Tat wird bei uns umschrieben als „konkretes Vorkommnis, als einheitlicher geschichtlicher Vorgang, der sich von anderen ähnlichen oder gleichartigen unterscheidet und innerhalb dessen der Angeklagte einen Straftatbestand verwirklicht haben soll, mithin das gesamte Verhalten des Täters, soweit es nach natürlicher Auffassung einen einheitlichen Lebensvorgang darstellt".[181] Die Umschreibung hebt ebenfalls auf den Sachverhalt, den Lebensvorgang ab, nicht auf die rechtliche Qualifikation des Täterverhaltens.

Im Ergebnis wäre in unserem Fall des Betäubungsmittelhändlers in Belgien und Norwegen Strafklageverbrauch eingetreten und das zweite Verfahren in Belgien unzulässig.

Diese Sichtweise hat auch der **EGMR** übernommen. Nach ihm ist Tatidenti- 65
tät ebenfalls keine Frage der rechtlichen Qualifikation, sie liegt vielmehr vor bei **substantieller Identität des Sachverhalts**, wobei auch der räumliche und zeitliche Zusammenhang des Geschehens von Bedeutung ist.[182] Das kann insbesondere bei zeitlich gestreckten Tathandlungen oder bei Gewalttaten, denen ein Dauerdelikt wie Waffenbesitz zu Grunde liegt, relevant werden.

Insgesamt kann daher festgestellt werden, dass die beiden europäischen Gerichte ebenso wie die deutsche Rechtsprechung in der Sache übereinstimmen. Dieses Ergebnis dient in überaus großem Ausmaß der Rechtsvereinheitlichung und der Rechtssicherheit. Rechtsauffassungen, welche ihm nicht folgen

---

180 EuGH C-367/05, Urteil vom 18.7.2007 – Kraaijenbrink, Rdn. 29.
181 Zuletzt BGHSt. 59, 4 Rdn. 12; s. auch *Radtke* NStZ 2012, 479.
182 EGMR, Urteil vom 10.2.2009 -Zolotukhin ./. Russland, Beschwerdenummer 14.939/03, Rdn. 82; EGMR, Urteil vom 14.1.2014 – Muslija ./. Bosnien und Herzegowina, Beschwerdenummer 32.042/11, Rdn. 32; Zur früher uneinheitlichen Rechtsprechung des EGMR *Esser*, Weg S. 97; *Jung* GA 2010, 472.

wollen, müssten deshalb besonders gewichtige, ja zwingende Gründe dagegen ins Feld führen können. Solche Gründe sind nicht ersichtlich. Doch darf die Übereinstimmung beim Tatbegriff nicht dazu führen, ihn unbesehen mit dem Umfang der Rechtskraft zu identifizieren. Tatteile, welche im ersten Urteil nicht behandelt werden durften oder sollten, können im Einzelfall von der Rechtskraft auszunehmen sein. Das ist aber im deutschen Strafprozess nicht anders.[183]

> **!** **Stichworte:** Tat ist ein Komplex unlösbar miteinander verknüpfter Tatsachen, unabhängig von ihrer rechtlichen Qualifikation oder von den rechtlich geschützten Interessen. Dieser prozessuale Tatbegriff ergibt sich zwingend daraus, dass das materielle Strafrecht der Mitgliedstaaten nicht harmonisiert und daher zur Bildung eines unionsrechtlichen Begriffs ungeeignet ist.

cc) Aburteilung

66 Aber auch die übrigen Begriffe in Art. 54 SDÜ sind weder eindeutig noch in allen Mitgliedstaaten einheitlich. Die Begriffe der Aburteilung, der Rechtskraft und der Vollstreckung boten mehrfach Anlass, den EuGH zu Art. 54 SDÜ im Vorabentscheidungsverfahren anzurufen.

> **Fall:** Der Angeklagte begeht in Belgien eine Körperverletzung. Ermittlungsverfahren werden in Belgien und in Deutschland eingeleitet. Das deutsche Ermittlungsverfahren wird gemäß § 153a StPO von der Staatsanwaltschaft eingestellt, nachdem der Beschuldigte eine Geldauflage erfüllt hat. Anschließend wird in Belgien Anklage erhoben. Das belgische Gericht legt seine Sache dem EuGH vor.

Gemäß § 153a Abs. 1 Satz 5 StPO kann die Tat nach Erfüllung der Geldauflage in Deutschland nicht mehr als Vergehen verfolgt werden. Das gilt unabhängig davon, ob die Einstellung von der Staatsanwaltschaft oder später im Gerichtsverfahren durch das Gericht vorgenommen wurde.

> **Weiterer Fall:** Ein Türke betreibt in den Niederlanden einen „Coffee-Shop". Bei einer Durchsuchung findet die Polizei 1 kg Haschisch und 1,5 kg Marihuana. Das Strafverfahren wird von der niederländischen Staatsanwaltschaft eingestellt, nachdem der Beschuldigte eine Buße gezahlt hat und das weitere Verfahren damit unzulässig wurde („transactie" nach holländischem Recht). Danach wurden die deutschen Behörden auf den Beschuldigten aufmerksam, weil auf seinem Bankkonto größere Geldbewegungen stattfanden. Das deutsche Gericht verurteilte ihn wegen der Fälle, die Gegenstand des niederländischen Verfahrens waren, zu einem Jahr und fünf Monaten Freiheitsstrafe mit Bewährung.

---

183 Beispiel BGH StV 1998, 26; im Ergebnis übereinstimmend *Ambos* IntStrR § 10/129 f.

Was bedeutet Aburteilung? Muss es sich um eine gerichtliche Entscheidung handeln? Nach Auffassung des EuGH[184] ist weder das **entscheidende Organ** noch die **Form** seiner Entscheidung von Bedeutung. Maßgebend ist, ob durch die Einstellung des Verfahrens **Strafklageverbrauch auf Dauer**[185] eintritt. In einem solchen Fall darf der Betroffene in seiner Grundfreiheit auf Freizügigkeit nicht beschränkt werden. Hier ist nach nationalem Recht in beiden Fällen Strafklageverbrauch auf Dauer eingetreten, so dass Art. 54 SDÜ eingreift. Aus demselben Grunde entfaltet auch ein gerichtlicher Freispruch die Sperrwirkung des Art. 54 SDÜ[186] und ebenso eine gerichtliche Einstellung des Verfahrens wegen Verjährung[187] oder Amnestie (außer bei Kriegsverbrechen).[188]

Die personelle Reichweite des Strafklageverbrauchs ist auf den Beschuldigten oder Angeklagten, dessen Verfahren beendet wurde, begrenzt. Werden im Rahmen einer „Generalbereinigung" eines Falles nur gegenüber einzelnen Beschuldigten förmliche Abschlussentscheidungen gefällt, während im Übrigen – im Wege eines „Vergleichs" – von weiteren Ermittlungen abgesehen wird, so liegt darin der Sache nach eine Verfahrenseinstellung auch gegenüber den anderen Beschuldigten. Ob Strafklageverbrauch gegenüber diesen anderen Beschuldigten eintritt, beurteilt sich deshalb nach der innerstaatlichen Regelung über den Umfang beschränkter Rechtskraft, etwa nach § 153 StPO.[189]

Stichworte: Aburteilung bedeutet, dass die Strafklage durch eine Entscheidung verbraucht wird, ohne dass es auf das entscheidende Organ und die Form der Entscheidung ankäme. **!**

dd) Beschränkte Rechtskraft
Wiederholt hat sich der EuGH deshalb mit Fällen zu beschäftigen, in denen eine 67 Einstellung des Verfahrens erfolgt ist und dieser Einstellung eine beschränkte Rechtskraft zukommt.

---

184 EuGH C-187/01 und 385/01, Urteil vom 11.2.2003 – Gözütok und Brügge m. Bespr. *Radtke/Busch* NStZ 2003, 281; a.A. noch BayObLG StV 2001, 263.
185 EuGH C-491/07, Urteil vom 22.12.2008 – Turansky; ebenso bereits BGHSt. 45, 123, 127 ff.; überholt BayObLG StV 2001, 263; zust. *Hecker* 13/Rdn. 30 ff.
186 EuGH C-150/05, Urteil vom 28.9.2006 – Van Straaten; BGHSt. 46, 307.
187 EuGH C-467/04, Urteil vom 28.9.2006 – Gasparini.
188 EGMR, Urteil vom 27.5.2014 – Margus ./. Kroatien, Beschwerdenummer 4455/10, Rdn. 126.
189 Anders BGH NStZ 1999, 250.

Fall: Der Angeklagte, ein in Belgien wohnhafter Italiener, wurde beschuldigt, seine Enkelin sexuell missbraucht zu haben. Die belgische Anklagekammer ordnete mangels ausreichender Beweise die Einstellung des Verfahrens an. Das Verfahren durfte nach der belgischen StPO damit nur wieder aufgenommen werden, sofern neue Tatsachen oder Beweismittel bekannt wurden.

Parallel dazu wurde in Italien wegen derselben Tat ein Ermittlungsverfahren durchgeführt. Der dortige Untersuchungsrichter verfügte die Eröffnung der Hauptverhandlung. Der italienische Spruchrichter legte die Sache dem EuGH vor.

Rechtskraft heißt Strafklageverbrauch auf Dauer. Das bedeutet, dass das Verfahren bei **gleich bleibender Sachlage** endgültig erledigt ist. Ob das Verfahren aufgrund außerordentlicher Rechtsbehelfe oder beim Auftauchen neuer Tatsachen oder Beweismittel wieder aufgenommen werden kann, spielt keine Rolle.[190] Diese Beurteilung ist auch für Einstellungsentscheidungen nach §§ 153 ff. der deutschen StPO von Bedeutung. Der **gerichtliche Einstellungsbeschluss** nach § 153 Abs. 2 schafft eine beschränkte Rechtskraft wie bei § 153a Abs. 1 Satz 5 StPO; das Verfahren darf nur wieder aufgenommen werden, wenn sich die Tat nachträglich als Verbrechen herausstellt.[191] Ebenso liegt es bei gerichtlichen Einstellungen nach § 154 Abs. 2 StPO.[192] Ein erfolgloses Klageerzwingungsverfahren schafft in gleicher Weise wie die rechtskräftige Ablehnung der Eröffnung des Hauptverfahrens eine beschränkte Rechtskraft dergestalt, dass das Verfahren nur aufgrund neuer Tatsachen und Beweismittel neu aufgerollt werden darf (§ 174 Abs. 2, § 211 StPO). Der Strafbefehl ist in vollem Umfang materieller Rechtskraft fähig, jedoch ist die Wiederaufnahme des Verfahrens zu Ungunsten des Angeklagten erleichtert (§ 373a StPO). Soweit hiernach eine erneute Strafverfolgung in Deutschland ausgeschlossen ist, greift auch das Doppelverfolgungsverbot des Art. 54 SDÜ in allen diesen Fällen ein. Seine Rechtfertigung als Gewährleistung der Freizügigkeit in Europa, die auch als individuelle Schutznorm wirkt, kann auf keinen anderen als den bekannten Sachverhalt abstellen.[193]

Keinen Anhalt bieten die Gesetzeslage und die Rechtsprechung allerdings für die Annahme, dass beim Auftauchen neuer Tatsachen oder Beweismittel ein Wiederaufgreifen des Verfahrens nur in dem Staat zulässig sei, in dem die mit

190 EuGH C-398/12, Urteil vom 5.6.2014 – M, Rdn. 40 m.Bespr. *Burchard* HRRS 2015, 26; *Hecker* v. Heintschel-Heinegg-Festschrift S. 175.
191 BGHSt. 48, 331, 334.
192 BGHSt. 54, 1 Rdn. 14; s. ferner BGHSt. 10, 88, 93.
192 BGHSt. 48, 331, 335 ff.
193 Abw. *Hecker* 13/Rdn. 60 ff.; v. Heintschel-Heinegg-Festschrift S. 175; wie hier *Ambos* IntStrR § 10/127.

beschränkter Rechtskraft versehene Entscheidung erlassen wurde.[194] Eine solche Annahme würde in Widerspruch zu ihrem Ausgangspunkt – dem Umfang der Rechtskraft – treten.

In gleicher Weise[195] ist das Verhältnis von geahndeten **Ordnungswidrigkei-** 68 **ten** zu Straftaten und umgekehrt zu beurteilen. Nach deutschem Recht kann ein Sachverhalt, der durch einen rechtskräftigen Bußgeldbescheid als Ordnungswidrigkeit abgeurteilt wurde, nicht mehr als Ordnungswidrigkeit verfolgt werden (§ 84 Abs. 1 OWiG); eine gerichtliche Aburteilung hindert auch die spätere Verfolgung als Straftat (§ 84 Abs. 2 OWiG). Lediglich die Wiederaufnahme des Verfahrens mit diesem Ziel ist erleichtert (§ 85 Abs. 3 OWiG). Auch eine rechtswirksame gebührenpflichtige Verwarnung entfaltet einen beschränkten Strafklageverbrauch insofern, als die Tat nicht noch einmal unter denselben tatsächlichen und rechtlichen Gesichtspunkten verfolgt werden darf (§ 56 Abs. 4 OWiG).

Zweifelhaft ist allerdings, ob dies auch für **staatsanwaltschaftliche Ver-** 69 **fahrenseinstellungen** nach §§ 153, 154 StPO gelten kann, zumal bei den Maßnahmen nach § 153 Abs. 1 StPO auch das Gericht mitwirkt. Diese Mitwirkung kann allerdings im Zusammenhang nicht als entscheidend gelten, da eine Einstellung gegen Auflagen nach § 153a Abs. 1 StPO, welche von der Staatsanwaltschaft allein vorgenommen wird, bereits kraft Gesetzes beschränkte Rechtskraft eintreten lässt. Der BGH erblickt im Absehen von der Verfolgung gemäß § 154 Abs. 1 StPO die Schaffung eines Vertrauenstatbestandes, welchen die Staatsanwaltschaft nicht willkürlich, sondern nur beim Vorliegen eines sachlichen Grundes beseitigen darf.[196] Aber ein Vertrauenstatbestand ist keine Rechtskraft. Das muss in gleicher Weise für die Einstellung gemäß § 153 Abs. 1 StPO gelten; ein Verbrauch der Strafklage tritt mithin in beiden Fällen nicht ein. Das ist maßgebend.[197]

Eine Rücknahme der Anklage[198] ist dagegen unerheblich und schafft ebenso wenig eine Sperre für die erneute Strafverfolgung wie die Einstellung des Verfahrens durch die Staatsanwaltschaft nach § 170 Abs. 2 StPO.

Stichworte: Entscheidungen, welche lediglich eine beschränkte Rechtskraft entfalten, gelten als **!** Aburteilung, wenn sie bei gleich bleibender Sachlage eine erneute Verfolgung ausschließen.

---

194 So aber *Burchard* HRRS 2015, 26.
195 *Hecker* 13/Rdn. 64 f.; *Hecker* StV 2001, 306, 310; *Zöller* Krey-Festschrift S. 501, 517.
196 BGHSt. 54, 1 Rdn. 15.
197 *Hecker* 13/Rdn. 62; zur Notwendigkeit einer autonomen europäischen Anknüpfung *Satzger* Roxin-Festschrift II S. 1515, 1534.
198 EGMR, Entscheidung vom 27.5.2014 – Margus ./. Kroatien, Beschwerdenummer 4455/10, Rdn. 120.

70 Diese Rechtsprechung hat allerdings auch eine Reihe von Zweifelsfragen aufgeworfen, welche zugleich dazu geführt haben, die **rechtlichen Grenzen des
Vertrauensgrundsatzes** zu präzisieren.

> **Fall:** Dem Beschuldigten wird vorgeworfen, 21 kg Heroin aus den Niederlanden nach Italien
> verbracht zu haben. In beiden Mitgliedstaaten werden wegen dieser Tat Ermittlungsverfah-
> ren eingeleitet; kurzzeitig sitzt der Beschuldigte in beiden Staaten auch in Haft. Mit Rück-
> sicht auf das italienische Verfahren stellt die niederländische Strafverfolgungsbehörde das
> Verfahren jedoch – unter Mitwirkung eines Richters – ein. Sie teilt den italienischen Behör-
> den mit, dass in den Niederlanden die weitere Strafverfolgung deshalb rechtlich ausge-
> schlossen sei.

Die Verfahrenseinstellung ist hier einer rechtskräftigen Aburteilung nicht gleich
zu achten. Art. 54 SDÜ bezweckt, die Freizügigkeit eines einmal abgeurteilten
Täters zu sichern. Die Vorschrift bezweckt aber nicht, ihn einer rechtmäßigen
Bestrafung zu entziehen. Die Einstellung eines Verfahrens mit Rücksicht darauf,
dass in einem anderen Mitgliedstaat der EU wegen derselben Tat die Strafverfolgung betrieben wird, erfüllt daher nicht die Voraussetzungen von Art. 54
SDÜ.[199]

> **Fall:** Der Angeklagte wird in Italien verdächtigt, im Rahmen einer kriminellen Vereinigung in
> großem Stil Kokainhandel zu betreiben. Als er eines Tages aus Deutschland nach Sizilien
> zurückkehrt, wird er festgenommen und durchsucht. Es werden 150 g Kokain gefunden.
> Deswegen wird er in Sizilien rechtskräftig zu drei Jahren und sechs Monaten Freiheitsstrafe
> verurteilt. Danach kehrt er nach Deutschland zurück.
> Nunmehr erwirkt die italienische Staatsanwaltschaft einen europäischen Haftbefehl
> wegen Drogenhandels im Rahmen der kriminellen Vereinigung. Der Angeklagte wird in
> Deutschland verhaftet. Das zur Prüfung der Überstellung des Angeklagten nach Italien be-
> rufene deutsche OLG hat Zweifel, ob die Strafklage verbraucht ist, weil das abgeurteilte
> Verhalten Teil der Tätigkeit der kriminellen Vereinigung gewesen sei und die italienischen
> Behörden bei der früheren Aburteilung Kenntnis von den weitergehenden Vorwürfen hat-
> ten. Die italienischen Behörden haben dem OLG versichert, dass nach ihrem Recht Straf-
> klageverbrauch nicht eingetreten ist.

Wie dargelegt, gilt auch im Rahmen der Regelungen zum Europäischen Haftbefehl eine Vorschrift, die Art. 54 SDÜ nachgebildet ist. Eine Auslieferung aufgrund eines Europäischen Haftbefehls ist also unzulässig, wenn der Beschuldigte wegen der dem Haftbefehl zugrunde liegenden Tat in einem Mitgliedstaat der

---

199 EuGH C-469/03, Urteil vom 10.3.2005 – Miraglia, Rdn. 30 ff.

EU bereits rechtskräftig abgeurteilt ist. Der EuGH hat entschieden,[200] dass der Begriff derselben Tat im Rahmenbeschluss über den Europäischen Haftbefehl **denselben Inhalt** wie in Art. 54 SDÜ hat. Er hat weiter entschieden, dass der Umfang der Rechtskraft sich nach dem **Recht des Staates** bestimmt, in dem die Entscheidung **erlassen** wurde. Damit bestimmt sich auch der Umfang des Strafklageverbrauchs nach dem Recht dieses Staates, hier also Italiens.[201] Der Staat, welcher den Europäischen Haftbefehl vollstreckt, hat **keinen Anlass**, die Rechtslage in dem anderen Staat (Italien) **zu prüfen**, wenn dieser versichert hat, dass Strafklageverbrauch nicht eingetreten ist.[202] Zur Ermittlung der Rechtslage steht das Auskunftsersuchen nach Art. 57 SDÜ zur Verfügung.

Mit dieser letzten Bemerkung kommt der EuGH auf das mehrfach angesprochene Prinzip zurück, das die gesamte europäische Zusammenarbeit auf dem Gebiete des Strafrechts bestimmt. Die Grundlage dafür, dass man fremde Urteile anerkennt und die Grundlage dafür, dass ein in einem anderen Staat erlassener Haftbefehl ohne weiteres auch im eigenen Land anerkannt und vollstreckt wird, kann nur gegenseitiges **Vertrauen** sein. Fehlt es an diesem Vertrauen, funktioniert die Zusammenarbeit nicht. Die Europäischen Verträge postulieren, dass im Verhältnis aller Mitgliedstaaten der EU zueinander das vorausgesetzte Vertrauen gerechtfertigt ist. Vertrauen ist eine psychische Tatsache und ein Rechtsbegriff. Beides hat aber auch seine **Grenzen**.

> **Fall:** Dem Angeschuldigten wird vorgeworfen, in Hamburg eine schwere räuberische Erpressung begangen zu haben. Nachdem in Polen das Kraftfahrzeug des Geschädigten sichergestellt wurde, eröffnet die polnische Staatsanwaltschaft ein Ermittlungsverfahren wegen dieser Tat, stellt es aber sogleich mit unhaltbarer Begründung, und ohne Ermittlungen durchgeführt zu haben, ein.
>
> Die Staatsanwaltschaft Hamburg erwirkt einen Europäischen Haftbefehl, der jedoch in Polen nicht vollstreckt wird, weil die Einstellung des Verfahrens nach polnischem Recht, sofern nicht neue Tatsachen bekannt werden, die Strafklage verbraucht.
>
> Später wird der Angeschuldigte in Berlin festgenommen und in Hamburg angeklagt. Das Landgericht lehnt jedoch die Eröffnung des Hauptverfahrens unter Hinweis auf Art. 54 SDÜ ab und entlässt den Beschuldigten aus der Untersuchungshaft. Im Beschwerdeverfahren legt das OLG die Sache dem EuGH vor.

---

200 EuGH C-261/09, Urteil vom 16.11.2010 – Mantello m. Bespr. *Böse* HRRS 2012, 20.

201 Verkannt von BGH StV 2014, 459 m. zutr. Anm. *Hecker*; krit. *Satzger* IntStrR § 10 Rdn. 66.

202 Dazu Gesetz vom 5.7.1974 zum Europäischen Übereinkommen vom 7.6.1968 betreffend Auskünfte über ausländisches Recht (BGBl. 1974 II S. 937) mit Zusatzprotokoll vom 15.3.1978 (BGBl. 1987 II S. 58); Beispiele: BGHSt. 45, 123, 125; BGH NStZ 1998, 149; BGH NStZ 1999, 250.

Der EuGH[203] bezweifelt nicht, dass die Voraussetzungen von Art. 54 SDÜ – Strafklageverbrauch – an sich vorliegen, weil das polnische Recht insoweit maßgebend ist. Aber er verweist darauf, dass außerhalb der Grundfreiheiten und des Vertrauensgrundsatzes in Art. 3 Abs. 2 EUV zugleich die Herstellung eines Raumes der **Sicherheit** als Vertragsziel festgelegt ist, der angemessene Maßnahmen der Kriminalitätsbekämpfung einschließt. Dieses Ziel steht gleichrangig neben den anderen Grundsätzen des Vertrages. Gegenseitiges Vertrauen der Mitgliedstaaten in ihre Justizsysteme kann aber nicht gedeihen, wenn die Kriminalitätsbekämpfung durch eine unangemessene, völlig unzureichende Sachbehandlung außer Acht gelassen wird. Eine Einstellung des Ermittlungsverfahrens ohne eigene Ermittlungen wie im Ausgangsfall steht offensichtlich im Widerspruch zu Art. 3 Abs. 2 EUV. Die Entscheidung der polnischen Staatsanwaltschaft zur Einstellung des Verfahrens hindert daher die weitere Strafverfolgung in Deutschland nicht; das Doppelverfolgungsverbot in Art. 54 SDÜ ist entsprechend einschränkend zu verstehen.

Im gleichen Sinne hat das Bundesverfassungsgericht entschieden, dass tatsächliche Angaben der Gerichte eines Mitgliedstaates dann keine Entscheidungsbasis für das inländische Gericht darstellen, wenn diese tatsächlichen Angaben offensichtlich Zweifel aufwerfen und auch nicht korrigiert werden. Umgekehrt reduziert sich die gerichtliche Aufklärungspflicht bei Tatsachenangaben der Gerichte eines Mitgliedstaats, wenn keine Anhaltspunkte für deren Unrichtigkeit vorliegen.[204]

Die Entscheidungen sind zu verallgemeinern. Die offenkundig missbräuchliche Inanspruchnahme von Vertrauen beseitigt rechtliche Bindungen, deren Voraussetzung der Vertrauensgrundsatz ist. Darin liegen **immanente Grenzen** dieses Grundsatzes. Sie entsprechen einem Standard europäischen Rechts, der in einer Reihe von Rechtsakten der Union ausdrücklich formuliert ist (vgl. Kap. 8/ 17, 23).

Die damit eingeleitete Rechtsprechung des EuGH hat der BGH aufgenommen, aber auf eine völlig andere rechtliche Erwägung gestützt, die Bedenken begegnet. Das hätte eine Vorlage an den EuGH (Art. 267 AEUV) erforderlich gemacht.

Fall: In Litauen ist gegen den Angeklagten ein Strafverfahren eingeleitet, aber wegen überlanger Verfahrensdauer mit Rechtskraftwirkung eingestellt worden. Wegen derselben Tat wird in Deutschland Anklage erhoben. Das Landgericht stellt das Verfahren gemäß Art. 54 SDÜ ein.

---

203 EuGH C-486/14, Urteil vom 29.6.2016 – Kossowski, Rdn. 42 ff.; s.dazu *Kaufhold* EuR 2012, 408.

204 BVerfGE 140, 317, Beschluss vom 15.12.2015 – 2 BvR 2735/14, Rdn. 73.

Der BGH hat die Entscheidung des Landgerichts aufgehoben und ein Verfahrenshindernis nach Art. 54 SDÜ verneint.[205] Er hat der Rechtsprechung des EuGH den allgemeinen Grundsatz entnommen, dass Strafklageverbrauch in diesem Sinne nur anzunehmen sei, sofern die Entscheidung in dem anderen Mitgliedstaat auf einer Prüfung in der Sache beruht. Verfahrenseinstellungen aus formellen Gründen wie bei **überlanger Verfahrensdauer** erfüllten diese Voraussetzung nicht. Einen solchen Grundsatz hat der EuGH aber nicht aufgestellt. Der BGH hat nicht bedacht, dass auch Verfahrenseinstellungen nach §§ 153 ff. der deutschen StPO keine Sachprüfung enthalten, vielmehr mit dem Ziel einer kursorischen Verfahrenserledigung ergehen. Diese erfüllen jedoch zweifelsfrei die Voraussetzungen des Art. 54 SDÜ. Die Begründung des BGH ist daher nicht überzeugend.

Aber der EuGH hat Verjährungsfristen des nationalen Rechts beanstandet, die so kurz sind, dass sie keine ordnungsgemäße Sachbehandlung ermöglichen. Der Gedanke ist, auch wenn er für den Bereich der Verjährung nicht bedenkenfrei erscheint (Kap. 9/14 f.), für zu kurze Bearbeitungsfristen fruchtbar zu machen, weil im Raum der Freiheit, der Sicherheit und des Rechts die Sicherheitsinteressen der Bevölkerung nicht vernachlässigt werden dürfen. Auf diese Weise wäre der Gefahr zu begegnen, dass Säumnis einer Strafverfolgungsbehörde europaweit zur Straffreistellung des Täters führt.

Stichworte: Ob Strafklageverbrauch eingetreten ist, bestimmt sich nach dem Recht des Staates, dessen Entscheidung als Verfahrenshindernis in Betracht kommt. Seine Entscheidung ist grundsätzlich zu respektieren. Aus Art. 3 Abs. 2 EUV kann sich aber eine Einschränkung ergeben.

ee) Umfang der Rechtskraft

Fall: Der Angeklagte, ein Bosnier, bemächtigt sich nach einem heftigen Ehestreit in der Ehewohnung des gemeinsamen Kindes und entführt es unter Einsatz von Waffen. In Kroatien gibt er die Waffen ab und fährt weiter nach Bosnien, wird aber in Kroatien wegen verbotenen Waffenbesitzes rechtskräftig verurteilt. Nunmehr steht er in Deutschland wegen der gewaltsamen Entführung vor Gericht. **71**

Der Umfang der Rechtskraft bestimmt sich, wie dargelegt, nach dem Recht des Staates, in dem die Entscheidung erlassen wurde, welche als Hindernis für die

---

205 BGH, Urteil vom 28.7.2016 – 3StR 25/16, Rdn. 16 m. abl. Anm. *Wegner* StV 2017, 227.

eigene, nationale Strafverfolgung in Betracht kommt. In Fällen, in denen ein Erfolgsdelikt mit einem Dauerdelikt ideell konkurriert, kann das auch nach deutschem Recht problematisch sein; die Lösung bestimmt sich nach dem Tatbegriff des Staates, in dem die erste Entscheidung erlassen wurde. Darüber hat das Gericht zu entscheiden, welches nunmehr mit der Sache befasst ist,[206] im Beispielsfall also das deutsche Gericht. Aber auch für andere Erledigungsformen eines Strafverfahrens als Gerichtsurteile sind die Wirkungen nach dem Recht des Staates zu beurteilen, in dem die erste Entscheidung ergangen ist. Die deutschen Auffassungen etwa zu dem Strafklageverbrauch bei Einstellungen nach §§ 153, 153a StPO[207] geben in jedem Fall Anlass zur Prüfung der Frage.

Daher ist die Strafklage wegen der unter Einsatz von Waffen begangenen Entführung des Kindes in Deutschland nicht verbraucht, wenn der Täter in Kroatien bloß wegen des Besitzes der Tatwaffe aufgrund der Vorschriften über verbotenen Waffenbesitz verurteilt worden ist und das kroatische Gericht keinen Anlass hatte, weitergehende Nachforschungen nach dem Hintergrund anzustellen. Das kann der Fall sein, wenn dem Erstgericht in diesem Punkt keine **Kognitionspflicht** oblag. Hier lag es so, denn das kroatische Gericht durfte die in Deutschland begangenen Rechtsverletzungen nicht aburteilen, weil ihm für den im Ausland durch einen Ausländer begangenen Tatteil die **Gerichtsbarkeit** fehlte.[208]

⚠ **Stichworte:** Die teilweise Aburteilung eines Sachverhaltes verbraucht die Strafklage hinsichtlich des übrigen Teils nicht, wenn das erste Gericht zu einer Aburteilung nicht befugt war. Auch für Dauerdelikte und Organisationsdelikte können nach deutschem Recht Besonderheiten gelten.

---

ff) Vollstreckungselement

72 **Fall:** Ein deutscher Lkw-Fahrer transportiert aus Drittstaaten illegal eingeführte Zigaretten von Griechenland aus auf einer Route, die über Italien und Deutschland nach Großbritannien führen sollte. Der Transport wird in Italien beschlagnahmt. Der Fahrer wird deshalb in Italien zu einer Freiheitsstrafe von einem Jahr acht Monaten mit Strafaussetzung zur Bewährung verurteilt. Nach kurzer Untersuchungshaft wird er entlassen und begibt sich nach Deutschland. Hier verurteilt ihn ein Gericht erneut wegen Steuerhehlerei.

---

206 BGHSt. 59, 120 mit zutr. Anm. *Hecker* StV 2014, 459; Anm. *Zehetgruber* JR 2015, 184.
207 Vgl. etwa BGHSt. 10, 88, 93; BGHSt. 48, 331; BGHSt. 54, 1 Rdn. 14.
208 BGHSt. 59, 120 mit zutr. Anm. *Hecker* StV 2014, 459; Anm. *Zehetgruber* JR 2015, 184; *Hecker* 13/Rdn. 56 f.; kritisch *Radtke* Seebode-Festschrift S. 297, 315.

Der BGH hat die einheitliche Schmuggelfahrt als eine Tat im Rechtssinne beurteilt und dem EuGH die Frage vorgelegt, welche Bedeutung das „Vollstreckungselement" in Art. 54 SDÜ hat.

Nach Auffassung des EuGH[209] ist die Vorschrift im Zusammenhang mit der Grundfreiheit der **Freizügigkeit** in Europa zu sehen. Der Verurteilte soll dann, wenn er im Urteilsstaat keine Verhaftung befürchten muss, sich auch in seinem Aufenthaltsstaat frei bewegen können. Nur derjenige, der sich der Vollstreckung eines Urteils zu entziehen sucht, soll durch die Flucht in einen anderen Mitgliedsstaat keine Vorteile erlangen (forum fleeing).

Nach diesen Maßstäben wird ein Urteil „gerade vollstreckt", wenn die Strafe oder nach Teilverbüßung ein Strafrest (§§ 57 ff. StGB) zur Bewährung ausgesetzt ist.[210] Ist die Bewährungszeit abgelaufen, die Strafe also zu erlassen, ist das Urteil „vollstreckt worden". Ist wegen einer Strafe Vollstreckungsverjährung eingetreten oder eine Amnestie erlassen worden, dann kann das Urteil „ nicht mehr vollstreckt werden". In unserem Fall besteht folglich in Deutschland eine Verfolgungssperre. Der Fall wirft die Frage auf, ob ein Täter, dessen Strafe zur Bewährung ausgesetzt ist, sich nicht den Bewährungsauflagen entziehen kann, wenn er seinen Wohnsitz in ein anderes EU-Land verlegt. Noch weitergehend ist zu fragen, ob die Gerichte nicht geneigt sein könnten, die Bewilligung von Strafaussetzung zur Bewährung von vornherein zu versagen, sofern die Befürchtung besteht, dass der Verurteilte sich in das Ausland begibt. Um dem vorzubeugen, hat die EU durch einen Rahmenbeschluss Regelungen geschaffen, mit denen es ermöglicht werden soll, dass die Überwachung von Bewährungsauflagen von dem Aufenthaltsstaat übernommen wird;[211] dieser Rahmenbeschluss wurde mittlerweile in deutsches Recht umgesetzt.[212] Überflüssig geworden ist das Vollstreckungselement dadurch aber nicht,[213] denn die Abgabe der Bewährungsüberwachung an den Aufenthaltsstaat des Probanden ist nicht obligatorisch.

---

209 EuGH C-288/05, Urteil vom 18.7.2007 – Kretzinger; Endentscheidung BGHSt 52, 275; EuGH C-129/14, Urteil vom 27.5.2014 – Spasic, StV 2014, 449 m. Bespr. *Panckstadt-Maihold* v. Heintschel-Heinegg-Festschrift (2015) S. 391.
210 So schon BGHSt. 46, 187.
211 Rahmenbeschluss 2008/947/JI vom 27.11.2008 über die Anwendung des Grundsatzes der gegenseitigen Anerkennung auf Urteile und Bewährungsentscheidungen im Hinblick auf die Überwachung von Bewährungsmaßnahmen und alternativen Sanktionen, ABl. 2008 L 337 S. 102.
212 Gesetz vom 17.7.2015 (BGBl. I S. 1349).
213 A.A. *Böse* in *Tiedemann u.a.* Die Verfassung moderner Strafrechtspflege S. 211, 216.

73 **Fall:** Die deutsche Beschuldigte ist in Spanien wegen Mordes an ihrer Mutter zu 5 Jahren Freiheitsstrafe verurteilt worden. Nach Teilverbüßung ersetzt das spanische Gericht die verbleibende Reststrafe durch die Ausweisung aus Spanien für die Dauer von 5 Jahren und weist darauf hin, dass bei Zuwiderhandlung gegen die Ausweisung innerhalb dieser Frist die Reststrafe vollstreckt werde. Die deutsche Justiz leitet gegen die Beschuldigte wegen der Tat ein eigenes Ermittlungsverfahren ein und beantragt den Erlass eines Haftbefehls.

Die Maßnahme des spanischen Gerichtes ist darauf zu prüfen, ob sie dem Begriff „gerade vollstreckt wird" in Art. 54 SDÜ entspricht. Sie gleicht dem Absehen von der Strafvollstreckung bei Auslieferung oder Landesverweisung nach § 456a der deutschen StPO und ist daher einer **Strafaussetzung zur Bewährung gleich zu achten.** Das ergibt auch die Beurteilung unter europarechtlichen Gesichtspunkten. Da die Beschuldigte sich nicht unter Verstoß gegen ihre nach spanischem Recht bestehenden Pflichten in Deutschland aufgehalten hat, greift das Doppelverfolgungsverbot des Art. 54 SDÜ ein. Der Haftbefehl darf daher nicht erlassen werden.[214]

Nichts anderes gilt, wenn aufgrund von Besonderheiten des nationalen Verfahrensrechts ein Urteil zu keiner Zeit vollstreckt werden konnte. Zwar scheint der Wortlaut des Art. 54 SDÜ dafür zu sprechen, dass das Doppelverfolgungsverbot die Vollstreckbarkeit des Urteils zu irgendeinem Zeitpunkt voraussetzt („nicht mehr" vollstreckt werden kann). Aber das wäre sinnwidrig. Ein Urteil, welches aus Rechtsgründen nie vollstreckt werden konnte, darf den Betroffenen auch zu keiner Zeit in seinem Recht auf Freizügigkeit behindern; ein zweites Verfahren ist daher unzulässig.[215]

Ist eine Begnadigung oder eine Amnestie wie bei der völkerrechtswidrigen Straffreistellung von Kriegsverbrechen unwirksam,[216] steht der erneuten Strafverfolgung weder die EMRK (Art. 4 Protokoll Nr. 7) noch Art. 54 SDÜ entgegen. Ansonsten aber erfüllen auch Begnadigungen und Amnestien die Voraussetzungen für ein Eingreifen des Vollstreckungselements.[217]

! **Stichworte:** Ein Urteil wird auch dann „gerade vollstreckt", wenn die Strafe zur Bewährung ausgesetzt ist.

---

214 OLG München StV 2001, 495; *Hecker* 13/Rdn. 51.

215 EuGH C-297/07, Urteil vom 11.12.2008 – Bourquain, Rdn. 50; *Hecker* 13/Rdn. 52; *Satzger* IntStR § 10/72.

216 EGMR, Urteil vom 27.5.2014 – Margus ./. Kroatien, Beschwerdenummer 4455/10, Rdn. 126, 139; zur Amnestie bei Folter EGMR, Urteil vom 17.3.2009 – Ould Dah ./. Frankreich, Beschwerdenummer 13113/03.

217 *Satzger* IntStrR § 10/73.

Fall: Ein Serbe wird in Italien durch ein Abwesenheitsurteil wegen Betrugs zu einem Jahr   74
Freiheitsstrafe ohne Bewährung und zu einer Geldstrafe verurteilt. Später wird er in Österreich verhaftet, nach Deutschland überstellt und wegen der in Italien bereits abgeurteilten
Betrugstaten in Deutschland erneut vor Gericht gestellt. Nunmehr bezahlt er die in Italien
verhängte Geldstrafe und macht in Deutschland geltend, die hiesige Strafverfolgung gegen
ihn sei unzulässig, weil infolge der Zahlung der Geldstrafe die in Italien verhängte Sanktion
„gerade vollstreckt" werde.

Der Angeklagte kann die Geltung des Vollstreckungselementes auf diese Weise
nicht umgehen, weil damit Art. 54 SDÜ seines Sinnes beraubt würde. Es ist
vielmehr auf jede der einzelnen Strafen abzustellen; die Freiheitsstrafe aber
wird nicht „gerade vollstreckt".[218]

gg) Besonderheiten bei Geldsanktionen

Das transnationale Doppelverfolgungsverbot ist bei der Vollstreckung von Geld-   75
sanktionen modifiziert. Nach Art. 7 Abs. 2 Buchst. a) des Rahmenbeschlusses
über die Anwendung des Grundsatzes der gegenseitigen Anerkennung von
Geldstrafen und Geldbußen[219] kann in Abweichung von Art. 54 SDÜ die Anerkennung und Vollstreckung einer Geldsanktion versagt werden, wenn wegen
derselben Tat in einem **Drittstaat** – ist dies ein Mitgliedstaat der EU, stellt sich
die Frage nicht – eine Entscheidung ergangen und vollstreckt worden ist. Wie
der Wortlaut ergibt, ist dafür aber erforderlich, dass die Sanktion bereits vollstreckt wurde. Der deutsche Gesetzgeber hat die Regelung bei ihrer Umsetzung
in § 87b Abs. 3 Nr. 5 IRG als zwingenden Versagungsgrund ausgestaltet.

hh) Verbot doppelter Strafverfolgung und Wiederaufnahme des Verfahrens

Nach Art. 4 des von Deutschland bisher nicht ratifizierten Protokolls Nr. 7 zur   76
EMRK steht das Doppelverfolgungsverbot einer im nationalen Recht vorgesehenen Wiederaufnahme des Verfahrens nicht entgegen. Art. 54 SDÜ und Art. 50
der Grundrechtecharta verhalten sich zu dieser Frage nicht. Daher wird verschiedentlich das Verhältnis des Verbots der Doppelverfolgung zum Wieder-
aufnahmerecht – das formal eine neue Strafverfolgung ermöglicht – problema-
tisiert. Tatsächlich stellt sich eine solche Frage jedoch nicht.

---

218 EuGH C-129/14 PPU, Urt. vom 27.5.2014,- Spasic, StV 2014, 449, Rdn. 75; insoweit zust.
Zöller GA 2016, 325, 332; *Panckstadt-Maihold* v. Heintschel-Heinegg-Festschrift S. 391 m. Anm.
zum „forum-shopping".
219 Rahmenbeschluss 2005/214/JI vom 24.2.2005, ABl. 2005 L 76 S. 16.

Art. 54 SDÜ befasst sich mit den Wirkungen eines Urteils, nicht hingegen mit den Voraussetzungen und Grenzen seines Erlasses. Dementsprechend trifft die Vorschrift auch keine Aussage darüber, ob und nach welchen Regeln dieses Urteil wieder beseitigt werden kann.

Im Übrigen geben darüber auch die **Erläuterungen** zur Charta Auskunft. Nach ihnen soll die Gewährleistung der Charta dieselbe Bedeutung und dieselbe Tragweite wie das entsprechende Recht der EMRK haben. Dieses Recht ist jedoch nur mit der aus dem Protokoll Nr. 7 ersichtlichen Einschränkung gewährt. Zusätzlich ist auf Art. 52 Abs. 1 der Charta hinzuweisen. Der Vorbehalt hinsichtlich der Wiederaufnahme des Verfahrens wird auch von der horizontalen Klausel erfasst.

Diese Erwägungen ergeben zugleich, welcher Staat zur Wiederaufnahme des Verfahrens befugt ist. Aus systematischen Gründen kommt hierfür allein der Staat in Betracht, um dessen Urteil es geht.[220] Dieser Staat hat das erste Urteil gefällt, und die Wiederaufnahme des Verfahrens zielt auf die Beseitigung seines Urteils ab. Daher kann auch nur dieser Staat seinen Hoheitsakt wieder aufheben. Ein anderer Staat bedürfte dazu einer besonderen Ermächtigung, die auch eine Regelung über die Anerkennung der Wiederaufnahmeentscheidung im ersten Urteilsstaat einschließt. Ein solcher Eingriff in dessen Hoheitsgewalt bedürfte einer besonderen gesetzlichen Grundlage.

Abgesehen von dem Doppelverfolgungsverbot hat sich in Europa ein gemeinsamer Grundrechtsstandard entwickelt, von dem nachfolgend strafprozessual besonders bedeutsame Ausschnitte dargestellt werden.

! **Stichworte:** Rechtsetzung und Rechtsprechung haben in Europa zu einem Standard gemeineuropäischen Grundrechtsschutzes geführt.

---

2. Menschenwürde

77 Die Grundrechtecharta verfügt in Art. 1, dass die Würde des Menschen unantastbar ist; sie ist zu achten und zu schützen. Die EMRK enthält zwar keine vergleichbare Bestimmung, aber ihr Art. 3 ordnet an, dass niemand der Folter oder unmenschlicher oder erniedrigender Strafe oder Behandlung unterworfen werden darf. Die Vorschrift ist Ausdruck der umfassenden staatlichen Pflicht zur Achtung der Menschenwürde.

---

220 *Radtke* in *Böse* Enz. § 12/32; *Swoboda* HRRS 2009, 188, 200.

Der **Begriff der Menschenwürde** ist zwar schwer fassbar.[221] Man wird ihn aber in seinem Kern so umschreiben können, dass er die Achtung eines jeden Menschen als **Subjekt** verlangt. Der Staat darf niemanden als Gegenstand, als Objekt behandeln, mit dem er nach Willkür verfahren kann. Auch der Verbrecher, der Gefangene hat Rechte, welche ihn als Mitglied der menschlichen Gemeinschaft ausweisen – selbst dann, wenn er sich gegen diese Gemeinschaft vergangen hat.[222]

Die Grenzen, welche die Unantastbarkeit der Menschenwürde allem staatlichen Handeln, besonders aber dem Strafverfahren, setzt, sind auf europäischer Ebene bisher vornehmlich vom EGMR konturiert worden. Dass der EuGH aber in Auslegung der Grundrechtecharta der EU keine andere Position vertritt, ergibt folgender Fall.

> **Fall:** Ein Asylbewerber macht geltend, in seinem Heimatland wegen seiner sexuellen Ausrichtung verfolgt worden zu sein. Die Asylbehörde steht vor der Frage, wie es die Glaubwürdigkeit dieser Angaben prüfen soll.

Der EuGH erblickt in der Garantie der Menschenwürde (Art. 1, Art. 7 der Grundrechtecharta) Schranken, die eine Prüfung der Glaubwürdigkeit etwa durch Demonstrationen oder sonstiges Eindringen in die Intimsphäre eindeutig ausschließen.[223]

Zum **Prüfungsmaßstab** der Menschenwürde auch folgender Fall, der in **78** Deutschland spielt:

> **Fall:** Ein Kleindealer wurde von der Polizei beobachtet, als er auf der Straße ein kleines Behältnis mit Rauschgift verkaufte. Bei seiner Festnahme schluckte er ein weiteres Behältnis, das er im Mund aufbewahrte, hinunter. Um den Beweisgegenstand sicherzustellen, ordnete der Staatsanwalt an, ein Brechmittel einzusetzen. Der Betroffene weigerte sich, das Mittel zu sich zu nehmen; daher wurde es ihm durch eine Nasensonde gewaltsam zugeführt. Darauf erbrach er das verschluckte Behältnis, es enthielt 0,21 g Kokain.

Der EGMR führte aus, dass Art. 3 EMRK einen der fundamentalen Werte demokratischer Gesellschaft verkörpert. Streng auf den Einzelfall bezogen entschied er angesichts der gesamten Umstände des Falles, dass hier eine erniedrigende Behandlung vorlag, welche das Verfahren gegen den Kleindealer unfair mach-

---

221 Ausführlich *Rixen* in *Hesselhaus/Nowak* Handbuch § 9 Rdn. 1 ff.
222 BVerfG v. 5.2.2004 – 2 BvR 2029/01 = BVerfGE 109, 133 Rdn. 71.
223 EuGH C-148/13, Urteil vom 2.12.2014 – A., Rdn. 64 ff.

te;[224] außerdem meinte er, dass auch der Grundsatz der Selbstbelastungsfreiheit verletzt sei. Die deutschen Polizeibehörden wenden das Verfahren seither nicht mehr an.

Ein anderer *Fall* spielt in Georgien.

> **Fall:** Ein Abgeordneter wollte die Ausstrahlung eines Films im Fernsehen verhindern, der ihn in einem sehr ungünstigen Licht darstellte und unredlicher Machenschaften bezichtigte. Er bot den Verantwortlichen der Fernsehanstalt Geld an und es kam zu einem Treffen. Dieses Treffen wurde heimlich gefilmt, und der Abgeordnete behauptete anschließend, er habe erpresst werden sollen.
>
> Die Verantwortlichen des Fernsehsenders wurden verhaftet, in das Gefängnis Nr. 5 von Tiflis verbracht und waren dort Haftbedingungen ausgesetzt, welche sich einer Schilderung im Einzelnen entziehen. In einer späteren öffentlichen Gerichtsverhandlung waren die Beschuldigten in einem Käfig untergebracht, der Gerichtssaal war voll von maskierten, schwer bewaffneten Einsatzkräften eines Spezialkommandos, und die gesamte Verhandlung wurde öffentlich im Fernsehen übertragen.

Der EGMR hat dies alles als Verstoß gegen Art. 3 EMRK gewertet.[225]

Die Übung, Angeklagte während einer Gerichtsverhandlung in einen **Drahtkäfig** zu sperren, war in der gesamten Sowjetunion Standard. In Russland ist sie nach wie vor verbreitet. Die Bilder eines Angeklagten in einem eisernen Käfig erwecken das Bild eines eingesperrten Tieres. Sie sind mit der Würde des Menschen schlechthin unvereinbar.[226] Auch die Unschuldsvermutung und das Gebot, die Persönlichkeitsrechte des Angeklagten zu achten, sind in einem solchen Fall zutiefst verletzt.

3. Recht auf Leben

79 Das Recht auf Leben ist in Art. 2 EMRK und in Art. 2 der Grundrechtecharta gewährleistet. Beide Vorschriften unterscheiden sich im Wortlaut erheblich, da die Charta im Gegensatz zu Art. 2 Abs. 2 EMRK keinen Fall einer rechtmäßigen

---

224 EGMR, Urteil vom 11.7.2006 – Jalloh ./. Deutschland, Beschwerdenummer 54.810/00, Rdn. 99, 107, 122; näher erläutert in EGMR, Urteil vom 29.6.2007 – O'Halloran & Francis ./. Großbritannien, Beschwerdenummern 15.809/02; 25.624/02 – Rdn. 54; ebenso BGHSt 55, 121 Rdn. 34.

225 EGMR, Urteil vom 27.1.2009 – Ramishvili & Kokhreidze ./. Georgien, Beschwerdenummer 1704/06, Rdn. 99.

226 EGMR, Urteil vom 17.7.2014 – Svinarenko & Slyadnev ./. Russland, Beschwerdenummer 32.541/08.

Tötung aufzählt. Nach den Erläuterungen zu Art. 2 der Charta sind die „Negativdefinitionen" der EMRK aber Teil der Charta, so dass beide Gewährleistungen **inhaltlich übereinstimmen.**

Das Recht auf Leben ist vom EGMR als Anknüpfungspunkt für die Entwicklung eines europäischen Legalitätsprinzips in zweierlei Form (substantieller Aspekt, prozessualer Aspekt) genommen worden. Auf die Erläuterungen Kap. 9/9 ff. wird verwiesen. Dem ungeborenen Leben hat der EGMR indessen keinen – jedenfalls keinen uneingeschränkten – Schutz des Art. 2 EMRK zugebilligt, weil ihm nicht die Eigenschaft als „Person" zukomme.[227]

In der deutschen Literatur streitig ist die Bedeutung von Art. 2 Abs. 2 Buchst. a) EMRK. Danach ist eine Tötung nicht rechtswidrig, wenn sie unbedingt erforderlich ist, um „jemanden", d.h. eine Person gegen rechtswidrige Gewalt zu verteidigen. Das deutsche **Notwehrrecht** kennt im Grundsatz eine solche Beschränkung nicht, so dass Notwehr auch zur Rettung von Sachwerten nicht ausgeschlossen ist. Überwiegend wird angenommen, dass Art. 2 EMRK nicht das Verhältnis zwischen Privaten, sondern nur das des Bürgers zu Hoheitsträgern erfasst. Hiernach steht die deutsche Auffassung zum Umfang des Notwehrrechts nicht in Widerspruch zur EMRK[228] (Kap. 3/34). **80**

Die Tötung eines Angreifers durch die Polizei mittels eines sog. finalen Rettungsschusses stellt, wenn er als letztes Mittel eingesetzt ist, keinen Verstoß gegen die EMRK dar.[229]

4. Unmenschliche Behandlung

a) Lebenslange Freiheitsstrafe
Während alle Mitgliedstaaten der EU die Todesstrafe abgeschafft haben und daher Fragen, wie sie sich vor allem im Auslieferungsverkehr mit den USA gestellt haben,[230] hier keine Rolle mehr spielen, wirft die lebenslange Freiheitsstrafe nach wie vor Probleme auf. **81**

---

227 EGMR, Urteil vom 8.7.2004 – Vo ./. Frankreich, Beschwerdenummer 53.924/00, Rdn. 85 m. Bespr. *Jung* Schroeder-Festschrift S. 809.
228 LK-*Rönnau/Hohn* § 32 Rdn. 237; a.A. *Kühl* H.Jung-Festschrift S. 433, 439; *Schramm* IntStrR 3/29.
229 EGMR, Urteil vom 27.9.1995 – McCann u.a. ./. Großbritannien, Beschwerdenummer 18984/91.
230 Vgl. etwa zur Praxis jahrelanger Haft vor der Hinrichtung EGMR, Urteil vom 7.7.1989 – Soering ./. Großbritannien, Beschwerdenummer 14038/88; *Hackner/Schierholt* Rdn. 119 ff.; *Hecker* 3/Rdn. 38 ff., 42.

Die Verhängung, insbesondere aber der Vollzug der lebenslangen Freiheitsstrafe wird in Deutschland seit langem unter dem Gesichtspunkt der unmenschlichen Behandlung des Straftäters diskutiert.[231] Das ist auf europäischer Ebene nicht anders. Wenn dem Verfolgten eines Auslieferungsverfahrens die lebenslange Freiheitsstrafe droht, kann nach dem Rahmenbeschluss Europäischer Haftbefehl – Art. 5 Nr. 2 – die Überstellung von der Bedingung abhängig gemacht werden, dass eine Überprüfung der Strafe spätestens nach 20 Jahren mit der Möglichkeit einer Aussetzung des Strafrestes möglich ist. § 83 Abs. 1 Nr. 4 IRG hat dies sogar zu einer Zulässigkeitsvoraussetzung für die Überstellung ausgestaltet. In einem Urteil, das auf umfassenden rechtsvergleichenden Untersuchungen der Gesetzeslage und der Rechtsprechung in vielen Ländern beruht, hat der EGMR die Frage unter dem Gesichtspunkt von Art. 3 EMRK geprüft und ist zu einem Ergebnis gelangt, das in vieler Beziehung mit der Auffassung des deutschen Bundesverfassungsgerichts vergleichbar ist. Danach ist weder die Verhängung noch der Vollzug der lebenslangen Freiheitsstrafe für sich genommen eine unmenschliche Behandlung des Straftäters. Der Verurteilte muss aber die **Aussicht** haben, irgendwann die Freiheit wieder erlangen zu können, und dazu gehört die Garantie einer regelmäßigen Überprüfung der verhängten Strafe. Die Einzelheiten der Ausgestaltung des Verfahrens sind jedem einzelnen Vertragsstaat der EMRK überlassen.[232] Die Aussicht auf Freilassung in 40 Jahren genügt den gestellten Anforderungen aber nicht.[233] Leidet der Verurteilte unter psychischen Störungen, so muss ihm auch die reale Chance einer späteren Wiedereingliederung in die Gesellschaft durch eine entsprechende Behandlung gewährt werden.[234]

b) Folterverbot
82 Hierzu ein Fall, der ebenfalls in Deutschland spielte und in dem Deutschland vom EGMR verurteilt wurde.

---

231 Vgl. nur BVerfGE 45, 187; BVerfGE 86, 288.
232 EGMR, Urteil vom 9.7.2013 – Vinter u.a. ./. Großbritannien, Beschwerdenummer 66.069/09, Rdn. 109, 119; EGMR, Urteil vom 8.7.2014 – Harakchiev ./. Bulgarien, Beschwerdenummer 15018/11, Rdn. 243 ff.; EGMR, Urteil vom 26.4.2016 – Murray ./. Niederlande, Beschwerdenummer 10.511/10, Rdn. 99 ff.; EGMR, Urteil vom 17.1.2017 – Hutchinson ./. Großbritannien, Beschwerdenummer 57.592/08 (Rdn. 58 zum Prüfungsumfang).
233 EGMR, Urteil vom 4.10.2016 – T.P. und A.T. ./. Ungarn, Beschwerdenummer 37.871/14.
234 EGMR, Urteil vom 26.4.2016 – Murray ./. Niederlande, Beschwerdenummer 10.511/10 Rdn. 99 ff., 109.

> **Fall:** Ein Jurastudent entführte das Kind einer Bankiersfamilie, um von den Eltern Geld zu erpressen. Er geriet aufgrund erdrückender Beweise bald in den Verdacht, der Täter zu sein, und wurde festgenommen. Das erpresste Geld wurde bei ihm sichergestellt, so dass kein ernsthafter Zweifel mehr an seiner Täterschaft bestand. Aber das Kind wurde nicht gefunden, und in den Vernehmungen weigerte er sich, dessen Aufenthaltsort preiszugeben. Die vernehmenden Polizeibeamten befürchteten nun, dass das Opfer in Lebensgefahr sei. Sie drohten dem Täter deshalb an, ihm Schmerzen zuzufügen, wie er sie noch nie verspürt habe. Darauf führte er sie zu dem Opfer, das er aber sogleich nach der Entführung getötet hatte.
>
> In der Hauptverhandlung wurde er als Angeklagter belehrt, dass die Aussagen, welche er aufgrund der Drohungen der Polizei gemacht hatte, nicht verwertbar seien und nicht verwertet würden. Er erklärte aber, er wolle freiwillig und aus Reue in der Hauptverhandlung ein Geständnis ablegen; das tat er und wurde verurteilt. Auch die beteiligten Polizeibeamten wurden wegen der Vernehmungsmethoden verurteilt.

Der Fall hat in Deutschland zu heftigen Diskussionen im Schrifttum geführt. Es wurde insbesondere erörtert, ob das Folterverbot auch dann uneingeschränkt zu beachten ist, wenn eine Notwehrlage vorliegt, in der das Leben eines Menschen oder – bei drohenden Terroranschlägen – gar einer Vielzahl von Menschen ernsthaft bedroht ist. Der Fall bot dem EGMR Gelegenheit, im Zusammenhang mit Art. 3, 6 EMRK zu drei wichtigen Fragen Stellung zu nehmen.[235]

Das Gericht stellte erstens fest, dass die **Drohung** der Polizei zwar noch keine Folter, aber eine unmenschliche Behandlung darstellte. Eine solche Behandlung sei auch dann unzulässig, wenn mit ihr die Rettung eines Menschenlebens oder sogar einer Vielzahl von Menschen bezweckt werde.

Die Entscheidung erscheint insoweit als Beispiel dafür, dass auch und gerade Aussagen von Höchstgerichten stets nur vor dem Hintergrund des konkret entschiedenen Falles zu werten und zu würdigen sind. Dem EGMR mag seine rigorose Aussage im gegebenen Fall leicht gefallen sein, weil das entführte Kind nicht mehr gerettet werden konnte. Ob das stets so gelten kann oder ob wenigstens im Schuldbereich eine Lösung für die Polizeibeamten gefunden werden müsste, kann hier nicht im Einzelnen erörtert werden.

Zweitens befasste sich der EGMR mit der Frage, ob das Verfahren gegen den Angeklagten fair gewesen ist.

Diese Prüfung war deshalb von Bedeutung, weil der EGMR es den nationalen Rechtsordnungen überlässt, die Folgen von Verfahrensverstößen festzulegen. Er nimmt deshalb prinzipiell auch nicht dazu Stellung, ob ein Fehler bei der Beweiserhebung ein **Beweisverwertungsverbot** nach sich zieht. Vielmehr

---

235 EGMR, Urteil vom 1.6.2010 – Gäfgen ./. Deutschland, Beschwerdenummer 22.978/05.

würdigt er derartige Rechtsverletzungen allein im Rahmen der ihm obliegenden Prüfung, ob das Verfahren vor dem nationalen Gericht insgesamt fair war.

Dazu führte er hier aus, das Gebot der **Verfahrensfairness** gebiete es in der Regel – aber nicht stets –, durch unmenschliche Behandlung erlangte Beweismittel aus dem Verfahren auszuschließen. Falls nicht Folter vorliege, komme eine Verletzung des Fairnessgebots aber überhaupt nur dann in Betracht, wenn der fehlerhaft erhobene Beweis einen Einfluss auf das Urteil hatte. Das war hier zu verneinen, weil der Angeklagte nach eingehender Belehrung freiwillig und aus Reue in der Hauptverhandlung ein Geständnis abgelegt hat. In einem anderen Urteil hat der EGMR allerdings formuliert, dass Beweismittel, welche unter Verletzung von Art. 3 EMRK erlangt sind, generell vom Prozess auszuschließen seien – es ging dabei allerdings in erster Linie um die Frage, wie in bestimmten Staaten begangene Verletzungen zu beweisen sind.[236]

83   In dritter Linie äußerte sich der EGMR zu der Frage einer **Fernwirkung** von Verstößen gegen Art. 3 EMRK. Fernwirkung bedeutet, dass nicht nur das erzwungene Geständnis selbst, sondern auch aufgrund des Geständnisses erlangte weitere Ermittlungsergebnisse von der Verwertung ausgeschlossen sein können. Anlass zur Erörterung dieser Frage bestand, weil das deutsche Gericht seine Überzeugung von der Richtigkeit des in der Hauptverhandlung abgelegten Geständnisses auch auf die Sachbeweise gestützt hat, welche die Polizei durch die unzulässige Drohung erlangt hatte, wie etwa der Fund der Leiche und Spuren am Tatort. Die Verwertung dieser Beweise zur Prüfung des Geständnisses hat das Gericht, ohne sich klar festzulegen, mit dem Hinweis auf unterschiedliche Auffassungen in den Vertragsstaaten, ihren Gerichten und der Literatur nicht beanstandet. In Deutschland folgt der BGH bekanntlich der Doktrin von der „Frucht des vergifteten Baumes" nicht.

84   Schließlich hat der EGMR noch die Frage erörtert, ob die **Opfereigenschaft** des Beschwerdeführers etwa deshalb nachträglich entfallen sei, weil Deutschland den Konventionsverstoß durch die Bestrafung der Polizeibeamten wieder gutgemacht hätte. Nach der Rechtsprechung des EGMR fällt dann, wenn der Staat den Konventionsverstoß beseitigt und alle Schäden auch wieder gutgemacht hat, die Opfereigenschaft des Betroffenen mit dem Ergebnis weg, dass die Individualbeschwerde unzulässig oder unbegründet wird.

Hier hat das Gericht einen Wegfall der Opfereigenschaft wegen der Schwere des Verstoßes verneint und darauf hingewiesen, dass ein zivilrechtlicher Schmerzensgeldprozess des Betroffenen noch nicht entschieden sei. Dieser Prozess ist mittlerweile entschieden. Ein Zivilgericht hat dem Beschwerdeführer

---

236 EGMR, Urteil vom 25.9.2012 – El Haski ./. Belgien, Beschwerdenummer 649/08.

wegen der erlittenen Folterdrohung einen Schmerzensgeldanspruch von 3.000 € zugesprochen, was in der Öffentlichkeit zu Recht eine Welle der Empörung ausgelöst hat.

Auch unverhältnismäßig hartes Vorgehen gegen **Demonstranten** hat der EGMR unter den Begriff der unmenschlichen Behandlung subsumiert und erneut die staatliche Pflicht zu effektiver Untersuchung derartiger Vorfälle betont.[237]

c) Haftbedingungen

Fall: Bulgarien ersucht mit Europäischem Haftbefehl um Überstellung eines Beschuldigten zwecks Strafverfolgung. Dem zur Entscheidung berufenen OLG liegen Anhaltspunkte dafür vor, dass in bulgarischen Untersuchungsgefängnissen der menschenrechtliche Mindeststandard nicht gewahrt sei. **85**

Menschenrechte dürfen nirgends und niemals verletzt werden. Kein Staat darf daher Maßnahmen treffen, die voraussehbar dazu führen, dass der Betroffene in einem anderen Staat einer gegen die Garantien der EMRK oder der Grundrechtecharta verstoßenden Behandlung ausgesetzt wird. Die Gewährleistung des Art. 4 der Charta hat absoluten Charakter. In einem Verfahren zur Anerkennung eines Europäischen Haftbefehls darf daher der Vollstreckungsstaat die Übergabe des Verfolgten nicht bewilligen, wenn diesem aufgrund der Haftbedingungen im Anordnungsstaat eine menschenunwürdige Behandlung zuteil werden wird (Kap. 6/17).

Anhand der Bedingungen des Einzelfalls ist zu prüfen, ob diese Voraussetzungen vorliegen. Der EGMR – und entsprechend der EuGH[238] – verlangen dazu eine umfassende Würdigung der gesamten Umstände des Vollzugs, abgestellt auf die Bedingungen des Haftortes und auf die Verhältnisse des einzelnen Häftlings. Unbedeutende Beeinträchtigungen scheiden dabei aus; jedoch gehört eine angemessene medizinische Versorgung im Vollzug dazu.[239] Als Anhaltspunkte, welche eine starke Vermutung für einen Verstoß gegen Art. 3 EMRK, Art. 4 Grundrechtecharta begründen, ist das Fehlen einer der drei folgenden **Vorkehrungen** anzusehen, welche zusammen den **Mindeststandard** für Haft-

---

237 EGMR, Urteil vom 7.4.2015 – Cestaro ./. Italien, Beschwerdenummer 6884/11 (G8-Gipfel 2001).
238 EuGH C-404/15, Urteil vom 5.4.2016 – Aranyosi u. Caldararu, Rdn. 78 ff.
239 EGMR, Urteil vom 23.3.2016 – Blokhin ./. Russland Beschwerdenummer 47.152/06, Rdn. 135 ff.

bedingungen ausmachen: Für jeden Zelleninsassen muss ein Schlafplatz vorhanden sein, rechnerisch muss für jeden Zelleninsassen eine Grundfläche von 3 m² zur Verfügung stehen, die Ausstattung der Zelle muss die freie Bewegung innerhalb des Raumes ermöglichen.[240]

5. Garantien bei Freiheitsentziehung

a) Abgrenzung

86   **Fall:** Aufgrund bestimmter Verdachtsmomente holt die Polizei den Beschwerdeführer aus einem Taxi, bringt ihn auf die Wache, hält ihn dort 2 Stunden fest und veranlasst einen Alkoholtest.

Art. 5 EMRK gilt nur für Freiheitsentziehungen, nicht für **Beschränkungen** der Freiheit. Die Abgrenzung hat nach den konkreten Umständen zu erfolgen (Dauer, Art, Wirkungen, Ausführungsmittel). Im gegebenen Fall hat der EGMR das Vorliegen einer Freiheitsentziehung angenommen.[241] Eine Einsperrung für die Dauer von etwa 10 Minuten ist nach den konkreten Umständen des Falles dagegen als unbedeutend betrachtet worden,[242] ebenso die Auferlegung von nächtlichem Hausarrest zwischen 22 und 6 Uhr.[243] Die Anordnung von Freiheitsbeschränkungen kann aber ein Verstoß gegen das Recht auf Freizügigkeit sein, welches in Art. 2 des Protokolls Nr. 4 zur EMRK gewährleistet ist.[244]

---

240 EGMR, Urteil vom 10.6.2014 – Burlacu ./. Rumänien, Beschwerdenummer 51.318/12, Rdn. 26, 27; EGMR, Urteil vom 10.3.2015 – Varga u.a. ./. Ungarn, Beschwerdenummer 14.097/12, Rdn. 74, 76; zusammenfassend EGMR, Urteil vom 20.10.2016 – Mursic ./. Kroatien, Beschwerdenummer 7334/13, Rdn. 91 ff., 137 ff.; EuGH C-404/15, Urteil vom 5.4.2016 – Aranyosi u. Caldararu, Rdn. 78 ff.
241 EGMR, Urteil vom 15.4.2014 – Tomaszewscy ./. Polen, Beschwerdenummer 8933/05, Rdn. 126.
242 EGMR, Urteil vom 5.4.2016 – Cazan ./. Rumänien, Beschwerdenummer 30.050/12, Rdn. 66 ff.; zusammenfassend EGMR, Urteil vom 11.10.2016 – Kasparov ./. Russland, Beschwerdenummer 53.569/07, Rdn. 36.
243 EGMR, Urteil vom 23.2.2017 – De Tommaso ./. Italien, Beschwerdenummer 43.395/09, Rdn. 80.
244 EGMR, Urteil vom 23.2.2017 – De Tommaso ./. Italien, Beschwerdenummer 43.395/09, Rdn. 104.

Fall: Aufgrund Europäischen Haftbefehls wird der Betroffene in Großbritannien festgenommen, aber alsbald unter mehreren Auflagen, darunter dem Tragen einer elektronischen Fußfessel, auf freien Fuß gesetzt. Nach seiner Überstellung stellt sich im polnischen Strafprozess die Frage, ob die in Großbritannien unter Überwachung verbrachte Zeitspanne als vollstreckte Haft anzurechnen ist.

Der EuGH hat die Wirkungen der erteilten Auflagen nicht als so einschneidend betrachtet, dass sie als Haft anzusehen sein müssten, die gemäß Art. 26 Abs. 1 des Rahmenbeschlusses über den Europäischen Haftbefehl auf die in Polen erkannte Strafe anzurechnen wäre. Die Würdigung im Einzelfall obliegt jedoch dem nationalen Richter. Da die Charta und die EMRK nur einen Mindest-Standard vorsehen, ist dem nationalen Gesetzgeber auch nicht verwehrt, Freiheitsbeschränkungen auf die erkannte Strafe anzurechnen.[245]

b) Untersuchungshaft

Die Zulässigkeit und die Dauer der Anordnung von Freiheitsentziehung ist ausschließlich an Art. 5 EMRK zu messen. Danach muss gewährleistet sein, dass jede Entscheidung über die Fortdauer der Untersuchungshaft in einem **adversarischen Verfahren** getroffen wird, in dem Waffengleichheit zwischen den Beteiligten besteht. Die Wortwahl **bedeutet**, dass der Beschuldigte und die Verteidigung Kenntnis der vorliegenden Beweise und Gelegenheit zur Äußerung haben müssen, nicht mehr.[246] Die Entscheidung darf nicht in einem vorgefertigten Formular bestehen, sondern hat die individuellen Besonderheiten des Falles darzulegen und zu würdigen.[247] **87**

Eine Verletzung der Konvention (Art. 5 Abs. 3 EMRK) kann auch dadurch entstehen, dass Untersuchungshaft zu **lange** andauert.[248] Es kommt zwar auf den Einzelfall an, aber jedenfalls erhöht sich mit zunehmender Dauer der Haft der erforderliche Begründungsaufwand für den Haftrichter. In einem Extremfall dauerte die Haft 5 Jahre 11 Monate von der Verhaftung bis zum Erlass des erstinstanzlichen Urteils; die Hauptverhandlung dauerte 353 Tage, etwa viereinhalb

---

245 EuGH C-294/16, Urteil vom 28.7.2016 – JZ.
246 EGMR, Urteil vom 25.4.2013 – Zahirovic ./. Kroatien, Beschwerdenummer 58.590/11, Rdn. 42.
247 EGMR, Urteil vom 27.5.2010 – Saghinadze u.a. ./. Georgien, Beschwerdenummer 18.768/05 Rdn. 139; EGMR, Urteil vom 6.3.2014 – Allahverdiyev ./. Aserbaidschan, Beschwerdenummer 49.192/08, Rdn. 60.
248 EGMR, Urteil vom 10.3.2009 – Bykov ./. Russland, Beschwerdenummer 4378/02, Rdn. 67; vgl. ferner BVerfG, Beschluss vom 13.5.2009 – 2 BvR 388/09, Rdn 23 (nicht rechtskräftige Aburteilung).

Jahre. Sie wäre nicht durchführbar gewesen, wenn der Angeklagte freigelassen worden wäre. Der EGMR hat die Dinge anders als das Bundesverfassungsgericht gesehen und Deutschland verurteilt.[249]

c) Polizeigewahrsam

88 Der nach den Polizeigesetzen der Länder für bestimmte Fälle zulässige vorbeugende amtliche Gewahrsam ist vom EGMR nicht als Verstoß gegen die EMRK gewürdigt worden. Für ihn gelten aber besonders enge Grenzen.[250] So ist der präventiv-polizeiliche Gewahrsam von Hooligans bei Fußballspielen, wenn die Maßnahme verhältnismäßig ist, zulässig.[251]

d) Sicherungsverwahrung

89 Probleme im Hinblick auf Art. 5, aber auch auf Art. 7 EMRK bot die Sicherungsverwahrung. Die Sicherungsverwahrung ist nach dem deutschen zweispurigen Sanktionensystem keine Strafe, sondern eine Maßregel der Besserung und Sicherung, genauer der Sicherung. Sie wird nach § 66 StGB neben einer Freiheitsstrafe von mindestens zwei Jahren verhängt, wenn weitere Voraussetzungen vorliegen, welche den Täter als gefährlich ausweisen.

> **Fall:** Der 47-jährige Angeklagte war seit seinem 15. Lebensjahr nur wenige Wochen in Freiheit. Zuletzt wurde er 1986 wegen versuchten Mordes und Raubes zu einer mehrjährigen Freiheitsstrafe verurteilt. Daneben wurde erstmals auch die Sicherungsverwahrung angeordnet. Die Sicherungsverwahrung war damals bei erstmaliger Anordnung gesetzlich auf eine Höchstfrist von 10 Jahren begrenzt. Danach wäre der Angeklagte am 18.8.2001 aus der Sicherungsverwahrung zu entlassen gewesen. Nach der Tat und nach dem Urteil, während des Vollzugs der Sicherungsverwahrung, beseitigte der Gesetzgeber rückwirkend die Höchstfrist von 10 Jahren, so dass die Verwahrung nunmehr unbegrenzt vollzogen werden konnte.
> Die deutschen Gerichte hielten den Angeklagten auch nach Ablauf der Frist von 10 Jahren für äußerst gefährlich und lehnten eine Entlassung ab.

---

249 EGMR, Urteil vom 5.7.2001 – Erdem ./. Deutschland, Beschwerdenummer 38.321/97 = *Ambos* NStZ 2003, 15.

250 EGMR, Urteil vom 1.12.2011 – Schwabe u.a. ./. Deutschland, Beschwerdenummer 8080/08 und 8577/08 (G8-Gipfel Heiligendamm); EGMR, Urteil vom 7.3.2013, Ostendorf ./. Deutschland, Beschwerdenummer, 15.598/08.

251 EGMR, Urteil vom 7.3.2013 Ostendorf ./. Deutschland, Beschwerdenummer 15.598/08.

Das Bundesverfassungsgericht verneinte einen Verstoß gegen das Rückwirkungsverbot des Art. 103 Abs. 2 GG mit dem Hinweis, dass das Rückwirkungsverbot für Strafen gelte, also für die Verhängung eines Übels, das dem Schuldausgleich dienen soll. Die Sicherungsverwahrung sei aber keine Strafe, sondern eine Maßnahme zur Sicherung der Öffentlichkeit vor gemeingefährlichen Tätern. Es hielt die rückwirkende Beseitigung der Höchstfrist der Unterbringung daher für verfassungsgemäß.[252]

Der EGMR hat dagegen einen Verstoß gegen Art. 5, 7 der Konvention festgestellt.[253]

Das Gericht führt zum **Rückwirkungsverbot** zunächst aus, dass die präventive Verwahrung an ein Strafurteil geknüpft ist und in verschiedenen Staaten teils als Maßnahme, teils als zusätzliches Strafübel eingeordnet werde. Angesichts der Beliebigkeit dieser Einordnung könne das deutsche Verständnis daher nicht maßgebend sein, es bedürfe einer autonomen Begriffsbildung. Im Hinblick darauf, dass im praktischen Vollzug der Sicherungsverwahrung kaum Unterschiede zum Strafvollzug festzustellen seien, müsse die Sicherungsverwahrung als **Strafe** im Sinne von Art. 7 EMRK betrachtet werden. Die rückwirkende Verlängerung der Höchstfrist war daher unzulässig. Darauf hat das Bundesverfassungsgericht seine Auffassung geändert und die rückwirkende Verlängerung der Höchstfrist der Unterbringung für verfassungswidrig erklärt.[254]

Das Recht der Sicherungsverwahrung ist aus diesen Gründen in Deutschland vollständig umgestaltet worden. Die neuen Regelungen genügen nach Auffassung des EGMR nunmehr als Grundlage für eine Freiheitsentziehung nach Art. 5 EMRK. Gleichwohl bleibt die Anordnung der Sicherungsverwahrung eine Strafe im Sinne der Konvention; deren nachträgliche Verlängerung vom EGMR im Einzelfall allerdings hingenommen wurde.[255]

6. Überwachung mit technischen Mitteln

Die Überwachung des **Fernmeldeverkehrs** ist ein Eingriff in das Recht auf Achtung des Privatlebens nach Art. 8 EMRK. Derartige Eingriffe fordern eine hinreichend bestimmte Ermächtigung, so dass für den Beschuldigten die Entschei- **90**

---

252 BVerfGE 109, 133 Rdn. 127.
253 EGMR, Urteil vom 17.12.2009 – M. ./. Deutschland, Beschwerdenummer 19.359/04, Rdn. 126; Ebenso EGMR, Urteil vom 28.11.2013 – Glien ./. Deutschland, Beschwerdenummer 7345/12.
254 BVerfG, Urteil vom 4.5.2011 – 2 BvR 2365/09, BVerfGE 128, 326.
255 EGMR, Urteil vom 7.1.2016 – Bergmann ./. Deutschland, Beschwerdenummer 23.279/14.

dung des Strafverfolgungsorgans vorhersehbar ist. Zu den sachlichen Mindest-voraussetzungen für die Zulässigkeit des Eingriffes gehören weiter Bestimmungen hinsichtlich der Natur des präsumtiv begangenen Delikts, des Kreises der Betroffenen, Regelungen über das Verfahren, über die Verwendung und Aufbewahrung der Daten sowie der Änderung des Verwendungszwecks, eine zeitliche Begrenzung der Telefonüberwachung und Schutzvorschriften gegen Willkür und Missbrauch. Die Entscheidung muss die Umstände anführen, welche die Maßnahme rechtfertigen.[256] Es dürfte zu den gesamteuropäischen Überzeugungen gehören, dass ein Eingriff in die klassischen Grundrechte prinzipiell einem Richtervorbehalt unterliegen muss. Für Eingriffe in andere Positionen des Bürgers gilt das aber nicht ohne weiteres. So erhob der EGMR keine Einwendungen gegen die frühere deutsche Regelung der GPS-Überwachung (§ 100c Abs. 1 Nummer 1b) StPO a.F.; jetzt § 100g StPO), solange sie nicht im Verein mit anderen Maßnahmen in eine Totalüberwachung umschlägt.[257] Den Umstand, dass seinerzeit ein Richtervorbehalt nicht vorgesehen war, hat das Gericht nicht beanstandet, weil die Nachprüfung im späteren Strafverfahren genüge.

Allgemein kann man sagen: Die **Grenzen** strafrechtlicher **Zwangsmaßnahmen** hat der EGMR aus Art. 8 EMRK entwickelt. Erforderlich ist eine ausreichend bestimmte gesetzliche Grundlage. Die Maßnahmen müssen ein legitimes Ziel verfolgen (Art. 8 Abs. 2 EMRK), einer strengen Verhältnismäßigkeitsprüfung standhalten und wirksame Sicherungen gegen Willkür und Missbrauch vorsehen.[258]

7. Verdeckte Ermittlungen

91 Die Zulässigkeit verdeckter Ermittlungen beurteilt die EGMR nach Art. 8 und nach Art. 6 EMRK.

> **Fall:** Der Beschwerdeführer, ein Geschäftsmann, erteilte einem seiner Angestellten die Anweisung, einen früheren Partner zu ermorden und übergab ihm dazu eine Waffe. Der Angestellte offenbarte sich jedoch der Polizei. Diese gab wahrheitswidrig in der Presse bekannt, dass im Hause des früheren Partners zwei Tote gefunden worden seien. Auf Weisung der Polizei begab sich der Angestellte sodann zu dem Beschwerdeführer. Aus dem geführten Gespräch mit ihm, welches mit technischen Mitteln aufgezeichnet wurde, ergab sich, dass der gegen den Beschwerdeführer erhobene Vorwurf zu Recht bestand.

---

256 EGMR, Urteil vom 2.10.2012 – Sefilyan ./. Armenien, Beschwerdenummer 22.491/08, Rdn. 120 ff.
257 EGMR, Urteil vom 2.9.2010 – Uzun ./. Deutschland, Beschwerdenummer 35.623/05.
258 *Esser* Weg S. 822.

Der EGMR beurteilte dieses operative Vorgehen als Verstoß gegen Art. 8 EMRK (Recht auf Achtung des Privat- und Familienlebens). Er meinte, verdeckte Ermittlungen seien zwar **nicht unzulässig.** Erforderlich seien aber präzise Vorschriften, welche Inhalt und Grenzen der **Ermächtigung klar** bestimmen. Dazu gehören insbesondere Sicherungen für den Betroffenen, welche im vorliegenden Fall fehlten und die operativen Ermittlungen ungesetzlich machten.[259] Die Quellen für die Annahme, dass der Betroffene einer bestimmten Straftat verdächtig ist, sind offen zu legen, die Verdeckten Ermittler müssen in der Hauptverhandlung gehört werden, sofern nicht wichtige Gründe entgegenstehen.[260] Keinen Verstoß erblickte das Gericht dagegen in dem Umstand, dass der Betroffene durch **Täuschung** zu selbstbelastenden Äußerungen verleitet wurde. Das Verfahren sei insofern fair gewesen, denn der Betroffene sei hier nicht in einer Zwangslage – etwa in Haft – gewesen. Vielmehr habe er aus freier Entscheidung und ohne Druck seine Äußerungen gemacht.[261]

8. Unzulässige Tatprovokation

Der EGMR beurteilt die Frage, ob die dem Angeklagten vorgeworfene Straftat in 92 unzulässiger Weise von staatlicher Seite initiiert wurde – und welche Folgen dies hat – anhand des in Art. 6 EMRK niedergelegten Gebots des fairen Verfahrens. Auch der Bundesgerichtshof und das Bundesverfassungsgericht sehen darin die einzige Rechtsgrundlage für eine Beurteilung des Verhaltens von polizeilich gesteuerten Vertrauenspersonen, die den Angeklagten in eine Straftat verstricken.[262]

Fall: Der Beschwerdeführer war Staatsanwalt. A., ein Angehöriger einer Einheit zur Korruptionsbekämpfung, trat an ihn mit der Bitte heran, er möge gegen die Zahlung einer bestimmten Summe in einer bestimmten Sache einen Freispruch erwirken. Der Beschwerdeführer weigerte sich zunächst, nahm das Angebot später aber an. Er wurde wegen Bestechlichkeit verurteilt.

---

259 EGMR, Urteil vom 10.3.2009 – Bykov ./. Russland, Beschwerdenummer 4378/02, Rdn. 78.
260 EGMR, Urteil vom 24.4.2014 – Lagutin u.a. ./. Russland, Beschwerdenummer 7451/09, Rdn. 89 ff.
261 EGMR, Urteil vom 10.3.2009 – Bykov ./. Russland, Beschwerdenummer 4378/02, Rdn. 101, 102.
262 EGMR, Urteil vom 23.10.2014 – Furcht ./. Deutschland, Beschwerdenummer 54.648/09 (deutsche Übersetzung StV 2015, 405); BVerfG, Beschluss vom 18.12.2014 – 2 BvR 209/14, StV 2015, 413; BGHSt. 45, 321; BGHSt. 47, 44; BGH NStZ 2015, 541.

Der EGMR wiederholt, dass der Gebrauch verdeckter Ermittlungsmethoden nicht unzulässig sei. Die Verwertung der dadurch gewonnenen Beweise vor Gericht könne aber dem Gebot der Verfahrensfairness zuwiderlaufen. Das sei der Fall bei einer unzulässigen Tatprovokation. **Unzulässig** ist eine Tatprovokation, wenn eine Person, deren Tätigkeit dem Staat zuzurechnen ist, sich nicht in erster Linie auf eine passive Aufklärung strafbarer Aktivitäten beschränkt, sondern einen solchen Einfluss auf den Betroffenen ausübt, dass sie diesen zur Begehung einer Straftat anstiftet, die **anderenfalls nicht begangen worden wäre**.[263] In der deutschen Rechtsprechung wird insoweit formuliert, dass die Tatprovokation unzulässig ist, wenn eine unverdächtige, nicht tatgeneigte Person verleitet wird. Der EGMR führt weiter aus, dass in jedem Fall für die Tätigkeit der verdeckten Ermittlung oder anonymer Informanten klare Grenzen und **Regeln** vorhanden sein müssten, die vor Missbrauch sichern und ein klares **Verfahren** bei Anordnung, Ausführung und Überwachung der verdeckt handelnden Personen enthalten.[264]

93   Weitere Entscheidungen des EGMR befassen sich mit der verbreiteten und oftmals allein Erfolg versprechenden polizeilichen Praxis, Scheinaufkäufer bei Betäubungsmittelgeschäften einzusetzen.

> **Fall:** Die Beschwerdeführerin erwirbt Haschisch und bereitet den Verkauf vor. Die entsprechenden Telefonate werden abgehört. Daraufhin nimmt ein Verdeckter Ermittler mit ihr Kontakt auf und kauft von ihr als Scheinaufkäufer 4,4 kg Haschisch. Sie wird bei dem Geschäft verhaftet und anschließend zu vier Jahren Freiheitsstrafe verurteilt. Im Prozess beruft sie sich darauf, dass die Ermittlungsbehörden sie zu dem Geschäft angestiftet hätten. Nach Auffassung der Prozessgerichte ist diese Einlassung widerlegt.

Der EGMR[265] bestätigt hier seine Rechtsprechung zur unzulässigen Tatprovokation; er legt aber besonderen Wert darauf, dass der Beschuldigte im Prozess ausreichende Möglichkeiten erhält, die Behauptung, zur Tat verleitet worden zu sein, darzulegen. Die Gerichte seien verpflichtet, dieser Behauptung im Einzel-

---

263 EGMR, Urteil vom 5.2.2008 – Ramanauskas ./. Litauen, Beschwerdenummer 74420/01, Rdn. 73; EGMR, Urteil vom 1.7.2014 – Pareninc ./. Moldawien, Beschwerdenummer 17.953/08, Rdn. 33 EGMR, Urteil vom 9.6.1998 – Teixeira de Castro ./. Portugal, Beschwerdenummer 44/1997/828/1034, Rdn. 39; s. auch *Ambos* IntStrR § 10/23.

264 EGMR, Urteil vom 12.11.2013 – Sepil ./. Türkei, Beschwerdenummer 17.711/07, Rdn. 31.

265 EGMR, Urteil vom 4.11.2010 – Bannikova ./. Russland, Beschwerdenummer 18.757/06; ebenso (bei nicht offensichtlich abwegiger Einlassung) EGMR, Urteil vom 8.1.2013 – Baltins ./. Lettland, Beschwerdenummer 25282/07, Rdn. 55; wohl weitergehend (Pflicht zur Amtsaufklärung) EGMR, Urteil vom 20.4.2014 – Lagutin u.a. ./. Russland, Beschwerdenummer 7451/09, Rdn. 89 ff., 121.

nen nachzugehen. Das war hier der Fall, ein Konventionsverstoß lag daher nicht vor.

Es hat jedoch den Anschein, als wolle der EGMR in diesem Bereich sowohl **94** in der Frage der **Zulässigkeit** wie auch in der Frage der **Folgen** einer Tatprovokation eine **andere**, strengere **Linie** einschlagen.

> **Fall:** Gegen S. bestand der Verdacht des Betäubungsmittelhandels. Dem Verdacht sollte durch den Einsatz Verdeckter Ermittler nachgegangen werden; zur Herstellung des Kontaktes sollte ein Bekannter von S., der unverdächtige und bisher nicht vorbestrafte Beschwerdeführer benutzt werden.
>
> Der Beschwerdeführer vermittelte den Kontakt, zunächst mit dem vorgeblichen Ziel des Zigarettenschmuggels. Danach eröffnete der Beschwerdeführer dem Verdeckten Ermittler, dass er selbst, S. und weitere Verdächtige mit Betäubungsmittelgeschäften befasst seien, er selbst wolle allerdings im Hintergrund bleiben. Nachdem die Verbindung zum Verdeckten Ermittler zunächst beendet schien, nahm dieser sodann erneut Kontakt zum Beschwerdeführer auf. Der Beschwerdeführer arrangierte schließlich zwei Geschäfte mit Kokain und Amphetamin. Aus dem zweiten Geschäft sollten ihm 50.000 € zufließen. Bei der Übergabe der Betäubungsmittel an den Verdeckten Ermittler wurde er verhaftet. Das Landgericht hat ihn zu 5 Jahren Freiheitsstrafe verurteilt, BGH und Bundesverfassungsgericht haben die Entscheidung bestätigt.

Der EGMR sieht in dem Verhalten der Ermittlungsbehörden einen Verstoß gegen Art. 6 EMRK. Aufgabe der Polizei sei es, Straftaten zu verhindern, nicht aber auf ihre Begehung hinzuwirken. Hier sei der Angeklagte im – maßgebenden – Zeitpunkt der ersten Kontaktaufnahme unverdächtig gewesen. Danach sei der Verdeckte Ermittler **nicht bloß passiv** geblieben. Durch die Erneuerung des Kontaktes nach der Absage des Beschwerdeführers habe er seine passive Rolle vielmehr verlassen. Das müsse dazu führen, den hierdurch erzeugten **Beweis** aus dem Verfahren **auszuschließen**. Der Beschwerdeführer sei auch verfahrensrechtlich weiterhin Opfer, weil die vom Landgericht infolge der Tätigkeit des Verdeckten Ermittlers gewährte Strafmilderung nicht messbar sei.[266]

Die Entscheidung wird dem Sachverhalt **nicht gerecht**, da der Beschwerde- **95** führer offensichtlich „tatgeneigt" war und darauf von sich aus hingewiesen hat. Spätestens in diesem Zeitpunkt war der Einsatz eines Verdeckten Ermittlers unbedenklich. Der vorübergehenden Unterbrechung des Kontaktes zum Verdeckten Ermittler wird demgegenüber vom EGMR eine überproportionale Bedeutung beigemessen. Der Gerichtshof verkennt, dass die Anbahnung von Geschäften im „Milieu" notwendigerweise von Misstrauen, vorsichtiger Annäherung, gegen-

---

[266] EGMR, Urteil vom 23.10.2014 – Furcht ./. Deutschland, Beschwerdenummer 54.648/09 – Rdn. 46, 58, 64 ff., (deutsche Übersetzung StV 2015, 405) m. Bespr. *Sinn/Maly* NStZ 2015, 379.

seitiger Beobachtung und Verhandlungspausen geprägt ist. Daher kann auch nicht darauf abgestellt werden, ob der Verdeckte Ermittler „aktiv" oder bloß passiv tätig geworden ist. Die Entscheidung, ob die erneute Aufnahme der Verbindung vom Verdeckten Ermittler ausging und damit nicht bloß „passiv" war, musste an der Stärke der Einwirkung auf den Beschwerdeführer und an dessen beachtlichem Gewinninteresse, nicht an formalen Kriterien gemessen werden.

Der EGMR äußert sich nicht klar zu den Folgen einer unzulässigen Tatprovokation, welche er in dem gegebenen Fall angenommen hat. Er verlangt, dass alle als Ergebnis polizeilicher Provokation gewonnenen Beweismittel ausgeschlossen werden oder aber, dass ein Verfahren mit vergleichbaren Konsequenzen greifen muss.

96   Nach der **deutschen Rechtsprechung** begründete eine unzulässige Tatprovokation bisher kein Verfahrenshindernis. Dies wird zutreffend mit der Erwägung begründet, dass selbst Verstöße gegen § 136a StPO und auch Grundrechtsverstöße nicht das Strafverfahren insgesamt unzulässig machen. Darüber hinaus würde die Annahme eines Verfahrenshindernisses der Vielgestaltigkeit der vorkommenden Lebenssachverhalte nicht gerecht werden können.

Aber auch ein Beweisverwertungsverbot für die durch das Verhalten des Provokateurs erlangten Beweise kommt nach der deutschen Rechtsprechung nicht in Betracht, sondern ist durch eine Milderung der Strafe auszugleichen. Das hat der EGMR bisher nicht beanstandet, und es wird auch nicht deutlich, welche Bedeutung seine Ausführungen zur weiter bestehenden Opfereigenschaft des Beschwerdeführers haben sollen. Die Strafzumessungslösung erscheint dagegen vorzugswürdig, weil sie das Selbstbestimmungsrecht und damit den Umstand, dass der Täter für seine Tat verantwortlich ist und bleibt, zum Ausgangspunkt der Betrachtung nimmt. Sie ist auch besser als ein Verwertungsverbot geeignet, die unterschiedlichen Grade der Einwirkung auf den Täter und damit seine Schuld widerzuspiegeln. Die Annahme eines Verwertungsverbotes würde zudem erhebliche rechtliche Komplikationen schaffen; so müsste bestimmt werden, welche Beweise im Einzelnen von dem Verbot erfasst sind, und erneut stellt sich die Frage seiner Fernwirkung. Die Elastizität der Strafzumessungslösung verbietet es zugleich, in allen Fällen unzulässiger Tatprovokation schematisch von Strafe abzusehen. Damit würden die Vorteile dieser Lösung gerade preisgegeben.[267]

Nur in extremen Ausnahmefällen, etwa wenn der Angeklagte durch Drohungen zur Beteiligung an der Tat gebracht wurde, ist ein Abgehen von der Strafzumessungslösung zu erwägen. Dies hat auch das **Bundesverfassungsge-**

---

[267] A.A. *Sinn/Maly* NStZ 2015, 379, 383.

richt in **Abgrenzung** zu der sich andeutenden Veränderung der Rechtsprechung des EGMR ausgesprochen.[268] Es hat weiter ausgeführt, dass ein solcher Extremfall auch dann vorliegen könne, wenn ein gänzlich Unverdächtiger lediglich als Objekt der staatlichen Ermittlungsbehörden einen vorgefertigten Tatplan ohne eigenen Antrieb ausgeführt hat.[269] Der BGH hat demgegenüber in einem Fall, der wohl als Extremfall im dargelegten Sinne zu kennzeichnen ist, sich generell von der Strafzumessungslösung abgewandt[270] und ein Verfahrenshindernis angenommen. Dies steht eindeutig im Widerspruch zu anderen Entscheidungen des BGH[271] und des Bundesverfassungsgerichts und wird daher eine Klärung durch den Großen Senat für Strafsachen sowohl hinsichtlich der Voraussetzungen wie der Folgen einer unzulässigen Tatprovokation erforderlich machen.

9. Schweigerecht und Selbstbelastungsfreiheit

Als Frage des **Einzelfalls** betrachtet der EGMR das Problem, wann das Schweigerecht des Beschuldigten verletzt ist. Das Schweigerecht und das Recht auf Selbstbelastungsfreiheit sind in der EMRK zwar nicht eigens erwähnt, doch handelt es sich dabei um allgemein anerkannte internationale Normen, die zum **Kernbestand** des Begriffs des fairen Verfahrens nach Art. 6 EMRK – und nach dem EuGH zugleich zu den Grundrechten der Union[272] – gehören.[273] 97

Die EU hat das Schweigerecht und das Recht des Beschuldigten, sich nicht selbst belasten zu müssen, jüngst in einer Richtlinie geregelt (Kap. 11/19), die zugleich auch festlegt, dass die Tatsache des Schweigens nicht zulasten des Beschuldigten verwertet werden darf.

Nicht zu den Grundrechten, aber zu den grundlegenden Pflichten eines jeden Ermittlungsorgans gehört die ordnungsgemäße **Belehrung** des Beschuldigten. Zu der Belehrung des Beschuldigten über sein Schweigerecht gehört die Unterrichtung darüber, dass er vor einer Äußerung eine rechtliche Beratung durch einen Verteidiger verlangen kann. Das hat der EGMR anhand eines Falles

---

268 BVerfG v. 18.12.2015 – 2 BvR 209/14 = StV 2015, 413.
269 BVerfG StV 2015, 413 Rdn. 38; kritisch *Hecker* 3/Rdn. 55.
270 BGHSt 60, 276 Rdn. 38 m. Anm. *Mitsch* NStZ 2016, 52; dazu auch *Jahn/Kudlich* JR 2016, 54, *Schmidt* ZIS 2017, 56.
271 Zuletzt BGHSt 60, 238.
272 EuGH C-204/00P, Urteil vom 7.1.2004 – Aalborg Portland.
273 EGMR, Urteil vom 19.7.2012 – S . ./. Deutschland, Beschwerdenummer 29881/07, Rdn. 61 = JR 2013, 170 m. Anm. *F.C. Schroeder;* EGMR, Urteil vom 13.11.2014 – H. und J. ./. Niederlande, Beschwerdenummer 978/09 Rdn. 68.

entschieden, in dem ein Minderjähriger nicht so, dass er die Tragweite seiner Entscheidung verstehen konnte – also unzulänglich –, belehrt worden war.[274]

98   In der konkreten Rechtsanwendung beschreitet der EGMR allerdings **eigene** Wege. Es wurde bereits erwähnt, dass er in der Sache Jalloh – es ging um den Einsatz von Brechmitteln, damit ein verschlucktes Behältnis mit Rauschgift sichergestellt werden konnte – einen Verstoß gegen das Prinzip der Selbstbelastungsfreiheit bejaht hat, obwohl dem Beschuldigten nicht eine Äußerung abverlangt wurde, sondern die passive Duldung der Anwendung von Zwang.[275] Diese Auffassung hat er in einer späteren Entscheidung näher erläutert.

> **Fall:** Zwei verschiedene Kraftfahrzeuge, deren Halter die Beschwerdeführer waren, wurden von Blitzlichtkameras fotografiert, als sie jeweils schneller als erlaubt fuhren. Die Beschwerdeführer erhielten Schreiben mit der Aufforderung, den Fahrer anzugeben. Für den Fall der Weigerung wurde ihnen Strafverfolgung angedroht. Der eine Beschwerdeführer bekannte, der Fahrer gewesen zu sein und wurde wegen Geschwindigkeitsübertretung verurteilt. Der andere Beschwerdeführer verweigerte eine Äußerung und wurde deswegen verurteilt.

Der EGMR führte aus, dass **nicht jeder Druck zur Selbstbelastung** bereits die EMRK verletze; das Freiheitsrecht ist kein absolutes Recht. Es komme auf die Umstände an. Die Entscheidung hänge von der Natur und der Stärke des ausgeübten Zwanges, von den vorhandenen Verfahrensgarantien und von dem Verwendungszweck der begehrten Auskunft oder des begehrten Materials ab.[276] Danach liege bei dem ersten Beschwerdeführer kein unzulässiger Zwang vor. Beim zweiten Beschwerdeführer liege der Gesetzesverstoß bereits in der Weigerung sich zu äußern selbst; er sei daher nicht zu einer Aussage gezwungen gewesen.

Die recht pragmatische Entscheidung ist wohl nur vor dem Hintergrund einer vielfach von Verkehrsteilnehmern geübten Praxis zu verstehen, die darin bestand, bei Verkehrsverstößen systematisch Angaben zu verweigern, um so ihre Überführung zu verhindern. In Deutschland wurde das Problem dadurch gelöst, dass man dem Halter des Fahrzeuges die Verfahrenskosten auferlegte

---

274 EGMR, Urteil vom 11.12.2008 – Panovits ./. Zypern, Beschwerdenummer 4268/04, Rdn. 74, 84.

275 EGMR, Urteil vom 11.7.2006 – Jalloh ./. Deutschland, Beschwerdenummer 54.810/00, Rdn. 110 ff., 122.

276 EGMR, Urteil vom 29.6.2007 – O'Halloran & Francis ./. Großbritannien, Beschwerdenummern 15.809/02, 25.624/02, Rdn. 55.

und der Polizei die Befugnis gab, den Halter zur Führung eines Fahrtenbuches zu verpflichten.

In einer weiteren Entscheidung hat der EGMR es beanstandet, dass dem Halter die Beweislast dafür auferlegt wurde, nicht der Fahrer gewesen zu sein.[277]

Fall: Der Beschwerdeführer, ein Afghane, stellt in den Niederlanden einen Asylantrag. Im Verwaltungsverfahren offenbart er gegen die Zusage vertraulicher Behandlung seiner Angaben, dass er unter dem früheren afghanischen System an Folterungen beteiligt war. Die Angaben werden den Strafverfolgungsbehörden zugeleitet und im Strafverfahren verwertet.   **99**

Die Selbstbelastungsfreiheit umfasst auch nach dem EGMR nur das Recht zu schweigen. Zwangsmaßnahmen, welche der Beschuldigte dulden muss wie Untersuchungen am Körper, Entnahme von Blut oder Körperzellen für Untersuchungen sind davon nicht erfasst. Hier durfte die Verwaltungsbehörde im Asylverfahren verlangen, dass der Beschwerdeführer ihr die volle Wahrheit offenbarte. **Unzulässiger** Zwang wurde daher nicht ausgeübt. Die Zusage der vertraulichen Behandlung der Angaben bezog sich nach den Feststellungen des EGMR lediglich darauf, den Beschwerdeführer vor Bedrohungen zu bewahren. Nachdem die Angaben des Beschwerdeführers in der Welt waren, durften sie den Strafverfolgungsbehörden zugeleitet werden, zumal die Niederlande nach internationalem Recht verpflichtet waren, Folter strafrechtlich zu verfolgen.[278]

Auch hier legt der EGMR das Schweigerecht des Beschuldigten **eng** aus. Gründe für die Befugnis der Verwaltungsbehörde, die von ihr verlangten, rechtlich unter dem Druck der Wahrheitspflicht abgegebenen Äußerungen des Beschwerdeführers weitergeben zu dürfen, teilt das Gericht nicht mit.

Eine weitere Frage ist, ob und welche Schlüsse daraus gezogen werden dür-   **100** fen, dass der Beschuldigte von seinem Schweigerecht Gebrauch macht oder sich auf einzelne Fragen nicht äußert. Der EGMR hat mehrmals betont, dass das Schweigerecht kein absolutes Recht sei. Die Frage, ob das Recht auf ein faires Verfahren verletzt ist, wenn das Gericht aus dem **Aussageverhalten** des Angeklagten für ihn **ungünstige Schlüsse** zieht, sei vielmehr unter Würdigung aller Umstände des Einzelfalls zu beantworten. Der EGMR betrachtet die Rechtslage daher nicht so, wie wir in Deutschland es tun.[279] Hier dürfen aus dem völligen

---

277 EGMR, Urteil vom 18.3.2010 – Krumpholz ./. Österreich, Beschwerdenummer 13.201/05.
278 EGMR, Urteil vom 13.11.2014 – H. und J. ./. Niederlande, Beschwerdenummer 978/09, Rdn. 66 ff.
279 EGMR, Urteil vom 2.5.2000 – Condron ./. Großbritannien, Beschwerdenummer 35.718/97; EGMR, Urteil vom 8.2.1996 – Murray ./. Großbritannien, Beschwerdenummer 18731/91, Rdn. 47; dazu BVerfG, Beschluss vom 6.9.2016 – 2 BvR 890/16, Rdn. 42.

Schweigen des Angeklagten zum Tatvorwurf und aus befugter Zeugnisverweigerung keine für den Angeklagten nachteiligen Schlüsse gezogen werden, um
die Freiheit der Entscheidung zur Aussage in vollem Umfang zu gewährleisten.[280]

Auf der Linie dieser Rechtsprechung liegt Art. 7 Abs. 5 der kürzlich erlasse-
nen Richtlinie der EU zum Schweigerecht;[281] sie verbietet es ebenfalls, aus dem
Schweigen des Angeklagten Schlüsse zu seinem Nachteil zu herzuleiten
(Kap. 11/19).

10. Unschuldsvermutung

101   Die Unschuldsvermutung und im Zusammenhang damit die Frage einer Beweis-
erleichterung oder Beweislastumkehr hat sich dem Gesetzgeber immer wieder
als Problem bei der **Abschöpfung** kriminell erlangter Gewinne erwiesen. Regelmäßig kann das vorhandene Vermögen eines Straftäters nicht bestimmten
Straftaten zugeordnet werden, so dass es an einem konkreten Anknüpfungspunkt für die strafrechtliche Reaktion fehlt. Ob eine solche – etwa beim erwei-
terten Verfall nach § 73d StGB – dennoch unbedenklich ist, ist umstritten.[282] Die
EU hat kürzlich eine Richtlinie zur Unschuldsvermutung erlassen, welche die
Rechtsprechung des EGMR aufnimmt (Kap. 11/17).

Nach dem EuGH gehören die Unschuldsvermutung und die daraus folgende
Beweislastverteilung einschließlich des Prinzips „in dubio pro reo" zu den allgemeinen Grundsätzen des Unionsrechts.[283]

Für den EGMR gehört die Beachtung der Unschuldsvermutung in Strafverfahren zum fairen Verfahren. Die **Rechtsprechung** des EGMR hierzu scheint
sich aber gegenwärtig in einem **tief greifenden Wandel** zu befinden.

102   Nach seiner Auffassung hat die Unschuldsvermutung **zwei Aspekte**.

In erster Linie besteht sie – wie auch die Gerichte der EU annehmen – in einer **prozessualen Garantie**. Dazu zählen Verteilung der Beweislast, Unzuläs-
sigkeit tatsächlicher oder rechtlicher Vermutungen, Schutz vor Selbstbelastung,
Schutz vor Äußerungen des Gerichts oder anderer offizieller Institutionen,[284] die

---

280 BGHSt. 32, 140, 144.
281 Richtlinie (EU) 2016/343 vom 9.3.2016 über die Stärkung bestimmter Aspekte der Unschuldsvermutung und des Rechts auf Anwesenheit in der Verhandlung in Strafverfahren, ABl.
2016 L 65 S. 1.
282 LK-*W. Schmidt* § 73d Rdn. 12 ff.; *Lilie* Schroeder-Festschrift S. 829.
283 EuGH C-89/11, Urteil vom 22.11.2012 – E.ON ./. Kommission, Rdn. 72.
284 EuG T-48/05, Urteil vom 8.7.2008 – Franchet u. Byk (Eurostat), Rdn. 210, 308; nicht gegen
Äußerungen eines Parteivorsitzenden, EGMR, Urteil vom 8.10.2013 – Mulosmani ./. Albanien,

vor der Rechtskraft des Urteils eine Schuldfeststellung enthalten. Das gilt auch in einem Wiederaufnahmeverfahren.[285] In einem freisprechenden Urteil muss das Gericht eine Wortwahl vermeiden, die den Eindruck erwecken könnte, das Gericht halte den Angeklagten trotz des Freispruches in Wahrheit für schuldig.[286] Pressekampagnen können die Unschuldsvermutung verletzen; das bloße Filmen der Festnahme durch eine private Fernsehstation überschreitet die Grenze aber nicht.[287]

Zum anderen umfasst die Unschuldsvermutung den **Schutz** des **Freigesprochenen vor einer späteren Behandlung als schuldig.**[288]

> **Fall:** Der Sohn der Beschwerdeführer gerät in den Verdacht, Anführer einer Verbrecherbande zu sein. Als er erfährt, dass ein Bandenmitglied verhaftet wurde, erschießt er sich. Im Strafverfahren gegen die Bandenmitglieder und in Zivilprozessen wird festgestellt, dass der Verstorbene Drahtzieher und Anführer der Bande gewesen ist. Die Eltern halten diese Feststellung für einen Verstoß gegen die Unschuldsvermutung.

Der EGMR führte zu diesem Fall seinerzeit aus,[289] dass es keine Rechtfertigung für eine solche Vorverurteilung gebe. Er war der Ansicht, dass die Unschuldsvermutung die Schuldfeststellung in einem Strafverfahren, das nicht vor dem zuständigen erkennenden Gericht geführt wird, ausschließt, und es sei ein grundlegender Unterschied zwischen der Feststellung von Schuld und dem Ausspruch eines bloßen Tatverdachts zu machen.

Die deutsche Praxis ist hier zu Recht anders;[290] die Entscheidung des EGMR **103** war **unhaltbar.** Wenn mehrere eine Straftat begangen haben, stellt sich immer die Frage, ob Mittäterschaft vorliegt und der Tatbeitrag eines Täters den anderen zuzurechnen ist. Das kann nicht auf der Basis eines bloßen Tatverdachts

---

Beschwerdenummer 29.864/03, Rdn. 137; zur Parallelität von Strafverfahren und der Tätigkeit eines parlamentarischen Untersuchungsausschusses EGMR, Urteil vom 18.2.2016 – Rywin ./. Polen, Beschwerdenummer 6091/06, Rdn. 200 ff.

285 EGMR, Urteil vom 16.6.2015 – Dicle u. Sadak ./. Türkei, Beschwerdenummer 48.621/07.

286 EGMR, Urteil vom 15.1.2015 – Cleve ./. Deutschland, Beschwerdenummer 48.144/09 = StV 2016, 1 m. krit. Anm. *Stuckenberg* u. Bespr. *Albrecht* StV 2016, 257; *Rostalski* HRRS 2015, 315.

287 EGMR, Urteil vom 29.4.2014 – Natsvlishvili und Togonidze ./. Georgien, Beschwerdenummer 9043/05, Rdn. 105.

288 EGMR, Urteil vom 11.2.2014 – Vella ./. Malta, Beschwerdenummer 69.122/10, Rdn. 38 ff., 55 ff.; EGMR, Urteil vom 12.7.2013 – Allen ./. Großbritannien, Beschwerdenummer 25.424/09, Rdn. 92 ff.

289 EGMR, Urteil vom 10.1.2012 – Vulakh ./. Russland, Beschwerdenummer 33.468/03, Rdn. 36.

290 BGHSt. 34, 209.

geschehen. Man kann niemanden wegen Beihilfe verurteilen, wenn nicht festgestellt wird, wie und von wem die Haupttat begangen wurde. Der Ausweg, immer alle Tatbeteiligten zugleich und in einem Urteil abzuurteilen, ist – wie auch der Beispielsfall zeigt – nicht immer gangbar.

Von dieser Rechtsprechung ist der EGMR nunmehr aber auch **abgerückt**.

Fall: In einem Verfahren gegen mehrere Angeklagte wegen Spendenbetrugs muss das Verfahren gegen den Beschwerdeführer abgetrennt werden. Die Mittäter werden aber verurteilt. Im Urteil gegen sie ist die – strafrechtlich relevante – Rolle des Beschwerdeführers mehrfach erwähnt und rechtlich gewürdigt. Dagegen wendet sich der Beschwerdeführer mit der Rüge, die Ausführungen im Urteil gegen die Mittäter verletzten die für ihn geltende Unschuldsvermutung.

Der EGMR weist zwar darauf hin, dass sich bei einer Trennung der Verfahren der Beschwerdeführer nicht gegen Feststellungen vorgehen kann, die ihn betreffen. Seine Verfahrensstellung ist daher betroffen. Aber er erkennt an, dass die Trennung von Verfahren, die sich gegen mehrere Beteiligte richten, mitunter notwendig ist und in diesen Fällen Feststellungen zur Schuld aller Beteiligten unverzichtbar sind. Er zieht sich darauf zurück, dass in der **Wortwahl** alles vermieden werden müsse, was den Beschwerdeführer mehr als nötig belastet. Im entschiedenen Fall hat der EGMR darauf abgestellt, dass das deutsche Tatgericht den Beschwerdeführer – wie in solchen Fällen in Deutschland üblich – stets als den **„gesondert Verfolgten"** bezeichnet und damit zum Ausdruck gebracht habe, dass es nicht um eine Feststellung seiner Schuld ging.[291]

104 **Fall:** Der Beschwerdeführer ist wegen Hehlerei zu einer Freiheitsstrafe von zwei Jahren mit Strafaussetzung zur Bewährung verurteilt. Während der Bewährungsfrist werden gegen ihn neue Strafverfahren wegen vergleichbarer Taten eingeleitet. Es stellt sich die Frage eines Widerrufs der Strafaussetzung gemäß § 56f Abs. 1 Nr. 1 StGB.

Das zur Entscheidung berufene Gericht (OLG Hamburg) hört zu den neuen Taten Zeugen und gewinnt daraus die Überzeugung, dass der Beschwerdeführer die ihm vorgeworfenen neuen Taten begangen hat. Es widerruft die Strafaussetzung, weil ein längeres Zuwarten mit der Entscheidung untragbar sei.

---

291 EGMR, Urteil vom 27.2.2014 – Karaman ./. Deutschland, Beschwerdenummer 17.103/10 Rdn. 40 ff., 59, 64 m. Bespr. *Esser* Paeffgen-Festschrift (2015) S. 503; ähnlich EGMR, Urteil vom 12.7.2013 – Allen ./. Großbritannien, Beschwerdenummer 25.424/09 Rdn. 120 ff. Für einen generellen Abwägungsvorbehalt *Frister* Weßlau-Gedächtnisschrift S. 149, 161.

Nach § 56f Abs. 1 Nr. 1 StGB ist die Strafaussetzung zu widerrufen, wenn die verurteilte Person in der **Bewährungszeit** eine **Straftat** begeht und dadurch zeigt, dass die Erwartung, die der Strafaussetzung zu Grunde lag, sich nicht erfüllt hat. Der Widerruf der Strafaussetzung kann aber selbstverständlich nicht auf den bloßen Verdacht der Begehung einer neuen Straftat gestützt werden; diese muss vielmehr zur Überzeugung des zur Entscheidung berufenen Gerichts feststehen. Führt dieses Gericht zu der neuen Tat eine Beweisaufnahme durch, versagt es dem Verurteilten aber die mit einem normalen Ermittlungsverfahren und der förmlichen Hauptverhandlung verbundenen Verfahrensgarantien. Das Gericht, das über den Bewährungswiderruf zu entscheiden hat, befindet sich mithin in einer Zwangslage, weil nicht absehbar ist, wann wegen der neuen Tat ein rechtskräftiges Urteil vorliegen wird. Das Oberlandesgericht Hamburg hatte sich mit Billigung des Bundesverfassungsgerichts für die Durchführung der Beweisaufnahme entschieden.

Der EGMR hat dagegen Deutschland wegen Verstoßes gegen die EMRK verurteilt.[292] Mit den Fragen, die sich daraus ergeben – Verzögerung des Bewährungswiderrufs bis zur Rechtskraft des neuen Urteils, Notwendigkeit eines Widerrufs auch nach Ablauf der Bewährungsfrist – hat sich der EGMR nicht auseinandergesetzt. Aber auch in diesem Bereich müsste sich – will der EGMR konsequent bleiben – eine **Wende** anbahnen.[293]

In einem Fall, in dem es um die **bedingte Entlassung** nach Verbüßung eines Teils der Strafe ging und der Verurteilte während des offenen Vollzugs eine neue Straftat begangen haben sollte, hat der EGMR die nach **Zeugenvernehmung** getroffene Schuldfeststellung im Ergebnis nicht beanstandet.[294] Nicht abgerückt ist der EGMR auch von einer früheren Entscheidung der Europäischen Kommission für Menschenrechte (die es früher als Filter für den Gerichtshof gab). Nach ihr liegt kein Verstoß gegen die Unschuldsvermutung vor, wenn der Betroffene die Begehung der neuen Straftat in Anwesenheit seines Verteidigers glaubhaft gesteht.[295] Das soll aber nicht gelten, wenn ein früheres Geständnis, das nicht in Anwesenheit des Verteidigers abgelegt wurde, widerrufen ist.[296]

---

292 EGMR, Urteil vom 3.10.2002 – Böhmer ./. Deutschland, Beschwerdenummer 37.568/97 m. Bespr. *Peglau* NStZ 2004, 248; dagegen *Kühl* H.Jung-Festschrift S. 433, 441.
293 Anders EGMR, Urteil vom 12.11.2015 – El Kaada ./. Deutschland, Beschwerdenummer 2130/10 = StV 2016, 703.
294 EGMR, Urteil vom 27.3.2014 – Müller ./. Deutschland, Beschwerdenummer 54.963/08.
295 Kommission, Entscheidung vom 9.10.1991, Beschwerdenummer 15.871/89 = StV 1992, 282; BVerfG NStZ 2005, 204.
296 EGMR, Urteil vom 12.11.2015 – El Kaada ./. Deutschland, Beschwerdenummer 2130/10 = StV 2016, 703.

105   In nach einem Freispruch notwendig werdenden **Anschlussverfahren** kommt es ebenfalls entscheidend auf die Wortwahl an. Es ist nicht unzulässig, in einem nach Abschluss des Strafverfahrens durchgeführten Disziplinarverfahren aus denjenigen Tatsachen, welche den Freispruch begründen, disziplinarrechtlich abweichende Schlussfolgerungen herzuleiten. Nur der Freispruch selbst darf nicht infrage gestellt werden.[297]

Nach diesen Grundsätzen sind auch **Kostenentscheidungen** nach einer Verfahrenseinstellung gemäß § 153 StPO zu behandeln. Das Gesetz verlangt, dass bei einer Einstellung nach Ermessen eine Kostenentscheidung zu treffen ist. Gemäß § 467 Abs. 4 StPO kann das Gericht in diesem Fall davon absehen, die notwendigen Auslagen des Angeklagten der Staatskasse aufzuerlegen. Die Entscheidung hat nach Billigkeit zu erfolgen; dabei kann der verbleibende Tatverdacht berücksichtigt werden. Gegen die Unschuldsvermutung würde es jedoch verstoßen, wenn das Gericht in diesem Zusammenhang zum Ausdruck bringen würde, dass es von der Schuld des Angeklagten überzeugt ist.[298]

106   Ob allerdings die Auffassung der deutschen Rechtsprechung zu halten ist, wonach im anhängigen Verfahren **nicht angeklagte Taten bei der Strafzumessung** straferschwerend berücksichtigt werden dürfen, wenn sie Rückschlüsse auf die Schuld des Angeklagten zulassen und prozessordnungsgemäß festgestellt sind,[299] ist damit nicht entschieden. Die Notwendigkeit, vom Anklagevorwurf nicht erfasste Tatsachen prozessordnungsgemäß festzustellen, schließt die Möglichkeit, durch die Wortwahl der Unschuldsvermutung Rechnung zu tragen, aus. Nach der neueren Tendenz des EGMR, welche der materiellen Rechtslage gegenüber prozessualen Gesichtspunkten das größere Gewicht gibt, dürften gegen die deutsche Rechtsprechung aber Bedenken nicht zu erheben sein.

---

297 EGMR, Urteil vom 12.7.2013 – Allen ./. Großbritannien, Beschwerdenummer 25.424/09, Rdn. 126.

298 EGMR, Urteil vom 28.4.2005 – A. L. ./. Deutschland, Beschwerdenummer 72.758/01; *Schott* StV 2016, 450.

299 vgl. BGH StV 2014, 475.

Kapitel 10:
Fehler im zwischenstaatlichen Verkehr

I. Fehler im Rechtshilfeverkehr

Die Regeln der klassischen Rechtshilfe waren extrem unübersichtlich, kompli- 1
ziert und fehlerträchtig geworden. Die europaweite Durchsetzung des Anerkennungsprinzips soll diesem Missstand abhelfen. Das ändert aber nichts daran,
dass auch das Anerkennungsprinzip der EU das Verhältnis der Mitgliedstaaten
zueinander betrifft. Es muss daher Klarheit darüber herrschen, welche Folgen
Fehler im justiziellen Verkehr zwischen den Staaten nach sich ziehen.

> **Fall:** Ein deutscher Unternehmer hatte eine Textil-Handelskette mit Niedrigpreisen, welche
> er durch Verletzung seiner steuerlichen Pflichten ermöglichte, aufgebaut. Er entzog sich
> dem Steuerstrafverfahren durch die Flucht nach Frankreich. Steuerstraftaten waren seiner-
> zeit nicht auslieferungsfähig.[1]
> Um den Beschuldigten zur Verantwortung ziehen zu können, veranlassten die deut-
> schen Behörden den Piloten eines Privatflugzeuges, mit dem der Beschuldigte von Frank-
> reich in die Niederlande reisen wollte, während des Fluges einen Notfall vorzutäuschen und
> auf deutschem Boden zu landen. Hier wurde der Beschuldigte festgenommen; das Landge-
> richt verurteilte ihn zu einer Freiheitsstrafe von 6 Jahren. Die Revision sieht in den Umstän-
> den der Festnahme eine Entführung und ein Verfahrenshindernis.[2]

Bis in die letzten Jahrzehnte des 20. Jahrhunderts waren Rechtsprechung und
Schrifttum der Auffassung, dass durch derartige Akte zwar die Souveränität des
fremden Staates verletzt werde, der deshalb einen Anspruch auf „Restitution",
also etwa auf Rückführung des Beschuldigten haben könne. Mache er diesen
Anspruch geltend, so könne das ggf. der weiteren Durchführung des nationalen
Strafverfahrens im Wege stehen.[3] Aber **individuelle Rechte** für den Beschuldigten seien aus einer Verletzung der Regeln zwischenstaatlichen Verkehrs **nicht
herzuleiten.**[4] Der Angeklagte konnte sich auf die Umstände bei seiner Festnahme daher nicht berufen.

Diese Auffassung hat sich geändert. Zwar sind spektakuläre Fälle wie der 2
geschilderte im zusammenwachsenden Europa unwahrscheinlich geworden.

---

1 Von Deutschland erst 1990 geändert! Siehe *Esser* in *Böse* Enz. § 19/7.
2 Fall BGH NStZ 1984, 563.
3 BGH StV 1987, 138.
4 BGH NStZ 1985, 464; BGH NStZ 1984, 563; dazu BVerfG StV 1986, 233; 1987, 137; ferner
BVerfG StV 2004, 432 m. Anm. *Dickersbach*.

DOI 10.1515/9783110456103-010

Problematisch sind vielmehr die Folgen alltäglicher Fehler. Im Vordergrund rechtlicher Betrachtungen stehen damit nicht mehr Fragen des Vorliegens eines Verfahrenshindernisses, sondern Fragen der Verwertbarkeit von Ergebnissen des Rechtshilfeverkehrs innerhalb des Strafverfahrens. Die Frage, wer im Rechtshilfeverkehr[5] Verletzter sein kann, ist zweitrangig. Die Dichte der gegenwärtigen Kontakte zwischen Justizbehörden der Mitgliedstaaten macht es deshalb erforderlich, Voraussetzungen und Folgen von Fehlern in der Zusammenarbeit grundsätzlicher Betrachtung zu unterziehen, und dabei wären allzu weit gehende Differenzierungen kontraproduktiv.

Die Rechtsprechung nimmt nunmehr an, dass das Individuum durch die Bestimmungen über zwischenstaatliche Zusammenarbeit begünstigt werden könne und ihm deshalb **jedenfalls „als Schutzreflex"**[6] Rechtspositionen zuwachsen könnten, die auch im Strafverfahren beachtlich sind.

3 **Fall:** Die tschechischen Angeklagten standen im Verdacht des Schmuggels unversteuerter chinesischer Zigaretten von Deutschland nach Tschechien. Ein Gericht in Prag ordnete deshalb an, die von ihrem Telefonanschluss geführten Telefongespräche zu überwachen und aufzuzeichnen; das dort geführte Ermittlungsverfahren wurde jedoch aus Beweisgründen eingestellt. Nunmehr richtete die Staatsanwaltschaft Hamburg ein Rechtshilfeersuchen nach Prag; sie erhielt die Aufzeichnungen von etwa 45.000 abgehörten Telefongesprächen. In dem gegen die Angeklagten geführten deutschen Strafverfahren wurden diese Telefongespräche zur Überführung verwertet. Das rügt die Revision.[7]

Als Grundsatz kann gelten: Die **Verwertbarkeit** von im Wege der Rechtshilfe gewonnenen Beweisergebnissen ist nach dem Recht des ersuchenden Staates, also nach **inländischem Recht** zu prüfen. Daher können Rechtsfehler beachtlich sein, die sich als Verstoß gegen internationale Rechtsgarantien – etwa der EMRK – darstellen und deshalb auch inländisches Recht verletzen.[8] Ein Verwertungsverbot entsteht danach, wenn im Ausland Vorschriften verletzt wurden, deren Verletzung in Deutschland ein Verwertungsverbot begründen würde.[9] Darüber hinaus können sich Verwertungsverbote aus völkerrechtlichen Grundsätzen herleiten, wenn Deutschland die Souveränität des anderen Staates miss-

5 Insoweit zu eng *Hackner/Schierholt* Rdn. 50 ff.
6 BGHSt. 58, 32, 38; weitergehend *Schomburg/Lagodny/Schallmoser* in *Böse* Enz. § 13/81.
7 Fall BGHSt. 58, 32; allgemein zur Problematik *Gless* ZStW 125 (2013) 573; *Schuster* ZIS 2016, 564.
8 EGMR, Urteil vom 27.10.2011 – Stojkovic ./. Frankreich u. Belgien, Beschwerdenummer 25303/08, Rdn. 49 ff.
9 BGH NStZ 2007, 417.

achtet hat. Fälle dieser Art sind die bewusste Umgehung von Rechtshilfevorschriften oder die Verwertung von Unterlagen, die nach ausdrücklich erklärtem Willen des anderen Staates nicht vor Gericht verwertet werden dürfen.[10]

Eine Prüfung, ob die Beweiserhebung materiell den Vorschriften des **ausländischen Staates** entsprochen habe, findet dagegen **grundsätzlich nicht** statt. Eine solche Prüfung wäre mit dem Prinzip der **Souveränität** des fremden Staates unvereinbar und würde insbesondere gegenüber Mitgliedstaaten der EU den allumfassenden **Vertrauensgrundsatz** verletzen.[11] Beides fordert, die Maßnahmen des fremden Richters als Ausdruck der Staatsgewalt des anderen Staates anzuerkennen. Wenn rechtshilferechtliche Vorschriften außer Betracht gelassen wurden, gilt darüber hinaus das Prinzip des hypothetischen Ersatzeingriffs. Ein Verstoß ist danach unbeachtlich, wenn die ordnungsgemäße Durchführung des Verfahrens zu demselben Ergebnis geführt hätte. **4**

Diese Grundsätze[12] erscheinen sachgerecht. Insbesondere das Prinzip des gegenseitigen Vertrauens innerhalb der EU verbietet es, das Verfahren des Rechtshilferichters ausnahmslos einer Prüfung unter dem Blickwinkel der inländischen Rechtsordnung zu unterziehen. Der Rechtshilferichter kennt sein Recht außerdem am besten.

Die Beweiserhebung im Wege der Rechtshilfe ist nunmehr auf der Basis des Anerkennungsprinzips einheitlich geregelt worden. Die Richtlinie über die Europäische Ermittlungsanordnung (Kap. 6/36) erfasst allerdings lediglich die Voraussetzungen und die Durchführung der Beweiserhebung selbst, nicht jedoch die Frage, inwieweit erhobene Beweise europaweit im Verfahren verwertbar sein sollen; die Frage kann sich z.B. stellen, wenn im Ausland für ein ausländisches Verfahren erhobene Beweise bereits vorliegen, aber die Eingriffsvoraussetzungen bei Zwangsmaßnahmen zur Beweisgewinnung in den Mitgliedstaaten unterschiedlich sind. Doch bereitet die Richtlinie über die Europäische Ermittlungsanordnung harmonisierte Regeln über die Beweisverwertung im Verfahren insofern vor, als sie in sensiblen Bereichen bereits der Anordnung von Ermittlungsmaßnahmen Schranken setzt (Art. 6 Abs. 1 Buchst. b), näher Kap. 6/40).

Zur Regelung der Verwertbarkeit von erhobenen Beweisen im Verfahren besitzt die EU zwar eine **Harmonisierungskompetenz** in Art. 82 Abs. 2 Unterab- **5**

---

10 BGHSt. 34, 334; OLG München StV 2015, 348; *Hackner/Schierholt* Rdn. 28; unzutr. OLG Koblenz NStZ 2017, 108 m. Anm. *Radtke.*
11 BGHSt. 58, 32, 42, 43; vgl. auch BGHSt. 55, 70 Rdn. 25 m. Anm. *Schramm* HRRS 2011, 156; Anm. *Stiebig* JR 2011, 172; *Ambos* IntStrR § 10/43; *Renzikowski* Achenbach-Festschrift S. 373, 382, kritisch *Schuster* ZIS 2016, 564, 571.
12 Umfassend *Jahn* Gutachten C, S. 1, 117 ff.

satz 2, Buchst. a) AEUV. Doch diese Kompetenz erstreckt sich allein auf die Harmonisierung der Vorschriften über die Verwertbarkeit **rechtmäßig** erhobener Beweise. Sie erstreckt sich nicht auf die Fälle, in denen Fehler unterlaufen sind. Welche Folgen eine Verletzung von Vorschriften über die Beweiserhebung nach sich zieht, ist vielmehr auch in Deutschland, abgesehen von dem Fall des § 136a StPO, nicht geregelt, sondern allein der Rechtsprechung überlassen. Das wird vermutlich – auch im internationalen Bereich – so bleiben. Dass der Gesetzgeber die Umsetzung eines europäischen Rechtsaktes zum Anlass nehmen wird, etwa die verfehlte „Widerspruchslösung" zu beseitigen, mit der Grundlagen rechtsstaatlichen Verfahrens zur Disposition des Betroffenen gestellt und bei mehreren Angeklagten innerhalb desselben Urteils eine „gespaltene Wahrheitsfindung" nötig werden kann,[13] erscheint kaum denkbar.

Art. 6 Abs. 1 Buchst. b) der **Europäischen Ermittlungsanordnung** enthält aber einen Gedanken, der allgemein fruchtbar gemacht werden kann. Wenn die Regelung vorsieht, dass eine Beweisaufnahme im Ausland nicht angeordnet werden darf, wenn sie im Inland unzulässig wäre, so liegt darin auch eine Sperre für **Umgehungsmaßnahmen**, die im Bereich der Überwachung von elektronischer Kommunikation mithilfe der heutigen technischen Möglichkeiten schnell aktuell werden kann. Inländische Eingriffssperren sind nicht dadurch auszuhebeln, dass man sich des Weges der internationalen Rechtshilfe bedient. Daher bestimmen sich auch die Folgen der unzulässigen Anordnung einer Ermittlungsmaßnahme im Ausland nach inländischen Grundsätzen. Die bisher in der Rechtsprechung hierzu entwickelten Grundsätze erhalten damit ein sicheres Fundament.

❗ Stichworte: Die Rechtsprechung nimmt heute an, dass aus den Regelungen der Rechtshilfe zumindest als Schutzreflex auch individuelle Rechte erwachsen können. Die Verwertbarkeit von Beweisen, die im Wege der Rechtshilfe gewonnen wurden, richtet sich grundsätzlich nach dem Recht des ersuchenden Staates.

II. Fehler bei der grenzüberschreitenden Zusammenarbeit

6 Fehler können allerdings nicht nur im Rechtshilfeverkehr, sondern auch im Zuge der grenzüberschreitenden Zusammenarbeit zwischen den Behörden von benachbarten Staaten (Kap. 7/2ff.) unterlaufen.

---

13 BGHSt. 47, 233; BGHSt. 52, 38; BGHSt. 53, 191.

> **Beispiel:** Die Polizei verfolgt einen des Mordes Verdächtigen quer durch die Bundesrepublik, also weiter als 150 km. Der Verdächtige setzt sich nach Österreich ab und wird dort von den deutschen Beamten gestellt. Im Kraftfahrzeug findet sich das blutbeschmierte Tatmesser.

Im Verhältnis zu Österreich ist grenzüberschreitende Nacheile nur zulässig, wenn sie innerhalb eines Korridors von 150 km bis zur Grenze begonnen wird.[14] Im Schrifttum wird für die Fälle einer Verletzung der Grenzen der Nacheilebefugnis ein Beweisverwertungsverbot diskutiert und teils auch befürwortet.[15] Indessen wäre ein solches Ergebnis allenfalls dann sachgemäß, wenn der einzelnen verletzten Norm mindestens als Reflex auch eine individualschützende Tendenz entnommen werden kann. Weder die Befugnis zur Nacheile noch die dieser gezogenen Grenzen haben aber im Grundsatz irgendetwas mit den Interessen des Beschuldigten und seiner Rechtsstellung zu tun. Die grenzüberschreitende Zusammenarbeit im Allgemeinen und die Befugnis zur Nacheile im Besonderen **dienen allein der Strafverfolgung.** Die der Nacheile und den anderen Formen der Zusammenarbeit gezogenen Grenzen berühren gleichfalls nicht die Position des Beschuldigten, sondern sind allein Ausdruck der Souveränität des Nachbarstaates, deren Respektierung auf diese Weise gesichert werden soll. Das zeigt sich am Beispiel der Nacheile in besonderem Maße. Der festgehaltene Beschuldigte soll so bald wie möglich den Autoritäten des Staates übergeben werden, auf dessen Territorium die Festnahme erfolgt ist. Damit kommt zum Ausdruck, dass die **Strafverfolgung weitergeführt** werden soll. Die Annahme etwa, dass ein von einem fremden Polizeiangehörigen unter Verletzung des Festhalterechts gestellter Verdächtiger von den deutschen Behörden freigelassen werden müsste, weil die bei der Nacheile gewonnenen – vielleicht entscheidenden – Beweisergebnisse unverwertbar seien, legt diesen Vorschriften eine Bedeutung bei, die weder ihrem Wortlaut noch ihrem Sinn zu entnehmen ist. Solche Fälle sind im Gegenteil mit dem klassischen Verständnis vom Rechtsverkehr zwischen den Staaten befriedigender lösbar.[16]

> **Fall:** Der im vorigen Beispielsfall geflohene Verdächtige soll von dem deutschen Polizeibeamten festgehalten werden und wehrt sich dagegen mit Gewalt. 7

---

14 Art. 12 Abs. 1 Nr. 1 des deutsch-österreichischen Vertrages, Gesetz vom 16.8.2005 BGBl. 2005 II S. 858.
15 *Hecker* 5/Rdn. 43; zweifelnd *Goy* S. 257; *Gless* in *Böse* Enz. § 16/26.
16 *Hackner* in *Breitenmoser u.a.*, S. 277, 292; *Radtke* NStZ 2017, 110.

Ausländische Polizisten, die einen Straftäter über die Grenze hinweg in den Nachbarstaat verfolgen, werden nach Art. 42 SDÜ inländischen Polizeibeamten gleichgestellt. Aber selbstverständlich gilt diese Regelung allein für die rechtmäßige Nacheile. Ungeklärt ist, welche strafrechtlichen Folgen für den Polizisten eintreten, wenn dieser – vielleicht gänzlich unbedeutende – Nacheilemodalitäten unbeachtet gelassen hat.[17] Hier begann die Nacheile außerhalb des Korridors von 150 km; es fragt sich daher, ob der Widerstand des Flüchtigen unter die besondere Vorschrift des § 113 Abs. 3 StGB fällt.

Indessen kann die Nichtbeachtung von Nacheilemodalitäten nur einheitlich beurteilt werden. Auch Fälle dieser Art gehören in den Rahmen der zwischenstaatlichen **Zusammenarbeit** und bezwecken Strafverfolgung. Der gestellte Flüchtige ist von einer Verletzung der Nacheilemodalitäten nicht betroffen. Ein weiterer Gesichtspunkt kommt hinzu: Da die Grenzen der Nacheilebefugnis zur Wahrung der **Souveränitätsrechte** des Staates gezogen sind, in den der Straftäter geflohen ist, kann der Staat auf die Ausübung seiner Hoheitsrechte im Einzelfall **verzichten.** Gewisse Dispositionsbefugnisse enthält der Text von Art. 41 Abs. 1 letzter Satz SDÜ selbst. Daher kann der betroffene Staat die Nichtbeachtung von Nacheilemodalitäten auch nachträglich genehmigen. Tut er dies, weil er das Handeln des Polizeibeamten akzeptiert, lässt er sich dessen Verhalten zurechnen. Die Sachlage ist dann nicht anders zu beurteilen, als wenn von vornherein ein gemeinsames Vorgehen vereinbart worden wäre.

Erwägenswert sind darüber hinausgehende Schritte. Wenn das grundlegende Ziel der gemeinsamen Strafverfolgung gewahrt bleibt, handelt der formal seine Befugnisse überschreitende Polizeibeamte im Interesse des Nachbarstaates. Dieser hätte den Straftäter ab dem Zeitpunkt zu verfolgen, in dem er die Staatsgrenze überschreitet. Wenn der ausländische Hoheitsträger an seiner Stelle tätig wird, kann dies auch unter dem Gesichtspunkt der institutionellen Verbindung der Mitgliedstaaten der EU nicht bedeutungslos bleiben. Daher ist aus dem Gebot zur loyalen und vertrauensvollen Zusammenarbeit zwischen den Mitgliedstaaten der EU sogar eine **Pflicht zur nachträglichen Genehmigung** herzuleiten, wenn das Ziel und die grundlegenden Maximen der Nacheile ansonsten gewahrt sind.

! **Stichworte:** Grenzüberschreitende Zusammenarbeit dient der Strafverfolgung. Eine Verletzung ihrer formalen Grenzen ist genehmigungsfähig und begründet keine individuellen Rechtspositionen.

---

17 *Hecker* 5/Rdn. 43, 45.

Kapitel 11:
Weitere europäische Rechtsakte und ihre Umsetzung in nationales Recht

Die EU hat in Ausübung ihrer Kompetenzen nach Art. 82 Abs. 1 AEUV nicht nur **1** Rechtsakte erlassen, welche die Überstellung von Personen sowie die Erhebung und Übermittlung von Beweisen betreffen. Diese sind zwar für die Praxis besonders wichtig. Sie hat jedoch auch weitere Rechtsakte, mit denen sie das Anerkennungsprinzip verwirklicht, verabschiedet. Unter ihnen ist die Europäische Schutzanordnung integrationspolitisch von besonderem Interesse, weil der deutsche Gesetzgeber bei der Umsetzung die Verpflichtung zur Anerkennung praktisch zu einem Automatismus umgestaltet hat, der zudem der Ziviljustiz übertragen ist.

Rechtsakte sind darüber hinaus auch zur Rechtsangleichung im Verfahrensrecht (Art. 82 Abs. 2 AEUV), zur Rechtsangleichung im materiellen Strafrecht (Art. 83 Abs. 1 AEUV) sowie unter Inanspruchnahme der Annexkompetenz nach Art. 83 Abs. 2 AEUV ergangen.

I. Verfahrensrecht – Anerkennungsprinzip (Art. 82 Abs. 1 AEUV)

1. Der Rahmenbeschluss Überwachungsanordnung

Der Rahmenbeschluss Überwachungsanordnung[1] verfolgt das Ziel, im Rahmen **2** der Möglichkeiten die grenzüberschreitende Freizügigkeit des Bürgers in Europa auch dann zu gewährleisten, wenn er einer Straftat verdächtig ist und **Untersuchungshaft vollzogen werden könnte.** Insbesondere im Bereich der leichten und mittleren Kriminalität dient dies in besonderer Weise der Vermeidung negativer Folgen eines Freiheitsentzugs. Zu diesem Zweck ermöglicht die Regelung, nach Aussetzung des Vollzugs eines Haftbefehls durch den Verfahrensstaat die Überwachung der notwendigen Auflagen und Weisungen dem Mitgliedstaat zu übertragen, in dem der Beschuldigte seinen gewöhnlichen Auf-

---

[1] Rahmenbeschluss 2009/829/JI vom 23.10.2009 über die Anwendung des Grundsatzes der gegenseitigen Anerkennung auf Entscheidungen über Überwachungsmaßnahmen als Alternative zur Untersuchungshaft, ABl. 2009 L 294 S. 20; umgesetzt durch Gesetz vom 16.7.2015 (BGBl. I S. 1197); Gesetzentwurf mit Begründung BTDrucks. 18/4894; dazu *Schlothauer* Weßlau-Gedächtnisschrift S. 313.

DOI 10.1515/9783110456103-011

enthalt hat. Damit soll zugleich vermieden werden, dass der Haftrichter im Verfahrensstaat etwa Fluchtgefahr nur deshalb als gegeben ansieht, weil der Beschuldigte Ausländer ist und sich in seinen Heimatstaat begeben will (Erwägungsgrund 5). Ferner ist Ziel des Rahmenbeschlusses, auf diese Weise den Beschuldigten zum Erscheinen in der Hauptverhandlung im Verfahrensstaat anzuhalten (Art. 2 Abs. 1 Buchst. a) des Rahmenbeschlusses).

a) Inhalt des Rahmenbeschlusses

3 Auch dieser Rahmenbeschluss ist nach dem Muster des Rahmenbeschlusses Europäischer Haftbefehl aufgebaut.

Verschont der Anordnungsstaat (Verfahrensstaat) den Beschuldigten vom Vollzug der Untersuchungshaft, so kann die Überwachung bestimmter Auflagen und Weisungen (Maßnahmen) dem Mitgliedstaat übertragen werden, in dem der Beschuldigte seinen gewöhnlichen Aufenthalt hat. Der Vollstreckungsstaat ist zur Durchführung der Überwachung verpflichtet, sofern nicht bestimmte Ablehnungsgründe vorliegen. Die Art der zu überwachenden Maßnahmen ist in Art. 8 aufgeführt und umfasst z.B. Meldepflichten, Aufenthalts- und Kontaktverbote, Sicherheitsleistung. Fakultativ kann auch die Überwachung der Verpflichtung, sich einer Heilbehandlung oder Entziehungskur zu unterziehen, übertragen werden. Diese für den betroffenen Beschuldigten vielleicht besonders bedeutungsvollen Gestaltungsmöglichkeiten hat der deutsche Gesetzgeber – nach der Begründung des Entwurfs des Umsetzungsgesetzes[2] wegen der praktischen Schwierigkeiten ihrer Verwirklichung – nicht wahrgenommen.

Sobald der Vollstreckungsstaat die Übertragung anerkannt hat, geht die Zuständigkeit zur Überwachung auf ihn über; er kann ggf. einzelne Maßnahmen seinem Recht anpassen. Ansonsten aber **verbleibt das Verfahren** vollständig beim **Anordnungsstaat** (Art. 18). Der Vollstreckungsstaat prüft lediglich die Befolgung der dem Beschuldigten auferlegten Maßnahmen. Verstöße hat er dem Gericht des Anordnungsstaates zu melden; weitergehende Befugnisse hat er insoweit nicht. Insbesondere obliegt es dem Anordnungsstaat zu entscheiden, ob er einen Europäischen Haftbefehl – den der Vollstreckungsstaat sodann zu befolgen hat – erlässt.

---

2 BTDrucks. 18/4894 S. 43.

b) Umsetzung in deutsches Recht

Die Umsetzung ist nachhaltig **missglückt.** Der Rahmenbeschluss enthält – wie 4 üblich – in Art. 14 einen umfangreichen Katalog von Straftaten, bei denen das Erfordernis beiderseitiger Strafbarkeit nicht zu prüfen ist. Absatz 4 der Bestimmung gestattet es jedem Mitgliedstaat mitzuteilen, dass er aus verfassungsrechtlichen Gründen diese Vorschrift unangewendet lassen will. Die Bundesrepublik hat eine solche Erklärung abgegeben. Dementsprechend bestimmt § 90p Abs. 1 Nr. 1 IRG generell, dass die Übernahme der Überwachung unzulässig ist, wenn dem Erfordernis beiderseitiger Strafbarkeit nicht genügt ist.

Warum Deutschland eine derartige Erklärung abgegeben hat, ist in der Gesetzesbegründung nicht dargetan.[3] Es ist auch nicht erklärt, welche verfassungsrechtlichen Gründe hier – im Gegensatz zur Regelung in anderen Umsetzungsgesetzen – einer Befolgung der europarechtlichen Vorgabe im Wege stehen könnten. Solche Gründe sind auch nicht erkennbar. Die Vorschrift des Umsetzungsgesetzes ist deshalb mit dem Rahmenbeschluss unvereinbar; das Gesetz verstößt in diesem Punkt eindeutig gegen europäisches Recht. Es steht insoweit auch der Durchsetzung des mit dem Rahmenbeschluss verfolgten Zieles im Wege, da es den ausländischen Richter davon abhalten wird, die Anordnung der Untersuchungshaft außer Vollzug zu setzen, wenn der Beschuldigte Bindungen nach Deutschland hat.

Auch das Verfahren ist aufwändig und kompliziert gestaltet, es wird dem 5 vergleichsweise unbedeutenden Gegenstand nicht gerecht. Zunächst hat die Staatsanwaltschaft das Übernahmegesuch zu prüfen und ggf. abzulehnen; sodann wird das Amtsgericht eingeschaltet, das über die Zulässigkeit befindet. Danach erklärt die Staatsanwaltschaft gegenüber dem Anordnungsstaat die „Bewilligung" der Übernahme und im Anschluss gehen die Akten wieder zum Amtsgericht, welches die Überwachung durchführt. Die Erwägung, das gesamte Verfahren wie im Falle der Europäischen Schutzanordnung in eine Hand zu legen – auch die Staatsanwaltschaft wäre in Betracht gekommen –, hat ersichtlich keine Rolle gespielt. Die Einwände, welche gegenüber den restriktiven Tendenzen des deutschen Gesetzgebers auch sonst zu erheben sind, gelten hier in besonderem Maße.

---

3 BTDrucks. 18/4894 S. 26, 41.

2. Die Europäische Schutzanordnung

a) Inhalt der Richtlinie

6 Mit der Richtlinie über die Europäische Schutzanordnung[4] verpflichtet die EU die Mitgliedstaaten (außer Irland und Dänemark), in einem anderen Mitgliedstaat getroffene Maßnahmen eines **Strafgerichts**[5] zum Schutze gefährdeter Personen anzuerkennen und zu vollstrecken. Schutzmaßnahmen sind die in Art. 5 der Richtlinie bezeichneten Verbote und Beschränkungen, die die geschützte Person vor der Begehung einer (weiteren) gegen das Leben, die körperliche oder sexuelle Integrität, die Würde oder die persönliche Freiheit gerichteten Straftat durch die gefährdende Person bewahren sollen. Verboten werden können hiernach das Betreten bestimmter Räumlichkeiten oder Gebiete, Kontaktaufnahmen, Annäherungen. Der Erlass einer Schutzanordnung setzt voraus, dass die zu schützende Person ihren Wohnsitz oder Aufenthalt aus dem Gebiet des anordnenden Staates verlegt hat oder verlegen will.

Der Vollstreckungsstaat ist zur **Anerkennung verpflichtet**, kann jedoch nach der Richtlinie die Anerkennung der Schutzanordnung nach seinem Ermessen in einer Reihe von Fällen ablehnen, die aus dem klassischen Rechtshilferecht bekannt sind. Hierzu sind vor allem die Fälle zu zählen, in denen die ausschließliche Zuständigkeit des Vollstreckungsstaates für die Verfolgung der Straftat der gefährdenden Person gegeben war, in denen für die Anlasstat das Gegenseitigkeitserfordernis nicht erfüllt ist, dass die Anlasstat verjährt ist, und schließlich die aus dem Urteil des Bundesverfassungsgerichts zum Europäischen Haftbefehl entlehnte Befugnis zur Ablehnung, wenn die Straftat der gefährdenden Person ganz oder zu großen oder wesentlichen Teilen auf dem Staatsgebiet des Vollstreckungsstaates begangen wurde (Art. 10 Abs. 1 der Richtlinie). Der Vollstreckungsstaat hat die Maßnahmen zu ergreifen, die nach seinem nationalen Recht für vergleichbare Fälle vorgesehen sind. Das können entsprechend seinem nationalen Recht straf-, verwaltungs- oder zivilrechtliche Maßnahmen sein.

Der Vollstreckungsstaat kann aufgrund der Schutzanordnung weitere Maßnahmen nach seinem Recht beschließen und vollstrecken sowie Verstöße durch Strafen ahnden.

---

4 Richtlinie 2011/99/EU über die Europäische Schutzanordnung vom 13.12.2011, ABl. 2011 L 338 S. 2.

5 In Spanien ist bei bestimmten Gewalttaten im häuslichen Bereich ein Verbot der Annäherung als Nebenstrafe zwingend vorgeschrieben. Vgl. dazu EuGH C-483/09, Urteil vom 15.9.2011 – Sanchez; Schlussantrag der Generalanwältin.

b) Umsetzung in deutsches Recht

Die Richtlinie ist Ende 2014 durch das **Europäische Gewaltschutzverfahrens-** 7
gesetz in deutsches Recht umgesetzt worden.[6] Der deutsche Gesetzgeber hat die
Anerkennung und Durchführung der Europäischen Schutzanordnung einem
zentralen **Familiengericht** im Bezirk jeden Oberlandesgerichtes und damit der
Ziviljustiz übertragen.

Die **Anerkennung** durch das Familiengericht ist praktisch **obligatorisch**.
Die Versagensgründe, welche die Richtlinie der nationalen Gesetzgebung frei-
stellt, hat der deutsche Gesetzgeber mit der – etwas überraschenden – Begründung nicht übernommen, dass diese Versagensgründe nur für das Strafverfahren von Bedeutung seien, nicht aber im Bereich der Ziviljustiz.[7] Dafür hat der
deutsche Gesetzgeber den Versagungsgrund mangelnden rechtlichen Gehörs im
Anordnungsstaat eingeführt; dieser Grund ist in der Richtlinie nicht enthalten.
Der Regierungsentwurf des Gesetzes beruft sich insoweit zu Recht auf die zwingenden Grundsätze rechtsstaatlicher Verfahrensweise,[8] wie sie in Art. 6 Abs. 4
der Richtlinie zum Ausdruck kommen.

Die Anerkennung ergeht ohne Anhörung des Betroffenen und ist unanfechtbar. Sachlich anwendbar ist das **Gewaltschutzgesetz**;[9] das Familiengericht hat
zugleich mit der Anerkennung jeweils diejenigen im Gewaltschutzgesetz vorgesehenen Maßnahmen anzuordnen, die den im Anordnungsstaat verhängten
Schutzmaßnahmen gleichkommen (§ 9 des Gewaltschutzverfahrensgesetzes).
Verstöße gegen die Anordnungen sind **strafbar** (§ 24). Das Verfahren des Fami-
liengerichts richtet sich nach dem Gesetz über das Verfahren in Familiensachen.[10]

Die Zuweisung der Aufgabe an das Familiengericht erscheint nach der 8
grundsätzlichen Entscheidung der deutschen Rechtsordnung, das Gewalt-
schutzrecht zivilrechtlich auszugestalten, verständlich und auch ökonomisch.
Aber das ist höchst problematisch, wenn nicht eine selbstständige Schutzmaß-
nahme, sondern zusätzlich etwa die Überwachung der Lebensführung des Verurteilten bei einer zur **Bewährung** ausgesetzten Strafe nach hier übernommen
werden soll. Diese Aufgabe wäre dem **Strafgericht** zuzuweisen mit der Folge,
dass sich zwei verschiedene deutsche Gerichte mit denselben Fragen zu befas-

---

6 Gesetz zum Europäischen Gewaltschutzverfahren vom 5.12.2014 (BGBl. I S. 1964).
7 Regierungsentwurf des Gesetzes über das Europäische Gewaltschutzverfahren, BTDrucks.
18/2955 S. 29.
8 Regierungsentwurf BTDrucks 18/2955 S. 29.
9 Gesetz zum zivilrechtlichen Schutz vor Gewalttaten und Nachstellungen vom 11.12.2001
(BGBl. I S. 3513).
10 Gesetz über das Verfahren in Familiensachen und in den Angelegenheiten der freiwilligen
Gerichtsbarkeit, §§ 210 ff.

sen hätten. Die Richtlinie ordnet insoweit an, dass u.a. der Rahmenbeschluss vom 27.11.2008, der die Übertragung der Überwachung von Bewährungsmaßnahmen und alternativen Sanktionen auf Gerichte eines anderen Mitgliedstaates ermöglichen soll,[11] **unberührt** bleibt (Art. 13 Abs. 3, Art. 20 Abs. 2). Damit dürfte eine **Vorrangregelung** zu Gunsten der strafrechtlichen Überwachungsmaßnahmen gemeint sein. Das deutsche Ausführungsgesetz schweigt hierzu in der irrigen Annahme, dass derartige Situationen konkurrierender Verfahrensgestaltungen durch die Richtlinie ausreichend geregelt seien.[12] Allerdings kann die Konkurrenzlage schon jetzt auch im innerstaatlichen Bereich auftreten (vgl. § 56c Abs. 2 Nr. 3 StGB). Vergleichbare Probleme entstehen bei Auflagen zur Abwendung von Untersuchungshaft.[13] Praktische Schwierigkeiten werden durch eine elastische Zusammenarbeit der betroffenen Gerichte zu überwinden sein.

Für die Anerkennung und Vollstreckung deutscher strafrechtlicher Gewaltschutzmaßnahmen in einem anderen Mitgliedstaat der EU ist kein Raum. Strafrechtliche Anordnungen dieser Art kommen im deutschen Recht nur als Bewährungsauflagen vor. Sie werden vom Rahmenbeschluss Bewährungsentscheidungen erfasst.

9   Die Übertragung der Anerkennung auf das Familiengericht **beseitigt vollständig** den herkömmlichen Dualismus von behördlichem Bewilligungsverfahren und gerichtlicher Rechtsprüfung. Eine Versagung der Anerkennung wird allenfalls in Ausnahmefällen noch in Betracht kommen, die Anerkennung selbst ist unanfechtbar. Damit hat der deutsche Gesetzgeber einen bemerkenswerten Schritt über das Anerkennungsprinzip hinaus zum Grundsatz der vorbehaltlosen **europaweiten Wirksamkeit** gerichtlicher Entscheidungen getan. Es zeigt sich wiederum, dass zwingende Sachgründe – hier der Opferschutz – traditionelle Denkweisen überwinden können.

---

11 Rahmenbeschluss 2008/947/JI vom 27.11.2008 über die Anwendung der Grundsätze der gegenseitigen Anerkennung auf Urteile und Bewährungsentscheidungen im Hinblick auf die Überwachung von Bewährungsmaßnahmen und alternativen Sanktionen, ABl. 2008 L 337 S. 102, umgesetzt durch Gesetz vom 17.7.2015 (BGBl. I S. 1349).
12 Regierungsentwurf BTDrucks. 18/2955 S. 24.
13 Rahmenbeschluss 2009/829/JI vom 23.10.2009 über die Anwendung des Grundsatzes der gegenseitigen Anerkennung auf Entscheidungen über Überwachungsmaßnahmen als Alternative zur Untersuchungshaft, ABl. 2009 L 294 S. 20; Umsetzung durch Drittes Gesetz zur Änderung des Gesetzes über die Internationale Rechtshilfe in Strafsachen vom 16.7.2015 (BGBl. I S. 1197).

II. Verfahrensrecht – Rechtsangleichung (Art. 82 Abs. 2 AEUV)

Die Gesetzgebung der EU zum Zwecke der Rechtsangleichung im Verfahrens- **10**
recht dient dazu, das gegenseitige Vertrauen der Mitgliedstaaten in ihre Strafrechtspflege zu stärken und so die gegenseitige Anerkennung gerichtlicher Entscheidungen zu erleichtern. Ihr zulässiger Umfang ist in doppelter Hinsicht beschränkt. Nach Art. 82 Abs. 2 Satz 1 AEUV darf die Angleichung nur zur
Erreichung bestimmter Ziele erfolgen; und ferner ist nach Art. 82 Abs. 2 Satz 3
AEUV die Kompetenz auch gegenständlich eingeschränkt. Da zusätzlich die
Unterschiede der Rechtsordnungen und -traditionen der Mitgliedstaaten zu berücksichtigen sind, ist nach dieser Vorschrift eine Vereinheitlichung der unterschiedlichen Rechtssysteme in Europa nicht zu erwarten. Weder das angelsäch-
sische Jurysystem, noch das romanische System von Voruntersuchung und
Schwurgericht stehen zur Debatte.

Die Bemühungen um Rechtsangleichung müssen sich deshalb auf **Randbe-
reiche** beschränken, welche in vielfacher Hinsicht bereits durch den Grundsatz
des fairen Verfahrens, wie er in der EMRK und der Grundrechtecharta verankert
ist, erfasst werden könnten. Andererseits ist die Rechtsangleichung hier auch
einfacher, weil sie nicht auf grundlegende gegensätzliche Positionen stößt. In
Deutschland kommt hinzu, dass viele der Richtlinienvorschläge sich bereits im
geltenden Recht wiederfinden und daher bei der Umsetzung lediglich punktuelle Anpassungen erforderlich machen.

Die EU hat mit dem Programm zur Angleichung des Verfahrensrechts im
Wesentlichen nach Inkrafttreten des Vertrages von Lissabon begonnen; dementsprechend bedient sie sich des Instruments der Richtlinie. Frühere Rahmenbeschlüsse haben keine Bedeutung mehr. Neben verabschiedeten und teilweise
umgesetzten Richtlinien über Dolmetscherleistungen und Übersetzungen, über
Belehrungs- und Unterrichtungspflichten, über die Zuziehung von Verteidigern
und über Opferrechte ist jetzt eine bedeutendere Richtlinie erlassen worden,
welche sich mit der Unschuldsvermutung, dem Schweigerecht des Beschuldigten und mit Abwesenheitsurteilen befasst. Die Umsetzung geschah durchweg
im „normalen" Verfahren, d.h. durch Änderung der betroffenen deutschen Gesetze, und ohne dass die europarechtliche Veranlassung der Regelung erkennbar ist.

Außerdem hat sich der europäische Gesetzgeber nunmehr auch dem **Ju-
gendstrafverfahren** zugewandt. Mit der Richtlinie über Verfahrensgarantien
für beschuldigte oder verdächtige Kinder,[14] die bis zum 11.6.2019 umzusetzen

---

14 Richtlinie 2016/800 vom 11.5.2016 über Verfahrensgarantien in Strafverfahren für Kinder,
die Verdächtige oder beschuldigte Personen in Strafverfahren sind, ABl. 2016 L 132 S. 1.

ist, wird der mit den bereits genannten Richtlinien eingeschlagene Weg fortgesetzt. Die Verfahrensgarantien gelten auch in den Verfahren zur Vollstreckung eines Europäischen Haftbefehls. Kinder sind – wie auch sonst im europäischen Strafrecht – Personen bis zur Vollendung des achtzehnten Lebensjahres. Von einer weiteren Behandlung dieser Richtlinie wird hier abgesehen.

1. Die Richtlinien über das Recht auf Dolmetschleistungen und Übersetzungen sowie über das Recht auf Belehrung und Unterrichtung in Strafverfahren

11 Der Inhalt der beiden Richtlinien[15] ergibt sich aus ihren Überschriften. Es handelt sich um die ersten europäischen Rechtsakte auf dem Weg zu europaweit einheitlichen Mindestverfahrensrechten für den Beschuldigten. Da die wesentlichen Garantien der Richtlinien im deutschen Recht bereits bestanden, konnte sich der Gesetzgeber bei der Umsetzung in deutsches Recht[16] auf punktuelle Ergänzungen der vorhandenen Gesetze beschränken.

Das Recht auf **Übersetzungen** für Personen, die der deutschen Sprache nicht mächtig sind und keinen Verteidiger haben, ist in § 187 GVG beträchtlich erweitert worden. Für Dolmetscher und Übersetzer gilt nach § 189 Abs. 4 GVG eine **Verschwiegenheitspflicht**, die in ihrer Ausgestaltung als Ordnungsvorschrift[17] aber **missglückt** ist. Übersetzungen in öffentlicher Hauptverhandlung bedürfen keiner Verschwiegenheit des Dolmetschers, weil die Öffentlichkeit ihren Geheimnischarakter ausschließt. Übersetzungen von Gesprächen des Verteidigers mit seinem Mandanten im Gerichtssaal nehmen hingegen an der Vertrauensbeziehung zwischen Verteidiger und Angeklagten teil und bedürfen sehr wohl einer verstärkten Absicherung gegen Offenbarungen. Das Recht auf Gestellung eines Dolmetschers besteht bereits im Ermittlungsverfahren.[18]

Die Richtlinie ändert aber nichts daran, dass die **Verfahrenssprache Deutsch** ist und Verfahrenshandlungen wirksam nur in dieser Sprache vorgenommen werden können. Das hat nunmehr auch der EuGH bestätigt.[19]

---

15 Richtlinie 2010/64/EU vom 20.10.2010 über das Recht auf Dolmetschleistungen und Übersetzungen in Strafverfahren, ABl. 2010 L 280 S. 1; Richtlinie 2012/13/EU vom 22.5.2012 über das Recht auf Belehrung und Unterrichtung in Strafverfahren, ABl. 2012 L 142 S. 1.

16 Gesetz zur Stärkung der Verfahrensrechte von Beschuldigten im Strafverfahren vom 2.7.2013 (BGBl. I S. 1938); Gesetzentwurf BTDrucks. 17/12.578; dazu *Christl* NStZ 2014, 376; kritisch *Schneider* StV 2015, 379.

17 Begründung zum Gesetzentwurf BTDrucks. 17/12.578 S. 14.

18 EGMR, Urteil vom 14.10.2014 – Baytar ./. Türkei, Beschwerdenummer 45.440/04.

19 EuGH C-216/14, Urteil vom 15.10.2015 – Covaci m. Anm. *Brodowski* StV 2016, 205 und *Kulhanek* JR 2016, 207.

Hinsichtlich der erforderlichen **Belehrungen**, deren Umfang erweitert wurde, ist nunmehr Schriftlichkeit vorgesehen; die ohnehin meist vorhandenen Formulare waren zu ergänzen. Probleme im Zusammenhang mit der Durchführung der Richtlinie können sich aber in **Strafbefehlsverfahren** ergeben, wenn der Beschuldigte im Ausland wohnt oder unbekannten Aufenthalts ist, keinen Zustellungsbevollmächtigten hat und der Erlass eines Haftbefehls vermieden werden soll.[20]

2. Die Richtlinie über das Recht auf Zugang zu einem Rechtsbeistand in Strafverfahren und auf Kommunikation während des Freiheitsentzugs

Die Richtlinie[21] hat weitere punktuelle Bereiche aus der Rechtsstellung von Be- **12** schuldigten, die sich aus der Überschrift ergeben, zum Gegenstand. Ihr Anwendungsbereich ist definiert für die Zeit vom Beginn der Rechtsstellung als Beschuldigter an bis zum rechtskräftigen Abschluss des Strafverfahrens. Er umfasst daher nicht das Vollstreckungsverfahren und den Strafvollzug, gilt aber davor für jede Phase eines Freiheitsentzugs (Art. 2 Abs. 1, Abs. 4 letzter Satz).

Der Rechtsakt versteht sich als **Ausführungsgesetz** zu den Bestimmungen der **EMRK** und den dazu ergangenen Entscheidungen des EGMR (Erwägungsgrund 12). Seine Auslegung muss daher dynamisch geschehen, d.h. unter Berücksichtigung der jeweils aktuellen Rechtsprechung des EGMR. Die Folgen eines Verstoßes insbesondere gegen die Regelungen über den Zugang zum Verteidiger bestimmt der Text der Richtlinie zwar nicht. In seinen Erwägungsgründen nimmt er aber auch insoweit sehr deutlich auf die Rechtsprechung des EGMR Bezug (Erwägungsgrund 50). Die Richtlinie war bis zum 27.11.2016 in nationales Recht umzusetzen (Art. 15).

Auch die durch diese Richtlinie verlangten prozessualen Regelungen finden sich überwiegend bereits im deutschen Recht. Ein Umsetzungsbedarf könnte sich aber im Hinblick auf die Teilnahme von **Verteidigern an Ermittlungshandlungen** sowie im Hinblick auf den Zeitpunkt der Bestellung eines Pflichtverteidigers ergeben.

---

20 Dazu EuGH C-216/14, Urteil vom 15.10.2015 – Covaci; EuGH C-124/16, Urteil vom 22.3.2017 – Tranca; *Gietl* StV 2017, 263.
21 Richtlinie 2013/48/EU vom 20.10.2013 über das Recht auf Zugang zu einem Rechtsbeistand in Strafverfahren und in Verfahren zur Vollstreckung des Europäischen Haftbefehls sowie über das Recht auf Benachrichtigung eines Dritten bei Freiheitsentzug und das Recht auf Kommunikation mit Dritten und mit Konsularbehörden während des Freiheitsentzugs, ABl. 2013 L 294 S. 1.

Mit der Teilnahme des Verteidigers an Ermittlungshandlungen befasst sich Art. 3 der Richtlinie. Sein Wortlaut bereitet dem Verständnis einige Schwierigkeiten; mithilfe der Erwägungsgründe 25 und 26 lässt sich der Inhalt aber wie folgt kennzeichnen: Der Beschuldigte ist vor Vernehmungen nicht mehr lediglich darauf hinzuweisen, dass er seinen Verteidiger befragen könne (vgl. § 163a, § 136 StPO). Bei allen Ermittlungshandlungen, die im nationalen Recht vorgesehen sind und bei denen nach diesem Recht die Anwesenheit des Beschuldigten vorgeschrieben oder zulässig ist, soll der Verteidiger zur Anwesenheit berechtigt sein und darüber hinaus die Befugnis zur „wirksamen" Ausübung der Verteidigung haben. Er soll daher auch Fragen stellen dürfen. Diese generelle Bestimmung wird allerdings in beträchtlichem Umfang durch Art. 3 Abs. 3 Buchst. c) der Richtlinie eingeschränkt. Danach ist das Anwesenheits- und Teilhaberecht des Verteidigers „mindestens" bei Tatrekonstruktionen und Gegenüberstellungen vorzusehen.

Dem Grundgedanken der Richtlinie entspräche es, die Teilnahme des Verteidigers bei allen Vernehmungen des Beschuldigten sowie bei allen anderen Ermittlungshandlungen, die die Anwesenheit des Beschuldigten voraussetzen oder zulassen, rechtlich zu ermöglichen. Die Änderung betrifft nach deutschem Recht Ermittlungsmaßnahmen und Vernehmungen der **Polizei.**

Damit ist die Frage aufgeworfen, ob bei der Umsetzung ein Teilhaberecht des Verteidigers für alle Verfahren, auch für Bagatellverfahren, vorzusehen ist. Erneut stellt sich auch die Frage, ob das Gebot der Gleichbehandlung der Beschuldigten eine Vorverlegung des Zeitpunktes verlangt, zu dem die Bestellung eines Pflichtverteidigers notwendig wird.

Die Richtlinie wird ergänzt durch eine weitere Maßnahme, welche Verdächtigen und Beschuldigten einen Anspruch auf **Prozesskostenhilfe** vom Zeitpunkt ihrer Festnahme an gewährleistet.[22]

3. Die Opferschutz-Richtlinie

13 Die Opferschutz-Richtlinie[23] **ersetzt** den in weiten Teilen gleichlautenden **Rahmenbeschluss,** welcher Grundlage für das Urteil in der Sache Peppino war. In

---

22 Richtlinie 2016/1919 vom 26.10.2016 über Prozesskostenhilfe für Verdächtige und beschuldigte Personen in Strafverfahren sowie für gesuchte Personen in Verfahren zur Vollstreckung des Europäischen Haftbefehls, ABl. 2016 L 297 S. 1.
23 Richtlinie vom 25.10.2012 über Mindeststandards für die Rechte, die Unterstützung und den Schutz von Opfern von Straftaten sowie zur Ersetzung des Rahmenbeschlusses 2001/220/JI, ABl. 2012 L 315 S. 57.

besonderer Weise wendet er sich Opfern zu, welche sekundärer und wiederholter Viktimisierung, Einschüchterung und Vergeltung ausgesetzt sind oder sein können (Erwägungsgrund 57). Die Materie bringt Überschneidungen mit dem Regelungsbereich der Richtlinie zum Schutz von Kindern vor sexuellem Missbrauch und der Richtlinie zur Bekämpfung des Menschenhandels mit sich. Ihre Umsetzung im föderalen System der Bundesrepublik kann besondere Kompetenzprobleme aufwerfen (Kap. 2/54).

a) Inhalt der Richtlinie

Zunächst erweitert die Richtlinie den im deutschen Recht bisher schon vorhandenen umfangreichen Katalog von Informations- und Belehrungspflichten und begründet Rechte auf **Dolmetscher**- und Übersetzungsleistungen auch für das Opfer. 14

In den Art. 8 und 9 verpflichtet die Richtlinie die Mitgliedstaaten, Opferunterstützungsdienste vorzuhalten, und daneben spezialisierte vertrauliche Unterstützungsdienste zum Schutz besonders gefährdeter Opfer (hierzu Kap. 11/16).

Art. 11 verleiht den Opfern von Straftaten sodann die Befugnis, *„im Einklang mit ihrer Stellung in der betreffenden Strafrechtsordnung"* jede Entscheidung über einen Verzicht auf Strafverfolgung im **Rechtsmittelwege** überprüfen zu lassen. Die Vorschrift ist im Hinblick auf das deutsche Recht problematisch. Zwar steht dem Opfer das Mittel des Klageerzwingungsverfahrens offen, und als Nebenkläger hat es auch die Befugnis, Rechtsmittel einzulegen. Aber gegen **Einstellungen** nach den §§ 153 ff. StPO kann es sich nach deutschem Recht nicht wehren. 15

Der Ausschluss von Rechtsmitteln in diesem Bereich lässt sich mit gewichtigen sachlichen Argumenten rechtfertigen. So können die Interessen des Angeklagten es nahe legen, eine Einstellung des Verfahrens nicht von der Zustimmung des Opfers oder sogar von der Erfüllung vielleicht unberechtigter Forderungen abhängig zu machen. Andererseits weist § 153a StPO ausdrücklich auf die Möglichkeit einer Mitwirkung des Opfers bei der Verfahrenserledigung hin.

Art. 11 der Richtlinie könnte dahin zu verstehen sein, dass die Vorschrift unter dem Vorbehalt anderweitiger nationaler Regelungen steht. Damit würde sie allerdings bedeutungslos. Nicht unmöglich wäre aber auch eine Auslegung, wonach eine Verfahrenseinstellung generell anfechtbar sein muss und nur deren Modalitäten sich nach der betreffenden Strafrechtsordnung bestimmen sollen. Dann wäre der Hinweis auf die nationale Strafrechtsordnung verwirrend und überflüssig. Daher kommt dem Wortlaut von Art. 11 der Richtlinie besondere Bedeutung zu. Danach ist entscheidend, welches die Stellung des Opfers in der betreffenden Strafrechtsordnung ist.

Es gibt europäische Strafverfahrensordnungen, welche das Opfer per se als Partei behandeln und ihm von vornherein selbstständige prozessuale Rechte verleihen. In Deutschland ist das anders. Abgesehen von Informationsrechten hat das Opfer selbstständige prozessuale Befugnisse im Wesentlichen nur, wenn es Privatklage erhoben oder sich dem Verfahren als Nebenkläger angeschlossen hat. Nur dann betrachtet das Gesetz ihn als Verfahrensbeteiligten. Diese prozessuale Stellung meint Art. 11 der Richtlinie. Die Regelung ist daher so auszulegen, dass das nationale Recht dem Opfer dann die Rechtsmittelbefugnis zuerkennen muss, wenn es ihm auch im Übrigen eine Stellung als Prozessbeteiligter einräumt. Unter diesem Gesichtspunkt erscheint nur § 400 Abs. 2 Satz 2 StPO, der eine Anfechtungsmöglichkeit des Nebenklägers bei Verfahrenseinstellungen gemäß §§ 153 ff. StPO ausschließt, bedenklich. Dasselbe gilt für § 390 Abs. 5 StPO über die Einstellung des Verfahrens im Privatklageverfahren.

Ansonsten sehen die Art. 12 ff. der Richtlinie vor, dass die Mitgliedstaaten bei einem Geständnis des Täters einen Täter – Opfer – Ausgleich ermöglichen sollen, dass das Opfer Prozesskostenhilfe erhalten und Erstattung seiner Verfahrenskosten verlangen kann; ferner ist ein Adhäsionsverfahren einzuführen.

Zu Beginn des Verfahrens ist nach Art. 22 der Richtlinie eine individuelle Begutachtung zur Feststellung besonderer Schutzbedürftigkeit des Opfers vorzunehmen. Hierbei soll insbesondere ermittelt werden, welche Sondermaßnahmen bezüglich der Vernehmungsmodalitäten und der sonstigen Behandlung des Opfers vor Gericht erforderlich sind (Art. 23, 24). Kinder – d.h. Personen unter 18 Jahren – sind stets als besonders schutzbedürftig zu betrachten.

b) Umsetzung in deutsches Recht

16 Die Richtlinie ist durch das 3. Opferrechtsreformgesetz in deutsches Recht umgesetzt worden.[24]

Das Gesetz folgt im Wesentlichen den Vorgaben der Richtlinie, ohne allerdings die hinsichtlich der Rechtsmittelbefugnis des Opfers bestehenden Bedenken zu zerstreuen.

Von erheblicher Bedeutung – auch für die Prozesspraxis – ist Art. 4 des Gesetzes. Damit wird in Ausführung von § 406g StPO mit Wirkung vom 1.1.2017 ein

---

24 3. Opferrechtsreformgesetz vom 21.12.2015 – BGBl. I S. 2525; Gesetzentwurf BTDrucks. 18/4621; Schriftl. Bericht des Rechtsausschusses BTDrucks. 18/6906.

neues „**Gesetz über die psychosoziale Prozessbegleitung im Strafverfahren**" geschaffen.

Psychosoziale Prozessbegleitung soll das Opfer als Beistand in Anspruch nehmen können; auch eine Beiordnung ist möglich. Der psychosoziale Prozessbegleiter hat jedoch kein Zeugnisverweigerungsrecht. Seine Aufgabe besteht darin, dem Verletzten vor, während und nach der Hauptverhandlung die notwendigen Informationen zu verschaffen und ihn zu betreuen, insbesondere um eine nachträgliche oder wiederholte Viktimisierung zu vermeiden. Sie besteht weder in rechtlicher Beratung noch in Mitwirkung bei der Aufklärung des Sachverhalts.

Opfer vorsätzlicher Gewalttaten, die keine **Entschädigung** zu erlangen vermögen, sind vom Staat zu entschädigen (Kap. 5/53). Dazu existiert eine Richtlinie des Rates aus dem Jahre 2004;[25] Einwände gegen deren Gültigkeit hat der EuGH zurückgewiesen.[26]

4. Die Richtlinie über die Stärkung bestimmter Aspekte der Unschuldsvermutung und das Recht auf Anwesenheit in der Verhandlung in Strafverfahren

Die bis zum 1.4.2018 umzusetzende Richtlinie[27] trifft in drei Bereichen für den rechtsstaatlichen Strafprozess wichtige Regelungen. Sie übernimmt aus der Rechtsprechung des EGMR dessen Bestimmung von Inhalt und Umfang der Unschuldsvermutung; weiterhin trifft sie Aussagen über die Bedeutung des Schweigerechts des Beschuldigten und schließlich konstituiert sie einen europäischen ordre public hinsichtlich der Voraussetzungen für den Erlass von Abwesenheitsurteilen. Großbritannien, Irland und Dänemark beteiligen sich nicht. **17**

a) Unschuldsvermutung

Zur Unschuldsvermutung knüpft die Richtlinie an die Rechtsprechung des EGMR an (Kap. 9/101). Danach darf ein Beschuldigter vor seiner rechtsförmlichen Verurteilung weder von Justizbehörden noch von anderen Amtsträgern **18**

---

25 Richtlinie 2004/80 vom 29.4.2004 zur Entschädigung der Opfer von Straftaten, ABl. 2004 L 261 S. 15.
26 EuGH C-601/14, Urteil vom 11.10.2016 – Kommission ./. Italien.
27 Richtlinie (EU) 2016/343 vom 9.3.2016 über die Stärkung bestimmter Aspekte der Unschuldsvermutung und des Rechts auf Anwesenheit in der Verhandlung in Strafverfahren, ABl. 2016 L 65 S. 1.

des Staates als schuldig behandelt werden. Erläuterungen hierzu enthalten die Erwägungsgründe. In Erwägungsgrund 16 sind einzelne Beispiele für Verstöße gegen die Unschuldsvermutung aufgezählt. Danach ist auch der bloße Eindruck zu vermeiden, als sei der Beschuldigte bereits überführt. Der Beschuldigte soll deshalb nicht etwa in Häftlingskleidung der Öffentlichkeit präsentiert werden. Maßnahmen zur Regulierung der Presseberichterstattung selbst verlangt die Richtlinie nicht. Sie enthält sich auch jeder Vorschrift über die prozessualen **Folgen von Verstößen** gegen die Unschuldsvermutung. Wohl mit Rücksicht auf einige Rechtsordnungen werden auch **Tatsachen- und Rechtsvermutungen** zum Nachteil des Beschuldigten nicht von vornherein ausgeschlossen (Erwägungsgrund 22).

b) Schweigerecht

19 Über ihre Überschrift hinausgehend behandelt die Richtlinie im Zusammenhang mit der Unschuldsvermutung die Schweigebefugnis des Beschuldigten und sein Recht, sich nicht selbst belasten zu müssen (Art. 7). Den Zusammenhang mit der Unschuldsvermutung stellt sie durch das aus dem deutschen Strafprozess bekannte **Verbot** her, aus dem **Schweigen des Beschuldigten** tatsächliche **Schlüsse** zu seinem Nachteil zu ziehen (Art. 7 Abs. 5). Eine richterliche Beweiswürdigung, welche die ihr gezogenen rechtlichen Grenzen überschreitet, ist damit zugleich ein Verstoß gegen die Unschuldsvermutung. Das kann man so sehen.

In welchem Umfang der richterlichen Beweiswürdigung Grenzen gesetzt sind, regelt die Richtlinie nicht näher. Daher wird letztlich im Wege der Vorabentscheidung durch den EuGH zu entscheiden sein, ob die **Differenzierungen** der deutschen Rechtsprechung europarechtlich Bestand haben, welche beispielsweise das Teilschweigen des Beschuldigten der freien richterlichen Beweiswürdigung unterwerfen, hingegen Schlussfolgerungen aus dem Zeitpunkt seiner Einlassung untersagen.[28]

Die Frage, ob der europäische Gesetzgeber befugt ist, Regeln für die richterliche Beweiswürdigung aufzustellen, stellt sich aus deutscher Sicht – wo solche Regeln von der Rechtsprechung geschaffen wurden – nicht.

---

28 BGHSt. 20, 298; BGHSt. 38, 302, 305; BVerfG, Beschluss vom 6.9.2016 – 2 BvR 890/16, Rdn. 35.

c) Abwesenheitsurteile

Die Richtlinie statuiert ferner **Mindestvoraussetzungen** der Zulässigkeit von 20
Verhandlungen in Abwesenheit des Angeklagten. Der deutsche Strafprozess
kommt bekanntlich im Wesentlichen ohne diese Verfahrensform aus (Ausnahmen: §§ 232, 233 StPO, Strafbefehls- und Privatklageverfahren). Im Gegenteil,
§ 230 StPO begründet eine Pflicht des Angeklagten zum Erscheinen in der
Hauptverhandlung, die auch mit Zwangsmitteln durchgesetzt werden kann. In
anderen Mitgliedstaaten der EU spielen die Verhandlung in Abwesenheit sowie
Abwesenheitsurteile jedoch eine beträchtliche Rolle. Die Rechtsprechung der
europäischen Gerichte musste sich mehrfach mit ihnen befassen (Kap. 9/30).
Nach der Richtlinie sollen sie künftig nur noch zulässig sein, sofern der Angeklagte von der Verhandlung rechtzeitig Nachricht erhalten hat oder sofern ihm
ein Verteidiger bestellt und dieser benachrichtigt war. Konnten diese Voraussetzungen nicht eingehalten werden, muss dem Angeklagten zwingend die
Möglichkeit eingeräumt sein, das ergangene Urteil anzufechten oder eine neue
Verhandlung zu erreichen, beides mit voller Tatsachenprüfung. Darüber ist er
zu belehren (Art. 8, 9).

Diese Regelungen werden für den deutschen Strafprozess zwar keine unmittelbare Bedeutung erlangen. Aber Abwesenheitsurteile haben im Zusammenhang mit dem **Europäischen Haftbefehl** immer wieder Probleme bereitet. Der
Grund hierfür lag regelmäßig darin, dass Abwesenheitsurteile als rechtsstaat-
lich kontaminiert gelten müssen, weil die Verteidigungsmöglichkeiten des Angeklagten im zugrunde liegenden Verfahren beschränkt sind. Daher war auch
der Rahmenbeschluss über den Europäischen Haftbefehl im Jahre 2009 um eine
Regelung für Abwesenheitsurteile ergänzt worden, die Eingang in das deutsche
IRG (§ 83 Abs. 2) gefunden hat. Die neuen Bestimmungen der Richtlinie gehen
noch darüber hinaus, indem sie ggf. eine volle neue Tatsachenverhandlung garantieren.

Die Richtlinie bietet die Aussicht, dass Probleme bei der Auslieferung aufgrund von Abwesenheitsurteilen in Zukunft endgültig überwunden werden
können. Denn mit ihr wird ein gemeinsamer Standard im Sinne eines **rechtsstaatlichen Minimums** geschaffen, der als europäischer ordre public bezeichnet werden kann. Ist er nicht eingehalten, ist die Übergabe des Verurteilten
auch an Mitgliedstaaten der EU unzulässig.

Im Hinblick auf den mit einer Neuverhandlung der Sache verbundenen
Aufwand wird mit der Richtlinie die Hoffnung verbunden werden können, dass
von ihr ein gewisser Druck auf die Mitgliedstaaten zur Harmonisierung ihres
Strafverfahrensrechts insofern ausgehen wird, als Abwesenheitsurteile künftig
die Ausnahme sein werden.

! **Stichworte:** Die Mindestanforderungen an Abwesenheitsurteile sind – über den Rahmenbeschluss über den Europäischen Haftbefehl hinaus – nunmehr allgemein erfasst; zur Unschuldsvermutung zählt der europäische Gesetzgeber auch das Schweigerecht des Beschuldigten. Die Richtlinie stellt insoweit Regeln für die richterliche Beweiswürdigung auf.

III. Materielles Strafrecht (Art. 83 Abs. 1 AEUV)

21 Das materielle Kernstrafrecht ist in Deutschland eine im Wesentlichen durchnormierte und voll ausgebildete Materie. Europäische Rechtsakte veranlassen daher häufig lediglich marginale Änderungen in den Gesetzestexten und entfalten ihre besondere Bedeutung vor allem als Maßstab für eine unionsrechtkonforme Auslegung.

1. Maßnahmen zur Bekämpfung der Geldwäsche

22 Unter Geldwaschen ist die Einschleusung von Vermögensgegenständen aus organisierter Kriminalität in den legalen Finanz- und Wirtschaftskreislauf zum Zweck der Tarnung zu verstehen. Der Wert soll erhalten, zugleich aber dem Zugriff der Strafverfolgungsbehörden entzogen werden.[29]

Anstoß zur Bekämpfung der Geldwäsche in Deutschland war das Suchtstoffübereinkommen der Vereinten Nationen, das die Vertragsstaaten in seinem Art. 3 Abs. 1 Buchst. b) dazu verpflichtete, das Waschen von Erlösen, die aus illegalen Betäubungsmittelgeschäften herrühren, unter Strafe zu stellen.[30] Der Umsetzung dieses Übereinkommens diente das Gesetz zur Bekämpfung der Organisierten Kriminalität,[31] durch das § 261 in seiner Erstfassung in das StGB eingefügt wurde. Über den Rahmen der Bekämpfung der Betäubungsmittel – Kriminalität ging sodann ein **Europaratsabkommen** hinaus, welches die Vertragsstaaten in seinem Art. 6 allgemein zur Schaffung von Strafdrohungen gegen Geldwäsche verpflichtete.[32] Die schleppende Transformation des Abkom-

---

29 Gesetzentwurf des Bundesrates zum OrgKG, BTDrucks 12/989 S. 26; s. ferner *Dannecker* in *Böse* Enz. § 8/120; *Kilchling* in *Sieber u.a.* EurStR § 16.

30 Gesetz vom 22.7.1993 zu dem Übereinkommen der Vereinten Nationen vom 20.12.1988 gegen den unerlaubten Verkehr mit Suchtstoffen und psychotropen Stoffen, BGBl. 1993 II S. 1136; zu weiteren internationalen Aktivitäten *Dannecker* in *Böse* Enz. § 8/122 ff.

31 OrgKG vom 15.7.1992, BGBl. I S. 1302.

32 Gesetz vom 8.4.1998 zu dem Übereinkommen vom 8.11.1990 über Geldwäsche pp., BGBl. 1998 II S. 519; abgelöst durch Übereinkommen des Europarats vom 16.5.2005 über Geldwäsche

mens in innerstaatliche Vorschriften veranlasste die EU zum Erlass eines Rahmenbeschlusses, nach dem von den Mitgliedstaaten „die erforderlichen Maßnahmen" zu ergreifen seien, damit die Ratifikation ohne Vorbehalte durchgeführt und die erforderlichen Strafsanktionen geschaffen würden.[33]

Die Europäische Union selbst hat im Rahmen der damaligen dritten Säule die Mitgliedstaaten durch völkerrechtliches Übereinkommen verpflichtet, Geldwäsche unter Strafe zu stellen. Dieses Übereinkommen wurde jedoch im Rahmen der Bemühungen um den Schutz der **finanziellen Interessen der Union** als Protokoll zu dem entsprechenden Vertrag geschlossen[34] und gilt nicht allgemein (näher Kap. 13/28 ff.). Das ergibt sich daraus, dass dieses Protokoll den Begriff der Geldwäsche zwar durch Bezugnahme auf die damals geltende Geldwäscherichtlinie[35] definiert, ihn jedoch durch eine Begrenzung der tauglichen Vortaten auf Betrug und Korruption im Sinne des Übereinkommens einschränkt. **23**

Die Union hat seit 1991 insgesamt **vier Richtlinien** erlassen, die Geldwäsche (und Terrorismusfinanzierung) zum Gegenstand haben.[36] Diese Richtlinien haben aber ein anderes **Ziel**. So lautet der Titel der jetzt geltenden vierten Richtlinie „Richtlinie zur Verhinderung der **Nutzung des Finanzsystems** zum Zwecke der Geldwäsche und Terrorismusfinanzierung".

Das Instrument der Geldwäscherichtlinie bezweckt, dass die Mitgliedstaaten den Akteuren des Finanzsystems, den „Verpflichteten" (Kredit- und Finanzinstitute sowie natürliche und juristische Personen, die berufsmäßig mit Transaktionen von Vermögenswerten befasst sind), umfangreiche Sorgfalts-, Melde- und Anzeigepflichten mit dem Ziel auferlegen, die Gefahr oder die Versuchung zur Begehung von Geldwäschestraftaten zu verringern.

(Art. 49 Abs. 5) mit Vorrang des EU-Rechts (Art. 52 Abs. 4), Gesetz vom 19.12.2016 (BGBl. II 2016 S. 1370).

33 Rahmenbeschluss 2001/500/JI vom 26.6.2001 über Geldwäsche sowie Ermittlung, Einfrieren, Beschlagnahme und Einziehung von Tatwerkzeugen und Erträgen aus Straftaten, ABl. 2001 L 182 S. 1.

34 Zweites Protokoll zum Übereinkommen über den Schutz der finanziellen Interessen der Europäischen Gemeinschaften (Gesetz vom 21.10.2002 – BGBl. 2002 II S. 2722), dort auch Definition in Art. 1 Buchst. e).

35 Zum Verhältnis zwischen leichtfertiger Geldwäsche und Hehlerei BGHSt. 50, 347, 355.

36 1. Richtlinie vom 10.6.1991, ABl. 1991 L 166 S. 77.
    2. Richtlinie vom 4.12.2001, ABl. 2001 L 344 S. 76.
    3. Richtlinie vom 26.10.2005, ABl. 2005 L 309 S. 15, geändert durch Richtlinie vom 13.11. 2007, ABl. 2007 L 319 S. 4.
    4. Richtlinie 2015/849 vom 20.5.2015, ABl. 2015 L 141 S. 73.

Um den Verpflichteten die Erfüllung ihrer Obliegenheiten in Fällen des Verdachts von Geldwäsche zu ermöglichen, **definiert** auch die nunmehr maßgebende Richtlinie in Art. 1 Abs. 3 die **Handlungen, die als Geldwäsche** gelten. Diese Definition ist zwar im Rahmen des Zwecks der Geldwäscherichtlinie zu sehen, mit ihr wird aber inhaltlich zugleich die in dem erwähnten Protokoll vereinbarte Bezugnahme auf die damals geltende Geldwäscherichtlinie ersetzt. Damit ist die Definition für die Mitgliedstaaten auch im Rahmen ihrer künftigen Strafgesetzgebung bindend. Die Problematik einer dynamischen Verweisung stellt sich hier nicht, da es in dem Protokoll nicht um Straftatbestände, sondern um völkerrechtliche Verpflichtungen der Staaten zur Sanktionierung geht und im Übrigen Verweisungen nach einer „Entsprechtabelle" (Anhang zu der Richtlinie) übergeleitet sind. Die Verweisungstechnik bei Geldwäsche zum Nachteil der finanziellen Interessen der Union soll weiter beibehalten werden.

Verstöße gegen die in der Richtlinie statuierten Pflichten sind nach ihrem Art. 58 Abs. 1, 2 mit „Sanktionen" zu ahnden. Diese müssen „wirksam, verhältnismäßig und abschreckend" sein. Welcher Art die Sanktionen sind, wird aber den Mitgliedstaaten überlassen. In erster Linie kommen verwaltungsrechtliche Sanktionen und Bußgelddrohungen in Betracht. Strafrechtliche Maßnahmen[37] können die Mitgliedstaaten vorsehen; sie müssen dies aber nicht tun.

Die jetzt aufgehobene dritte Geldwäscherichtlinie war durch das Geldwäschegesetz sowie Änderungen des Kreditwesengesetzes und des Versicherungsaufsichtsgesetzes in deutsches Recht umgesetzt[38] worden. Die Umsetzung der vierten Richtlinie steht aus.

Unabhängig davon waren und sind fortdauernde Bemühungen der EU, die **Abschöpfung** von Gewinnen aus schweren Straftaten, darunter auch aus Geldwäsche, in den Griff zu bekommen und zu vereinheitlichen. Dazu existiert eine mittlerweile in deutsches Recht umgesetzte Richtlinie aus dem Jahr 2014.[39]

---

37 Dazu *Hecker* Kreuzer-Festschrift S. 256.

38 Gesetz vom 13.8.2008, BGBl. I S. 1690 mit späteren Änderungen der Bezugsgesetze.

39 Richtlinie 2014/42/EU vom 3.4.2014 über die Sicherstellung und Einziehung von Tatwerkzeugen und Erträgen aus Straftaten in der Europäischen Union, ABl. 2014 L 127 S. 39; umgesetzt durch Gesetz vom 13.4.2017 (BGBl. I S. 872); zum Tatbestand der Geldwäsche verweist die Richtlinie auf den Rahmenbeschluss von 2001 und dieser wiederum auf das Europarats-Abkommen von 1990.

2. Menschenhandel

Als Strafdrohungen gegen Menschenhandel existieren im deutschen Strafrecht 24
die §§ 232ff. StGB. Auf europäischer Ebene gilt gegenwärtig eine Richtlinie aus
dem Jahr 2011, die einen Rahmenbeschluss aus dem Jahr 2002 ablöste[40] und
mittlerweile in deutsches Recht umgesetzt ist. Die Richtlinie enthält neben der
Definition der Straftat die Anweisung, die Tat als **Offizialdelikt** zu behandeln,
eine ausreichend lange **Verjährungsfrist** vorzusehen und umfangreiche **strafprozessuale** Regelungen – vor allem zum Schutz des Opfers – zu treffen. Als
Kind werden auch in dieser Richtlinie alle Personen unter 18 Jahren verstanden.

Darüber hinaus verlangt die Richtlinie umfangreiche Betreuungs- und Bei-
standsmaßnahmen für das Opfer; sie decken oder überschneiden sich mit
Maßnahmen, welche auch in anderen Richtlinien wie der Opferschutzrichtlinie
vorgesehen sind. Im Hinblick auf die erforderliche Entwicklung eines Gesamt-
konzepts zur Betreuung der Opfer, die mit den Bundesländern abgestimmt sein
müsste (vgl. Kap. 2/54), hat die Bundesregierung zur Umsetzung der Richtlinie
bisher nur den strafrechtlichen Teilkomplex in Angriff genommen.[41]

Das Gesetz zur Umsetzung[42] des strafrechtlichen Teils der Richtlinie hat die
§§ 232ff. StGB aber tiefgreifend umgestaltet. Insbesondere ist die Tatvollendung
in § 232 StGB teilweise vorverlagert worden. Der Tatbestand ist in bestimmten
Alternativen bereits verwirklicht, wenn das Opfer mit dem **Ziel** seiner Ausbeutung angeworben, befördert, beherbergt wird. Der Ausbeutungserfolg ist insoweit nicht mehr objektives Tatbestandsmerkmal. Insgesamt sind die Vorschriften allerdings weiterhin sehr kompliziert.

3. Die Richtlinie zur Bekämpfung des sexuellen Missbrauchs und der sexuellen Ausbeutung von Kindern sowie der Kinderpornographie

Mit dem Schutz von Kindern vor sexuellem Missbrauch und sexueller Ausbeu- 25
tung befassen sich zwei Übereinkommen des Europarates sowie eine EU-Richtlinie, welche zugleich einen entsprechenden Rahmenbeschluss der EU aus dem

---

40 Richtlinie 2011/36/EU vom 5.4.2011 zur Verhütung und Bekämpfung des Menschenhandels
und zum Schutz seiner Opfer sowie zur Ersetzung des Rahmenbeschlusses 2002/629/JI – ABl.
2011 L 101 S. 1.
41 Gesetzentwurf BTDrucks. 18/4613.
42 Gesetz vom 11.10.2016 (BGBl. I S. 2226); dazu *Bürger* ZIS 2017, 169.

Jahre 2004 ersetzt.[43] Die Übereinkommen und die Richtlinie betreffen schwerpunktmäßig das materielle Recht, welches bei ihrer Umsetzung in deutsches Recht auch allein berücksichtigt wurde.[44] Änderungen im Verfahrensrecht sind nicht erfolgt.

Die Begründung zu dem Entwurf des Umsetzungsgesetzes führt aus, dass das deutsche Recht den Anforderungen der Richtlinie bisher im Wesentlichen schon entsprochen habe; die Änderungen des materiellen Rechts dienten vor allem wünschenswerten Verbesserungen und Klarstellungen.

Die Richtlinie definiert den Begriff **Kinderpornographie** (Art. 2. Buchst. c)). Der deutsche Gesetzgeber hat den Begriff in § 184b Abs. 1 Nr. 1 StGB in nationales Recht transponiert – ob deckungsgleich, wird die Praxis erweisen müssen (vgl. Kap. 2/7). Zum Verfahrensrecht verhalten sich die Gesetzesmaterialien nicht. Daher werden hier aus der Richtlinie Regelungen erwähnt, welche in der Praxis Zweifelsfragen hinsichtlich der Übereinstimmung mit dem geltenden deutschen Recht aufwerfen könnten.

Nach der Begriffsbestimmung der Richtlinie sind Kinder – wie auch sonst – Personen unter **18 Jahren.** Das hat den deutschen Gesetzgeber veranlasst, zwischen Kinder- und Jugendschutz sowie zwischen Kinder- und Jugendpornographie zu unterscheiden. Sind Kinder oder Jugendliche Opfer, müssen sie als sog. **gefährdete Zeugen** nach Art. 22 Abs. 4 der Opferschutz-Richtlinie behandelt werden; der Schutz ist auch auf die Familie auszudehnen (Art. 19). Ihre Vernehmung soll möglichst bald, in entsprechenden Räumen, durch Fachpersonal und tunlichst stets von denselben Personen durchgeführt werden. Die Zahl der Vernehmungen soll so weit wie möglich reduziert werden. Falls keine andere Entscheidung getroffen wird, soll das Opfer bei der Vernehmung in Gegenwart eines Beistandes vernommen werden. Die Vernehmung ist audiovisuell durchzuführen und als **Beweismittel** in der Hauptverhandlung verwertbar. In der Hauptverhandlung soll Übertragungstechnik eingesetzt werden, so dass das Kind nicht unmittelbar im Gerichtssaal anwesend sein muss (Art. 20 Abs. 3–6).

---

43 Richtlinie vom 13.12.2011 zur Bekämpfung des sexuellen Missbrauchs und der sexuellen Ausbeutung von Kindern sowie der Kinderpornographie sowie zur Ersetzung des Rahmenbeschlusses 2004/68/JI des Rates, ABl. 2011 L 335 S. 1.
44 49. Strafrechtsänderungsgesetz (BGBl. 2015 I S. 10); Gesetzentwurf BTDrucks. 18/2601; Schriftl. Bericht des Rechtsausschusses BTDrucks 18/3202.

4. Maßnahmen zur Terrorismusbekämpfung

Die Bekämpfung des internationalen Terrorismus ist zu einer zentralen Aufgabe 26 der europäischen und internationalen Strafverfolgungsbehörden geworden. Bemühungen des Europarates haben relativ frühzeitig zu einem Übereinkommen geführt, in dem Elemente zur Erleichterung der gegenseitigen Auslieferung dominierten.[45] Die EU ihrerseits hat dazu zunächst einen später geänderten Rahmenbeschluss erlassen, der in Deutschland alsbald durch eine Änderung des § 129a StGB in nationales Recht umgesetzt wurde.[46] Dieser Rahmenbeschluss ist nunmehr durch eine Richtlinie vom 15. März. 2017 ersetzt worden, welche bis zum 8.9.2018 in nationales Recht umzusetzen ist.

In Art. 2 Nr. 3 der Richtlinie ist zunächst der Begriff der terroristischen **Vereinigung** definiert. Er stimmt mit der Definition in dem früheren Rahmenbeschluss überein. Danach bezeichnet dieser Ausdruck

> „einen auf längere Dauer angelegten organisierten Zusammenschluss von mehr als zwei Personen, die zusammenwirken, um terroristische Straftaten zu begehen. Der Begriff „organisierter Zusammenschluss" bezeichnet einen Zusammenschluss, der nicht nur zufällig zur unmittelbaren Begehung einer strafbaren Handlung gebildet wird, und der nicht notwendigerweise förmlich festgelegte Rollen für seine Mitglieder, eine kontinuierliche Zusammensetzung oder eine ausgeprägte Struktur hat."

Der Begriff der terroristischen Vereinigung bleibt begrifflich hinter den Anforderungen zurück, welche die deutsche Rechtsprechung an ihn stellt. Der BGH hat sich außer Stande gesehen, zum früheren Rahmenbeschluss durch eine unionsrechtkonforme Auslegung eine inhaltliche Übereinstimmung herbeizuführen. Das gilt auch für den Vereinigungsbegriff, welchen die Gemeinschaft im Zusammenhang mit der Bekämpfung der Organisierten Kriminalität verwendet. Näher hierzu Kap. 5/38.

In Art. 3 der Richtlinie folgt eine Aufzählung von Straftaten, welche als **terroristisch** zu gelten haben, wenn sie mit dem Ziel begangen werden, die Bevölkerung auf schwerwiegende Weise einzuschüchtern, den Staat zu nötigen oder

---

45 Gesetz vom 28.3.1978 zum Europäischen Übereinkommen zur Bekämpfung des Terrorismus vom 27.1.1977, BGBl. 1978 II S. 321 nebst Gesetz vom 26.10.2010 zum Protokoll vom 15.5.2009, BGBl. 2010 II S. 1230; dazu *Weißer* in *Böse* Enz. § 9/77 ff.
46 Rahmenbeschluss 2002/475/JI vom 13.6.2002 zur Terrorismusbekämpfung, ABl. 2002 L 164 S. 3, geändert durch Rahmenbeschluss 2008/919/JI vom 28.11.2008, ABl. 2008 L 330 S. 21 – umgesetzt durch Gesetz vom 22.12.2003 zur Umsetzung des Rahmenbeschlusses vom 13.6.2002, BGBl. 2003 I S. 2836.

die Grundstrukturen eines Landes ernsthaft zu destabilisieren oder zu zerstören.

Abgesehen von den terroristischen Straftaten gemäß Art. 3 der Richtlinie sind die Mitgliedstaaten gehalten, eine Reihe weiterer Verhaltensweisen zu pönalisieren. Dazu zählen Rädelsführerschaft und Aktivitäten in der terroristischen Vereinigung wie Verschaffung von Informationen und Finanzmitteln. Ebenso sind die Mitgliedstaaten angewiesen, Vorfeld- oder Unterstützungshandlungen, welche in Zusammenhang mit terroristischen Aktivitäten stehen, unter Strafe zu stellen. Dies betrifft etwa Anwerbung, Ausbildung, Absolvierung einer Ausbildung, Reisen mit oder zu einschlägigen Zielen, Terrorismusfinanzierung, Diebstahl oder Erpressung zur Vorbereitung terroristischer Handlungen und den Gebrauch gefälschter Dokumente. Überwiegend sind diese Vorfeldtaten vom deutschen Gesetzgeber bereits 2009 durch Einfügung der §§ 89a, 89b, 91 StGB erfasst worden.[47]

Art. 19 der Richtlinie verpflichtet die Mitgliedstaaten, für alle terroristischen Straftaten die eigene **Gerichtsbarkeit** zu begründen, sofern bestimmte Bezüge zum eigenen Staat vorliegen. Die Mitgliedstaaten werden auch ermächtigt, ihre Gerichtsbarkeit für die Fälle zu begründen, in denen die Straftat im Hoheitsgebiet eines anderen Mitgliedstaats begangen wurde. Bei mehrfacher internationaler Zuständigkeit sollen die beteiligten Staaten zusammenarbeiten und sich ggf. der Mitwirkung von Eurojust bedienen. Eine Rangfolge der maßgebenden Anknüpfungstatsachen (Tatort, Wohnort der Opfer usw.), wie sie noch der Rahmenbeschluss vorsah, ist in dem neuen Rechtsakt nicht mehr enthalten.

In Übereinstimmung mit dem bisher geltenden Rahmenbeschluss ermächtigt die Richtlinie die Mitgliedstaaten ferner dazu, im Bereich der Terrorismusbekämpfung eine **Kronzeugenregelung** einzuführen (Art. 16).

In der Änderung und Verschärfung der Strafdrohungen liegt allerdings nicht der alleinige Schwerpunkt der Maßnahmen zur Terrorismusbekämpfung. Mit dem Terrorismusbekämpfungsgesetz, dessen Geltungsdauer unlängst verlängert wurde, sind den Sicherheitsbehörden umfangreiche zusätzliche Befugnisse außerhalb des Strafrechts zugewachsen.[48]

Schließlich sieht die Richtlinie vor, dass die Mitgliedstaaten Betreuung, Fürsorge und Schutz der **Opfer** von terroristischen Gewalttaten gewährleisten.

---

47 Gesetz zur Verfolgung der Vorbereitung von schweren staatsgefährdenden Gewalttaten vom 30.7.2009, BGBl. I S. 2437.
48 Terrorismusbekämpfungsgesetz vom 9.1.2002, BGBl. I S. 361; Ergänzungsgesetz dazu vom 5.1.2007, BGBl. I S. 2; Gesetz zur Verlängerung der Befristung von Vorschriften nach den Terrorismusbekämpfungsgesetzen vom 3.12.2015, BGBl. I S. 2161.

Unerheblich ist dabei, in welchem Mitgliedstaat der Union der terroristische Anschlag verübt wurde.

5. Bekämpfung der Organisierten Kriminalität

Organisierte Kriminalität (OK) ist nach **deutschem** Verständnis nicht an die 27 Verwirklichung eines bestimmten Tatbestandes gebunden. Die Anlage E zu den Richtlinien für das Straf- und Bußgeldverfahren definiert sie in Nr. I, 2.1 wie folgt:

> „Organisierte Kriminalität ist die von Gewinn- oder Machtstreben bestimmte planmäßige Begehung von Straftaten, die einzeln oder in ihrer Gesamtheit von erheblicher Bedeutung sind, wenn mehr als zwei Beteiligte auf längere oder unbestimmte Dauer arbeitsteilig
> a) unter Verwendung gewerblicher oder geschäftlicher Strukturen,
> b) unter Anwendung von Gewalt oder anderer zur Einschüchterung geeigneter Mittel oder
> c) unter Einflussnahme auf Politik, Medien, öffentliche Verwaltung, Justiz oder Wirtschaft
> zusammenwirken."

Dies ist **kein Rechtsbegriff**, sondern eine von den Beobachtungen der Strafverfolgungsorgane geprägte, an ihren Bedürfnissen ausgerichtete kriminalistische Sammelbezeichnung. Die EU versteht unter organisierter Kriminalität dagegen die Aktivitäten einer kriminellen Vereinigung, welche sie in ihrem Rahmenbeschluss umschreibt[49] als

> „einen auf längere Dauer angelegten organisierten Zusammenschluss von mehr als zwei Personen, die, um sich unmittelbar oder mittelbar einen finanziellen oder sonstigen materiellen Vorteil zu verschaffen, in Verabredung handeln, um Straftaten zu begehen, die mit einer Freiheitsstrafe..... bedroht sind".

Organisierter Zusammenschluss ist ein Zusammenschluss,

> „der nicht zufällig zur unmittelbaren Begehung eines Verbrechens gebildet wird und der auch nicht notwendigerweise förmlich festgelegte Rollen für seine Mitglieder, eine kontinuierliche Mitgliedschaft oder eine ausgeprägte Struktur hat."

---

49 Rahmenbeschluss 2008/841/JI vom 24.10.2008 zur Bekämpfung der organisierten Kriminalität, ABl. 2008 L 300 S. 42; dazu *Weißer* in *Böse* Enz. § 9/5.

Dieser Vereinigungsbegriff beruht auf dem UN-Übereinkommen gegen die grenzüberschreitende organisierte Kriminalität, zu dessen Unterzeichnern auch die Europäische Gemeinschaft gehört.[50] Er stimmt weitgehend mit dem im Rahmenbeschluss zur Terrorismusbekämpfung verwendeten überein. Es handelt sich dabei zwar – da er Grundlage für Unionsrechtsakte ist – um einen Rechtsbegriff. Aber das Wort „organisierte Kriminalität" erscheint in dem Rahmenbeschluss nur in der Überschrift und in drei Erwägungsgründen. Stattdessen benutzt der Rahmenbeschluss im Text ausschließlich die rechtlich leichter fassbare Erscheinung der **kriminellen Vereinigung.**

Im deutschen Recht werden die in dem Rahmenbeschluss zur organisierten Kriminalität (Art. 2) bezeichneten strafbaren Handlungen teilweise, aber nicht vollständig von § 129 StGB erfasst, weil sich das deutsche Verständnis von „krimineller Vereinigung" nicht mit dem europäischen Begriff deckt. Wie ausgeführt, ist insoweit eine unionsrechtkonforme Auslegung, welche zu einer Harmonisierung führen könnte, nicht möglich (Kap. 5/38).

IV. Rechtsakte in Ausübung der Annexkompetenz (Art. 83 Abs. 2 AEUV)

28 Die Entwicklung zur Verankerung der Annexkompetenz in Art. 83 AEUV ist in Kap. 4/48 dargestellt. Nach dem Vertrag hat die EU hier lediglich eine Richtlinienkompetenz und darf diese nur in Anspruch nehmen, wenn das zur Durchsetzung ihrer Harmonisierungsmaßnahmen unerlässlich ist. Die erste einschlägige Richtlinie war die – noch vor dem Vertrag von Lissabon erlassene – Richtlinie zum strafrechtlichen Schutz der Umwelt.[51] Sie enthält bereits das Muster, das im Kern für die Folgezeit Vorbild war. Die Gesetzgebungstechnik kann aber variieren.

Nach Definitionen zum Tatbestand folgt die in dieser oder ähnlicher Form immer wiederkehrende Formel:

> „Die Mitgliedstaaten treffen die erforderlichen Maßnahmen um sicherzustellen, dass die ... genannten Straftaten mit wirksamen, angemessenen und abschreckenden strafrechtlichen Sanktionen geahndet werden können."

Hinzuweisen ist allerdings auch darauf, dass der EU-Gesetzgeber mitunter darauf verzichtet, von seiner Annexkompetenz Gebrauch zu machen. Dieser Fall

---

50 Anhang I zum Ratsbeschluss vom 29.4.2004, Abl 2004 L 261 S. 69, Art. 1.

51 Richtlinie 2008/99 (EG) vom 19.11.2008 über den strafrechtlichen Schutz der Umwelt, ABl. 2008 L 328 S. 28.

kann eintreten, wenn er davon ausgehen kann, dass der Mitgliedstaat von sich aus Strafsanktionen für Verstöße gegen EU-Recht vorsehen wird. So enthält zwar die lebensmittelrechtliche Straf- und Bußgeldverordnung Regelungen, die nach ihrer Überschrift ausdrücklich der „Durchsetzung" bestimmter EU-Verordnungen dienen. Der übliche Vermerk, wonach sie der „Umsetzung" von Anweisungen dienen, findet sich im Bundesgesetzblatt nicht.

Kapitel 12:
Behörden und Institutionen der strafrechtlichen Zusammenarbeit und Strafverfolgung in Europa

Die strafrechtliche Zusammenarbeit in Europa beginnt sich allmählich institu- 1
tionell zu verfestigen. Neben Einrichtungen zur allgemeinen polizeilichen und
staatsanwaltschaftlichen Zusammenarbeit in Ermittlungsverfahren (Europol,
Eurojust, SIS) sehen die Verträge Spezialeinrichtungen zur Bekämpfung der
Straftaten zum Nachteil der finanziellen Interessen der Europäischen Union vor
(OLAF, die künftige Europäische Staatsanwaltschaft). In den Kap. 7/21ff. ist
hierzu bereits eine Übersicht gegeben. Sie ist im Einzelnen auszuführen.

I. Europol

Nach dem Inkrafttreten des Vertrages von Maastricht hatten die Mitgliedstaaten 2
der EU 1995 ein Übereinkommen zur Errichtung eines europäischen Polizeiam-
tes (Europol) abgeschlossen.[1] Es war die Idee des damaligen Bundeskanzlers
Helmut Kohl, eine europäische Polizeibehörde nach dem Vorbild des FBI zu
schaffen.[2] Bis heute hat sich Europol aber nicht zu einer solchen echten europäischen Polizeibehörde mit entsprechenden Ermittlungs- und Eingriffsbefugnis-
sen entwickelt. Sie nimmt aber durchaus wichtige Aufgaben bei der grenzüberschreitenden Strafverfolgung wahr, vor allem beim Informationsaustausch, der
Analyse europaweiter Kriminalität sowie bei der Koordination der grenzüberschreitenden Zusammenarbeit von Polizeibehörden.

1. Rechtlicher Rahmen

Der deutsche Bundestag stimmte dem Übereinkommen 1997 zu;[3] die offizielle 3
Tätigkeit begann im Juli 1999. Dieses Übereinkommen ist – ebenfalls im Rah-
men der vormaligen Dritten Säule – ersetzt worden durch einen Beschluss des
Rates,[4] durch welchen die noch heute bestehende Organisationsstruktur des
Amtes sowie seine Aufgaben und Befugnisse festgelegt wurden. Der Ratsbe-

---

1 Zu Vorgänger-Einrichtungen *Hecker* 5/Rdn. 57 f.; eingehend *Ruthig* in *Böse* Enz. § 20.
2 *Neumann* in *Sieber u.a.* EurStrR § 44 Rdn. 1.
3 Europol-Gesetz vom 16.12.1997 (BGBl. 1997 II S. 2150).
4 Ratsbeschluss 2009/371/JI vom 6.4.2009, ABl. 2009 L 121 S. 37.

DOI 10.1515/9783110456103-012

schluss wurde durch Bundesgesetz vom 31.7.2009 für insgesamt anwendbar erklärt und in nationales Recht umgesetzt.[5] Art. 88 AEUV hat die bis dahin getroffenen Regelungen sodann in den Vertrag selbst übernommen und die EU zur künftigen Rechtsetzung mittels **Verordnung** ermächtigt. Diese Verordnung[6] ist mittlerweile erlassen und am 1. Mai 2017 in Kraft getreten. Sie ersetzt die bisherigen europarechtlichen Grundlagen, so dass auch das deutsche Europol-Gesetz angepasst werden muss.[7] Die vollständige Bezeichnung von Europol lautet nunmehr **Agentur** der Europäischen Union für die Zusammenarbeit auf dem Gebiet der Strafverfolgung (Europol). Sie ist Rechtsnachfolgerin der bisherigen Europol-Behörde; ihr Sitz befindet sich in Den Haag.

2. Struktur und Aufgaben

4   Europol ist eine Einrichtung der EU und besitzt **Rechtspersönlichkeit**. Ihre Aufgaben bestehen darin, die Mitgliedstaaten bei der Prävention und Bekämpfung schwerer grenzüberschreitender Kriminalität zu **unterstützen**.[8] Ihre Zuständigkeit bestimmt sich nach einer der Europol-Verordnung als Anhang I beigefügten **Liste schwerer Straftaten** und deren Begleittaten. Zu diesen Kriminalitätsfeldern gehören z.B. Terrorismus, organisierte Kriminalität, Drogenhandel, Geldwäschehandlungen, Schleuserkriminalität und Menschenhandel.

5   Europol verfolgt dabei das Ziel, die Tätigkeit der zuständigen Behörden der Mitgliedstaaten sowie deren gegenseitige Zusammenarbeit in Fällen zu stärken, in denen schwere Kriminalität zwei oder mehr Mitgliedstaaten betrifft. Es müssen **zwei oder mehr Mitgliedstaaten** in einer Weise betroffen sein, dass ein gemeinsames Vorgehen erforderlich ist. In diesem Rahmen hat Europol **Informationen** zu sammeln und die Zusammenarbeit der Mitgliedsstaaten zu unterstützen. Den Informationsaustausch zwischen den Mitgliedsstaaten ermöglichte bislang das Secure Information Exchange Network Application (SIENA), während über das Europol Informationssystem (EIS) Daten zu Tatverdächtigen abgerufen werden konnten.[9] Mit der neuen Europol-Verordnung wird die Informationsverarbeitung nunmehr in einer technikneutralen Weise anhand von darin aufgeführten Verarbeitungszwecken geregelt. Zudem wird jetzt der Kreis der

---

5 Gesetz vom 31.7.2009 (BGBl. I S. 2504), Einfügung von § 10 in das Europolgesetz.
6 Verordnung 2016/794 vom 11.5.2016 über die Agentur der Europäischen Union für die Zusammenarbeit auf dem Gebiet der Strafverfolgung (Europol), ABl. 2016 L 135 S. 53.
7 Vgl. dazu den Gesetzesentwurf der BReg BTDrucks. 18/11502.
8 Zur Zusammenarbeit mit der Schweiz *Gless* IntStrR Rdn. 454.
9 *Neumann* in *Sieber u.a.* EurStrR § 44 Rdn. 25 ff.

Zugriffsberechtigten bei Informationen zu operativen Analysen ausgedehnt und in den Mitgliedsstaaten zudem die Art des Zugriff über das Treffer/Kein-Treffer-Verfahren hinausgehend auf einen Vollzugriff erweitert.[10] Zur Erfüllung seiner Aufgaben hat Europol in seinem Inneren mehrere **Zentren** geschaffen. Zu diesen zählen etwa das allgemeine operative Zentrum, das für den Datenaustausch zwischen Europol, den Mitgliedstaaten und Dritten sorgt, das europäische Zentrum für Computerkriminalität (European Cybercrime Centre), die Taskforce gegen Computerkriminalität (Joint Cybercrime Action Taskforce), das Europäische Zentrum für Terrorismusbekämpfung (European Counter Terrorism Centre) oder das Europäische Zentrum zur Bekämpfung der Migrantenschleusung (European Migrant Smuggling Centre).

Das Informationssystem von Europol umfasst auch Daten über verdächtige **6** Personen und über sog. „**Gefährder**" (Art. 18 Abs. 2 Buchst. a); Anhang II, A I b der Verordnung). Auf die Datensammlungen von Europol dürfen auch OLAF und Eurojust im so genannten „Treffer-kein Treffer-Verfahren" zugreifen (Art. 21 VO). Die Agentur kann aufgrund ihrer Erkenntnisse einen Mitgliedstaat ersuchen, ein Ermittlungsverfahren einzuleiten. Anweisungskompetenzen hat sie jedoch nicht.

Die Zusammenarbeit mit den Mitgliedstaaten erfolgt zum einen in Form **7** einer jeweiligen **nationalen Verbindungsstelle** (Art. 7 Europol-VO), die in Deutschland im Bundeskriminalamt (Wiesbaden) angesiedelt ist, und zum anderen mit Hilfe von **nationalen Verbindungsbeamten,** die nach Den Haag zu Europol delegiert sind (Art. 8 Europol-VO).

3. Gemeinsame Ermittlungsgruppen; Ermittlungsbefugnisse

Bedienstete von Europol können gemeinsamen Ermittlungsgruppen angehören, **8** sie sind insoweit ausnahmsweise auch operativ tätig und zum Informationsaustausch berechtigt (Art. 5 VO). An Zwangsmaßnahmen dürfen sie sich jedoch nicht beteiligen (Art. 88 Abs. 3 Satz 2 AEUV). Dies wird seit jeher durch die anschauliche Formel auf den Punkt gebracht: „**Europol hat keine Pistolen.**"[11] Während der Teilnahme an Operationen einer gemeinsamen Ermittlungsgruppe genießen sie keine Vorrechte und Befreiungen (Erwägungsgrund 16). Im Übrigen ist ihnen – außer bei Verstößen gegen Vorschriften über den Geheimnisschutz – persönliche Immunität zugebilligt. Für Verstöße gegen die Vorschriften über den Geheimnisschutz sieht § 8 des deutschen Europol-Gesetzes die Anwendbarkeit der entsprechenden Bestimmungen des StGB vor.

---

10 Vgl. BTDrucks. 18/11502 S. 18.
11 *Schramm*, IntStR, 4/Rdn. 158.

9 Die **Fahndung** nach Personen oder Sachen ist nicht Aufgabe von Europol, sondern Aufgabe des Schengener Informationssystems (SIS). Daher ist auch die Zusammenarbeit mit Interpol der Sache nach begrenzt. Zwar ermächtigt die Verordnung Europol, unter bestimmten Voraussetzungen mit Interpol zusammenzuarbeiten und Abkommen hierüber zu schließen. Aber **Interpol** ist eine halbstaatliche Organisation ohne feste völkerrechtliche Grundlage und wird als Zusammenschluss von 190 nationalen Polizeiorganisationen bezeichnet;[12] der rechtliche Charakter derartiger Abkommen ist deshalb nicht gesichert. Sie dürfen jedenfalls nicht über den Aufgabenbereich von Europol hinausgehen.

4. Rechtsschutz, Schadensersatz

10 Verletzen Handlungen von Europol die Rechte eines Bürgers, insbesondere auf dem Gebiet des Datenschutzes, so steht hiergegen die Möglichkeit der Beschwerde an den Europäischen Datenschutzbeauftragten (EDSB), gegen seine Entscheidung die Klage offen (Art. 48 Europol-VO). Auch im Übrigen unterliegen alle Handlungen von Europol der Kontrolle des **Gerichtshofs** der Europäischen Union nach Art. 263 Abs. 1 Satz 2, Abs. 4 AEUV.[13] Das schließt eine Zuständigkeit der nationalen Gerichte aus.[14] Inwieweit die persönliche Immunität der Bediensteten von Europol sich rechtfertigen lässt, ist eine rechtspolitische Frage. Darüber hinaus hat nach der Europol-VO eine Person, der wegen einer widerrechtlichen Datenverarbeitung ein Schaden entsteht, das **Recht auf Schadensersatz** nach Art. 340 AEUV.

II. Eurojust

11 Nachdem Europol als eigenständige Organisation auf der Ebene der polizeilichen Zusammenarbeit geschaffen war, erschien die Schaffung einer parallelen Einrichtung auf der Ebene der Staatsanwaltschaften und Gerichte angezeigt. Diese Einrichtung einer **europäischen Justizbehörde** im Bereich der Strafverfolgung unter der Abkürzung „Eurojust" wurde 2002 durch einen Ratsbeschluss[15] geschaffen. Sie stellt eine Art permanenter Auskunfts-, Dokumentations- und Clearingstelle

---

12 *Bundeskriminalamt* IKPO Interpol, eine Organisation im Wandel der Zeit, Stand 18.6.2014; *Mohler* in *Breitenmoser u.a.*, S. 3, 5 f.
13 Vgl. EuGH C-362/14, Urteil vom 6.10.2015 – Schrems (Facebook) Rdn. 65; EuGH C-167/02, Urteil vom 30.3.2004 – Rothley, Rdn. 46; abw. wohl *Hecker* 5/Rdn. 61.
14 *Ruthig* in *Böse* Enz. § 20/80; a.A. *Satzger* IntStrR § 10/10.
15 Ratsbeschluss 2002/187/JI vom 28.2.2002, ABl. 2002 L 63 S. 1.

dar.[16] Der Ratsbeschluss, der selbst keine unmittelbare rechtliche Wirkung entfalten konnte, wurde in Deutschland durch § 13 des Eurojust-Gesetzes[17] in nationales Recht umgesetzt.

Eine beträchtliche Umgestaltung erfuhr Eurojust durch einen Ratsbeschluss **12** 2008,[18] der 2012 wiederum durch ein Änderungsgesetz zum Eurojust-Gesetz[19] umgesetzt wurde. Der Vertrag von Lissabon hat Eurojust in Art. 85 AEUV in der gegenwärtigen Gestalt eine Bestandsgarantie verliehen und sieht in Art. 86 Abs. 1 Satz 1 AEUV vor, dass Eurojust als **Basis** für die zu schaffende **Europäische Staatsanwaltschaft** dient. Im Zusammenhang mit den Plänen zur Errichtung einer Europäischen Staatsanwaltschaft soll Eurojust – wie Europol – eine neue Rechtsgrundlage erhalten, die eine neue Bezeichnung vorsieht und in der insbesondere das Verhältnis zur Europäischen Staatsanwaltschaft näher ausgestaltet werden soll.[20]

1. Rechtliche Ausgestaltung

Auch Eurojust besitzt eigene Rechtspersönlichkeit. Ihre Aufgaben bestehen zu- **13** nächst wie die von Europol in der Koordinierung, Verbesserung der Zusammenarbeit und in sonstiger Hilfe bei der Bekämpfung grenzüberschreitender Kriminalität.[21] Hierzu gehört vor allem der Informationsaustausch zwischen den Justiz- und Polizeibehörden,[22] etwa in Gestalt des Zugriffs auf nationale Strafregister.[23] Eurojust verarbeitet dabei (ebenso wie Europol) in einem sehr großen Umfang personenbezogene Daten.[24] Eurojust kann aber auch Anregungen zur Einleitung von Ermittlungsverfahren oder zur Durchführung von bestimmten Ermittlungsmaßnahmen geben.

Der Schwerpunkt der Tätigkeit von Eurojust besteht in der **Mitwirkung bei** **14** **Rechtshilfeersuchen**.[25] So ist namentlich bei der Vollstreckung Europäischer

---

16 *Esser* EuIntStrR § 3 Rdn. 61; *Satzger* IntStrR § 10/13.
17 Gesetz vom 12.5.2004 (BGBl. I S. 902).
18 Änderungsbeschluss 2009/426/JI vom 16.12.2008, ABl. 2009 L 138 S. 14.
19 Gesetz zur Änderung des Eurojustgesetzes vom 7.6.2012 (BGBl. I S. 1270).
20 Vorschlag der Kommission für eine Verordnung betreffend die Agentur der Europäischen Union für justizielle Zusammenarbeit in Strafsachen (Eurojust) vom 17.7.2013 – COM (2013) 535.
21 Zur Zusammenarbeit mit der Schweiz *Gless* IntStrR Rdn. 463.
22 *Esser* EuIntStrR § 3 Rdn. 61.
23 *Satzger* IntStrR § 10/13.
24 *G. Grünewald* Individualrechtsschutz gegen Akte der Europäischen Union nach dem Vertrag von Lissabon, 2016, S. 91.
25 *Esser* EuIntStrR, § 3 Rdn. 67.

Haftbefehle eine Einschaltung möglich, etwa im Falle des gleichzeitigen Vorliegens von Haftbefehlen aus mehreren Mitgliedstaaten. Ihr Tätigwerden wird insbesondere dringlich, wenn der Vollstreckungsstaat die Vollstreckung des **Europäischen Haftbefehls** wegen der Gefahr menschenunwürdiger Behandlung im Anordnungsstaat **aufgeschoben** hat. Nach einer Entscheidung des EuGH ist dann Eurojust einzuschalten;[26] ihr wird in diesem Fall die Aufgabe obliegen, die Hindernisse für die Durchführung des Prinzips der gegenseitigen Anerkennung beiseite zu räumen (s. dazu Kap. 6/18).

15   Die Tätigkeiten von Eurojust werden in der Regel von den nationalen Mitgliedern vorgenommen. Das aus allen nationalen Mitgliedern bestehende Kollegium kann Empfehlungen mit höherer Dringlichkeit, wenn auch – ebenfalls – ohne rechtliche Verbindlichkeit abgeben. Davon zu unterscheiden ist allerdings die solchen Empfehlungen innewohnende faktische Bedeutung. Wohlbegründeten Anregungen wird sich eine nationale Strafverfolgungsbehörde, zumal im Hinblick auf das Legalitätsprinzip, kaum entziehen können.[27]

2. Zuständigkeit; gemeinsame Arbeitsgruppen; Personal

16   Die **Zuständigkeit** erstreckt sich auf den für **Europol** vorgesehenen Katalog, der um einige Bereiche erweitert wurde. Bei Ermittlungen, welche einen Staat und gleichzeitig die EU betreffen, hat auch die Kommission ein Initiativrecht.

17   Zur Abstimmung des weiteren Vorgehens in komplizierten und langwierigen internationalen Ermittlungen werden gemeinsame Ermittlungsgruppen eingerichtet, in denen die betroffenen nationalen Vertreter zusammenarbeiten, um die voraussichtlich effektivsten Schritte zu verabreden, Doppelarbeit zu vermeiden und allen Beteiligten denselben Informationsstand zu sichern. 2013 sind an Eurojust 1576 neue Fälle herangetragen worden.[28]

18   Das zu Eurojust delegierte **Personal** ist seit dem Änderungsbeschluss des Rates am Sitz von Eurojust in Den Haag tätig. Es ist dort ein Dauerdienst eingerichtet; die nationalen Mitglieder oder ihre Vertreter sind rund um die Uhr erreichbar. Bei der Ausübung ihrer Befugnisse handeln die nationalen Mitglieder als „zuständige nationale Behörde". Was dies im Einzelnen bedeutet, erscheint unklar und ist offensichtlich in den Verhandlungen bei der Vorbereitung des Ratsbeschlusses letztlich offen gelassen worden.[29]

---

26 EuGH C-404/15, Urteil vom 5.4.2016 – Aranyosi u. Caldararu, Rdn. 99.
27 *Zöller* in *Böse* Enz. § 21/20.
28 Eurojust, Jahresbericht 2013 (2014), auch im Internet abrufbar.
29 Begründung zum Entwurf des Änderungsgesetzes BTDrucks. 17/8728 S. 11.

Der Änderungsbeschluss von 2008 ermöglicht es, dass den nationalen Mit- **19** gliedern auch einzelne operative Befugnisse übertragen werden. Nach Art. 9c ist vorgesehen, dass das nationale Mitglied bestimmte Ermittlungsmaßnahmen im eigenen Staat anordnen kann; ferner kann es zur Genehmigung und Koordinierung kontrollierter Lieferungen in seinem Staat herangezogen werden. Nach Art. 9a Abs. 2, Art. 9e des Änderungsbeschlusses ist die Übertragung derartiger Befugnisse aber jedem Mitgliedsstaat überlassen. Deutschland hat im Umsetzungsgesetz von der Übertragungsmöglichkeit **keinen Gebrauch** gemacht, nach der Gesetzesbegründung mit Rücksicht auf die föderale Struktur der Bundesrepublik.

3. Rechtsschutz

Rechtsschutz ist wie gegen Maßnahmen von Europol und OLAF durch die Ge- **20** richte der EU gemäß Art. 263 Abs. 4 AEUV (Nichtigkeitsklage) gegeben; Voraussetzung ist die vorherige erfolglose Anrufung der bei Eurojust eingerichteten sog. Gemeinsamen Kontrollinstanz.[30]

III. OLAF

Nach den Verträgen obliegt der EU die Bewirtschaftung erheblicher finanzieller **21** Mittel. Ihre Verwendung bedarf daher laufender Überwachung und Kontrolle sowie der Nachprüfung bei den in Betracht kommenden Wirtschaftsteilnehmern, aber auch bei den Stellen der Union, welche die Mittel verwalten. Diese Aufgabe ist in zwei Verordnungen der **Kommission** zugewiesen.[31]

1. Die Errichtung von OLAF

Durch Beschluss vom 28.4.1999 hat die Kommission das Europäische Amt für Be- **22** trugsbekämpfung als zentrale Stelle zur Wahrnehmung ihrer Überwachungs-, Kontroll- und Nachprüfungsaufgaben (OLAF) errichtet.[32] Nach dem Beschluss

---

30 *Dannecker/Müller* in Hdb. Rschutz § 39/173, 177; *Zöller* in *Böse* Enz. § 21/45.
31 a) Verordnung 2988/95 vom 18.12.1995 über den Schutz der finanziellen Interessen der Europäischen Gemeinschaften, ABl. 1995 L 312 S. 1.
   b) Verordnung 2185/96 vom 11.11.1996 betreffend die Kontrollen und Überprüfungen vor Ort durch die Kommission zum Schutz der finanziellen Interessen der Europäischen Gemeinschaften vor Betrug und anderen Unregelmäßigkeiten, ABl. 1996 L 292 S. 2.
32 Beschluss der Kommission vom 28.4.1999, ABl. 1999 L 136 S. 20.

übt das Amt die der Kommission in den beiden Verordnungen übertragenen Befugnisse zur Durchführung externer Verwaltungsuntersuchungen aus und ist mit den entsprechenden internen Untersuchungen beauftragt. Gegenstand seiner Untersuchungen ist der Verdacht von Betrug, Korruption und sonstigen rechtswidrigen Handlungen zum Nachteil der finanziellen Interessen der Union. Es ist direkter Ansprechpartner der Polizei- und Justizbehörden der Mitgliedstaaten und übt seine Tätigkeit **weisungsfrei** sowie in sachlicher Unabhängigkeit von der Kommission aus (Art. 3).

23 Zugleich mit der Errichtung des Amtes erging eine Verordnung über das **Verfahren**, die im Jahr 2013 durch das nunmehr geltende Recht[33] abgelöst wurde. Die Verordnung von 2013 ist auf Art. 325 AEUV gestützt und betont in ihrem Erwägungsgrund 20 ebenfalls, dass das Amt unabhängig ist. Es kann aufgrund von – auch anonymen – Anzeigen oder von Amts wegen Untersuchungen im internen Bereich der EU einleiten und hat im Rahmen seiner Aufgaben umfassenden Zugang zu den Räumlichkeiten und den vorhandenen Informationen aller Stellen der EU, auch der Europäischen Zentralbank und der Europäischen Investitionsbank.[34] Seine Untersuchungen können sich auch auf Wirtschaftsteilnehmer erstrecken. Eine Anzeigepflicht ist allerdings nirgends normiert.

2. Kompetenzen

24 Ihm stehen auch keine Zwangsmittel zur Verfügung; bei externen Untersuchungen ist es auf Amtshilfe durch die Mitgliedstaaten angewiesen (Art. 3 Abs. 3, Art. 7 Abs. 7 der Verordnung von 2013). Im Rechtsakt über das Verfahren selbst (Art. 2, Erwägungsgrund 22) wird die Tätigkeit von OLAF als **Verwaltungsuntersuchung**, von administrativer Natur, bezeichnet. Daher wird das Amt – obwohl seine Aufgabe in der **Aufklärung von Straftaten** besteht – vielfach nicht als Strafverfolgungsbehörde verstanden.[35] Daran trifft gewiss zu, dass das Amt ein ausgegliederter der Teil der Kommission ist und sich seine Befugnisse von ihr ableiten. Dennoch sind sein Verfahren und die Ergebnisse seiner Untersuchungen rechtsförmlicher Regelung unterworfen und gehen schon des-

---

33 Verordnung 883/2013 vom 11.9.2013 über die Untersuchungen des Europäischen Amtes für Betrugsbekämpfung (OLAF), ABl. 2013 L 248 S. 1; ersetzte die Verordnung 1073/1999 vom 25.5.1999, ABl. 1999 L 136 S. 1.
34 EuGH C-11/00, Urteil vom 10.7.2003 – Kommission ./. EZB; EuGH C-15/00, Urteil vom 10.7.2003 – Kommission ./. Europäische Investitionsbank.
35 *Ambos* IntStrR § 13/2; *Kuhl/Spitzer* in *Sieber u.a.* EurStrR § 8/7, § 43/2; *Safferling* IntStrR § 12/25; *Schramm* IntStrR 4/153; *Zöller* in *Böse* Enz. § 22/4; a.A. *Esser* EuIntStrR, § 3 Rdn. 11; *Kühne* Schünemann-Festschrift S. 1099.

halb über bloße administrative Vorermittlungen weit hinaus. Unabhängig von der begrifflichen Einordnung gelten – über die einschlägigen Sekundärnormen des Unionsrechts hinaus – jedenfalls die europäischen **Garantienormen** (Kap. 4/16). Unberührt bleibt auch die Befugnis der Mitgliedstaaten, unabhängig von OLAF Strafverfolgungsmaßnahmen durchzuführen; daraus leitet sich jedoch nicht eine Pflicht ab, den nationalen Strafverfolgungsbehörden den Vortritt zu lassen und die eigenen Befugnisse als lediglich subsidiär zu betrachten;[36] dies widerspräche auch dem Gedanken loyaler Zusammenarbeit.

Externe Untersuchungen können vor Ort, aufgrund entsprechender Abkom- 25 men auch in Drittstaaten,[37] durchgeführt werden. Die betroffenen Wirtschaftsteilnehmer haben die Pflicht, Zugang zu ihren Räumlichkeiten zu gewähren und alle Unterlagen offen zu legen, die von Bedeutung sein können. Widersetzen sie sich dem, haben die **Mitgliedsstaaten Amtshilfe** zu leisten, wie dies auch sonst generell der Fall ist (Art. 7 Abs. 3, Art. 3 Abs. 3 VO 883/2013 i.V.m. Art. 5, 9 VO 2185/96). Die Mitgliedstaaten haben ihrerseits die Informationen, über die sie verfügen, an das Amt zu übermitteln.

Bei seinen Untersuchungen ist das Amt zur **Objektivität** verpflichtet und 26 hat auch die den Betroffenen entlastenden Fakten zu ermitteln. Es kann Beschuldigte und Zeugen befragen und hat dabei dieselben Belehrungspflichten, die auch sonst allgemein gelten. Ergibt sich während einer Zeugenbefragung der Verdacht, dass der Zeuge als Betroffener an der Tat beteiligt sein könnte, ist die Zeugenbefragung abzubrechen. Sie kann nach entsprechender Belehrung als Vernehmung eines Beschuldigten fortgeführt werden (Art. 9 VO 883/2013).

Die Verordnung regelt nicht selbst, welche Folgen Fehler bei den Verneh- 27 mungen haben. Sie verweist aber hinsichtlich der **Verwertbarkeit** der Ermittlungen des Amtes vor Gericht auf das nationale Recht (Art. 11 Abs. 2 VO 883/2013). Daher sind in Deutschland die Ergebnisse der Rechtsprechung zum Übergang von der Zeugen- zur Beschuldigtenvernehmung[38] und zu den Folgen unterlassener oder fehlerhafter Belehrungen[39] heranzuziehen.

3. Abschlussbericht und Empfehlungen

Nach dem Ende der Untersuchungen fertigt das Amt einen Abschlussbericht mit 28 Empfehlungen für interne Maßnahmen oder – je nach Sachlage – für Maßnah-

36 So aber *Kuhl/Spitzer* in Sieber u.a. EurStrR § 8/28.
37 Zur Schweiz vgl. *Gless* IntStrR Rdn. 484.
38 BGHSt. 51, 367; BGHSt. 53, 112.
39 BGHSt. 38, 214; BGHSt. 58, 1.

men der Mitgliedstaaten. Insbesondere der Verdacht von Straftaten wird den Mitgliedstaaten übermittelt. Der Empfang eines Berichts von OLAF, welcher die Einleitung von Strafverfolgungsmaßnahmen empfiehlt, begründet für die deutsche Staatsanwaltschaft sowohl nach dem nationalen **Legalitätsprinzip** der StPO wie auch nach dem europäischen Legalitätsprinzip (Kap. 9/9) im Allgemeinen die Pflicht zum Einschreiten.[40]

4. Justiziabilität der Entscheidungen

29 Empfehlungen für interne Maßnahmen können vor der Gerichtsbarkeit der EU **anfechtbar** sein.[41] Bei den im Rahmen externer Untersuchungen vorgenommenen Einzelmaßnahmen sind je nachdem, ob nationale Amtshilfe in Anspruch genommen wurde oder nicht, verschiedene Fallgestaltungen möglich. Die Anordnung der Untersuchung selbst ist vor den europäischen Gerichten anzufechten; gegen Akte der Amtshilfe ist der nationale Rechtsweg eröffnet, wenn diese Akte eine selbstständige Beschwer enthalten.

30   Teilt OLAF einem Mitgliedstaat den Verdacht einer begangenen Straftat mit, so ist hiergegen die **Nichtigkeitsklage** zum EuG gegeben, wenn die besonderen Voraussetzungen des Art. 263 Abs. 4 AEUV vorliegen.[42] Ob das Zulässigkeitserfordernis der unmittelbaren Betroffenheit vorliegt, kann bei einer bloßen Mitteilung eines Verdachts allerdings zweifelhaft sein. Eingriffe in die Rechtsgüter des Betroffenen erfolgen direkt erst durch spätere Strafverfolgungsmaßnahmen. Die bloße Übermittlung von Informationen an einen Mitgliedstaat löst solche Folgen noch nicht aus, und man wird dem Amt bei seiner Entscheidung auch einen weiten Beurteilungsspielraum zuzugestehen haben. Gleichwohl ist ein unzulässiger Eingriff in das Persönlichkeitsrecht des Betroffenen dann anzunehmen, wenn der Verdacht auf einer unzureichenden tatsächlichen Grundlage beruht. So liegt es, wenn er lediglich auf Gerüchte gegründet ist, die sich nicht haben verifizieren lassen.[43]

❗ **Stichworte:** Europol und Eurojust sind im Wesentlichen Koordinierungs- und Informationsstellen, die die Zusammenarbeit der Strafverfolgungsbehörden der Mitgliedstaaten erleichtern sollen. OLAF ist eine Ermittlungsstelle, welche sich mit Unregelmäßigkeiten zum Nachteil der EU befasst.

---

40 *Zöller* in *Böse* Enz. § 22/26.

41 *Hecker* 4/Rdn. 22; *Zöller* in *Böse* Enz. § 22/24.

42 EuGH C-167/02, Urteil vom 30.3.2004 – Rothley u.a.; s. auch EuG T-48/05, Urteil vom 8.7.2008 – Franchet u. Byk (Eurostat), Rdn. 153.

43 A.A. EuG T 193/04, Urteil vom 4.10.2006 – Tillack; wie hier EGMR, Urteil vom 27.11.2007 – Tillack ./. Belgien, Beschwerdenummer 20.477/05; wohl in Abkehr von der Sache Tillack: EuG T-48/05, Urteil vom 8.7.2008 – Franchet u. Byk.

IV. Die Europäische Staatsanwaltschaft

Während Europol und Eurojust die Zusammenarbeit der nationalen Strafverfol- 31
gungsbehörden erleichtern sollen und daher in einer horizontalen Dimension
wirken, verkörpern OLAF und die Europäische Staatsanwaltschaft die vertikale,
supranationale Dimension. Art. 86 AEUV ermächtigt die EU zur Errichtung einer
Europäischen Staatsanwaltschaft, deren Zuständigkeit (nur) Straftaten umfassen soll, welche sich gegen die finanziellen Interessen der Union richten. Zwar
kann ihre Zuständigkeit an sich durch Ratsbeschluss gemäß Art. 86 Absatz 4
AEUV erweitert werden. Letzteres wird aber von der EU derzeit nicht ange-
strebt.

Zur Schaffung dieser Europäischen Staatsanwaltschaft (European Public 32
Prosecutor's Office, EPPO) bedarf es keiner Einstimmigkeit bei der Abstimmung
des Rats der Europäischen Union i. S. des Art. 86 Abs. 1 Satz 2 AEUV. Vielmehr
reicht es aus, wenn im Europäischen Rat im Wege der verstärkten Zusammenarbeit (Art. 326 ff. AEUV; sogenanntes Europa der zwei Geschwindigkeiten)
mindestens 9 EU-Mitgliedstaaten zustimmen. Dann würde sich die Tätigkeit der
Europäischen Staatsanwaltschaft auf diese teilnehmenden Staaten beschränken
(Art. 86 Abs. 1 Unterabs. 3 AEUV). Auf dem EU-Gipfel im März 2017 haben sich
17 von 28 Regierungschefs für die Einführung der EuStA ausgesprochen (mehr
dazu Kap. 12/37), so z.B. Deutschland und Frankreich, so dass in nicht allzu ferner Zukunft damit gerechnet werden kann, dass in den teilnehmenden Mitgliedstaaten diese neue Strafverfolgungsinstitution ihre Tätigkeit aufnehmen
wird. Die nachstehenden Ausführungen orientieren sich dabei an dem jüngsten
Vorschlag für eine Verordnung über die Errichtung der Europäischen Staatsanwaltschaft vom 31.1.2017.[44]

1. Zur Entstehung dieser Institution

Die Idee, eine europäische Staatsanwaltschaft zu erschaffen, geht auf das Cor- 33
pus Juris von Florenz (CJF) zurück.[45] Der seinerzeit kriminalpolitisch sehr kühn
anmutende, heute als prophetisch zu bezeichnende Entwurf einer EuStA wurde
dort in Art. 18 ff. CJF entwickelt.[46] Mit seiner Definition der Zuständigkeiten und

---

[44] Ratsdokument 5766/17.
[45] Siehe dazu Kap. 13/34.
[46] *Delmas-Marty, Mireille* (Hrsg.) Corpus juris der strafrechtlichen Regelungen zum Schutz der
finanziellen Interessen der Union (1998), 2. Fassung 2000; *Zöller* in *Böse* Enz. § 21/68 ff.

der Skizzierung einer dezentral-dualistischen Struktur bildet Art. 18 CJF bildlich gesprochen „die normative DNA"[47] der heutigen Verordnungsentwürfe.[48]

a) Eingriff in die Souveränität der Mitgliedsstaaten

34 Die Schaffung einer europäischen Strafverfolgungsbehörde ist ein besonders nachhaltiger Eingriff in die **Souveränität** der Mitgliedstaaten,[49] dies freilich nur bei sehr wenigen, ganz bestimmten Straftaten mit einem spezifischen EU-Bezug. Insofern verlieren die Staaten ihre alleinige Kompetenz, ihre Bürger bei kriminellen Handlungen zum Nachteil der EU vor Gericht zu ziehen. Diese Kompetenz erhält nun eine supranationale Einrichtung. Die EuStA erhält außerdem die Kompetenz, Ermittlungsmaßnahmen in den Mitgliedstaaten anzuordnen oder sogar selbst durchzuführen. Anordnungen der Europäischen Staatsanwaltschaft entfalten unmittelbare rechtliche Wirksamkeit und sind von den nationalen Behörden zu befolgen. Das ist ein der Rechtslage im Wettbewerbs- und Kartellrecht vergleichbarer integrativer Quantensprung. Aber die EU bewegt immense Finanzmittel, wie im nachfolgenden Kapitel über den strafrechtlichen Schutz der Finanzinteressen näher dargelegt wird (siehe dazu Kap. 13/4). Es bedarf keiner näheren Darlegung, dass dies beträchtliche Anreize zu Unlauterkeiten und Straftaten schafft, die auch zu Wettbewerbsverzerrungen führen.[50]

b) Langwieriges Rechtssetzungsverfahren

35 Die Kommission hat bereits 2001 – nach den bereits eben angedeuteten Vorarbeiten im CJF[51] – in einem Grünbuch ihre Entschlossenheit bekundet, schlagkräftige Institutionen zur Bekämpfung von Straftaten dieser Art auf Gemeinschaftsebene zu schaffen.[52] Die dadurch ausgelöste Diskussion war kontrovers, zumal nicht nur die Frage zu erörtern war, ob es überhaupt derartiger Institu-

---

47 *Schramm* JZ 2014, 749, 751.

48 Zu der Entwicklung der EuStA bis 2014 eingehend *Rheinbay*, S. 80 ff.

49 Zu den rechtspolitischen Widerständen gegen die EuStA vgl. auch *Vogel/Eisele*, in: *Grabitz/Hilf/Nettesheim*, Art. 86 AEUV Rdn. 8.

50 *Hecker* 14/Rdn. 3.

51 *Delmas- Marty, Mireille* (Hrsg.) Corpus juris der strafrechtlichen Regelungen zum Schutz der finanziellen Interessen der Union (1998), 2. Fassung 2000; Darstellungen auch bei *Schramm* JZ 2014, 749, 751; *Zöller* in *Böse* Enz. § 21/68 ff.

52 Grünbuch der Kommission vom 11.12.2001 zum strafrechtlichen Schutz der finanziellen Interessen der Europäischen Gemeinschaften und zur Schaffung einer Europäischen Staatsanwaltschaft – COM (2001) 715; vgl. dazu etwa *Vogel/Eisele*, in: *Grabitz/Hilf/Nettesheim*, Art. 86 AEUV Rdn. 1 ff.; *Weber*, Der Europäische Staatsanwalt, S. 63 ff.

tionen bedarf, sondern weil hierfür auch sehr unterschiedliche Modelle in Betracht kommen. Außerdem ergaben sich Folgeprobleme insbesondere hinsichtlich der maßgebenden materiellrechtlichen Vorschriften.

2012 und 2013 hat die Kommission nach Auswertung der abgegebenen Äu- **36** ßerungen ein Paket von Vorschlägen zum Erlass von Rechtsakten vorgelegt. Es umfasst einen Vorschlag zur Errichtung der Europäischen Staatsanwaltschaft,[53] einen Vorschlag für eine Richtlinie zur Angleichung der einschlägigen materiellrechtlichen Strafbestimmungen der Mitgliedstaaten,[54] ferner – teils bereits verwirklichte – Vorschläge zu Eurojust und Europol (vgl. Kap. 12/2, 11).

Der Vorschlag, eine Europäische Staatsanwaltschaft zu schaffen, wurde **37** nicht überall begrüßt. Eine Anzahl nationaler Parlamente (nicht dagegen der Deutsche Bundestag und Bundesrat)[55] hat dagegen die **Subsidiaritätsrüge** nach dem Protokoll Nr. 2 zum Lissabon-Vertrag erhoben und so den Subsidiaritätsmechanismus gemäß Art. 7 Abs. 2, 3 des Protokolls ausgelöst. Die Kommission hat an ihrem Entwurf aber festgehalten.[56.] Er wurde während der Beratungen teilweise nicht unerheblich abgeändert und dürfte nunmehr verabschiedungsreif sein. Eine konsolidierte Textfassung vom 31.1.2017 hat der Ratsvorsitzende den Mitgliedstaaten bereits übersandt.[57] Allerdings ist absehbar, dass die Verordnung nicht so, wie es Art. 86 Abs. 1 AEUV vorsieht, durch einstimmigen Ratsbeschluss nach Zustimmung des Europäischen Parlaments erlassen werden kann. Vielmehr hat der Europäische Rat am 9./10.3.2017 festgestellt, dass es nicht möglich ist, zu einem Konsens über die Errichtung einer Europäischen Staatsanwaltschaft zu gelangen. Damit ist der Weg frei für die Begründung einer Verstärkten Zusammenarbeit einer Gruppe von mindestens 9 Mitgliedern (Art. 86 Abs. 1 UA 2 AEUV).[58]

---

53 Vorschlag der Kommission für eine Verordnung über die Errichtung der Europäischen Staatsanwaltschaft – COM (2013) 534; dazu *Ambos* IntStrR § 13/19 ff.; *Brodowski* ZIS 2015, 79, 83; *Esser* StV 2014, 494; *Schramm* JZ 2014, 749; *Zerbes* ZIS 2015, 145; sehr kritisch *Hecker* EurStrR 14/Rdn. 49 ff.; s. ferner *Satzger* IntStrR – § 10/Rdn. 23 ff.
54 Vorschlag für eine Richtlinie über die strafrechtliche Bekämpfung von gegen die finanziellen Interessen der Europäischen Union gerichtetem Betrug – COM (2012) 363.
55 Stellungnahmen: BTDrucks. 18/1658 und BRDrucks. 631/13 (Beschluss).
56 Mitteilung der Kommission vom 27.11.2013 über die Überprüfung des Vorschlags für eine Verordnung zur Errichtung der Europäischen Staatsanwaltschaft – COM (2013) 851.
57 Ratsdokument Nr. 5766/17, Interinstitutionelles Dossier Nr. 2013/0 255 (APP).
58 Mitteilung des Europäischen Rates über die Ergebnisse der Sitzung am 9./10.3.2017.

c) Vereinbarkeit mit Subsidiaritätsprinzip

38 Die gegen das Projekt geltend gemachten **Einwände** aus dem primärrechtlichen Subsidiaritätsgrundsatz[59] (Art. 5 Abs. 1 S. 2 EUV) können aber nicht durchgreifen. Wie stets ist bei der Beurteilung des Subsidiaritätsprinzips nicht auf einzelne Mitgliedstaaten, sondern auf deren Gesamtheit abzustellen.[60] Dass insoweit bei einzelnen Mitgliedstaaten Defizite bestehen, ist wegen der beträchtlichen Dunkelziffern zwar kaum mit Zahlen zu belegen, nach allen Berichten der EU aber als sicher anzunehmen. Außerdem müssen bei dieser Bewertung auch psychologische Erwägungen eine Rolle spielen.

39 Unredlichkeiten Beteiligter in den Mitgliedstaaten[61] gelten in diesem Bereich nicht in erster Linie dem eigenen Staat, sondern richten sich gegen einen nahezu anonymen, im entfernten Brüssel residierenden und oft als lästig empfundenen Geldgeber, dessen Schädigung keine besondere Überwindung kostet. Wenn alsdann nationale Strafverfolgungsbehörden – wie in dem Fall „Griechischer Mais" (Kap. 3/16) geschehen – aus eben diesen Gründen keinen besonderen Verfolgungseifer an den Tag legen, dann werden der Schaden schnell irreversibel und die Versuchung zur Nachahmung groß. Der Schutz der finanziellen Interessen der Union ist deshalb nicht lediglich ein internes Problem der EU, sondern berührt letztlich alle Mitgliedstaaten und darüber hinaus mittelbar alle Bürger, die den Großteil der Finanzmittel aufzubringen haben. Es erscheint deshalb nicht nur plausibel, sondern nahe liegend, die Verfolgung einschlägiger Straftaten – vergleichbar der nationalen jurisdiction to enforce bei der Schädigung des Staatshaushalts – demjenigen Gemeinwesen zu übertragen, das als Geschädigter betroffen ist und bei dem die Strafverfolgung am besten aufgehoben sein wird. Diese zentrale Verfolgungskompetenz ist sinnvoll und notwendig, liegt doch in der unzureichenden Verfolgung von PIF-Straftaten in den Mitgliedstaaten ein entscheidender Schwachpunkt der bisherigen Strafverfolgungspraxis.[62] Zuweilen sind zudem die eigenen nationalstaatlichen Verwaltungen selbst in PIF-Straftaten verstrickt. Zusätzlich ist darauf hinzuweisen, dass eine zentrale Strafverfolgung „aus einer Hand" die auch weiterhin zu befürchtenden Schwierigkeiten im internationalen Rechtshilfeverkehr vermindern wird.[63] Dieser Gesichtspunkt ist bei Wirtschaftsstraftaten, um die es hier vorwiegend geht, angesichts der internationalen Verflechtung der Unternehmen von

---

59 *Ambos* IntStrR § 13/21; *Hecker* 14/Rdn. 51; *Satzger* NStZ 2013, 206; *ders.* IntStrR § 10/23. Zum Subsidiaritätsprinzip allgemein vgl. *Härtel*, in: *Niedobitek*, EuR I, § 6 Rdn. 115.

60 Näher zu den dabei anzustellenden Subsidiaritätserwägungen *Rheinbay*, S. 84 ff.

61 Zu den Erscheinungsformen *Hecker* 14/Rdn. 8 ff.

62 Vgl. auch *Albrecht* DRiZ 2015, 250.

63 *Schramm* JZ 2014, 749, 755.

erheblicher Bedeutung. Außerdem rückt die EU mit einer eigenen Strafverfolgung vor Ort näher an den Bürger heran.

2. Die Grundstruktur der EuStA

Die Europäische Staatsanwaltschaft wird nach den primärrechtlichen Vorgaben **40**
als eine Einrichtung der Union mit Rechtspersönlichkeit ausgestattet (Art. 3
Abs. 1, 2 VO-E Ratsdok. 5766/17). Sie übt ihre Tätigkeit in völliger sachlicher Unabhängigkeit aus und ist zur **Objektivität** verpflichtet; ihre Ermittlungen hat sie
auf alle be- und entlastenden Umstände zu erstrecken.[64] Zur Einleitung von Ermittlungen ist sie verpflichtet, sofern nach geltendem nationalen Recht berechtigter Grund zu der Annahme besteht, dass eine in ihre Zuständigkeit fallende
Straftat begangen wird oder wurde.

Die fortschreitende Digitalisierung der Justiz spiegelt sich auch bei der **41**
EuStA wieder: Die Europäische Staatsanwaltschaft soll ihre Aufgaben grundsätzlich in **digitaler Form** erledigen. Mittels spezieller Software soll die EuStA
ein Fallbearbeitungssystem einrichten und verwalten (Art. 26b VO-E Ratsdokument 5766/17), d.h. fallrelevante Informationen werden in einem Case Management System abgespeichert.[65]

a) Sachliche Zuständigkeit
Ihre **sachliche Zuständigkeit** erstreckt sich – nur – auf die Verfolgung von **42**
Straftaten, die in einer besonderen Richtlinie definiert sind, und die sich gegen
die finanziellen Interessen der Union richten (Art. 4 Abs. 1 VO-E Ratsdokument
5766/17). Die EuStA wird nur für einen kleinen Ausschnitt der Kriminalität,
nämlich für diejenige zum Nachteil der EU (d.h. mit der EU als Geschädigter)
tätig, und zudem noch weiter eingeschränkt auf die finanzielle Schädigungen
der EU durch **Betrug** oder **betrugsähnliche Straftaten**.[66] Die EuStA besitzt somit nur die Zuständigkeit für die strafrechtliche Untersuchung und Verfolgung
sowie Anklageerhebung hinsichtlich eines ganz kleinen Bruchteils der in den
Mitgliedstaaten begangenen Straftaten. Hierzu wird auf diejenigen EU-Finanzstraftatbestände verwiesen, die in einer gesonderten PIF-Richtlinie aufgeführt
werden. Die EuStA wird somit beispielsweise nicht zuständig sein für grenz-

---

64 Art. 5 Abs. 4 VO-E Ratsdok. 5766/17.

65 *Esser* StV 2014, 494, 497.

66 Art. 4 Abs. 1 VO-E Ratsdok. 5766/17; zum Katalog der dazu begrifflich gehörenden Straftatbestände vgl. *Rheinbay*, S. 133.

überschreitende Korruption, Terrorismusbekämpfung oder die Betäubungsmittelkriminalität. Die EU-Harmonisierungskompetenzen nach Art. 83 AEUV sind nicht mit einer entsprechenden EU-Strafverfolgungskompetenz verbunden.

43 Zwar sieht das Primärrecht in der Passerelle-Regelung (Brückenklausel)[67] in Art. 86 Abs. 4 AEUV vor, dass eine Ausdehnung der Verfolgungszuständigkeit auf weitere Formen **schwerer Kriminalität mit grenzüberschreitender Dimension** denkbar wäre. Dies steht jedoch unter dem Vorbehalt, dass ein entsprechender einstimmiger Beschluss des Europäischen Rats mit Zustimmung des Europäischen Parlaments und nach Anhörung der Kommission gefasst wird. Ein solcher Beschluss steht jedoch nicht auf der Agenda der EU. Aus deutscher Sicht würde dies zudem nach § 7 Abs. 1 Var. 2 IntegrationsverantwortungsG voraussetzen, dass zuvor ein entsprechendes Gesetz gemäß Artikel 23 Absatz 1 des Grundgesetzes in Kraft getreten ist. Andernfalls müsste der deutsche Vertreter im Rat den Beschlussvorschlag ablehnen (§ 7 Abs. 1 S. 2 IntegrationsverantwortungsG).[68]

44 Nach dem jüngsten Entwurf der PIF-Richtlinie[69] werden zum einen die klassischen PIF-Delikte, d.h. die betrügerischen Handlungen zu Lasten der Einnahmen- oder der Ausgabenseite und der Vermögenswerte des Unionshaushalts erfasst (näher dazu Kap. 13/52). Es gehören aber auch nunmehr die gegen das gemeinsame **Mehrwertsteuersystem** gerichteten schweren Straftaten dazu (Karussellbetrug, „Missing-Trader-Betrug" und im Rahmen einer kriminellen Vereinigung begangener Mehrwertsteuerbetrug), dies freilich nur, sofern der Gesamtschaden den Schwellenbetrag von 10 Mio. Euro übersteigt.[70]

45 Die erwähnte besondere Richtlinie erfasst mit dem Zweck der Rechtsangleichung in den Mitgliedstaaten einige wenige materiellrechtliche Straftatbestände, die aber so eng umschrieben sind, dass sie den Mitgliedstaaten bei der Umsetzung in nationales Recht nur einen sehr geringen Gestaltungsspielraum lassen. Sie schafft damit einen im Wesentlichen einheitlichen Rechtsraum und verhilft der Europäischen Staatsanwaltschaft zu einer handhabbaren Arbeitsgrundlage (näher hierzu Kap. 13/43ff.). Zusätzlich soll die Zuständigkeit Straftaten umfassen, welche mit den in der Richtlinie bezeichneten in einem untrennbaren Zusammenhang stehen.[71] Hiermit wird – insoweit zwingend – auf den prozessualen Tatbegriff des EuGH (Kap. 9/64) verwiesen. Selbstständige Vorbereitungs-, Verwertungs- und Sicherungstaten gehören entgegen früheren Erwä-

---

67 *Frenz*, wistra 2010, 432, 434.
68 *Vogel/Eisele*, in: *Grabitz/Hilf/Nettesheim*, Art. 86 AEUV Rdn. 60.
69 Art. 3, 4 des Richtlinienentwurfs Ratsdok. 5478/17 v. 1.2.2017.
70 Art. 3d) des Richtlinienentwurfs Ratsdok. 5478/17 v. 1.2.2017.
71 Art. 17 Abs. 2 VO-E Ratsdok. 5766/17.

gungen nicht dazu. Schließlich fallen in die Verfolgungskompetenz der Europäischen Staatsanwaltschaft kriminelle Vereinigungen, deren Tätigkeit im Schwerpunkt auf die Schädigung der finanziellen Interessen der Union ausgerichtet ist.

Auch die Verfolgungshoheit der EuStA hat eine eigene Regelung gefunden. Im nationalen Bereich bestimmt das Strafanwendungsrecht (Internationales Strafrecht; Kap. 2/11) den Umfang der deutschen Strafgewalt (Gerichtsbarkeit). Ein Teil der Strafgewalt ist die Verfolgungshoheit (jurisdiction to enforce), die auf europäischer Ebene gegenwärtig allein in Betracht kommt. Sie ist nach dem Verordnungsentwurf gegeben, sofern die in der Richtlinie bezeichnete Tat ganz oder teilweise im Hoheitsgebiet eines oder mehrerer Mitgliedstaaten begangen wurde, oder wenn sie von einem Staatsangehörigen eines Mitgliedstaats begangen wurde, der dafür die Gerichtsbarkeit unabhängig vom Tatort besitzt.[72] **46**

Im Falle einer Verstärkten Zusammenarbeit können sich alle diese Kriterien naturgemäß nur auf die Mitgliedstaaten beziehen, welche sich an der Verstärkten Zusammenarbeit beteiligen. Damit ist das Feld für neue Probleme bei konkurrierenden Gerichtsbarkeiten eröffnet. **47**

b) Organisatorischer Aufbau

Die jüngsten Verordnungsentwürfe betonen, dass es sich bei der EuStA um eine unteilbare Einrichtung der EU handle – eine einheitliche Staatsanwaltschaft –, die aber dezentral organisiert sei. Die Europäische Staatsanwaltschaft ist damit zwar eine Strafverfolgungsinstitution der EU, die (auch) aus einer neu zu schaffenden zentralen Behörde besteht.[73] Aber die eigentlichen Ermittlungen und Strafverfolgungsmaßnahmen werden über das Institut der Delegierten Europäischen Staatsanwälte in die Mitgliedstaaten funktional ausgelagert.[74] Organisatorisch gliedert sich damit die Europäische Staatsanwaltschaft in eine zentrale Ebene und in eine dezentrale Ebene, welche ihre Tätigkeit in den einzelnen Mitgliedstaaten verrichtet. **48**

aa) Die zentrale EU-Ebene

Die **zentrale Ebene** besteht aus dem Kollegium mit dem Europäischen Generalstaatsanwalt an der Spitze, Ständigen Kammern und Europäischen Staatsan- **49**

---

72 Art. 18 VO-E Ratsdok. 5766/17.
73 Art. 7 Abs. 1 VO-E Ratsdok. 5766/17.
74 Art. 6 Abs. 4 Satz 1, Art. 12 Abs. 1 VO-E Ratsdok. 5766/17.

wälten.[75] Während das Kollegium nur die allgemeine Aufsicht ausübt und keine Entscheidungen in Einzelfällen zu treffen hat, sind die Ständigen Kammern – bestehend aus 3 Personen – das operative Entscheidungsgremium. Sie haben die wesentlichen Entscheidungen im Einzelfall zu treffen, so über Anklageerhebung, Verfahrenseinstellung, Verweisung der Sache an die nationalen Behörden.[76] Der Europäische Staatsanwalt führt im Namen der Ständigen Kammer die Aufsicht über die dezentrale Ebene; er ist aber in bestimmten Fällen auch befugt, der dezentralen Ebene Anweisungen zu erteilen.

50   In einigen gewichtigen Ausnahmefällen ist er auch befugt, mit Genehmigung der Ständigen Kammer die Ermittlungen selbst zu führen (**Devolutionsrecht**).[77] Ebenso kann in bestimmten Ausnahmefällen die zentrale EuStA die Ermittlungen einem anderen Delegierten Europäischen Staatsanwalt zuweisen (**Substitutionsrecht**).[78] Insgesamt soll der (zentrale) Europäische Staatsanwalt als Verbindungsstelle und Informationskanal zwischen den Ständigen Kammern und den ortsansässigen Delegierten Europäischen Staatsanwälten fungieren.

51   Es besteht zudem ein System der **geteilten Zuständigkeit** zwischen der Europäischen Staatsanwaltschaft und den einzelstaatlichen Behörden bei der Bekämpfung von Straftaten zum Nachteil der finanziellen Interessen der Union. Innerhalb dieses konkurrierenden Zuständigkeitsregimes wurde ein **Evokationsrecht** geschaffen,[79] d.h. die EUStA kann das Verfahren an sich ziehen. Denn vielfach werden die einzelstaatlichen Verfolgungsorgane erst im Laufe ihrer Ermittlungen erkennen können, dass auch EU-Interessen tangiert sind. Eine solche Evokation ist zudem sinnvoll, wenn sich der Verdacht gegen Bedienstete der EU richtet, der angerichtete Schaden sehr groß ist oder es sich um grenzüberschreitende Sachverhalte handelt.[80]

bb) Die dezentrale, mitgliedstaatliche Ebene

52 Die **dezentrale Ebene** besteht aus „Delegierten Europäischen Staatsanwälten". Von den Delegierten Europäischen Staatsanwälten muss es in jedem Mitgliedstaat mindestens zwei geben.[81] Sie unterliegen den Weisungen der Ständigen

---

75 Art. 7 Abs. 3 VO-E Ratsdok. 5766/17.
76 Art. 9 Abs. 2, 3 VO-E Ratsdok. 5766/17.
77 Art. 23 Abs. 4 VO-E Ratsdok. 5766/17.
78 Art. 23 Abs. 3 VO-E Ratsdok. 5766/17.
79 Art. 22a VO-E Ratsdok. 5766/17.
80 *Schramm* JZ 2014, 749, 753.
81 Art. 12 Abs. 2 VO-E Ratsdok. 5766/17.

Kammer,[82] sind Mitglieder der nationalen Justiz, in ihrem Herkunftsmitgliedstaat ansässig und prinzipiell zuständig für Verfahren, in denen der Schwerpunkt der strafbaren Tätigkeit in ihrem Herkunftsmitgliedstaat liegt. Bei Verfahrensverbindung über die Staatsgrenzen hinweg ist maßgebend, wo der Tatort des Großteils der Straftaten liegt. Für Abweichungen von dieser Zuständigkeit – die aus sachlichen Gründen möglich ist – ist eine Rangfolge verschiedener Anknüpfungspunkte vorgesehen; in erster Linie ist der gewöhnliche Aufenthalt des Beschuldigten, sodann seine Staatsangehörigkeit und schließlich der Ort des Schadenseintritts von Bedeutung.

Die Delegierten Europäischen Staatsanwälte können zugleich – in anderen 53 Verfahren – Aufgaben der nationalen Strafverfolgung wahrnehmen (Zwei-Hüte-Modell). Der Delegierte Europäische Staatsanwalt „vor Ort" soll weiterhin seine Tätigkeit für die nationale Staatsanwaltschaft (z.B. Verfolgung von normaler Wirtschaftskriminalität) ausüben.[83] darüber hinaus aber auch Fälle der EuStA betreuen.[84] Für diese institutionelle Doppelnatur hat man das Bild des **Doppelhuts** gezeichnet: Der Delegierte Europäische Staatsanwalt geht zunächst seiner „normalen" Tätigkeit als nationalstaatlicher Staatsanwalt nach; er setzt sozusagen seinen nationalen Staatsanwalt-Hut auf. Er wendet sich aber, wenn er zum EuStA ernannt wurde, auch etwaigen PIF-Verfahren zu, setzt dann seinen nationalen Hut ab und einen europäischen Hut auf. „Auf dem Schreibtisch des Delegierten Europäischen Staatsanwalts liegen somit – in einem übertragenen Sinne – zwei Hüte, von denen er, je nach Gegenstand des Verfahrens, einen aufsetzt."[85]

Der Delegierte Europäische Staatsanwalt hat im Außenverhältnis prinzipiell 54 alle Befugnisse des nationalen Staatsanwalts, welche die für ihn geltende nationale Rechtsordnung vorsieht.[86] Er leitet in der Regel das Ermittlungsverfahren ein und führt es durch. Dazu kann er die nationalen Stellen in Anspruch nehmen und ihnen Anweisungen erteilen. Er erhebt ferner die Anklage vor Gericht, vertritt diese und kann Rechtsmittel einlegen.

Die Delegierten Europäischen Staatsanwälte unterliegen ausschließlich den 55 Weisungen der zentralen Europäischen Staatsanwaltschaft.[87] Sie sind nicht an die Weisungen anderer Institutionen – weder der EU noch nationaler Institutio-

---

82 Art. 12 Abs. 1 UA 1 VO-E Ratsdok. 5766/17.
83 Art. 12 Abs. 3 VO-E Ratsdok. 5766/17.
84 Art. 12 Abs. 1 VO-E Ratsdok. 5766/17.
85 *Schramm* JZ 2014, 749, 754; krit zu diesem Modell, u.a. aufgrund angenommener hierarchischer Friktionen, *Zeder* StraFo 2014, 239, 244 („Diener zweier Herren"); *Böse*, JZ 2017, 82, 87 („Hütchenspiel").
86 Art. 12 Abs. 1 VO-E Ratsdok. 5766/17.
87 Art. 6 Abs. 1 VO-E Ratsdok. 5766/17.

nen wie etwa des jeweiligen Justizministeriums oder Generalstaatsanwalts –
gebunden. Damit soll gewährleistet werden, dass sie sich ganz in den Dienst der
EU-Finanzinteressen stellen und sachwidrigen Einflüssen nicht verpflichtet
sind.

56   Damit die einschlägigen Fälle zur Europäischen Staatsanwaltschaft gelangen, treffen die nationalen Behörden Unterrichtungspflichten,[88] so dass diese
Staatsanwaltschaft in die Lage versetzt wird, ein Verfahren einzuleiten oder in
Bagatellfällen auch an nationale Stellen zu verweisen. Ist bereits ein nationales
Ermittlungsverfahren eingeleitet, so hat die Europäische Staatsanwaltschaft –
wie bereits angedeutet – ein Evokationsrecht, kann also das Verfahren an sich
ziehen. Sie ist in Bagatellfällen aber auch befugt, das Verfahren an die nationalen Behörden zu verweisen. Im Streitfall befinden die nationalen Behörden über
die Zuständigkeit.

3. Das anwendbare Strafverfahrensrecht

57 Das Strafverfahren in PIF-Sachen unter Beteiligung eines Delegierten Europäischen Staatsanwalts unterliegt einem **hybriden Regelungskomplex**, der aus
europäischem und nationalem Strafverfahrensrecht besteht. Die jüngsten Verordnungsentwürfe enthalten eine kleine europäische, wenngleich fragmentari-
sche StPO, die einen gewissen Rahmen für die Strafverfolgung in den Mitgliedsstaaten vorgibt: So sind darin zentrale Regelungen zum Strafverfahrensrecht
enthalten, etwa dazu, welche Zwangsmaßnahmen der Delegierte EuStA ergreifen
darf, wenn es einen PIF-Tatverdacht gibt.[89] So nennt die VO etwa Voraussetzungen von Durchsuchung, Beschlagnahme oder Telekommunikationsüberwa-
chung.[90] Es kann auch nach EU-Maßgabe ein (auch europäischer) Haftbefehl beantragt werden.[91] Die EuStA hat, ebenso wie etwa der deutsche Staatsanwalt (vgl.
§ 160 Abs. 2 StPO), unparteiisch zu sein und sowohl be- als auch entlastende Umstände zu ermitteln.

58   Soweit freilich die EuStA-VO zu den Ermittlungen und Strafverfolgungsmaßnahmen keine Aussage trifft, greift die Subsidiaritätsklausel ein, wonach
das einzelstaatliche Strafverfahrensrecht des betrauten Delegierten Europäischen Staatsanwalts maßgeblich ist. Innerhalb des Rahmens der EuStA-VO
führt somit der ermittelnde Delegierte Europäische Staatsanwalt das **Verfahren**

---

88 Art. 19 Abs. 1 VO-E Ratsdok. 5766/17.
89 Art. 25, 26 Abs. 1 VO-E Ratsdok. 5766/17.
90 Art. 25 Abs. 1 lit. a, d, e VO-E Ratsdok. 5766/17.
91 Art. 28 Abs. 1 VO-E Ratsdok. 5766/17.

letztlich weitgehend nach seinem **nationalen** Recht.[92] Er darf grundsätzlich alle nach diesem Recht zulässigen Maßnahmen ergreifen oder beantragen. Die Mitgliedstaaten können jedoch vorsehen, dass bestimmte Ermittlungsmaßnahmen – so beispielsweise Durchsuchungen oder die Überwachung der Telekommunikation des Beschuldigten – der Europäischen Staatsanwaltschaft nur zur Verfügung stehen, wenn Gegenstand der Ermittlungen eine Straftat mit einer Mindesthöchststrafe von 4 Jahren ist.[93] Außerdem soll es zulässig sein, bestimmte Ermittlungsmaßnahmen mit weiteren Beschränkungen zu versehen.

Werden Ermittlungshandlungen in einem **anderen Mitgliedstaat** erforder- 59 lich, so weist er diese – unter Unterrichtung der zentralen Ebene – einem Delegierten Europäischen Staatsanwalt zu, der in dem Mitgliedstaat ansässig ist, in dem die Maßnahme durchgeführt werden soll. Dieser unterstützende Delegierte Europäische Staatsanwalt hat seinerseits die Befugnis, die begehrte Ermittlungsmaßnahme selbst durchzuführen oder anzuordnen.

Die Voraussetzungen für die Zuweisung der Ermittlungsmaßnahme bei sol- 60 chen **grenzüberschreitenden Ermittlungen** beurteilen sich nach dem Recht des Mitgliedstaates, in dem das Verfahren geführt wird. Für die Durchführung der Ermittlungsmaßnahme gilt hingegen die Rechtsordnung des Staates, in dem die Maßnahme verwirklicht werden soll.[94] Der das Verfahren führende Delegierte Europäische Staatsanwalt kann somit im Wege der Zuweisung keine anderen als die in seinem eigenen Staat zulässigen Ermittlungsmaßnahmen veranlassen. Bei Streit zwischen den beteiligten Delegierten Europäischen Staatsanwälten entscheidet, wenn eine Beilegung des Streits nicht möglich ist, die Ständige Kammer.

Mit diesen Regelungen **entfällt** jegliche **internationale Rechtshilfe.** Recht- 61 lich handelt es sich bei diesem Verfahren nicht einmal mehr um Amtshilfe, sondern um ein arbeitsteiliges Vorgehen innerhalb derselben Institution. Befindet sich der Beschuldigte in einem anderen Mitgliedstaat der Union, so kann der das Verfahren führende Europäische Staatsanwalt einen Europäischen Haftbefehl erlassen,[95] sobald er eine richterliche Haftanordnung erwirkt hat (Kap. 6/19, 34).

Im späteren Prozess ist ein **Beweis** nicht deshalb unverwertbar, weil er in 62 einem anderen Mitgliedstaat gewonnen oder nach dem Recht eines anderen Mitgliedstaates erhoben wurde.[96] Das Ermittlungsverfahren kann außer durch

---

92 Art. 5 Abs. 3 S. 2, 3 VO-E Ratsdok. 5766/17.
93 Art. 25 Abs. 1 VO-E Ratsdok. 5766/17.
94 Art. 26 Abs. 2 VO-E Ratsdok. 5766/17.
95 Art. 28 VO-E Ratsdok. 5766/17.
96 Art. 31 VO-E Ratsdok. 5766/17.

Anklage oder Einstellung mangels Tatnachweises auch in einem **vereinfachten Verfahren** beendet werden.[97] Dieses vereinfachte Verfahren umfasst Einstellungen wegen Geringfügigkeit oder gegen Auflagen; es richtet sich nach dem einzelstaatlichen Recht. In Deutschland wären dies die §§ 153ff., insbesondere § 153a StPO.

63   Über die **Anklageerhebung** beschließt die Ständige Kammer.[98] Erhoben wird die Anklage grundsätzlich vor einem Gericht des Mitgliedstaats, dem der das Verfahren führende Delegierte Europäische Staatsanwalt angehört, und der auch die Anklage erhebt. Vor welchem innerstaatlichen Gericht dies geschieht, bestimmt die Europäische Staatsanwaltschaft nach nationalem Recht.

4. Gerichtliche Kontrolle: Geteilt zwischen nationalen und unionalen Gerichten

64   Mit der Europäischen Staatsanwaltschaft wird nicht zugleich ein korrespondierendes europäisches Strafgericht geschaffen, weder zur Verfolgung der PIF-Delikte noch zur Kontrolle der EuStA. Vielmehr wird die Rechtmäßigkeit der Handlungen der europäischen Staatsanwälte von denjenigen **nationalen Gerichten** des Staates überprüft, in denen der Europäische Staatsanwalt tätig wurde.[99] Die Verfahrensakte der Europäischen Staatsanwaltschaft mit Rechtswirkung gegenüber Dritten müssen den Anforderungen und Verfahren des nationalen Rechts genügen und unterliegen daher der Kontrolle durch die zuständigen einzelstaatlichen Gerichte.[100] Mithin ist die deutsche Strafrechtspflege zur Kontrolle von Ermittlungsmaßnahmen der Europäischen Staatsanwälte in Deutschland befugt. Auch die **Strafvollstreckung** verbleibt in nationaler Hand.

65   Entgegen einer vielfach erhobenen Forderung aus der Rechtswissenschaft[101] soll nach dem Willen des Rats der Europäischen Union dem **EuGH** dabei nicht die Funktion eines Europäischen Strafgerichtshofs zukommen. Die nationalen Gerichte sind aber gemäß Art. 267 AEUV zur Vorlage an den Gerichtshof der Europäischen Union verpflichtet, wenn über Fragen der Gültigkeit oder Auslegung

---

97 Art. 34 VO-E Ratsdok. 5766/17.
98 Art. 9 Abs. 3 VO-E Ratsdok. 5766/17.
99 Eingehend dazu *Böse* JZ 2017, 82, 83.
100 Art. 36 Abs. 1 VO-E Ratsdok. 5766/17.
101 So z.B. von *Zeder*, StraFo 2014, 239, 246, *Esser* StV 2014, 494, 501, oder *Böse* JZ 2017, 82, 87, der schon heute – auf der Grundlage einer primärrechtlichen Zuständigkeitsverteilung – eine Zuständigkeit der Unionsgerichte für den Rechtsschutz gegen Ermittlungsmaßnahmen und Verfahrensakte der EuStA behauptet; zur denkbaren Rolle des EuGH vgl. auch *Rheinbay*, S. 299.

des Unionsrechts zu befinden ist oder wenn sich die Gültigkeit des Verfahrensakts der Europäischen Staatsanwaltschaft unmittelbar nach Unionsrecht beurteilt.[102] Außerdem entscheidet der Gerichtshof im Wege der Vorabentscheidung über die Auslegung des Unionsrechts bei etwaigen Zuständigkeitskonflikten zwischen der Europäischen Staatsanwaltschaft und den nationalen Strafverfolgungsbehörden. Gegen Einstellungen des Verfahrens durch die Europäische Staatsanwaltschaft ist die Nichtigkeitsklage gemäß Art. 263 Abs. 4 AEUV gegeben, wenn es unmittelbar um Verstöße gegen Unionsrecht geht.[103] Eine weitere Klagemöglichkeit ist vorgesehen für Fälle, in denen Zugang zu Dokumenten – außer Verfahrensakten – begehrt wird.

Wenn die Strafverfolgungsbehörde förmlich errichtet ist, benötigt sie geraume Zeit, um ihre Arbeit aufnehmen zu können. Der Zeitpunkt der **Arbeitsaufnahme** wird durch einen besonderen Beschluss der Kommission festgelegt. Dieser Zeitpunkt muss nach der Umsetzung der geplanten Richtlinie zur Bekämpfung von gegen die finanziellen Interessen der Union gerichtetem Betrug (Kap. 13/49 ff.) liegen.   66

5. Würdigung; Forum-Shopping

Die Betrachtung dieses Bildes ergibt ein durchaus als **positiv zu bewertendes** 67 Konzept, das sich in der Praxis zwar wird bewähren müssen, aber ersichtlich auch die Chance dazu hat. Es handelt sich nicht bloß um eine „Mini"-Europäische Staatsanwaltschaft oder gar nur um ein „Eurojust-plus",[104] sondern um eine beachtliche, weitgehend klar konturierte Strafverfolgungsinstitution der EU. Die Bedenken, dass eine Europäische Staatsanwaltschaft ohne gesamteuropäische, einheitliche Tatbestände nicht werde arbeiten können, werden durch die Variante der Verweisung auf eine besondere Richtlinie mit eng gefassten Definitionen weitgehend entkräftet, wenn die Mitgliedstaaten ihrer Pflicht zur Umsetzung in gehöriger Weise nachkommen. Ein gesamteuropäischer (bereichsspezifischer) Allgemeiner Teil wird zwar weiterhin fehlen. Aber der EuGH wird aufgerufen und in der Lage sein, die Lücken im Rahmen des Gesetzlichkeitsprinzips auszufüllen (Kap. 14/1 f.). Es dürfte derzeit sowohl auf der nationalen wie europäischen Ebene politisch völlig illusorisch sein, ein europäisches

---

102 Art. 36 Abs. 2 VO-E Ratsdok. 5766/17.
103 Art. 36 Abs. 3 VO-E Ratsdok. 5766/17.
104 So aber (Konzeptionsstand 2014) *Zeder*, StraFO 2014, 239, 246.

Strafgericht und ein unionseigenes Strafverfahrensrecht durchsetzen zu wollen, auf dessen Grundlage die EuStA europaweit einheitlich agieren könnte.[105]

a) Zum anwendbaren Recht

68 Für das Verfahren der Europäischen Staatsanwaltschaft soll im Wesentlichen das jeweilige nationale Recht maßgebend sein.[106] Diese Lösung, die dem Modell der Europäischen Ermittlungsanordnung (Kap. 6/36) entspricht, trägt entscheidend zur Vereinfachung der Geschäftsabläufe und zur Schlagkraft der Institution bei. Für ihre Schlagkraft entscheidend ist aber weiter die Dezentralisierung der Ermittlungstätigkeit. Der vor Ort tätige Delegierte Europäische Staatsanwalt kennt die Klaviatur des vorhandenen Verfolgungsinstrumentariums und versteht darauf zu spielen, er kennt die behördlichen Organisationsstrukturen, die Akteure und die Gerichtspraxis. Normativ nicht erfassbare fachliche und persönliche Kontakte können den notwendigen Informationsfluss entscheidend fördern.

69 Dazu tritt ein wichtiger psychologischer Vorteil des Modells. Wenn die Europäische Staatsanwaltschaft vor Ort ansässig ist und ständig hier in Erscheinung tritt, wird europäische Strafverfolgung für den Rechtsunterworfenen unmittelbar **erlebbar**. Dieser Effekt hilft wesentlich zur Überwindung der großen Distanzen innerhalb Europas.

b) Zum Risiko des „Forum-Shopping" und Einschränkung der Verteidigungsrechte

70 Wohl kaum aufrechtzuerhalten sind auch die Befürchtungen, dass eine zentrale europäische Strafverfolgungsbehörde geneigt sein könnte, Grundrechtseingriffe dort vorzunehmen und die Anklage dort zu erheben, wo dies am ehesten Erfolg verspricht und die Verhängung der vergleichsweise härtesten Sanktion zu erwarten ist (**forum shopping**).[107]

71 Nach dem Verordnungsentwurf, der insoweit mit der Europäischen Ermittlungsanordnung übereinstimmt (Kap. 6/40), darf der Delegierte Europäische Staatsanwalt Ermittlungen in einem anderen Mitgliedstaat nur veranlassen, wenn er die begehrte Maßnahme im eigenen Staat ebenfalls erreichen könnte.[108]

---

105 Dies als strukturellen Mangel bezeichnend *Esser*, StV 2014, 494, 504.
106 Art. 5 Abs. 3 S. 2, 3 VO-E Ratsdok. 5766/17.
107 *Ambos* IntStrR § 13/23; *Hecker* 14/Rdn. 52; *Satzger* IntStrR – § 10/23a.
108 Art. 26 Abs. 2 S. 2 VO-E Ratsdok. 5766/17.

Der Delegierte Europäische Staatsanwalt wird zwar alle Befugnisse eines nationalen Staatsanwalts haben, aber auch nicht mehr.

Zur Erhebung der Anklage bedarf es nicht nur der internationalen Zuständigkeit des angerufenen Gerichts; vielmehr hat der sachbearbeitende Delegierte Europäische Staatsanwalt auch die nationalen Zuständigkeitsvorschriften zu beachten.[109] Dass die Ständige Kammer aus sachfremden Erwägungen geneigt sein könnte, bereits im Vorfeld das vorrangige Tatortprinzip zu missachten und die Befassung eines in einem anderen Mitgliedstaat ansässigen Mitarbeiters zu veranlassen, wäre eine Unterstellung[110] und würde wohl auch am nachhaltigen Widerstand des anderen Mitarbeiters scheitern. Außerdem kann das Prozessgericht bei der Prüfung seiner Zuständigkeit Missbräuchen begegnen. 72

Ebenfalls im Schrifttum dramatisiert werden häufig die Schwierigkeiten, welche das vorgeschlagene Modell für eine sinnvolle und **effektive Verteidigung** aufwirft. Nach dem Stand der Beratungen über die Verordnung hat der Delegierte Europäische Staatsanwalt die Anklage vor den Gerichten des Mitgliedstaats zu erheben, dem er selbst angehört. Darauf kann sich die Verteidigung einstellen. Im Ermittlungsverfahren notwendige Maßnahmen in anderen Mitgliedstaaten bergen für die Verteidigung ersichtlich keine größeren Schwierigkeiten in sich als die, die der gegenwärtige internationale Rechtshilfeverkehr mit sich bringt. 73

c) Fortbestehende Unzulänglichkeiten

Mit dem vorliegenden Modell sind allerdings – wohl unvermeidbar – auch Unzulänglichkeiten verbunden. Straftäter pflegen ihre Tätigkeit nicht an der Zuständigkeit der sie verfolgenden Staatsanwälte auszurichten. Es sind deshalb Fälle absehbar, in denen sowohl die Europäische Union als auch der einzelne Mitgliedstaat geschädigt ist. Dies gilt umso mehr, als sich bei vielen Subventionen die EU und der jeweilige Mitgliedstaat (oder dessen Bundesländer) die Finanzierung teilen (z.B. bei den Strukturfonds).[111] Ebenso ist absehbar, dass Serientäter oder Vielfachtäter eine Vielzahl von Taten – im prozessualen Sinne – begehen, für die teils die Zuständigkeit der Europäischen Staatsanwaltschaft, teils die Zuständigkeit des nationalen Staatsanwaltschaft gegeben ist. Eine Vorrangregelung für diese Fälle ist nicht vorgesehen. Ob das vorliegende Konzept ausreicht, wird die Praxis erweisen müssen. Jedenfalls für die Fälle mehrfacher 74

---

109 Art. 29 Abs. 1, 30 Abs. 1 i.V.m. Art. 9 Abs. 3 VO-E Ratsdok. 5766/17.
110 *Hackner/Schierholt* Rdn. 262 gegen *Schünemann* ZIS 2007, 528; zu den wirklichen Interessen der beteiligten Staaten *Radtke* in *Böse* Enz. § 12/9.
111 *Schramm* JZ 2014, 749.

oder wiederholter Tatbegehung ist ersichtlich keine Vorsorge getroffen. Soweit es sich um Taten im prozessualen Sinne handelt, die nicht untrennbar miteinander verbunden sind, wird kein anderer Weg als der der Einleitung und Durchführung getrennter Verfahren verbleiben.

75   Zu bewähren haben wird sich auch das Konzept der Zusammenarbeit zwischen der Europäischen Staatsanwaltschaft mit den vorhandenen Einrichtungen der EU-OLAF, Europol, Eurojust.[112] Ein Vorschlag für normative Regelungen fehlt bisher; das favorisierte Modell von Vereinbarungen zwischen den EU-Einrichtungen kann zu erheblichen Reibungsverlusten führen. Die Aufgabe der Angleichung des materiellen und des Verfahrensrechts in den Mitgliedstaaten bleibt daher bestehen.

❗ **Stichworte:** Die zu errichtende Europäische Staatsanwaltschaft wird voraussichtlich eine zentrale und eine dezentrale Ebene haben. Das Verfahren wird von dem vor Ort tätigen Delegierten Europäischen Staatsanwaltschaft geführt, der Angehöriger der nationalen Justiz ist und auch weiterhin für sie tätig sein darf (Zwei-Hüte-Modell). Die sachliche Zuständigkeit der Strafverfolgungsbehörde wird in einer besonderen Richtlinie festgelegt werden. Der Delegierte Europäische Staatsanwalt hat die Befugnisse nach seinem nationalem Recht, welches auch für das Verfahren maßgebend ist. Anklage wird vor den nationalen Gerichten erhoben.

---

112 *Ambos* IntStrR § 13/26.

Kapitel 13:
Der Schutz der finanziellen Interessen der Europäischen Union

Der strafrechtliche Schutz der finanziellen Interessen der Europäischen Union **1**
vor Betrügereien bildet das Herzstück der Aktivitäten, die von der EU im Bereich
des Strafrechts in den vergangenen Jahrzehnten entfaltet wurden. Es begann
mit der PIF-Konvention von 1995, setzte sich fort im „Griechischen Mais"-Urteil
des EuGH von 1998 und der dann folgenden primärrechtlichen Verankerung im
EG-Vertrag (Art. 280 EGV a.f.) sowie im Vertrag von Lissabon (Art. 325 AEUV).
Der materiellrechtliche Regelungskomplex wird nach menschlichem Ermessen
bald durch die Europäische Staatsanwaltschaft (Art. 86 AEUV) flankiert werden.
Diese (geplante) neue Strafverfolgungsinstitution wurde bereits im vorangegangenen 12. Kapitel (Kap. 12/31 ff.) vorgestellt.

Die PIF-Rechtsmaterie stellt – bildlich gesprochen – „den Motor der Ent- **2**
wicklung des Europäischen Strafrechts" (*Hecker*) dar.[1] Die kriminogene Ursache
hierfür liegt in der Bedeutung der Finanzmittel, die von der EU eingenommen
und ausgegeben werden, und dem damit verbundenen Risiko betrügerischer
Praktiken. Hierzu bedarf es zunächst eines Blicks auf die Finanzordnung der
EU.[2]

I. Das Einnahmen- und Ausgabensystem der EU

Die Europäische Union mag (noch) kein Staat sein. Vielfach wird sie, so vom **3**
Bundesverfassungsgericht, als „Verband" bzw. „Staatenverbund"[3] oder, im
überwiegenden Teil des europarechtlichen Schrifttums, als Bestandteil eines
„dynamischen Mehr-Ebenen-Systems" innerhalb des Staats- und Verfassungs-
gefüges im Europäischen Rechtsraum verstanden.[4] Gleichwohl wird man der
Prognose von *Nettesheim* zustimmen können, dass der „Weg – so es nicht zu einem katastrophalen Scheitern kommt – nur in einem Zustand enden kann, der
als europäische Staatlichkeit zu bezeichnen ist."[5] Und ebenso wird man kaum

---

1 *Hecker* § 14/3.
2 Vgl. dazu etwa *Haratsch/König/Pechstein* Rdn. 652 ff.; *Nettesheim* in: *Oppermann* § 8/17 ff.
3 BVerfGE 89, 155 (Maastricht-Urteil); aufgegriffen und fortgeführt in BVerfGE 123, 267 (Lissabon-Urteil).
4 Vgl. die Nachweise bei *Bieber* in: *Bieber/Epiney/Haag* § 3/2.
5 *Grabitz/Hilf/Nettesheim* Art. 1 EUV Rdn. 66.

DOI 10.1515/9783110456103-013

bestreiten können, dass die EU zumindest insoweit einem Staat entspricht, als der Haushalt der EU seiner Qualität und Höhe nach, sowohl politisch wie ökonomisch, der Bedeutung staatlicher Haushalte gleichkommt.[6] So hat der EU-Haushaltsplan 2016 ein Finanzvolumen von 143,9 Milliarden Euro erreicht,[7] was nur etwas weniger als der Hälfte des Bundeshaushalts der Bundesrepublik Deutschland von 2015 (rund 300 Milliarden Euro) entspricht.[8]

1. Die Einnahmenseite beim EU-Haushalt

4 Der Haushalt der EU wird gem. Art. 311 AEUV vollständig aus sog. Eigenmitteln finanziert. Nach dem Beschluss des Europäischen Rates (2014/335/EU, Euratom) vom 26. Mai 2014 über das Eigenmittelsystem der Europäischen Union[9] setzen sich die Einnahmequellen der EU nach Art. 1 dieses Beschlusses wie folgt zusammen:[10]

- Der weitaus größte Anteil des Haushalts (73%) wird über eine Umlage erzielt, die jährlich bei den Mitgliedstaaten erhoben wird. Die Höhe der Umlage orientiert sich am jeweiligen BNE (= Bruttonationaleinkommen). Im Jahr 2016 belief sich der Betrag auf rund 105 Milliarden EUR.
- Sodann führt jedes Mitgliedsland einen Anteil seiner Mehrwertsteuereinnahmen an die EU ab. Welche Vorgänge der Mehrwertsteuererhebung unterliegen, ist dabei europaweit harmonisiert. 2016 erhielt die EU auf diese Weise rund 19 Milliarden EUR (13% des EU-Etats).
- Die dritte Einnahmequelle bilden die traditionellen Eigenmittel wie die Zölle oder Zuckerabgaben. Diese beliefen sich 2016 auf rund 18,6 Milliarden EUR (12% des EU-Etats).
- Schließlich erzielt die EU auch noch sonstige Einnahmen (1% des Etats).

5 Die Einziehung erfolgt durch die Mitgliedstaaten. Sie sind primärrechtlich dazu verpflichtet, diese Mittel mithilfe ihrer Verwaltungsorgane zu erheben und an die EU abzuführen.

---

6 *Bieber* in *Bieber/Epiney/Haag* § 5 Rdn. 1.
7 Vgl. *Herdegen* § 11/4.
8 Haushaltsgesetz 2015 v. 23.12.2014 (BGBl. I S. 2442).
9 ABl. L 168 vom 7.6.2014, S. 105.
10 *Killmann/Schröder* in *Sieber* EurStrR § 12/21 ff.

2. Die Ausgaben der EU

Nach dem langfristigen Ausgabeplan der EU, dem sog. mehrjährigen Finanz- **6**
rahmen (MFR) in Gestalt einer Verordnung gem. Art. 312 AEUV, werden die EU-
Einnahmen von 2014 bis 2020 für folgende sechs Politikfelder ausgegeben:[11]
–   Agrarpolitik (ca. 39% der Ausgaben)
–   Strukturpolitik (ca. 34% der Ausgaben)
–   Forschung und Technologie (ca. 13% der Ausgaben)
–   Außenpolitik, Entwicklungshilfe (ca. 6% der Ausgaben)
–   Verwaltung (ca. 6% der Ausgaben)
–   Unionsbürgerschaft, Freiheit, Sicherheit und Recht, z.B. Terrorismus-
    Bekämpfung (ca. 2% der Ausgaben).

Diese Ausgaben werden üblicherweise in der Handlungsform der Verordnung
geregelt. Die Mittelverwendung findet in Gestalt von Subventionen oder Auf-
tragsvergaben statt.

3. Manipulationsrisiken

Auf der Einnahmenseite besteht das Risiko, dass Einfuhrzölle nicht oder nicht **7**
in voller Höhe entrichtet werden, weil Waren fälschlich als aus der EU stam-
mend deklariert werden, die Einfuhr überhaupt verschwiegen wird oder eine
niedrige Quantität und Qualität von Waren vorgetäuscht wird.[12]

1. Beispiel – Zigarettenschmuggel in die EU: In Weißrussland und anderen Staaten außer- **8**
halb der EU werden Zigaretten unter Fantasienamen wie „Fest", „NZ", „Minsk" oder „Jin
Ling" dafür produziert, dass sie als markenloses Produkt und ohne Steuerbanderole heim-
lich nach Europa eingeführt und durch Kleinhändler an Privatpersonen veräußert werden,
ohne dass hierfür eine Tabaksteuer entrichtet wird. Von diesen Illicite Whites wurden nach
einer KPMG-Studie 2015 rund 19 Milliarden Stück Zigaretten in der EU konsumiert. Durch
gefälschte oder geschmuggelte Waren entgingen den Mitgliedstaaten der EU 2015 Zollein-
nahmen in Höhe von fast 12 Milliarden EUR.[13]

---

11 *Killmann/Schröder* in *Sieber* EurStrR § 13/18 ff. Im MFR werden die Ausgaben freilich anders
systematisiert (1. Wettbewerbsfähigkeit für Wachstum und Beschäftigung; 2. Nachhaltiges
Wachstum: Natürliche Ressourcen; 3. Sicherheit und Unionsbürgerschaft; 4. Europa in der
Welt; 5. Verwaltung; 6. Ausgleichsbeiträge).
12 *Hecker* § 14/9.
13 KPMG, Project Sun, Study of the illicit cigarette market in the European Union, Norway and
Switzerland, 2015.

9 **2. Beispiel** – angeblicher Schlachtabfall:[14] Aus dem damaligen Nicht-EU-Land Rumänien wurde hochwertiges Rindfleisch fälschlicherweise als Schlachtabfall deklariert, damit bei der Einfuhr des Fleisches nach Deutschland wesentlich niedrigere Eingangsabgaben zu entrichten waren.

10 Umgekehrt werden auf der Ausgabenseite vielfach Ausfuhrerstattungen erschlichen, indem eine in Wahrheit nicht bestehende Qualität oder Quantität der Ware vorgetäuscht wird, um überhöhte Ausgleichszahlungen von der EU zu erhalten.[15] Viele landwirtschaftliche Produkte und Waren aus der EU wären international nicht konkurrenzfähig, wenn die EU nicht durch Exporterstattungen den Preisunterschied ausgleichen würde, denn diese gewährleisten, dass die teureren europäische Produkte auf dem Weltmarkt gehandelt werden können.

11 **3. Beispiel** – vermischter Zucker: Im Hamburger Hafen soll subventionsberechtigter Zuckerrüben-Zucker aus Deutschland mit preiswertem Rohr-Importzucker aus Brasilien gemischt und zu rein deutschem Zucker umdeklariert worden sein, um damit von der EU zu Unrecht Subventionen in Höhe von fast 400 Mio. EUR beim Export des Zuckers auf den Weltmarkt zu erschleichen.[16]

12 Zudem werden EU-Subventionen erschlichen, indem ein Subventionssachverhalt vorgetäuscht wird, der in Wahrheit nicht gegeben ist. Schädlich für den EU-Haushalt sind außerdem Betrügereien im Zusammenhang der Entrichtung bzw. Erstattung von Umsatzsteuern (Mehrwertsteuer), da durch Steuerverkürzungen bzw. ungerechtfertigte Steuererstattungen – etwa in Form des transnationalen Steuerbetrugs in Gestalt sog. Karussellgeschäfte – die Mehrwertsteuereinnahmen des jeweiligen Mitgliedstaats und damit auch der EU verringert werden.[17]

13 **4. Beispiel** – Umsatzsteuerkarussell: Innerhalb einer physischen Lieferkette werden Waren (z.B. Smartphones, Computerchips) oder innerhalb eines Online-Handels mit Zertifikaten werden bestimmte Rechte (z.B. Verschmutzungsrechte für den Klimaschutz, Rechte am Strom) immer wieder importiert und dann wieder exportiert bzw. online gehandelt; die Ware bzw. das Zertifikat dreht sich letztlich wie ein Karussell auf europäischem Grund im Kreis. Eine der Firmen in diesem Kreislauf unterlässt es, ihre Steuerschuld zu begleichen und verschwindet dann schnell vom Markt, ohne dass man vielfach in Erfahrung bringen kann, wer deren Hintermänner sind. Dadurch sollen beispielsweise 2011 dem deutschen Fiskus Steuern in Höhe von über 15 Milliarden Euro entgangen sein.

---

14 Bsp. von *Sieber* ZStW 114 (1996), 363; aufgegriffen von *Hecker* § 14/1.
15 *Hecker* § 14/10.
16 So der Verdacht der Hamburger Staatsanwaltschaft; vgl. taz v. 15.6.2009.
17 *Hecker* § 14/11.

Im Jahresbericht der Kommission von 2015 sind Betrugsfälle in Höhe von 559 **14**
Millionen EUR auf der Ausgabenseite und 78 Millionen auf der Einnahmenseite
nachgewiesen.[18] Geht man zudem (was plausibel erscheint) von einer gehörigen
Dunkelziffer in diesem Bereich aus, dürfte die EU jährlich durch Subventionsbe-
trügereien und durch Bestechungshandlungen in einem weit größeren Umfang
als diese rd. 637 Millionen EUR betroffen sein.

II. Loyalitätspflicht gegenüber der EU; „Griechischer Mais"

Für die einzelnen Mitgliedsländer der EU ist es selbstverständlich, auch mithilfe **15**
des Strafrechts sicherzustellen, dass ihr Staat die ihm gebührenden Einnahmen,
seine Steuern, erhält, und dass die Haushaltmittel vom Staat auch korrekt ausgegeben werden. So sichert die deutsche Rechtsordnung das Steueraufkommen
(einschließlich der Zölle bei der Ein- und Ausfuhr von Waren) über die Tatbestände des Steuerstrafrechts, wie sie in den §§ 369 ff. AO enthalten sind. Die anschließende ordnungsgemäße Verwendung der staatlichen Mittel durch die
Exekutive wird über Straftatbestände der Untreue (§ 266 StGB) oder des Subventionsbetrugs (§ 264 StGB) gewährleistet. Die Europäische Union steht dagegen
bislang straf- und strafverfahrensrechtlich „mit leeren Händen" da: Zum einen
wurden seitens der EU bislang noch keine Strafnormen geschaffen, die als echtes europäisches Strafrecht unmittelbar in den Mitgliedstaaten, mithin in der
Form der Verordnung, zur Anwendung gelangen. Zum anderen existieren bislang keine eigenen Strafverfolgungsorgane, die – wie oben im 12. Kapitel gezeigt wurde – ein förmliches Strafverfahren wegen Steuer- oder Untreuedelikten
durchführen können. Dies würde sich erst mit der Schaffung der Europäischen
Staatsanwaltschaft ändern (oben Kap. 12/31ff.).

Die EU versucht – unter maßgeblicher Beteiligung der Rechtsprechung des **16**
EuGH –, diesen materiell- und formellstrafrechtlichen Mangel dadurch zu kompensieren, dass sie die nationale Strafrechtspflege des jeweiligen EU-Mitglied-
staats in die Pflicht nimmt. Grundlage hierfür bildet die Pflicht der Mitgliedstaaten zur loyalen Zusammenarbeit mit der EU, wie sie seit dem Vertrag von
Lissabon in Art. 4 Abs. 3 EUV festgehalten ist.[19] Wegweisend für die strafrechtliche Konkretisierung der allgemeinen Pflicht zur Treue gegenüber der Union war
die Entscheidung des EuGH aus dem Jahre 1988 zum Griechischen Mais-

---

18 COM(2016) 472 final.
19 Im vorangegangenen EGV, der bis 2009 in Kraft war, ist diese Verpflichtung gleichlautend
enthalten.

Skandal (zum Sachverhalt vgl. bereits näher oben Kap. 3/16; 9/4, 13),[20] die an die gleichlautende Loyalitätsverpflichtung im früheren Art. 10 EGV anknüpft.[21]

17   Die EU finanziert ihren Haushalt auch über Zollabgaben, die zu entrichten sind, wenn aus einem Nicht-EU-Land Waren in den EU-Raum eingeführt werden. Im **„griechischen Mais-Fall"** umgingen griechische Händler die Zölle, die sie für die Einfuhr von Mais aus einem Nicht-EU-Land zu zahlen gehabt hätten. Sie verfälschten die Angaben über die Herkunft dieses Gemüses, in dem sie den Mais, der in Wahrheit aus dem Nicht-EU-Land Jugoslawien stammte, zu Mais aus Griechenland und damit zu einem Gut aus der EU umdeklarierten. Griechische Beamte wirkten an der Durchführung sowie späteren Verschleierung mit. Die griechischen Strafverfolgungsbehörden blieben in dem Fall gänzlich untätig.

18   Der EuGH bejahte in seiner Entscheidung eine Pflicht des Mitgliedstaates zum Einsatz der vorhandenen strafrechtlichen Mittel in prinzipiell derselben Weise wie bei vergleichbaren Fällen im nationalen Recht. Dabei stellt der EuGH das Erfordernis einer sog. **Mindesttrias** auf, d.h. die (strafrechtliche) Sanktion muss wirksam, verhältnismäßig und abschreckend sein.[22] Allerdings ist hierfür Voraussetzung, dass die Verletzung der EU-Finanzinteressen überhaupt unter eine Strafvorschrift desjenigen Staates fällt, der das für die finanziellen Interessen der EU nachteilige Verhalten verfolgen soll. Erstreckt sich das nationale Strafrecht noch nicht auf den Schutz der supranationalen EU-Rechtsgüter, ist der Mitgliedstaat gehalten, sein Strafrecht entsprechend auszuweiten und so das Erfordernis einer materiell- wie formellrechtliche **Gleichstellung** (= Assimilierung) der EU-Rechtsgüter herbeizuführen.

III. Das PIF-Übereinkommen von 1995

19   Ein Meilenstein für die strafrechtliche Assimilierung der nationalen Straftatbestände bildete das zwischen den damaligen Mitgliedstaaten der EU getroffene, völkerrechtliche Übereinkommen über den Schutz der finanziellen Interessen der Europäischen Gemeinschaften vom 26. Juli 1995.[23] Das Übereinkommen wird in Anlehnung an dessen französischen Fassung allgemein auch kurz die

---

20 EuGH C-68/88, Urteil vom 21.9.1989 – Kommission v. Griechenland, m. zust. Anm. *Tiedemann* EuZW 1990, 99 f.; zu dieser Entscheidung vgl. auch *Ambos* IntStrR § 11/37; *Schramm* IntStrR 4/64.

21 EUGH C-68/88 = NJW 1990, 2245; *Ambos* IntStrR § 11/37.

22 *Esser* EurStrR § 2/56; *Hecker* § 7/26; *Heger* in *Böse* Enz. § 5/19.

23 ABlEG v. 27.11.1995 Nr. C 316/48 ff. Die primärrechtliche Grundlage bildete Art. 31 EGV.

„PIF-Konvention" genannt.[24] Die PIF-Konvention trat allerdings erst über sieben Jahre später, mit der Unterschrift Italiens, am 17.10.2002 in Kraft.[25] Aufgrund dieser sehr späten Ratifikation und des Umstands, dass das Übereinkommen nicht auf der Grundlage der „Dritten Säule" hätte ergehen dürfen, hielt sich der Erfolg der PIF-Konvention eher in Grenzen.[26]

In Europa herrschte seinerzeit eine große Rechtszersplitterung: Zwar waren **20** betrügerische Handlungen (auch zum Nachteil des EU-Haushalts) und die sie begleitenden Straftaten wie Urkundenfälschung oder Bestechung in allen Mitgliedstaaten strafbar. Jedoch waren die Straftatbestände, wie rechtsvergleichende Untersuchungen ergaben,[27] streckenweise sehr unterschiedlich ausgestaltet. Die PIF-Konvention sollte dazu dienen, um auf dem „sanften Wege" einer lediglich völkerrechtlich verbindlichen Konvention eine Vereinheitlichung in den Mitgliedstaaten unter Schonung der jeweiligen gesetzlichen und dogmatischen Traditionen anzustoßen,[28] ohne dass die EU selbst zu einem ihrer „härteren" sekundärrechtlichen Handlungstypen, vor allem dem Mittel einer Richtlinie oder eines Rahmenbeschlusses greifen musste.[29]

Entsprechend den Erscheinungsformen und Angriffsrichtungen der gegen **21** die Union gerichteten Kriminalität umfasst das Vertragswerk drei Komplexe strafbaren Handelns:
- Betrug – auf der Ausgabenseite speziell Subventionsbetrug, auf der Einnahmenseite speziell Zollverkürzung (Ursprungsabkommen)
- Korruption (1. Protokoll)
- Geldwäsche (2. Protokoll).

1. Europäischer Betrugstatbestand

Im Mittelpunkt steht dabei die Schaffung eines zwar nicht europaweit identi- **22** schen, aber doch inhaltlich weitgehend harmonisierten Tatbestands, der Betrü-

---

24 PIF = Protection des Intérêts Financiers. In deutscher Sprache abgedruckt etwa in BTDrucks. 13/10425 S. 8 ff.

25 Wegen des sehr langsam verlaufenden Rechtssetzungsverfahrens hatte die EG daraufhin eine Richtlinie KOM (2001), 272 vorgeschlagen, in der alle Elemente des PIF-Übereinkommens einschließlich der Protokolle aufgenommen wurden; diese Richtlinie ist aber niemals in Kraft getreten.

26 *Dannecker* in *Böse* Enz. § 8/42.

27 Näher dazu *Killmann/Schröder* in *Sieber* EurStrR § 12/13.

28 *Hecker* § 14/26.

29 Auch mit der Schweiz bestehen einschlägige Abkommen, *Gless* IntStrR Rdn. 584 ff.; zum dortigen Geldwäschebegriff Rdn. 591.

gereien zum Nachteil der EU-Finanzinteressen erfasst. Es wurde daher die Verpflichtung statuiert, dass in den Mitgliedstaaten eine an der PIF-Konvention orientierte, entsprechende Strafbestimmung aufgenommen wird (Art. 1 PIF-Konvention). In Anlehnung an die europarechtliche Mindesttrias bei Sanktionen müssen diese wirksam, verhältnismäßig und abschreckend sein (Art. 2 PIF-Konvention). Eine Freiheitsstrafe ist für schwere Betrugsfälle vorgeschrieben. Zudem wird von den Mitgliedstaaten die Einführung einer strafrechtlichen Verantwortlichkeit von Unternehmensleitern verlangt (Art. 3 PIF-Konvention). Art. 6 PIF-Konvention sieht eine verstärkte justizielle Zusammenarbeit in diesem Bereich vor, Art. 8 PIF-Konvention enthält ein Doppelbestrafungsverbot und Art. 9 PIF-Konvention die Erlaubnis an die Mitgliedstaaten, die nationalen Regelungen noch über die Vorgaben der PIF-Konvention auszudehnen.

23   Die tatbestandliche Umschreibung des Betrugs in Art. 1 PIF-Konvention orientiert sich an der Betrugskonzeption, wie sie im englischen und französischen Strafrecht bis in die Mitte der 1990er Jahre entwickelt worden ist.[30] Danach ist Betrug im Zusammenhang mit Ausgaben der Gemeinschaft jede

   – vorsätzliche Verwendung oder Vorlage falscher Unterlagen oder Erklärungen mit der Folge, dass Mittel aus einem der Haushalte, die von der Gemeinschaft oder in ihrem Auftrag verwaltet werden, unrechtmäßig erlangt oder zurückbehalten werden,
   – pflichtwidriges Verschweigen von Tatsachen mit derselben Folge,
   – missbräuchliche Verwendung solcher Mittel zu anderen Zwecken als denen, für die sie ursprünglich gewährt wurden.

24 Der Betrug im Zusammenhang mit Einnahmen der Gemeinschaft ist in Art. 1 spiegelbildlich als Bewirkung der Verminderung von Einnahmen umschrieben.

25   Art. 1 der PIF-Konvention enthält freilich nur Minimalvorgaben und ist streng genommen kein richtiger Straftatbestand im gewohnten Sinne, sondern belässt den Unterzeichnerstaaten einen gewissen kriminalpolitischen Entscheidungsspielraum: In tatbestandlicher Hinsicht sind indes in Art. 1 Abs. 1 PIF-Konvention eine bestimmte Tathandlung (mangelhafte Unterlagen oder Erklärungen) und ein bestimmter Erfolg (unrechtmäßiges Erhalten von EU-Haushaltsmitteln) charakteristisch. Es fehlen beim geforderten EU-Betrugstatbestand die vom § 263 StGB vertrauten Merkmale eines Irrtums, einer Vermögensverfügung und eines Vermögensschadens. Stattdessen wird der Schwerpunkt auf die – auch im deutschen StGB vorausgesetzte – Täuschung gelegt, die detailliert ausgeführt wird. Zudem verlangt der deutsche Betrugstatbestand des § 263 StGB nur den Eintritt eines Vermögensschadens, während die Bereicherung des Tä-

---

30 *Tiedemann* bei *Zieschang* ZStW 109 (1997) S. 830, 841.

ters nicht einzutreten braucht, sondern lediglich intendiert sein muss.[31] Der EU-Betrugstatbestand nach Art. 1 PIF-Konvention hingegen setzt dagegen voraus, dass EU-Mittel unrechtmäßig erlangt werden, mithin die Zweckverfehlung der Mittel im Vordergrund steht.[32]

2. Korruption

Dieses Übereinkommen wird durch zwei Protokolle von 1996 und 1997 ergänzt, **26** die häufig auch als die sog. „Instrumente der PIF" bezeichnet werden. Das 1. Protokoll definierte den Beamten und harmonisierte die Sanktionen für Korruptionsdelikte in den EU-Mitgliedstaaten.[33]

Die Verpflichtung der Mitgliedstaaten zur Bekämpfung von **Korruptions-** **27** **handlungen** von und gegenüber Bediensteten der Gemeinschaft präzisiert das 1. Protokoll zu dem Übereinkommen in der Gestalt, dass in Art. 2 und 3 die einschlägigen Handlungen definiert werden.[34] Erfasst werden Bestechlichkeit und Bestechung von Bediensteten der Gemeinschaften, deren Folge eine Schädigung oder mögliche Schädigung der Gemeinschaft ist. Strafbarkeit ist allerdings zwingend nur für künftige Diensthandlungen vorgesehen worden. Das Protokoll definierte den Beamten und harmonisierte die Sanktionen für Korruptionsdelikte in den EU-Mitgliedstaaten. Die Umsetzung des Protokolls geschah durch das EU-Bestechungsgesetz, dessen Regelungen mittlerweile durch die nunmehr in Kraft getretenen Vorschriften des Gesetzes zur Bekämpfung der Korruption[35] aufgehoben und ersetzt sind.

3. Geldwäsche, Unternehmensstrafbarkeit

Das zweite Protokoll (von 1997)[36] beschäftigt sich mit der Haftung von juristi- **28** schen Personen, Beschlagnahme und vor allem den Straftatbestand der Geld-

---

31 *Schramm* StrafR BT-1, 2017, § 7 Rdn. 166.
32 Dies ist letztlich auch im Rahmen des § 263 StGB so, bedarf aber eines erhöhten Begründungsaufwands: Der Schaden wird in der deutschen Betrugsdogmatik insoweit normativiert, als die Erschleichung von Subventions- oder Sozialhilfe, auf die kein Anspruch besteht und die den Zwecken dieser Leistungen widerspricht, vielfach als vermögensschädigend eingestuft wird (vgl. LK-*Tiedemann* § 263 Rdn. 185, 185a).
33 Näher dazu *Engelhart* eucrim 2012, 110 ff.
34 *Dannecker* in *Böse* Enz. § 8/82 ff.
35 Gesetz zur Bekämpfung der Korruption vom 20.11.2015 (BGBl. I S. 2025).
36 ABl. C 221 v. 19.7.1997, S. 12.

wäsche. Allerdings betraf diese Pflicht lediglich das Waschen von Erträgen, bei denen als Vortat Betrug oder Korruption im Sinne des Übereinkommens gegeben waren; dadurch wurde der Zusammenhang mit dem Schutz der finanziellen Interessen der Union gewahrt. Gesetzestechnisch erfolgte dies durch eingeschränkte Verweisung auf die seinerzeit geltende Geldwäscherichtlinie der Gemeinschaft (vgl. Kap. 11/23).

29   Die nunmehr geltende vierte Geldwäscherichtlinie[37] definiert den Begriff der Geldwäsche in vier Varianten. Sie sind in Art. 1 Abs. 3 der Richtlinie umfangreich aufgeführt. Die wichtigsten Tathandlungen sind in Art. 1 Abs. 3 Buchst. a) wie folgt umschrieben:

- der Umtausch oder Transfer von Vermögensgegenständen in Kenntnis der Tatsache, dass diese Gegenstände aus einer kriminellen Tätigkeit oder der Teilnahme daran stammen, zum Zwecke der Verheimlichung oder Verschleierung des illegalen Ursprungs der Vermögensgegenstände oder der Unterstützung von Personen, die an einer solchen Tätigkeit beteiligt sind, damit diese den Rechtsfolgen ihrer Tat entgehen.

30   Der Begriff erfasst als Vortat jedwede kriminelle Tätigkeit und geht insofern über § 261 des deutschen StGBs hinaus. Die zuvor erlassenen Geldwäscherichtlinien sind mit dem Inkrafttreten der vierten Richtlinie – allerdings zunächst ohne unmittelbare innerstaatliche Wirkung (Kap. 4/61) – aufgehoben. Die Begrenzung der strafbaren Geldwäsche nach dem 2. Protokoll zum PIF-Übereinkommen auf Erträge aus Betrug und Korruption hat sich dadurch aber nicht geändert. **Innerstaatlich** spielt diese Begrenzung ohnehin keine Rolle, da der deutsche Gesetzgeber sie bei den späteren Ergänzungen des § 261 StGB nicht übernommen hat.

31   Außerdem wurde als **drittes Protokoll** zur PIF-Konvention 1996 das sog. EuGH-Protokoll verabschiedet, nach dem die nationalen Gerichte den EuGH in Zweifelsfällen um eine Vorabentscheidung ersuchen dürfen.[38]

4. Die Umsetzung durch das deutsche EU-Finanzschutzgesetz (1998)

32   Da die PIF-Konvention keine unmittelbare Geltung in den Mitgliedstaaten erlangen konnte, bedurfte sie der Umsetzung durch den jeweiligen nationalen Gesetzgeber. Deutschland ist seiner Umsetzungsverpflichtung durch das EG-

---

37 Richtlinie 2015/849 vom 20.5.2015 zur Verhinderung der Nutzung des Finanzsystems zum Zwecke der Geldwäsche und Terrorismusfinanzierung, ABl. 2015 L 141 S. 73.
38 ABl. C 151 v. 19.7.1997, S. 2; vgl. dazu *Dannecker* in *Böse* Enz. § 8/30.

Finanzschutzgesetz von 1998 (EGFinSchG)³⁹ nachgekommen.⁴⁰ Vor allem der bereits bestehende Straftatbestand des § 264 StGB wurde erweitert. So erstreckt sich der Tatbestand nach § 264 Abs 7 S. 1 Nr. 2 StGB auch auf Leistungen aus öffentlichen Mitteln nach dem Recht der Europäischen Gemeinschaften⁴¹ (heute: Europäischen Union), sofern sie wenigstens zum Teil ohne marktmäßige Gegenleistung gewährt werden. Die tatbestandliche Reichweite ist dabei größer als bei den nationalen Subventionen, da, anders als in § 264 Abs. 7 S. 1 Nr. 1 StGB, keine wirtschaftsfördernde Zielsetzung erforderlich ist oder sie zwingend an Betriebe oder Unternehmen geleistet werden muss.⁴² Außerdem wurde eine neue, untreueähnliche Komponente eingeführt, wodurch die zweckwidrige Verwendung von Subventionen nach § 264 Abs. 1 Nr. 2 StGB für strafbar erklärt wurde. Der Subventionsbetrug wurde zudem dem Weltrechtsprinzip unterstellt (§ 6 Nr. 8 StGB). Sodann reicht für alle EU-Subventionen als Schuldform der Erschleichung schon Leichtfertigkeit nach § 264 Abs. 4 aus.⁴³ Entgegen der PIF-Konvention hat der deutsche Gesetzgeber aber nicht die sog. Vertragssubventionen in den Schutzbereich des § 264 einbezogen.⁴⁴ Zudem wird kritisiert, dass Deutschland der EU bezüglich der in der PIF-Konvention geforderten Geschäftsleiterhaftung hätte entgegenkommen müssen (z.B. durch die Einführung einer weitergehenden, individuellen Geschäftsherrenhaftung), womit die Verfassungstradition des Individualstrafrechts durchaus gewahrt geblieben wäre.⁴⁵

Im Übrigen bestand kaum Anpassungsbedarf. So waren schon damals 33 Steuerstraftaten, mit denen Steuern oder Zölle umgangen wurden, nach § 370 AO strafbar. Ebenso fiel das betrügerische Erschleichen von Subventionen bereits unter die Straftatbestände der §§ 263, 264 StGB. Der Vermögensbegriff des § 263 StGB wurde und wird europarechtskonform so ausgelegt, dass er auch das Finanzvermögen der EU einschließt.⁴⁶

---

39 BGBl. II 1998, S. 2322; Gesetzesbegründung: BTDrucks. 13/10425.
40 *Dannecker* in *Wabnitz/Janovsky* 2/133 f.
41 Obwohl die Europäische Gemeinschaft seit ihrer Verwandlung durch den Vertrag von Lissabon in die rechtsfähige Europäische Union nicht mehr besteht, spricht § 264 Abs. 7 noch immer von der Europäischen Gemeinschaft. In einer europarechtskonformen Interpretation und ohne Verstoß gegen das Analogieverbot fallen unter diesen Begriff heute die Europäische Union sowie die fortbestehende Europäische Atomgemeinschaft (Sch/Sch-*Perron* § 264 Rdn. 26).
42 Sch/Sch-*Perron* § 264 Rdn. 26.
43 Das bedeutet im Ergebnis eine Annäherung an der (vom deutschen Gesetzgeber verworfenen) Forderung in der PIF-Konvention, dass aus den objektiven Umständen auf den Vorsatz geschlossen werden könne.
44 LK-*Tiedemann* § 264 Rdn. 17.
45 LK-*Tiedemann* § 264 Rdn. 15.
46 LK-*Tiedemann* § 263 Rdn. 101.

IV. Das Corpus Juris von Florenz (1999)

34 Regelungsvorschläge für den Bereich der EU-Finanzen enthält auch das sog. Corpus Juris der strafrechtlichen Regelungen zum Schutz der finanziellen Interessen der EU,[47] das in diesem thematischen Kontext geläufig mit der Kurzformel „Corpus Juris" (CJ) abgekürzt wird. Es darf übrigens nicht verwechselt werden mit dem Corpus Juris Civilis, der Sammlung des römischen Rechts durch Kaiser Justinian (527–565 n. Chr.), das in der Spätantike und dem Mittelalter das kontinentaleuropäische Zivilrecht bestimmte sowie in der (frühen) Neuzeit rezipiert wurde.[48] Das EU-CJ hat diese Bedeutung niemals erlangt. Insofern mag der Sprachgebrauch in diesem Kontext prätentiös sein;[49] er hat sich aber in der wissenschaftlichen Diskussion so eingebürgert. Allerdings sollte die Bedeutung des CJ auch nicht unterschätzt werden: Der Entwurf hat die wissenschaftliche und rechtspolitische Diskussion um die Entstehung und Fortentwicklung des europäischen Strafrechts maßgeblich beeinflusst. Einige Elemente des CJF sind inzwischen Realität, so der Europäische Haftbefehl, und die Europäische Staatsanwaltschaft ist nicht nur primärrechtlich vorgesehen (Art. 86 AEUV), sondern steht kurz vor ihrer Geburt.[50]

35 Auch das 2012 vorgelegte Grünbuch der Kommission zum strafrechtlichen Schutz der finanziellen Interessen der EU und zur Schaffung einer Europäischen Staatsanwaltschaft[51] nimmt immer wieder auf das CJF Bezug. Das CJF ist allgemein bis heute *die* Referenz des europäischen Strafrechts und stellt einen inspirierenden Modellentwurf dar, bei dem das Ob und Wie der Implementation in das Unionsrecht daher bewusst offengelassen wurde.[52] Die absehbare Schaffung der Europäischen Staatsanwaltschaft wäre wohl ohne ihre Inspirationsquelle CJF nicht vorstellbar.

36 Das Corpus Juris von Florenz geht zurück auf das Corpus Juris zum Schutz der finanziellen Interessen der EU, das 1995 bis 1996 – unter der Federführung von *Mireille Delmas-Marty* – von einer Gruppe europäischer Strafrechtslehrer erarbeitet und 1997 veröffentlicht wurde. Von deutscher Seite waren daran die Strafrechtswissenschaftler *Klaus Tiedemann* und *Joachim Vogel* beteiligt. Auf-

---

47 *Delmas-Marty* (Hrsg.) Corpus Juris der strafrechtlichen Regelungen zum Schutz der finanziellen Interessen der EG, 1998.

48 Das Corpus Juris Civilis enthielt auch kein ausgebildetes Strafrechtssystem; vgl. *Sieber* in *ders.* EurStrR Einleitung Rdn. 51.

49 Anstoß nehmen daran etwa *Prittwitz* ZStW 113 (2001), 774, 775 und *Rosenau* ZiS 2008, S. 11.

50 *Dannecker* in *Böse* Enz. § 8/52.

51 Dazu *Hecker* § 14/35; *Satzger* IntStrR § 8/38.

52 *Dannecker* WiStR 2. Kap. Rdn. 206; *Killmann/Hoffmann* in *Sieber* EurStrR § 48/2 ff.

traggeber war die EU-Kommission. Im Jahre 1999 wurde dieser Entwurf in einer Konferenz in Florenz überarbeitet, nachdem eine Folgestudie zum Corpus Juris von der EU-Kommission in Auftrag gegeben worden war. Diese überarbeitete Fassung wird auch Corpus Juris 2000 oder Corpus Juris Florenz (CJF) genannt.[53]

Das CJF ist in drei Teile gegliedert und enthält insgesamt 39 Artikel. Der ers- **37** te Teil besteht, insoweit abweichend von der Reihenfolge des deutschen StGB, aus dem Besonderen Teil: So weist das CJF 8 Straftatbestände zum Schutz des EU-Haushalts auf, nämlich die Betrügerei zum Nachteil der finanziellen Interessen der Europäischen Gemeinschaften und gleichgestellte Delikte (Art. 1 CJF), Betrügerei bei der Erteilung von Aufträgen (Art. 2 CJF), Geldwäsche und Hehlerei (Art. 3 CJF), kriminelle Vereinigung (Art. 4 CJF), Bestechung und Bestechlichkeit (Art. 5 CJF), Amtspflichtverletzung (Art. 6 CJF), Amtsmissbrauch (Art. 7 CJF) und Bruch des Dienstgeheimnisses (Art. 8 CJF).

Bemerkenswert am CJF ist sodann dessen zweiter, der Allgemeine Teil, der **38** Regelungen zum Vorsatz, Irrtum, Versuch und zur strafrechtlichen Verantwortung von Management und juristischen Personen enthält. In seinem dritten, strafprozessualen Teil sieht das CJF unter anderem die Schaffung eines Europäischen Staatsanwaltes (Art. 18 ff. CJF) sowie eines Freiheitsrichters vor,[54] der vor allem die Beschuldigtenrechte sichern soll (Art. 25 CJF). Daneben werden Regelungen zum Hauptverfahren sowie allgemeine Aussagen zum Strafverfahren getroffen.

V. Die Betrugsbekämpfung seit dem Vertrag von Lissabon (Art. 325 AEUV)

1. Primärrechtliche Ausgangslage

Seit dem Vertrag von Lissabon besitzt die EU neue Instrumentarien, um ihre **39** finanziellen Interessen noch besser schützen zu können. Zwar war bereits im vorherigen EG-Vertrag ein Passus zur Möglichkeit der strafrechtlichen Harmonisierung in diesem Bereich enthalten (Art. 280 Abs. 4 S. 2 EGV). Auch der neue, insoweit mit Art. 280 Abs. 4 S. 1 EGV übereinstimmende Art. 325 Abs. 4 S. 1 AEUV ermöglicht die erforderlichen Maßnahmen im Rahmen des ordentlichen Gesetzgebungsverfahrens zur Verhütung und Bekämpfung von Betrügereien, welche sich gegen die finanziellen Interessen der EU richten. Dabei bringt der Wortlaut des Art. 325 Abs. 1 AEUV zum Ausdruck, dass die Regelung auch auf

---

53 *Dannecker* in *Böse* Enz. § 8/45.
54 *Hecker* § 14/32.

Maßnahmen „abschreckender Art" gerichtet ist – und damit auch auf solche strafrechtlicher Natur. Der entscheidende Unterschied zur früheren Rechtslage besteht aber darin, dass der vorherige Art. 280 Abs. 4 S. 2 EGV eine sog. Unberührtheitsklausel enthielt, d.h. einen Vorbehalt zu Gunsten nationalstaatlicher strafrechtlicher Regelungen enthielt. Diese Klausel wurde durch den Vertrag von Lissabon gestrichen, was kein Versehen oder Zufall, sondern eine bewusste Entscheidung der Vertragsparteien war.[55] Darüber hinaus ist der Begriff Maßnahme weit gefasst; anders als beispielsweise in Art. 82 Abs. 2, 83 Abs. 1 AEUV spricht hier der Vertrag nicht bloß von Richtlinien. Damit ermöglicht Art. 325 AEUV den „Durchbruch zu einem echten supranationalen (Kriminal)Strafrecht."[56]

40   Die Normsetzung in diesen Bereich könnte zwar, insoweit über die „bloße" Konvention der PIF hinausgehend, durch harmonisierende Richtlinien (Art. 288 Abs. 3 AEUV) erfolgen. Allerdings würde eine solche Richtlinie nur die Ziele und Aufgaben verbindlich vorgeben, während im Übrigen dem Mitgliedsstaat ein gewisser kriminalpolitischer Entscheidungsspielraum bliebe und die Harmonisierung erst durch die Umsetzung durch einen nationalen Gesetzgebungsakt unmittelbare Geltung erlangen würde. Art. 325 Abs. 4 ermöglicht jedoch sogar eine Verordnung (Art. 288 Abs. 2 AEUV), die unmittelbar für die Unionsbürger verbindlich wäre. Dies würde bedeuten, dass sich eine Strafbarkeit der Unionsbürger direkt aus der Verordnung und nicht erst durch ein den Regelungsgehalt vermittelndes nationales Strafgesetz ergeben würde.[57] Eine Berufung auf eine Notbremseregelung, wie sie z.B. in Art. 83 Abs. 3 AEUV enthalten ist, wäre im Kontext des § 325 AEUV nicht möglich.[58]

41   Allerdings gibt der Wortlaut des Art. 325 Abs. 4 AEUV zu Missverständnissen Anlass, wenn dort der Begriff der „Betrügereien" verwendet wird. Dieses Wort ist in dieser Plural-Form im Deutschen eher ein Begriff der Alltagssprache, nicht jedoch ein solcher der Gesetzessprache. Abgesehen davon wäre eine Begrenzung auf den Betrug i.S.d. § 263 StGB mit der breiten Stoßrichtung des Art. 325 AEUV nur schwerlich zu vereinbaren. Art. 325 Abs. 1 AEUV nennt außerdem neben den Betrügereien „sonstige gegen die finanziellen Interessen der EU gerichtete rechtswidrige Handlungen". Daher spricht alles dafür, den Betrugsbegriff autonom zu bestimmen und die supranationale Rechtsetzungskompetenz teleologisch weiter zu fassen.[59] Sie erstreckt sich nicht bloß auf den Betrug

---

55 *Ambos* IntStrR § 9/8; *Vogel in Sieber* u.a. EurStrR § 5/6.
56 *Vogel in Sieber* u.a. EurStrR § 5 Rdn. 6.; ebenso *Ambos* IntStrR § 9/8; *Hecker* § 4/81; *Satzger* IntStrR § 8/25.
57 *Hecker* § 4/67.
58 *Hecker* § 14/44.
59 *Esser* EurStrR § 2/Rdn. 127.

und die mit ihm einhergehendem Täuschungsdelikte wie die Urkundenfälschung.[60] Sie umschließt – in Anlehnung an das Corpus Juris von Florenz – vielmehr ebenso Straftaten wie etwa Geldwäsche, Amtspflichtverletzungen, Un-
treue- oder Bestechungshandlungen. Erforderlich ist aber stets, dass mit dem
Straftatbestand die finanziellen Interessen der EU verletzt werden.

Jedoch scheut sich die Kommission derzeit noch davor, einen supranationa- 42
len Betrugtatbestand in Gestalt einer entsprechenden Verordnung zu kreieren.
Zudem mag man zu dem Ergebnis kommen, dass die materiellrechtliche Harmonisierung in diesem Bereich bereits so zufriedenstellend vorangeschritten ist, dass
es unter Subsidiaritätsgesichtspunkten (Art. 5 Abs. 3 EUV) einer Verordnung nicht
bedarf. Stattdessen wurde auf die rechtlich schwächere Handlungsform der Richtlinie zurückgegriffen und 2012 die sog. PIF-Richtlinie entworfen,[61] die zuletzt im
Februar 2017 überarbeitet wurde (unten Kap. 13/49). Sie wurde anfangs noch auf
Art. 325 AEUV,[62] im weiteren Verlauf des Rechtssetzungsverfahrens von der Kommission und dem Europaparlament aber auf Art. 83 Abs. 2 AEUV gestützt.[63]

2. Die PIF-Richtlinienvorschläge im Kontext der Europäischen Staatsanwaltschaft

Im Zusammenhang mit einer Neuordnung der Verfolgung von Straftaten zum 43
Nachteil der finanziellen Interessen der Union hat die Europäische Kommission
vorgeschlagen, von der Ermächtigung nach Art. 86 AEUV Gebrauch zu machen
und die dort vorgesehene **Europäische Staatsanwaltschaft** einzusetzen.[64] Die
Verhandlungen darüber sind aussichtsreich, jedoch noch nicht abgeschlossen
(Kap. 12/31ff.). Allerdings stellen sich hierbei nicht lediglich die Fragen nach
Struktur und Organisation der Einrichtung selbst.

Die Europäische Staatsanwaltschaft darf nach Art. 86 AEUV allein zur Ver- 44
folgung von Taten gebildet werden, die sich gegen die finanziellen Interessen
der Union richten. Welche strafbaren Handlungen dies im Einzelnen sind, ist in
der Verordnung zur Errichtung der europäischen Strafverfolgungsbehörde zu
bestimmen (Art. 86 Abs. 2 AEUV). Damit steht die Union vor der Aufgabe, aus
eigener Kompetenz eine Arbeitsgrundlage für die Staatsanwaltschaft zu schaf-

---

60 So aber *Zimmermann* Jura 2009, 845.
61 KOM (2012) 363 endg.
62 KOM (2012) 363 unter 3.1.
63 *Satzger* IntStrR § 9/41.
64 Vorschlag der Kommission für eine Verordnung über die Errichtung der Europäischen
Staatsanwaltschaft – COM (2013) 534.

fen, die zugleich praktikabel und – auch wegen der mittelbaren Auswirkungen auf die Festlegung des gesetzlichen Richters – hinreichend bestimmt ist. Eine solche Regelung muss ihrer Natur nach weitgehende materiellrechtliche Vorschriften umfassen. Zum Erlass solcher Vorschriften ist die Union nach Art. 325 Abs. 4 AEUV befugt (Kap. 4/25); zulässiges Mittel wäre dabei auch der Erlass einer Verordnung, welche supranationales Recht schafft. Doch erstreckt sich diese Zuständigkeit nicht auf den Erlass eines Allgemeinen Teils eines europäischen StGB (Kap. 4/26), ohne den supranationale Straftatbestände kaum bruchlos vollziehbar wären.

45   Diesem Dilemma entgeht die Kommission mit dem Vorschlag einer Kompromisslösung. Die erforderlichen Maßnahmen werden auf **zwei Rechtsakte** aufgeteilt:

46   Die Verordnung zur Errichtung der Europäischen Staatsanwaltschaft nach Art. 86 AEUV soll nach dem Kommissionsvorschlag zwar die Zuständigkeit der neuen Einrichtung festlegen. Gesetzestechnisch soll dies aber durch pauschale Verweisung auf die materiellrechtlichen Tatbestände geschehen, die sie in einem separaten Vorschlag für eine Richtlinie über die Bekämpfung von gegen die finanziellen Interessen der Union gerichtetem Betrug[65] vorsieht („PIF-Richtlinie").

47   Diese Richtlinie ist in das nationale Strafrecht der Mitgliedstaaten umzusetzen. Da die in der Richtlinie vorgeschlagenen Straftatbestände eng gefasst sind und den nationalen Gesetzgebern somit nur ein enger Gestaltungsspielraum verbleibt, verbindet der Vorschlag in gelungener Weise zwei Ziele. Einmal wird eine weit gehende Rechtsangleichung in den Mitgliedstaaten herbeigeführt. Zum anderen gewährleistet die gewählte Gesetzgebungstechnik, dass die Kohärenz der Straftatbestände mit dem jeweiligen Allgemeinen Teil des Strafrechts gewahrt ist, denn deren Wahrung wird die vornehmste Aufgabe der Gesetzgeber in den Mitgliedstaaten bei der Umsetzung des Richtlinienvorschlags sein.

48   Ein weiterer Vorzug dieses Verfahrens besteht in rechtlicher Vorsorge für den Fall, dass die Europäische Staatsanwaltschaft nicht von allen Mitgliedstaaten getragen werden wird. Sollte es so kommen, würde auf diesem Gebiet eine Verstärkte Zusammenarbeit der verbleibenden Staaten gemäß Art. 86 Abs. 1, UA 2 AEUV erforderlich. Die Richtlinie mit den Vorschriften zum materiellen Strafrecht wird dagegen in jedem Fall generell gelten und umzusetzen sein, so dass insoweit die Rechtseinheit in der EU gewahrt ist.

---

65 Vorschlag für eine Richtlinie über die strafrechtliche Bekämpfung von gegen die finanziellen Interessen der Europäischen Union gerichtetem Betrug – COM (2012) 363.

3. Der materiell-rechtliche Regelungsgehalt der PIF-Richtlinienvorschläge von 2012 und 2017

Inhaltlich greift der Richtlinienvorschlag von **2012,** der auf Art. 325 Abs. 4 **49** AEUV gestützt ist, in weitem Umfang auf das PIF-Übereinkommen und damit auf einen auch in den Mitgliedstaaten gefestigten Normenbestand zurück. Es hat den Anschein, dass der Richtlinienvorschlag von den gesetzgebenden Organen – Rat und Europäisches Parlament – weitgehend akzeptiert ist. Nicht behoben war aber eine Divergenz in der Frage, ob Umsatzsteuerbetrug zu den Straftatbeständen der Richtlinie gehören und damit in die Verfolgungskompetenz der Europäischen Staatsanwaltschaft fallen soll.[66] Ausgelöst sind die Unstimmigkeiten durch die Rechtsprechung des EuGH, der in anfechtbarer Weise die Verfolgung von Umsatzsteuerdelikten als Durchführung von Unionsrecht betrachtet (Kap. 3/13).

Der Richtlinienvorschlag von 2012 wurde inzwischen durch einen **neuen 50 PIF-Richtlinienvorschlag von 2017** abgelöst.[67] Auf der Tatbestandsebene weicht der neueste Entwurf von 2017 von der fünf Jahre älteren Richtlinie insofern in einem Punkt ab, als im jüngsten der **Mehrwertsteuerbetrug** zum Nachteil der EU aufgenommen wurde.

a) Die finanziellen Interessen der EU
Als **finanzielle Interessen der Union** werden in dem Vorschlag rein formal die **51** Einnahmen und Ausgaben definiert, die in den Haushaltsplänen der EU, ihrer Einrichtungen oder nachgeordneter Stellen erfasst werden.[68] Im Zusammenhang mit Einnahmen aus den Mehrwertsteuer-Eigenmitteln findet diese Richtlinie nur bei **schweren Verstößen gegen das gemeinsame Mehrwertsteuersystem** Anwendung. Schwere Verstöße sind dabei solche, die mit dem Hoheitsgebiet von zwei oder mehr Mitgliedstaaten der Union im Zusammenhang stehen und der hierdurch verursachte **Gesamtschaden mindestens 10 Millionen EUR** beträgt.[69]

---

66 Ratsdokument 9804/16 vom 3.6.2016.
67 Ratsdokument 5434/17 vom 1.2.2017 (nachstehend zitiert als PIF-RL-Entwurf Ratsd. 5434/17).
68 Art. 2 Abs. 1 PIF-RL-Entwurf Ratsd. 5434/17.
69 Art. 2 Abs. 2 PIF-RL-Entwurf Ratsd. 5434/17.

b) Vier Formen typisierten Unrechts

52 Bei der Bestimmung der strafbaren Verhaltensweisen geht der Vorschlag zunächst von den drei bereits bekannten **Tatbeständen des Betrugs, der Korruption und der Geldwäsche** aus. Diese Tatbestände werden in Einzelfragen präzisiert. Bei der Korruption verzichtet der Vorschlag auf die Voraussetzung eines Verstoßes gegen Dienstpflichten, und weiterhin sollen nur für künftige Diensthandlungen gewährte Vorteile erfasst sein. Die Geldwäsche wird wie bisher nach der Begriffsbestimmung in der Geldwäscherichtlinie definiert; taugliche Vortaten sind wiederum allein Handlungen zum Nachteil der finanziellen Interessen der Union.

53 Der Betrugstatbestand wurde aber ausgeweitet auf eine vierte Form der PIF-Kriminalität, den Betrügereien in Bezug auf Einnahmen aus **Mehrwertsteuer-Eigenmitteln**. Der Betrug bezieht sich auch auf die schwersten Formen des Mehrwertsteuer- und Umsatzsteuerbetrugs, insbesondere Karussellbetrug, Missing-Trader-Betrug und im Rahmen einer kriminellen Vereinigung begangener Mehrwertsteuerbetrug.[70] Betrug ist demnach in Art. 3 lit. d) wie folgt umschrieben:[71]

> Jede im Rahmen eines grenzüberschreitenden Betrugssystems begangene Handlung oder Unterlassung betreffend
> – die Verwendung oder Vorlage falscher, unrichtiger oder unvollständiger Mehrwertsteuer-Erklärungen oder -Unterlagen mit der Folge, dass die Mittel des Unionshaushalts verringert werden;
> – das Verschweigen einer Information zur Mehrwertsteuer unter Verletzung einer spezifischen Pflicht mit derselben Folge;
> – die Vorlage richtiger Mehrwertsteuer-Erklärungen zur betrügerischen Verschleierung einer nicht geleisteten Zahlung oder zur unrechtmäßigen Begründung von Ansprüchen auf Erstattung der Mehrwertsteuer.

54 Darüber hinaus will der Vorschlag die Mitgliedstaaten zur Sanktionierung von Unlauterkeit bei der **Vergabe von Aufträgen** oder Finanzhilfen verpflichten und schafft einen der Untreue ähnlichen Tatbestand der **missbräuchlichen Verwendung**. Dieser richtet sich gegen die zweckwidrige Bindung oder Verwendung öffentlicher Mittel durch öffentliche Bedienstete.

55 Auf eine Strafbarkeit **juristischer Personen** verzichtet der Vorschlag offensichtlich, sicherlich auch wegen der Rechtslage in Deutschland. Während er im Hinblick auf natürliche Personen von Straftaten spricht und deren Sanktionierung fordert, sollen juristische Personen für Straftaten zum Nachteil der finan-

---

70 Vgl. auch *Brodowski* ZIS 2017, 11, 16.
71 Art. 3 lit. d) PIF-RL-Entwurf Ratsd. 5434/17.

ziellen Interessen der Union nur „haftbar" gemacht werden. Als Mindestsanktionen können dabei zwar auch Geldstrafen oder Geldbußen vorgesehen werden, im Übrigen aber sind im Wesentlichen der Ausschluss von öffentlichen Zuwendungen oder Hilfen, die Sequestration und die Liquidation als mögliche Sanktionen erwähnt. Diese müssen aber weder zwingend zur Verfügung gestellt noch in einem Strafverfahren ausgesprochen werden.

Eingehende Vorschriften sieht der Vorschlag auch für die **Verjährung** vor. 56 Vergleichbar dem System von Mindesthöchststrafen werden für die normale Verfolgungsverjährung und für die absolute Verjährung Mindestfristen vorgeschlagen; die Möglichkeit einer Unterbrechung des Laufs der Verjährung einschließlich ihrer rechtlichen Wirkungen soll zwingend sein. Die Frist für die Vollstreckungsverjährung soll mindestens 10 Jahre betragen.

Stichworte: Im Zuge der Vorschläge zur Errichtung einer Europäischen Staatsanwaltschaft hat die Kommission den Erlass einer Richtlinie vorgeschlagen, welche zugleich die sachliche Zuständigkeit der europäischen Strafverfolgungsbehörde bestimmen und die dazu gehörigen materiellrechtlichen Tatbestände definieren soll. Die Tatbestände bauen auf den Regelungen des PIF-Übereinkommens mit seinen Protokollen auf.

Kapitel 14:
Perspektiven der Rechtsentwicklung zu einem Allgemeinen Teil eines Europäischen Strafgesetzbuchs

Das Vertragswerk der Europäischen Union enthielt ursprünglich keine Grund- **1** rechte oder andere rechtsstaatlichen Gewährleistungen. Sie sind aber durch die rechtschöpfende Rechtsprechung des EuGH geschaffen worden, weil sie zur Ausfüllung und Stabilisierung des rechtsstaatlichen Rahmens der EU erforderlich waren und dies der gemeinsamen Überzeugung der Mitgliedstaaten entsprach. Der Vertragsgesetzgeber hat die Ergebnisse der Rechtsprechung in Art. 6 EUV und in der Grundrechtecharta später legalisiert. Eine vergleichbare Entwicklung wird voraussichtlich zur Schaffung des Allgemeinen Teils eines Europäischen Strafgesetzbuches führen.

Gegenwärtig wird erörtert, ob und welche speziellen Straftatbestände zum Schutze der finanziellen Interessen der Union als supranationales Recht der Union geschaffen werden können und sollen (Art. 325 Abs. 4 AEUV). Straftatbestände des Besonderen Teils des Strafrechts lassen sich aber nicht sinnvoll ohne Bezug auf die allgemeinen Zurechnungs- und Begrenzungsnormen anwenden, welche üblicherweise „vor die Klammer" gezogen und in einem Allgemeinen Teil des Strafgesetzbuches zusammengefasst werden. **Kompetenzen** zur Setzung solchen, alle Straftatbestände umfassenden Rechts hat die **EU** indessen **nicht** (Kap. 4/26). Es stellt sich daher die Frage, inwieweit die Existenz spezieller Straftatbestände zum Schutze der finanziellen Interessen der Union ohne gleichzeitiges Vorhandensein von Vorschriften eines Allgemeinen Teils vollziehbar sein kann. Die Frage wird jedenfalls auch als Konsequenz der Errichtung einer Europäischen Staatsanwaltschaft (Art. 86 AEUV) aktuell werden, weil eine europäische Strafverfolgungsbehörde kaum sinnvoll mit Strafvorschriften von 28 unterschiedlichen nationalen Rechtssystemen umgehen kann. Sobald die EU harmonisiertes materielles Strafrecht schafft, werden deshalb auch Normen eines Allgemeinen Teils unabweisbar sein.

Ein anderer, mächtiger Impuls zur Schaffung von Normen eines Allgemei- **2** nen Teils wird sich aus der zunehmenden Harmonisierungsdichte des materiellen Strafrechts ergeben, denn sie schafft weiteren, unabweisbaren Bedarf. Nach Art. 83 Abs. 2 AEUV erlassene Richtlinien können sehr vielgestaltige Anweisungen enthalten, welche der nationale Gesetzgeber sodann umzusetzen hat. Anstiftung, Beihilfe, Vorsatz und Fahrlässigkeit, auch Verjährung (Kap. 5/14) sind Rechtsbegriffe, die in den Mitgliedstaaten eine unterschiedliche Bedeutung ha-

DOI 10.1515/9783110456103-014

ben können, in Europa mit dem Mittel der autonomen Begriffsbildung des EuGH aber einheitlich definiert werden müssen.[1]

Eine europäische Verordnung dazu, also ein Gesetz über den Allgemeinen Teil eines Europäischen Strafgesetzbuches, ist auf absehbare Zeit nicht zu erwarten. Wie bei der Entwicklung der Grundrechte wird es deshalb **Aufgabe des EuGH** sein, Vorarbeiten zu leisten, deren Ergebnisse später legalisiert werden können.

Die Befugnis und die Legitimation dazu hat der EuGH. Niemand bezweifelt, dass der europäische Gesetzgeber in Richtlinien beispielsweise Anweisungen über die Behandlung Tatbeteiligter, über die strafrechtliche Bedeutung des Versuchs, der Schuldformen erteilen kann. Denn erst die Erstreckung der Regelungen auf diese Bereiche legt verbindlich fest, in welchem Umfang ein bestimmtes Verhalten zu ahnden ist. Wenn aber der europäische Gesetzgeber Vorschriften über Tatmodalitäten erlässt, dann sind diese Normen Unionsrecht, auch wenn diese Normen üblicherweise im Allgemeinen Teil des nationalen Strafrechts erscheinen.[2] Die Auslegung von Unionsrecht ist allein Sache des EuGH. Die Lage ist insofern dieselbe wie weithin im nationalen Bereich. Was Vorsatz, Fahrlässigkeit ist, wer Garant sein kann und was strafrechtliche Schuld bedeutet, sagt das deutsche StGB nicht oder allenfalls in Andeutungen. Der Inhalt solcher Begriffe ist im Laufe der Rechtsentwicklung von der Rechtsprechung – meist in fruchtbarer Auseinandersetzung mit der Lehre – erarbeitet worden.[3] Dass dies auf europäischer Ebene „nicht gewollt sein" könne,[4] ist Art. 19 Abs. 3 EUV, Art. 267 Abs. 1 AEUV nicht zu entnehmen.

Der EuGH hat sich dieser Aufgabe einer schöpferischen Fortentwicklung des Rechts bereits gestellt. Dazu hat sich auch das Kartellrecht als geeignet erwiesen, weil die EU auf diesem Gebiet echte Sanktionsgewalt ausübt.

---

3   **Fall:** Aufgrund von Embargo-Beschlüssen des Sicherheitsrats der Vereinten Nationen erließ die EU eine Verordnung, durch welches die Lieferung bestimmter Maschinen an den Iran, die der Herstellung von Atomwaffen dienen konnten, untersagt wurde. Es heißt darin: „Es ist verboten, wissentlich und vorsätzlich an Aktivitäten teilzunehmen, mit denen die Umgehung der Maßnahmen bezweckt wird". Das aber hatte der Angeklagte getan und war deshalb wegen Verstoßes gegen § 34 AWG angeklagt. Das vorlegende Gericht wollte vom EuGH wissen, wie die Begriffe „wissentlich" und" vorsätzlich" zu verstehen seien.

---

1   Reichhaltiges Material bei *Stuckenberg* in *Böse* Enz. § 10; zu Täterschaft und Teilnahme *Tiedemann* Nishihara-Festschrift S. 496, s. ferner *Vogel/Brodowski* in *Sieber u.a.* EurStrR § 5/42.
2   *Satzger* ZIS 2016, 771, 774.
3   Dazu *Jähnke* in 50 Jahre Bundesgerichtshof (2000) S. 393.
4   *Satzger* ZIS 2016, 771, 774.

Der EuGH hat dazu ausgeführt:[5] Aus dem Erfordernis einer einheitlichen Anwendung des Unionsrechts folge, dass die Begriffe einer Vorschrift, die nicht
ausdrücklich auf das Recht der Mitgliedstaaten verweist, in der Regel eine autonome und einheitliche Auslegung erhalten müssen. Die Begriffe „wissentlich"
und „vorsätzlich" enthielten ein Wissens- und ein Wollenselement, die hier
beide vorliegen müssten. Das sei der Fall, wenn der Täter die Umgehung der
Embargo-Maßnahme absichtlich anstrebt oder es zumindest für möglich hält,
dass seine Beteiligung diesem Zweck dient oder diese Wirkung hat, und dies
billigend in Kauf nimmt.

Es dürfte nicht übertrieben sein, in diesen Wendungen den Kern einer **Vor-
satzlehre** für den künftigen Allgemeinen Teil eines Europäischen Strafgesetzbuchs zu erblicken.

Fall: Eine EU-Richtlinie verpflichtet die Mitgliedstaaten, von Schiffen ausgehende Einleitun-   **4**
gen von Schadstoffen zu ahnden, wenn sie auf „Vorsätzlichkeit, Leichtfertigkeit oder grobe
Fahrlässigkeit" zurückzuführen sind, ohne die Begriffe näher zu bestimmen. Ein Betroffener hält das für ungenügend.

Unter Hinweis darauf, dass der Begriff der Fahrlässigkeit notwendigerweise
abstrakt ist, in dieser Form aber in allen Mitgliedstaaten der EU verwendet wird,
hat der EuGH den Begriff der **groben Fahrlässigkeit** umschrieben als „ein nicht
vorsätzliches Handeln oder Unterlassen, mit dem die verantwortliche Person
die Sorgfaltspflicht, der sie in Anbetracht ihrer Eigenschaften, ihrer Kenntnisse,
ihrer Fähigkeiten und ihrer persönlichen Lage hätte genügen können und müssen, in qualifizierter Weise verletzt.[6]"

Fall: Ein Unternehmen bildet zusammen mit anderen Unternehmen ein Preiskartell. Die Un-   **5**
ternehmen vereinbaren, von ihren Kunden stets einen nicht auf Preiswettbewerb beruhenden, sondern einen gemeinsam festgelegten, überhöhten Preis zu verlangen. Bei der Ab-
sprache nimmt das Unternehmen den Rat eines Anwalts in Anspruch, der das Vorgehen als
unbedenklich erklärt. Darauf beruft sich das Unternehmen im gerichtlichen Verfahren gegen die von der Kommission festgesetzte – hohe – Geldbuße.

Das betroffene Unternehmen macht geltend, sich in einem **Verbotsirrtum** be-
funden zu haben. Der EuGH[7] differenziert jedoch. Er geht davon aus, dass Vor-

---

5 EuGH C-72/11, Urteil vom 21.12.2011 – Afrasiabi u.a., Rdn. 63.
6 EuGH C-308/06, Urteil vom 3.6.2008 – Intertanko, Rdn. 77.
7 EuGH C-681/11, Urteil vom 18.6.2013 – Schenker, Rdn. 37–39; dazu ausführlich *Frenz* Handbuch Europarecht Bd. 2, Rdn. 3020 ff.; *Langheld* S. 192 ff.; zur Entwicklung eines Allgemeinen

satz oder Fahrlässigkeit vorliegen, wenn sich das Unternehmen über die Wettbewerbswidrigkeit seines Handelns nicht im Unklaren sein konnte. Bei der Bildung eines gewöhnlichen Preiskartells sei das unzweifelhaft der Fall, so dass das Unternehmen den Wettbewerbsverstoß zumindest fahrlässig begangen hat. Kannte aber das Unternehmen die Wettbewerbswidrigkeit seines Handelns, dann kommt es nicht darauf an, ob es sein Verhalten rechtlich unrichtig eingeordnet hat, und ob es die in Betracht kommenden wettbewerbsrechtlichen Bestimmungen im Einzelnen gekannt und richtig gewürdigt hat. Der anwaltliche Rat spielte angesichts dieser Umstände keine Rolle.

Der EuGH differenziert hier zwischen **Verbotsirrtum** und **Subsumtionsirrtum**.[8] Dem Subsumtionsirrtum misst er keine rechtliche Bedeutung bei. Zu den Voraussetzungen und zur dogmatischen Einordnung eines rechtlich erheblichen Verbotsirrtums äußert er sich nicht, weil der Fall dazu keinen Anlass bot. Auch mit der Möglichkeit, dass ein Subsumtionsirrtum unter Umständen in einen Verbotsirrtum einmünden kann, setzt er sich nicht auseinander. Aber der Fall schien eindeutig.

Wettbewerbswidrigkeit heißt hier Rechtswidrigkeit der Tat. Die Differenzierung zwischen dem Irrtum über die Rechtswidrigkeit und bloßem Subsumtionsirrtum dringt tief in die allgemeinen Lehren des Strafrechts ein. Dass der Fall in einem kartellrechtlichen Bußgeldverfahren spielt, ist angesichts der dargelegten notwendigen rechtsstaatlichen Garantien für das Verfahren irrelevant. Das Vorliegen eines Verbotsirrtums ist im Übrigen auch im deutschen Ordnungswidrigkeitenrecht von Bedeutung (§ 11 Abs. 2 OWiG).

6   In gleicher Weise hat der EuGH bereits früher den **Tatvorsatz vom Bewusstsein der Rechtswidrigkeit** abgeschichtet. Danach handelt der Unternehmer vorsätzlich, wenn er die Kartellvereinbarung in Kenntnis der Umstände unterzeichnet. Insbesondere genügt es, dass er sich nicht in Unkenntnis darüber befindet, dass eine Einschränkung des Wettbewerbs bezweckt ist; ein Bewusstsein davon, gegen die Bestimmungen des Vertrages zu verstoßen, ist nicht erforderlich.[9]

7   **Fall:** Unternehmen verkauften Betonstahl zu Preisen, die unter dem seinerzeit festgesetzten Mindestpreis lagen. Das war nach dem EGKS-Vertrag damals unzulässig. Die Kommission verhängte deshalb Geldbußen. Die Unternehmen haben sich auf höhere Gewalt, Notwehr und Notstand berufen.

Teils im Kartellrecht bereits *Tiedemann* Der Allgemeine Teil des europäischen supranationalen Strafrechts, Jescheck-Festschrift (1985) S. 1411.

8 Zum deutschen Recht BGH NStZ 2010, 337; LK-*Vogel* § 16 Rdn. 108.

9 EuGH C-246/86, Urteil vom 11.7.1989 – S.C.Belasco, Rdn. 41; EuGH C-96/82, Urteil vom 11.8.1983 – NV IAZ, Rdn. 45; *Stuckenberg* in *Böse* Enz. § 10/23.

Notwehr definiert der EuGH als Handlung zur Verteidigung gegen einen rechtswidrigen Angriff. Sie kann aber nicht einer öffentlichen Stelle entgegengehalten werden, die rechtmäßig im Rahmen ihrer gesetzlichen Zuständigkeit tätig wird. Es fehlt dann an einem rechtswidrigen Angriff. Ob es im Wettbewerbsrecht rechtfertigenden **Notstand** geben kann, hat der EuGH offen gelassen; ein Notstand liegt jedenfalls nicht vor, wenn alle Unternehmen wirtschaftlich in gleicher Weise von einer Krise betroffen sind und deshalb von hoher Hand ein rechtmäßiger Eingriff in den Markt erfolgt.[10]

Fall: Ein Unternehmen beteiligt sich zusammen mit anderen an abgestimmtem Verhalten zur Koordinierung von Listenpreisen bei Bananen. Das Verhalten erstreckt sich über 3 Jahre von Anfang 2000 bis Ende 2002. Die Kommission bewertet es als eine Handlung und setzt eine Geldbuße fest. **8**

Ein Verstoß gegen wettbewerbsrechtliche Vorschriften muss nicht aus einer isolierten Handlung bestehen. Ein Verstoß kann sich vielmehr auch aus einer Reihe von Handlungen oder einem **fortgesetzten Verhalten** ergeben. Maßgebend für die Zusammenfassung ist der identische Zweck der Wettbewerbsverfälschung und die Einfügung des Verhaltens in einen Gesamtplan; dies führt zur Verantwortlichkeit des Unternehmens für die gesamte Tat.[11]

Der EuGH setzt sich hier – wieder in einem Bußgeldverfahren – mit dem materiellrechtlichen Begriff der Tat auseinander und entwickelt dazu deliktsspezifische Gesichtspunkte, die in Deutschland der früheren Rechtsfigur der fortgesetzten Handlung zugeordnet werden könnten.

Dies sind Beispiele einer sich abzeichnenden Entwicklung. Ihr Ergebnis wird auch hier eine sich aus Sachzwängen ergebende Vertiefung der Integration auf dem Gebiete des Strafrechts sein.

Stichworte: Eine Reihe von Integrationsfaktoren wird für die Rechtsanwendung zur zwingenden Notwendigkeit führen, Grundsätze eines Allgemeinen Teils eines Europäischen Strafgesetzbuches zu entwickeln. Es ist nicht zu erwarten, dass die Kompetenzen der EU in dieser Richtung erweitert werden. Die Aufgabe verbleibt daher dem EuGH, der sie bereits in Angriff genommen hat. **!**

---

10 EuGH C-154/78, Urteil vom 18.3.1980 – Valsabbia. Rdn. 138, 143; EuGH C-303/81, Urteil vom 11.5.1983 – Klöckner, Rdn. 47.
11 EuGH C-644/13, Urteil vom 26.1.2017 – Villeroy & Boch, Rdn. 47; EuGH, C-293/13 P, Urteil vom 24.6.2015 – Fresh Del Monte Rdn. 156; EuGH C-204/00, Urteil vom 7.1.2004 – Aalborg Portland, Rdn. 258.

Sachregister

Die **fetten** Ziffern verweisen auf das jeweilige Kapitel, die mageren Ziffern verweisen auf die Randnummern.

DOI 10.1515/9783110456103-015

Rechtsquellen (Auswahl)

Völkerrechtliche Verträge

1. Gesetz vom 8. Oktober 2008 zum *Vertrag von Lissabon* vom 13. Dezember 2007 (BGBl. 2008 II S. 1038) – Berichtigung des Vertragstextes durch Protokoll vom 20.5.2016, ABl. 2016 L 150 S. 1 – Veröffentlichung der konsolidierten Fassungen ABl. 2016 C 202 (Berichtigung ABl. 2016 C 400)

2. *Charta der Grundrechte* der Europäischen Union (Veröffentlichung BGBl. 2008 II S. 1165) sowie Amtsblatt der EU 2007 C 303 S. 1 – konsolidierte Fassung ABl. 2016 C 202
Erläuterungen zur Charta: Bekanntmachung ABl. 2007 C 303 S. 17

3. Gesetz vom 28.12.1992 zum *Vertrag von Maastricht* vom 7. Februar 1992 (BGBl. 1992 II S. 1251)

4. Gesetz vom 8.4.1998 zum *Vertrag von Amsterdam* vom 2. Oktober 1997 (BGBl. 1998 II S. 386)

5. Übereinkommen von Schengen betreffend den schrittweisen Abbau der Kontrollen an den gemeinsamen Grenzen, Bekanntmachung in Gemeinsames Ministerialblatt der Bundesregierung (GMBl.) 1986 S. 79; auch: ABl. 2000 L 239 S. 13

6. *SDÜ*-Übereinkommen zur Durchführung des Übereinkommens von Schengen vom 14.6.1985 betreffend den schrittweisen Abbau der Kontrollen an den gemeinsamen Grenzen, Gesetz vom 15.7.1993 (BGBl. 1993 II S. 1010)

7. Gesetz vom 7.9.1998 zu dem Übereinkommen vom 25.5.1987 zwischen den Mitgliedstaaten der Europäischen Gemeinschaften über das Verbot doppelter Strafverfolgung (BGBl. 1998 II S. 2226)

8. *Konvention zum Schutze der Menschenrechte und Grundfreiheiten* vom 4.11.1950 (BGBl. 1952 II S. 685); Neubekanntmachung vom 22.10.2010 (BGBl. II S. 1198)
dazu Protokoll Nr. 7 vom 22.11.1984 – Art. 4 betr. Doppelverfolgungsverbot: Von Deutschland noch nicht ratifiziert
Protokoll Nr. 16 vom 2.10.2013 betr. Erstattung von nicht bindenden Gutachten durch den EGMR: Noch nicht in Kraft

9. Gesetz vom 22.7.2005 zum Übereinkommen vom 29.5.2000 über die *Rechtshilfe in Strafsachen zwischen den Mitgliedstaaten der Europäischen Union* (BGBl. 2005 II S. 650) mit Gesetz zum Protokoll vom 16.10.2001 (BGBl. 2005 II S. 661);
– Umsetzung: Gesetz vom 22.10.2005 (BGBl. 2005 I S. 2189)

10. Gesetz vom 26.9.1991 zu dem Übereinkommen vom 21.3.1983 über die *Überstellung verurteilter Personen* (BGBl. 1991 II S. 1006); Erklärung der Bundesrepublik bei der Ratifikation BGBl. 1992 II S. 98; Ausführungsgesetz zu dem Übereinkommen vom 26.9.1991 (BGBl. I S. 1954)

11. Gesetz vom 3.11.1964 zu dem *Europäischen Auslieferungsübereinkommen* vom 13.12.1957 und zu dem Europäischen Übereinkommen vom 20.4.1959 über die Rechtshilfe in Strafsachen (BGBl. 1964 II S. 1369)
– Gesetz vom 27.2.1990 zum Zusatzprotokoll vom 17.3.1978 zum Europäischen Übereinkommen vom 20.4.1959 über die Rechtshilfe in Strafsachen (BGBl. 1990 II S. 124)
– Gesetz vom 5.12.2014 zu dem 2. Zusatzprotokoll vom 8.11.2001 zum Europäischen Übereinkommen vom 20.4.1959 über die Rechtshilfe in Strafsachen (BGBl. 2014 II S. 1038)

DOI 10.1515/9783110456103-016

12. Zum Vertrag von *Prüm*
    a) Vertrag von Prüm vom 27.5.2005 (BGBl. 2006 II S. 626)
    b) Beschluss des Rates vom 23.6.2008 zur Überführung des Prümer Vertrages in den rechtlichen Rahmen der EU, ABl. 2008 L 210 S. 1 (Art. 35)
    c) Ausführungsgesetz zum Prümer Vertrag und zum Ratsbeschluss Prüm vom 31.7.2009 (BGBl. I S. 2507), dort Anordnung der unmittelbaren innerstaatlichen Anwendbarkeit des Ratsbeschlusses (Art. 1)
13. *Europol*-Gesetz (Gesetz zum Europol-Übereinkommen) vom 16.12.1997 (BGBl. 1997 II S. 2150) mit Ratsbeschluss vom 6.4.2009 (ABl. 2009 L 121 S. 37) und Ausführungsgesetz vom 31.7.2009 (BGBl. I S. 2504)
14. Gesetz vom 22.7.1993 zu dem Übereinkommen der Vereinten Nationen vom 20.12.1988 gegen den unerlaubten Verkehr mit Suchtstoffen und psychotropen Stoffen (*UN-Suchtstoffübereinkommen*), BGBl. 1993 II S. 1136
15. Gesetz vom 8.4.1998 zu dem Übereinkommen vom 8.11.1990 über Geldwäsche pp. (*Europarat-Übereinkommen Geldwäsche*), BGBl. 1998 II S. 519
16. Gesetz vom 10.9.1998 zu dem Übereinkommen vom 26.7.1995 über den Schutz der finanziellen Interessen der Europäischen Gemeinschaften (*PIF-Übereinkommen*), BGBl. 1998 II S. 2322 (EG-Finanzschutzgesetz)
    – Protokoll vom 27.9.1996, Gesetz vom 10.9.1998 [EU-Bestechungsgesetz], BGBl. 1998 II S. 2340
    – 2. Protokoll vom 19.6.1997, Gesetz vom 21.10.2002 [Geldwäsche], BGBl. 2002 II S. 2722

Rahmenbeschlüsse

a) Zum Verfahrensrecht

1. a) Rahmenbeschluss 2002/584/JI vom 13.6.2002 über den Europäischen Haftbefehl und die Übergabeverfahren zwischen den Mitgliedstaaten, ABl. 2002 L 190 S. 1 – geändert durch Rahmenbeschluss 1.b) – *Rahmenbeschluss Europäischer Haftbefehl*
    – umgesetzt durch Gesetz vom 20.10.2006 (BGBl. I S. 1721)
   b) Rahmenbeschluss 2009/299/JI vom 26.2.2009 zur *Änderung* des Rahmenbeschlusses über den Europäischen Haftbefehl (und der Rahmenbeschlüsse zu nachfolgend 2. bis 6., ABl. 2009 L 81 S. 24
    – umgesetzt hinsichtlich Rahmenbeschluss Europäischer Haftbefehl, hinsichtlich Rahmenbeschluss Geldsanktionen und hinsichtlich Rahmenbeschluss Einziehung durch Gesetz vom 17.7.2015 (BGBl. I S. 1332), Art. 2
    – umgesetzt hinsichtlich Rahmenbeschluss Freiheitsstrafen und hinsichtlich Rahmenbeschluss Bewährungsüberwachung durch Gesetz vom 17.7.2015 (BGBl. I S. 1349)
    – umgesetzt hinsichtlich Rahmenbeschluss Überwachungsanordnung durch Gesetz vom 16.7.2015 (BGBl. I S. 1197)
2. Rahmenbeschluss 2005/214/JI vom 24.2.2005 über die Anwendung des Grundsatzes der gegenseitigen Anerkennung von Geldstrafen und Geldbußen, ABl. 2005 L 76 S. 16 – geändert durch Rahmenbeschluss [oben 1. b)] – *Rahmenbeschluss Geldsanktionen*

- umgesetzt durch Gesetz vom 18.10.2010 (BGBl. I S. 1408) und Gesetz vom 17.7.2015 (BGBl. I S. 1332)

3. Rahmenbeschluss 2006/783/JI vom 6.10.2006 über die Anwendung des Grundsatzes der gegenseitigen Anerkennung von Einziehungsentscheidungen, ABl. 2006 L 328 S. 59 – geändert durch Rahmenbeschluss oben 1.b)[1] – *Rahmenbeschluss Einziehung*
   – umgesetzt durch Umsetzungsgesetz Rahmenbeschlüsse Einziehung und Vorverurteilungen vom 2.10.2009 (BGBl. I S. 3214) und Gesetz vom 17.7.2015 (BGBl. I S. 1332)

4. Rahmenbeschluss 2008/909/JI vom 27.11.2008 über die Anwendung des Grundsatzes der gegenseitigen Anerkennung auf Urteile in Strafsachen, durch die eine freiheitsentziehende Strafe oder Maßnahme verhängt wird, für die Zwecke ihrer Vollstreckung in der Europäischen Union, ABl. 2008 L 327 S. 27 – geändert durch Rahmenbeschluss oben 1.b) – *Rahmenbeschluss Freiheitsstrafen*
   – umgesetzt durch Gesetz vom 17.7.2015 (BGBl. I S. 1349)

5. Rahmenbeschluss 2008/947/JI vom 27.11.2008 über die Anwendung des Grundsatzes der gegenseitigen Anerkennung auf Urteile und Bewährungsentscheidungen im Hinblick auf die Überwachung von Bewährungsmaßnahmen und alternativen Sanktionen, ABl. 2008 L 337 S. 102 – geändert durch Rahmenbeschluss oben 1.b) – *Rahmenbeschluss Bewährungsüberwachung*
   – umgesetzt durch Gesetz vom 17.7.2015 (BGBl. I S. 1349)

6. Rahmenbeschluss 2009/829/JI vom 23.10.2009 über die Anwendung des Grundsatzes der gegenseitigen Anerkennung auf Entscheidungen über Überwachungsmaßnahmen als Alternative zur Untersuchungshaft, ABl. 2009 L 294 S. 20 (Europäische Überwachungsanordnung) – *Rahmenbeschluss Überwachungsanordnung*
   – umgesetzt durch Gesetz vom 16.7.2015 (BGBl. I S. 1197)

7. Rahmenbeschluss 2003/577/JI über die Vollstreckung von Entscheidungen über die *Sicherstellung* von Vermögensgegenständen oder Beweismitteln in der EU vom 22.7.2003, ABl. 2003 L 196 S. 45; hinsichtlich Sicherstellung von Beweismitteln ersetzt durch die Richtlinie über die Europäische Ermittlungsanordnung (Art. 34)
   – umgesetzt durch Gesetz vom 6.6.2008 (BGBl. I S. 995)

8. Rahmenbeschluss 2008/675/JI vom 24.7.2008 zur Berücksichtigung der in anderen Mitgliedstaaten der EU ergangenen *Verurteilungen* in einem neuen Strafverfahren (ABl. 2008 L 220 S. 32)
   – umgesetzt durch Umsetzungsgesetz Rahmenbeschlüsse Einziehung und Vorverurteilungen vom 2.10.2009 (BGBl. I S. 3214)

9. Rahmenbeschluss 2009/948/JI vom 30.11.2009 zur Vermeidung und Beilegung von *Kompetenzkonflikten* in Strafverfahren, ABl. 2009 L 328 S. 42
   – keine Umsetzung erforderlich

10. Rahmenbeschluss 2009/315/JI vom 26.2.2009 über die Durchführung und den Inhalt des Austausches von Informationen aus dem *Strafregister* zwischen den Mitgliedstaaten, ABl. 2009 L 93 S. 23, mit Beschluss des Rates vom 6.4.2009 zur Errichtung des Europäischen Strafregisterinformationssystems (ECRIS), ABl. 2009 L S. 33
   – umgesetzt durch Gesetz vom 15.12.2011 (BGBl. I S. 2714)

---

1 Ergänzend dazu vgl. *Hackner/Schierholt* Rdn. 17 Fn. 87.

b) Zur praktischen Zusammenarbeit zwischen den Strafverfolgungsbehörden

1. Rahmenbeschluss über *gemeinsame Ermittlungsgruppen* vom 13.6.2002, ABl. 2002 L 162 S. 1
   – umgesetzt in § 61b IRG und Vereinbarungen und Verträgen mit den Nachbarstaaten Deutschlands
2. Rahmenbeschluss 2006/960/JI vom 18.12.2006 über die Vereinfachung des *Austausches von Informationen und Erkenntnissen* zwischen den Strafverfolgungsbehörden der Mitgliedstaaten der Europäischen Union, ABl. 2006 L 386 S. 89; 2007 L 75 S. 26
   – umgesetzt durch Gesetz vom 21.7.2012 (BGBl. I S. 1566)
3. Rahmenbeschluss vom 26.2.2009, ABl. 2009 L 93 S. 23 mit Beschluss des Rates zur Einrichtung des Europäischen *Strafregisterinformationssystems* (ECRIS), ABl. 2009 L 93 S. 33
   – umgesetzt durch Gesetz vom 15.12.2011 (BGBl. I S. 2714)

c) Rahmenbeschlüsse zum materiellen Strafrecht

1. Rahmenbeschluss 2002/475/JI vom 13.6.2002 zur Terrorismusbekämpfung, ABl. 2002 L 164 S. 3, geändert durch Rahmenbeschluss 2008/919/JI vom 28.11.2008, ABl. 2008 L 330 S. 21 – ersetzt durch Richtlinie 2017/541 von 15.3.2017
   – umgesetzt durch Gesetz vom 22.12.2003 zur Umsetzung des Rahmenbeschlusses vom 13.6.2002, BGBl. I S. 2836
2. Rahmenbeschluss 2008/841/JI vom 24.10.2008 zur Bekämpfung der organisierten Kriminalität, ABl. 2008 L 300 S. 42

Europäische Einrichtungen zur praktischen Zusammenarbeit

1. *Europäisches Justizielles Netz*: Gemeinsame Maßnahme 98/428/JI vom 29.6.1998, ABl. 1998 L 191 S. 4;
   Ratsbeschluss 2008/976/JI vom 16.12.2008, ABl. 2008 L 348 S. 130;
   – umgesetzt durch Gesetz zur Änderung des Eurojust-Gesetzes vom 7.6.2012 (BGBl. I S. 1270), Art. 1 Nr. 12
2. *Europol*: Europol-Übereinkommen und Zustimmungsgesetz Europol: Gesetz vom 16.12.1997 (BGBl. 1997 II S. 2150); sodann:
a) Ratsbeschluss 2009/371/JI vom 6.4.2009, ABl. 2009 L 121 S. 37
b) umgesetzt durch Gesetz vom 31.7.2009 (BGBl. I S. 2504), Einfügung von § 10 in Europolgesetz
c) – beides überholt durch Verordnung 2016/794 vom 11.5.2016 über die Agentur der Europäischen Union für die Zusammenarbeit auf dem Gebiet der Strafverfolgung (Europol), ABl. 2016 L 135 S. 53
3. *Eurojust*: Ratsbeschluss 2002/187/JI vom 28.2.2002, ABl. 2002 L 63 S. 1;
   – umgesetzt durch Gesetz vom 12.5.2004 (BGBl. I S. 902)
   Ratsbeschluss 2009/426/JI vom 16.12.2008, ABl. 2009 L 138 S. 14
   – umgesetzt durch Gesetz vom 7.6.2012 (BGBl. I S. 1270)

4. *Europäisches Amt für Betrugsbekämpfung (OLAF)*: Beschluss der Kommission vom 28.4.1999, ABl. 1999 L 136 S. 20
Verordnung 883/2013 vom 11.9.2013 über die Untersuchungen des Europäischen Amtes für Betrugsbekämpfung (OLAF), ABl. 2013 L 248 S. 1

Richtlinien

a) Zum Verfahrensrecht

1. Richtlinie 2014/41/EU vom 3.4.2014 über die *Europäische Ermittlungsanordnung* in Strafsachen, ABl. 2014 L 130 S. 1
   – umgesetzt durch 4. Gesetz zur Änderung des IRG vom 5.1.2017 (BGBl. I S. 31)
2. Richtlinie 2011/99/EU vom 13.12.2011 über die *Europäische Schutzanordnung*, ABl. 2011 L 338, S. 2,
   – umgesetzt durch Gesetz zum europäischen Gewaltschutzverfahren vom 5.12.2014 (BGBl. I S. 1964)
3. Richtlinie 2010/64/EU vom 20.10.2010 über das Recht auf *Dolmetschleistungen* und Übersetzungen in Strafverfahren, ABl. 2010 L 280 S. 1
   – umgesetzt durch Gesetz zur Stärkung der Verfahrensrechte von Beschuldigten im Strafverfahren vom 2.7.2013 (BGBl. I S. 1938)
4. Richtlinie 2012/13/EU vom 22.5.2012 über das Recht auf *Belehrung und Unterrichtung* in Strafverfahren, ABl. 2012 L 142 S. 1
   – umgesetzt durch Gesetz zur Stärkung der Verfahrensrechte von Beschuldigten im Strafverfahren vom 2.7.2013 (BGBl. I S. 1938)
5. Richtlinie 2012/29/EU vom 25.10.2012 über Mindeststandards für die Rechte, die Unterstützung und den Schutz von Opfern von Straftaten sowie zur Ersetzung des Rahmenbeschlusses 2001/220/JI, ABl. 2012 L 315 S. 57 (*Opferschutz-Richtlinie*)
   – umgesetzt durch 3. Opferrechtsreformgesetz vom 21.12.2015 (BGBl. I S. 2525)
6. Richtlinie 2013/48/EU vom 22.10.2013 über das Recht auf Zugang zu einem *Rechtsbeistand* in Strafverfahren und in Verfahren zur Vollstreckung des Europäischen Haftbefehls sowie das Recht auf *Benachrichtigung* eines Dritten bei Freiheitsentzug und das Recht auf Kommunikation mit Dritten und mit Konsularbehörden während des Freiheitsentzugs, ABl. 2013 L 294 S. 1
7. Richtlinie (EU) 2016/343 vom 9.3.2016 über die Stärkung bestimmter Aspekte der *Unschuldsvermutung* und des Rechts auf *Anwesenheit* in der Verhandlung in Strafverfahren, ABl. 2016 L 65 S. 1
8. Richtlinie 2016/680 vom 27.4.2016 zum Schutz natürlicher Personen bei der Verarbeitung personenbezogener Daten im Rahmen der Strafverfolgung pp., ABl. 2016 L 119 S. 89
9. Richtlinie 2016/800 vom 11.5.2016 über Verfahrensgarantien in Strafverfahren für *Kinder*, die Verdächtige oder beschuldigte Personen in Strafverfahren sind, ABl. 2016 L 132 S. 1
10. Richtlinie 2016/1919 vom 26.10.2016 über *Prozesskostenhilfe* für Verdächtige und beschuldigte Personen in Strafverfahren sowie für gesuchte Personen in Verfahren zur Vollstreckung des Europäischen Haftbefehls, ABl. 2016 L 297 S. 1

b) Zum materiellen Strafrecht

1. Richtlinie 2011/36/EU vom 5.4.2011 zur Verhütung und Bekämpfung des *Menschenhandels* und zum Schutz seiner Opfer sowie zur Ersetzung des Rahmenbeschlusses 2002/629/JI – ABl. 2011 L 101 S. 1
   – umgesetzt durch Gesetz vom 11.10.2016 (BGBl. 1 S. 2226)
2. Richtlinie 2011/93/EU vom 13.12.2011 zur Bekämpfung der *sexuellen Missbrauchs* und der sexuellen Ausbeutung von *Kindern* sowie der Kinderpornographie sowie zur Ersetzung des Rahmenbeschlusses 2004/68/JI, ABl. 2011 L 335 S. 1
   – umgesetzt durch 49.StRÄndG vom 21.1.2015 (BGBl. I S. 10)
3. Richtlinie 2014/42/EU vom 3.4.2014 über die *Sicherstellung und Einziehung* von Tatwerkzeugen und Erträgen aus Straftaten in der Europäischen Union, ABl. 2014 L 127 S. 39 – umgesetzt durch Gesetz zur Reform der strafrechtlichen Vermögensabschöpfung vom 13.4.2017 (BGBl. I S. 872)
4. Richtlinie 2017/541 vom 15.3.2017 zur *Terrorismusbekämpfung* und zur Ersetzung des Rahmenbeschlusses 2002/475/JI, ABl. 2017 L 88 S. 6